UTB 234



UTB FÜR WISSEN SCHAFT

Eine Arbeitsgemeinschaft der Verlage

Wilhelm Fink Verlag München
A. Francke Verlag Tübingen und Basel
Paul Haupt Verlag Bern · Stuttgart · Wien
Hüthig Fachverlage Heidelberg
Leske Verlag + Budrich GmbH Opladen
Lucius & Lucius Verlagsgesellschaft Stuttgart
Mohr Siebeck Tübingen
Quelle & Meyer Verlag Wiesbaden
Ernst Reinhardt Verlag München und Basel
Schäffer-Poeschel Verlag Stuttgart
Ferdinand Schöningh Verlag Paderborn · München · Wien · Zürich
Eugen Ulmer Verlag Stuttgart
Vandenhoeck & Ruprecht in Göttingen und Zürich

Für R. J. + 2× D. J.

Hans-Joachim Jarchow

# Theorie und Politik des Geldes I

63 Figuren

10., überarbeitete und wesentlich erweiterte Auflage

Vandenhoeck & Ruprecht in Göttingen

Der 1935 in Oldenburg/H. geborene Autor studierte Betriebswirtschaftslehre und Volkswirtschaftslehre an den Universitäten Hamburg und Kiel und schloß sein Studium 1959 mit dem volkswirtschaftlichen Diplomexamen in Kiel ab. Nach seiner Promotion zum Dr. sc. pol (1961) war er zunächst Assistent, später Oberassistent am Institut für Weltwirtschaft in Kiel. 1966 habilitierte er sich in Kiel mit einer geldtheoretischen Arbeit. 1967 übernahm er einen volkswirtschaftlichen Lehrstuhl an der Universität Göttingen. – Veröffentlichungen insbes. über Geldtheorie, Außenwirtschaftstheorie und internationale Währungspolitik.

*Die Deutsche Bibliothek – CIP-Einheitsaufnahme*

*Jarchow, Hans-Joachim:*
Theorie und Politik des Geldes / Hans-Joachim Jarchow. –
Göttingen : Vandenhoeck und Ruprecht
1.–10., überarb. und wesentlich erw. Aufl. – 1998
(UTB für Wissenschaft : Uni-Taschenbücher ; 234)
ISBN 3-8252-0234-8 (UTB)
ISBN 3-525-03172-6 (Vandenhoeck und Ruprecht)


Printed in Germany.
Einbandgestaltung: Jürgen Reichert
Herstellung: Hubert & Co., Göttingen

**UTB-Bestellnummer: ISBN 3-8252-0234-8**

# Vorwort zur 10. Auflage

Am 1.1.1999 nimmt die bereits im Juni 1998 errichtete Europäische Zentralbank ihre volle Tätigkeit auf. Damit findet die mehr als 120 Jahre umfassende Periode eigenständiger deutscher Zentralbankpolitik ihr Ende. Dieser einschneidende Systemwechsel sowie neuere Entwicklungen in der Geldtheorie und -politik waren Anlaß, den vorliegenden Band neu zu bearbeiten und zu erweitern. Im einzelnen wurden bei der 10. Auflage, die anstelle der bisherigen vier Kapitel jetzt *sechs* Kapitel umfaßt, insbesondere folgende Änderungen vorgenommen:

- Das neue sechste Kapitel ergänzt die Geldtheorie um eine ausführliche Behandlung der Geldverfassung, der geldpolitischen Strategie und des geldpolitischen Instrumentariums der *Europäischen Zentralbank (EZB)*.
- Das neue fünfte Kapitel befaßt sich mit dem Bereich „*Geldpolitik und Inflation*". Gegenüber der letzten Auflage wird dabei das Problem „Regelbindung versus diskretionäre Maßnahmen" modellmäßig anders und erheblich erweitert dargestellt, im Rahmen der „Seigniorage" wird auch auf die optimale Seigniorage eingegangen, und die bisher unberücksichtigt gebliebenen „Inflationskosten" werden in einem zusätzlichen Abschnitt ausführlich behandelt.
- Das *Geldangebots-Geldnachfrage-Modell* im III. Kapitel wurde überarbeitet und dem institutionellen Rahmen der Europäischen Zentralbank angepaßt.
- Bei der Behandlung der *Portefeuille-Theorie* wurden Änderungen des Risikoparameters und Unvollkommenheiten auf dem Kapitalmarkt in die Analyse einbezogen.
- Die Darstellung der *Zinsstrukturtheorie* wurde insbesondere unter dem Aspekt ihrer geldpolitischen Relevanz erheblich ausgeweitet.
- In Hinblick auf die Frage „*Zins- versus Geldmengensteuerung*" wurde die POOLEsche Regel – übertragen auf das Ziel der Preisniveaustabilisierung – in einem gesonderten Abschnitt dargestellt.
- Der Transmissionsmechanismus der relativen Preise wurde durch den „*Kreditkanal-Ansatz*" als Verstärkungsmechanismus ergänzt.
- Die geldpolitischen Implikationen der *rationalen Erwartungshypothese* wurden im Rahmen des Angebots-Nachfrage-Modells (Abschnitt VI.1) auch graphisch veranschaulicht.

Mein Kollege und Mitarbeiter, Herr Professor Dr. G. Engel, hat das Manuskript zur 10. Auflage durchgehend gelesen. Ich danke ihm für Kritik und Anregungen. Dank schulde ich ferner Herrn Dr. H. Möller für empirische Schätzungen zur Geldnachfrage und hilfreiche Hinweise sowie Herrn Dr. K.-D. Geisler, Deutsche Bundesbank, für einige Auskünfte zur Geldpolitik der EZB. Für die intensive Unterstützung bei der redaktionellen Betreuung des Manuskripts und für Verbesserungsvorschläge danke ich den Herren N. Angermüller, A. Gerloff und M. Meurers sowie Frau K. Stahn. Frau H. Linne hat das gesamte Manuskript in mühevoller, langwieriger Arbeit in eine weitgehend druckfertige Vorlage für den Verlag gebracht. Hierfür gilt ihr mein besonderer Dank.

September 1998 Hans-Joachim Jarchow

# Aus dem Vorwort zur 1. Auflage

Das zentrale Anliegen der vorliegenden Schrift besteht darin, zu analysieren, wie die Geldmenge bestimmt wird, wie sie von den Trägern der Geldpolitik beeinflußt werden kann und wie sie auf wirtschaftspolitische Zielgrößen, z.B. das Volkseinkommen, die Beschäftigung und das Preisniveau, einwirkt. Insbesondere zur Beantwortung der letzten Frage erscheint es angebracht, die häufig anzutreffende Isolierung der Geldtheorie aufzugeben und die Analyse des monetären Bereichs statt dessen mit der Analyse des güterwirtschaftlichen Bereichs zu verbinden.

Die Frage nach den Bestimmungsgründen der Geldmenge wird bereits im einführenden *Kapitel I* angeschnitten. Hierbei geht es zunächst um eine Darstellung elementarer Vorgänge, die zu einer *Geldschöpfung* oder *Geldvernichtung* führen. Danach wird ausführlicher die Frage behandelt, welche exogen vorgegebenen Faktoren die Kredit- und Geldschöpfungsmöglichkeiten der Geschäftsbanken limitieren. Offen bleibt dabei, in welchem Ausmaß die Geschäftsbanken ihr *Kredit-* und *Geldschöpfungspotential* tatsächlich ausnutzen. Die Beantwortung dieser Frage setzt eine Berücksichtigung des Verhaltens von Geschäftsbanken und Nichtbanken voraus und führt im III. Kapitel zur Ableitung einer Geldangebotsfunktion und einer Geldnachfragefunktion.

Nicht zuletzt um die bei der Ableitung des gesamtwirtschaftlichen Geldangebots und der gesamtwirtschaftlichen Geldnachfrage benutzten Hypothesen plausibel zu machen, wird im *II. Kapitel* eine *einzelwirtschaftliche Analyse der Kassenhaltung* vorgenommen. Den weitaus größten Raum nehmen dabei einführende Darstellungen neuerer Untersuchungen zur Bestimmung der Transaktions- und Vorsichtskasse sowie zur Zusammensetzung von finanziellen Vermögensbestandteilen (portfolio selection) ein. Dabei wird deutlich, daß Geld gegenüber anderen Vermögensobjekten ganz besondere Eigenschaften aufweist: So lassen sich mit Kassenbeständen einerseits Kosten und Risiken vermeiden, die bei einer Anlage von Geld in Obligationen, Aktien etc. auftreten, anderseits bedeutet eine Kassenhaltung aber auch den Verzicht auf Erträge (z.B. auf Zinsen, Dividenden und Kursgewinne). Solche relativen Vorzüge und Nachteile des Geldes bilden den Ausgangspunkt für die Bestimmung optimaler Kassenbestände. Die Theorie der *portfolio selection* gestattet darüber hinaus, neben der Höhe des (aus spekulativen Gründen) gewünschten Kassenbestandes auch allgemeiner den optimalen Umfang anderer finanzieller Vermögensobjekte zu ermitteln. Sie liefert damit einen Beitrag zur mikroökonomischen Fundierung der Geldnachfrage einerseits sowie des Kredit- und Geldangebots der Geschäftsbanken anderseits.

Im *III. Kapitel* steht die Frage im Vordergrund, wie aus dem Zusammenspiel von Geldangebot und -nachfrage die Geldmenge sowie die Kreditmenge und das Zinsniveau im Gleichgewicht bestimmt und wie diese Größen durch Einsatz geldpolitischer Instrumente oder durch andere Einflüsse verändert werden. Die Darstellung beschränkt sich dabei ausschließlich auf den monetären Bereich; das Volkseinkommen wird deshalb als eine außerhalb des Modells bestimmte Größe angesehen. In einem ersten Schritt erfolgt die Analyse außerdem unter der Annahme eines exogen fixierten Geldangebots und unter Vernachlässigung des Kreditmarktes (also ohne Berücksichtigung des Verhaltens der Geschäftsbanken); sie bedient sich dabei der *KEYNESschen Liquiditätspräferenztheorie*. Im zweiten Schritt wird die Analyse erweitert. Sie beschränkt sich zwar weiterhin auf den monetären Bereich, bezieht aber die Kreditmenge und andere finanzielle Größen mit in die Gleichgewichtsanalyse ein. Insbesondere wird dabei angenommen, daß die Geschäftsbanken unter Beachtung von Rentabilitätsgesichtspunkten einen variablen Teil ihres Kredit- und Geldschöpfungspotentials für die Kreditgewährung an Nichtbanken ausnutzen. Auf diese Weise ergibt sich eine *Geldangebotsfunktion*, die u.a. verschiedene Zinssätze als Einflußgrößen enthält.

Im *IV. Kapitel* wird die isolierte, auf den monetären Bereich beschränkte Betrachtungsweise aufgegeben und der güterwirtschaftliche Bereich in die Untersuchungen einbezogen. Eine solche integrierende Betrachtungsweise scheint für eine grundlegendere Beurteilung der Geldpolitik unumgänglich zu sein. Die Notwendigkeit hierfür ergibt sich daraus, daß man die Wirksamkeit geldpolitischer Maßnahmen nur erörtern kann, wenn man die Verbindungslinien zwischen den Änderungen geldpolitischer Aktionsparameter und anderen Einflüssen aus dem monetären Bereich einerseits sowie den Reaktionen bei den wirtschaftspolitisch relevanten Zielgrößen im güterwirtschaftlichen Bereich anderseits untersucht, also den sog. *Transmissionsmechanismus* aufdeckt. Zur Klärung der Zusammenhänge werden verschiedene Theorien herangezogen, die sich u.a. dadurch unterscheiden, daß sie der Geldmenge unterschiedliche Wirkungen auf den güterwirtschaftlichen Bereich zuordnen. Neben einer Erörterung der *klassischen* und *neoklassischen Theorie*, der *Allgemeinen Theorie* von KEYNES und der *Neukonzipierung der Quantitätstheorie* durch MILTON FRIEDMANN wird hierbei auch der Versuch unternommen, einige Ergebnisse aus der jüngeren Entwicklung der Geldtheorie in die Lehrbuchliteratur aufzunehmen, nämlich den *Transmissionsmechanismus der relativen Preise* sowie einige Überlegungen und Hypothesen der *Monetaristen*.

September 1972 Hans-Joachim Jarchow

# Inhaltsverzeichnis

## III. Gesamtwirtschaftliche Analyse des monetären Bereichs



## IV. Monetärer Bereich und güterwirtschaftlicher Bereich

# Verzeichnis der häufiger benutzten Symbole[1]

| | |
|---|---|
| $B$ | Monetäre Basis |
| $B'$ | Bereinigte Basis |
| $C$ | Banknotenumlauf im Nichtbankensektor[2] |
| $D$ | Sichteinlagen |
| $E$ | Erwartungsoperator[3] |
| $F$ | Zentralbankverschuldung |
| $G$ | Geldmarktpapiere |
| $I$ | Nettoinvestitionen |
| $K$ | Kredite an inländische Nichtbanken[4] |
| $K^a$ | Kreditangebot |
| $K^n$ | Kreditnachfrage |
| $L$ | Geldnachfrage (Liquiditätspräferenz) |
| $M$ | Geldvolumen der Wirtschaft (kurz: Geldmenge) |
| $M^a$ | Geldangebot |
| $M^+$ | Geldmenge in einem weiteren Sinne ($M + T$) |
| $N$ | Beschäftigung |
| $S$ | Ersparnis[5] |
| $T$ | Termin- plus Spareinlagen[6] |
| $U$ | Arbeitslosenquote (Unterbeschäftigung) |
| $\ddot{U}_0$ | Überschußreserven |
| $Y$ | Nettosozialprodukt |
| $Z$ | Mindestreserven |
| $a$ | Kreditkoeffizient |
| $e$ | Erwarteter Liquidationserlös eines Portefeuilles (kurz: Erlös)[7] |
| $i$ | Gegenwärtige Rendite (kurz: Zinssatz) |
| $i_h, i_s$ | Habenzinssatz, Sollzinssatz |

---

[1] Erscheint im Text eine Größe mit dem Index $r$, dann handelt es sich um eine reale Größe

[2] Im Abschnitt IV.2 und im Anhang A2) bezeichnet $C^r$ den realen Konsum.

[3] Das Symbol $E$ bezeichnet im Abschnitt III.3 freiwillige Reserven.

[4] Das Symbol $K$ bezeichnet im Abschnitt V.2 soziale (gesamtwirtschaftliche) Kosten.

[5] Das Symbol $S$ bezeichnet im Abschnitt V.3 die Seigniorage.

[6] Das Symbol $T^r$ bezeichnet im Abschnitt IV.2 die realen Steuern.

[7] Das Symbol $e$ bezeichnet im Abschnitt III.3 den Reservequotienten.

| | |
|---|---|
| $k$ | Bargeldquote ($C$ in Relation zu $D$)[8] |
| $m$ | Wachstumsrate der Geldmenge |
| $p$ | Preisniveau; $p$ mit Index: Güter- und Faktorpreise |
| $r$ | Mindestreservesatz[9] |
| $s$ | Erwartetes Risiko eines Portefeuilles (kurz: Risiko) |
| $t$ | Einlagenkoeffizient ($T$ in Relation zu $D$) |
| $w$ | Geldlohnsatz |
| $\pi, \pi^*$ | (tatsächliche) Inflationsrate, erwartete Inflationsrate |

---

[8] Das Symbol $k$ bezeichnet im Kapitel II die Kosten, im Abschnitt IV.1 (ebenso wie im Abschnitt III.1) den Kassenhaltungskoeffizienten und im Abschnitt V.2 eine konstante Größe.

[9] Das Symbol $r$ bezeichnet im Abschnitt V.2 die Zeitpräferenzrate.

# I. Grundlagen

## 1. Wesen und Erscheinungsformen des Geldes

### a) Begriff und Funktionen des Geldes

*aa) Zum Begriff des Geldes.* – Ganz allgemein kann man unter **Geld** oder **Zahlungsmitteln** alles verstehen, was im Rahmen des nationalen Zahlungsverkehrs einer Volkswirtschaft generell zur Bezahlung von Gütern und Dienstleistungen oder zur Abdeckung anderer wirtschaftlicher Verpflichtungen akzeptiert wird. Mit dieser Begriffsbestimmung wird nicht ausgeschlossen, daß die konkrete Erscheinungsform, in der Zahlungsmittel Verwendung finden, im Zeitablauf Änderungen unterworfen ist. So liefert die Geschichte genügend Anschauungsmaterial dafür, daß Noten in Phasen ausgeprägter inflationärer Entwicklungen die Qualifikation als allgemein akzeptierte nationale Zahlungsmittel verlieren können und diese Funktion dann von bestimmten knappen Gütern (wie Zigaretten, Butter usw.) weitgehend übernommen wird.

*bb) Funktionen des Geldes.* – Mit der Definition des Geldes als allgemein akzeptiertes Zahlungsmedium ist bereits auf die wichtigste Funktion des Geldes, auf die sog. **Tauschmittelfunktion,** hingewiesen worden. Insbesondere die Erfüllung dieser Funktion macht Geld zu einem schwerlich wegzudenkenden Bestandteil einer durch weitgehende Arbeitsteilung gekennzeichneten modernen Volkswirtschaft. Eine solche Volkswirtschaft ist dadurch charakterisiert, daß sich die einzelnen am Produktionsprozeß beteiligten Individuen auf ganz bestimmte Tätigkeiten und die einzelnen Unternehmungen auf die Erzeugung ganz bestimmter Güter und Dienste spezialisieren. Die einzelne Wirtschaftseinheit produziert also die für den eigenen Lebensunterhalt erforderlichen Konsumgüter nicht selbst; sie ist deshalb darauf angewiesen, die von ihr benötigten oder gewünschten Güter und Dienste gegen die aus ihrer Beteiligung am Produktionsprozeß resultierenden Ansprüche einzutauschen. Eine arbeitsteilige Wirtschaft wird deshalb eine *Tauschwirtschaft* sein. Eine Tauschwirtschaft wiederum erfordert, will sie ohne größere Störungen funktionieren, ein allgemein anerkanntes Zahlungsmedium; sie muß also bei fortgeschrittener Arbeitsteilung eine *Geldwirtschaft* sein. Ist sie es nicht, dann muß eine Wirtschaftseinheit, die z.B. ein Gut (oder eine Dienstleistung) A gegen ein Gut Z eintauschen möchte, viel Mühe darauf verwenden, einen Tauschpartner zu finden, der erstens das Gut A erwerben und zweitens zur gleichen Zeit das Gut Z abgeben möchte. Sie wäre also auf den Zufall einer „doppelten Übereinstimmung der Bedürfnisse" angewiesen[1]. Eine andere Möglichkeit besteht in einer Tauschwirtschaft nur darin, das Gut A in ein Gut B einzutauschen und dieses im günstigsten Fall direkt, sonst aber über eine Kette weiterer Tauschtransaktionen dafür zu benutzen, in den Besitz des gewünschten Gutes Z zu gelangen[2]. Da die erste Möglichkeit einen beträchtlichen Informationsstand voraussetzt und deshalb auch nur relativ selten zu realisieren sein dürfte und da die zweite Möglichkeit recht kompliziert und aufwendig, also mit hohen Transaktionskosten verbunden sein kann, liegt es nahe, vom Naturaltausch abzugehen und ein allgemein akzeptiertes Tauschmittel einzuführen. Mit seiner Hilfe gelingt es, jede Tauschtransaktion in zwei Vorgänge aufzuspalten: einen Verkaufsakt, bei dem man Geld erhält, und einen Kaufakt, bei dem man Geld abgibt. Daß bei dieser Transaktion der Käufer des Gutes A und der Verkäufer des Gutes Z nicht ein und dieselbe Person sein müssen, wird durch die Tauschmittelfunktion des Geldes ermöglicht.

Neben der Tauschmittelfunktion übernehmen Zahlungsmittel gewöhnlich[3] auch gleichzeitig die Rolle einer **Recheneinheit.** So ist z.B. die Deutsche Mark in der Bundesrepublik zugleich Zahlungsmittel und Recheneinheit, wobei diese Funktionen mit der Bildung der Europäischen Währungsunion sukzessive (und endgültig im Jahre 2002) auf den Euro übergehen[4].

Ebenso wie die Existenz eines allgemein anerkannten Tauschmittels, so ist auch das Vorhandensein einer Recheneinheit notwendiger Bestandteil einer funktionierenden arbeitsteiligen Tauschwirtschaft. Durch Einführung einer Recheneinheit wird es möglich, den Wert aller Güter, Forderungen und Verbindlichkeiten in Einheiten ein und derselben Bezugsgröße auszudrücken und auf diese Weise vergleichbar zu machen. Welche

---

[1] Siehe J. Niehans, Theorie des Geldes. Synthese der monetären Mikro- und Makroökonomie. Bern, Stuttgart 1980. S. 13.

[2] Siehe zur Illustration R. Richter, Geldtheorie. Vorlesung auf der Grundlage der Allgemeinen Gleichgewichtstheorie und der Institutionenökonomik. 2., durchges. u. erg. Aufl. Berlin 1990. S. 120f.

[3] Möglich ist es allerdings auch, daß eine Recheneinheit existiert, die als Tauschmittel keine Verwendung findet. So könnte man die Preise aller Güter in Gewichtseinheiten von Gold messen (ein Gramm Gold dabei z.B. einen Goldor nennen), ohne Gold gleichzeitig im Zahlungsverkehr einzusetzen. In diesem Fall wäre der Goldor Recheneinheit, aber kein Tauschmittel. Ein weiteres Beispiel ist die Guinee, die in England zwar noch als Recheneinheit, aber nicht mehr als Tauschmittel verwendet wurde.

[4] Siehe H.-J. Jarchow, P. Rühmann, Monetäre Außenwirtschaft, II. Internationale Währungspolitik. 4., überarb. u. erw. Aufl. Göttingen 1997. S. 336ff.

Vorteile hiermit verbunden sind, wird besonders deutlich, wenn wir uns vorstellen, daß eine Tauschwirtschaft *ohne* Recheneinheit auskommen müßte. Schon in dem sehr einfachen Fall, daß nur 200 Güter gegeneinander ausgetauscht werden, müßten 19 900 Austauschverhältnisse[5] bekannt sein. Existiert *dagegen* eine Recheneinheit, wird z.B. das Gut A (sagen wir Gold) als Bezugsgröße gewählt und werden die Werte der anderen 199 Güter in Einheiten des Gutes A gemessen, dann reduziert sich dadurch die Zahl der Austauschverhältnisse auf 199. Der Umfang an Informationen, den die Marktübersicht erfordert, ist deshalb erheblich geringer[6]. Wie schon bei der Tauschmittelfunktion, so zeigt sich also auch hier, daß die besondere Bedeutung der Verwendung des Geldes in der Vermeidung der sich durch den Naturaltausch ergebenden Komplikationen und der dadurch bedingten Transaktions- und Informationskosten liegt.

Existiert ein Zahlungsmittel, das die Funktionen eines allgemein akzeptierten Tauschmittels und einer Recheneinheit übernimmt, dann liegt es nahe, daß es auch als **Wertaufbewahrungsmittel** Verwendung findet. So bietet sich bei einer Tauschtransaktion die Möglichkeit, Verkaufsakt und Kaufakt zeitlich zu trennen, wenn bei der Abwicklung ein Zahlungsmittel benutzt wird. In einer Geldwirtschaft hat eine Wirtschaftseinheit mithin die Möglichkeit, die beim Verkauf von Gütern und Diensten erworbene Kaufkraft in Form eines Geldbestandes „zu lagern" und erst dann zu verausgaben, wenn sich ein entsprechender Bedarf einstellt. Die gelagerte Kaufkraft bleibt dabei nur erhalten, wenn sich das Preisniveau als stabil erweist.

Geld dient zwar als Wertaufbewahrungsmittel; andere Formen der Vermögensanlage spielen in diesem Zusammenhang jedoch eine wichtigere Rolle. So kann man Kaufkraft auch akkumulieren, indem man Sparguthaben unterhält, Wertpapiere kauft oder Sachvermögen (z.B. Land und Häuser) erwirbt. Im Unterschied zu Geldbeständen haben diese Aktiva den Vorteil, daß sie in Form von Zinsen, Dividenden, Pacht und Mieten Erträge abwerfen und u.U. an Preissteigerungen partizipieren (wie Sachvermögen). Dem steht allerdings der Nachteil gegenüber, daß derartige Anlagen i.a. mit Risiken verbunden sind und nur mit Verlusten in ein allgemein akzeptiertes Zahlungsmittel (also in Geld) umgewandelt werden können.

---

5 Berechnet nach der Formel $\frac{n^2-n}{2}$, wobei *n* die Zahl der Güter bezeichnet.

6 Siehe hierzu K. Brunner and A. H. Meltzer, The Uses of Money: Money in the Theory of an Exchange Economy. „The American Economic Review", Vol. 61 (1971), S. 787.

### b) Eigenschaften des Geldes

Was konkret als Geld Verwendung findet, hängt von den damit verbundenen Transaktionskosten (oder Übertragungskosten) und den Aufbewahrungskosten (oder Lagerkosten) ab[7]. Sie sollen so klein wie möglich sein. In diesem Sinne muß sich zweckmäßiges Geld durch bestimmte technische Erfordernisse und ein hohes Maß an Kaufkraftstabilität auszeichnen. Zu den mehr technischen Erfordernissen gehören Eigenschaften wie *Homogenität, Teilbarkeit, Haltbarkeit* und *Seltenheit. Homogenität* erfordert, daß die verschiedenen Geldeinheiten die gleiche Beschaffenheit aufweisen und sich demzufolge untereinander vollständig vertreten können. *Teilbarkeit* bedeutet hier, daß das Medium in kleinere Einheiten unterteilt werden kann, ohne dabei insgesamt an Wert zu verlieren. *Haltbarkeit* soll verhindern, daß im Zeitablauf Substanzverluste eintreten und der in Gütermengen ausgedrückte Wert des Zahlungsmittels, also seine Kaufkraft, dadurch reduziert wird. *Seltenheit* ermöglicht es schließlich, daß man auch einer relativ kleinen Gewichtseinheit des Tauschmittels (z. B. eines Edelmetalls) eine relativ hohe Kaufkraft beimessen und so die Transportkosten in Grenzen halten kann.

Auch wenn ein Zahlungsmittel alle angeführten technischen Erfordernisse erfüllt, ist damit noch nicht gewährleistet, daß ein Zahlungsmittel stets funktionsfähig bleibt. Ein Zahlungsmittel kann seine Funktionsfähigkeit auf längere Sicht ungefährdet nur aufrechterhalten, wenn wiederholte und stärkere Schwankungen seines Tauschwertes bzw. seiner Kaufkraft als Folge von Preisniveauänderungen ausbleiben, wenn man also für eine Zahlungsmitteleinheit heute und in der Zukunft eine annähernd gleiche Gütermenge eintauschen kann. Ist das nicht der Fall, vermindert sich z.B. der Tauschwert oder die Kaufkraft der Zahlungsmitteleinheit im Zeitablauf beträchtlich, dann können die Rolle als Recheneinheit sowie die Tauschmittel- und insbesondere die Wertaufbewahrungsfunktion nicht mehr befriedigend erfüllt werden, und die bisherigen Zahlungsmittel verlieren damit – wie aus Phasen starker inflationärer Entwicklung bekannt – weitgehend oder vollständig ihre Funktionsfähigkeit[8].

### c) Erscheinungsformen des Geldes

*aa) Warengeld.* – Die konkrete *Erscheinungsform* des Geldes ist im Laufe der Geschichte einer tiefgreifenden Wandlung unterworfen gewesen. Zu-

---

[7] Vgl. NIEHANS, a. a. O., S. 14.

[8] Wie bereits angedeutet, können Noten ihre Funktion als Zahlungsmittel an andere Tauschobjekte verlieren, wenn ihre Kaufkraft durch starke Preissteigerungen erheblich vermindert wird.

nächst existierten Zahlungsmittel nur in Form von **Warengeld,** wobei Güter der verschiedensten Art Verwendung fanden, z.B. Weizen, Salz, Kaurimuscheln, Fische, Vieh, Häute, Metalle usw.[9]. Der umfangreiche Katalog des Warengeldes wurde mit der Zeit homogener und bestand schließlich zum überwiegenden Teil nur noch aus *Metallen,* also einem Medium, das sich gegenüber den anderen als Tauschmittel fungierenden Gütern dadurch auszeichnet, daß es die technischen Erfordernisse wie Homogenität, Haltbarkeit usw. in hohem Maße erfüllen kann. Mit der Ausprägung von Metall zu *vollwertigen,* d.h. durch den Stoffwert gedeckten[10] Münzen ist die letzte Stufe in der Entwicklung des Warengeldes erreicht worden.

*bb) Kreditgeld.* – Im Unterschied zum Warengeld in Form von vollwertigen Münzen stellen die Zahlungsmittel der Gegenwart im allgemeinen **Kreditgeld** dar; sie sind dadurch gekennzeichnet, daß ihr Wert als Zahlungsmittel (Nennwert) größer ist als ihr stofflicher Eigenwert.

Innerhalb der Kategorie des Kreditgeldes kommt den auch als **Bargeld** (oder Stückgeld) bezeichneten Scheidemünzen (nicht vollwertige Münzen) und Noten eine Sonderstellung zu. **Münzen** sind in der Bundesrepublik **gesetzliche Zahlungsmittel;** denn inländische Wirtschaftseinheiten sind kraft Gesetzes verpflichtet, Münzen bis zu bestimmten Beträgen[11] zur Tilgung von Verpflichtungen entgegenzunehmen. **Noten,** die eine Verbindlichkeit der Notenbank darstellen, sind ebenfalls *gesetzliche Zahlungsmittel;* im Unterschied zu den Münzen gilt der Annahmezwang für inländische Wirtschaftseinheiten aber unbegrenzt. Noten sind also die einzigen *unbeschränkten* gesetzlichen Zahlungsmittel in der Bundesrepublik.

Bis zur Errichtung der Europäischen Währungsunion am 1.1.1999 verfügt die Deutsche Bundesbank in der Bundesrepublik über das Monopol zur Notenemission, während das Recht zur Emission von Scheidemünzen, das sog. **Münzregal,** beim Bund liegt[12]. Nach Errichtung der Europäischen Währungsunion hat die Europäische Zentralbank (EZB) das allei-

---

[9] Eine umfangreichere, aber auch nicht vollständige Aufzählung von Gütern, die als Geld verwendet wurden, findet sich bei L.V. CHANDLER, S.M. GOLDFELD, The Economics of Money and Banking. 7th ed. New York 1977. S.11. – RICHTER, a.a.O., S.121.

[10] Eine etwas ausführlichere Definition findet sich bei CHANDLER, GOLDFELD, a.a.O., S.21: „Vollwertiges Geld ist Geld, dessen Wert als Ware für nichtmonetäre Zwecke so groß ist wie sein Wert als Geld" (Übers. vom Verfasser).

[11] Nach dem Münzgesetz von 1950 ist außer den Bundes- und Landeskassen niemand verpflichtet, bei einer Transaktion auf Pfennig lautende Münzen im Betrage von mehr als DM 5,– und auf Deutsche Mark lautende Münzen im Betrage von mehr als DM 20,– entgegenzunehmen.

[12] Zur Ausprägung von Scheidemünzen ist allerdings die Zustimmung der Bundesbank erforderlich, da der Münzumlauf bestimmte im Münzgesetz festgelegte Grenzen überschreitet.

nige Recht, die Ausgabe von *Banknoten* innerhalb der Gemeinschaft zu *genehmigen*. Zur Notenemission berechtigt sind dabei die EZB und die nationalen Zentralbanken. Das Münzregal verbleibt bei den Regierungen der Mitgliedstaaten, wobei das jeweilige Ausgabevolumen jedoch von der EZB genehmigt werden muß. Während der sog. Übergangsphase vom 1.1.1999 bis zum 31.12.2001 bleiben die nationalen Banknoten und Münzen alleiniges gesetzliches Zahlungsmittel. Mit der Einführung der Euronoten und -münzen am 1.1.2002 erhalten diese dann den Status von gesetzlichen Zahlungsmitteln in den Mitgliedstaaten, den die nationalen Noten und Münzen spätestens am 30.6.2002 verlieren.

Obwohl für Münzen ein beschränkter und gegenüber Noten ein unbeschränkter Annahmezwang vom Staat verfügt wird, ist damit nicht gewährleistet, daß gesetzliche Zahlungsmittel jederzeit Geldfunktionen ohne jede Beeinträchtigung erfüllen. Wie bereits erläutert, kann ein Medium ungefährdet Geldfunktionen nur dann auf Dauer übernehmen, wenn seine Kaufkraft im Zeitablauf keinen zu großen Schwankungen unterworfen ist. Ein anhaltender und starker Anstieg des Preisniveaus könnte deshalb dazu führen, daß die vom Staat ausgegebenen Noten und Münzen ihre Rolle als Zahlungsmittel an andere Tauschobjekte abgeben müssen. Schon aus diesem Grund liegt es nahe, daß Notenbank und Regierung auch im Interesse der Funktionsfähigkeit des Zahlungsverkehrs danach streben, Preissteigerungen möglichst in Grenzen zu halten.

Neben den Noten gewann das sog. **Buch-** oder **Giralgeld** im Laufe der jüngeren Vergangenheit immer größere Bedeutung. In den entwickelten Volkswirtschaften stellt es heute die am meisten verbreitete Erscheinungsform des Geldes dar. Beim Buch- oder Giralgeld handelt es sich um nicht verbriefte Forderungen an die *Zentralbank* und an die *Geschäftsbanken*[13], die nicht oder nur relativ niedrig verzinslich sind, dafür aber zu jeder Zeit (also „auf Sicht") von ihrem Besitzer in gesetzliche Zahlungsmittel umgetauscht oder im Wege einer Überweisung oder durch Scheck[14] auf andere Wirtschaftseinheiten übertragen werden können.

---

[13] Unter Geschäftsbanken wollen wir Unternehmungen verstehen, die im Sinne der §§ 1 und 2 des Gesetzes über das Kreditwesen in der Fassung vom 30. Juni 1993 (Deutsche Bundesbank. Gesetz über das Kreditwesen. Frankfurt a.M. 1994. S. 18ff.) als Kreditinstitute gelten. Zu den Kreditinstituten gehören Kreditbanken (Großbanken, Regionalbanken, Zweigstellen ausländischer Banken, Privatbankiers), Girozentralen (also die zentralen Kreditinstitute der Sparkassen), Sparkassen, Genossenschaftliche Zentralbanken (also die Spitzeninstitute der gewerblichen und ländlichen Kreditgenossenschaften), Kreditgenossenschaften, die Deutsche Postbank etc.

[14] Der **Scheck** selbst stellt ebensowenig ein Zahlungsmittel dar wie der Überweisungsauftrag; er ist lediglich eine Anweisung an die Bank, aus dem eigenen Sichtguthaben einen bestimmten Betrag an eine andere Wirtschaftseinheit zu übertragen (Verrechnungsscheck) oder auch (falls gewünscht) in Form von Bargeld auszuhändigen („Barscheck").

Man nennt sie auch Sichteinlagen, Sichtforderungen, Sichtguthaben oder täglich fällige Einlagen.

*cc) Geldnahe Forderungen.* – Daß Münzen, Noten und Sichteinlagen Geld repräsentieren, ist nicht kontrovers, fraglich ist dagegen, ob eine solche Abgrenzung nicht zu restriktiv ist und nicht noch andere Vermögensobjekte die oben beschriebenen Geldfunktionen erfüllen können. Diskutiert werden in diesem Zusammenhang vor allem befristete Einlagen bei Geschäftsbanken bis zu bestimmten Laufzeiten, die mit geringen Kosten und geringem Kursrisiko in Zahlungsmittel umgewandelt werden können. Hierbei handelt es sich um Einlagen mit *vereinbarter Laufzeit* oder mit *vereinbarter Kündigungsfrist*. Erstere, die sog. **Festgelder,** können nicht vor Ablauf der vereinbarten Frist (z.B. von 30 Tagen) in Zahlungsmittel umgewandelt werden; es sei denn, man nimmt eine Vertragsstrafe in Form von Vorschußzinsen in Kauf. **Termineinlagen** mit vereinbarter Laufzeit sind Festgelder. Letztere, die sog. **Kündigungsgelder,** können nur nach Einhaltung der vereinbarten Kündigungsfrist in Zahlungsmittel umgewandelt werden; es sei denn, man nimmt eine Vertragsstrafe in Form von Vorschußzinsen in Kauf. **Termineinlagen** mit vereinbarter Kündigungsfrist sowie **Spareinlagen** mit dreimonatiger Kündigungsfrist[15] und einer Kündigungsfrist von mehr als drei Monaten sind Kündigungsgelder.

Für die Beantwortung der Frage, ob befristete Einlagen den Geldbeständen zuzurechnen sind[16], spielt eine Rolle, ob man die Wertaufbewahrungsfunktion oder die Tauschmittelfunktion des Geldes besonders betont. Stellt man die Wertaufbewahrungsfunktion in den Vordergrund, dann erscheint es erforderlich, den Geldbegriff weiter zu fassen und darin befristete Einlagen einzuschließen. Da wir jedoch mit der Definition des Geldes als allgemein akzeptiertes Tauschmittel bereits deutlich gemacht haben, daß wir in der Tauschmittelfunktion das charakteristische Merkmal des Geldes sehen, ist eine Festlegung bezüglich des Abgrenzungskriteriums bereits erfolgt. Danach werden befristete Einlagen *nicht* den Geldbeständen zugerechnet, und zwar mit der Begründung, daß sie nicht unmittelbar für Zahlungszwecke verwendet werden können, sondern hierfür erst in Bargeld oder Sichteinlagen umgewandelt werden müssen. Die Umwandlung ist grundsätzlich nur am Ende des vereinbarten Festlegungszeitraums bzw. unter Einhaltung der Kündigungsfrist möglich. Erfolgt dennoch eine vorzeitige Rückzahlung, so müssen – wie erwähnt –

---

[15] Über Spareinlagen mit dreimonatiger Kündigungsfrist kann in der Bundesrepublik ohne Kündigung bis zu einem Betrag von dreitausend Deutsche Mark innerhalb eines Kalendermonats verfügt werden.

[16] Siehe zu den folgenden Überlegungen auch W.T. Newlyn, Theory of Money. Oxford 1968. S. 6ff.

Vertragsstrafen, z.B. in Form von Vorschußzinsen, in Kauf genommen werden. Aus diesen Gründen können befristete Einlagen die für Zahlungsmittel charakteristische Tauschmittelfunktion nur unzureichend erfüllen. Als *Geld* bezeichnen wir deshalb nur *Münzen* und *Noten* (*Bargeld*) sowie *Sichteinlagen* bei der Zentralbank und den Geschäftsbanken (*Giralgeld*). Befristete Einlagen nennen wir, solange sie relativ kurzfristig liquidierbar sind, **geldnahe Forderungen.**

*dd) Geldmengenkonzepte.* – aaa) Nachdem geklärt ist, was wir unter Geld oder Zahlungsmitteln verstehen wollen, können wir uns mit dem für die späteren gesamtwirtschaftlichen Betrachtungen zentralen Begriff der Geldmenge beschäftigen. Die **Geldmenge** (bzw. das Geldvolumen) enthält zwei Komponenten: 1. den im Nichtbankensektor befindlichen Gesamtbestand an Noten und Münzen (Bargeldumlauf) und 2. den im Nichtbankensektor befindlichen Gesamtbestand an Sichteinlagen. Die Bargeldbestände der Geschäftsbanken und die Sichteinlagen der Geschäftsbanken bei der Zentralbank gehören also *nicht* zur Geldmenge. Der Grund liegt darin, daß die Geldmenge als *analytisches Konzept* Verwendung findet, also zur Erklärung bestimmter wirtschaftlicher Vorgänge, wie z.B. der Änderung der gesamtwirtschaftlichen Produktion und Beschäftigung sowie des Preisniveaus, herangezogen wird. Für solche Vorgänge sind aber unmittelbar nur die Geldbestände der Nichtbanken, nicht aber die Geldbestände der Geschäftsbanken von wesentlicher Bedeutung; denn diese dienen in erster Linie dem *Verrechnungsverkehr* zwischen den Geschäftsbanken einerseits und den Geschäftsbanken und der Zentralbank anderseits.

Was schließlich die konkrete Berechnung der Geldmenge in der Bundesrepublik angeht, so ist noch folgendes zu beachten: Der von der Bundesbank ermittelte Bargeldumlauf enthält auch die im Ausland befindlichen DM-Noten und -Münzen. In Hinblick auf die Erklärung wirtschaftlicher Vorgänge im Inland wäre es sinnvoll, diesen Teil des gesamten Bargeldumlaufs aus der Geldmenge zu eliminieren. Statistische Schwierigkeiten dürften dem jedoch entgegenstehen. Weiter ist zu beachten, daß die Einlagen des Bundes im Bankensystem (Zentralbank- und Geschäftsbankensystem) *nicht* zur Geldmenge gehören. Ein Grund könnte darin gesehen werden, daß die Kassenbestände des Bundes nicht für sein Transaktionsvolumen und damit auch nicht für die gesamtwirtschaftliche Nachfrage, die gesamtwirtschaftliche Produktion und die zukünftige Preisniveauentwicklung entscheidend sind. Es fragt sich dann allerdings, ob nicht ähnlich in Hinblick auf die Kassenbestände anderer öffentlicher Haushalte, z.B. der Länder, argumentiert werden kann. Insofern erscheint die besondere Behandlung der Bundeseinlagen problematisch.

bbb) Die Geldmenge, ermittelt als *Summe des Gesamtbestandes an Noten und Münzen (Bargeldumlauf) und der gesamten Sichteinlagen der*

*Nichtbanken*[17] *ohne die Einlagen des Bundes im Bankensystem*, wird zur Unterscheidung von weiter gefaßten Geldmengenkonzepten mit **M1** bezeichnet. Für die Definition der Geldmenge *M1* ist die *Zahlungsmittelfunktion* des Geldes als Abgrenzungskriterium maßgeblich. Wenn man jedoch bedenkt, daß eine wichtige Funktion des Geldes darin besteht, als *temporäres Kaufkraftaufbewahrungsmittel* zu dienen und damit ein zeitliches Auseinanderfallen von Verkaufsakt und Kaufakt zu ermöglichen, dann läßt sich neben *M1* auch eine weitergehende, z.B. bestimmte Termineinlagen einbeziehende Abgrenzung der Geldmenge vertreten[18]. Die Deutsche Bundesbank verwendet deshalb in ihren monetären Analysen neben *M1* auch die Geldmenge **M2** und ermittelt diese als *Summe aus M1 und Termineinlagen mit einer Befristung bis unter vier Jahren*.

Bei der Einbeziehung von Termineinlagen in ein Geldmengenkonzept läßt sich nicht vermeiden, daß man zu einem gewissen Teil auch Termineinlagen aufnimmt, die nicht zu dem Zweck gehalten werden, eine bestimmte Anschaffung zu einem bestimmten späteren Zeitpunkt zu finanzieren, sondern als finanzielle Reserve dienen. Die Geldmenge M2 enthält demnach auch finanzielle Mittel, die weniger ein temporäres als ein *permanentes Kaufkraftaufbewahrungsmittel* darstellen und damit schon Wertaufbewahrungsfunktionen übernehmen. Will man nun die *Wertaufbewahrungsfunktion* bei der Abgrenzung der Geldmenge noch stärker betonen als bei M2, dann muß man den Geldmengenbegriff noch weiter fassen als bei M2 und z.B. bestimmte Spareinlagen einbeziehen. Derartigen Überlegungen trägt die Deutsche Bundesbank dadurch Rechnung, daß sie auch eine Geldmenge **M3** in ihrer monetären Analyse berücksichtigt, die sie als *Summe von M2 und Spareinlagen mit dreimonatiger Kündigungsfrist* ermittelt[19].

Eine quantitative Vorstellung von der Höhe der Geldmengen *M1, M2* und *M3* in der Bundesrepublik vermittelt die folgende Zusammenstellung für Ende 1997 (in Mrd. DM, gerundet)[20]:

---

[17] Seit Anfang 1997 bezieht die Bundesbank auch die Geldkarten-Aufladungsgegenwerte ein.

[18] Vgl. hierzu und zu den folgenden Ausführungen E.-M. Claassen, Die Definitionskriterien der Geldmenge: $M_1$, $M_2$, ... oder $M_x$? „Kredit und Kapital", 7. Jg. (1974), S.274ff. – Siehe ferner Monatsberichte der Deutschen Bundesbank, Juli 1971, S.11ff., und Dezember 1974, S.9.

[19] Neben M3 in dieser (traditionellen) Abgrenzung findet M3 noch in erweiterter Abgrenzung Verwendung, und zwar als M3 in der traditionellen Abgrenzung zuzüglich Euroanlagen inländischer Nichtbanken und kurzfristige Bankschuldverschreibungen sowie Anteile an in- und ausländischen Geldmarktfonds in Händen von inländischen Nichtbanken abzüglich der Bankeinlagen und kurzfristigen Bankschuldverschreibungen inländischer Geldmarktfonds.

[20] Zu den Zahlen siehe Deutsche Bundesbank, Monatsbericht September 1997, S.10*.

| | | |
|---|---|---|
| | Bargeldumlauf (ohne Kassenbestände der Kreditinstitute) | 247 |
| + | Sichteinlagen inländischer Nichtbanken (ohne Einlagen des Bundes im Bankensystem) | 623 |
| = | *Geldmenge M1* | *870* |
| + | Termingelder inländischer Nichtbanken mit Befristung bis unter vier Jahren | 385 |
| = | *Geldmenge M2* | *1 255* |
| + | Spareinlagen inländischer Nichtbanken mit dreimonatiger Kündigungsfrist | 891 |
| = | *Geldmenge M3* | *2 146* |

## Zusammenfassung

1. Unter Geld wird alles verstanden, was allgemein zur Bezahlung von Gütern und Dienstleistungen oder zur Abdeckung anderer wirtschaftlicher Verpflichtungen akzeptiert wird.
2. Geld erfüllt drei Funktionen: die eines Tauschmittels, einer Recheneinheit und eines Wertaufbewahrungsmittels.
3. Die Formen, in denen Geld heute Verwendung findet, sind Münzen und Noten (Bargeld) sowie Sichteinlagen von Nichtbanken bei Geschäftsbanken und dem Zentralbanksystem (Giralgeld).
4. Bei den befristeten Einlagen handelt es sich um Einlagen bei den Geschäftsbanken mit vereinbarter Laufzeit (sog. Festgelder) und mit vereinbarter Kündigungsfrist (sog. Kündigungsgelder). Termineinlagen sind Festgelder oder Kündigungsgelder, Spareinlagen sind Kündigungsgelder. Spar- und Termineinlagen werden, solange sie relativ kurzfristig liquidierbar sind, als geldnahe Forderungen bezeichnet.
5. Die Geldmenge (bzw. das Geldvolumen) wird ermittelt als der Gesamtbestand der sich im Nichtbankensektor befindlichen Noten und Münzen (Bargeldumlauf) und Sichteinlagen ohne Einlagen des Bundes im Bankensystem. Diese Größe wird auch als M1 bezeichnet.
6. Neben M1 finden noch andere Geldmengenkonzepte Verwendung, nämlich M2 (M1 plus Termineinlagen mit Befristung bis unter vier Jahren) und M3 (M2 plus Spareinlagen mit dreimonatiger Kündigungsfrist).

## 2. Geldschöpfung und Geldvernichtung

Aufgabe dieses Abschnittes ist es, Vorgänge aufzuzeigen, die eine Erhöhung bzw. Verminderung der Geldmenge (**Geldschöpfung** bzw. **Geldvernichtung**) zur Folge haben. Vorgänge dieser Art treten immer dann auf, wenn Nichtbanken (Haushalte, Unternehmungen und Staat) Transaktionen mit der Zentralbank und (oder) den Geschäftsbanken durchführen und dabei Geldbewegungen zwischen Nichtbanken und Banken stattfinden (vgl. Skizze).

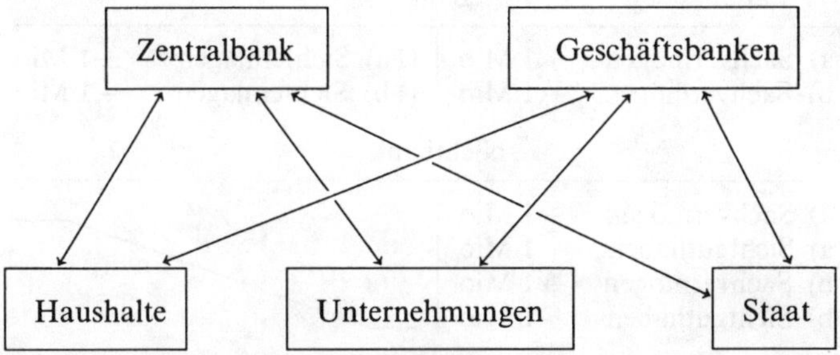


Geldbewegungen zwischen Haushalten, Unternehmungen und Staat bewirken im allgemeinen[1] keine Geldschöpfung bzw. Geldvernichtung, sondern nur eine Umverteilung der Geldmenge innerhalb des Nichtbankensektors.

### a) Einbanksystem mit ausschließlich bargeldlosem Zahlungsverkehr

*aa) Einige Beispiele zur Geldschöpfung und Geldvernichtung.* – Wichtige Erkenntnisse über den Prozeß der Geldschöpfung und Geldvernichtung lassen sich bereits gewinnen, wenn wir von der vereinfachenden Annahme ausgehen, daß in der Volkswirtschaft nur *eine Bank* existiert und alle Zahlungen mit Sichteinlagen bei dieser Bank durchgeführt werden, also *bargeldlos* erfolgen[2].

---

[1] Eine Ausnahme bilden Überweisungen von privaten Nichtbanken (Haushalte und Unternehmungen) zugunsten der Einlagen des Bundes im Bankensystem.

[2] Vgl. hierzu E. SCHNEIDER, Einführung in die Wirtschaftstheorie. III. Teil. Geld, Kredit, Volkseinkommen und Beschäftigung. 11., verb. und erw. Aufl. Tübingen 1969. S. 14 ff.

Es erleichtert das Verständnis, wenn wir hierzu einige Beispiele betrachten und den zahlenmäßigen Niederschlag der entsprechenden Transaktionen in Kontenform darstellen:

*Beispiel 1:* Die Bank erwirbt Sachvermögen, z. B. ein Gebäude, von einer Unternehmung im Werte von einer Million Geldeinheiten (GE) und zahlt mit Sichtforderungen auf sich selbst. In der Bankbilanz wird eine Zunahme von Sachvermögen und Sichteinlagen gebucht, es kommt zu einer Bilanzverlängerung; in der Bilanz der Unternehmung findet dagegen ein Aktivtausch statt (Buchung 1a):

Bank

| | | | | | |
|---|---|---|---|---|---|
| (1 a) | Sachvermögen | + 1 Mio | (1 a) | Sichteinlagen | + 1 Mio |
| (1 b) | Sachvermögen | – 1 Mio | (1 b) | Sichteinlagen | – 1 Mio |

Nichtbank

| | | | |
|---|---|---|---|
| (1 a) | Sachvermögen | – 1 Mio | |
| (1 a) | Sichtguthaben | + 1 Mio | |
| (1 b) | Sachvermögen | + 1 Mio | |
| (1 b) | Sichtguthaben | – 1 Mio | |

Der Ankauf von Sachvermögen durch die Bank führt also in dem Beispiel zu einer Erhöhung der Geldmenge (Geldschöpfung) in Form von Giralgeld. Das umgekehrte Ergebnis (also eine Geldvernichtung) stellt sich ein, wenn die Bank Sachvermögen veräußert und mit Sichtguthaben bei der Bank bezahlt wird (Buchung 1b).

*Beispiel 2:* Die Bank kauft Devisen, z. B. Dollarguthaben, von einem Exporteur im Werte von zwei Millionen GE und zahlt mit Sichtforderungen auf sich selbst. Wie im ersten Beispiel ergibt sich in der Bankbilanz eine Bilanzverlängerung, in der Bilanz des Exporteurs ein Aktivtausch (Buchung 2a):

Bank

| | | | | | |
|---|---|---|---|---|---|
| (2 a) | Devisen | + 2 Mio | (2 a) | Sichteinlagen | + 2 Mio |
| (2 b) | Devisen | – 2 Mio | (2 b) | Sichteinlagen | – 2 Mio |

Nichtbank

| | | | |
|---|---|---|---|
| (2 a) | Devisen | – 2 Mio | |
| (2 a) | Sichtguthaben | + 2 Mio | |
| (2 b) | Devisen | + 2 Mio | |
| (2 b) | Sichtguthaben | – 2 Mio | |

Der Ankauf von Devisen durch die Bank führt also in dem Beispiel zu einer Erhöhung der Geldmenge (Geldschöpfung) in Form von Giralgeld. Das umgekehrte Ergebnis (also eine Geldvernichtung) erhält man, wenn die Bank Devisen an eine Nichtbank (z.B. an einen Importeur) veräußert und mit Sichtguthaben bezahlt wird (Buchung 2b).

*Beispiel 3:* Die Bank gewährt einer Unternehmung einen Kredit in Höhe von drei Millionen GE und schreibt den Gegenwert dem Girokonto der Unternehmung gut. Da sich mit der Kreditgewährung die Verbindlichkeiten der Unternehmung erhöhen, ergibt sich auch in der Bilanz der Unternehmung eine Bilanzverlängerung (Buchung 3a):

Bank

| | | | |
|---|---|---|---|
| (3a) Kredite | + 3 Mio | (3a) Sichteinlagen | + 3 Mio |
| (3b) Kredite | – 3 Mio | (3b) Sichteinlagen | – 3 Mio |

Nichtbank

| | | | |
|---|---|---|---|
| (3a) Sichtguthaben | + 3 Mio | (3a) Verbindlichk. | + 3 Mio |
| (3b) Sichtguthaben | – 3 Mio | (3b) Verbindlichk. | – 3 Mio |

Mit der Kreditgewährung durch die Bank ist also in dem Beispiel eine Erhöhung der Geldmenge (Geldschöpfung) in Form von Giralgeld verbunden. Das umgekehrte Ergebnis (also eine Geldvernichtung) stellt sich zwangsläufig ein, wenn zum vereinbarten Tilgungszeitpunkt die Rückzahlung des Kredites erfolgt (Buchung 3b).

*Beispiel 4:* Ein Bankkunde löst eine längerfristige (Nicht-Geld darstellende) Forderung an die Bank in Höhe von vier Millionen GE auf (z.B. eine Termineinlage mit vierjähriger Laufzeit) und erhält dafür Sichteinlagen. In der Bilanz der Bank ergibt sich ein Passivtausch, in der Bilanz des Bankkunden ein Aktivtausch (Buchung 4a):

Bank

| | | | |
|---|---|---|---|
| | | (4a) Termineinlagen | – 4 Mio |
| | | (4a) Sichteinlagen | + 4 Mio |
| | | (4b) Termineinlagen | + 4 Mio |
| | | (4b) Sichteinlagen | – 4 Mio |

Nichtbank

| | | | |
|---|---|---|---|
| (4a) Terminguthaben | – 4 Mio | | |
| (4a) Sichtguthaben | + 4 Mio | | |
| (4b) Terminguthaben | + 4 Mio | | |
| (4b) Sichtguthaben | – 4 Mio | | |

Die Umwandlung einer längerfristigen (Nicht-Geld darstellenden) Forderung an die Bank in eine Sichteinlage durch einen Bankkunden bewirkt also eine Erhöhung der Geldmenge (Geldschöpfung) in Form von Giralgeld. Das umgekehrte Ergebnis (also eine Geldvernichtung) ergibt sich, wenn ein Bankkunde ein Sichtguthaben in eine längerfristige Forderung an die Bank umwandelt (Buchung 4 b).

*bb) Einige Folgerungen aus den Beispielen.* – Die vier Beispiele stimmen darin überein, daß sich die Bankbilanz verändert und dadurch eine Geldschöpfung bzw. Geldvernichtung eintritt. Unterschiede im Geldschöpfungs- und Geldvernichtungsprozeß werden deutlich, wenn wir die ersten drei Beispiele und das vierte Beispiel vergleichen. In den *ersten drei* Beispielen (Erwerb eines Gebäudes, Ankauf von Devisen und Gewährung eines Kredits) werden Vorgänge dargestellt, bei denen die Bank Aktiva erwirbt, die *keine* inländischen Zahlungsmittel darstellen, diese mit Sichtforderungen bezahlt und so die Geldmenge erhöht. „*Die Bank schafft (also) neues Geld, indem sie Nicht-Zahlungsmittel darstellende Aktiva monetisiert*“[3]. Der umgekehrte Vorgang, also eine Verminderung der Geldmenge, findet statt, wenn die Bank Aktiva, die *keine* inländischen Zahlungsmittel darstellen, veräußert und dabei von den Nichtbanken mit Sichteinlagen bezahlt wird.

*Das vierte* Beispiel beschreibt einen Vorgang, bei dem Nichtbanken über ihre Forderungen an die Bank verfügen. Offenbar ergibt sich eine Geldschöpfung, wenn Nichtbanken Forderungen an die Bank, die *keine* inländischen Zahlungsmittel darstellen, liquidieren und dafür Sichteinlagen erhalten. Umgekehrt tritt eine Geldvernichtung ein, wenn Nichtbanken Forderungen an die Bank, die *keine* inländischen Zahlungsmittel darstellen, erwerben und dafür Sichteinlagen hergeben.

Die sich zwischen den ersten drei Beispielen und dem vierten Beispiel abzeichnenden Unterschiede in der Geldschöpfung und Geldvernichtung bedürfen einer weiteren Präzisierung. Wir werden die erforderlichen Ergänzungen jedoch noch zurückstellen und erst am Ende des folgenden Unterabschnittes nachtragen.

### b) Mehrbankensystem unter Verwendung von Mischgeld

Obwohl ein Einbank-Modell von der wirtschaftlichen Wirklichkeit weit entfernt ist, führt eine sich der Realität annähernde Betrachtungsweise bezüglich der Geldschöpfung und -vernichtung nur zu relativ wenigen zusätzlichen Erkenntnissen. Unterschiede entstehen lediglich dadurch, daß

---

[3] E. Schneider, Einführung in die Wirtschaftstheorie. III. Teil, ..., a. a. O., S. 16.

ein Zentralbanksystem und ein Geschäftsbankensystem nebeneinander existieren und Geldschöpfungsprozesse durch beide Institutionen möglich sind. Die Zahlungsmittel bestehen demzufolge aus *Zentralbankgeld* in Form von Noten[4] und Sichtforderungen an das Zentralbanksystem sowie aus *Giralgeld der Geschäftsbanken* (Sichtforderungen an die Geschäftsbanken) im Bereich der Nichtbanken. Die nunmehr zugrundegelegte Geldwirtschaft ist also ein **Mischgeldsystem.**

*aa) Einige Beispiele zur Geldschöpfung und Geldvernichtung.* – Geldschöpfungsprozesse, die zu einer Erhöhung des Zentralbankgeldbestandes und (oder) des Bestandes an Giralgeld der Geschäftsbanken im Nichtbankensektor führen, können aus Transaktionen zwischen Nichtbanken und Zentralbank (Beispiel 5) und (oder) aus Transaktionen zwischen Nichtbanken und Geschäftsbankensystem (Beispiele 6, 7 und 8) hervorgehen. Betrachten wir zur Illustration die in den Beispielen 5 bis 8 dargestellten Geldschöpfungsvorgänge:

*Beispiel 5:* Die Zentralbank erwirbt Sachvermögen (z. B. ein Gebäude) von einer Unternehmung im Werte von fünf Millionen GE und zahlt eine Million GE in bar (d. h. also in Form von Noten), den Rest in Form von Giralgeld. In der Zentralbankbilanz kommt es zu einer Bilanzverlängerung, in der Bilanz der Unternehmung zu einem Aktivtausch:

Zentralbank

| | | | |
|---|---|---|---|
| Sachvermögen | + 5 Mio | Sichteinlagen | + 4 Mio |
| | | Notenumlauf | + 1 Mio |

Nichtbank

| | | | |
|---|---|---|---|
| Sachvermögen | – 5 Mio | | |
| Sichtguthaben | + 4 Mio | | |
| Noten | + 1 Mio | | |

Kauft die Zentralbank Devisen von einer Nichtbank oder gewährt sie einen Kredit an eine Nichtbank, dann tritt in den Bilanzen an die Stelle der Sachvermögensänderung lediglich eine Änderung des Bestandes an Devisen oder Krediten. In jedem dieser Fälle kommt es durch den Ankauf von Aktiva durch die Zentralbank zu einer Erhöhung der Geldmenge (in Form von Zentralbankgeld), also zu einer Geldschöpfung.

*Beispiel 6:* Eine Geschäftsbank gewährt einer Unternehmung einen Kredit in Höhe von sechs Millionen GE und zahlt davon eine Million GE

[4] Münzen sollen vernachlässigt werden.

in Form von Noten aus. In der Bankbilanz ergibt sich ebenso wie in der Bilanz der Unternehmung im Endergebnis eine Bilanzverlängerung.

Geschäftsbank

| | | | |
|---|---|---|---|
| Kredite | + 6 Mio | Sichteinlagen | + 5 Mio |
| Noten | – 1 Mio | | |

Nichtbank

| | | | |
|---|---|---|---|
| Sichtguthaben | + 5 Mio | Verbindlichkeiten | + 6 Mio |
| Noten | + 1 Mio | | |

In entsprechender Weise wird der Erwerb von Sachvermögen oder Devisen durch eine Geschäftsbank gebucht. Ähnlich wie in den Beispielen 1, 2 und 3 erfolgt also in jedem Fall eine Geldschöpfung; der Unterschied gegenüber den Beispielen 1, 2 und 3 besteht nur darin, daß die Geschäftsbank auch Noten abgibt und die Nichtbanken auch Noten erhalten.

*Beispiel 7:* Ein Bankkunde löst eine längerfristige Forderung an eine Geschäftsbank (z. B. eine Spareinlage mit vierjähriger Kündigungsfrist) in Höhe von sieben Millionen GE auf und läßt sich den Gegenwert in Höhe von einer Million GE in bar auszahlen; der Rest wird seinem Girokonto gutgeschrieben. In der Bankbilanz ergibt sich ein Passivtausch sowie eine Bilanzverkürzung[5] und in der Bilanz des Bankkunden ein Aktivtausch:

Geschäftsbank

| | | | |
|---|---|---|---|
| Noten | – 1 Mio | Spareinlagen | – 7 Mio |
| | | Sichteinlagen | + 6 Mio |

Nichtbank

| | | | |
|---|---|---|---|
| Sparguthaben | – 7 Mio | | |
| Noten | + 1 Mio | | |
| Sichtguthaben | + 6 Mio | | |

[5] Anders als in einem Einbanksystem mit bargeldlosem Zahlungsverkehr kann ein Passivgeschäft in einem Mischgeldsystem also auch die Aktivseite der Bilanz einer Geschäftsbank berühren. Dieser Unterschied verschwindet allerdings wieder, wenn man die Bilanzen des Zentralbank- und Geschäftsbankensystems zu einer konsolidierten Bilanz des gesamten Bankensystems zusammenfaßt und dabei von Münzbeständen absieht (vgl. Kapitel III unter 3a) dd) aaa)).

Wie in Beispiel 4 besteht das Endergebnis in einer Geldschöpfung, die allerdings (*anders* als im Beispiel 4) mit einer Abnahme des Notenbestandes der Geschäftsbank verbunden ist, sobald die Nichtbanken den Gegenwert der liquidierten Forderung teilweise in Form von Bargeld verlangen.

*Beispiel 8:* Eine Unternehmung läßt zu Lasten ihrer Sichteinlagen bei einer Geschäftsbank eine Überweisung in Höhe von acht Millionen GE auf ihr Konto bei der Zentralbank durchführen. In der Bilanz der Geschäftsbank wird eine Abnahme von Zentralbankeinlagen und von Sichteinlagen gebucht, es kommt also zu einer Bilanzverkürzung; in der Bilanz des Bankkunden erfolgt ein Aktivtausch:

Geschäftsbank

| | | | |
|---|---|---|---|
| Zentralbankeinlagen | – 8 Mio | Sichteinlagen | – 8 Mio |

Nichtbank

| | | | |
|---|---|---|---|
| Sichtguthaben | – 8 Mio | | |
| Zentralbankeinlagen | + 8 Mio | | |

Die Buchungsvorgänge verlaufen in der umgekehrten Richtung, wenn der Betrag von acht Millionen GE vom Zentralbankkonto der Unternehmung auf ein Girokonto bei einer Geschäftsbank überwiesen wird. In keinem der beiden Fälle ergibt sich eine Veränderung der Geldmenge; eine Geldschöpfung bzw. Geldvernichtung findet also nicht statt. Lediglich die Struktur der Geldmenge wird eine andere: Im ersten Fall steigt der Anteil des Zentralbankgeldes, im zweiten geht er zurück.

*bb) Folgerungen aus den Beispielen.* – Die Beispiele 5 und 6 entsprechen weitgehend den Beispielen 1, 2 und 3. In allen Fällen werden Aktiva, die keine inländischen Zahlungsmittel darstellen, von einer Bank erworben. Solche Geschäfte, die bei einer Bank zu einer Änderung ihres Bestandes an Nicht-Zahlungsmittel darstellenden Aktiva führen, bezeichnet man als **Aktivgeschäfte** der Banken. Führt ein Aktivgeschäft zu einer Geldschöpfung oder Geldvernichtung, dann spricht man von **aktiver Geldschöpfung** oder **Geldvernichtung.**

Die Vorgänge, die zu einer aktiven Geldschöpfung oder Geldvernichtung führen, lassen sich weiter klassifizieren, wenn die Bilanz der Bankkunden, also der Nichtbanken, näher betrachtet wird. Beim Verkauf von Sachvermögen und Devisen (Beispiele 1, 2 und 5) erhält der Bankkunde Zahlungsmittel, ohne daß sich seine Passiva verändern; im Beispiel 3 bzw. 6 (Aufnahme eines Kredits) gelangt der Bankkunde dagegen in den Besitz von Zahlungsmitteln, indem er sich verschuldet. Die *aktive Geldschöpfung* ist also in den Beispielen 1, 2 und 5 von einer Erhöhung der Nettoforderungen des Bankkunden gegenüber der Bank (Forderungen an die Bank minus Verbindlichkeiten gegenüber der Bank) begleitet. In diesem Fall erwirbt die Bank **primäre Aktiva.** Im Fall der Kreditaufnahme (Beispiel 3 bzw. 6) bleiben die Nettoforderungen des Bankkunden gegenüber der Bank dagegen unverändert; die Bank erwirbt in diesem Fall **sekundäre Aktiva** (also Aktiva, deren Erwerb durch die Bank, anders als bei primären Aktiva, mit keiner Änderung der Nettoforderungen von Nichtbanken verbunden ist)[6].

Das Gegenstück zu Aktivgeschäften bildet ein Bankgeschäft, das durch die Beispiele 4 bzw. 7 oder 8 illustriert und als **Passivgeschäft** bezeichnet wird. Einem Passivgeschäft liegen Dispositionen der Nichtbanken über ihre Forderungen an Banken zugrunde. Hieraus resultiert in der Bankbilanz eine Änderung der Passivseite, *ohne* daß gleichzeitig der Bestand an Aktiva, die *keine* inländischen Zahlungsmittel darstellen, verändert wird. Führen solche Passivgeschäfte zu einer Änderung der Geldmenge (wie in den Beispielen 4 und 7), dann bezeichnet man diesen Vorgang als **passive Geldschöpfung** bzw. **Geldvernichtung.**

## Zusammenfassung

1. Eine aktive Geldschöpfung findet statt, wenn Banken (Geschäftsbanken oder Zentralbank) von Nichtbanken Aktiva erwerben, die keine inländischen Zahlungsmittel darstellen, und dafür Zahlungsmittel hergeben. Eine aktive Geldvernichtung findet statt, wenn Banken an Nichtbanken Aktiva abstoßen, die keine inländischen Zahlungsmittel darstellen, und dafür von den Nichtbanken Zahlungsmittel erhalten.
2. Eine passive Geldschöpfung findet statt, wenn Nichtbanken Forderungen an Banken, die keine inländischen Zahlungsmittel darstellen, liquidieren und dafür Zahlungsmittel erhalten. Eine passive Geldvernichtung findet statt, wenn Nichtbanken Forderungen an Banken, die keine inländischen Zahlungsmittel darstellen, von Banken erwerben und dafür Zahlungsmittel hergeben.
3. In einem Mischgeldsystem findet die Geldschöpfung bzw. Geldvernichtung ihren Niederschlag in einer Änderung des Bestandes

---

[6] Vgl. SCHNEIDER, Einführung in die Wirtschaftstheorie. III. Teil, ..., a. a. O., S. 16.

an Zentralbankgeld (Noten und Sichtforderungen an die Zentralbank) und (oder) in einer Änderung des Bestandes an Giralgeld der Geschäftsbanken im Bereich der Nichtbanken.

## Ausgewählte Literaturangaben zum I. Kapitel[7]

P. Bofinger, J. Reischle, A. Schächter, Geldpolitik. Ziele, Institutionen, Strategien und Instrumente. München 1996 (zu **1**).

M. Borchert, Geld und Kredit. Einführung in die Geldtheorie und Geldpolitik. 4., überarb. u. wesentl. erw. Aufl. München, Wien 1997 (zu **1** und **2**).

Deutsche Bundesbank, Die Geldpolitik der Deutschen Bundesbank. Frankfurt am Main 1995 (zu **1**).

D. Duwendag, K.-H. Ketterer, W. Kösters, R. Pohl, D. B. Simmert, Geldtheorie und Geldpolitik. Eine problemorientierte Einführung mit einem Kompendium monetärer Fachbegriffe. 4., überarb. u. erw. Aufl. Köln 1993 (zu **1**).

W. Ehrlicher, Geldtheorie und Geldpolitik III: Geldtheorie. In: Handwörterbuch der Wirtschaftswissenschaft (HdWW). Zugleich Neuauflage des Handwörterbuchs der Sozialwissenschaften. 3. Bd. 1981. S. 374 ff. (zu **1**).

W. Fuhrmann, Geld und Kredit. Prinzipien Monetärer Makroökonomie. 2., erw. Aufl. München, Wien 1987 (zu **1** und **2**).

O. Issing, Einführung in die Geldtheorie. 10., überarb. Aufl. München 1995 (zu **1** und **2**).

D. Kath, Geld und Kredit. In: Vahlens Kompendium der Wirtschaftstheorie und Wirtschaftspolitik. Band 1. 6., überarb. u. erw. Aufl. München 1995. S. 175 ff. (zu **1**).

R. Richter, Geldtheorie. Vorlesung auf der Grundlage der Allgemeinen Gleichgewichtstheorie und der Institutionenökonomik. 2., durchges. u. erg. Aufl. Berlin 1990 (zu **1**).

E. Schneider, Einführung in die Wirtschaftstheorie. III. Teil. Geld, Kredit, Volkseinkommen und Beschäftigung. 11., verb. und erw. Aufl. Tübingen 1969 (zu **1** und **2**).

[7] Die eingeklammerten Ziffern geben die *Abschnitte des Kapitels* an, auf die sich die Literaturangaben beziehen.

# II. Einzelwirtschaftliche Analyse von Kasse und Portefeuilles

Die im I. Kapitel beschriebenen Funktionen des Geldes enthalten bereits gewisse Hinweise auf die *Motive* der Wirtschaftseinheiten für eine Kassenhaltung. So deutet die Tauschmittelfunktion darauf hin, daß Geld zur Deckung eines aus den laufenden Transaktionen resultierenden Finanzierungsbedarfs benötigt wird. Die entsprechende Kassenhaltung wird jeweils nach den ihr zugrundeliegenden Motiven entsprechend der üblichen Terminologie als **Transaktionskasse** (siehe II.1) oder als **Vorsichtskasse** (siehe II.2) bezeichnet. Wird die Kassenhaltung in diesen Fällen vor allem durch laufende, sich wiederholende Transaktionen motiviert, so weist die Wertaufbewahrungsfunktion vornehmlich auf die (zusätzliche) Rolle des Geldes als *Vermögensobjekt* hin. Dieser Aspekt ist es, der bei der **Spekulationskasse** (siehe II.3) zur Geltung kommt.

Die theoretische Analyse dieser drei Motive[1] der Kassenhaltung wird durch geldtheoretische Modelle stärker beeinflußt, die die Kassenhaltung als Ergebnis eines einzelwirtschaftlichen *Optimierungskalküls* ableiten. Mit einer derartigen Analyse der Kassenhaltung befolgt man eine Methode, die in der Mikroökonomik, z. B. bei der einzelwirtschaftlichen Bestimmung von Güterangebot und -nachfrage, eine lange Tradition besitzt und deren Relevanz für geldtheoretische Probleme erstmalig wohl von Hicks (1935)[2] in aller Klarheit gesehen worden ist. Sie bietet in Form der **Portefeuille-Theorie** (siehe Abschnitt II.3b) bis 3d)) zugleich eine theoretische Basis für die optimale (d. h. nutzenmaximale) Aufteilung des Vermögens auf verschiedene Finanzaktiva (portfolio selection).

---

[1] Diese seit Keynes gebräuchliche Aufspaltung der Kassenhaltung ist natürlich nur eine abstrakte Vorgehensweise; in der Praxis wird man einem Bestand an Zahlungsmitteln nicht ansehen können, wie groß der Anteil der Transaktions-, Vorsichts- und Spekulationskasse ist. Dennoch ist eine gedankliche Trennung möglich; sie erscheint aus Gründen der Darstellung auch zweckmäßig.

[2] Vgl. J. R. Hicks, A Suggestion for Simplifying the Theory of Money. „Economica", Vol. 2 (1935), S. 1 ff.

## 1. Die Transaktionskasse

### a) Institutionell determinierte Kassenhaltung

Im Rahmen der **Transaktionskasse** analysieren wir die Finanzplanung einer Wirtschaftseinheit, die Höhe und zeitliche Verteilung der laufenden Aus- und Einzahlungen *mit Sicherheit* voraussieht und als gegeben hinnimmt. Zur Illustration betrachten wir in einem stark vereinfachten Modell einen Haushalt, der alle Haushalte repräsentiert, und eine Unternehmung, die alle Unternehmungen repräsentiert[1]. Ohne daß sich an den Ergebnissen etwas ändert, könnten wir stattdessen aber auch noch weiter abstrahieren und annehmen, daß die Volkswirtschaft nur aus zwei Wirtschaftseinheiten besteht: Die eine (der Haushalt) verkauft Arbeitsleistungen, die andere (die Unternehmung) verkauft Güter.

Angenommen, der Haushalt empfängt zu Beginn des Planungszeitraums (z. B. eines Monats) eine Einzahlung (z. B. sein Einkommen) in Höhe von 3000 GE und gibt jeden Tag gleichbleibend einen Betrag von 100 GE für Güterkäufe aus. Sein Kassenbestand, der zu Beginn des ersten Tages 3000 GE beträgt, wird dann im Laufe des Monats immer kleiner, bis er am 30. Tag in vollem Umfang verausgabt ist.

Approximieren wir die streng genommen diskontinuierliche Abnahme des Kassenbestandes[2] durch eine kontinuierliche Entwicklung, dann können wir die Kassenhaltung des Haushaltes im Zeitablauf durch folgende Darstellung beschreiben.

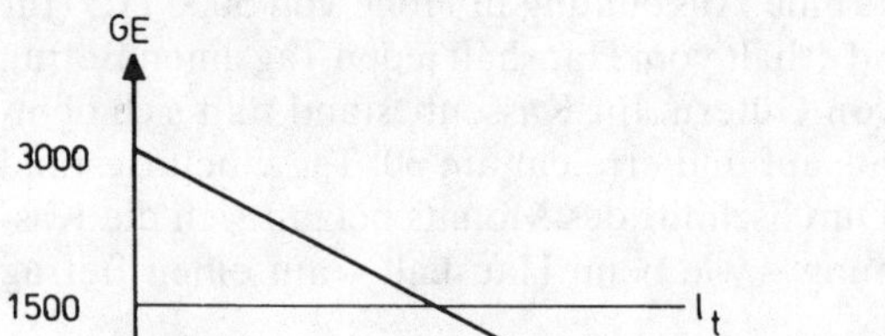


Fig. II.1

---

[1] Vgl. A. Woll, Allgemeine Volkswirtschaftslehre. 10., überarb. und erg. Aufl. München 1990. S. 366 ff.

[2] Daß die Kassenhaltung des Haushaltes an sich diskontinuierlich verläuft, ergibt sich daraus, daß jeden Tag zu einem bestimmten Zeitpunkt eine Auszahlung vorgenommen wird. Streng genommen müßte deshalb die kassenmäßige Entwicklung des Haushalts durch eine Treppenkurve dargestellt werden.

Der während des Planungszeitraums im Durchschnitt gehaltene Kassenbestand für Transaktionszwecke (d. h. die *durchschnittliche Transaktionskasse)* läßt sich ermitteln, indem der Inhalt des in Fig. II.1 eingezeichneten Dreiecks (die sog. Zeitmengenfläche) durch die Länge des Planungszeitraums geteilt wird. Wird die durchschnittliche Transaktionskasse ($l_t$) in unserem Beispiel auf einen Monat bezogen, dann ist die Länge des Planungszeitraums gleich eins und die durchschnittliche Transaktionskasse beläuft sich damit auf einen Betrag von $\frac{3000}{2} \cdot 1 = 1500$ GE.

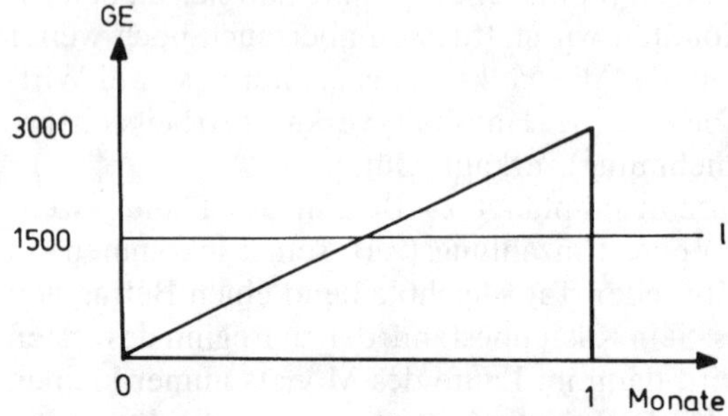

Fig. II.2

Bei der Unternehmung führen die Ein- und Auszahlungen des Haushalts zu einer Entwicklung der Kassenhaltung, die spiegelbildlich zu der in Fig. II.1 gegebenen Darstellung verläuft (vgl. Fig. II.2). Die Unternehmung tätigt zu Beginn des Monats eine Auszahlung in Höhe von 3000 GE (für Einkommenszahlungen) und erhält vom Haushalt jeden Tag einen Betrag von 100 GE für Verkäufe von Gütern. Ihr Kassenbestand füllt sich demzufolge im Laufe des Monats auf und erreicht am 30. Tag einen Bestand in Höhe von 3000 GE. Im Durchschnitt des Monats beläuft sich die Kassenhaltung der Unternehmung – wie beim Haushalt – auf einen Betrag von 1500 GE.

Bleiben Umfang und zeitliche Verteilung der Ein- und Auszahlungen von Monat zu Monat unverändert, dann erhält man für einen längeren Planungszeitraum (z. B. für ein Jahr) für die kassenmäßige Entwicklung der beiden Wirtschaftseinheiten die in den Fig. II.3 und II.4 dargestellten Verläufe.

Im Durchschnitt des *Jahres* wird offensichtlich sowohl vom Haushalt als auch von der Unternehmung ein Kassenbestand von 1500 GE gehalten. Dabei werden jeweils Umsätze in Höhe von $12 \cdot 3000 = 36000$ GE pro Jahr getätigt.

Es ist unschwer einzusehen, daß sich der durchschnittliche Kassenbestand bei beiden Wirtschaftseinheiten verändert, wenn sich entweder die

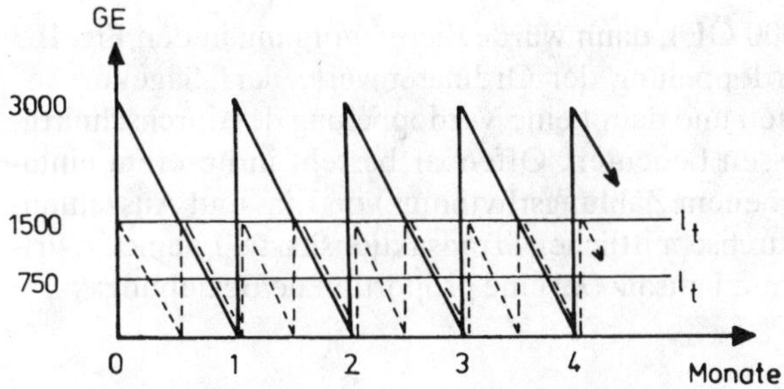


Fig. II.3[3]

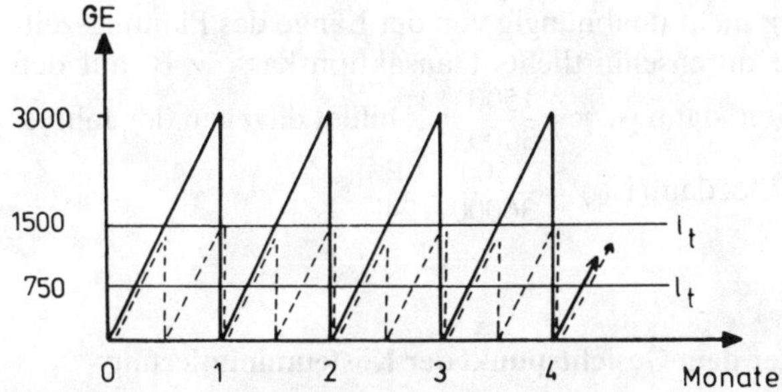


Fig. II.4[4]

zeitliche Verteilung von Ein- und Auszahlungen, also der **Zahlungsrhythmus,** oder die Höhe der Umsätze verändert.

Die durchschnittliche Transaktionskasse jeder Wirtschaftseinheit sinkt z. B. bei gleichbleibendem Jahresumsatz von 1500 GE auf 750 GE, wenn das monatliche Haushaltseinkommen von 3000 GE nicht in einer Summe am 1. des Monats, sondern in zwei gleichen Teilbeträgen am 1. und 15. des Monats ausgezahlt wird (vgl. Fig. II.3 und II.4). Die durchschnittliche Transaktionskasse geht schließlich sogar auf Null zurück, wenn die Einkommenszahlungen in so kurzen Zeitabständen vorgenommen werden, daß Ein- und Auszahlungen bei Haushalt und Unternehmung vollkommen synchronisiert erfolgen.

Wird demnach die durchschnittliche Transaktionskasse bei *gegebenem* Jahresumsatz durch den *Zahlungsrhythmus* festgelegt, so wird sie umgekehrt bei *gegebenem* Zahlungsrhythmus durch die Höhe des *Jahresumsatzes* bestimmt. Würde sich z. B. der Jahresumsatz der beiden Wirtschaftseinheiten bei gleichbleibendem Zahlungsrhythmus verdoppeln (z. B. von

[3] Die Entwicklung nach dem 4. Monat verläuft wie in den ersten vier Monaten.

[4] Die Entwicklung nach dem 4. Monat verläuft wie in den ersten vier Monaten.

jeweils 36000 auf 72000 GE), dann würde dieser Vorgang in den Fig. II.3 und II.4 in einer Verdoppelung der Ordinatenwerte der „Sägekurven" zum Ausdruck kommen und damit eine Verdoppelung der durchschnittlichen Transaktionskassen bedeuten. Offenbar besteht in unserem einfachen Modell bei gegebenem Zahlungsrhythmus von Ein- und Auszahlungen zwischen der durchschnittlichen Transaktionskasse $l_t$ einer Wirtschaftseinheit und ihrem Umsatz ($h$) eine proportionale Beziehung:

(1) $l_t = \gamma \cdot h, \gamma > 0.$

Bei der Interpretation dieser Gleichung ist zu beachten, daß die Proportionalitätskonstante $\gamma$ nicht unabhängig von der Länge des Planungszeitraumes ist. Wird die durchschnittliche Transaktionskasse z. B. auf den Monatsumsatz bezogen, dann ist $\gamma = \frac{1500}{3000} = \frac{1}{2}$; bildet dagegen der Jahresumsatz die Bezugsgröße, dann ist $\gamma = \frac{1500}{36000} = \frac{1}{24}$.

## b) Kassenhaltung unter dem Gesichtspunkt der Kostenminimierung

*aa) Alternativ- und Umwandlungskosten.* – Eine Schwäche der im vorhergehenden Abschnitt durchgeführten Bestimmung der durchschnittlichen Transaktionskasse ist insbesondere darin zu sehen, daß die kassenmäßige Entwicklung mehr oder weniger passiv hingenommen und nicht zum Gegenstand einer besonderen ökonomischen Entscheidung gemacht wird. So muß es z. B. ökonomisch wenig einsichtig erscheinen, daß sich in dem von uns zuerst dargestellten Beispiel (vgl. Fig. II.1) als Folge der Kassenhaltung ungenutzte Kassenüberschüsse einstellen, die in vollem Umfang erst gegen Ende des Planungszeitraums verausgabt sind. Es liegt in diesem Fall nahe, *Kassenüberschüsse verzinslich anzulegen* (z. B. in Form von Termineinlagen oder in Obligationen) und die entsprechenden Anlagen bei Auftreten eines Finanzierungsbedarfs aufzulösen. Auf diese Weise lassen sich mit der Kassenhaltung verbundene, aus dem Verzicht auf Zinserträge resultierende **Alternativkosten** (opportunity costs) einsparen. Anderseits ist hierbei aber in Rechnung zu stellen, daß bei Bildung und Auflösung von Geldanlagen (z. B. in Wertpapieren) Kosten anfallen, die teils durch die Höhe des Umwandlungsbetrages bestimmt werden (**variable Umwandlungskosten**), teils davon unabhängig sind (**feste Umwandlungskosten**)[5].

[5] Hierbei kann es sich um Maklerprovisionen, Steuern, Telefongebühren oder auch um die Mühe und Unbequemlichkeit handeln, die mit Wertpapiergeschäften verbunden sind.

Alternativkosten sowie variable und feste Umwandlungskosten sind somit die Einflußgrößen, die in einem an den Kosten orientierten Kalkül zur Bestimmung einer **optimalen Transaktionskasse**[6] eine wesentliche Rolle spielen.

Die Ergebnisse eines solchen Entscheidungskalküls lassen sich im Rahmen dieses Modells unter verschiedenen Annahmen herleiten. Betrachten wir z. B. die Finanzplanung eines Wirtschaftssubjekts, dessen *Auszahlungen gleichmäßig über den Planungszeitraum verteilt sind*, so kann man für die insgesamt gleich hohen *Einzahlungen* entweder davon ausgehen, daß sie *zu Beginn des Planungszeitraums in einer Summe* oder daß sie am *Ende des Planungszeitraums in einer Summe* anfallen. Im zweiten Fall sind die Auszahlungen vorzufinanzieren, z. B. mit Hilfe eines entsprechenden Bestandes an Wertpapieren oder auch durch Aufnahme eines Kredits.

Unter der Zielsetzung der Kostenminimierung ist dann im *ersten* Fall die Frage zu beantworten, in welcher Höhe die zu Beginn des Planungszeitraums vorhandenen Einzahlungen in Wertpapieren angelegt *und* in welchen Teilbeträgen die Anlagen später liquidiert werden sollen. Im *zweiten* Fall ist nur zu bestimmen, in welchen Teilbeträgen ein zu Beginn des Planungszeitraums als vorhanden angenommener Wertpapierbestand sukzessive in Kasse verwandelt oder ein Kredit aufgenommen werden soll. Im ersten Fall sind die optimalen Werte mehrerer Variablen simultan zu bestimmen; die entsprechende Lösung ist komplizierter als im zweiten Fall. Da eine Berücksichtigung des ersten Falls den Aussagewert unserer Betrachtungen nicht grundsätzlich erweitert[7], können wir uns im folgenden auf die Analyse des zweiten Falls beschränken.

Zur Illustration wollen wir annehmen, daß eine Wirtschaftseinheit einen stetigen Auszahlungsstrom zu finanzieren hat, der über den ganzen Planungszeitraum hinweg, z. B. über einen Monat, insgesamt den Betrag $h = 3000$ ergibt. In dieser Höhe soll ihr zu Beginn des Planungszeitraums

---

[6] Ein ausgearbeitetes Modell hierzu wurde von W. J. Baumol (The Transaction Demand for Cash: An Inventory Theoretic Approach. „The Quarterly Journal of Economics“, Vol. 66 (1952), S. 545 ff.) und in modifizierter und erweiterter Form später von J. Tobin, The Interest-Elasticity of Transactions Demand for Cash. „The Review of Economics and Statistics“, Vol. 38 (1956), S. 241 ff., vorgelegt. – M. Allais (Économie & intérêt. Paris 1947. S. 238 ff.) hatte jedoch schon vorher die wesentlichen Ergebnisse hergeleitet. Siehe hierzu auch W. J. Baumol, J. Tobin, The Optimal Cash Balance Proposition: Maurice Allais' Priority. „The Journal of Economic Literature“, Vol. 27 (1989), S. 1160 ff.

[7] Siehe hierzu Baumol (a. a. O., S. 547 ff.), der beide Fälle berücksichtigt. – Vgl. zum ersten Fall auch V. Bergen, Theoretische und empirische Untersuchungen zur längerfristigen Geldnachfrage in der Bundesrepublik Deutschland (1950–1967). (Schriften zur angewandten Wirtschaftsforschung, Bd. 27.) Tübingen 1970. S. 96 ff.

ein Wertpapierbestand zur Verfügung stehen. Die Finanzierung erfolgt im *Extremfall* in der Weise, daß zu Beginn des Planungszeitraums der gesamte Wertpapierbestand veräußert wird. In diesem Fall stellen sich ungenutzte Kassenüberschüsse ein, die sich im Durchschnitt des Monats auf einen Betrag von $\frac{h}{2}$ belaufen (vgl. Fig. II.5). Der durchschnittliche Kassenbestand und die hiermit verbundenen Alternativkosten sind geringer, wenn Wertpapiere *häufiger und damit in kleineren Teilbeträgen* liquidiert werden.

Betrachten wir zur Illustration einmal den Fall, daß innerhalb des Monats dreimal Wertpapiere im Betrage von jeweils $b = \frac{h}{3}$ (= 1000 GE) liquidiert

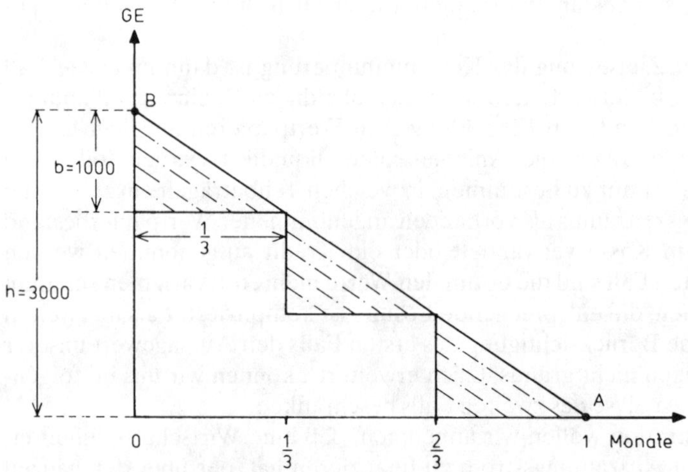


Fig. II.5

werden (vgl. Fig. II.5). Im ersten Drittel des Monats ist im Durchschnitt die Hälfte des ersten Liquidationserlöses, also $\frac{b}{2}$ (= 500 GE), als Kasse vorhanden.

Das gleiche gilt für die beiden folgenden Drittel des Monats. Insgesamt wird also dreimal für die Dauer eines Monatsdrittels ein durchschnittlicher Betrag von $\frac{b}{2}$ als Kasse gehalten. Während des *ganzen* Monats wird deshalb eine durchschnittliche Transaktionskasse von

$$l_t = 3 \cdot \left(\frac{1}{3} \cdot \frac{b}{2}\right) = \frac{b}{2}$$

gehalten. Diesem Betrag entspricht die durch die drei kleinen Dreiecke in Fig. II.5 gegebene Zeitmengenfläche.

Die Beziehung zwischen der durchschnittlichen Transaktionskasse $l_t$ und dem Umwandlungsbetrag $b$ läßt sich verallgemeinern: Werden $n$ gleich große Wertpapiertransaktionen in Höhe von jeweils $b = \frac{h}{n}$ durchgeführt, dann wird im Laufe des Monats eine durchschnittliche Transaktionskasse in Höhe von

(2) $l_t = n \cdot \left(\frac{1}{n} \cdot \frac{b}{2}\right) = \frac{b}{2}$

gehalten.

Bei einem Zinssatz für Wertpapiere von $i$ resultieren aus der Kassenhaltung *Alternativkosten* von

(3) $k_A = l_t\, i\,.$

Neben den Alternativkosten sind jetzt noch *Umwandlungskosten* zu berücksichtigen. Wir nehmen an, daß die Umwandlungskosten *pro Transaktion* ($k_{U/T}$) teilweise vom Umwandlungsbetrag unabhängig, teilweise hiervon abhängig sind und nach folgender Formel berechnet werden:

(4a) $k_{U/T} = \alpha + \beta b\,.$

Hierbei geben $\alpha$ die festen Umwandlungskosten und $\beta$ die Umwandlungskosten pro Geldeinheit (GE) an.

Da innerhalb des gesamten Planungszeitraums insgesamt $n$ Transaktionen durchgeführt werden, betragen die *gesamten* Umwandlungskosten ($k_U$):

$k_U = n\, k_{U/T}$ bzw.

$k_U = n\,\alpha + n\,\beta b$

und wegen

$n = \frac{h}{b}$

(4) $k_U = \frac{h}{b}\alpha + h\beta\,.$

Offenbar werden die gesamten Umwandlungskosten um so größer, je kleiner die Umwandlungsbeträge sind, d. h. je häufiger Wertpapiere liquidiert werden. Um die Umwandlungskosten – wie die Alternativkosten in (3) – von der durchschnittlichen Transaktionskasse $l_t$ abhängig zu machen, wird $b$ in Gleichung (4) entsprechend (2) durch

$b = 2\,l_t$

ersetzt. Man erhält dann

(5) $k_U = \frac{h\,\alpha}{2\,l_t} + h\,\beta\,.$

Wie man sieht, werden die gesamten Umwandlungskosten – anders als die Alternativkosten – um so größer, je kleiner die Transaktionskasse ist und umgekehrt. Die Summe aus den Alternativkosten $k_A$ und den Umwandlungskosten $k_U$

$$(6) \quad k = l_t i + \frac{h\alpha}{2l_t} + h\beta$$

bildet den Ausgangspunkt für die Bestimmung der optimalen Transaktionskasse.

*bb) Optimale Transaktionskasse.* – aaa) Das Optimierungsproblem besteht darin, die durchschnittliche Transaktionskasse $l_t$ bzw. wegen $b = 2l_t$ den Umwandlungsbetrag oder wegen $n = h/b = h/2l_t$ die Umwandlungshäufigkeit so zu bestimmen[8], daß die Gesamtkosten $k$ ein Minimum erreichen. Hier soll die *Transaktionskasse* $l_t$ als **Entscheidungsvariable** angesehen werden. Sie nimmt einen optimalen Wert an, wenn die in (6) angegebenen Kosten (**Zielvariable**) minimiert werden. Notwendig ist hierfür als *Bedingung erster Ordnung:*

$$\frac{dk}{dl_t} = i - \frac{h\alpha}{2\hat{l}_t^2} = 0$$

bzw.

$$(7) \quad i = \frac{h\alpha}{2\hat{l}_t^2}.$$

Hieraus folgt:

$$(8) \quad \hat{l}_t = \sqrt{\frac{\alpha h}{2i}}.$$

Die *Bedingung zweiter Ordnung* ist erfüllt; denn

$$\frac{d^2k}{dl_t^2} = \frac{h\alpha}{\hat{l}_t^3} > 0.$$

Wird schließlich zwischen dem Umsatz des Planungszeitraums $h$ und dem Einkommen der Wirtschaftseinheit $y$ ein positiver Zusammenhang unterstellt, z. B.

$$h = \kappa y,$$

dann erhält man für die optimale durchschnittliche Kassenhaltung

$$(9) \quad \hat{l}_t = \sqrt{\frac{\alpha\kappa y}{2i}}.$$

---

[8] Baumol optimiert den Umwandlungsbetrag, Tobin die Umwandlungshäufigkeit. Die hier gewählte Transaktionskasse führt direkt zu Ergebnissen, die den Folgerungen von Allais (a. a. O., S. 238 ff.) entsprechen.

Zunächst einmal zeigt sich, daß die Haltung einer Transaktionskasse *nicht mehr rational* erscheint, wenn bei der Umwandlung von Wertpapieren in Kasse keine (festen)[9] *Umwandlungskosten* anfallen (die Größe $\alpha$ also gleich Null ist). Entstehen aber (feste) Umwandlungskosten (und das dürfte i.a. der Fall sein), dann *steigt die optimale durchschnittliche Transaktionskasse mit steigendem Einkommen, zunehmenden (festen) Umwandlungskosten und sinkendem Zinssatz für Wertpapiere und umgekehrt.*

Der Unterschied zu dem im vorangegangenen Unterabschnitt abgeleiteten Ergebnis (vgl. Gleichung (1)) besteht demnach zunächst einmal darin, daß Zinssatz und Umwandlungskosten als Einflußgrößen berücksichtigt werden. Außerdem unterscheidet sich die optimale durchschnittliche Transaktionskasse vom ersten Ansatz dadurch, daß auch bei Annahme einer proportionalen Beziehung zwischen Umsatz und individuellem Einkommen *kein proportionaler, sondern ein unterproportionaler Zusammenhang zwischen durchschnittlicher Kassenhaltung und Einkommen besteht*[10].

bbb) *Graphisch* läßt sich die optimale durchschnittliche Transaktionskasse mit Hilfe eines Grenzkosten-Diagramms bestimmen. Ausgangspunkt der Darstellung ist der in Gleichung (7) beschriebene Zusammenhang zwischen einer marginalen Zunahme der Transaktionskasse und der daraus resultierenden Erhöhung der Alternativkosten und der gleichzeitigen Senkung der Umwandlungskosten. Wie Gleichung (7) erkennen läßt, wird das *Kostenminimum* nur dann erreicht, wenn die Transaktionskasse so bemessen wird, daß die marginale Ersparnis an Umwandlungskosten $h\alpha/2$ durch die marginale Zunahme der Alternativkosten $i$ gerade kompensiert wird. In Fig. II.6 wird diese Bedingung im Punkt $A$ mit der optimalen (durchschnittlichen) Transaktionskasse $l_t$ erfüllt.

---

[9] Diese Aussage ist zu modifizieren, wenn die Einzahlungen zu Beginn des Planungszeitraums anfallen und demzufolge auch zu entscheiden ist, in welcher Höhe der entsprechende Betrag in Wertpapieren angelegt werden soll (vgl. S. 25). In diesem Fall erscheint die Haltung einer Transaktionskasse nicht mehr rational, wenn bei der Umwandlung von Wertpapieren in Kasse keine festen Umwandlungskosten *und* bei der Umwandlung von Kasse in Wertpapieren und umgekehrt keine vom Umwandlungsbetrag abhängigen Umwandlungskosten anfallen (vgl. Baumol, a. a. O., S. 547 ff. und die Ableitungen bei Bergen, a. a. O., S. 96 ff., insbesondere Gleichung (2.3.2.10) auf S. 101).

[10] Zu weitergehenden Folgerungen gelangt man, wenn das (nominale) Einkommen und die (nominalen) festen Umwandlungskosten in ihre Preiskomponente $p$ und die Realkomponenten $y^r$ bzw. $\alpha^r$ zerlegt und die Produkte $py^r$ $(= y)$ und $p\alpha^r$ $(= \alpha)$ in Gleichung (9) eingesetzt werden. Man erkennt, daß dann zwischen der optimalen (durchschnittlichen) Kassenhaltung und dem Preisniveau $(p)$ ein proportionaler Zusammenhang besteht; denn aus (9) ergibt sich: $\hat{l}_t = p\sqrt{\dfrac{\alpha^r \kappa y^r}{2i}}$.

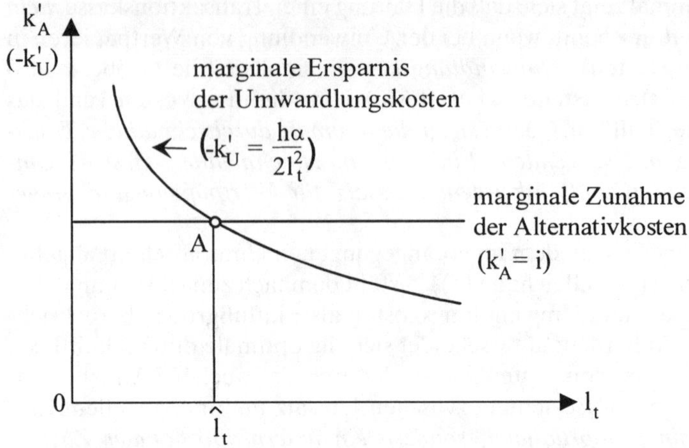


Fig. II.6

Verschiebt sich die $k_A'$-Kurve nach oben (als Folge einer Zinserhöhung) oder die $(-k_U')$-Kurve nach unten (als Folge einer Senkung der (festen) Umwandlungskosten oder einer Senkung des Umsatzes), dann wird die optimale Transaktionskasse kleiner und umgekehrt.

## Zusammenfassung

1. Die Analyse der Transaktionskasse erfolgt unter der Annahme, daß die Wirtschaftseinheit Höhe und zeitliche Verteilung der Ein- und Auszahlungen mit Sicherheit voraussieht und als gegeben hinnimmt.
2. Wird von der Möglichkeit, daß Kassenüberschüsse vorübergehend zinsbringend angelegt werden, abgesehen, dann zeigt sich, daß die durchschnittliche Transaktionskasse einer Wirtschaftseinheit allein durch die zeitliche Verteilung von Ein- und Auszahlungen (also den Zahlungsrhythmus) und durch den Umsatz des Planungszeitraums bestimmt wird. Das Modell legt dabei die Hypothese nahe, daß die durchschnittliche Transaktionskasse bei gegebenem Zahlungsrhythmus direkt proportional zum Umsatz steigt (bzw. sinkt).
3. Wird die Möglichkeit einer vorübergehenden Anlage von Kassenüberschüssen in verzinslichen Geldanlagen berücksichtigt und die Transaktionskasse unter dem Ziel der Kostenminimierung

festgelegt, dann ergibt sich folgende Hypothese: Die optimale Transaktionskasse steigt mit zunehmenden (festen) Umwandlungskosten und abnehmendem Zinssatz (für alternative Geldanlagen) und umgekehrt. Sie steigt ferner – und zwar unterproportional – mit dem Umsatz bzw. dem Einkommen des Planungszeitraums und umgekehrt.

## 2. Die Vorsichtskasse

Die Analyse der Transaktionskasse geht von der Annahme aus, daß in der Finanzplanung Höhe und zeitliche Verteilung von Aus- und Einzahlungen *mit Sicherheit* vorausgesehen werden. Der Bestimmung der Transaktionskasse liegen also *einwertige* Erwartungen[1] zugrunde: Bezüglich der Plangrößen (hier insbesondere Höhe und Termine der Zahlungsvorgänge) besteht hundertprozentige Sicherheit. Im Unterschied hierzu wird die Vorsichtskasse dadurch motiviert, daß Aus- und Einzahlungen in bezug auf Umfang und zeitliche Verteilung nicht mit Sicherheit geplant werden können. Die Erwartungen sind *mehrwertig:* In der Planung wird bei den Zahlungsvorgängen mit verschiedenen Beträgen und verschiedenen Terminen gerechnet, die für unterschiedlich wahrscheinlich gehalten werden. Da Umfang und zeitliche Verteilung der Aus- und Einzahlungen nicht mehr mit hundertprozentiger Sicherheit vorhergesehen werden können und die Erwartungen mehrwertig sind, ist die Finanzplanung mit einem **Risiko** belastet. Falls die Wirtschaftseinheit den Kassenbestand zu niedrig bemißt, muß sie damit rechnen, daß der Kassenbestand zur Deckung von Kassendefiziten nicht ausreicht. Darum liegt es nahe, daß die Wirtschaftseinheiten dem Risiko der Illiquidität durch einen zusätzlichen Kassenbestand in Form einer **Vorsichtskasse** Rechnung tragen.

### a) Alternativ- und Illiquiditätskosten

Wie bei der Transaktionskasse, so besteht auch hier die wesentliche Frage darin, von welchen Einflußgrößen der Umfang der Kassenhaltung abhängt. Um zu entsprechenden Hypothesen zu gelangen, werden wir die Kassenhaltung wieder aus einem vereinfachten entscheidungslogischen Modell ableiten. Ein entsprechender auf WHALEN zurückgehender Ansatz[2] läßt sich in seinen Grundzügen wie folgt beschreiben:

Ebenso wie das Bestehen einer Transaktionskasse bedeutet auch die Haltung einer Vorsichtskasse den Verzicht auf Zinserträge und damit den Anfall von **Alternativkosten,** die mit zunehmender Kassenhaltung größer werden. Man wird deshalb einerseits bestrebt sein, die Kassenhaltung einzuschränken, anderseits aber auch in Rechnung stellen, daß damit bei

---

[1] Vgl. E.-M. CLAASSEN, Grundlagen der Geldtheorie. 2., neubearb. u. erw. Aufl. Berlin, Heidelberg, New York 1980. S. 121 f.

[2] Vgl. hierzu E. L. WHALEN, A Rationalization of the Precautionary Demand for Cash. „The Quarterly Journal of Economics", Vol. 80 (1966), S. 314 ff. – Vgl. auch U. WESTPHAL, Theoretische und empirische Untersuchungen zur Geldnachfrage und zum Geldangebot. (Kieler Studien, 110.) Tübingen 1970. S. 10 ff.

nicht sicheren Erwartungen die Gefahr eines ungedeckten Finanzierungsbedarfs größer wird. Ein ungedeckter Finanzierungsbedarf (Finanzierungslücke) hat besondere **Illiquiditätskosten** zur Folge, die z. B. aus einer Kreditaufnahme, aus Zwangsverkäufen von Aktiva (z. B. von Wertpapieren) oder im äußersten Fall aus einer Zahlungseinstellung resultieren und die (wie die Umwandlungskosten bei der Transaktionskasse) teils vom Umfang des Kassendefizits abhängig (variable Illiquiditätskosten), teils davon unabhängig sind (feste Illiquiditätskosten).

Alternativkosten sowie feste und variable Illiquiditätskosten sind mithin Einflußgrößen, die in einem an den Kosten orientierten Kalkül zur Bestimmung einer **optimalen Vorsichtskasse** eine wesentliche Rolle spielen.

Ein solcher Kalkül geht von der Frage aus, auf welchen Betrag sich die Nettozahlungsströme (Kassenüberschuß oder Kassendefizit) im Planungszeitraum vermutlich belaufen werden. *Verschiedene* Möglichkeiten werden hierfür in Betracht gezogen und ihnen jeweils bestimmte Wahrscheinlichkeiten zugeordnet. Aus der so gebildeten Wahrscheinlichkeitsverteilung für die Nettozahlungsströme wird ein Mittelwert gebildet, indem die als möglich angesehenen Nettozahlungsströme jeweils mit ihren entsprechenden Wahrscheinlichkeiten multipliziert und die sich ergebenden Produkte summiert werden. Der auf diese Weise berechnete Mittelwert stellt den **Erwartungswert für das Kassendefizit bzw. den Kassenüberschuß** der Periode dar.

Das der Analyse der Vorsichtskasse zugrundeliegende Modell soll unter folgenden vereinfachenden Annahmen dargestellt werden:

1. Die Wahrscheinlichkeit, daß innerhalb des Planungszeitraums (z. B. innerhalb eines Tages) in bestimmter Höhe ein Kassendefizit auftritt, ist ebenso groß wie die Wahrscheinlichkeit, daß sich in der gleichen Höhe ein Kassenüberschuß einstellt. Daraus ergibt sich, daß im Mittel für den Planungszeitraum mit einem Nullsaldo zwischen Aus- und Einzahlungen gerechnet wird. Somit weisen die *Nettozahlungsströme (z) einen Erwartungswert von Null* auf und ihre *Wahrscheinlichkeitsverteilung ist bezüglich des Nullpunktes symmetrisch*[3].
2. Kassendefizite bzw. -überschüsse können innerhalb des Planungszeitraums nur bis zu einem *bestimmten Höchstbetrag (m)* auftreten.

---

[3] Eine Verteilung mit der Wahrscheinlichkeitsdichte (bzw. Dichtefunktion) $f(z)$ (wobei $f(z)$ jedem Ereignis $z$ die entsprechende Dichte zuordnet) heißt *symmetrisch* bezüglich einer Zahl $z = c$, wenn für jedes reelle $a$

$$f(c + a) = f(c - a)$$

gilt. (Vgl. E. KREYSZIG, Statistische Methoden und ihre Anwendungen. 4., durchges. Aufl. Göttingen 1973. S. 87.)

Diese Annahmen werden im folgenden am Beispiel einer Wahrscheinlichkeitsverteilung illustriert, die dadurch charakterisiert ist, daß die Wahrscheinlichkeit (genauer: die Wahrscheinlichkeitsdichte $f(z)$) für einen Kassenüberschuß bzw. ein Kassendefizit um so geringer veranschlagt wird, je größer der Kassenüberschuß bzw. das Kassendefizit ist (vgl. Fig. II.7)[4].

Die Kassenhaltung aus Vorsichtsgründen erfolgt in dem *extremen Fall,* in dem jedes Illiquiditätsrisiko vermieden werden soll, in der Weise, daß ein Kassenbestand in Höhe des maximal möglichen Kassendefizits ($m$) gehalten wird. Dem Vorteil, daß Illiquiditätskosten mit Sicherheit nicht entstehen, steht in diesem Fall der Nachteil relativ hoher Alternativkosten gegenüber. Die Alternativkosten ($k_A$), die sich bei einer Kassenhaltung in Höhe von $l_v$ und einem Zinssatz $i$ aus der Beziehung

$$(10) \quad k_A = l_v \, i$$

ergeben (und die sich bei $l_v = m$ auf den Betrag $m \cdot i$ belaufen), können vermindert werden, wenn *die Vorsichtskasse verkleinert und damit die Möglichkeit der Illiquidität in Kauf genommen wird.*

Fig. II.7 macht deutlich, daß sich der Bereich ($l_v$ bis $m$), in dem mögliche Kassendefizite die Vorsichtskasse übertreffen, ausdehnt, wenn die Vorsichtskasse (also die Strecke von 0 bis $l_v$) kleiner wird. Die (durch die Fläche des schraffierten Dreiecks angegebene) Wahrscheinlichkeit für den Fall der Illiquidität nimmt also zu, wenn man die Vorsichtskasse senkt (z. B. um Alternativkosten einzusparen).

Der genaue Wert der im Mittel bei einer bestimmten Vorsichtskasse *erwarteten Illiquiditätskosten* wird durch feste und variable Illiquiditätskosten bestimmt. Die (erwarteten) *festen Illiquiditätskosten* erhält man, wenn die Kosten, die unabhängig vom Umfang des Kassendefizits auftreten ($\alpha'$), mit der Wahrscheinlichkeit, daß die Kassendefizite größer sind als die Vorsichtskasse (Fall der Illiquidität), multipliziert werden. Da die Wahrscheinlichkeit für den Fall der Illiquidität bei einer Vorsichtskasse in Höhe von $l_v$ durch den Inhalt des schraffierten Dreiecks angegeben wird, läßt sich die Wahrscheinlichkeit für den Fall der Illiquidität durch das Integral

$$\int_{l_v}^{m} f(z)\,dz \quad \text{bestimmen.}$$

Für die (erwarteten) *festen Illiquiditätskosten* ergibt sich somit der Ausdruck

$$\alpha' \cdot \int_{l_v}^{m} f(z)\,dz.$$

[4] In Fig. II.7 ist diese Beziehung zwischen der Wahrscheinlichkeitsdichte und den Nettozahlungsströmen ($f(z)$) linear. Fig. II.7 beschreibt damit eine *Dreiecksverteilung.*

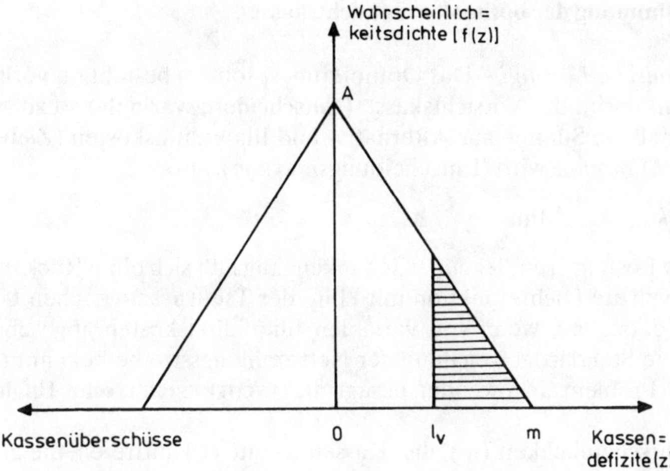


Fig. II.7

Die (erwarteten) *variablen Illiquiditätskosten* werden ermittelt, indem die variablen Illiquiditätskosten pro GE ($\beta'$) mit dem im Mittel erwarteten Betrag der Finanzierungslücke, d. h. genauer: mit dem Erwartungswert der über die Vorsichtskasse hinausgehenden Kassendefizite

$$\int_{l_v}^{m} (z-l_v) f(z)\, dz,$$

multipliziert werden.

Für die (erwarteten) *variablen Illiquiditätskosten* erhält man somit den Ausdruck

$$\beta' \cdot \int_{l_v}^{m} (z-l_v) f(z)\, dz.$$

Die im Mittel erwarteten *gesamten Illiquiditätskosten* ($k_I$) ergeben sich schließlich als Summe aus den (erwarteten) festen und variablen Illiquiditätskosten:

$$(11) \quad k_I = \alpha' \cdot \int_{l_v}^{m} f(z)\, dz + \beta' \int_{l_v}^{m} (z-l_v) f(z)\, dz.$$

Gleichung (11) macht deutlich, daß sich die Kostenfunktion $k_I$ nur bestimmen läßt, wenn eine explizite Dichtefunktion[5] $f(z)$, die die Wahrscheinlichkeitsverteilung der Nettozahlungsströme beschreibt, angenommen werden kann[6].

[5] Vgl. im einzelnen Kreyszig, a. a. O., S. 80 f.

[6] Im Anhang der schon zitierten Arbeit von Whalen (a. a. O., S. 322 ff.) ist die optimale Vorsichtskasse für explizite Wahrscheinlichkeitsverteilungen berechnet worden.

## b) Die Bestimmung der optimalen Vorsichtskasse

*aa) Algebraische Lösung.* – Das Optimierungsproblem besteht im vorliegenden Fall darin, die Vorsichtskasse (**Entscheidungsvariable**) so zu bestimmen, daß die Summe aus Alternativ- und Illiquiditätskosten (**Zielvariable**) ein *Minimum* wird (Entscheidungsmaxime), also:

(12) $k = k_A + k_I \quad$ Min!

Der für die Lösung grundlegende Gedankengang läßt sich ohne Rückgriff auf eine explizite Dichtefunktion mit Hilfe der TSCHEBYSCHEFFschen Ungleichung darstellen, wenn von variablen Illiquiditätskosten abgesehen wird und die Standardabweichung der Nettozahlungsströme bekannt ist. Auf unser Problem angewendet besagt die **TSCHEBYSCHEFFsche Ungleichung:**

Die Wahrscheinlichkeit ($w$), daß Kassendefizite ($z$) auftreten, die größer sind als die Vorsichtskasse ($l_v$), ist

(13) $w\,(z > l_v) < \frac{1}{2}\frac{s^2}{l_v^2}$,

wobei $s$ die Standardabweichung der Nettoauszahlungsströme bezeichnet[7].

Ist die Standardabweichung z. B. $s$ = 100 GE, dann ist die Wahrscheinlichkeit, daß Kassendefizite eine Vorsichtskasse in Höhe von 200 übertreffen,

$$w\,(z > 200) < \frac{1}{2}\;\frac{100^2}{200^2}\left(=\frac{1}{8}\right).$$

Die Wahrscheinlichkeit für den Illiquiditätsfall ist also in diesem Beispiel kleiner als 12,5 v. H. Würde man die Wahrscheinlichkeit genau mit 12,5 v. H. veranschlagen, dann würde man auf jeden Fall vermeiden, das Illiquiditätsrisiko zu gering einzuschätzen. Von einer derartig vorsichtigen

---

[7] In allgemeinerer Form besagt die TSCHEBYSCHEFFsche Ungleichung, daß für eine Zufallsvariable $X$ mit dem Mittelwert $\mu$ und der Standardabweichung $\sigma$ gilt:

(x) $w(|X - \mu| \geqq \varepsilon) \leqq \frac{\sigma^2}{\varepsilon^2}$,

wobei $\varepsilon > 0$ (siehe KREYSZIG, a. a. O., S. 172).

Bei der Übertragung dieser Ungleichung auf den oben behandelten Fall ist $X$ durch $z$, $\varepsilon$ durch $l_v$, der Mittelwert $\mu$ durch Null und schließlich noch $\sigma$ durch $s$ zu ersetzen. Dabei ist zweierlei zu beachten: Erstens sind nur Kassendefizite relevant, die größer als die Vorsichtskasse sind, d. h. in Ungleichung (x) entfallen die Gleichheitszeichen. Zweitens ist die Wahrscheinlichkeit, daß Kassendefizite über den Betrag der Vorsichtskasse hinausgehen, bei der angenommen symmetrischen Wahrscheinlichkeitsverteilung *halb* so groß wie die Wahrscheinlichkeit, daß Kassendefizite *oder* Kassenüberschüsse über diesen Betrag hinausgehen, d. h. der Quotient $\sigma^2/\varepsilon^2$ bzw. $s^2/\varepsilon^2$ in Gleichung (x) ist zu halbieren.

Haltung in der Finanzplanung wird im folgenden ausgegangen. Ungleichung (13) ist deshalb als Gleichung zu betrachten, d.h. in der Planung wird für den Illiquiditätsfall mit einer Wahrscheinlichkeit von

(14) $w\,(z > l_v) = \dfrac{s^2}{2l_v^2}$ gerechnet.

Werden die festen Illiquiditätskosten mit dem Grad ihrer Wahrscheinlichkeit gewichtet (also mit $w\,(z > l_v)$ multipliziert) und bleiben variable Illiquiditätskosten unberücksichtigt (d.h. $\beta' = 0$), dann erhalten wir schließlich für die zu minimierenden *Gesamtkosten* und damit für die Zielfunktion folgenden Ausdruck[8]:

(15) $k = l_v \cdot i + \alpha' \dfrac{s^2}{2l_v^2}.$

Der erste Summand auf der rechten Seite von (15) stellt die Alternativkosten dar, der zweite die im Mittel erwarteten festen Illiquiditätskosten.

Notwendig für die Minimierung der Gesamtkosten ist als *Bedingung erster Ordnung*

(16) $\dfrac{dk}{dl_v} = i - \alpha' s^2 \dfrac{1}{\hat{l}_v^3} = 0$

bzw.

(17) $i = \alpha' \dfrac{s^2}{\hat{l}_v^3}$

und

(18) $\hat{l}_v = \sqrt[3]{\dfrac{\alpha' s^2}{i}}.$

Die *Bedingung zweiter Ordnung* ist erfüllt; denn

$$\frac{d^2 k}{dl_v^2} = \alpha' s^2 \frac{3}{\hat{l}_v^4} > 0.$$

Da angenommen werden kann, daß zwischen der Standardabweichung $s$ und dem Umsatz eine positive Beziehung besteht[9] und daß sich Umsatz und individuelles Einkommen i.a. auch in gleicher Richtung ändern, ergibt sich aus Gleichung (18), daß *die optimale Vorsichtskasse mit steigendem Einkommen, zunehmenden (festen) Illiquiditätskosten und sinkendem Zinssatz steigt und umgekehrt.* Gleichung (18) zeigt weiter, daß die *optimale Vorsichtskasse mit steigendem Einkommen immer dann unterproportional zunimmt,* wenn zwischen der Varianz $s^2$ und dem Umsatz einerseits sowie dem Umsatz und dem individuellen Einkommen anderseits ein proportionaler Zusammenhang besteht[10]. Schließlich enthält Gleichung (18) auch noch das Ergebnis, daß eine *Vorsichtskasse überflüssig*

---

[8] Siehe Gleichung (12) mit (10) und (11) bei $\beta' = 0$ und Berücksichtigung von (14).

[9] Siehe hierzu WESTPHAL, a.a.O., S. 12.

[10] Proportionalität zwischen Varianz und Umsatz ist gegeben, wenn der Durch-

ist ($l_v = 0$), wenn die *Erwartungen bezüglich des Kassendefizits bzw. -überschusses einwertig sind* und die Varianz damit den Wert Null annimmt.

*bb) Graphische Lösung.* – Die eben abgeleiteten Zusammenhänge wollen wir auch hier graphisch mit Hilfe eines Grenzkosten-Diagramms darstellen. Ausgangspunkt ist wieder der in Gleichung (17) beschriebene Zusammenhang zwischen einer marginalen Zunahme der Vorsichtskasse und der daraus resultierenden Erhöhung der Alternativkosten und der gleichzeitigen Senkung der Illiquiditätskosten. Wie Gleichung (17) erkennen läßt, wird das *Kostenminimum* nur dann erreicht, wenn die Vorsichtskasse so bemessen wird, daß die marginale Ersparnis an Illiquiditätskosten $\left(\alpha' \frac{s^2}{l_v^3}\right)$ durch die marginale Zunahme der Alternativkosten ($i$) gerade kompensiert wird.

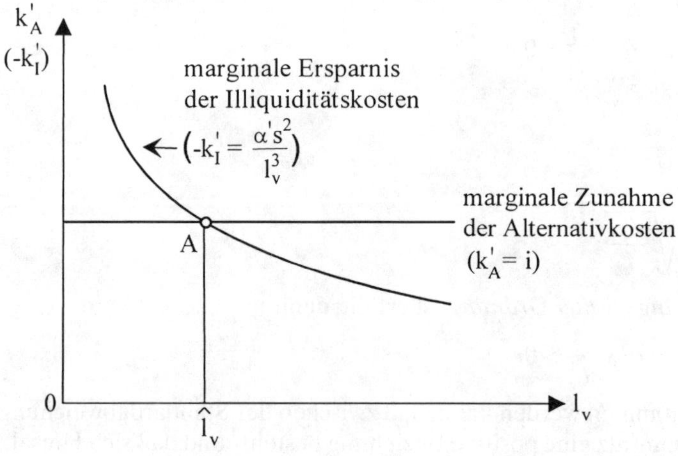


Fig. II.8

In Fig. II.8 wird das Optimum (d.h. das Kostenminimum) im Punkt *A* realisiert; die optimale Vorsichtskasse beträgt $\hat{l}_v$. Verschiebt sich die $k_A'$-Kurve nach oben (als Folge einer Zinserhöhung) oder die $(-k_I')$-Kurve nach unten (als Folge einer Senkung der (festen) Illiquiditätskosten oder einer Senkung der Varianz, die aus einer Abnahme des Umsatzes resultiert), dann wird die optimale Vorsichtskasse geringer.

---

schnittsbetrag jeder möglichen Aus- bzw. Einzahlung konstant bleibt und nur ihre Häufigkeit zunimmt (vgl. WHALEN, a.a.O., S.319).

**Zusammenfassung**

Eine Analyse der Vorsichtskasse, die Alternativkosten der Kassenhaltung einerseits und Illiquiditätskosten unter Berücksichtigung ihrer Wahrscheinlichkeit anderseits in die Untersuchung mit einbezieht, legt die Hypothese nahe, daß die optimale Vorsichtskasse einer Wirtschaftseinheit mit zunehmendem Einkommen, zunehmenden festen Illiquiditätskosten und abnehmendem Zinssatz steigt und umgekehrt.

# 3. Spekulationskasse und Portefeuille-Theorie

## a) Spekulative Kassenbestände bei sicheren Erwartungen und einem Wertpapier

*aa) Erwartete Kursänderungen und laufende Zinserträge.* – Während für die Bestimmung der Transaktions- bzw. Vorsichtskasse sichere bzw. mit Risiko behaftete Erwartungen über *Höhe und zeitliche Verteilung der laufenden Transaktionen* von besonderer Bedeutung sind, spielen bei der Analyse der **Spekulationskasse** Erwartungen über den *zukünftigen Preis (Kurs) von finanziellen*[1] *Vermögensobjekten und damit über ihre zukünftige Rendite*[2] eine wesentliche Rolle. Wird z. B. für die Zukunft bei Wertpapieren mit fallenden Kursen oder, was dasselbe besagt, mit steigenden Renditen gerechnet, dann bietet die Haltung einer Spekulationskasse die Möglichkeit, Kursverluste zu vermeiden. Ob deshalb eine Umwandlung von Wertpapieren in Kasse vorgenommen wird, hängt davon ab, ob die voraussichtlichen Kursverluste die Zinserträge aus der Wertpapieranlage übertreffen.

Erwartungen über Richtung und Umfang der Kursänderungen sowie die laufenden Zinserträge der Wertpapiere wären somit Faktoren, die in einem Modell zur Bestimmung spekulativer Kassenbestände eine wichtige Rolle spielen.

*bb) Die Entscheidungsregel.* – Die Analyse der Spekulationskasse erfolgt unter der Annahme, daß die Erwartungen bezüglich der zukünftigen Wertpapierkurse vom Umfang der eigenen Dispositionen unabhängig sind, daß also Mengenanpasserverhalten vorliegt. Im ersten Stadium der Betrachtung werden wir außerdem davon ausgehen, daß die Erwartungen hinsichtlich der zukünftigen Kurse einwertig und in bezug auf den gegenwärtigen Kurs vollkommen unelastisch sind. Ersteres bedeutet, daß für die folgende Periode ein bestimmter Kurs mit hundertprozentiger Sicher-

[1] Die Möglichkeit einer Spekulation in Gütern wird nicht berücksichtigt.

[2] Bei einem Wertpapier mit einer Laufzeit von $n$ Jahren, einem Nominalwert 100, einem Nominalzinssatz $i_0$ und einer Tilgung zum Nominalwert besteht zwischen *Kurswert* $p_w$ und *Rendite* $i$ folgende Beziehung:

$$p_w = i_0 \cdot 100 \frac{(1+i)^n - 1}{i\,(1+i)^n} + \frac{100}{(1+i)^n}.$$

Bei einer unendlich großen Laufzeit (d. h. $n \to \infty$) ergibt sich hierfür:

$$p_w = i_0 \cdot 100 \frac{1}{i} \quad \text{bzw.} \quad i = \frac{i_0 \cdot 100}{p_w}.$$

heit erwartet wird, letzteres, daß die erwarteten Kurse nicht von den gegenwärtigen Kursen abhängen[3].

Zur Vereinfachung wird schließlich vorerst noch unterstellt, daß für die Anlageentscheidung als finanzielle Aktiva nur Kasse und *ein* Wertpapier in Betracht kommen. Letzteres sei eine festverzinsliche Schuldverschreibung mit unendlich langer Laufzeit, einem Nominalwert von 100 GE und einem Nominalzinssatz von $i_0$.

Wird für das Ende des Planungszeitraums (z. B. eines Jahres) ein Wertpapierkurs $p_w^*$ erwartet, dann resultiert aus einem $q$ Stücke umfassenden Wertpapierbestand folgender (erwarteter) Ertrag:

$$(19) \quad g^* = \underbrace{(p_w^* - p_w)\, q}_{\text{Kursgewinn/ -verlust}} + \underbrace{i_0\, 100\, q.}_{\text{Nominal- verzinsung}}$$

Da zwischen dem Kurs des Wertpapiers $p_w$ und der Rendite $i$ die Beziehung

$$p_w = \frac{i_0\, 100}{i}$$

besteht[4], können wir für (19) auch schreiben:

$$(20) \quad g^* = \underbrace{\left(\frac{i_0\, 100}{i^*} - \frac{i_0\, 100}{i}\right) q}_{\text{Kursgewinn/ -verlust}} + \underbrace{i_0\, 100\, q.}_{\text{Nominal- verzinsung}}$$

Mit $i^*$ wird hierbei die *erwartete* Rendite bezeichnet. Ergibt die Summe aus der erwarteten Kursänderung und dem Zinsertrag einen positiven Betrag, d. h. $g^* > 0$, dann bedeutet jeder Bestand an Kasse einen Verzicht auf sichere Erträge. Eine nach maximalem Ertrag strebende Wirtschaftseinheit wird deshalb den gesamten für spekulative Zwecke verfügbaren Betrag in Wertpapieren anlegen. Ist dagegen $g^* < 0$, dann lassen sich sichere Verluste nur vermeiden, wenn keine Wertpapiere in das Portefeuille aufgenommen werden. Es entspricht also in diesem Fall dem Ziel der Ertragsmaximierung (bzw. Verlustminimierung), in voller Höhe der verfügbaren Mittel spekulative Kasse zu halten und gegenüber einem Wertpapierengagement eine abwartende Haltung (Attentismus) einzunehmen.

---

[3] Die HICKSsche **Erwartungselastizität** $\frac{dp_w^*}{p_w^*} / \frac{dp_w}{p_w}$ ist in diesem Fall gleich Null. Vgl. J. R. HICKS, Value and Capital. An Inquiry into Some Fundamental Principals of Economic Theory. Oxford 1946. S. 205.

[4] Vgl. S. 40, Fußnote 2.

Die Eigenart der hier durchgeführten Analyse der Spekulationskasse besteht also darin, daß sie zu einer *Entweder (Kasse) Oder (Wertpapiere)-Entscheidung* führt. Nur wenn der spezielle Fall vorliegt, daß der erwartete Ertrag gerade gleich Null ist und die Wirtschaftseinheit sich demzufolge gegenüber Kasse und Wertpapieren auch indifferent verhalten kann, erscheint eine gleichzeitige Haltung von Kasse und Wertpapierbeständen plausibel.

*cc) Die individuelle Liquiditätspräferenz.* – Die eben abgeleiteten Zusammenhänge sollen mit Hilfe eines Diagramms illustriert werden, das zeigt, wie über einen zu Beginn des Planungszeitraums für spekulative Zwecke verfügbaren Kassenbestand[5] in Höhe von $\bar{l}_s$ bei alternativen (gegenwärtigen) Renditen $i$ und gegebener erwarteter Rendite $i^*$ disponiert wird[6]. Ausgangspunkt der Darstellung ist die unter (20) abgeleitete Bestimmungsgleichung für den Ertrag.

Wird $g^*$ in Gleichung (20) auf den in Wertpapieren investierten Geldbetrag (GE) bezogen, d.h. durch $p_w \cdot q = \frac{i_0\,100}{i} \cdot q$ dividiert, dann ergibt sich:

$$(21) \quad \underbrace{\frac{g^*}{p_w \cdot q}}_{\substack{\text{Ertrag}\\ \text{pro GE}}} = \underbrace{\frac{i}{i^*} - 1}_{\substack{\text{Kurs-}\\ \text{gewinn/}\\ \text{-verlust}\\ \text{pro GE}}} + \underbrace{i}_{\substack{\text{Zins-}\\ \text{ertrag}\\ \text{pro GE}\\ \text{(Rendite)}}} .$$

Offenbar ist

$$g^* \gtreqless 0,$$

wenn

$$i - i^* + i i^* \gtreqless 0,$$

bzw. bei Auflösung nach $i$, wenn

$$i \gtreqless \frac{i^*}{1 + i^*}.$$

Bezeichnen wir die gegenwärtige Rendite, bei der $g^*$ gleich Null wird, als *kritische* Rendite $(i_k)$, dann lassen sich folgende Ergebnisse formulieren:

---

[5] Besteht der für spekulative Zwecke zu Beginn des Planungszeitraums verfügbare Betrag teilweise auch aus Wertpapieren, dann ergibt sich insofern eine gewisse Komplizierung, als der Wert dieses Betrages dann von der Kursentwicklung der Wertpapiere beeinflußt wird.

[6] Vgl. J. TOBIN, Liquidity Preference as Behavior Towards Risk. „The Review of Economic Studies", Vol. 25 (1957/58), S. 67 ff.

Ist die gegenwärtige Rendite $i$ größer als die kritische Rendite $i_k$ und damit $g^* > 0$, dann wird der gesamte für Spekulationszwecke verfügbare Betrag $\bar{l}_s$ in Wertpapieren investiert; ist die gegenwärtige Rendite kleiner als die kritische Rendite und damit $g^* < 0$, dann wird nur Kasse gehalten; ist die gegenwärtige Rendite schließlich gleich der kritischen Rendite und damit $g^* = 0$, dann können sich die Wirtschaftseinheiten gegenüber einer Anlage in Spekulationskasse oder in Wertpapieren indifferent verhalten.

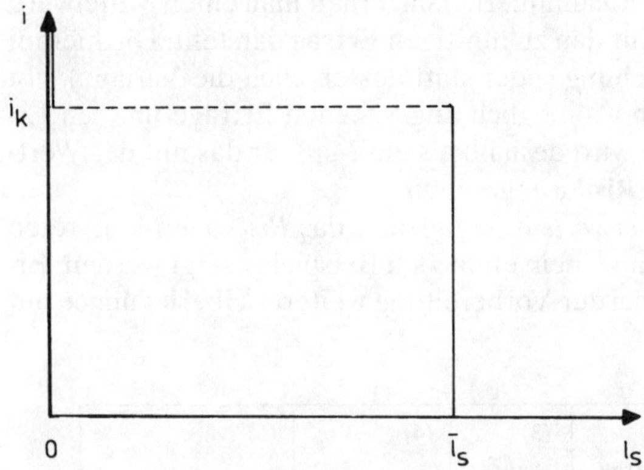


Fig. II.9

Die individuelle Präferenz für Kasse (d. h. **Liquiditätspräferenz**) in Abhängigkeit von der gegenwärtigen Rendite ($i$) wird demnach im Diagramm (vgl. Fig. II. 9) durch eine Treppenkurve beschrieben, die bei $i > i_k$ mit der Ordinate zusammenfällt, bei $i = i_k$ parallel zur $l_s$-Achse verläuft und bei $i < i_k$ mit einer Parallele zur $i$-Achse identisch ist, deren Abszissenwert durch den insgesamt für spekulative Zwecke vorhandenen Betrag $\bar{l}_s$ bestimmt wird. Sind die (sicheren) Erwartungen von Wirtschaftssubjekt zu Wirtschaftssubjekt *unterschiedlich* und damit auch die Höhe von $i_k$, dann ergibt sich bei Aggregation solcher einstufiger Treppenkurven für die *gesamtwirtschaftliche Liquiditätspräferenz* eine mehrstufige Treppenkurve, die bei großer Zahl von Wirtschaftssubjekten durch eine negativ geneigte (glatte) Kurve angenähert werden kann.

### b) Spekulative Kassenbestände bei mit Risiko behafteten Erwartungen und einem Wertpapier

Der Aussagewert der im letzten Abschnitt durchgeführten Analyse wird insbesondere durch zwei Annahmen begrenzt, die jetzt schrittweise aufgegeben werden sollen: 1. die *Einwertigkeit* der Kurs- bzw. Renditeerwartungen mit der daraus i. d. R. resultierenden Konsequenz einer Entweder

(Kasse) Oder (Wertpapiere)-Entscheidung und 2. die Beschränkung auf Kasse und ein Wertpapier als ausschließliche Anlagemöglichkeiten.

*aa) Erwarteter Erlös und Risiko.* – Der erste Schritt zur Erweiterung der Analyse besteht darin, daß bei der Beurteilung der zukünftigen Ertragsaussichten eines Wertpapiers *mehrere* Möglichkeiten der Ertragsentwicklung Berücksichtigung finden. Werden die als möglich angesehenen Erträge eines Wertpapiers entsprechend der Wahrscheinlichkeit ihres Eintretens gewichtet und aufsummiert, dann erhält man einen Mittelwert, der den **Erwartungswert** für den zukünftigen **Ertrag** darstellt. Die hierauf bezogene **Standardabweichung** (oder statt dessen auch die Varianz) gibt an, wie die verschiedenen als möglich angesehenen Erträge um den Erwartungswert streuen; sie wird deshalb als ein Maß für das mit der Wertpapieranlage verbundene **Risiko** angesehen[7].

Wie sich der im *Mittel erwartete Ertrag* und das *Risiko* im konkreten Fall ermitteln lassen, soll an einem einfachen Beispiel gezeigt werden. Ertrag und Risiko sollen dabei zur Vorbereitung weiterer Überlegungen auf

| (1) Ertrag (Kursgewinn + Nominalverzinsung) · 10 $g$ | (2) Ertrag pro angelegter Geldeinheit $\frac{g}{qp_w}$ | (3) Wahrscheinlichkeit für dieses Ereignis $w$ | (4) $\frac{g}{qp_w} \cdot w$ | (5) $\left(\frac{g}{qp_w} - e_w\right)^2 \cdot w$ |
|---|---|---|---|---|
| $(12+8) \cdot 10 = 200$ | $\frac{200}{1000}$ | 0,25 | $\frac{50}{1000}$ | $\left(+\frac{120}{1000}\right)^2 \cdot 0{,}25$ |
| $(0+8) \cdot 10 = 80$ | $\frac{80}{1000}$ | 0,50 | $\frac{40}{1000}$ | $0 \cdot 0{,}50$ |
| $(-12+8) \cdot 10 = -40$ | $-\frac{40}{1000}$ | 0,25 | $\frac{-10}{1000}$ | $\left(-\frac{120}{1000}\right)^2 \cdot 0{,}25$ |
| $\sum$ | | | $\frac{80}{1000}$ $(= e_w)$ $e_w = 0{,}08$ | $\frac{7200}{1000^2}$ $(= s_w^2)$ $s_w \sim 0{,}085$ |

[7] Eine große Standardabweichung bedeutet, daß der Anleger bei Erwerb eines bestimmten Wertpapiers einerseits eine relativ hohe Chance hat, Kursgewinne zu machen, anderseits aber auch eine relativ hohe Wahrscheinlichkeit besteht, daß Kursverluste auftreten. Umgekehrt ist bei einer kleinen Standardabweichung die Wahrscheinlichkeit hoher Kursgewinne und -verluste relativ gering.

eine in dem Wertpapier investierte Geldeinheit bezogen werden. Zur Illustration betrachten wir einen Wertpapieranleger, der zehn Schuldverschreibungen, die zu einem Nominalwert in Höhe von 100 GE emittiert sind und jährlich mit einem Nominalzinssatz von 8 v. H. verzinst werden, zu einem Kurs von 100 erwirbt und dabei von der in der Tabelle dargestellten Beurteilung der zukünftigen Entwicklung seiner Wertpapieranlage ausgeht.

Das Beispiel enthält die recht einfache Annahme, daß mit einer Wahrscheinlichkeit von 0,5 (also 50 v. H.) keine Kursänderung und jeweils mit einer Wahrscheinlichkeit von 0,25 (also 25 v. H.) eine Kurserhöhung bzw. Kurssenkung um 12 GE erwartet wird. Diese Annahme bedeutet, daß sich der Ertrag aus den Schuldverschreibungen am Ende des Planungszeitraums in der Erwartung der Wirtschaftseinheit auf drei verschiedene Beträge belaufen kann (vgl. Spalte (1)).

Die als möglich angesehenen Beträge (200, 80, – 40) werden in der Tabelle auf die Anlagesumme bezogen (d. h. jeweils durch 1000 dividiert) und stellen somit die möglichen Erträge pro angelegter Geldeinheit dar (Spalte (2)). Die in der zweiten Spalte enthaltenen Angaben werden mit den dazugehörigen Wahrscheinlichkeiten (Spalte (3)) gewichtet, d. h. multipliziert, und bilden die vierte Spalte. Aus der vierten Spalte wird durch Summenbildung ein Erwartungswert $e_w$ abgeleitet (im Beispiel $e_w = 0{,}08$). Der Erwartungswert $e_w$ gibt an, welchen Ertrag eine Wirtschaftseinheit im Mittel aus einer in Wertpapieren angelegten Geldeinheit erwartet. Das durch die Streuung $s_w^2$ bzw. durch die Standardabweichung $s_w$ ausgedrückte Risiko einer in Wertpapieren angelegten Geldeinheit wird durch Summenbildung aus der Spalte (5) ermittelt (im Beispiel $s_w \sim 0{,}085$).

Die Ertrags- und Risikoraten $e_w$ und $s_w$ sind wichtige Elemente für ein Entscheidungsmodell, das die Zusammensetzung der (finanziellen) Vermögensbestandteile unter dem Gesichtspunkt mit Risiko behafteter Erwartungen analysiert. Wie schon erwähnt, wird der entsprechende Ansatz in der angelsächsischen Terminologie als *portfolio selection* bezeichnet[8].

*bb) Die möglichen Kombinationen von Ertrag und Risiko.* – Die weitere Analyse soll davon ausgehen, daß eine Wirtschaftseinheit zu Beginn des Planungszeitraums einen für spekulative Zwecke verfügbaren Kas-

---

[8] Siehe hierzu Hicks, A Suggestion ..., a. a. O., S. 1 ff. – H. M. Markowitz, Portfolio Selection. „The Journal of Finance", Vol. 7 (1952), S. 77 f. – Tobin, Liquidity Preference ..., a. a. O., S. 65 ff. – H. M. Markowitz, Portfolio Selection. Efficient Diversification of Investments (Cowles Foundation, Monograph 16.) New York 1959. – J. Tobin, The Theory of Portfolio Selection. In: The Theory of Interest Rates, Proceedings of a Conference held by the International Economic Association. Ed. by F. H. Hahn and F. P. R. Brechling. London and New York 1966. S. 3 ff. – J. R. Hicks, The Pure Theory of Portfolio Selection. In: Critical Essays in Monetary Theory. Oxford 1967. S. 103 ff.

senbestand im Betrag von $\bar{l}_s$ besitzt und vor der Frage steht, wie sie diesen Betrag auf Kasse und Schuldverschreibungen mit einheitlicher Ausstattung aufteilen soll. Für ihre Entscheidung sind wesentlich:

1. der im Mittel aus dem gesamten Portefeuille erwartete, auf das Anfangsvermögen $\bar{l}_s$ bezogene Ertrag $e$ und
2. das mit dem gesamten Portefeuille verbundene, auf das Anfangsvermögen bezogene Risiko $s$[9].

Beide Größen stellen – wie $e_w$ und $s_w$ – Raten dar, d. h. Verhältnis- bzw. Prozentzahlen.

Investiert die Wirtschaftseinheit den Anteil $x_0$ des Anfangsvermögens $\bar{l}_s$ als risikolose Anlage in (unverzinsliche) Kasse und den Anteil $x_1$ in ein risikobehaftetes Wertpapier, wobei die *Bilanzrestriktion*

(22) $x_0 + x_1 = 1$

gilt, dann ergibt sich aus dem Portefeuille der *Ertrag*

(23) $e = e_w x_1$

und das *Risiko*

(24) $s = s_w x_1.$

Wird Gleichung (24) nach $x_1$ aufgelöst und das Ergebnis in Gleichung (23) eingesetzt, dann erhält man:

(25) $e = \frac{e_w}{s_w} s.$

Beziehung (25) gibt an, welcher Zusammenhang zwischen Ertrag und Risiko bei gegebenem erwarteten Ertrag und Risiko einer in Wertpapieren angelegten Geldeinheit (also bei gegebenen Werten von $e_w$ und $s_w$) besteht.

Da im allgemeinen anzunehmen ist, daß der erwartete Ertrag einer Geldeinheit bei den mit Risiko behafteten Wertpapieren größer ist als bei einer von Risiko freien Kassenhaltung, unterstellen wir für den Regelfall $e_w > 0$. Unter dieser Annahme zeigt Gleichung (25), daß *sich der Ertrag nur vergrößern läßt, wenn dabei eine Zunahme des Risikos in Kauf genommen wird.* Wie aus Gleichung (24) hervorgeht, ist das bei einer Erhöhung des Wertpapieranteils ($x_1$) der Fall.

---

[9] Wir unterstellen damit, daß ein Portefeuille durch diese beiden Größen für den Entscheidungsträger hinreichend charakterisiert ist (vgl. zu dieser Annahme auch Hicks, The Pure Theory …, a.a.O., S. 117 ff., und Tobin, Liquidity Preference …, a.a.O., S. 74 ff.).

*cc) Optimale Kombination von Ertrag und Risiko und optimales Portefeuille.* – aaa) Mit der Ableitung der Beziehung (25) ist der erste Teil unseres Entscheidungsproblems gelöst. Die Aufgabe des zweiten Teils besteht darin, aus den verschiedenen durch Gleichung (25) beschriebenen Kombinationen von Ertrag und Risiko diejenige Kombination auszuwählen, die den individuellen Präferenzen für Ertrag und Risiko am besten entspricht. Da die Bestimmung einer solchen (optimalen) Kombination genaue Annahmen über die subjektive Nutzeneinschätzung von Ertrag und Risiko erfordert, wollen wir der weiteren Analyse folgende *Nutzenfunktion* zugrunde legen:

(26) $u = u(e, s)$, wobei $\frac{\partial u}{\partial e} > 0, \quad \frac{\partial u}{\partial s} < 0.$

Es wird also unterstellt, daß der Grenznutzen des Ertrages positiv, der Grenznutzen des Risikos negativ ist. Letzteres bedeutet *risikoaverses* Verhalten[10]. Weiter wollen wir annehmen, daß das Nutzenniveau bei einer Zunahme von Ertrag und Risiko nur aufrechterhalten werden kann, wenn das marginale Risiko durch immer größer werdende Ertragszuwächse kompensiert wird, die Grenzrate $\frac{de}{ds}$ mit steigendem $s$ also zunimmt. Diese Annahme bedeutet, daß die entsprechenden *Indifferenzkurven* in einem *e/s*-Diagramm (vgl. Fig. II.10) von unten gesehen *konvex* verlaufen.

bbb) Die Ermittlung der *optimalen* Kombination von Ertrag und Risiko (und damit die Bestimmung des Portefeuille-Gleichgewichts) erfolgt in der Weise, daß aus den durch die Beziehung (25) beschriebenen möglichen Kombinationen diejenige ausgewählt wird, die zum *Nutzenmaximum* führt. Formal besteht der Optimierungskalkül also darin, die Nutzenfunktion (26) unter der Nebenbedingung von Gleichung (25) zu maximieren. Die Technik der LAGRANGE*schen Multiplikatoren* ergibt dabei als Lösungsansatz:

(27) $u = u(e, s) + \lambda \left( e - \frac{e_w}{s_w} s \right)$ Max!

Hierbei bezeichnet $\lambda$ den noch unbestimmten LAGRANGEschen Multiplikator.

Für das Nutzenmaximum ist es erforderlich, daß die ersten Ableitungen von (27) nach den Variablen $e$, $s$ und $\lambda$ Null werden, d. h.

(28) $\frac{\partial u}{\partial e} + \lambda = 0,$

---

10 *Risikoneutrales* Verhalten liegt vor bei $\frac{\partial u}{\partial s} = 0$, *risikofreudiges* Verhalten bei $\frac{\partial u}{\partial s} > 0$.

(29) $\frac{\partial u}{\partial s} - \lambda \frac{e_w}{s_w} = 0,$

(30) $e - \frac{e_w}{s_w} s = 0.$

Die drei Gleichungen (28) bis (30) bestimmen bei gegebener Nutzenfunktion und bei gegebenen Werten von $e_w$ und $s_w$ die optimalen Werte von $e$, $s$ und $\lambda$. Aus der Beziehung (23) läßt sich dann der optimale Wertpapieranteil $x_1$ und damit auch der optimale Wertpapierbestand $x_1 \bar{l}_s$ sowie wegen $x_0 = 1 - x_1$ der optimale Anteil an Kasse $x_0$ und der optimale Kassenbestand $x_0 \bar{l}_s$ bestimmen. Es zeigt sich somit, daß der optimale Bestand an Kasse und Wertpapieren bei gegebener Nutzenfunktion festgelegt ist, wenn die Ertrags- und Risikoraten ($e_w$ und $s_w$) sowie das Anfangsvermögen (in Form des Kassenbestandes $\bar{l}_s$) vorgegeben sind[11].

Wird nach Umformung Gleichung (29) durch Gleichung (28) dividiert, dann ergibt sich für das Optimum auch folgende Bedingung:

$$\frac{\frac{\partial u}{\partial s}}{\frac{\partial u}{\partial e}} = -\frac{e_w}{s_w}$$

bzw.

(31) $\frac{\partial u}{\partial e} e_w = -\frac{\partial u}{\partial s} s_w$[12].

Im Optimum muß der marginale Nutzenzuwachs aus dem Ertrag einer in Wertpapieren investierten Geldeinheit $\left(\frac{\partial u}{\partial e} e_w\right)$ gerade den marginalen Nutzenrückgang durch das hiermit verbundene zusätzliche Risiko $\left(\frac{\partial u}{\partial s} s_w\right)$ kompensieren.

ccc) Die eben analysierten Zusammenhänge werden anschaulicher, wenn man sie durch eine *graphische Darstellung* illustriert (vgl. Fig. II.10):

Das *e/s*-Diagramm enthält zwei wichtige Bestandteile:

---

[11] Zu beachten ist, daß die *Anteile* von Kasse und Wertpapieren am Anfangsvermögen annahmegemäß von der Höhe des Vermögens unabhängig sind. Damit wird unterstellt, daß sich die Bestände von Finanzaktiva proportional zum Vermögen verändern, der entsprechende Zusammenhang also homogen vom Grade 1 ist. Zur Begründung dieser Annahme vgl. H.-J. JARCHOW, Theorie und Politik des Geldes, I. Geldtheorie. 7., neubearb. und erw. Aufl. Göttingen 1987. S. 75 ff., 84 f. – W. FUHRMANN, Geld und Kredit. Prinzipien Monetärer Makroökonomik. 2., erw. Aufl. München, Wien 1987. S. 99 ff.

[12] Diese Bedingung entspricht dem aus der Mikroökonomie bekannten zweiten GOSSENschen Gesetz.

1. eine *Möglichkeitskurve* $\left(e = \frac{e_w}{s_w}\, s\right)$, die alle nach Gleichung (25) möglichen Kombinationen von Ertrag und Risiko darstellt, und
2. ein *Indifferenzkurvensystem* $(u = u(e, s))$, das die Nutzenfunktion und damit die individuelle Nutzeneinschätzung von Ertrag und Risiko angibt.

Das $x_0/s$-Diagramm (Fig. II.10b) enthält eine Gerade, die den Anteil von Kasse am Vermögen $(x_0)$ mit dem Risiko $(s)$ verknüpft. Der entsprechende Zusammenhang ergibt sich, wenn in Gleichung (24) $s = x_1 s_w$ die Quote $x_1$ durch $1 - x_0$ ersetzt und anschließend nach $x_0$ aufgelöst wird. Man erhält dann:

$$(32)\quad x_0 = 1 - \frac{1}{s_w}\, s.$$

Die Werte auf der $e$-Achse und den $s$-Achsen werden durch den maximalen Ertrag $(\bar{e})$ und das maximale Risiko $(\bar{s})$ begrenzt. Der maximale Ertrag und das maximale Risiko werden realisiert, wenn der gesamte Anfangskassenbestand $\bar{l}_s$ in Wertpapieren angelegt ist, d.h. bei $x_1 = 1$ und $x_0 = 0$. Der maximale Ertrag beläuft sich dementsprechend auf $\bar{e} = e_w$ und das maximale Risiko auf $\bar{s} = s_w$. Die Werte von $\bar{e}$ und $\bar{s}$, die in Fig. II.10 durch $x_0 = 0$ festgelegt werden, bestimmen den Punkt, in dem die Möglichkeitskurve in Fig. II.10a abbricht.

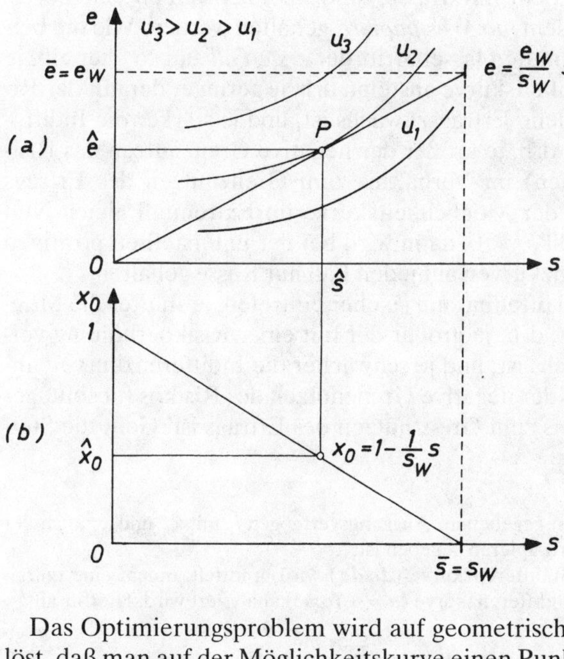


Fig. II.10

Das Optimierungsproblem wird auf geometrischem Wege dadurch gelöst, daß man auf der Möglichkeitskurve einen Punkt sucht, der zu der am weitesten von der $s$-Achse entfernt liegenden Indifferenzkurve gehört. Er wird bestimmt als Berührungspunkt der Möglichkeitskurve mit einer Indifferenzkurve und liegt bei $P$ (vgl. Fig. II.10a). Der Punkt $P$ fixiert das Portefeuille-Gleichgewicht; ihm entspricht die optimale Kombination von Ertrag ($\hat{e}$) und Risiko ($\hat{s}$). Wie Fig. II.10b zeigt, bedeutet diese Kombination, daß Kasse in Höhe eines Anteils $\hat{x}_0$ und damit Wertpapiere in Höhe eines Anteils $(1 - \hat{x}_0)$ am Vermögen gehalten werden[13].

ddd) Unsere bisherigen Betrachtungen führen also zu dem Resultat, daß im Portefeuille-Gleichgewicht Kasse und Wertpapiere *nebeneinander* als Vermögensobjekte gehalten werden. Als Ergebnis eines Entscheidungskalküls läßt sich aber auch ableiten, daß ein optimales Portefeuille in besonderen Fällen *nur Kasse oder nur Wertpapiere* enthalten kann. Betrachten wir zur Illustration die beiden Darstellungen in Fig. II.11 und II.12.

Die beiden dargestellten Fälle stimmen darin überein, daß es im Bereich zwischen Ursprung und maximalem Risiko ($\bar{s}$) keinen Berührungspunkt der Möglichkeitskurve mit einer Indifferenzkurve gibt. Im ersten Fall (vgl. Fig. II.11) wird *der* Punkt auf der Möglichkeitskurve, der zu der am weitesten von der $s$-Achse entfernt liegenden Indifferenzkurve gehört, bei $s = 0$ realisiert, im zweiten Fall (vgl. Fig. II.12) bei $s = \bar{s}$. Die nutzenmaximalen Positionen bedeuten demnach *im ersten Fall* ein Portefeuille-Optimum, bei dem *nur Kasse,* und *im zweiten Fall* ein Portefeuille-Optimum, bei dem *nur Wertpapiere* gehalten werden. Wie die beiden Darstellungen vermuten lassen, tritt der *erste Fall* um so eher ein, je schwächer die Möglichkeitskurve ansteigt, d. h. je geringer der mit der Risikoerhöhung verbundene Ertragszuwachs ist, und je stärker die Indifferenzkurven ansteigen, d. h. je größer der negative Grenznutzen des Risikos (absolut genommen) im Verhältnis zum Grenznutzen des Ertrags ist[14]. Ist die Steigung der Möglichkeitskurve im Extremfall gleich Null oder sogar negativ, weil $e_w < 0$, dann wird bei der unterstellten positiven Steigung der Indifferenzkurven auf jeden Fall nur Kasse gehalten.

Der *zweite Fall* wird offenbar um so eher eintreten, je stärker die Möglichkeitskurve ansteigt, d. h. je größer der mit einer Risikoerhöhung verbundene Ertragszuwachs ist, und je schwächer die Indifferenzkurven ansteigen, d. h. je kleiner der negative Grenznutzen des Risikos (absolut genommen) im Verhältnis zum Grenznutzen des Ertrags ist. Geht die Stei-

[13] Man beachte, daß bei gegebenem Ausgangsvermögen $\bar{l}_s$ mit $x_0$ und $x_1$ auch der Bestand an Kasse und Wertpapieren gegeben ist.

[14] Die Steigung einer Indifferenzkurve ($de/ds$) wird ermittelt, indem eine marginale Bewegung auf einer Indifferenzkurve ($u = u\ (e, s)$) analysiert wird. Hierfür gilt:

$$\text{(x)} \quad du = \frac{\partial u}{\partial e} de + \frac{\partial u}{\partial s} ds = 0 \quad \text{und} \quad \frac{de}{ds} = -\frac{\frac{\partial u}{\partial s}}{\frac{\partial u}{\partial e}}.$$

gung der Möglichkeitskurve im Extremfall gegen unendlich (fällt sie also mit der $e$-Achse zusammen), weil $s_w = 0$ (d. h. das zinstragende Wertpapier wie Kasse risikolos ist), dann wird das Portefeuille-Optimum stets im Punkt des maximalen Ertrags $\bar{e}$ (= $e_w$) realisiert und der gesamte Anfangskassenbestand wird auf jeden Fall nur in Wertpapieren angelegt.

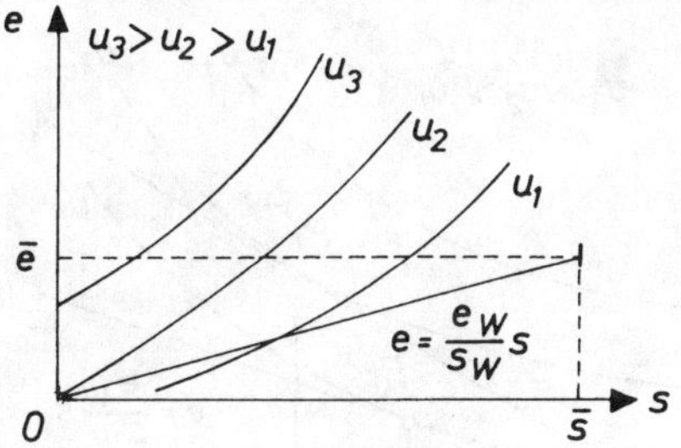


Fig. II.11

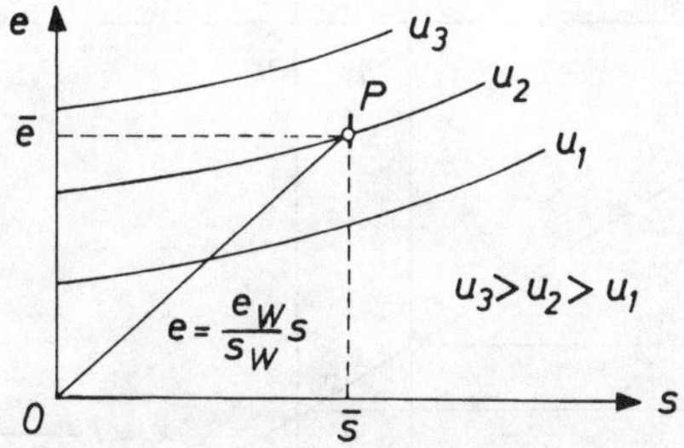


Fig. II.12

Die in den Fig. II.11 und II.12 dargestellten *Ecklösungen* betrachten wir als Spezialfälle. Für den allgemeinen Fall liefert die Bestimmung des Portefeuille-Optimums damit ein Ergebnis, das sich wesentlich von dem Resultat der Analyse bei sicheren Erwartungen unterscheidet: Während das optimale Portefeuille bei *mit Risiko behafteten Erwartungen* im allgemeinen Kasse *und* Wertpapiere enthält, werden Kasse und Wertpapiere bei sicheren Erwartungen nebeneinander nur unter einer recht speziellen Parameterkonstellation gehalten. Umgekehrt stellt die bei *sicheren Erwartungen* als Regelfall abgeleitete *Entweder (Kasse) Oder (Wertpapiere)*-Entscheidung bei mit Risiko behafteten Erwartungen die Ausnahme dar.

*dd) Parameteränderungen*. – Neben der Bestimmung der optimalen Aktivakombination für vorgegebene Parameterwerte ist auch die Frage von Interesse, wie sich die Dispositionen ändern, wenn eine Variation der Parameterkonstellation vorgenommen wird. Wir betrachten dabei zuerst eine Veränderung der Ertragsrate $e_w$ und danach eine Veränderung der Risikorate $s_w$, und zwar in beiden Fällen eine Zunahme.

aaa) Eine Zunahme von $e_w$ bedeutet in der graphischen Darstellung eine Linksdrehung der Möglichkeitskurve und damit in Fig. II.13a eine Bewegung der optimalen Position von $P_0$ nach $P_1$. Die Erhöhung von $e_w$ bewirkt also bei dem im Diagramm angenommenen Indifferenzkurvensystem, daß ein höheres Risiko ($\hat{s}_1$) hingenommen wird.

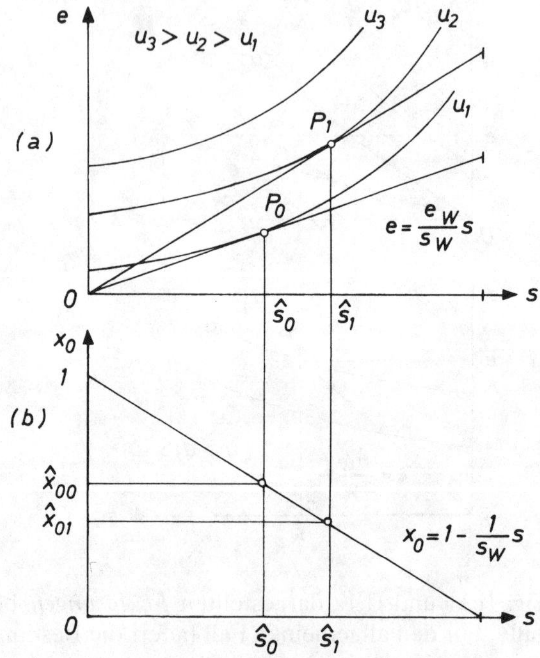


Fig. II.13

Bei anders als in Fig. II.13a verlaufenden (aber weiterhin konvexen) Indifferenzkurven ergibt sich u.U. auch eine Senkung des Risikos. Daß das Ergebnis nicht eindeutig ist, läßt sich mit einem aus der Haushaltstheorie bekannten Konzept erklären: dem *Substitutions-* und *Einkommenseffekt.* Hier beinhaltet ersterer, daß eine Erhöhung der Ertragsrate ($e_w$) einen Anreiz darstellt, den Wertpapieranteil zu vergrößern, d.h. mehr Risiko ($s$) auf sich zu nehmen; letzterer bedeutet, daß sich dem Anleger bei einer Erhöhung der Ertragsrate die Möglichkeit bietet, mehr Ertrag bei sinkendem Risiko, d.h. bei steigender Sicherheit, zu erzielen[15]. Werden Ertrag

[15] Graphisch läßt sich der Substitutions- und Einkommenseffekt veranschaulichen, indem eine Parallele zur neuen Möglichkeitskurve an die $u_1$-Kurve gelegt wird. Bezeichnet man den Berührungspunkt auf der $u_1$-Kurve mit $P'$, dann stellt die Bewegung von $P_0$ nach $P'$ den Substitutionseffekt und die Bewegung von $P'$ nach $P_1$ den Einkommenseffekt dar. Vgl. hierzu auch TOBIN, The Theory..., a.a.O., S. 50f.

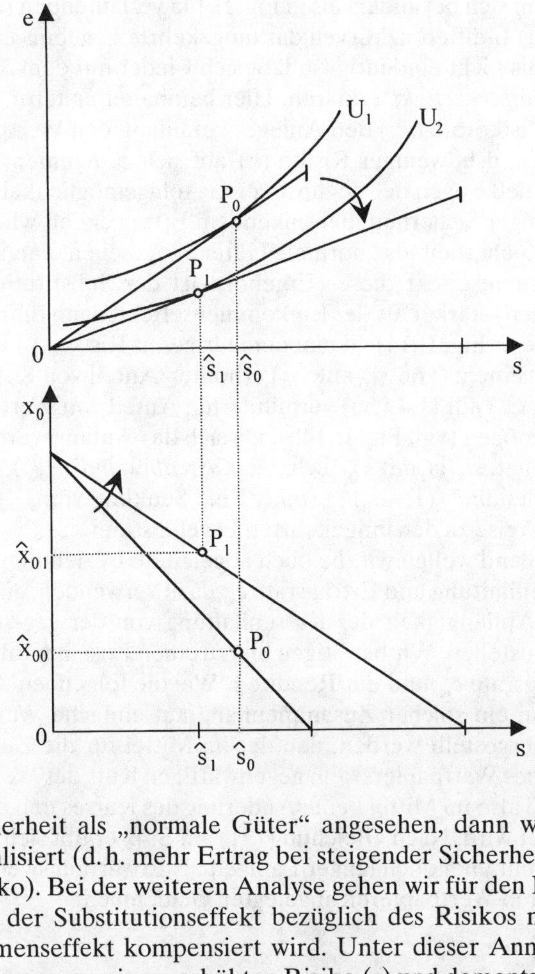


Fig. II.14

und Sicherheit als „normale Güter" angesehen, dann wird von beiden mehr realisiert (d. h. mehr Ertrag bei steigender Sicherheit, d. h. geringerem Risiko). Bei der weiteren Analyse gehen wir für den Regelfall davon aus, daß der Substitutionseffekt bezüglich des Risikos nicht durch den Einkommenseffekt kompensiert wird. Unter dieser Annahme führt ein Anstieg von $e_w$ zu einem erhöhten Risiko ($s$) und dementsprechend zu einem (von $\hat{x}_{00}$ auf $\hat{x}_{01}$) verminderten Anteil von Kasse sowie einem (von $(1 - \hat{x}_{00})$ auf $(1 - \hat{x}_{01})$) vergrößerten Anteil von Wertpapieren am Anfangsvermögen (vgl. Fig. II.13b). Da sich das Anfangsvermögen $\bar{l}_s$ nicht verändert hat, sinkt mit $x_0$ auch der *Kassenbestand* ($x_0\bar{l}_s$), während der *Wertpapierbestand* ($(1 - x_0)\,\bar{l}_s$) *steigt.* Eine Senkung von $e_w$ führt auf entsprechende Weise zu den umgekehrten Ergebnissen.

bbb) Eine Zunahme von $s_w$ bedeutet in der graphischen Darstellung eine Rechtsdrehung der Möglichkeitskurve und damit in Fig. II.14a eine Bewegung der optimalen Position von $P_0$ nach $P_1$. Eine Erhöhung von $s_w$ bewirkt also bei dem im Diagramm angenommenen Indifferenzkurvensystem, daß ein niedrigeres Risiko ($s$) realisiert wird.

Auch hier kann sich bei anders als in Fig. II.14a verlaufenden (aber weiterhin konvexen) Indifferenzkurven das umgekehrte Ergebnis einstellen. Daß das Ergebnis nicht eindeutig ist, läßt sich wieder mit dem *Substitutions*- und *Einkommenseffekt* erklären. Hier beinhaltet ersterer, daß eine Erhöhung der Risikorate ($s_w$) den Anleger veranlaßt, den Wertpapieranteil zu verringern, d.h. weniger Risiko ($s$) auf sich zu nehmen; letzterer kann bedeuten, daß wegen der ungünstigeren Anlagemöglichkeiten mehr Risiko, d.h. weniger Sicherheit, bei sinkendem Ertrag erzielt wird[16]. Werden Ertrag und Sicherheit als „normale Güter" angesehen, dann beinhaltet der Einkommenseffekt dieses Ergebnis. Ist der Substitutionseffekt (wie angenommen) stärker als der Einkommenseffekt, dann führt ein Anstieg von $s_w$ (wie in Fig. II.14) zu einem niedrigeren Risiko ($s$) und dementsprechend zu einem (von $\hat{x}_{00}$ auf $\hat{x}_{01}$) erhöhten Anteil von Kasse sowie einem (von $(1 - \hat{x}_{00})$ auf $(1 - \hat{x}_{01})$) verminderten Anteil von Wertpapieren am Anfangsvermögen (vgl. Fig. II.14b). Da sich das Anfangsvermögen $\bar{l}_s$ nicht verändert hat, *steigt* mit $x_0$ auch der *Kassenbestand* ($x_0\bar{l}_s$), während der *Wertpapierbestand* ($(1 - x_0)\bar{l}_s$) *sinkt*. Eine Senkung von $s_w$ führt auf entsprechende Weise zu den umgekehrten Ergebnissen.

ccc) Abschließend wollen wir die oben abgeleitete Beziehung zwischen optimaler Kassenhaltung und Ertragsrate $e_w$ dazu verwenden, eine Hypothese über die Abhängigkeit der Kassenhaltung von der *gegenwärtigen Rendite* ($i$) aufzustellen. Wir benötigen hierzu einen Zusammenhang zwischen der Ertragsrate $e_w$ und der Rendite $i$. Wie die folgenden Ableitungen zeigen, kann ein solcher Zusammenhang auf einfache Weise durch die Annahme hergestellt werden, daß der im Mittel für die Zukunft erwartete Kurs eines Wertpapiers dem gegenwärtigen Kurs des Wertpapiers entspricht[17], daß also im Mittel keine Änderung des Kurses und damit der Rendite erwartet wird. Nach Gleichung (21) auf S. 42 ergibt sich dann für ein Wertpapier mit unendlich langer Laufzeit als Erwartungswert ($E$) für den Ertrag einer in Wertpapieren angelegten Geldeinheit:

$$(33) \quad E\left(\frac{g^*}{p_w q}\right) = e_w = i.$$

Änderungen der gegenwärtigen Rendite $i$ sind also in dem hier betrachteten einfachen Fall mit gleichgerichteten und gleich großen Änderungen der Ertragsrate $e_w$ verbunden und wirken deshalb in gleicher Weise auf die optimale Kassenhaltung ein wie Änderungen von $e_w$. Zusammen mit

[16] Graphisch läßt sich der Substitutions- und Einkommenseffekt veranschaulichen, indem eine Parallele zur neuen Möglichkeitskurve an die $u_1$-Kurve gelegt wird. Vgl. die vorangegangene Fußnote.

[17] Diese Annahme wird durch die Tabelle auf S. 44 illustriert. Sie wird auch von TOBIN (Liquidity Preference ..., a. a. O., S. 71) bei der Analyse der Spekulationskasse verwendet. Sie impliziert für die HICKSsche Erwartungselastizität (bei $E(p_w) = p_w^* = p_w$ in der Ausgangslage) einen Wert von eins (vgl. hierzu Fußnote 3 in diesem Abschnitt).

den vorstehenden Ergebnissen folgt deshalb, daß die *optimale Kassenhaltung mit steigender gegenwärtiger Rendite* ($i$) *sinkt* und umgekehrt. Anders als bei sicheren Erwartungen (vgl. Fig. II. 9) ergibt sich somit jetzt bereits für den einzelnen Anleger eine kontinuierlich fallende Nachfragefunktion für Spekulationskasse[18].

**Zusammenfassung zu 3a und 3b**

1. Ein Zwei-Aktiva-Modell zur Bestimmung der Spekulationskasse, das die Erwartungen über Richtung und Umfang der Kursänderungen des Wertpapiers sowie die laufenden Zinserlöse als wesentliche Einflußgrößen berücksichtigt und dabei von sicheren Erwartungen ausgeht, führt im allgemeinen zu einer Entweder (Kasse) Oder (Wertpapiere)-Entscheidung.
2. Das Modell zeigt weiter, daß die Entscheidung gegen Kasse und für Wertpapiere ausfällt, wenn die Summe aus erwarteten Kursänderungen und der laufenden Rendite größer ist als Null, und umgekehrt.
3. Abweichend von den Ergebnissen einer Analyse bei sicheren Erwartungen führt ein Zwei-Aktiva-Modell zur Bestimmung der Spekulationskasse, das mit Risiko behaftete Erwartungen unterstellt und auf den Entscheidungsvariablen Ertrag und Risiko basiert, im allgemeinen zu einem Portefeuille, das sowohl Kasse als auch Wertpapiere enthält. Der optimale Bestand an Kasse und Wertpapieren hängt dabei von der Größe der Ertrags- und Risikoraten ab.
4. Daneben legt dieses Modell die Hypothese nahe, daß die Kassenhaltung eingeschränkt und der Wertpapierbestand aufgestockt wird, wenn sich die Ertragsaussichten einer Wertpapieranlage verbessern oder sich das damit verbundene Risiko vermindert, und umgekehrt. Unter der zusätzlichen Hypothese, daß keine Kursänderung erwartet wird, läßt sich die Hypothese über den Zusammenhang zwischen Kassen- und Wertpapierbestand einerseits und Ertragsaussichten anderseits spezieller formulieren, nämlich: Die Kassenhaltung ist um so geringer und der Wertpapierbestand um so größer, je höher die gegenwärtige (laufende) Rendite ist, und umgekehrt.

---

[18] Die entsprechende Kurve beginnt auf der $i$-Achse bei einem so hohen Wert für $i$, daß nur Wertpapiere (und keine Kasse) gehalten werden, und bricht ab, sobald $i$ auf einen so niedrigen Wert fällt, daß das gesamte Ausgangsvermögen ($\bar{l}_s$) ausschließlich in Kasse angelegt wird.

### c) Portefeuilles mit mehreren risikobehafteten Wertpapieren

Mit der folgenden Analyse wird *zweierlei* bezweckt: *Erstens* soll gezeigt werden, wie sich das Risiko eines Portefeuilles durch **Diversifikation** (Streuung) der Wertpapieranlagen verringern läßt, und *zweitens* wird der im folgenden Abschnitt dargestellte allgemeinere Ansatz zur **Portefeuille-Theorie** durch die Bestimmung sog. *effizienter Portefeuilles* vorbereitet.

*aa) Risiko und Diversifikation*. – In dem ausführlicher behandelten Fall von *zwei* risikobehafteten Wertpapieren sind der Gegenstand der Anlageentscheidung:

- $x_1$: der Vermögensanteil des Wertpapiers $X_1$ mit der Ertrags- und Risikorate $e_1$ und $s_1$ und
- $x_2$: der Vermögensanteil des Wertpapiers $X_2$ mit der Ertrags- und Risikorate $e_2$ und $s_2$,

wobei wegen der Budgetrestriktion

(34) $x_1 + x_2 = 1.$

Das hier besonders interessierende Portefeuille-Risiko ($s$) wird wie folgt durch die Varianz bestimmt:

$$s^2 = s_1^2\, x_1^2 + 2\, s_1\, s_2\, r_{12}\, x_1\, x_2 + s_2^2\, x_2^2$$

bzw. wegen (34)

(35) $s^2 = s_1^2\,(1 - x_2)^2 + 2\, s_1\, s_2\, r_{12}\,(1 - x_2)\, x_2 + s_2^2\, x_2^2$[19],

wobei $r_{12}$ der Korrelationskoeffizient für die erwarteten Erträge aus den Wertpapieren $X_1$ und $X_2$ ist und

$$e_2 > e_1, \quad s_2 > s_1$$

gelten soll.

---

[19] Häufig wird die Varianz auch unter Verwendung der Kovarianz der erwarteten Erträge ($s_{ij}$, hier: $s_{12}$) ausgedrückt. Dabei besteht folgender Zusammenhang:

$$s_{12} = s_1 s_2 r_{12}.$$

Zur Ableitung von Varianz und Kovarianz siehe im einzelnen T. E. Copeland, J. F. Weston, Financial Theory and Corporate Policy. 3rd ed. Reprinted with corrections. Reading 1992. S. 155ff., 159.

Aus Gleichung (35) geht hervor, daß die Beziehung zwischen $x_2$ und dem Risiko $s$ durch eine *Risikokurve* dargestellt wird, die in einem $s/x_2$-Diagramm (vgl. Fig. II.15) bei $x_2 = 0$, $s = s_1$ beginnt und bei $x_2 = 1$, $s = s_2$ endet. Wie im Anhang A1) a) genauer hergeleitet wird, hängt der weitere Verlauf der Risikokurve davon ab, auf welchen Betrag sich der Korrelationskoeffizient in dem Bereich $-1 \leqq r_{12} \leqq +1$ beläuft.

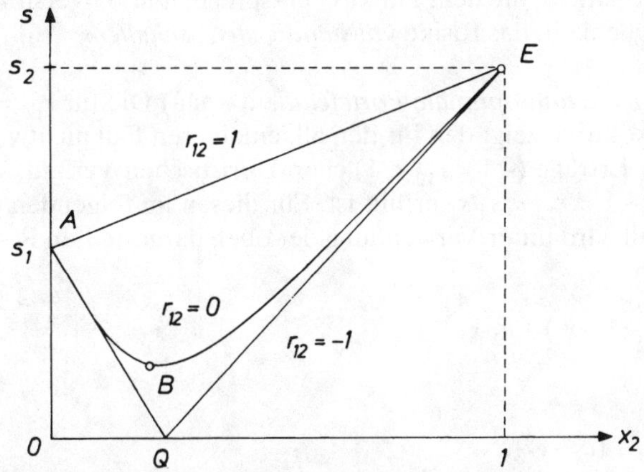


Fig. II.15

Bei $r_{12} = 1$, d. h. bei *vollständig positiver Korrelation* der erwarteten Erträge, wird die Risikokurve durch die Gerade

(36) $s = s_1 (1 - x_2) + s_2 x_2$[20] bzw.

(37) $s = s_1 + (s_2 - s_1) x_2$

dargestellt. Sie wird in Fig. II.15 durch die Strecke AE wiedergegeben. Wie Gleichung (36) zeigt, ist das Gesamtrisiko ($s$) bei $r_{12} = 1$ stets gleich dem (gewogenen) Durchschnittsrisiko aus beiden Anlagen.

Bei $r_{12} < 1$ sind die (erwarteten) Erträge *nicht vollständig positiv* miteinander korreliert. Wie Gleichung (35) zeigt, ist in diesem Fall die Varianz ($s^2$) und damit auch das Risiko ($s$) bei Diversifikation (d. h. bei $0 < x_2 < 1$) immer kleiner als bei $r_{12} = 1$. Solange also die Erträge nicht vollständig positiv miteinander korreliert sind, kann man durch *Diversifikation* das Gesamtrisiko unter das (durch (36) bestimmte) Durchschnittsrisiko drücken. Dem entspricht, daß die z. B. für $r_{12} = 0$ (d. h. für nicht korrelierte Erträge) in Fig. II.15 eingezeichnete Risikokurve (ABE) im Bereich $0 < x_2 < 1$ unterhalb der die Gleichung (36) abbildenden Risikokur-

[20] Quadrieren von $s$ führt zu Gleichung (35) bei $r_{12} = 1$.

ve (AE) liegt. Die Risikokurve (ABE) zeigt weiter, daß sich das Risiko eines diversifizierten Portefeuilles – bestimmte Annahmen vorausgesetzt[21] – durch eine entsprechende Wertpapiermischung (wie beispielsweise im Minimum B) auch unter das Risiko eines Portefeuilles vermindern läßt, das nur das risikoärmere Wertpapier enthält (wie im Punkt A).

Besteht schließlich zwischen den Erträgen aus beiden Wertpapieren eine *vollständig negative* Korrelation, d.h. gilt $r_{12} = -1$, dann bietet eine bestimmte (nämlich die dem Punkt Q entsprechende) Diversifikation sogar die Möglichkeit, das Risiko *vollständig auszuschalten.*

*bb) Effiziente und optimale Portefeuilles.* – aaa) Die für $r_{12} = 0$ dargestellte Risikokurve zeigt den für den allgemeineren Fall nicht vollständig korrelierter Erträge ($-1 < r_{12} < 1$) charakteristischen Verlauf, sofern die Bedingung $-1 < r_{12} < s_1/s_2$ erfüllt ist. Für diesen im folgenden zugrunde gelegten Fall wird unter Verwendung der oben dargestellten Risikokurve und der durch

$$e = e_1(1 - x_2) + e_2 x_2$$

bzw.

$$(38) \quad e = e_1 + (e_2 - e_1)x_2$$

bestimmten Ertragskurve die *Kurve effizienter Portefeuilles* für zwei risikobehaftete Wertpapiere hergeleitet. Dazu wird ein Vier-Quadranten-System benutzt (Fig. II.16)[22], das im IV. Quadranten die durch Gleichung (38) bestimmte *Ertragskurve,* im III. Quadranten die *Risikokurve,* im II. Quadranten eine *45°-Linie* und im I. Quadranten die hieraus resultierende Kurve möglicher Kombinationen von Ertrag und Risiko enthält. Sie entspricht der im vorhergehenden Abschnitt verwendeten *Möglichkeitskurve* und enthält im Bereich BE die sog. effizienten Portefeuilles. Risikoaversion vorausgesetzt, ist ein **effizientes Portefeuille** eine Kombination von Finanzaktiva, *die bei gegebenem Risiko den größten Ertrag und bei gegebenem Ertrag das kleinste Risiko* erwarten läßt. Ein Punkt auf der Möglichkeitskurve unterhalb von B (wie z.B. A) ist *nicht* effizient, da ein Portefeuille realisiert werden kann, das bei gleichem Risiko einen höheren Ertrag erwarten läßt. Wie Fig. II.16 verdeutlicht, entspricht jeder effizienten $e/s$-Kombination im I. Quadranten eine ganz bestimmte (effiziente) Aufteilung der Wertpapiere ($x_2$) im IV. Quadranten.

---

[21] Die Bedingung lautet

$$-1 < r_{12} < s_1/s_2.$$

Siehe hierzu auch Fußnote 3 im Anhang A1).

[22] Vgl. zu dieser Darstellung Claassen, a.a.O., S.160f.

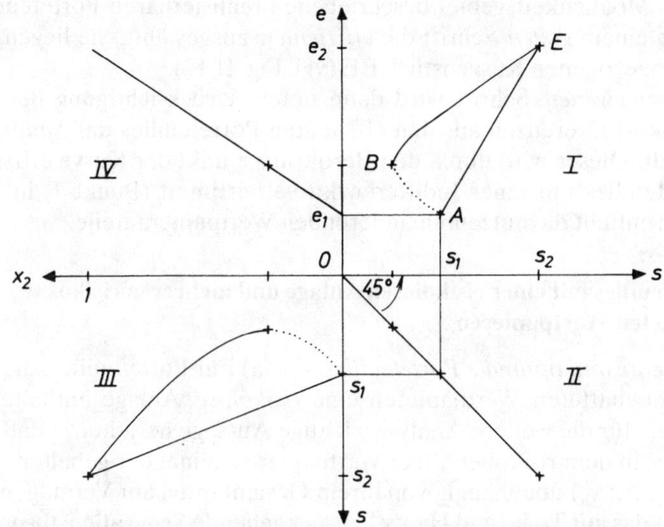


Fig. II.16

bbb) Wird die Betrachtung auf *n* risikobehaftete Wertpapiere ausgedehnt, dann werden die mit den verschiedenen Portefeuilles realisierbaren Ertrags/Risiko-Kombinationen durch ein *Möglichkeitsgebiet* bestimmt. Wie sich zeigen läßt[23], wird dieses bei nicht vollständig korrelierten Erträgen der *n* Wertpapiere nach links durch eine Kurve begrenzt, deren Form der Möglichkeitskurve (ABE) in Fig. II.16 entspricht. Aus den

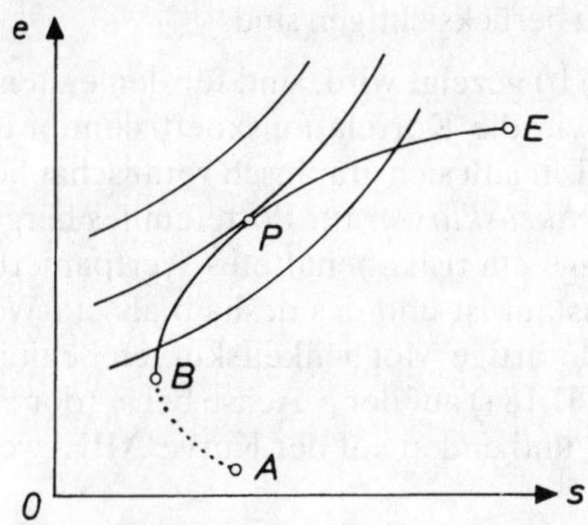


Fig. II.17

---

[23] Vgl. Claassen, a. a. O., S. 161 f. – J. Drukarczyk, Finanzierungstheorie. München 1980. S. 308 ff. – R. H. Schmidt, E. Terberger, Grundzüge der Investitions- und Finanzierungstheorie. 3., vollst. neu bearb. u. wes. erw. Aufl. Wiesbaden 1996. S. 326 ff. – W. F. Sharpe, G. J. Alexander, Investments. 4th. ed. Englewood Cliffs, N. J., 1990. S. 154 ff.

durch das Möglichkeitsgebiet beschriebenen realisierbaren Portefeuilles werden in einem *ersten* Schritt die *effizienten* ausgewählt. Sie liegen auf dem durchgezogenen Kurvenstück BE (vgl. Fig. II.17).

In einem *zweiten* Schritt wird dann unter Berücksichtigung der Ertrags/Risiko-Präferenzen aus den effizienten Portefeuilles das *optimale* ausgewählt. Dieses wird durch den Berührungspunkt der Kurve effizienter Portefeuilles mit einer Indifferenzkurve bestimmt (Punkt $P$ in Fig. II.17) und enthält die nutzenmaximierenden Wertpapieranteile.

### d) Portefeuilles mit einer risikolosen Anlage und mehreren risikobehafteten Wertpapieren

*aa) Effiziente und optimale Portefeuilles.* – aaa) Für Portefeuilles, die neben risikobehafteten Wertpapieren eine *risikolose* Anlage enthalten[24], läßt sich die für die weitere Analyse wichtige Aussage herleiten[25], daß das Verhältnis, in dem risikobehaftete Wertpapiere zueinander gehalten werden ($x_1$: $x_2$: ...: $x_n$) unabhängig von ihrem Gesamtanteil am Vermögen ist. Damit gilt das auf Tobin und Hicks[26] zurückgehende **Separationstheorem,** wonach die Entscheidung über die Zusammensetzung eines Portefeuilles, das u. a. eine risikolose Anlage enthält ($0 < x_0 < 1$), in *zwei* Teile zerlegt werden kann:

- Im ersten Teil wird die Zusammensetzung bzw. Struktur des risikobehafteten Wertpapierbündels ($x_1$: $x_2$: ... : $x_n$) bestimmt, wobei individuelle Ertrags/Risiko-Präferenzen noch keine Rolle spielen.
- Im zweiten Teil wird das (gesamte) Vermögen auf die risikolose Anlage und das Wertpapierbündel aufgeteilt, wobei individuelle Ertrags/Risiko-Präferenzen zu berücksichtigen sind.

Wie im Anhang A1) b) gezeigt wird, sind für den ersten Teil die Ertrags- und Risikoraten sowie die Korrelationskoeffizienten der Erträge maßgeblich. Der zweite Teil läßt sich graphisch veranschaulichen. Hierzu werden zunächst *Möglichkeitskurven* für Portefeuilles hergeleitet, die neben der risikolosen Anlage ein risikobehaftetes Wertpapierbündel enthalten, dessen Struktur konstant ist und das deshalb als ein Wertpapier angesehen werden kann. Derartige Möglichkeitskurven beginnen in einem $e/s$-Diagramm (vgl. Fig. II.18a) auf der $e$-Achse bei $e_0$ (der Ertragsrate für die risikolose Anlage)[27] und enden auf der Kurve ABE, weil dort das Porte-

[24] Ein Beispiel für eine risikolose Anlage ist ein verzinslicher Staatstitel, der am Ende der Planungsperiode fällig wird.

[25] Vgl. dazu Anhang A1)b).

[26] Vgl. Tobin, Liquidity Preference ..., a.a.O., S. 82ff. – Hicks, The Pure Theory ..., a.a.O., S. 106ff.

[27] Ist die risikolose Anlage unverzinslich (wie Kasse), dann beginnen die Möglichkeitskurven im Ursprung.

feuille nur noch aus dem risikobehafteten Wertpapierbündel besteht. Die Verbindungslinien zwischen dem Anfangspunkt und den Endpunkten bezeichnen mögliche Mischungen aus der risikolosen Anlage und einem risikobehafteten Wertpapierbündel, dessen Struktur konstant und durch den jeweiligen Endpunkt auf der konkaven Kurve festgelegt ist. Sie werden durch Strecken dargestellt (wie $e_0 B$ oder $e_0 M$), deren Form sich wie folgt herleiten läßt: Bezeichnet man die Ertragsrate der risikolosen Anlage mit $e_0$, die Ertrags- bzw. Risikorate des risikobehafteten Wertpapierbündels mit $e_W$ bzw. $s_W$ und seinen Vermögensanteil mit $x_W$, dann ergibt sich aus dem Portefeuille der *Ertrag*

$$e = e_0 (1 - x_W) + e_W x_W$$

bzw.

(39) $e = e_0 + (e_W - e_0) x_W$

und das *Risiko*

(40) $s = s_W x_W$,

wobei $e_W > e_0$ und $0 \leqq x_W \leqq 1$.

Wird Gleichung (40) nach $x_W$ aufgelöst und das Ergebnis in Gleichung (39) eingesetzt, dann erhält man die Gerade

(41) $e = e_0 + \frac{e_W - e_0}{s_W} s$.

Geraden, die die Kurve ABE unterhalb von $M$ in Fig. II.18a erreichen (wie die Strecke $e_0 B$), stellen keine effizienten Portefeuilles dar, weil bei gleichem Risiko höhere Erträge erzielbar sind. Effiziente Portefeuilles werden ausschließlich durch *die* Strecke beschrieben, die im Berührungspunkt $M$ endet. Der Punkt $M$ beschreibt ein Portefeuille ($M$), das eine ganz bestimmte Struktur aufweist und durch die Ertrags- und Risikorate $e_W^M$ und $s_W^M$ gekennzeichnet ist (vgl. Fig. II. 18a).

Effiziente Portefeuilles, die die risikolose Anlage nicht mehr enthalten, liegen in $M$ und rechts von $M$ auf der Kurve ABE. Demzufolge gibt der Kurvenzug $e_0 ME$ *sämtliche effizienten* Portefeuilles an, die mit dem Ausgangsvermögen finanzierbar sind. Eine Bewegung auf dieser Kurve beinhaltet folgendes: Ausgehend vom Punkt $e_0$, in dem nur die risikolose Anlage gehalten wird, werden zunächst so lange Teile der risikolosen Anlage durch das risikobehaftete Wertpapierbündel mit konstanter Struktur ersetzt, bis erstere verbraucht sind (Punkt $M$). Der durch eine marginale Ausweitung des Risikos ermöglichte Ertragsanstieg (d.h. $de/ds$) bleibt dabei konstant. Die über $M$ hinausgehende Erhöhung der Ertragsrate $e$ beruht darauf, daß das risikobehaftete Portefeuille $M$ umstrukturiert wird. Risikoärmere (und ertragsschwächere) Wertpapiere werden so lange durch risikoreichere (und ertragsstärkere) Wertpapiere ersetzt, bis das effiziente Portefeuille nur noch das Wertpapier mit der höchsten Ertrags-

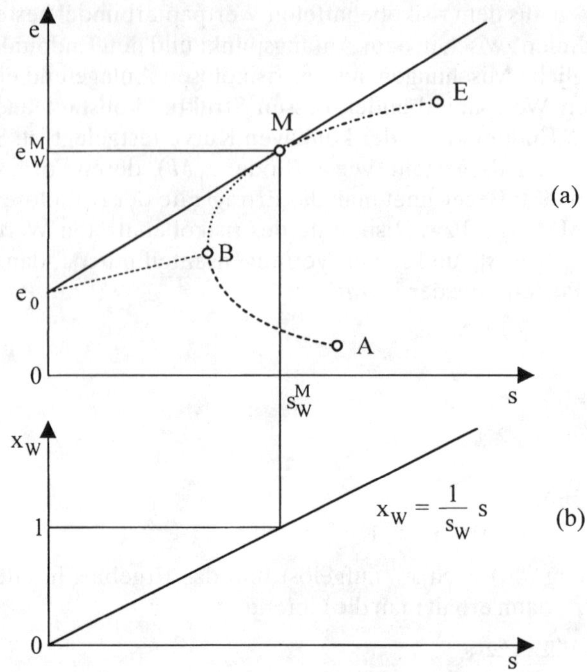


Fig. II.18

und Risikorate enthält (Punkt *E*). Der durch eine marginale Ausweitung des Risikos ermöglichte Ertragsanstieg (d. h. *de/ds*) nimmt dabei ab.

bbb) Die Aussagen sind zu modifizieren, wenn die Möglichkeit *einer Kreditfinanzierung* von Wertpapiergeschäften berücksichtigt wird. Bei der Analyse dieser Erweiterung wird zunächst vereinfachend ein *vollkommener Kapitalmarkt* unterstellt, auf dem risikolos Geld angelegt und zum *gleichen* Zinssatz ($e_0$) aufgenommen werden kann, und zwar *unbegrenzt*. Die Kreditaufnahme bietet dem Investor die Möglichkeit, seine Anlagen in risikobehafteten Wertpapieren über sein Anfangsvermögen hinaus auszudehnen, so daß $x_W > 1$. Ein Wert von $x_W = 1{,}4$ bedeutet beispielsweise, daß der Investor bei einem Anfangsvermögen von 100 000 Geldeinheiten ein Portefeuille mit risikobehafteten Wertpapieren in Höhe von 140 000 hält, von denen 40 000 durch Kredite finanziert wurden.

Durch Kreditaufnahme gelingt es einem Investor, auch Portefeuilles zu realisieren, die in der Graphik (Fig. II.18a) durch die Verlängerung der Strecke $e_0M$ über $M$ hinaus dargestellt werden[28]. In jedem Punkt der

[28] Der *Ertrag* des Portefeuilles ist

(39a) $e = e_W\, x_W - (x_W - 1)\, e_0$,

wobei $(x_W - 1)\, e_0$ die Verzinsung pro Geldeinheit für die Kreditaufnahme bezeichnet.

über $M$ hinaus verlängerten Strecke bleibt die Struktur des risikobehafteten Wertpapierbündels unverändert. Während jedoch eine Aufstockung des risikobehafteten Wertpapierbündels bis *M durch Liquidierung der risikolosen Anlage* erfolgt, wobei Alternativkosten pro Geldeinheit in Höhe von $e_0$ entstehen, wird die über $M$ hinausgehende Aufstockung durch *Kredite* finanziert, die mit Zinskosten in genau der gleichen Höhe verbunden sind.

Wie man sieht, sind *e/s*-Kombinationen auf der Verlängerung der Strecke $e_0M$ den *e/s*-Kombinationen auf dem konkaven Kurvenstück $ME$ überlegen; sie stellen *effiziente* Kombinationen dar. Offenbar bewirkt die Verschuldungsmöglichkeit zum Zinssatz $e_0$, daß sich für die Kurve effizienter Portefeuilles – wie für die Möglichkeitskurve im Fall von Kasse und einem risikobehafteten Wertpapier – durchgehend eine Gerade ergibt. Der zu jedem Punkt auf dieser Geraden gehörende Wertpapieranteil $x_W$ kann an der Ordinatenachse von Fig. II. 18b abgelesen werden.

Entsprechend dem *Separationstheorem,* dessen Geltungsbereich durch die Verschuldungsmöglichkeit über $M$ hinaus ausgedehnt wird, erfolgt im *ersten* Teil der Portefeuilleentscheidung die Bestimmung der (konstanten) Struktur des risikobehafteten Wertpapierbündels. Sie wird in Fig. II.19 wieder durch den Punkt $M$ festgelegt. Der *zweite* Teil ist – wie erwähnt – anders als der erste Teil von individuellen Ertrags/Risiko-Präferenzen abhängig. So wird ein stark risikoaverser Investor (A) neben dem risikobehafteten Wertpapierbündel auch risikolose Anlagen halten und sein Portefeuille z.B. im Punkt $P_A$ optimieren; ein weniger risikoaverser Investor (B) wird dagegen nur noch das risikobehaftete Wertpapierbündel halten und dabei sein optimales Portefeuille teilweise durch Kreditfinanzierung über sein Anfangsvermögen ausdehnen, wie z.B. im Punkt $P_B$ (vgl. Fig.II.19).

Neben diesen einzelwirtschaftlichen Aussagen zur Vermögensaufteilung lassen sich aus der Graphik auch *wohlfahrtstheoretische* Implikationen ablesen. So zeigt sich, daß die Existenz eines Kapitalmarktes zu Wohlfahrtsgewinnen führt. Ohne die Möglichkeit einer risikolosen Anlage hätte der Investor A die Position $P_A'$ gewählt und damit eine Position mit geringerem Nutzen als in $P_A$. Entsprechend hätte der Investor B ohne die Möglichkeit, sich zu verschulden, den Punkt $P_B'$ realisiert; auf Grund der Verschuldungsmöglichkeit kann er das höhere Nutzenniveau in $P_B$ erreichen.

---

Da sich (39a) zu (39) umformen läßt und das *Risiko* weiterhin durch (40) bestimmt wird, gilt auch für den Bereich $x_W > 1$ die Möglichkeitskurve (41).

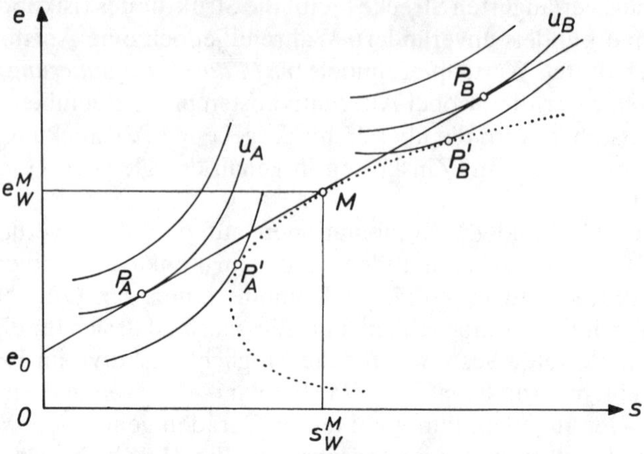


Fig. II.19

*bb) Parameteränderungen.* – Nach Bestimmung des Optimums soll abschließend noch kurz auf die Frage eingegangen werden, welche Anpassung sich bei einer Änderung der Parameterkonstellation ergibt. Bei der Beantwortung dieser Frage konzentrieren wir uns auf eine Änderung der Ertragsaussichten, und zwar auf den Fall, daß sich *sämtliche* Ertragsraten risikobehafteter Wertpapiere prozentual in gleichem Ausmaß erhöhen und damit auch die Ertragsrate des risikobehafteten Wertpapierbündels ($e_W$). In Fig. II.19 würde sich in diesem Fall eine Drehung der bei $e_0$ beginnenden Geraden nach oben einstellen und damit ein der Auswertung von Fig. II.13a analoges Ergebnis: Wird der Substitutionseffekt (annahmegemäß) nicht durch den Einkommenseffekt kompensiert, dann erhöhen sich die Bestände an risikobehafteten Wertpapieren, und zwar entweder bei abnehmendem Bestand der risikolosen Anlage[29] oder bei zunehmender Kreditaufnahme[30].

*cc) Ergänzende Betrachtungen.* – Mit der Annahme eines vollkommenen Marktes wurde zweierlei unterstellt: *Erstens* wurde angenommen, daß der Zinssatz für eine Kreditaufnahme ($e_s$) mit dem Zinssatz für risikolose Anlagen ($e_0$) identisch ist, und *zweitens*, daß die Kreditaufnahme unbegrenzt ist. Im folgenden wird gezeigt, welche Modifikationen sich für die Kurve effizienter Portefeuilles ergeben, wenn diese Annahmen aufgegeben werden.

aaa) Zunächst wird der Fall betrachtet, daß $e_s > e_0$ gilt, der Zugang zu

---

[29] Vgl. hierzu die Fußnoten 24 und 27.

[30] Zur Wirkung von Änderungen einzelner Ertrags- und Risikoparameter siehe auch den Anhang A1)b). – Vgl. ferner H.-J. JARCHOW, Der Bankkredit in einer Theorie der Portfolio Selection. „Weltwirtschaftliches Archiv“, Bd. 104 (1970) II), S. 189ff.

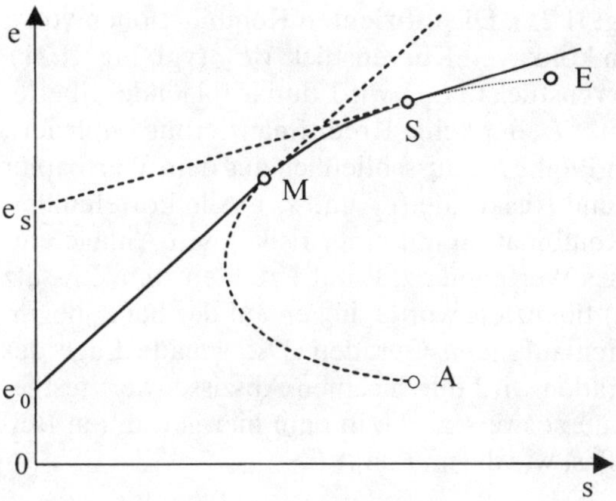


Fig. II.20

Krediten aber nicht begrenzt ist, also keine Verschuldungsgrenze existiert. In diesem Fall ist für die Herleitung der Kurve effizienter Kombinationen zusätzlich zu der bei $e_0$ beginnenden Geraden noch eine weitere Gerade zu berücksichtigen, die auf der $e$-Achse bei dem höheren Niveau $e_s$ beginnt und die konkave Kurve rechts von $M$ bei $S$ berührt (vgl. Fig. II.20). Die effizienten Portefeuilles werden jetzt durch eine Kurve angegeben, die zunächst linear (von $e_0$ bis $M$), danach gekrümmt (von $M$ bis $S$) und schließlich rechts von $S$ auf der bei $e_s$ beginnenden Geraden wieder linear verläuft (siehe Fig. II.20)[31]. Die Struktur des risikobehafteten Wertpapierbündels wird dabei im ersten Teilstück durch den Punkt $M$ und im dritten Teilstück durch den Punkt $S$ festgelegt. Die beiden Portefeuilles unterscheiden sich dadurch, daß die Ertrags- und Risikorate für das Wertpapierbündel in $S$ höher ist als für das Wertpapierbündel in $M$.

bbb) Als weitere Modifikation wird der Fall untersucht, daß zwar $e_s = e_0$ gilt, aber eine Verschuldungsgrenze existiert. Diese soll sich auf das Anfangsvermögen beziehen und das $v$-fache des Anfangsvermögens, z.B. das 0,5-fache, betragen. Sobald die Verschuldungsgrenze ($V$) erreicht ist, läßt sich ein höherer Ertrag, verbunden mit einem höheren Risiko, nur noch durch Umschichtung des durch den Punkt $M$ bestimmten Wertpapierbündels erzielen. Risikoärmere (und ertragsschwächere) Wertpapiere werden so lange durch risikoreichere (und ertragsstärkere) Wertpapiere ersetzt, bis das Portefeuille in Höhe des 1,5-fachen des Anfangsvermögens nur noch das Wertpapier mit der höchsten Ertrags- und Risikora-

[31] Vgl. hierzu auch CLAASSEN, a.a.O., S. 164ff. – SHARPE, ALEXANDER, a.a.O., S. 191ff.

te enthält (Punkt $E_V$ in Fig. II.21). Die effizienten Kombinationen von $e$ und $s$ liegen dabei auf dem konkaven Kurvenstück $VE_V$ (vgl. Fig. II.21). Der Endpunkt dieses Kurvenstücks ($E_V$) wird durch folgende Überlegung bestimmt: Wie im Punkt $E$, der keine Kreditfinanzierung impliziert, besteht das Portefeuille im Punkt $E_V$ ausschließlich aus dem Wertpapier mit der höchsten Ertrags- und Risikorate ($e_E$ und $s_E$). Alle Portefeuilles, die dieses Wertpapier in Kombination mit einer risikolosen Anlage enthalten oder bei denen dieses Wertpapier z. T. mit Krediten zum Zinssatz der risikolosen Anlage ($e_0$) finanziert wurde, liegen auf der bei $e_0$ beginnenden, den Punkt $E$ durchlaufenden Geraden. Die genaue Lage des Punktes $E_V$ auf dieser Geraden wird durch seinen Abszissenwert festgelegt. Er muß eine Risikorate ausweisen, die in dem hier gewählten Beispiel eineinhalb mal so groß ist wie die im Punkt $E$.

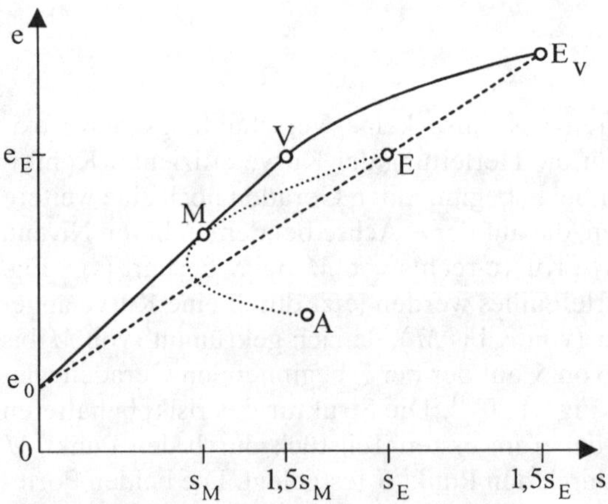


Fig. II.21

*dd) Weiterführende Betrachtungen.* – Die Bestimmung optimaler Portefeuilles führt zu interessanten Folgerungen, wenn man zur Analyse von Marktgleichgewichten übergeht und dabei bestimmte (z. T. schon verwendete) *Annahmen* zugrunde legt. Insbesondere wird unterstellt[32], daß

- erstens ein vollkommener Kapitalmarkt existiert, auf dem zum gleichen Zinssatz ($e_0$) risikolose Anlagen getätigt und Kredite unbegrenzt aufgenommen werden können, und
- zweitens alle Investoren bezüglich der Einschätzung von Risiko und Ertrag der Wertpapiere homogene (d. h. identische) Erwartungen aufweisen.

---

[32] Siehe zu den Annahmen im einzelnen SCHMIDT, TERBERGER, a. a. O., S. 343 f.

Diese Annahmen haben zur Folge, daß die effizienten Wertpapierkombinationen auf einer Geraden liegen (wie die Tangente in Fig. II.18 oder II.19), die für alle Investoren gleich ist. Dementsprechend wünschen alle Investoren, risikobehaftete Wertpapiere in der gleichen durch den Tangentialpunkt $M$ (vgl. Fig. II.18a oder II.19) beschriebenen Zusammensetzung zu halten. Die jeweiligen Portefeuilles unterscheiden sich deshalb nur durch den auf das Anfangsvermögen bezogenen Gesamtbetrag an risikobehafteten Wertpapieren.

Da die Mengen der verschiedenen am Markt vorhandenen risikobehafteten Wertpapiere ($q_1$, $q_2$, ...) vorgegeben sind, werden sich ihre Kurse ($p_{w1}, p_{w2}, \ldots$) am Markt stets so anpassen, daß die von allen Investoren angestrebte (gleiche) Struktur des risikobehafteten Wertpapierbündels ($x_1 : x_2 : \ldots$) im Gleichgewicht mit der am Markt realisierten Struktur der bewerteten Bestände der entsprechenden Wertpapiere übereinstimmt. Im Fall von zwei risikobehafteten Wertpapieren gilt dann beispielsweise:

$$(42) \quad \frac{x_1}{x_2} = \frac{p_{w1} q_1}{p_{w2} q_2}.$$

Würde diese Übereinstimmung nicht vorliegen und z.B. in Gleichung (42) die linke Seite größer sein als die rechte, dann würden sich folgende Anpassungen ergeben: Die gewünschte Aufstockung des Bestandes vom Wertpapier 1 in Relation zum Bestand vom Wertpapier 2 bewirkt, daß der Wertpapierkurs $p_{w1}$ im Verhältnis zum Wertpapierkurs $p_{w2}$ steigt. Da hiermit ein Rückgang der erwarteten Ertragsrate $e_1$ im Verhältnis zu $e_2$ einhergeht, wird die gewünschte Relation $x_1/x_2$ gesenkt. Sowohl der Anstieg von $p_{w1}/p_{w2}$ als auch die hierdurch ausgelöste Senkung von $x_1/x_2$ bewirken, daß Gleichung (42) wieder erfüllt wird[33].

Unter den genannten beiden Bedingungen folgt somit als Fazit das bereits konstatierte Ergebnis: Das von allen Investoren gewünschte und durch den Punkt $M$ beschriebene Portefeuille risikobehafteter Wertpapiere ist im Marktgleichgewicht genauso zusammengesetzt wie die Marktwerte aller am Markt umlaufenden risikobehafteten Wertpapiere. Deshalb wird das durch den Punkt $M$ beschriebene Wertpapierportefeuille auch als **Marktportefeuille** bezeichnet, und die für alle Investoren gleiche Gerade effizienter Portefeuilles wird **Kapitalmarktlinie** genannt. Beide Konzepte spielen eine Rolle für das **Capital Asset Pricing Model (CAPM),** das ein wichtiges Instrument für die Bewertung von Anlagerisiken darstellt. Seine Behandlung ist Gegenstand der Finanzierungstheorie[34] und geht damit über den Rahmen dieses Bandes hinaus.

---

[33] Die marktmäßige Anpassung des Zinssatzes $e_0$ bewirkt zudem, daß risikolose Anlagen und Kredite im Marktgleichgewicht gleich groß sind.

[34] Siehe hierzu Copeland, Weston, a.a.O., S. 193 ff. – Schmidt, Terberger, a.a.O., S. 341 ff. – Sharpe, Alexander, a.a.O., S. 194 ff.

## Zusammenfassung zu 3c und 3d[35]

1. Wie aus den Risikokurven für ein Portefeuille aus zwei risikobehafteten Wertpapieren hervorgeht, kann man das Gesamtrisiko durch Diversifikation unter das Durchschnittsrisiko drücken, solange die Erträge nicht vollständig positiv miteinander korreliert sind.
2. Der erste Schritt bei der Portefeuilleentscheidung besteht darin, solche Portefeuilles auszuwählen, die bei gegebenem Risiko den größten Ertrag und bei gegebenem Ertrag das kleinste Risiko erwarten lassen (effiziente Portefeuilles bei Risikoaversion). Aus diesen Portefeuilles wird dann in einem zweiten Schritt das Portefeuille ausgewählt, das am besten den individuellen Ertrags/Risiko-Präferenzen entspricht (optimales Portefeuille).
3. Bestehen effiziente Portefeuilles ausschließlich aus risikobehafteten Wertpapieren, dann nimmt der durch eine marginale Ausweitung des Risikos ermöglichte Ertragsanstieg ab. Enthalten effiziente Portefeuilles dagegen auch eine risikolose Anlage (bzw. ist eine Kreditaufnahme zum Zinssatz für risikolose Anlagen möglich), dann bleibt der durch eine marginale Ausweitung des Risikos ermöglichte Ertragsanstieg konstant. In diesem Fall ist die Struktur des risikobehafteten Wertpapierbündels von seinem (auf das Anfangsvermögen bezogenen) Bestand unabhängig, und es gilt das Separationstheorem. Danach wird nur der (auf das Anfangsvermögen) bezogene Bestand, nicht aber die Struktur des risikobehafteten Wertpapierbündels von individuellen Ertrags/Risiko-Präferenzen beeinflußt.
4. Sind die Bedingungen für das Separationstheorem erfüllt, dann führt eine prozentual gleiche Erhöhung der Ertragsraten bei sämtlichen risikobehafteten Wertpapieren i.d.R. zu einer Erhöhung ihrer Bestände, und zwar entweder bei abnehmendem Bestand an risikolosen Anlagen (bzw. an Kasse) oder bei zunehmender Kreditaufnahme.
5. Unter der Annahme eines vollkommenen Kapitalmarktes und homogener Erwartungen der Investoren ist das gewünschte Portefeuille risikobehafteter Wertpapiere für alle Investoren in der Struktur gleich und im Gleichgewicht auch genauso zusammengesetzt wie die Marktwerte der umlaufenden Wertpapiere.

[35] Die Zusammenfassung zu 3a und 3b befindet sich auf S. 55.

## Ausgewählte Literaturangaben zum II. Kapitel

W. J. Baumol, The Transactions Demand for Cash: An Inventory Theoretic Approach. „The Quarterly Journal of Economics“, Vol. 66 (1952), S. 545 ff. (zu **1**).

E.-M. Claassen, Grundlagen der Geldtheorie. 2., neubearb. u. erw. Aufl. Berlin, Heidelberg, New York 1980 (zu **1**, **2** und **3**).

T. E. Copeland, J. F. Weston, Financial Theory and Corporate Policy. 3rd ed. Reprinted with Corrections. Reading 1992 (zu **3**).

G. Gabisch, Portfoliotheorie der Geldnachfrage. „das wirtschaftsstudium“, 5. Jg. (1976), Nr. 5, S. 220 ff. (zu **3**).

J. R. Hicks, A Suggestion for Simplifying the Theory of Money. „Economica“, Vol. 2 (1935), S. 1 ff. (zu **3**).

–, The Pure Theory of Portfolio Selection. In: Critical Essays in Monetary Theory. Oxford 1967. S. 103 ff. (zu **3**).

H. M. Markowitz, Portfolio Selection. „The Journal of Finance“, Vol. 7 (1952), S. 77 ff. (zu **3**).

–, Portfolio Selection. Efficient Diversification and Investments (Cowles Foundation, Monograph 16.) New York 1959 (zu **3**).

J. Tobin, Liquidity Preference as Behavior Towards Risk. „The Review of Economic Studies“, Vol. 25 (1957–58), S. 65 ff. (zu **3**).

–, The Interest Elasticity of Transactions Demand for Cash. „The Review of Economics and Statistics“, Vol. 38 (1956), S. 241 ff. (zu **1**).

E. L. Whalen, A Rationalization of the Precautionary Demand for Cash. „The Quarterly Journal of Economics“, Vol. 80 (1966), S. 314 ff. (zu **2**).

U. Westphal, Theoretische und empirische Untersuchungen zur Geldnachfrage und zum Geldangebot (Kieler Studien, 110.) Tübingen 1970 (zu **1** u. **2**).

# III. Gesamtwirtschaftliche Analyse des monetären Bereichs

Während es im vorhergehenden Kapitel um die Untersuchung der einzelwirtschaftlichen Kassenhaltung geht, steht im III. Kapitel die Frage im Vordergrund, wie die gesamte Geldnachfrage[1] der Nichtbanken und das gesamte Geldangebot[1] in einer Volkswirtschaft in Übereinstimmung zu bringen ist. Auf die *einzelwirtschaftliche* Analyse folgt somit eine *gesamtwirtschaftliche* Analyse.

Die gesamtwirtschaftliche Analyse beschränkt sich dabei zunächst allein auf den **monetären Bereich** einer Volkswirtschaft. Das bedeutet, daß nur das Zusammenspiel zwischen gesamtwirtschaftlicher Geldnachfrage und gesamtwirtschaftlichem Geldangebot untersucht wird und die hiervon ausgehenden Folgewirkungen auf die gesamtwirtschaftliche Produktion, die Beschäftigung und das Preisniveau (d.h. auf den güterwirtschaftlichen Bereich) vorerst *unberücksichtigt* bleiben. Das Volkseinkommen wird deshalb auch an dieser Stelle als *Parameter* behandelt, also als eine Größe, die vorgegeben ist und demzufolge keine endogenen, d.h. aus dem Modell heraus bestimmte, Änderungen erfährt.

Die vorläufige Beschränkung der Analyse auf den monetären Bereich erscheint aus Gründen der Darstellung zweckmäßig. Sie läßt sich aber auch damit rechtfertigen, daß Anpassungsvorgänge im monetären Bereich (z.B. eine Senkung des Zinsniveaus) wesentlich schneller ablaufen als die hierdurch ausgelösten Anpassungsvorgänge im güterwirtschaftlichen Bereich (z.B. die durch eine Zinssenkung induzierte Erhöhung der Investitionstätigkeit[2]).

---

[1] Unter *Geldangebot* ist genauer der Kassenbestand zu verstehen, der im Nichtbankensektor untergebracht werden soll, unter *Geldnachfrage* der Kassenbestand, den die Nichtbanken zu halten wünschen (*Liquiditätspräferenz*).

[2] Vgl. auch M. FRIEDMAN and A. J. SCHWARTZ, Money and Business Cycles. „The Review of Economics and Statistics", Vol. 45 (1963, Suppl.), S. 61. – R. L. TEIGEN, Some Observations on Monetarist Analysis. „Kredit und Kapital", 4. Jg. (1971), S. 254. – Vgl. Kapitel IV unter 4a) cc) bbb).

## 1. Die Analyse des monetären Bereichs bei exogen fixierter Geldmenge

### – Die KEYNESsche Liquiditätspräferenztheorie –

Bei der Analyse des monetären Bereichs einer Volkswirtschaft wollen wir uns zunächst auf Aspekte der *Geldnachfrage (Liquiditätspräferenz)* konzentrieren. Wir beginnen deshalb mit der Darstellung einer Theorie des monetären Bereichs, die das Geldangebot vernachlässigt und als eine exogen fixierte Größe ansieht. Zur Illustration können wir annehmen, daß die Zentralbank die Geldmenge durch entsprechende geldpolitische Maßnahmen vollständig kontrollieren kann und die Geldmenge so zu einem exogen bestimmten geldpolitischen Aktionsparameter wird.

Eine Theorie des monetären Bereichs, die sich auf die Geldnachfrage konzentriert und das Geldangebot als eine exogen fixierte Größe ansieht, ist von KEYNES in Form der **Liquiditätspräferenztheorie** entwickelt worden. Diese Theorie ist Teil der im Jahre 1936 publizierten *Allgemeinen Theorie* von KEYNES[3] und knüpft in einigen Teilen an die damals vorherrschende klassische Theorie an (die wir erst später behandeln)[4], geht aber zugleich in anderen Teilen ganz neue Wege. Die Übereinstimmung mit traditionellen Vorstellungen äußert sich darin, daß der *Tauschmittelfunktion* des Geldes für die Analyse von Kassenbeständen auch bei KEYNES eine wesentliche Bedeutung zukommt; der entscheidende Unterschied ergibt sich daraus, daß die Rolle des Geldes als *Vermögensobjekt* von den Klassikern vernachlässigt[5], innerhalb der KEYNESschen Liquiditätspräferenztheorie aber zu einem Eckpfeiler des Modells wird[6]. Die mehr oder weniger traditionelle Komponente seiner Theorie bilden somit die beiden ersten der drei von ihm genannten Motive der Kassenhaltung: das *Transaktionsmotiv* und das *Vorsichtsmotiv;* ein neues Element wird von KEYNES mit dem *Spekulationsmotiv* eingeführt. Mit der Berücksichtigung des Spekulationsmotivs gelingt es ihm (wie noch zu zeigen ist), eine Zinsabhängigkeit der Kassenhaltung abzuleiten.

---

[3] Vgl. J. M. KEYNES, The General Theory of Employment, Interest, and Money. London 1936. (Im folgenden zitiert als KEYNES, a. a. O.)

[4] Vgl. Kapitel IV unter 1 sowie den Anhang A2).

[5] Vgl. A. H. HANSEN, A Guide to Keynes. New York, Toronto, London 1953. S. 126. – R. F. HARROD, Money. London 1969. S. 4.

[6] Vgl. A. LEIJONHUFVUD, On Keynesian Economics and the Economics of Keynes. New York, London, Toronto 1968. S. 366. – Vgl. auch A. H. HANSEN, a. a. O., S. 126, 130.

### a) Die Transaktions- und Vorsichtskasse

*aa) Transaktionskasse.* – Die mikroökonomischen Wurzeln der KEYNESschen Analyse der **Transaktionskasse** deuten überwiegend auf eine institutionell bestimmte Kassenhaltung hin[7]. Das Halten einer Transaktionskasse dient dem Zweck, Unterschiede in Höhe und zeitlicher Verteilung von Aus- und Einzahlungen auszugleichen, d. h. genauer: den aus diesen Diskrepanzen herrührenden Finanzierungsbedarf bei Haushalten und Unternehmungen zu decken[8]. Der Umfang der einzelwirtschaftlichen Transaktionskasse wird deshalb vom *Zahlungsrhythmus* und vom *Umsatz* der Wirtschaftseinheiten bestimmt.

Daneben finden sich bei KEYNES aber auch vereinzelt Hinweise dafür, daß die Kassenhaltung für Transaktionszwecke von der Höhe potentieller Kreditkosten beeinflußt wird[9] und zudem durch Verzicht auf eine verzinsliche Anlage Alternativkosten bedingt. KEYNES deutet also schon bei seinen Überlegungen zur Transaktionskasse an, daß die Kassenhaltung auch von der Höhe des Zinssatzes abhängig sein könnte[10]. Er hält diesen Einfluß im Zusammenhang mit dem Transaktionsmotiv aber für nicht sehr bedeutsam, solange man von außergewöhnlichen Zinsbewegungen absehen kann. Da außerdem davon ausgegangen wird, daß sich die Zahlungssitten (und damit der Zahlungsrhythmus von Ein- und Auszahlungen) nicht abrupt ändern, bleibt der Umsatz und damit in der Regel das Einkommen bei kurzfristiger Betrachtung[11] der maßgebliche Bestimmungsfaktor für die Höhe der Transaktionskasse einer Wirtschaftseinheit. Bei KEYNES wird deshalb auch die *gesamtwirtschaftliche Liquiditätspräferenz für Transaktionszwecke* ($L_t$) *als allein vom nominellen Volkseinkommen* ($Y$) abhängig angenommen[12] und in der speziellen Form

---

[7] Vgl. dazu Kapitel II unter 1a).

[8] Vgl. KEYNES, a. a. O., S. 195 ff.

[9] Siehe KEYNES, a. a. O., S. 201; aber auch Ders., The Theory of the Rate of Interest. In: The Lessons of Monetary Experience. (Ed. by A. D. GAYER). New York 1937. S. 149. – Vgl. ferner A. H. HANSEN, a. a. O., S. 128 f.

[10] Sporadisch klingen also Überlegungen an, die bei den späteren Arbeiten von ALLAIS, BAUMOL und TOBIN über eine entscheidungslogisch begründete Kassenhaltung eine wesentliche Rolle spielen (vgl. Kapitel II unter 1b)). Im wesentlichen deuten seine Hinweise aber auf eine mikroökonomische Fundierung hin, wie sie von uns im II. Kapitel im Rahmen der institutionell bestimmten Kassenhaltung skizziert worden ist.

[11] Hierbei darf sich auch der Grad der vertikalen Integration in der Volkswirtschaft nicht verändern, da z. B. bei zunehmender Integration Zahlungsvorgänge entfallen, die andernfalls c. p. auftreten würden.

[12] Hierbei unterstellt er auch ausdrücklich eine weitgehende Konstanz der Einkommensverteilung (vgl. KEYNES, a. a. O., S. 201).

$$(1) \quad L_t = kY, \qquad k > 0$$

dargestellt.

*bb) Vorsichtskasse.* – Wie aus der einzelwirtschaftlichen Analyse bereits bekannt[13], ist für das Halten einer **Vorsichtskasse** die Überlegung maßgeblich, daß Zeitpunkt und Umfang der für die Bemessung der Transaktionskasse maßgeblichen Zahlungsvorgänge nicht in jedem Fall mit 100%iger Sicherheit vorhersehbar sind. Es können z.B. unerwartete Ausgaben notwendig werden oder sich unvorhergesehene Möglichkeiten für vorteilhafte Käufe ergeben[14]. Mit Vorgängen dieser Art wird bei KEYNES eine zusätzliche Kassenhaltung aus Vorsichtsgründen motiviert.

Bei der Frage, welche Faktoren den Umfang der Vorsichtskasse bestimmen, argumentiert KEYNES wie bei der Analyse der Transaktionskasse. Auch in diesem Zusammenhang deutet er die Möglichkeit an[15], daß die Höhe der Kassenhaltung einerseits von der Zuverlässigkeit und den Kosten einer nicht eingeplanten Geldbeschaffung (z.B. von Überziehungskrediten) abhängt, anderseits aber auch durch die Alternativkosten der Kassenhaltung beeinflußt wird. Während dabei eine Erhöhung der (zuerst genannten) Illiquiditätskosten auf eine Aufstockung der Vorsichtskasse hinwirkt, führt eine Steigerung der Alternativkosten dazu, daß die Kassenhaltung eingeschränkt wird[16]. Die empirische Bedeutung einer solchen Beziehung wird allerdings von KEYNES (ähnlich wie bei der Transaktionskasse) relativ gering veranschlagt[17]. Unter normalen Umständen (d.h.: solange keine extremen Zinsschwankungen auftreten) wird die *Vorsichtskasse* hauptsächlich durch das Ausmaß der wirtschaftlichen Aktivität, d.h. präziser: *durch das Volkseinkommen*, bestimmt[18]. Da damit sowohl für die Transaktionskasse als auch für die Vorsichtskasse der gleiche Einflußfaktor maßgeblich ist und deshalb in den entsprechenden Liquiditätspräferenzfunktionen die gleiche Größe als unabhängige Variable erscheint, wird das Vorsichtsmotiv in formaler Hinsicht unter das Transaktionsmotiv subsumiert und kann insofern durch Gleichung (1) als miterfaßt angesehen werden.

---

[13] Vgl. S.32.

[14] Vgl. KEYNES, a.a.O., S.196.

[15] Vgl. ebenda.

[16] KEYNES deutet damit bereits auf Zusammenhänge hin, die erst in den sechziger Jahren in umfassendere Modelle zur Analyse der Vorsichtskasse eingebaut werden (vgl. z.B. die Ausführungen zu dem Modell von WHALEN in Kapitel II unter 2a)). Es bleibt allerdings in der *Allgemeinen Theorie* bei recht fragmentarischen Hinweisen, die in keiner Weise in ein geschlossenes mikroökonomisches Modell integriert werden.

[17] Vgl. KEYNES, a.a.O., S.196f. – A.H. HANSEN, a.a.O., S.128.

[18] Vgl. KEYNES, a.a.O., S.196ff.

### b) Die Spekulationskasse

Bei der Analyse der KEYNESschen **Spekulationskasse** wird nicht zwischen verschiedenen Wertpapierarten differenziert. Es wird vielmehr angenommen, daß nur *ein* Wertpapier mit einheitlicher Ausstattung existiert.

Für die Analyse der Spekulationskasse sind die *Erwartungen* einer Wirtschaftseinheit bezüglich der zukünftigen Entwicklung der Wertpapierrendite, also die Zinserwartungen, von wesentlicher Bedeutung. Zinserwartungen können, wie unsere einzelwirtschaftlichen Überlegungen gezeigt haben[19], in verschiedener Weise zur Analyse spekulativer Kassenbestände herangezogen werden. Bei *sicheren* Erwartungen[20] kann eine Kassenhaltung nur damit begründet werden, daß eine Wirtschaftseinheit bei Wertpapieren mit Kursverlusten rechnet, die mit 100%iger Wahrscheinlichkeit den laufenden Zinsertrag übersteigen (oder ihn gerade aufzehren)[21]. Bei mit Risiko behafteten Erwartungen[22] läßt sich dagegen mit Hilfe der Theorie der *portfolio selection* auch dann eine Kassenhaltung als rationale Verhaltensweise ableiten, wenn der Erwartungswert der Kursänderungen positiv (oder gleich Null) ist. Offenbar resultiert die Kassenhaltung bei einer Wirtschaftseinheit im ersten Fall (d.h. bei sicheren Erwartungen) daraus, daß diese mit Sicherheit einen *anderen niedrigeren* Wertpapierkurs als den herrschenden Marktkurs erwartet, also mit einer sicheren Erhöhung der Wertpapierrendite rechnet[23]. Im zweiten Fall dagegen sind es die mit Risiko behafteten Erwartungen über die zukünftige Kursentwicklung, die eine Streuung der Vermögensanlage und damit i.d.R. auch das Halten eines (spekulativen) Kassenbestandes zweckmäßig erscheinen lassen.

Wenn sich auch bei KEYNES gewisse Andeutungen dafür finden lassen, daß er im Risiko individueller Kurs- und Zinserwartungen einen Grund für das Halten von spekulativen Kassenbeständen sieht[24], so stützt sich doch seine Argumentation im wesentlichen darauf, daß ein Kassenbestand aus spekulativen Gründen sinnvoll sein kann, wenn die von einer Wirtschaftseinheit *„mit ziemlicher Sicherheit“*[25] *erwartete Rendite von der*

---

[19] Vgl. Kapitel II unter 3.

[20] Vgl. Kapitel II unter 3a).

[21] Vgl. hierzu S. 40ff.

[22] Vgl. hierzu die Ausführungen zur portfolio selection in Kapitel II unter 3b).

[23] Zur Beziehung zwischen Wertpapierkurs und Rendite s. S. 40, Fußnote 2.

[24] Vgl. KEYNES, a.a.O., S. 168f. – Siehe dazu auch A. H. HANSEN, a.a.O., S. 126f. – Aus dem Hinweis, daß der aus einer Wahrscheinlichkeitsverteilung gewonnene (mathematische) Erwartungswert der Erträge einer Wertpapieranlage ausreichen muß, um das Risiko zu kompensieren (vgl. KEYNES, a.a.O., S. 169), läßt sich zudem ersehen, daß bei KEYNES bereits formale Elemente der *portfolio selection* sichtbar werden. Die fragmentarischen Andeutungen erfahren allerdings bei ihm keine Vertiefung.

[25] KEYNES spricht von einem „fairly *safe* level“ (a.a.O., S. 201).

*gegenwärtigen Rendite abweicht*[26]. So heißt es bei KEYNES[27], daß eine Wirtschaftseinheit, die annimmt, daß die zukünftige Rendite über dem gegenwärtigen Marktniveau liegen wird, Grund hat, spekulative Kassenbestände zu halten[28]; umgekehrt besteht für eine Wirtschaftseinheit Anlaß, Wertpapiere zu kaufen, wenn eine Rendite erwartet wird, die unter dem gegenwärtigen Marktniveau liegt.

Aus den bisherigen Überlegungen haben sich damit folgende beiden Größen als Bestimmungsgründe für die Höhe der Spekulationskasse herauskristallisiert: die **gegenwärtige Rendite** und die für die Zukunft **erwartete Rendite.** Wie sich die Spekulationskasse mit diesen beiden Größen ändert, ist die Frage, der wir uns nun zuwenden wollen. Wir betrachten zunächst alternative Werte für die *gegenwärtige Rendite* und gehen dabei davon aus, daß die individuellen Erwartungen bezüglich der zukünftigen Rendite *a) sicher, b) von Wirtschaftseinheit zu Wirtschaftseinheit im allgemeinen unterschiedlich und c) konstant* und damit in bezug auf die gegenwärtige Rendite *vollkommen unelastisch*[29] sind[30]. Abnehmende Werte für die gegenwärtige Rendite ($i$) bedeuten dann folgendes[31]: Bei Wirtschaftseinheiten, bei denen die Differenz zwischen gegenwärtiger und erwarteter Rendite ($i - i^*$) zunächst noch positiv ist, kann diese Differenz negativ werden, aus den ursprünglich erwarteten Kursgewinnen können also erwartete Kursverluste werden. Bei Wirtschaftseinheiten, bei denen die Differenz zwischen laufender und erwarteter Rendite ($i - i^*$) in der Ausgangslage negativ ist, erhöhen sich die ursprünglich erwarteten Kursverluste. Hinzu kommt, daß bei sinkendem $i$ die Aussichten immer geringer werden, Kursverluste aus den laufenden Zinserträgen zu decken[32]. Bei sinkendem $i$ gibt es deshalb immer mehr Wirtschaftseinheiten, die

---

[26] Eine ins Detail gehende mikroökonomische Analyse, die dieser Argumentation entspricht, findet sich in Kapitel II unter 3a).

[27] Vgl. KEYNES, a. a. O., S. 170. – Weitere Hinweise dazu finden sich in der *Allgemeinen Theorie* auf den Seiten 169, 172, 199 und 201, ferner bei A. H. HANSEN, a. a. O., S. 128 und 131 f.

[28] Der Vergleich der beiden Renditen berücksichtigt nur den dadurch implizierten Ertrag aus der erwarteten Kursänderung; der Ertrag aus der Nominalverzinsung wird an dieser Stelle von KEYNES offenbar vernachlässigt (vgl. dazu die Ausführungen auf S. 40 ff. und insbes. die Gleichung (21) auf S. 42).

[29] Zum Begriff *vollkommen unelastische Erwartungen* siehe auch S. 40 f.

[30] Diese Annahmen können als typisch für die KEYNESsche Liquiditätspräferenztheorie angesehen werden (s. hierzu TOBIN, Liquidity Preference..., a. a. O., S. 67 ff. und auch den Hinweis bei LEIJONHUFVUD, a. a. O., S. 368). KEYNES sieht allerdings über die letzte Annahme hinweg, wenn er die Konsequenzen eines extrem niedrigen Zinsniveaus diskutiert und dabei schreibt, daß „a long term rate of interest of (say) 2 per cent. leaves more to fear than to hope, ...“. (KEYNES, a. a. O., S. 202.)

[31] Vgl. zu den folgenden Ausführungen Gleichung (21) auf S. 42.

[32] Vgl. KEYNES, a. a. O., S. 202.

mit Verlusten aus der Wertpapieranlage rechnen und die deshalb gegenüber einer Wertpapieranlage eine abwartende Haltung einnehmen. Sinkende laufende Renditen haben damit bei unveränderten erwarteten Renditen zur Folge, daß immer mehr Wirtschaftseinheiten zur Kassenhaltung übergehen und daß infolgedessen von der Gesamtheit aller Wirtschaftseinheiten eine zunehmende Spekulationskasse gehalten wird. Alle Wirtschaftseinheiten werden schließlich Kasse gegenüber Wertpapieren vorziehen, wenn eine so niedrige Rendite erzielt wird (also ein so hohes Kursniveau besteht), daß niemand mehr damit rechnet, mögliche Kursverluste durch Zinserträge kompensieren zu können[33]. Die gesamte Liquiditätspräferenz würde demnach bei diesem Zinssatz so groß werden, daß jeder Zufluß von Geld bei allen Wirtschaftseinheiten in voller Höhe zur Aufstockung von Kassenbeständen benutzt wird.

Die bisherigen Ausführungen über den Zusammenhang zwischen Spekulationskasse und gegenwärtiger Rendite (kurz: Zinssatz) gestatten nun eine erste Teilantwort auf die oben gestellte Frage: *Bei gegebenen Erwartungen über den zukünftigen Zinssatz nimmt die Liquiditätspräferenz für spekulative Zwecke ($L_s$) zu, wenn der Zinssatz (i) abnimmt.* Die Liquiditätspräferenz wird vollkommen elastisch, wenn der Zinssatz einen unteren Grenzwert ($\underline{i}$) erreicht (vgl. Fig. III.1)[34]. Es besteht also allgemein folgende Beziehung:

$$(2) \quad L_s = L_s(i), \quad \frac{dL_s}{di} < 0 \quad \text{und} \quad \frac{dL_s}{di} \rightarrow -\infty, \quad \text{wenn} \quad i \rightarrow \underline{i}.$$

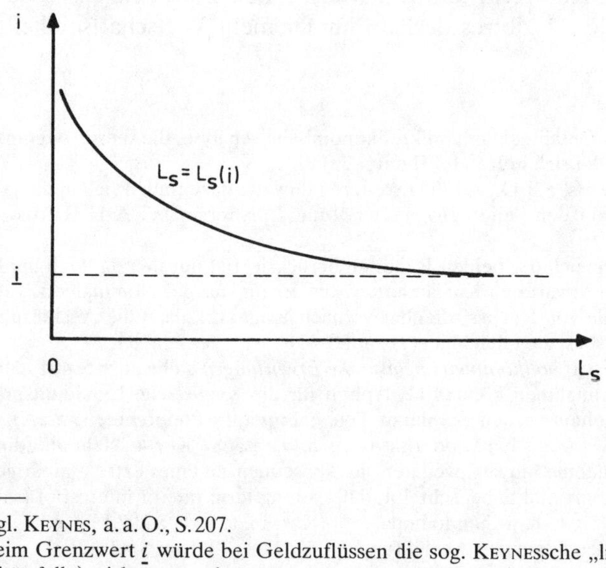


Fig. III.1

[33] Vgl. KEYNES, a. a. O., S. 207.

[34] Beim Grenzwert $\underline{i}$ würde bei Geldzuflüssen die sog. KEYNESsche „liquidity trap" (Liquiditätsfalle) wirksam werden.

Die zweite Teilantwort bezieht sich auf den Zusammenhang zwischen der Höhe der Spekulationskasse und den *Erwartungen über die zukünftige Rendite* bei gegebener gegenwärtiger Rendite. Wird allgemein angenommen, daß die zukünftige Rendite höher sein wird als zunächst angenommen (werden also die Renditeerwartungen nach oben korrigiert), dann wird es bei jeder gegenwärtigen Rendite mehr Wirtschaftseinheiten geben, die mit Kursverlusten rechnen und deshalb gegenüber der Wertpapieranlage eine abwartende Haltung einnehmen. Tendenziell wird also in der Volkswirtschaft die Neigung zunehmen, Kasse aus spekulativen Gründen zu halten. Gleichbleibende Beträge an Spekulationskasse würden somit nur bei steigender gegenwärtiger Rendite ($i$) nachgefragt. Die Korrektur der Renditeerwartungen nach oben kommt deshalb in einer Verschiebung der $L_s$-Kurve nach oben zum Ausdruck und umgekehrt (vgl. Fig. III.2)[35].

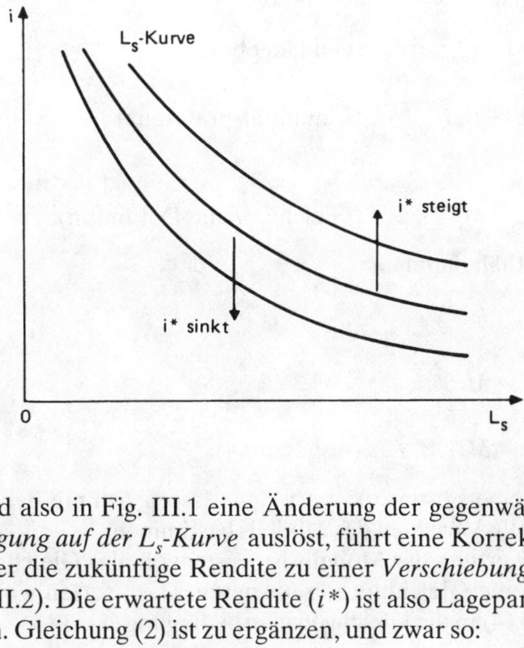


Fig. III.2

Während also in Fig. III.1 eine Änderung der gegenwärtigen Rendite eine *Bewegung auf der $L_s$-Kurve* auslöst, führt eine Korrektur der Erwartungen über die zukünftige Rendite zu einer *Verschiebung der $L_s$-Kurve* (vgl. Fig. III.2). Die erwartete Rendite ($i^*$) ist also Lageparameter der $L_s$-Kurve, d.h. Gleichung (2) ist zu ergänzen, und zwar so:

$$L_s = L_s(i, \overline{i^*}), \quad \text{wobei} \quad \frac{\partial L_s}{\partial \overline{i^*}} > 0.$$

[35] Weist die $L_s$-Kurve einen vollkommen zinselastischen Bereich auf, dann verlagert sich dieser mit nach oben oder unten.

### c) Eine Gleichgewichtsanalyse des monetären Bereichs

*aa) Gleichgewicht*. – aaa) Mit der Bestimmung der Liquiditätspräferenzfunktion ($L$) sind die wichtigsten Vorarbeiten getan, um eine *Gleichgewichtsanalyse des monetären Bereichs* durchführen zu können. Zu berücksichtigen ist nur noch zweierlei:

1. die KEYNESsche Annahme eines exogen fixierten Geldangebots $M^a$ (in Höhe von $\bar{M}$) und
2. eine Beziehung, die zum Ausdruck bringt, daß Gleichgewicht besteht, wenn das gesamte Geldangebot ($M^a$) durch die Liquiditätspräferenz für Transaktions-, Vorsichts- und Spekulationszwecke ($L$) absorbiert wird, und daß im Gleichgewicht die Geldmenge $M$ realisiert wird.

Das KEYNESsche Gleichgewichtsmodell für den monetären Bereich besteht demnach *bei gegebenem nominalen Volkseinkommen* $\bar{Y}$ aus folgenden Beziehungen:

(3) $M^a = \bar{M}$ (Geldangebot)

(4) $L = k\bar{Y} + L_s(i, \overline{i^*})$ (Liquiditätspräferenz)

und

(5), (6) $M^a = L = M$ (Gleichgewicht, Definition).

Das Modell enthält damit an:

*Daten*[36]: $k$

*Parametern*[37]: $\bar{M}, \bar{Y}, \overline{i^*}$

*Variablen*: $M^a, M, L, i$ (insgesamt 4).

Vorausgesetzt eine Lösung existiert, dann lassen sich mit den Gleichungen (3) bis (6) alle Variablen des Modells bestimmen.

Für die Auswertung des Modells ist es sinnvoll, das Gleichungssystem (3) bis (5) auf eine Gleichung zu reduzieren. Dazu setzen wir die Beziehungen (3) und (4) in die Gleichgewichtsbedingung (5) ein.

Wir erhalten dann:

(7) $\bar{M} = k\bar{Y} + L_s(i, \overline{i^*})$.

---

[36] *Daten* sind Größen, die im Rahmen eines Modells ein für allemal fixiert sind.

[37] *Parameter* können im Rahmen eines Modells geändert werden, aber nur exogen. Daten und Parameter werden auch als exogene Variablen bezeichnet.

Gleichung (7) beinhaltet folgendes Endergebnis:

*Bei gegebenem Volkseinkommen bestimmt das exogen fixierte Geldangebot zusammen mit der gesamten Liquiditätspräferenz des Nichtbankensektors (Geldnachfrage) den Gleichgewichtszinssatz,*

oder:

*Der Zinssatz stellt sich im Gleichgewicht so ein, daß die gesamte Liquiditätspräferenz des Nichtbankensektors (Geldnachfrage) durch das exogen fixierte Geldangebot befriedigt wird.*

Der *Zinssatz* ist also in dieser Analyse die Variable, die das Gleichgewicht zwischen Geldnachfrage und Geldangebot herstellt.

bbb) Soll die Gleichgewichtslösung durch eine *geometrische Darstellung* illustriert werden, dann müssen wir zunächst eine Kurve für die gesamte Liquiditätspräferenz ableiten. Neben der bereits in Fig. III.1 abgebildeten $L_s$-Kurve benötigen wir hierzu eine graphische Darstellung für die vom Zinssatz unabhängige und vom Volkseinkommen abhängige Liquiditätspräferenz für Transaktionszwecke. Bei alternativen Werten von $Y$ erhalten wir hierfür in einem $i/L_t$-Diagramm eine Schar von Parallelen zur $i$-Achse ($L_t$-Geraden) (vgl. Fig. III.3):

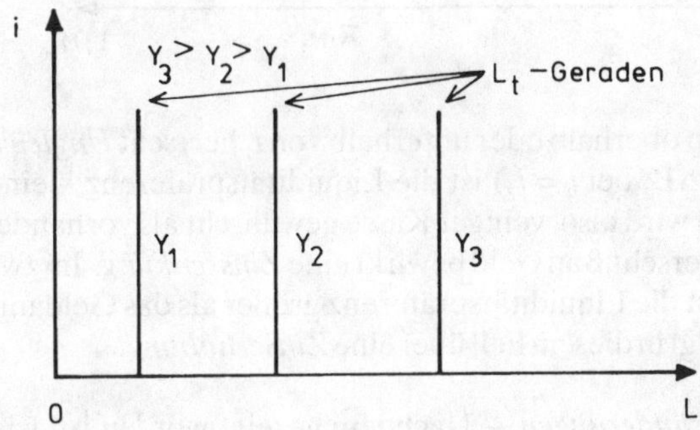


Fig. III.3

Die Kurve für die gesamte Liquiditätspräferenz ($L$-Kurve) entsteht aus der *horizontalen* Aggregation einer $L_t$-Geraden und der $L_s$-Kurve. So ergibt sich z. B. die Kurve für die gesamte Liquiditätspräferenz bei einem Volkseinkommen $Y_1$, indem wir die Abszissenwerte der zu $Y_1$ gehörenden $L_t$-Geraden und der $L_s$-Kurve bei alternativen Werten von $i$ addieren (vgl. Fig. III.4).

Wird die $L$-Kurve schließlich in einem neuen Diagramm (Fig. III.5) mit der das Geldangebot repräsentierenden $M^a$-Geraden konfrontiert, dann bestimmt der Schnittpunkt ($P_1$) *den Gleichgewichtszinssatz* ($i_1$).

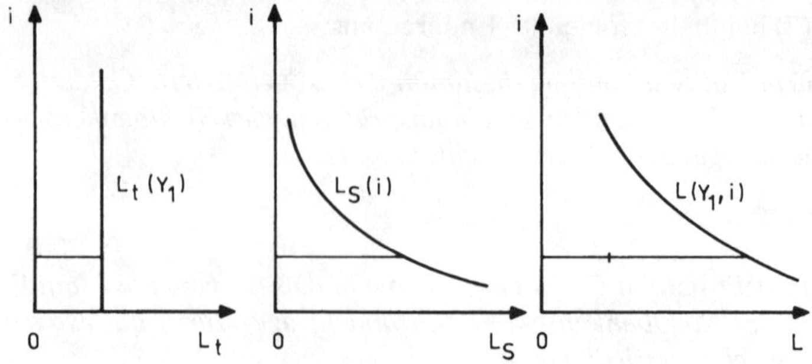


Fig. III.4

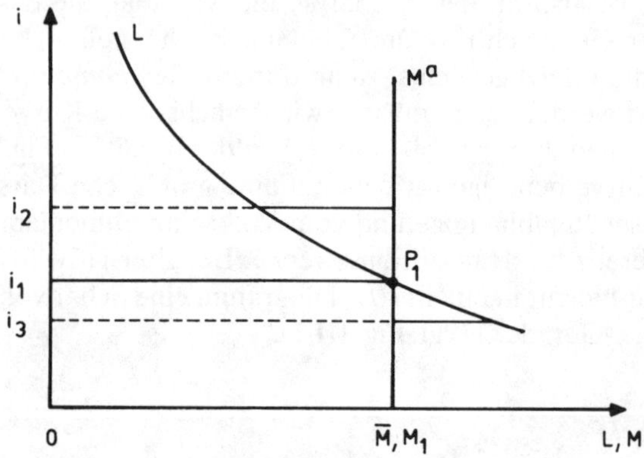


Fig. III.5

Bei Zinssätzen oberhalb oder unterhalb von $i_1$ herrscht *Ungleichgewicht.* Im ersten Fall (z. B. bei $i = i_2$) ist die Liquiditätspräferenz kleiner als das Geldangebot; es wird also weniger Kasse gewünscht als vorhanden ist, und der Angebotsüberschuß an Geld bewirkt eine *Zinssenkung.* Im zweiten Fall (z. B. bei $i = i_3$) ist die Liquiditätspräferenz größer als das Geldangebot; die Anpassung erfolgt in diesem Fall über eine *Zinserhöhung.*

*bb) Parameteränderungen.* – Nachdem gezeigt worden ist, wie sich der Gleichgewichtszinssatz im KEYNESschen System herausbildet, bleibt schließlich noch zu klären, wie sich der Gleichgewichtszinssatz verändert, wenn *Parameteränderungen* eintreten. Wir wollen dazu folgende drei Fälle betrachten:

1. Korrektur der Renditeerwartungen,
2. Änderung des Volkseinkommens und
3. Änderung der Geldmenge.

Wir untersuchen hierbei nur Parameteränderungen in eine Richtung, da sich bei einer Änderung in die entgegengesetzte Richtung lediglich eine Umkehrung der Ergebnisse ergibt.

aaa) Wie bereits gezeigt worden ist, bewirkt eine *Korrektur der Renditeerwartungen* eine Verschiebung der $L_s$-Kurve. Wird z. B. allgemein angenommen, daß die zukünftige Rendite höher sein wird als zunächst erwartet, dann verschieben sich die $L_s$-Kurve in Fig. III.2 und damit auch die $L$-Kurve in Fig. III.6 nach oben. Die Folge ist eine Verlagerung des Gleichgewichtspunkts von $P_1$ nach $P_2$ und damit eine *Erhöhung des Zinsniveaus* von $i_1$ auf $i_2$. Die Zinserhöhung kommt dadurch zustande, daß mehr Wirtschaftseinheiten Kasse gegenüber Wertpapieren vorziehen, deshalb mehr Wertpapiere verkauft werden und dadurch die Kurse sinken bzw. der Zinssatz ansteigt.

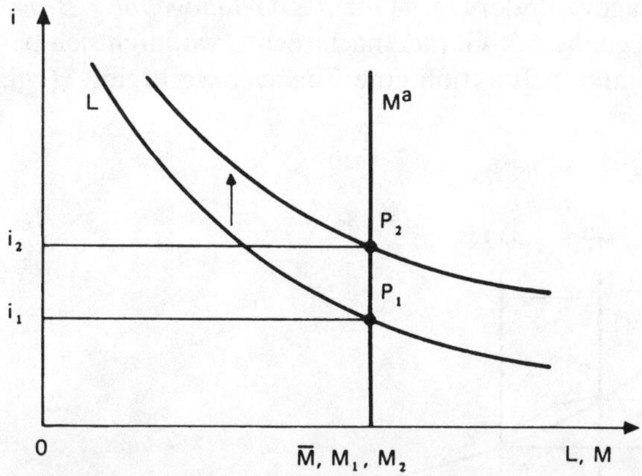


Fig. III.6

bbb) Wie Fig. III.3 erkennen läßt, führt eine Änderung des Volkseinkommens zu einer Verschiebung der $L_t$-Geraden. *Erhöht sich z. B. das Volkseinkommen,* dann verschiebt sich die $L_t$-Gerade in Fig. III.3 und damit auch die $L$-Kurve nach rechts. Wie in dem zuerst geschilderten Fall tritt deshalb auch eine *Erhöhung des Zinssatzes* ein[38].

Hinter der Zinserhöhung steht in diesem Fall folgender Vorgang: Das steigende Volkseinkommen führt dazu, daß bei einer Reihe von Wirtschaftseinheiten ein erhöhter Bedarf an Transaktionskasse entsteht. Die-

[38] Dieses Ergebnis erhält man auf algebraischem Weg, indem Gleichung (7) total differenziert und dabei $d\bar{M} = 0$ gesetzt wird. Aus

$$\text{(x)} \quad k\,d\bar{Y} + \frac{\partial L_s}{\partial i}\,di = d\bar{M}$$

wird bei unveränderter Geldmenge, d. h. bei $d\bar{M} = 0$,

$$\text{(xx)} \quad k\,d\bar{Y} + \frac{\partial L_s}{\partial i}\,di = 0$$

und

$$\text{(xxx)} \quad \frac{di}{d\bar{Y}} = -\frac{k}{\frac{\partial L_s}{\partial i}} > 0.$$

ser zusätzliche Bedarf kann im Rahmen des KEYNESschen Systems nur dadurch gedeckt werden, daß aus der gesamtwirtschaftlichen Spekulationskasse ein entsprechender Betrag in die Transaktionskasse überführt wird. Bewerkstelligt wird dieser Transfer dadurch, daß von Wirtschaftseinheiten, deren Liquiditätspräferenz für Transaktionszwecke steigt, Wertpapiere verkauft werden. Die hiermit verbundene Senkung der Wertpapierkurse bzw. Erhöhung der Wertpapierrendite (des Zinssatzes) führt zu einer Einschränkung der Spekulationskasse und findet dann ein Ende, wenn die Spekulationskasse um einen Betrag vermindert worden ist, der dem zusätzlichen Bedarf an Transaktionskasse größenmäßig entspricht.

ccc) Durch eine Variation des exogen fixierten Geldangebots erfährt die $M^a$-Gerade eine Lageveränderung. *Wird das Geldangebot z. B. erhöht,* dann verschiebt sich die $M^a$-Gerade nach rechts, wodurch sich bei gegebener Liquiditätspräferenzfunktion eine *Zinssenkung* ergibt[39] (vgl. Fig. III.7).

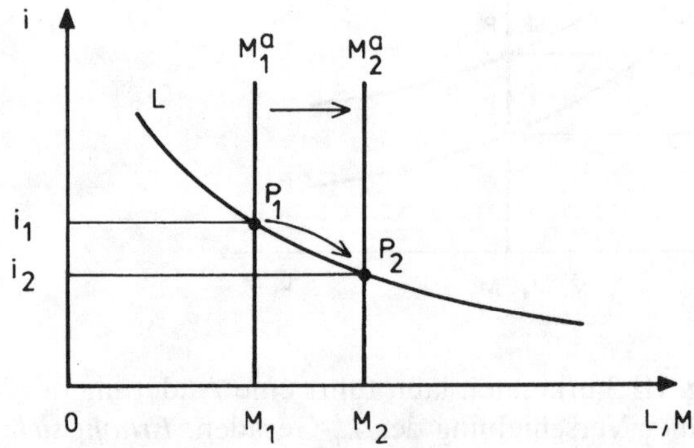


Fig. III.7

Die in Fig. III.7 dargestellten Zusammenhänge lassen sich wie folgt erklären: Will die Zentralbank die Geldmenge erhöhen, so wird sie zu diesem Zweck Wertpapiere von Nichtbanken ankaufen. Damit die Nichtbanken Wertpapiere gegen Kasse verkaufen, muß für sie eine verstärkte

[39] Dieses Ergebnis läßt sich auf algebraischem Wege ableiten, indem Gleichung (7) total differenziert und dabei $d\bar{Y} = 0$ gesetzt wird. Aus

$$\text{(x)} \quad k\,d\bar{Y} + \frac{\partial L_s}{\partial i}\,di = d\bar{M}$$

wird bei unverändertem Volkseinkommen, d. h. bei $d\bar{Y} = 0$,

$$\text{(xx)} \quad \frac{\partial L_s}{\partial i}\,di = d\bar{M}$$

und

$$\text{(xxx)} \quad \frac{di}{d\bar{M}} = \frac{1}{\frac{\partial L_s}{\partial i}} < 0.$$

Kassenhaltung attraktiv gemacht werden. Da das Volkseinkommen im Rahmen unserer auf den monetären Bereich beschränkten Analyse als Parameter angenommen wird, gibt es nur die Möglichkeit, die Liquiditätspräferenz für spekulative Zwecke zu beeinflussen. Tatsächlich erfolgt die notwendige Expansion der Kassenhaltung dadurch, daß die Wertpapierkäufe der Zentralbank zu Kurssteigerungen führen, also eine Senkung des Zinssatzes eintritt, und auf diese Weise ein Anreiz geschaffen wird, die Spekulationskasse zu vergrößern. *Nur* in der extremen Situation einer vollkommen elastischen Liquiditätspräferenz für spekulative Zwecke bleibt die Zinssenkung aus; sie ist in diesem Fall auch nicht erforderlich, um Wirtschaftseinheiten zu veranlassen, zusätzliche Kassenbestände zu bilden.

**Zusammenfassung**

1. Im Rahmen der KEYNESschen Liquiditätspräferenztheorie ist das Geldangebot und damit auch die im Gleichgewicht realisierte Geldmenge eine exogen fixierte Größe. Das Geldangebot wird durch eine mit zunehmendem Volkseinkommen steigende Kassenhaltung für Transaktionszwecke und eine mit zunehmendem Zinssatz sinkende Kassenhaltung für spekulative Zwecke absorbiert.
2. Der Ausgleich zwischen Geldangebot und Geldnachfrage (Liquiditätspräferenz) erfolgt bei einem als gegeben angenommenen Volkseinkommen über eine Anpassung des Zinssatzes.
3. Der Gleichgewichtszinssatz steigt, wenn das Volkseinkommen eine Erhöhung erfährt, die erwartete Rendite steigt oder die Geldmenge abnimmt, und umgekehrt.

## 2. Das Geld- und Kreditschöpfungspotential von Bankensystemen

Eine Schwäche der im vorhergehenden Abschnitt durchgeführten Analyse des monetären Bereichs ist darin zu sehen, daß das Geldangebot und damit auch die Geldmenge als exogen fixierte Größen angesehen werden. Unser Ziel ist es deshalb, die Geldmenge als endogene, d. h. aus dem Modell heraus bestimmte Variable darzustellen und dabei insbesondere den für die Geldschöpfung wichtigen Kreditgewährungsprozeß der Geschäftsbanken sowie die geldpolitischen Aktivitäten der Zentralbank zu berücksichtigen. Ein zu diesem Ziel hinführender erster Schritt besteht darin, den sog. *multiplen Kreditschöpfungsprozeß* unter besonders einfachen Annahmen zu analysieren und dabei das **Kreditschöpfungspotential** von Bankensystemen, d. h. den maximalen Zugang an Krediten, zu ermitteln. Da mit der Kreditschöpfung eine Geldschöpfung verbunden ist, wird zugleich das **Geldschöpfungspotential** von Bankensystemen bestimmt.

### a) Geschäftsbankensystem bei ausschließlich bargeldlosem Zahlungsverkehr

Zu wesentlichen Einsichten über wichtige Bestimmungsgründe der Kreditschöpfung und der damit verbundenen Geldschöpfung gelangt man bereits, wenn das *Kreditschöpfungspotential* eines aus zwei Banken bestehenden Geschäftsbankensystems unter folgenden Annahmen analysiert wird:

- Die Nichtbanken halten nur Sichteinlagen bei den Geschäftsbanken (also nicht bei der Zentralbank) und zahlen ausschließlich *bargeldlos*. Die Überweisungen werden über die Zentralbank abgewickelt.
- Die Geschäftsbanken halten Zentralbankguthaben in Höhe eines bestimmten Prozentsatzes ihrer Sichteinlagen als Reserven. Im folgenden wird (ohne Auswirkungen für die Ergebnisse) davon ausgegangen, daß diese Reserven ausschließlich aus obligatorischen Reserven, den sog. **Mindestreserven,** bestehen[1]. Zur Vereinfachung der Rechnungen im Zahlenbeispiel wird ein (unrealistisch hoher) Mindestreservesatz von 20 v. H. unterstellt.
- Die Geschäftsbanken gelangen nur aufgrund exogen bestimmter Vorgänge in den Besitz von Zentralbankgeld, z. B. dadurch, daß sie Aktiva,

---

[1] Für Geldsysteme *ohne* obligatorische Mindestreserven wird dementsprechend unterstellt, daß die Geschäftsbanken freiwillige Reserven in Form von Zentralbankguthaben ebenfalls in einem festen Verhältnis zu den Sichteinlagen halten.

die ihnen von Nichtbanken verkauft werden (wie Devisen), an die Zentralbank weiterveräußern. Sie haben nicht die Möglichkeit, sich Zentralbankgeld allein auf eigene Initiative zu verschaffen, z.B. durch Verschuldung bei der Zentralbank.

Eine Begrenzung der Kreditgewährungsmöglichkeiten ergibt sich in diesem einfachen Modell eines Mischgeldsystems dadurch, daß die beiden Geschäftsbanken nur über einen bestimmten Bestand an Zentralbankgeld verfügen und als Folge der Kreditgewährung Verpflichtungen in Zentralbankgeld entstehen, die zu einem Liquiditätsproblem führen können. Das folgende Beispiel illustriert die entsprechenden Zusammenhänge: In der Ausgangslage verkaufen Nichtbanken Devisen im Wert von vierzig Millionen GE an eine Bank A, die diese an die Zentralbank weiterverkauft. Um den gleichen Betrag erhöht sich dann der Bestand an Zentralbankgeld bei der Bank A, also ihre sog. **Barreserve.** Außerdem steigt die später[2] noch im einzelnen zu behandelnde **monetäre** Basis, d.h. der Bestand an Zentralbankgeld bei Geschäftsbanken und Nichtbanken, ebenfalls um diesen Betrag.

Bilanz der Bank A (Periode 0)

| | | | |
|---|---|---|---|
| Barreserve | + 40 Mio | Sichteinlagen | + 40 Mio |

Zu beachten ist, daß der Zugang an Barreserven in Höhe von vierzig Millionen der Bank A *nicht* in vollem Umfang für zusätzliche Kredite zur Verfügung steht, da Mindestreserven in Höhe von 20 v.H. der Sichteinlagen zu halten sind. Der über die Mindestreserve hinausgehende und damit frei verfügbare Bestand an Zentralbankgeld, die sog. **Überschußreserve,** beläuft sich bei der Bank A auf einen Betrag von 32 Millionen, so daß sich für die Bilanzänderungen bei der Bank A in der Ausgangslage unter Berücksichtigung dieser Zusammenhänge folgende kontenmäßige Darstellung ergibt:

Bilanz der Bank A (Periode 0)

| | | | |
|---|---|---|---|
| Mindestreserve | + 8 Mio | Sichteinlagen | + 40 Mio |
| Überschußreserve | + 32 Mio | | |

Der *maximale Kreditbetrag,* den die Bank A im ungünstigsten Fall (d.h. bei Überweisung des gesamten von ihr gewährten Kreditbetrages auf ein Zentralbankkonto der Bank B) zusätzlich vergeben kann, ist durch die Überschußreserve von 32 Millionen bestimmt. Gewährt die Bank in dieser Höhe zusätzliche Kredite (weil sie mit dem ungünstigsten Fall rech-

2 Eine genaue Begriffsbestimmung erfolgt in Kapitel III unter 3a) aa).

net)[3], und werden die so entstandenen Sichteinlagen in voller Höhe auf die Bank B übertragen, dann ergeben sich in der ersten Periode bei den Banken A und B folgende Bilanzänderungen:

Bilanz der Bank A (Periode 1)

| | | | |
|---|---|---|---|
| Kredite | + 32 Mio | Sichteinlagen | + 32 Mio |
| Überschußreserve | − 32 Mio | Sichteinlagen | − 32 Mio |

Bilanz der Bank B (Periode 1)

| | | | |
|---|---|---|---|
| Mindestreserve | + 6,4 Mio | Sichteinlagen | + 32 Mio |
| Überschußreserve | + 25,6 Mio | | |

Gewährt die Bank B in der zweiten Periode zusätzliche Kredite in Höhe der Überschußreserve und werden die uno actu entstandenen Sichteinlagen auf die Bank A übertragen, dann erhält man für die zweite Periode folgende kontenmäßige Darstellung:

Bilanz der Bank B (Periode 2)

| | | | |
|---|---|---|---|
| Kredite | + 25,6 Mio | Sichteinlagen | + 25,6 Mio |
| Überschußreserve | − 25,6 Mio | Sichteinlagen | − 25,6 Mio |

Bilanz der Bank A (Periode 2)

| | | | |
|---|---|---|---|
| Mindestreserve | + 5,12 Mio | Sichteinlagen | + 25,6 Mio |
| Überschußreserve | + 20,48 Mio | | |

In der dritten Periode ist die Überschußreserve im Bankensystem weiter gesunken, und zwar auf 20,48 Millionen; in dieser Höhe kann die Bank A maximal Kredite gewähren.

Die kontenmäßige Darstellung der folgenden Perioden des **multiplen Kredit- und Giralgeldschöpfungsprozesses** wollen wir uns ersparen, da der weitere Verlauf – wie die folgende Zusammenstellung erkennen läßt

[3] In diesem Fall ist der von H.-D. Deppe (Bankbetriebliches Wachstum. Stuttgart 1969. S. 29, Fußnote 82) definierte **interne Verrechnungsfaktor,** d. h. das Verhältnis von Überweisungen an Kunden der eigenen Bank zu den Gesamtüberweisungen gleich Null. – Die Annahme, daß die Geschäftsbanken mit einem internen Verrechnungsfaktor von Null rechnen und deshalb in jeder Periode Kredite nur in Höhe der Überschußreserve gewähren, ist für die Höhe des *gesamten* Kreditschöpfungspotentials unerheblich. Auch bei anderen internen Verrechnungsfaktoren würden wir das gleiche Ergebnis erhalten.

– durch die Ergebnisse der ersten Perioden bereits deutlich vorgezeichnet ist:

| Periode | Δ Kredite | Δ Sichteinlagen (= Δ Giralgeld) | Δ Mindestreserven |
|---|---|---|---|
| 0 | – | 40 | 8 |
| 1 | 32 | 32 | 6,4 |
| 2 | 25,6 | 25,6 | 5,12 |
| 3 | 20,48 | 20,48 | 4,096 |
| ⋮ | ⋮ | ⋮ | ⋮ |
| ∞ | 0 | 0 | 0 |
| Spaltensumme | 160 | 200 | 40 |

Offenbar folgt die Entwicklung der einzelnen Positionen den Gesetzmäßigkeiten einer *geometrischen Reihe,* so daß sich z. B. für die Gesamtsumme der zusätzlichen *Sichteinlagen* ($\Delta D$), also des zusätzlichen Bestandes an Giralgeld, folgender Ausdruck ergibt:

$$\sum_{t=0}^{\infty} \Delta D_t = 40 + (1-0,2) \cdot 40 + (1-0,2)^2 \cdot 40 + \ldots$$

$$= \frac{1}{1-(1-0,2)} \cdot 40 = \frac{1}{0,2} \cdot 40 = 200.$$

Bezeichnen wir den Mindestreservesatz mit $r$ (wobei $0 < r < 1$) und beachten wir, daß den in der Ausgangslage von der Bank A erworbenen Barreserven in Höhe von vierzig Millionen eine Ausweitung der monetären Basis ($B$) in gleicher Höhe entspricht, dann läßt sich die Bestimmungsgleichung für das *Geldschöpfungspotential* wie folgt formulieren:

$$(1) \qquad \boxed{\Delta D = \frac{1}{r} \Delta B} \quad .$$

Der Zugang an Giralgeld ($\Delta D$) geht dabei in Höhe von vierzig Millionen, d. h. der Ausweitung der monetären Basis ($\Delta B$), auf die in der Ausgangslage erfolgte *Monetisierung* von Devisen durch Nichtbanken zurück; die restlichen 160 Millionen sind das Ergebnis eines *multiplen Kreditschöpfungsprozesses*. Der Zugang an *Krediten* und damit das *Kreditschöpfungspotential* ($\Delta K$) entspricht also der Differenz ($\Delta D - \Delta B$). Unter Berücksichtigung von (1) ergibt sich demnach

$$\Delta K = \frac{1}{r} \Delta B - \Delta B$$

bzw.

$$(2) \qquad \boxed{\Delta K = \frac{1-r}{r}\,\Delta B} \quad .$$

In Höhe dieses Betrages ist zusätzliches Giralgeld durch Kreditgewährung entstanden.

Da in dem von uns betrachteten Fall zwischen der Überschußreserve in der Ausgangslage $\ddot{U}_0$ (= 32) und der Ausweitung der monetären Basis $\Delta B$ (= 40) offenbar die Beziehung

$$(3) \qquad \ddot{U}_0 = (1-r)\,\Delta B$$

besteht, kann man an Stelle von (2) auch schreiben:

$$(4) \qquad \boxed{\Delta K = \frac{1}{r}\,\ddot{U}_0} \quad .$$

Zu beachten ist jedoch, daß der Zusammenhang zwischen $\ddot{U}_0$ und $\Delta B$ *nicht* unabhängig von der Entstehungsursache der Überschußreserven ist und die Beziehung (3) deshalb nicht in jedem Fall zutrifft. Würde die Entstehung der Überschußreserven nämlich nicht auf Transaktionen von Nichtbanken beruhen, sondern allein auf Initiative der Geschäftsbanken erfolgen, beispielsweise dadurch, daß Geschäftsbanken von Verschuldungsmöglichkeiten bei der Zentralbank Gebrauch machen und Kredite bei der Zentralbank aufnehmen, dann erhöht sich uno actu die monetäre Basis, und Überschußreserven entstehen genau in Höhe der Ausweitung der monetären Basis ($\ddot{U}_0 = \Delta B$)[4]. Dieser Fall ist jedoch durch die dritte der eingangs formulierten Annahmen ausgeschlossen worden. Im übrigen sei auch hervorgehoben, daß der wichtige durch Gleichung (1) ausgedrückte Zusammenhang (ebenso wie Gleichung (4)) in jedem Fall, also unabhängig von der Entstehungsursache der Überschußreserven, gilt[5]. Dieses wird auch deutlich, wenn wir die maximale Geldmenge im folgen-

[4] Für das Kreditschöpfungspotential in Abhängigkeit von der monetären Basis würde sich in diesem Fall anstelle von (2) ergeben:

$$\Delta K = \frac{1}{r}\,\Delta B .$$

Wie der Vergleich mit (1) zeigt, sind also bei $\ddot{U}_0 = \Delta B$ das Kredit- und Geldschöpfungspotential gleich groß.

[5] Entstehen Überschußreserven allein auf Initiative der Geschäftsbanken, z.B. durch Kreditaufnahme bei der Zentralbank, dann entfällt zwar der erwähnte anfängliche Monetisierungseffekt in Höhe von $\Delta B$, dafür können aber in der ersten Kreditgewährungsrunde Kredite in Höhe von $\Delta B$ gewährt werden, da die Entstehung der Überschußreserven in diesem Fall nicht mit einer zusätzlichen Mindestreserveverpflichtung verbunden ist.

den Unterabschnitt bb) aaa) im Rahmen eines allgemeineren Ansatzes bestimmen.

Wie aus der tabellarischen Übersicht schließlich noch hervorgeht, ist mit der Expansion der Sichteinlagen ein Anstieg der *Mindestreserven* verbunden. Die zusätzlichen Mindestreserven belaufen sich auf

$$\Delta Z = r \Delta D.$$

Wird in dieser Gleichung $\Delta D$ entsprechend Gleichung (1) ersetzt, dann zeigt sich, daß

(5) $\Delta Z = \Delta B.$

Die Ausweitung der monetären Basis wird also letztlich in voller Höhe durch die zusätzliche Mindestreservehaltung absorbiert.

Wir finden somit folgende Ergebnisse:

1. *Steht am Anfang eines Geld- und Kreditschöpfungsprozesses eine aus der Sicht der Geschäftsbanken exogene Erhöhung der monetären Basis, dann ergibt sich hieraus ein Zugang an Giralgeld, der aus einem anfänglichen Monetisierungseffekt und einem multiplen Kreditschöpfungsprozeß resultiert.*
2. *Der Geldschöpfungsprozeß findet sein Ende, wenn die Überschußguthaben im Bankensystem verbraucht sind. Die mit der Mindestreserveverpflichtung verbundene Bindung von Zentralbankgeld hat dann einen Umfang erreicht, der der Ausweitung der monetären Basis gerade entspricht (Gleichung (5)).*
3. *Offenbar kann das Bankensystem als Ganzes von der Ausgangsperiode bis zum Ausklingen des multiplen Kreditschöpfungsprozesses insgesamt zusätzliches Giralgeld schaffen, das sich in seinem Umfang auf ein Vielfaches (nämlich auf das* $\frac{1}{r}$ *fache) der in der Ausgangslage eingetretenen Erhöhung der monetären Basis beläuft (Gleichung (1)).*
4. *Insbesondere kann das Bankensystem als Ganzes im Anschluß an die Ausgangsperiode bis zum Ausklingen des Kreditschöpfungsprozesses zusätzliche Kredite gewähren, die sich in ihrem Umfang auf ein Vielfaches (nämlich auf das* $\frac{1}{r}$ *fache) der mit der Ausweitung der monetären Basis entstandenen Überschußreserve belaufen (Gleichung (4)).*

Wie sich zeigen läßt[6], gelten die Aussagen über das Kreditschöpfungspotential (und damit auch über das Geldschöpfungspotential)[7] *unabhängig*

[6] Siehe hierzu die 8. Auflage dieses Bandes, S. 308 f.

[7] Das Geldschöpfungspotential ergibt sich unter den gemachten Annahmen, indem die (möglicherweise auf viele Banken verteilte) Zunahme der monetären Basis zum Kreditschöpfungspotential addiert wird.

davon, wieviele Geschäftsbanken existieren, wie sich die in der Ausgangslage vorhandenen Überschußreserven auf die Geschäftsbanken verteilen und welche Werte die internen Verrechnungsfaktoren der Geschäftsbanken besitzen[8].

### b) Geschäftsbankensystem bei teilweise bargeldlosem Zahlungsverkehr

Wird die Annahme ausschließlich bargeldlosen Zahlungsverkehrs aufgegeben, so ergibt sich für die Ermittlung des Kreditschöpfungspotentials insofern ein neuer Aspekt, als die Kreditnehmer über Teile des gewährten Kredits „in bar" verfügen können. Neben einer Bindung von Zentralbankgeld in Form der Mindestreserve sind also jetzt auch *Barabzüge* der Nichtbanken zu berücksichtigen. Für den Umfang der Barabzüge ist die Annahme maßgeblich, daß die Nichtbanken Bargeld in Höhe eines bestimmten Anteils an der Geldmenge bzw. an den Sichteinlagen zu halten wünschen. Der entsprechende Anteil wird als **Bargeldquote** bezeichnet. Wir beziehen die Bargeldquote zunächst auf die *Geldmenge* (Bargeldvolumen und Sichteinlagen), da die Bestimmung des Kredit- und Geldschöpfungspotentials an Hand einer Sequenztabelle dann weniger umständlich wird als mit einer nur auf die Sichteinlagen bezogenen Bargeldquote[9].

*aa) Kontenmäßige Darstellung.* – Zur Illustration der Ableitungen verwenden wir das Beispiel aus dem letzten Unterabschnitt (2a)), wobei wir zusätzlich die Annahme einführen, daß sich die *Bargeldquote* auf 0,25 beläuft und die Nichtbanken dementsprechend immer 25 v. H. jeder Giralgelderhöhung bei Geschäftsbanken in Form von Zentralbankgeld (z. B. in Form von Noten) abfordern.

Die Ausgangslage sei durch folgende bereits bekannte Änderungen in der Bilanz der Bank A vorgegeben[10]:

Bilanz der Bank A (Periode 0)

| | | | |
|---|---|---|---|
| Barreserve | + 40 Mio | Sichteinlagen | + 40 Mio |

→ Barabzüge: 10 Mio

---

[8] Im o.a. Modell befinden sich in der Ausgangslage alle Überschußreserven bei der Bank A, und die internen Verrechnungsfaktoren der beiden Banken sind gleich Null.

[9] Im folgenden Unterabschnitt bb) aaa) wird das Geldschöpfungspotential auf andere Weise und unter Verwendung der auf *Sichteinlagen* bezogenen Bargeldquote bestimmt.

[10] Der Zugang an Barreserven und Sichteinlagen ergab sich im Zuge einer Monetisierung von Devisen durch Nichtbanken (siehe S. 84 f.).

Berücksichtigen wir, daß Mindestreserven in Höhe von 20 v. H. der Sichteinlagen zu halten sind und Barabhebungen in Höhe von 25 v. H. des Giralgeldzuwachses erfolgen, dann werden in der Bilanz der Bank A folgende Änderungen ausgewiesen:

Bilanz der Bank A (Periode 0)

| | | | |
|---|---|---|---|
| Mindestreserve | + 6 Mio | Sichteinlagen | + 30 Mio |
| Überschußreserve | + 24 Mio | | |

Gewährt die Bank A in Höhe der Überschußreserve Kredite und verfügen die Kreditnehmer über die zusätzlichen Kredite in der Weise, daß sie 25 v. H. des Gegenwerts in Form von Bargeld abheben und den Rest an Kunden der Bank B überweisen, dann ergeben sich bei den Banken in der nächsten Periode folgende Bilanzänderungen:

Bilanz der Bank A (Periode 1)

| | | | |
|---|---|---|---|
| Kredite | + 24 Mio | Sichteinlagen | + 24 Mio |
| Überschußreserve | – 24 Mio | Sichteinlagen | – 24 Mio |

Barabzüge: 6 Mio

Bilanz der Bank B (Periode 1)

| | | | |
|---|---|---|---|
| Mindestreserve | + 3,6 Mio | Sichteinlagen | + 18 Mio |
| Überschußreserve | + 14,4 Mio | | |

Die Bank B schöpft ihr zusätzliches Kreditpotential in vollem Umfang aus, wenn sie Kredite in Höhe ihrer Überschußreserve gewährt. In diesem Fall ergeben sich für die Bilanzen der beiden Banken in der zweiten Periode folgende Änderungen:

Bilanz der Bank B (Periode 2)

| | | | |
|---|---|---|---|
| Kredite | + 14,4 Mio | Sichteinlagen | + 14,4 Mio |
| Überschußreserve | – 14,4 Mio | Sichteinlagen | – 14,4 Mio |

Barabzüge: 3,6 Mio

Bilanz der Bank A (Periode 2)

| | | | |
|---|---|---|---|
| Mindestreserve | + 2,16 Mio | Sichteinlagen | + 10,8 Mio |
| Überschußreserve | + 8,64 Mio | | |

In der nächsten Periode kann die Bank A maximal einen Betrag in Höhe von 8,64 Millionen GE an zusätzlichen Krediten zur Verfügung stellen usw. Die Gesetzmäßigkeiten der weiteren Entwicklung werden deutlich, wenn wir dazu folgende Tabelle betrachten:

| Periode | Δ Kredite | Δ Bargeld-volumen | Δ Sichteinlagen (= Δ Giralgeld) | Δ Mindest-reserven |
|---|---|---|---|---|
| 0 | – | 10 | 30 | 6 |
| 1 | 24 | 6 | 18 | 3,6 |
| 2 | 14,4 | 3,6 | 10,8 | 2,16 |
| 3 | 8,64 | 2,16 | 6,48 | 1,296 |
| ⋮ | ⋮ | ⋮ | ⋮ | ⋮ |
| ∞ | 0 | 0 | 0 | 0 |
| Spalten-summe | 60 | 25 | 75 | 15 |

Da sich die einzelnen Positionen im Zeitablauf wie eine *geometrische Reihe* entwickeln, läßt sich die Gesamtsumme der zusätzlichen *Sichteinlagen* folgendermaßen bestimmen:

$$\sum_{t=0}^{\infty} \Delta D_t = \overbrace{(1-0{,}25)\cdot 40}^{30} + (1-0{,}25)(1-0{,}2)\overbrace{(1-0{,}25)\cdot 40}^{30}$$

$$+ (1-0{,}25)^2(1-0{,}2)^2\overbrace{(1-0{,}25)\cdot 40}^{30} + \ldots$$

$$= \frac{1-0{,}25}{1-(1-0{,}25)(1-0{,}2)}\cdot 40 = 75.$$

Bezeichnen wir die auf die Geldmenge bezogene Bargeldquote mit $c$ (wobei $0 < c < 1$) und – wie bisher – den Mindestreservesatz mit $r$ sowie Änderungen der monetären Basis mit $\Delta B$, dann läßt sich dieses Ergebnis allgemeiner wie folgt darstellen:

(6) $$\Delta D = \frac{1-c}{1-(1-c)(1-r)}\Delta B.$$

Der gesamte *Geldmengenzuwachs* und damit das *Geldschöpfungspotential* ergibt sich aus der Erhöhung des Bargeldvolumens ($\Delta C$) und der Sichteinlagen ($\Delta D$), d. h.

$$\Delta M = \Delta C + \Delta D.$$

Unter Verwendung der Bargeldquote $c = C/M$ kann man für die letzte Gleichung auch schreiben:

$$\Delta M = c\Delta M + \Delta D$$

bzw.

(7) $$\Delta M = \frac{1}{1-c}\,\Delta D.$$

Wird (6) in (7) eingesetzt, erhält man:

(8) $$\boxed{\Delta M = \frac{1}{1-(1-c)(1-r)}\,\Delta B}$$

bzw.

(9a) $$\Delta M = \frac{1}{r + c\,(1-r)}\,\Delta B$$

oder

(9b) $$\Delta M = \frac{1}{c + r\,(1-c)}\,\Delta B.$$

Der gesamte Geldmengenzuwachs im Betrage von 75 + 25 = 100 Millionen GE geht dabei in Höhe von vierzig Millionen (also in Höhe der Ausweitung der monetären Basis) auf die in der Ausgangslage erfolgte *Monetisierung* von Devisen durch Nichtbanken zurück; die restlichen sechzig Millionen sind wieder das Ergebnis eines *multiplen Kreditschöpfungsprozesses*. Der Zugang an *Krediten* und damit das *Kreditschöpfungspotential* ($\Delta K$) entspricht also der Differenz ($\Delta M - \Delta B$). Unter Berücksichtigung von (8) ergibt sich demnach:

$$\Delta K = \frac{1}{1-(1-c)(1-r)}\,\Delta B - \Delta B$$

bzw.

(10) $$\boxed{\Delta K = \frac{(1-c)(1-r)}{1-(1-c)(1-r)}\,\Delta B}\,.$$

Da in dem von uns betrachteten Fall zwischen der Überschußreserve in der Ausgangslage $\ddot{U}_0$ (= 24) und der Ausweitung der monetären Basis $\Delta B$ (= 40) offenbar die Beziehung

(11) $$\ddot{U}_0 = (1-c)(1-r)\,\Delta B$$

besteht[11], kann man an Stelle von (10) auch schreiben:

$$(12) \quad \boxed{\Delta K = \frac{1}{1-(1-c)(1-r)} \ddot{U}_0} \quad .$$

Wie aus der tabellarischen Übersicht weiter hervorgeht, ist mit der Expansion der Sichteinlagen ein Anstieg der Mindestreserve- und Bargeldhaltung verbunden. Die zusätzlichen *Mindestreserven* ($\Delta Z$) belaufen sich wieder auf

$$\Delta Z = r \Delta D .$$

In Verbindung mit (6) erhält man

$$\Delta Z = \frac{r\,(1-c)}{1-(1-c)(1-r)}\,\Delta B \quad \text{(im Beispiel: } \frac{0{,}15}{0{,}4} \cdot 40 = 15\text{).}$$

Die zusätzliche *Bargeldhaltung* beläuft sich auf

$$\Delta C = c\,\Delta M .$$

In Verbindung mit Gleichung (8) erhält man

$$\Delta C = \frac{c}{1-(1-c)(1-r)}\,\Delta B \quad \text{(im Beispiel: } \frac{0{,}25}{0{,}4} \cdot 40 = 25\text{).}$$

Fassen wir den Gesamtzuwachs an Mindestreserven und die Gesamterhöhung des Bargeldvolumens zusammen, dann zeigt sich, daß folgender Zusammenhang besteht:

$$(13) \quad \Delta Z + \Delta C = \Delta B; \quad \text{denn}$$

$$\frac{r\,(1-c)}{1-(1-c)\,(1-r)} + \frac{c}{1-(1-c)\,(1-r)} = 1.$$

Die Ausweitung der monetären Basis wird also letztlich in voller Höhe durch die zusätzliche Mindestreservehaltung der Geschäftsbanken und die zusätzliche Bargeldhaltung der Nichtbanken absorbiert.

Zusammenfassend gelangen wir damit bei *teilweise bargeldlosem* Zahlungsverkehr zu folgenden Ergebnissen:

1. *Steht am Anfang eines Geld- und Kreditschöpfungsprozesses eine aus der Sicht der Geschäftsbanken exogene Erhöhung der monetären Basis, dann ergibt sich hieraus eine Geldmengenerhöhung, die aus einem anfänglichen Monetisierungseffekt und einem multiplen Kreditschöpfungsprozeß resultiert.*

---

11 Man beachte jedoch in diesem Zusammenhang die auch hier relevanten Ausführungen zu Gleichung (2) und (4) auf S. 88 f.

2. *Der Geldschöpfungsprozeß findet sein Ende, wenn die Überschußguthaben im Bankensystem verbraucht sind. Die mit der Mindestreserveverpflichtung verbundene Bindung von Zentralbankgeld und die Barabzüge haben dann insgesamt einen Umfang erreicht, der der Ausweitung der monetären Basis gerade entspricht (Gleichung (13)).*
3. *Offenbar kann das Bankensystem als Ganzes von der Ausgangsperiode bis zum Ausklingen des multiplen Kreditschöpfungsprozesses zusätzliches Geld in einem Ausmaß schaffen, das sich auf ein Vielfaches (nämlich auf das* $\frac{1}{1-(1-c)(1-r)}$ *fache) der in der Ausgangslage eingetretenen Erhöhung der monetären Basis beläuft (Gleichung (8)).*
4. *Insbesondere kann das Bankensystem als Ganzes im Anschluß an die Ausgangsperiode bis zum Ausklingen des multiplen Kreditschöpfungsprozesses zusätzliche Kredite gewähren, die sich in ihrem Umfang auf ein Vielfaches (nämlich auf das* $\frac{1}{1-(1-c)(1-r)}$ *fache) der mit der Ausweitung der monetären Basis entstandenen Überschußreserve belaufen (Gleichung (12)).*
5. *Das Geldschöpfungspotential ist bei gegebener Erhöhung der monetären Basis um so größer, je kleiner die Bargeldquote und der Mindestreservesatz sind (siehe Gleichung (9a) und (9b)).*

*bb) Algebraische Darstellung.* – aaa) Mit den folgenden Ableitungen wird ein doppelter Zweck verfolgt: Zum einen soll das Geld- und Kreditschöpfungspotential ohne Rückgriff auf ein der Illustration dienendes Beispiel und unter Verzicht auf die Beschreibung von Anpassungsvorgängen in einzelnen Perioden hergeleitet werden. Zum anderen wird in Hinblick auf die Analyse im folgenden Abschnitt erstens die monetäre Basis als *absolute Größe* (und nicht als Änderungsbetrag) mit der *maximal möglichen Geld- und Kreditmenge* verknüpft und zweitens die *Bargeldquote* nicht auf die Geldmenge, sondern auf die *Sichteinlagen* bezogen.

Ausgangspunkt der Analyse ist die Überlegung, daß der Geldschöpfungsprozeß abgeschlossen und damit ein Gleichgewichtszustand erreicht ist, wenn im Bankensystem kein Zentralbankgeld mehr in Form von Überschußreserven vorhanden ist. In diesem Fall besteht die monetäre Basis ($B$) ausschließlich aus den Mindestreserven ($Z$) und dem Bargeldumlauf ($C$). Die Ausgangsgleichung lautet deshalb:

(14) $B = Z + C.$

Die weiteren Gleichungen des Modells sind:

(15) $M = C + D$

(Die Geldmenge besteht aus dem Bargeldvolumen und dem Bestand an Sichteinlagen),

(16) $Z = rD \qquad 0 < r < 1$

(Die Geschäftsbanken sind verpflichtet, Mindestreserven in Höhe eines bestimmten Anteils ihrer Sichteinlagen zu halten),

(17) $C = kD \qquad k > 0$

(Nichtbanken halten Bargeld in einer festen Relation zu den Sichteinlagen).

Da das Bargeldvolumen, bezogen auf die Geldmenge ($M = C + D$), durch die Beziehung

$$C = c(C + D)$$

bzw.

(17a) $C = \frac{c}{1-c} D$

bestimmt wird, zeigt der Vergleich von (17) und (17a), daß zwischen $k$ und $c$ folgender Zusammenhang besteht:

$$k = \frac{c}{1-c}$$

bzw.

$$c = \frac{k}{1+k}.$$

Bei der weiteren Analyse wird ein Zusammenhang zwischen $D$ und $M$ benötigt. Man erhält ihn, indem (17) in (15) berücksichtigt wird. Es ergibt sich

$$M = kD + D$$

bzw.

(18) $D = \frac{1}{1+k} M.$

Werden (16) und (17) in (14) eingesetzt und wird dabei (18) berücksichtigt, dann erhält man:

$$B = \frac{r}{1+k} M + \frac{k}{1+k} M \quad \text{bzw.}$$

(19) $\boxed{M = \frac{1+k}{r+k} B}$ .

Gleichung (19) gibt an, wie groß die *Geldmenge maximal* sein kann[12],

---

[12] Vgl. zur maximal möglichen Geldmenge auch O. Issing, Einführung in die Geldtheorie. Heidelberg 1974. S. 40. – Inwieweit die maximal mögliche Geldmenge von der tatsächlich realisierten Geldmenge abweicht, ist ein Problem des Abschnitts III.3.

wenn sich die monetäre Basis auf einen Betrag in Höhe von $B$ beläuft. Wird $B$ geändert, dann ergibt sich als Geldschöpfungspotential

(19a) $\Delta M = \frac{1+k}{r+k} \Delta B$[13].

Der Multiplikator von $\Delta B$ ist um so größer, je kleiner $k$ ist, und umgekehrt[14].

Für die Bestimmung der *maximalen Kreditmenge* benötigen wir zusätzlich den sich aus der Bilanz der Geschäftsbanken ergebenden Zusammenhang, daß die Summe der Aktiva, d.h. bei Überschußreserven von Null: die Summe aus Mindestreserven ($Z = rD$) und Krediten ($K$), den gesamten Passiva, d.h. in unserem Fall: den Sichteinlagen ($D$), entsprechen muß. Folglich ist:

$$rD + K = D$$ [15]

bzw.

(20) $K = (1-r)\,D$

bzw. unter Berücksichtigung von (18)

$$K = \frac{1-r}{1+k} M.$$

Die maximale Kreditmenge (und damit auch das Kreditschöpfungspotential) wird bestimmt, indem (19) in diese Gleichung eingesetzt wird. Man erhält:

(21) $K = \frac{1-r}{r+k} B$

und als Kreditschöpfungspotential

(21a) $\Delta K = \frac{1-r}{r+k} \Delta B.$

bbb) Unsere Überlegungen zum Geldschöpfungspotential bedürfen noch insofern einer Ergänzung, als bisher nur die auf Grund einer *Ausweitung* der monetären Basis maximal mögliche Geldschöpfung dargestellt worden ist. Wir wollen deshalb noch kurz auf die Frage eingehen, wie sich die maximal mögliche Geldschöpfung ändert, wenn die monetäre

---

13 Wird in (19) $k$ durch $\frac{c}{1-c}$ ersetzt, dann ergibt sich Gleichung (9b) und damit auch das Geldschöpfungspotential nach Gleichung (8).

14 Der Multiplikator, differenziert nach $k$, ergibt $\frac{(r+k)-(1+k)}{(r+k)^2} < 0.$

15 Zu beachten ist, daß die aus der Bilanz der Geschäftsbanken abgeleitete Beziehung in der oben angegebenen Form nur gilt, wenn die Geschäftsbanken – unseren Annahmen entsprechend – nicht die Möglichkeit besitzen, sich Zentralbankgeld allein auf eigene Initiative zu beschaffen (z.B. im Wege der Verschuldung).

Basis *sinkt.* Zur Illustration sei angenommen, daß Nichtbanken Devisen im Werte von vierzig Millionen GE bei einer Bank A kaufen und diese in Höhe von zehn Millionen GE mit Bargeld und in Höhe von dreißig Millionen mit Giralgeld (Sichteinlagen) bezahlen. Die *Geldmenge sinkt* dementsprechend. Die erforderlichen Devisen beschafft sich die Bank A bei der Zentralbank und verliert in gleicher Höhe Barreserven. Die Bilanz der Bank A zeigt dann folgende Änderungen:

Bilanz der Bank A (Periode 0)

| | | | |
|---|---|---|---|
| Barreserve | – 40 Mio | Sichteinlagen | – 30 Mio |
| Barreserve | + 10 Mio | | |

Da mit der Senkung der Sichteinlagen bei einem Mindestreservesatz von beispielsweise 20 v. H. eine Mindestreserveersparnis von sechs Millionen GE verbunden ist, hat die Bank A letztlich Zentralbankgeld in Höhe von 30 – 6 = 24 Millionen GE aufzubringen. Sind vorher Kredite in maximaler Höhe vergeben worden und ist deshalb keine Überschußreserve verfügbar, dann muß die Bank A ihre *Kreditmenge einschränken,* um in den Besitz von Zentralbankgeld zu gelangen. Die Einschränkung der Kreditgewährung, die eine *weitere* Reduktion der Geldmenge bedeutet, führt dabei in folgender Weise zu einer Erhöhung von Barreserven: Zum einen werden die Nichtbanken die Kredite entsprechend ihrer Bargeldquote teilweise in bar tilgen, zum anderen bedeutet der Rückgang der Kreditmenge, daß die Sichteinlagen abnehmen und demzufolge weiteres durch die Mindestreserveverpflichtung gebundenes Zentralbankgeld frei wird.

In dem hier betrachteten Fall kommt es also letztlich aus zwei Gründen zu einem Rückgang der Geldmenge: *erstens,* weil Nichtbanken Aktiva (hier Devisen) bei Geschäftsbanken kaufen und mit Bar- und Giralgeld bezahlen und *zweitens,* weil die Kreditgewährung eingeschränkt wird. Der sich hieraus insgesamt ergebende Rückgang der maximalen Geldmenge, der als Geldvernichtungspotential angesehen werden kann, ist aus Gleichung (8) bzw. (19a) ersichtlich, wenn eine negative Änderung von $B$ betrachtet wird. Offenbar ergibt sich eine Geldvernichtung in einem Ausmaß, das sich auf ein *Vielfaches* (nämlich auf das $\frac{1}{1-(1-c)(1-r)}$ fache bzw. $\frac{1+k}{r+k}$ fache) der Senkung der monetären Basis beläuft.

**Zusammenfassung**

1. Der Bestand an Zentralbankgeld bei den Geschäftsbanken wird als Barreserve bezeichnet. Die Überschußreserve ist der über die Mindestreserven hinausgehende Teil der Barreserve und damit die frei verfügbare Barreserve.
2. Gelangen die Geschäftsbanken im Zuge der Ausweitung der monetären Basis in den Besitz einer Überschußreserve, dann kann die Kreditgewährung in einem Ausmaß ausgedehnt werden, das sich auf ein Vielfaches (nämlich auf das $\frac{1}{1-(1-c)(1-r)}$ fache bzw. $\frac{1+k}{r+k}$ fache) der ursprünglich vorhandenen Überschußreserve beläuft.
3. Erfolgt eine Erhöhung der monetären Basis, dann kann die Geldmenge insgesamt in einem Ausmaß steigen, das sich auf ein Vielfaches (nämlich auf das $\frac{1}{1-(1-c)(1-r)}$ fache bzw. $\frac{1+k}{r+k}$ fache) der Ausweitung der monetären Basis beläuft. Erfolgt eine Senkung, dann sinkt die Geldmenge um das oben genannte Vielfache der monetären Basis.

## 3. Die Analyse des monetären Bereichs bei endogen bestimmter Geldmenge

**– Geldangebot und Geldnachfrage –**

In diesem Abschnitt wird die vereinfachende Vorstellung, daß die Geld- und Kreditschöpfung der Geschäftsbanken durch das Geld- und Kreditschöpfungspotential, d.h. bei gegebenem Mindestreservesatz und gegebener Bargeldquote allein durch Veränderungen einer exogen bestimmten monetären Basis festgelegt wird, aufgegeben. Statt dessen wird jetzt angenommen, daß sich die Geschäftsbanken bei der Zentralbank verschulden, sich also auch auf eigene Initiative Zentralbankgeld verschaffen können. Inwieweit sie hiervon Gebrauch machen, hängt von den Refinanzierungskonditionen ab. Außerdem wird die Möglichkeit berücksichtigt, daß die Geschäftsbanken unter Beachtung von Rentabilitätsgesichtspunkten verfügbare Mittel nicht nur für die Gewährung von Krediten an Nichtbanken, sondern auch für den Erwerb anderer verzinslicher Aktiva verwenden.

Das *Kreditangebot* wird damit aus einer rentabilitätsorientierten Verhaltensweise der Geschäftsbanken abgeleitet und auf diese Weise *von verschiedenen Zinssätzen abhängig.* Da mit jeder Kreditgewährung Geld zur Verfügung gestellt wird, impliziert jedes Kreditangebot auch ein entsprechendes *Geldangebot.* Mit der Ableitung des Kreditangebots werden also Vorarbeiten zur Bestimmung des Geldangebots geleistet.

Die Ermittlung der im Gleichgewicht *realisierten Geldmenge* rückt in diesem Abschnitt in den Mittelpunkt der Analyse; hierfür ist neben dem Geldangebot auch die Geldnachfrage oder Liquiditätspräferenz zu berücksichtigen. **Geldangebot** und **Geldnachfrage** bilden somit die Schlüsselgrößen für eine Analyse, die wichtige Einflußfaktoren für *die Entwicklung von Geldmenge sowie Zinsniveau und Kreditmenge* aufdecken soll und die insofern auch Ansatzpunkte für die Beeinflussung dieser Größen (und damit für die Zentralbankpolitik) offenlegt.

Ausgangspunkt der Analyse sind die Bilanzgleichungen für die Zentralbank und das Geschäftsbankensystem, aus denen dann nach gewissen Vereinfachungen durch Einführung von Verhaltensgleichungen, institutionell bestimmten Beziehungen und Gleichgewichtsbedingungen ein Gleichgewichtsmodell für den monetären Bereich entwickelt wird[1].

---

[1] Vgl. hierzu H.-J. JARCHOW, P. RÜHMANN, G. ENGEL, Geldmenge, Zinssatz, Bankenverhalten und Zentralbankpolitik. „Weltwirtschaftliches Archiv", Bd. 105 (1970 II), S. 305 ff.

## a) Bilanzgleichungen und analytische Konzepte

*aa) Zentralbankbilanz und monetäre Basis.* – aaa) Die für unsere Analyse benötigten Bilanzgleichungen ergeben sich aus den Bilanzen der Zentralbank und des Geschäftsbankensystems. Betrachten wir zunächst die *Zentralbankbilanz,* wobei ökonomisch unbedeutende Positionen vernachlässigt werden[2].

1a. Zentralbankbilanz

| Aktiva | Passiva |
|---|---|
| 11. Nettoauslandsforderungen (einschl. Goldbestand) | 14. Banknotenumlauf |
| | 15. Einlagen der Geschäftsbanken |
| 12. Kredite an Geschäftsbanken | 16. Einlagen des öffentlichen Sektors |
| 13. Kredite an den öffentlichen Sektor (einschließlich Wertpapiere des öffentlichen Sektors) | 17. Verbindlichkeiten aus abgegebenen Schuldverschreibungen (ZB-Geldmarktpapiere) |
| | 18. Reinvermögen |

Die Bilanz der Zentralbank ist Spiegelbild ihrer speziellen Funktionen innerhalb der Volkswirtschaft: Die Position 11. enthält im wesentlichen die *(Netto-)Währungsreserven*, die insbesondere durch Devisenmarktinterventionen der Zentralbank verändert werden[3]. Sie bestehen aus dem Goldbestand, der Reserveposition im Internationalen Währungsfonds (Ziehungsrechte in der Reservetranche, Kredite an den Fonds auf Grund besonderer Vereinbarungen und Sonderziehungsrechte)[4], Nettoforderungen an die Europäische Zentralbank[5], dem Bestand an Devisen und Sorten[6] abzüglich der Verbindlichkeiten aus dem Auslandsgeschäft. Die Position 12. läßt erkennen, daß sich die Geschäftsbanken bei der Zentral-

---

[2] Hierzu gehören die Münzbestände sowie das Realvermögen der Zentralbank und die Einlagen privater Nichtbanken bei der Zentralbank.

[3] Vgl. hierzu Band II (Geldpolitik. 7., neubearb. u. erw. Aufl. Göttingen 1995), Unterabschnitt I. 3c) bb).

[4] Ziehungsrechte in der Reservetranche sowie Sonderziehungsrechte bieten den Währungsbehörden eines Landes die Möglichkeit, Devisen beim Internationalen Währungsfonds (im Fall von Sonderziehungsrechten auch bei anderen Ländern) gegen Hergabe der heimischen Währung zu erlangen. Einzelheiten hierzu siehe H.-J. Jarchow, P. Rühmann, Monetäre Außenwirtschaft. II. Internationale Währungspolitik. 4., überarb. u. erw. Aufl. Göttingen 1997. Unterabschnitte IV. 2c) und Abschnitt V. 4.

[5] Diese traten ab 1. Juni 1998 an die Stelle der Nettoforderungen an das Europäische Währungsinstitut (EWI). Siehe dazu ebenda, Unterabschnitt V. 1a) bb).

[6] Bei den Devisen handelt es sich um Guthaben bei ausländischen Banken und Anlagen auf ausländischen Geldmärkten, bei den Sorten um ausländische Noten und Münzen. **Geldmarktanlagen** bestehen aus kurzfristigen Krediten an andere Geschäftsbanken (Geldmarktkredite) oder aus Geldmarktpapieren (Wertpapiere mit kurzer Laufzeit, die hohen Bonitätsanforderungen genügen und kein oder nur ein geringes Kursrisiko aufweisen).

bank Zentralbankgeld beschaffen. Im Europäischen System der Zentralbanken (ESZB) refinanzieren sich die Geschäftsbanken im wesentlichen in der Weise, daß sie für eine sehr kurze Frist die sog. *Spitzenrefinanzierungsfazilität*[7] des ESZB in Anspruch nehmen und sich im Rahmen von Offenmarktgeschäften an der regelmäßigen Versteigerung von Zentralbankgeld durch das ESZB, dem sog. *Tenderverfahren*[8], beteiligen. Die Besicherung der Zentralbankforderungen erfolgt in beiden Fällen entweder dadurch, daß Geschäftsbanken Wertpapiere unter Rückkaufsvereinbarung an die Zentralbank verkaufen (wie bei den sog. Wertpapierpensionsgeschäften)[9] oder Wertpapiere verpfänden. Die Möglichkeit einer Zentralbankgeldbeschaffung durch *Rediskontierung* von Handelswechseln, traditionelle Refinanzierungsform im deutschen Bankwesen von der Deutschen Reichsbank bis zur Deutschen Bundesbank[10], besteht im Europäischen System der Zentralbanken mit der Europäischen Zentralbank als zentraler Institution *nicht* mehr. Die Positionen 13. und 16. berücksichtigen die grundsätzlich bestehende Möglichkeit, daß die Zentralbank den öffentlichen Sektor bei der Finanzierung seiner Ausgaben durch Kredite unterstützt und an seiner Kassenhaltung beteiligt ist. Zu beachten ist jedoch, daß die Maastrichter Beschlüsse Mitgliedern der Europäischen Union seit dem Übergang zur zweiten Stufe der Europäischen Wirtschafts- und Währungsunion (EWWU) am 1.1.1994 *notenbankfinanzierte Staatskredite verbieten*[11]. Dieses schließt allerdings nicht aus, daß Wertpapiere öffentlicher Stellen, soweit sie bereits über den Markt gelaufen sind, vom Zentralbanksystem im Rahmen von *Offenmarktoperationen* angekauft werden dürfen. Die Position 14. ist ein besonderes Merkmal der Zentralbankbilanz; sie weist auf das Notenmonopol hin und macht deutlich, daß *Noten* Forderungen an das Zentralbanksystem darstellen. Die Position 15. ergibt sich als Summe aus obligatorischen Einlagen der Geschäftsbanken bei der Zentralbank (sog. *Mindestreserven*) und darüber hinausgehenden Einlagen (sog. *Überschußguthaben* bzw. *Überschußreserven*). Die Position 17. berücksichtigt die Möglichkeit, daß die Zentralbank kurzfristige Schuldverschreibungen (*ZB-Geldmarktpapiere*) im Rahmen geldpolitischer Maßnahmen auf dem offenen Markt

---

[7] Siehe hierzu genauer Unterabschnitt VI 3e) aa).

[8] Zum Tenderverfahren siehe im einzelnen Unterabschnitt VI 3b). – Vgl. auch Band II, Unterabschnitte III. 4a) cc) und III. 4b) cc).

[9] Zu den Pensionsgeschäften der Deutschen Bundesbank siehe im einzelnen Band II, Unterabschnitt II. 3c) aa) und III. 4b) cc).

[10] Zur Rediskontierung bei der Deutschen Bundesbank und ihrer Diskontpolitik siehe Band II, Unterabschnitt III. 5b).

[11] Siehe Artikel 104 in Verbindung mit Artikel 109e (3) des EG-Vertrages in: Europäische Gemeinschaft – Europäische Union. Die Vertragstexte von Maastricht, bearbeitet und eingeleitet von T. Läufer, Bonn 1992.

auf eigene Rechnung begeben kann[12]. Die Position 18. ist schließlich Bestandteil nahezu jeder Bilanz; sie stellt einen Ausgleichsposten dar und enthält das Eigenkapital einschließlich des vorgetragenen Gewinns (bzw. Verlusts).

bbb) Aus der Zentralbankbilanz läßt sich das für geldtheoretische Analysen wichtige Konzept der **monetären Basis** (Geldbasis) ermitteln. Dieses Konzept umfaßt den Bestand an Zentralbankgeld bei Geschäftsbanken und Nichtbanken (einschließlich Münzumlauf, aber ohne Zentralbankeinlagen des öffentlichen Sektors). Geht man bei der Berechnung der monetären Basis von der Zentralbankbilanz aus, wobei diese auf beiden Seiten um den Münzumlauf erweitert wurde, dann erhält man unter den Positionen der *Passivseite* die

*Monetäre Basis von der Verwendungsseite*
= Banknotenumlauf (14.) zuzüglich Münzumlauf
\+ Einlagen der Geschäftsbanken bei der Zentralbank (15.)[13].

Die Summe der Positionen 14. und 15., ergänzt um den Münzumlauf, läßt sich auch als Summe aller *Aktiva,* ergänzt um den Münzumlauf, abzüglich der Positionen 16., 17. und 18. ermitteln. Man erhält dann die

*Monetäre Basis von der Entstehungsseite*
= Nettoauslandsforderungen (einschl. Goldbestand) der Zentralbank (11.)
\+ Zentralbankkredite an Geschäftsbanken (12.)
\+ Zentralbankkredite an den öffentlichen Sektor (einschl. Wertpapiere des öffentlichen Sektors) (13.)
– Einlagen des öffentlichen Sektors (16.)
– Schuldverschreibungen der Zentralbank (ZB-Geldmarktpapiere) (17.)
– Reinvermögen der Zentralbank (18.)
\+ Münzumlauf.

Die Bedeutung der monetären Basis als *analytisches Konzept* resultiert daraus, daß sie als sog. *Indikator* und (oder) als sog. *Zwischenziel* Verwendung findet. Im Rahmen der Geldpolitik ist unter einem **Indikator** eine Variable des monetären Bereichs zu verstehen, die geeignet erscheint, in Form komparativer Feststellungen anzugeben, wie geldpolitische Maßnahmen der unmittelbar zurückliegenden Vergangenheit (oder

---

[12] Zur Konkretisierung dieser Möglichkeit im Rahmen der Bundesbankpolitik siehe Band II, Unterabschnitt III. 4b) bb), und im Rahmen der EZB-Politik siehe Unterabschnitt VI 3d) bb) in diesem Band.

[13] Sollen Einlagen *privater* Nichtbanken auf Girokonten der Zentralbank nicht vernachlässigt werden, dann sind diese zu den angeführten Positionen hinzuzuzählen.

umfassender: Impulse aus dem monetären Bereich, ausgelöst in der unmittelbar zurückliegenden Vergangenheit) auf die zukünftige Entwicklung der wirtschaftspolitischen Zielvariablen (wie Volkseinkommen, Beschäftigung und Preisniveau) einwirken. Eine Indikatorvariable hat also eine *Prognosefunktion.* Veränderungen ihres Werts signalisieren beispielsweise, ob von den geldpolitischen Maßnahmen der unmittelbar zurückliegenden Vergangenheit eine expansive oder eine kontraktive Wirkung auf die zukünftige Entwicklung der wirtschaftspolitischen Zielvariablen ausgeht. Unter einem **Zwischenziel** (intermediate target) der Geldpolitik ist eine Variable des monetären Bereichs zu verstehen, die den Trägern der Geldpolitik bei Verfolgung eines bestimmten geldpolitischen Kurses als Leitlinie (Steuergröße) für ihre laufenden geldpolitischen Aktionen dient. Eine Zwischenzielvariable hat also eine *Lenkungsfunktion.*

Eine ausführliche Behandlung erfährt das Indikator- und Zwischenzielproblem in Band II (Abschnitt IV. 2).

*bb) Geschäftsbankenbilanz und bereinigte Basis.* – aaa) Betrachten wir als nächstes die zusammengefaßte *Bilanz des Geschäftsbankensystems*:

2a. Geschäftsbankenbilanz

| Aktiva | Passiva |
|---|---|
| 21. Münzen und Noten sowie Einlagen bei der Zentralbank | 25. Verbindlichkeiten gegenüber der Zentralbank |
| 22. Nettoauslandsforderungen | 26. Verbindlichkeiten gegenüber inländischen Nichtbanken |
| 23. Schuldverschreibungen der Zentralbank (ZB-Geldmarktpapiere) | 261. Sichteinlagen |
| | 262. Befristete Verbindlichkeiten |
| 24. Kredite an inländische Nichtbanken | 27. Reinvermögen |

Einer ergänzenden Erläuterung bedürfen nur die Positionen 24. und 26.: Die Position 24. resultiert aus dem *Kreditgeschäft mit Nichtbanken;* sie enthält zum überwiegenden Teil Buchkredite und Darlehen, zu einem geringeren Teil auch Wechseldiskontkredite, Forderungen in Form von marktfähigen Obligationen und Geldmarktpapieren ohne die bereits unter 22. berücksichtigten ZB-Geldmarktpapiere. Die Position 26. enthält die Verbindlichkeiten der Geschäftsbanken gegenüber Nichtbanken. Diese fungieren als Zahlungsmittel (Position 261.) oder dienen den Nichtbanken als Vermögensanlage (Position 262.); sie bestehen vor allem aus Einlagen (Sichteinlagen, Termineinlagen mit bestimmten Laufzeiten oder Kündigungsfristen und Spareinlagen mit vereinbarter Kündigungsfrist), zu einem geringeren Teil auch aus verbrieften Schuldtiteln (insbesondere Bankschuldverschreibungen).

bbb) Wie aus der Ermittlung der *monetären Basis* von der Entstehungsseite und aus der Geschäftsbankenbilanz ersichtlich, haben die Geschäftsbanken die Möglichkeit, mit einigen Transaktionen unmittelbar auf den Umfang der monetären Basis Einfluß zu nehmen. So können sich die Geschäftsbanken durch Kreditaufnahme bei der Zentralbank, genauer: durch Inanspruchnahme der Spitzenrefinanzierungsfazilität oder Beteiligung am Tenderverfahren, Zentralbankgeld beschaffen, wodurch sich die monetäre Basis erhöht. Umgekehrt ergibt sich eine Senkung der monetären Basis, wenn die Geschäftsbanken von der Zentralbank emittierte Geldmarktpapiere erwerben und mit Zentralbankgeld bezahlen. Wird der Einfluß derartiger Transaktionen bei der Ermittlung der monetären Basis *ausgeschaltet,* dann erhält man ein Basiskonzept, das bei der sich anschließenden theoretischen Analyse als gegenüber den Geschäftsbanken exogener Einflußfaktor eine wichtige Rolle spielen wird. Seine Abgrenzung erfolgt durch Korrektur bzw. Bereinigung der monetären Basis. Die Art der *Bereinigung* wird einsichtig, wenn wir uns folgende Zusammenhänge vor Augen halten: Die monetäre Basis wäre *größer,* wenn die Geschäftsbanken keine Geldmarktpapiere bei der Zentralbank gekauft hätten. Umgekehrt wäre die monetäre Basis *kleiner,* wenn die Geschäftsbanken keine Kredite bei der Zentralbank aufgenommen hätten. Hieraus ergibt sich, daß man die monetäre Basis von den Einflüssen der genannten Art *bereinigen* kann, wenn man sie wie folgt korrigiert:

*Monetäre Basis*

\+ Bestand an ZB-Geldmarktpapieren bei den Geschäftsbanken
– Zentralbankkredite der Geschäftsbanken

= Monetäre Basis nach Bereinigung

Als Ergebnis erhalten wir ein weiteres analytisches Konzept, nämlich die **bereinigte** (monetäre) **Basis.**

Die konkreten Bestimmungsgründe der bereinigten Basis werden deutlich, wenn die monetäre Basis (von der Entstehungsseite her gesehen) in ihre Komponenten aufgespalten wird. Dann ist die

*Bereinigte Basis*

= Nettoauslandsforderungen (einschl. Goldbestand) der Zentralbank
\+ Zentralbankkredite an Geschäftsbanken
\+ Zentralbankkredite an den öffentlichen Sektor (einschl. Wertpapiere des öffentlichen Sektors)
– Einlagen des öffentlichen Sektors
– Schuldverschreibungen der Zentralbank (ZB-Geldmarktpapiere)
– Reinvermögen der Zentralbank
\+ Münzumlauf

} monetäre Basis

+ Bestand an Schuldverschreibungen der Zentralbank bei den Geschäftsbanken (ZB-Geldmarktpapiere)
– Zentralbankkredite an Geschäftsbanken

oder bei entsprechender Zusammenfassung:

*Bereinigte Basis*

= Nettoauslandsforderungen der Zentralbank
+ Nettoverschuldung des öffentlichen Sektors bei der Zentralbank (Zentralbankkredite an den öffentlichen Sektor abzüglich der Einlagen des öffentlichen Sektors bei der Zentralbank)
– Reinvermögen der Zentralbank
+ Münzumlauf.

Die oben im einzelnen angeführten Komponenten der bereinigten Basis lassen erkennen, daß diese Größe – anders als die monetäre Basis – durch Vorgänge bestimmt wird, die sich in ihrer Gesamtwirkung dem Einflußbereich der Geschäftsbanken weitgehend entziehen und insofern für sie überwiegend *exogen* bedingt erscheinen. Wohl können die Geschäftsbanken bestimmte Komponenten der Summe verändern, z. B. ihren Bestand an Geldmarktpapieren. Wenn die Geschäftsbanken jedoch ihren Bestand an Geldmarktpapieren durch Transaktionen mit der Zentralbank verändern, dann verändern sich in gleicher Höhe die Verbindlichkeiten der Zentralbank aus abgegebenen Schuldverschreibungen, d. h. in Hinblick auf die bereinigte Basis erfolgt eine Kompensation. Zentralbankkredite an Geschäftsbanken sind nicht Bestandteil der bereinigten Basis, weil sie vorher aus der monetären Basis eliminiert wurden. Diese Vorgehensweise mag in Hinblick auf eine Liquiditätsbereitstellung im Wege des Tenderverfahrens bedenklich erscheinen, da die Zentralbank den zugeteilten Gesamtbetrag an Zentralbankgeld autonom festlegen kann. Anderseits spricht für die Bereinigung der monetären Basis um die Tendergeschäfte, daß derartige Transaktionen nicht gegen den Willen der Geschäftsbanken durchgeführt werden können. Dieses und Vereinfachungen bei der theoretischen Analyse waren der Grund dafür, Zentralbankkredite in jeder Form aus der monetären Basis zu eliminieren.

*cc) Konsolidierte Bilanz des gesamten Bankensystems und Bestimmungsgründe der Geldmenge*. – aaa) Bevor wir zur Gleichgewichtsanalyse übergehen können, müssen wir noch ein letztes und schon bekanntes analytisches Konzept abgrenzen: die **Geldmenge.** Zu ihrer Bestimmung ist es erforderlich, die *konsolidierte Bilanz des gesamten Bankensystems* herzuleiten. Wir fassen dazu die Bilanz der Zentralbank und die Bilanz der Geschäftsbanken zusammen, bilden also eine aggregierte Bilanz der

*Monetären Finanzinstitute*[14] und erweitern diese auf beiden Seiten um den *Münzumlauf bei Nichtbanken.*

3a. Konsolidierte Bilanz des gesamten Bankensystems

| Aktiva | Passiva |
|---|---|
| 31. Münzumlauf bei Nichtbanken und Geschäftsbanken | 34. Bargeldumlauf bei Nichtbanken |
| 32. Nettoauslandsforderungen | 35. Verbindlichkeiten gegenüber inländischen Nichtbanken |
| 321. Nettoauslandsforderungen der Zentralbank | 351. Sichteinlagen bei den Geschäftsbanken |
| 322. Nettoauslandsforderungen der Geschäftsbanken | 352. Befristete Verbindlichkeiten der Geschäftsbanken |
| 33. Kredite an inländische Nichtbanken | 353. Zentralbankeinlagen des öffentlichen Sektors |
| 331. Kredite der Zentralbank an den öffentlichen Sektor | 36. Reinvermögen |
| 332. Kredite der Geschäftsbanken | |

Im einzelnen ergeben sich die aufgeführten Positionen in der konsolidierten Bilanz wie folgt:

- Der Münzumlauf bei Nichtbanken, um den die Aktivseite erweitert wurde, wird mit den Münzbeständen der Geschäftsbanken (siehe Position 21.) zur Position 31. zusammengefaßt.
- Die Positionen 11. und 22. werden zu Positionen 321. und 322.
- Die Positionen 12. und 25. heben sich gegenseitig auf.
- Die Positionen 13. und 24. werden zu Positionen 331. und 332.
- Der Bestand an Noten bei den Geschäftsbanken wird gegen die Position 15. aufgerechnet. Der Saldo wird um den auf der Passivseite ausgewiesenen Münzumlauf bei Nichtbanken ergänzt. Als Summe ergibt sich die Position 34.
- Der Bestand an Einlagen bei den Geschäftsbanken und die Position 15. heben sich gegenseitig auf.
- Die Position 16. wird zur Position 353.
- Die Positionen 261. und 262. werden zu Positionen 351. und 352.
- Die Positionen 17. und 23. heben sich gegenseitig auf.
- Die Positionen 18. und 27. werden zur Position 36. zusammengefaßt.

bbb) Aus den Positionen 34. und 351. läßt sich die *Geldmenge von der Verwendungsseite* her ermitteln. Alle übrigen Bilanzpositionen bestimmen die *Geldmenge von der Entstehungsseite*. Sie bilden somit die *Be-*

---

[14] Nach der Abgrenzung des Europäischen Währungsinstituts (EWI) sind **Monetäre Finanzinstitute** dadurch charakterisiert, daß ihre Verbindlichkeiten zur Geldschöpfung beitragen. Siehe Europäisches Währungsinstitut, Die einheitliche Geldpolitik in Stufe 3. Allgemeine Regelungen für die geldpolitischen Instrumente und Verfahren des ESZB. Frankfurt a. M., September 1997, S. 78.

*stimmungsgründe der Geldmenge*, und aus ihren Veränderungen resultiert die Entwicklung der Geldmenge. Vernachlässigt man mögliche Änderungen der Positionen 31. und 36.[15], dann erhält man im einzelnen folgenden Zusammenhang:

| | | | |
|---|---|---|---|
| | I. | Veränderungen der Kredite an inländische Nichtbanken<br>1. Zentralbank<br>2. Geschäftsbanken | (Position 33.) |
| + | II. | Veränderung der Nettoauslandsforderungen<br>1. Zentralbank<br>2. Geschäftsbanken | (Position 32.) |
| – | III. | Veränderungen befristeter Verbindlichkeiten der Geschäftsbanken in Form von Termineinlagen, Spareinlagen etc. | (Position 352.) |
| – | IV. | Veränderungen der Zentralbankeinlagen des öffentlichen Sektors | (Position 353.) |
| | V. | Veränderung der Geldmenge | (Positionen 34. und 351.) |

Aus der konsolidierten Bilanz des gesamten Bankensystems ergibt sich demnach die saldenmechanisch zwingende Aussage, daß die Geldmenge expandiert, wenn die um die Nettoauslandsforderungen vermehrten Kredite (nach Abzug der Tilgungen) stärker steigen als die Summe aus den befristeten Verbindlichkeiten der Geschäftsbanken und den Zentralbankeinlagen des öffentlichen Sektors.

Die konsolidierte Bilanz des gesamten Bankensystems wird auch bei der Bestimmung der Geldmenge im Rahmen der sich anschließenden Gleichgewichtsanalyse des monetären Bereichs eine wichtige Rolle spielen.

### Zusammenfassung zu 3a)

1. Die häufig als Indikator und (oder) Zwischenziel der Geldpolitik verwendete monetäre Basis bezeichnet den Bestand an Zentralbankgeld bei den Geschäftsbanken und Nichtbanken einschließlich Münzumlauf, aber ohne Zentralbankeinlagen des öf-

[15] Die Änderungen dieser Positionen gehören in der Terminologie der Bundesbank zu den „*sonstigen Einflüssen*“.

fentlichen Sektors. Sie läßt sich aus der Zentralbankbilanz ermitteln.

2. Die bereinigte (monetäre) Basis ist eine Größe, die in ihrer Gesamthöhe dem Einflußbereich der Geschäftsbanken weitgehend entzogen ist. Sie wird im wesentlichen durch die Nettoauslandsforderungen der Zentralbank und die Nettoverschuldung des öffentlichen Sektors bei der Zentralbank bestimmt. Man erhält die bereinigte Basis, indem ZB-Geldmarktpapiere im Bestand der Geschäftsbanken zur monetären Basis hinzugezählt und Zentralbankkredite der Geschäftsbanken hiervon abgezogen werden.
3. Die konsolidierte Bilanz des gesamten Bankensystems zeigt, daß die Geldmenge zunimmt, wenn die Summe aus den Nettoauslandsforderungen und den Krediten (nach Abzug der Tilgungen) stärker steigt als die Summe aus den befristeten Verbindlichkeiten der Geschäftsbanken (in Form von Termineinlagen, Spareinlagen etc.) und den Zentralbankeinlagen des öffentlichen Sektors, und umgekehrt.

**b) Eine vereinfachte Gleichgewichtsanalyse des monetären Bereichs**

Die sich aus den Bilanzen ergebenden saldenmechanischen Beziehungen zwischen den einzelnen Bilanzpositionen müssen stets erfüllt sein; sie bilden deshalb die Rahmenbedingungen für unsere Analyse. Aus diesen Rahmenbedingungen wird (wie schon erwähnt) ein *Gleichgewichtsmodell zur Bestimmung von Geldmenge, Kreditmenge und Zinssatz* entwickelt, in dem neben definitorischen und saldenmechanischen Zusammenhängen institutionelle Gegebenheiten (z.B. auf Grund von Notenbankgesetzen) berücksichtigt, Hypothesen über Verhaltensweisen der beteiligten Sektoren (z.B. der Geschäftsbanken) aufgestellt und schließlich Gleichgewichtsbedingungen eingeführt werden. Dabei kommt der monetären Basis (Geldbasis) als wichtiger Einflußgröße eine besondere Rolle zu, und zwar in erster Linie in der bereinigten Form (Unterabschnitte b) und c) aa) bis ee)), daneben aber auch in der unveränderten Form (Unterabschnitt c) ff)). Geldbasiskonzepte liefern in Verbindung mit zinsabhängigen Multiplikatoren als neue monetäre Analyseinstrumente Geldangebotsfunktionen.

*aa) Die vereinfachten Bilanzen.* – Die Gleichgewichtsanalyse erfolgt zunächst unter stark vereinfachten Annahmen. Die Art der Vereinfachung wird deutlich, wenn wir die für das einführende Modell geltenden Bilanzen an den Anfang stellen.

1b. Zentralbankbilanz

| Aktiva | | Passiva | |
|---|---|---|---|
| Nettoauslandsforderungen ..... | $W$ | Banknotenumlauf bei Nichtbanken ............... | $C$ |
| Nettoverschuldung des öffentlichen Sektors (Kredite ./. Einlagen) ............................ | $Ö$ | Mindestreserveeinlagen ........ | $Z$ |
| Kredite an Geschäftsbanken .... | $F$ | Reinvermögen ................. | $RV_Z$ |

2b. Geschäftsbankenbilanz

| Aktiva | | Passiva | |
|---|---|---|---|
| Mindestreserveeinlagen ........ | $Z$ | Sichteinlagen der Nichtbanken .. | $D$ |
| Kredite an inländische Nichtbanken ........................ | $K$ | Zentralbankverschuldung ...... | $F$ |

3b. Konsolidierte Bilanz des gesamten Bankensystems

| Aktiva | | Passiva | |
|---|---|---|---|
| Nettoauslandsforderungen der Zentralbank ............... | $W$ | Banknotenumlauf bei Nichtbanken ............... | $C$ |
| Nettoverschuldung des öffentlichen Sektors bei der Zentralbank .................... | $Ö$ | Sichteinlagen der Nichtbanken ........................ | $D$ |
| Kredite an inländische Nichtbanken ........................ | $K$ | Reinvermögen der Zentralbank ................... | $RV_Z$ |

4b. Bilanz der inländischen Nichtbanken

| Aktiva | | Passiva | |
|---|---|---|---|
| Banknotenumlauf ............. | $C$ | Kredite von Geschäftsbanken ... | $K$ |
| Sichteinlagen .................. | $D$ | Nettoverschuldung des öffentlichen Sektors bei der Zentralbank ........................ | $Ö$ |
| | | Reinvermögen ................. | $RV_N$ |

Diese vier Bilanzen enthalten die saldenmechanischen Zusammenhänge für den monetären Bereich einer offenen Volkswirtschaft mit den folgenden Merkmalen:

- Realvermögensbestände bei Banken und Nichtbanken werden ebenso wie die Kassenbestände und das Reinvermögen der Geschäftsbanken vernachlässigt und gleich Null gesetzt.
- Alle Zahlungen erfolgen durch Übertragung von Banknoten und (oder) Sichteinlagen.
- Die Zentralbank gewährt dem öffentlichen Sektor Kredite und hält seine Einlagen.
- Nettoauslandsforderungen hält nur die Zentralbank.

- Die Geschäftsbanken gewähren Kredite an Nichtbanken und refinanzieren sich im Wege einer Zentralbankverschuldung.
- Die Verbindlichkeiten der Geschäftsbanken gegenüber Nichtbanken bestehen aus Sichteinlagen. Die Geschäftsbanken müssen hierfür Mindestreserven halten. Für Geldsysteme ohne obligatorische Reservehaltung wird unterstellt, daß die Geschäftsbanken freiwillige Reserven in Form von Zentralbankguthaben in entsprechender Weise halten[16].

Wie die Zentralbankbilanz (1b.) erkennen läßt, entspricht die *monetäre Basis* ($B$) – von der Entstehungsseite her gesehen – in diesem Modell der Summe aus den Nettoauslandsforderungen bei der Zentralbank ($W$), der Nettoverschuldung des öffentlichen Sektors bei der Zentralbank ($\ddot{O}$) und den Krediten der Zentralbank an Geschäftsbanken ($F$) abzüglich des Reinvermögens der Zentralbank ($RV_Z$). Es gilt also:

$$B = W + \ddot{O} + F - RV_Z.$$

Die *bereinigte* Basis ($B'$) wird in diesem Modell als Differenz aus monetärer Basis ($B = W + \ddot{O} + F - RV_Z$) und der Zentralbankverschuldung der Geschäftsbanken ($F$) berechnet. Somit ist

$$B' = W + \ddot{O} - RV_Z.$$

*bb) Die Ausgangsgleichungen.* – Unter Beachtung der durch die vereinfachten Bilanzen 2b. und 3b. gegebenen Restriktionen[17] läßt sich das Modell des monetären Bereichs wie folgt formulieren:

1) Die Bilanz der Geschäftsbanken (2b.) und die konsolidierte Bilanz des gesamten Bankensystems (3b.) können als Gleichungen gelesen werden; sie ergeben dann folgende *Bilanzrestriktionen*:

(1) $Z + K = D + F$ (Bilanzrestriktion)

und

(2) $B' + K = C + D, \quad B' > 0$ (Bilanzrestriktion).

2) Die Geschäftsbanken sind verpflichtet, *Mindestreserven* in Höhe eines bestimmten Prozentsatzes ($r$) der Sichteinlagen bei der Zentralbank zu halten, d. h. es gilt[18]:

(3) $Z = rD, \quad 0 < r < 1$ (Mindestreserven).

---

[16] Freiwillige Reserven würden demnach zinsunabhängig in einer festen Proportion zu den Sichteinlagen gehalten. Diese Annahme, die für die folgenden Ableitungen nicht wesentlich ist, wird im Unterabschnitt c) ff) geändert.

[17] Die aus der Bilanz 4b. resultierende Restriktion wird erst später berücksichtigt.

[18] Wie erwähnt wird für ein Geldsystem ohne obligatorische Reserven in entsprechender Weise eine freiwillige Reservehaltung unterstellt.

3) Die Geschäftsbanken können sich Zentralbankgeld verschaffen, indem sie die Spitzenrefinanzierungsfazilität in Anspruch nehmen oder sich an der regelmäßigen Versteigerung von Zentralbankgeld, also am Tenderverfahren, beteiligen. Für Offenmarktgeschäfte im Tenderverfahren wird vereinfachend eine Abwicklung als Mengentender unterstellt[19]. Angenommen wird weiter, daß die Zentralbank für beide Refinanzierungsgeschäfte einen als einheitlich angenommenen[20] Refinanzierungssatz ($z$) fixiert. Für Offenmarktgeschäfte als Mengentender ergeben sich quantitative Begrenzungen dadurch, daß die Zentralbank einen Zuteilungsbetrag ($Q$) festlegt, der kleiner ist als der von den Geschäftsbanken gewünschte Betrag an Zentralbankgeld.

4) Hinsichtlich der *Kreditvergabe* der Geschäftsbanken wird davon ausgegangen, daß ihr **Kreditangebot** ($K^a$) zunimmt, wenn sich die Ertragsrate für Bankkredite, also der *Sollzinssatz* ($i_s$), erhöht, und abnimmt, wenn die Refinanzierungskosten infolge eines steigenden Refinanzierungssatzes größer werden (und umgekehrt). Außerdem wird angenommen, daß das Kreditangebot abnimmt, wenn der Zuteilungsbetrag bei einem Mengentender herabgesetzt wird (und umgekehrt). Schließlich ist noch zu berücksichtigen, daß den Geschäftsbanken in Form der Sichteinlagen ($D$) abzüglich der darauf entfallenden Mindestreserven ($Z = rD$) Mittel für Anlagezwecke zur Verfügung stehen. Da die Geschäftsbanken jedes Einlagenvolumen akzeptieren, das die Nichtbanken zu halten wünschen, können die durch den Ausdruck $D(1 - r)$ bestimmten *verfügbaren Mittel* weitgehend – zumindest kurzfristig – als exogen bestimmt angesehen werden. Sie fungieren aus der Sicht der Geschäftsbanken – ähnlich wie das gegebene Anfangsvermögen bei der Portefeuille-Theorie im Abschnitt II.3 – als eine für den Gesamtumfang des Portefeuilles maßgebliche *Skalargröße*[21].

Es liegt nahe, zwischen dem Kreditangebot der Geschäftsbanken und den verfügbaren Mitteln einen positiven Zusammenhang zu unterstellen. Somit läßt sich folgende Beziehung formulieren:

---

[19] Dieses ist eine Vereinfachung, weil Tenderoperationen auch als Zinstender durchgeführt werden. Bei diesem Verfahren wird der Zinssatz nicht wie bei einem Mengentender vor Abgabe der Gebote von der Zentralbank fixiert, sondern er ist abhängig vom Betrag an Zentralbankgeld, den die Zentralbank durch Abschluß von Tendergeschäften bei den Geschäftsbanken unterbringen will.

[20] Tatsächlich liegt der Zinssatz der Spitzenrefinanzierungsfazilität über dem Zinssatz von Tenderoperationen.

[21] Eine **Skalargröße** ist in erster Linie für den Umfang des Portefeuilles maßgeblich, weniger oder gar nicht für seine Struktur. Siehe hierzu G. DIECKHEUER, Wirkung und Wirkungsprozeß der Geldpolitik. Eine mikro- und makroökonomische Analyse. (Untersuchungen über das Spar-, Giro- und Kreditwesen, Bd. 77.) Berlin 1975. S. 158.

$$K^a = K^a\,[i_s, z, Q, D\,(1-r)]$$

$$\frac{\partial K^a}{\partial i_s} > 0;\ \frac{\partial K^a}{\partial z} < 0;\ \frac{\partial K^a}{\partial Q} > 0;\ \frac{\partial K^a}{\partial [D\,(1-r)]} > 0.$$

Wird zusätzlich angenommen, daß bei gegebenen Zinssätzen $i_s$ und $z$ sowie bei gegebenem Zuteilungsbetrag $Q$ zwischen dem Kreditangebot und den verfügbaren Mitteln ein *proportionaler* Zusammenhang besteht, dann erhält man:

(4) $K^a = a\,(i_s, z, Q) \cdot [D\,(1-r)]$ (Kreditangebot)

$$a \geqq 1^{22};\quad \frac{\partial a}{\partial i_s} > 0;\quad \frac{\partial a}{\partial z} < 0;\quad \frac{\partial a}{\partial Q} > 0.$$

Die Größe $a$ bezeichnen wir als Kreditkoeffizienten.

5) Das Kreditangebot ($K^a$) ist im *Gleichgewicht* gleich der Kreditnachfrage ($K^n$) und damit gleich der *realisierten Kreditmenge* ($K$).

(5), (6) $K^a = K^n = K$ (Gleichgewicht für die Kreditmenge, Definition).

(Wie noch zu zeigen sein wird, läßt sich die Kreditnachfrage ($K^n$) aus den übrigen Beziehungen des Modells herleiten. Sie ist also implizit in den Ausgangsgleichungen enthalten[23].)

6) Die von den Nichtbanken entfaltete **Geldnachfrage oder Liquiditätspräferenz** ($L$) hängt – in Übereinstimmung mit den grundsätzlichen Ergebnissen unserer einzelwirtschaftlichen Analyse – von der Höhe des nominalen Volkseinkommens ($Y$) und von einem Zinssatz ab, der hier durch den Sollzinssatz ($i_s$) repräsentiert wird (und der wegen der unterstellten Homogenität von Buchkrediten und Wertpapieranlagen der Wertpapierrendite entspricht).

Dabei wird angenommen, daß die Geldnachfrage mit steigendem Volkseinkommen sowie sinkendem Zinssatz zunimmt und umgekehrt.

---

[22] Aus der Bilanzrestriktion der Geschäftsbanken (1) erhält man bei Berücksichtigung von (3)

$rD + K = D + F$ bzw.

$K = D\,(1-r) + F.$

Aus einem Vergleich mit (4) folgt, daß $a \geqq 1$, da $F \geqq 0$.

[23] Gleiches gilt für die Bestimmungsfunktion der *Zentralbankverschuldung* ($F$). Wird die Bilanzrestriktion der Geschäftsbanken (1) nach $F$ aufgelöst, d.h.

$F = K - D\,(1-r),$

und $K$ durch das Kreditangebot (4) ersetzt, dann erhält man

(x) $F = (a-1)\,[D\,(1-r)],$ wobei $a = a\,(i_s, z, Q).$

(7) $L = L\,(i_s, Y)$[24] (Geldnachfrage)

$$\frac{\partial L}{\partial i_s} < 0; \ \frac{\partial L}{\partial Y} > 0.$$

7) Die Geldnachfrage ($L$) ist im *Gleichgewicht* gleich dem Geldangebot ($M^a$) und damit gleich der *realisierten Geldmenge* ($M$).

(8), (9) $M^a = L = M$ (Gleichgewicht für die Geldmenge, Definition)

(Wie noch zu zeigen sein wird, läßt sich das Geldangebot aus den übrigen Beziehungen des Modells herleiten. Es ist also implizit in den Ausgangsgleichungen enthalten.)

8) Die *Geldmenge* ($M$) besteht aus dem Bargeldumlauf ($C$) und den Sichteinlagen der Nichtbanken ($D$):

(10) $M = C + D$ (Definition).

9) Die Nichtbanken halten Bargeld in einem konstanten Verhältnis ($k$) zu den Sichteinlagen:

(11) $C = kD \quad k > 0$[25] (Zahlungssitten).

Das Modell enthält damit an:

*Daten:* $k$
*Parametern:* $B', Q, Y, r, z$
*Variablen:* $C, D, F, K, K^a, K^n, L, M, M^a, Z, i_s$ (*insgesamt* also 11).

Vorausgesetzt eine Lösung existiert, dann lassen sich mit den Gleichungen (1) bis (11) alle Variablen des Modells bestimmen.

*cc) Angebot und Nachfrage auf dem Markt für Geld und auf dem Kreditmarkt.* – Die den monetären Bereich beschreibenden Strukturgleichungen (1) bis (11) werden im folgenden so weit zusammengefaßt, daß sich der Markt für Geld und der Kreditmarkt jeweils durch eine Angebots- und Nachfragefunktion beschreiben lassen. Dadurch wird es möglich, die Gleichgewichtslösung für die Geldmenge sowie für die Kreditmenge anhand einfacher *graphischer Darstellungen* in einem Zinssatz/Geldmengen- bzw. Zinssatz/Kreditmengen-Diagramm anzugeben[26].

---

[24] Die einzelwirtschaftlichen Überlegungen zur Portefeuille-Theorie legen nahe, auch das *Gesamtvermögen* der Nichtbanken als Bestimmungsfaktor der Geldnachfrage zu berücksichtigen. Aus Gründen der Vereinfachung ist hierauf verzichtet worden.

[25] An Stelle von (11) kann zur Beschreibung der Zahlungssitten auch die Beziehung $C = cM \ (0 < c < 1)$ benutzt werden.

[26] Die Vorgehensweise, Strukturgleichungen aus Gründen der Darstellung zu bündeln, ist auch in anderen Bereichen der makroökonomischen Analyse üblich. So wer-

aaa) Um den *Markt für Geld* zu beschreiben, ist es erforderlich, die implizit in dem Gleichungssystem enthaltene *Geldangebotsfunktion* herzuleiten. Ausgangspunkt hierfür ist die Überlegung, daß das Geldangebot unter Beachtung der sich aus der konsolidierten Bankenbilanz ergebenden Bilanzrestriktion des gesamten Bankensystems (2) bestimmt wird. Diese lautet:

$$(2) \quad B' + K = C + D.$$

Die gesamte Geldmenge ($M = C + D$) resultiert also aus der Kreditgewährung ($K$) und der bereinigten Basis ($B'$).

Aus Gleichung (2) wird in einem *ersten* Schritt die Bestimmungsformel für die *Sichteinlagen* ($D$), also für das Giralgeld, hergeleitet. Dazu wird auf der linken Seite von (2) $K$ durch $K^a$ und anschließend $K^a$ durch Beziehung (4) ersetzt; auf der rechten Seite wird entsprechend (11) für $C$ der Ausdruck $kD$ verwendet. Man erhält dann:

$$B' + a\,(1 - r)\,D = kD + D\,, \text{wobei } a = a\,(i_s, z, Q)\,.$$

Bei Auflösung nach $D$ ergibt sich:

$$(12) \quad D = \frac{1}{1 + k - a\,(1 - r)}\,B'.$$

In einem *zweiten* Schritt wird $D$ aus Gleichung (12) in die Definitionsgleichung für die Geldmenge

$$M = C + D = kD + D = (1 + k)\,D$$

eingesetzt. Mit $M = M^a$ folgt dann unmittelbar:

$$(13) \quad \boxed{M^a = \frac{1 + k}{1 + k - a\,(1 - r)}\,B', \quad \text{wobei} \quad a = a\,(i_s, z, Q).}$$ [27]

Gleichung (13) charakterisiert die Geldangebotsseite; wir bezeichnen diese Funktion als **Geldangebotsfunktion**[28]. Sie läßt erkennen, daß das gesamte Geldangebot durch die *bereinigte Basis* ($B'$) und den *Multiplikator*

---

den die Strukturgleichungen des KEYNESianischen Modells (siehe Unterabschnitt IV. 2a)) zu makroökonomischen Angebots- und Nachfragefunktionen zusammengefaßt, die in einem Preisniveau/Realeinkommens-Diagramm eine Bestimmung des gesamtwirtschaftlichen Gleichgewichts ermöglichen (siehe Unterabschnitt IV. 2c)).

[27] Wird zur Beschreibung der Zahlungssitten nicht die Beziehung (11) $C = kD$, sondern die Beziehung $C = cM$ verwendet, dann tritt an die Stelle von (13)

$$M^a = \frac{1}{1 - a\,[(1 - c)(1 - r)]}\,B'.$$

[28] Zu beachten ist, daß diese Funktion unter Verwendung von $C = kD$, d. h. unter

$$\frac{1+k}{1+k-a\,(i_s, z, Q)\cdot(1-r)}$$

bestimmt wird. Der Multiplikator wiederum hängt einerseits von Größen ab, die sich dem Einflußbereich der Geschäftsbanken entziehen, nämlich von den Zahlungssitten (hier: der Bargeldquote $k$) und den Parametern der Geldpolitik ($z$, $Q$ und $r$); er enthält anderseits den eine Verhaltensweise beschreibenden Kreditkoeffizienten $a$, der von den Geschäftsbanken unter Berücksichtigung des Sollzinssatzes ($i_s$) und des Refinanzierungssatzes ($z$) sowie des Zuteilungsbetrages beim Mengentender ($Q$) festgelegt wird. Da der Nenner des Multiplikators offensichtlich kleiner ist als der Zähler, muß der Multiplikator *größer als eins* sein[29]. In dem Spezialfall, daß sich die Geschäftsbanken bei der Zentralbank nicht refinanzieren können ($F = 0$), wird $a = 1$, und wir erhalten den im vorhergehenden Abschnitt (III.2) abgeleiteten *Geldschöpfungsmultiplikator*

$$\frac{1+k}{k+r}.$$

Die Darstellung des Marktes für Geld wird vollständig, wenn neben der Geldangebotsfunktion die bereits angegebene *Geldnachfragefunktion*

(7) $$L = L\,(i_s, Y)$$

berücksichtigt wird.

bbb) Die für den *Kreditmarkt* relevante *Kreditangebotsfunktion* läßt sich dadurch ermitteln, daß die durch (12) bestimmten Sichteinlagen ($D$) in die Beziehung (4) eingesetzt werden. Man erhält:

(14) $$K^a = \frac{a\,(1-r)}{1+k-a\,(1-r)}\,B', \quad \text{wobei} \quad a = a\,(i_s, z, Q)$$[30].

In Hinblick auf die graphische Analyse ist es sinnvoll, das Kreditangebot noch in anderer Weise herzuleiten. Ausgangspunkt dafür ist die sich aus der Bilanzrestriktion (2) ergebende Beziehung $K = M - B'$. Wird in dieser

---

Berücksichtigung der Zahlungssitten der Nichtbanken, abgeleitet worden ist. Gleichung (13) wird aber unabhängig von der Geldnachfragefunktion (7) ermittelt.

[29] Der Nenner ist *positiv,* solange $B' > 0$; denn aus der Bilanzrestriktion (2) folgt unter Berücksichtigung von (4) und (11)

$$kD + D - a(1-r)D = B'$$

bzw.

$$1 + k - a(1-r) = \frac{B'}{D}.$$

[30] Anders als in der Strukturgleichung (4) ist in der Beziehung (14) neben dem Kreditangebot $K^a$ als weitere Variable nur noch der Sollzinssatz $i_s$ (über $a$) enthalten. Die Kreditangebotsfunktion (14) ist damit in einem Zinssatz/Kreditmengen-Diagramm darstellbar.

Beziehung $K$ durch $K^a$ und $M$ durch $M^a$ ersetzt, dann zeigt sich, daß für das Kreditangebot der Zusammenhang

(15) $K^a = M^a - B'$

besteht. Offenbar läßt sich die *Kreditangebotsfunktion* auch ermitteln, indem von der Geldangebotsfunktion die bereinigte Basis subtrahiert wird[31].

Für die Ableitung der *Kreditnachfragefunktion* ist wesentlich, daß die Kreditnachfrage ($K^n$) unter Beachtung der Bilanzrestriktion des Nichtbankensektors (einschl. des öffentlichen Sektors) bestimmt wird. Aus der Bilanz 4b. ergibt sich (bei $C + D = M$):

(16) $M = K + \ddot{O} + RV_N$.

Da das gesamte Reinvermögen der Volkswirtschaft ($RV_Z + RV_N$) in dem hier betrachteten Modell den Nettoauslandsforderungen ($W$) entsprechen muß[32], ist

$$RV_N = W - RV_Z.$$

Eingesetzt in (16) ergibt sich

$$M = K + \ddot{O} + W - RV_Z.$$

Berücksichtigt man ferner, daß $\ddot{O} + W - RV_Z = B'$, dann kann man mit $M = L$ und $K = K^n$ auch schreiben:

$$L = K^n + B'$$

bzw. bei Auflösung nach $K^n$

$$K^n = L - B'.$$

Offenbar läßt sich die *Kreditnachfragefunktion* berechnen, indem von der Geldnachfragefunktion die bereinigte Basis subtrahiert wird. Unter Berücksichtigung von (7) ergibt sich:

(17) $K^n = L\,(i_s, Y) - B'$.

[31] Wird Gleichung (15) in der Form

$$m_K B' = m_M B' - B'$$

geschrieben, wobei $m_K$ und $m_M$ die Multiplikatoren in der Kredit- und Geldangebotsfunktion bezeichnen, dann zeigt sich, daß

$$m_K = m_M - 1.$$

[32] Das zeigt auch die Aggregation der konsolidierten Bilanz des gesamten Bankensystems (3b) und der Bilanz der inländischen Nichtbanken (4b). – Das so ermittelte Reinvermögen enthält kein Sachvermögen, weil dieses im Rahmen der monetären Analyse vernachlässigt wird.

Gleichung (17) ist wie folgt zu interpretieren: Ein Teil der gesamten Geldnachfrage ($L$) wird durch die bereinigte Basis $B'$ gedeckt. Der verbleibende Teil ist auf andere Quellen angewiesen, nämlich auf die Kreditgewährung der Geschäftsbanken. Wir nennen diesen Teil die Kreditnachfrage und bezeichnen (17) entsprechend als **Kreditnachfragefunktion.**

ccc) Wird die *Kreditnachfragefunktion* – anders als im vorliegenden Modell – an Stelle der Geldnachfragefunktion (7) von vornherein vorgegeben, z. B. in der Form

$$K^n = K^n(i_s, Y) \quad \frac{\partial K^n}{\partial i_s} < 0, \quad \frac{\partial K^n}{\partial Y} > 0,$$

dann lassen sich auch mit dem so modifizierten Modell alle angeführten Variablen bestimmen. In diesem Fall wäre dann die *Geldnachfragefunktion* implizit in den Ausgangsgleichungen enthalten[33]. *Unabhängig voneinander* lassen sich eine Geldnachfrage- und eine Kreditnachfragefunktion nur aufstellen, wenn neben dem Markt für Geld und dem Kreditmarkt – über das vorliegende Modell hinausgehend – ein *weiterer Markt*, z. B. ein Markt für bereits produziertes Sachvermögen, zusätzlich in die Analyse einbezogen wird[34].

*dd) Gleichgewicht.* – aaa) Wir entwickeln zunächst die *Gleichgewichtslösung für die Geldmenge.* Die Geldangebotsfunktion

$$(13) \quad M^a = \frac{1+k}{1+k-a(i_s, z, Q)\cdot(1-r)} B'$$

beschreibt bei gegebener Bargeldquote ($k$) für vorgegebene Werte der Parameter $B'$, $z$, $Q$ und $r$ einen positiven Zusammenhang zwischen den beiden noch enthaltenen Variablen, dem Geldangebot ($M^a$) und dem Sollzinssatz ($i_s$), wie leicht herzuleiten ist: Steigt $i_s$, dann wird $a$ größer, der Nenner des Multiplikators dadurch kleiner und $M^a$ nimmt zu. In einem $i_s/M$-Diagramm läßt sich die *Geldangebotsfunktion* in linearisierter Form demnach durch eine Gerade mit *positiver Steigung* darstellen (vgl. Fig. III.8). Die linearisierte *Geldnachfragefunktion* (7) erscheint für ein gegebenes Volkseinkommen ($Y$) in der gleichen graphischen Darstellung (wegen $\frac{\partial L}{\partial i_s} < 0$) als Gerade *mit negativer Steigung* (vgl. Fig. III.8). Der Schnittpunkt der beiden Kurven bestimmt den Gleichgewichtspunkt $P_1$ und damit die realisierte Geldmenge $M_1$ und den Sollzinssatz $i_{s1}$.

---

33 Die implizierte Geldnachfragefunktion ließe sich entsprechend der unter bbb) angegebenen Vorgehensweise ermitteln. Sie hätte die Form

$$L = K^n(i_s, Y) + B'.$$

34 Ein derartiges (weiterführendes) Modell findet sich im Anhang A5).

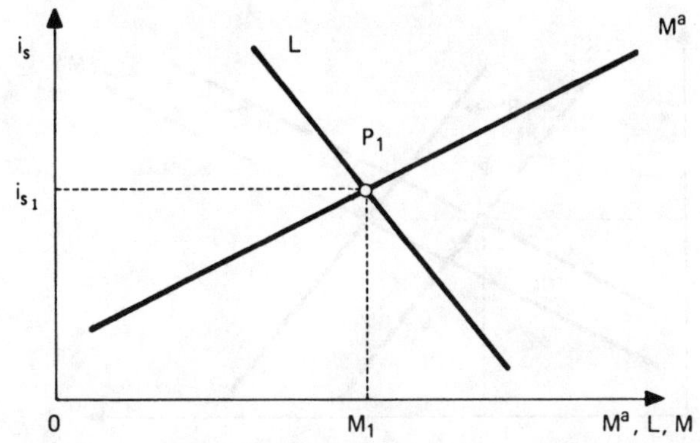


Fig. III.8

bbb) Zur Gleichgewichtslösung für die Geldmenge und den Sollzinssatz gehört eine ganz bestimmte *Gleichgewichtslösung für die Kreditmenge.* In der graphischen Darstellung wird das Gleichgewicht durch den Schnittpunkt der Kreditnachfragekurve mit der Kreditangebotskurve angegeben. Wie aus Gleichung (17) hervorgeht, erhält man die Kreditnachfragekurve, indem von den Abszissenwerten der Geldnachfragekurve ein konstanter Betrag in Höhe der bereinigten Basis ($B'$) abgezogen wird (vgl. Fig. III.9). Gleichung (15) zeigt, daß sich die Kreditangebotskurve ergibt, wenn von den Abszissenwerten der Geldangebotskurve ein konstanter Betrag in Höhe der bereinigten Basis abgezogen wird (vgl. Fig. III.9). Demnach haben jeweils die Kurven der Kredit- und Geldnachfrage sowie die Kurven des Kredit- und Geldangebots in dieser Analyse gleiche Steigungen. Der Schnittpunkt der $K^n$-Kurve mit der $K^a$-Kurve bestimmt den Gleichgewichtspunkt $P_1$. Im Gleichgewicht wird die Kreditmenge $K_1$ und der schon durch Fig. III.8 festgelegte Zinssatz $i_{s1}$ realisiert[35].

ccc) Daß mit der Geldmenge $M_1$ neben dem Sollzinssatz $i_{s1}$ und der Kreditmenge $K_1$ auch die Gleichgewichtswerte der übrigen Variablen festliegen, lassen die Gleichungen des Modells unmittelbar erkennen: Zur Geldmenge $M_1$ gehört wegen der aus (10) und (11) abgeleiteten Beziehung $D = \frac{1}{1+k} M$ ein bestimmter Bestand an Sichteinlagen ($D_1$) und damit nach Gleichung (10) ein bestimmter Bargeldumlauf ($C_1$). Nach Gleichung (3) sind hierauf Mindestreserven in Höhe von $Z_1 = rD_1$ zu halten. Die Höhe der Zentralbankverschuldung der Geschäftsbanken $F_1$ läßt

[35] Daß der Gleichgewichtszinssatz auf dem Kreditmarkt bereits durch den Markt für Geld festgelegt ist, folgt aus dem **Walras-Gesetz,** wonach in einem System mit $n$ Märkten (z.B. zwei Märkten wie im vorliegenden Fall) Gleichgewicht auf $n$–1-Märkten (z.B. auf dem Markt für Geld) Gleichgewicht auf dem $n$-ten Markt (z.B. dem Kreditmarkt) impliziert.

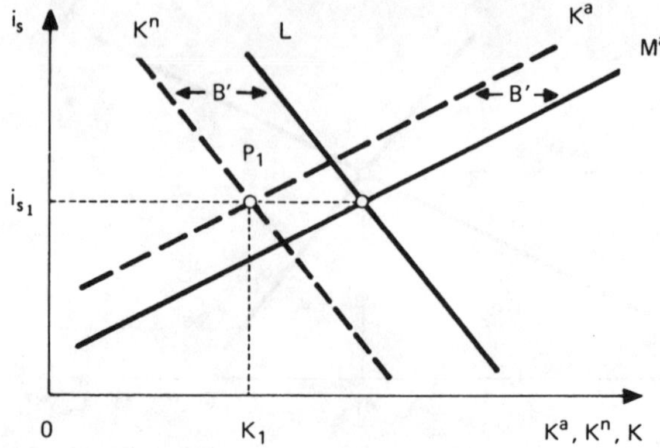


Fig. III.9

sich schließlich nach Bestimmung von $K_1$, $D_1$ und $Z_1$ aus der Bilanzrestriktion (1) berechnen[36].

*ee) Parameteränderungen.* – Von besonderem Interesse ist die Frage, wie sich die Variablen des Modells, vor allem die Geldmenge, aber auch der Sollzinssatz und die Kreditmenge, ändern, wenn sich *Parameteränderungen* ergeben. Zur Klärung der entsprechenden Zusammenhänge untersuchen wir zunächst Parameteränderungen, die zu einer *Verschiebung der Geldangebotskurve* führen, und anschließend Parameteränderungen, die zu einer *Verschiebung der Geldnachfragekurve* führen.

aaa) Wir betrachten als erstes den Fall, daß sich die *bereinigte Basis erhöht,* z.B. von $B_1'$ auf $B_2'$. In Fig. III.8 verschiebt sich daraufhin die Geldangebotsfunktion nach rechts, in Fig. III.9 verschieben sich die Kreditangebotsfunktion nach rechts und die Kreditnachfragefunktion nach links. Zunächst einmal zeigt sich, daß im neuen Gleichgewicht $P_2$ die *größere Geldmenge* $M_2$ bei dem *niedrigeren Sollzinssatz* $i_{s2}$ realisiert wird (vgl. Fig. III.10a).

Außerdem wird deutlich (vgl. Fig. III.10b), daß die durch die Erhöhung der bereinigten Basis ausgelösten Verschiebungen der Kreditangebots- und Kreditnachfragekurve einander hinsichtlich der Kreditmenge *entgegenwirken*. Anders als bei der Geldmenge kann deshalb ohne genaue Kenntnis der Kreditangebots- und der Kreditnachfragekurve nicht angegeben werden, ob die Kreditmenge bei Ausweitung der bereinigten Basis zunimmt, abnimmt oder konstant bleibt[37]. Bei den in Fig. III.10b ange-

---

[36] Siehe zur Zentralbankverschuldung $F$ auch Gleichung (x) in Fußnote 23.

[37] Wird unterstellt, daß von der Entwicklung der Geldmenge zuverlässig auf die Entwicklung gesamtwirtschaftlicher Zielgrößen geschlossen werden kann, und auf

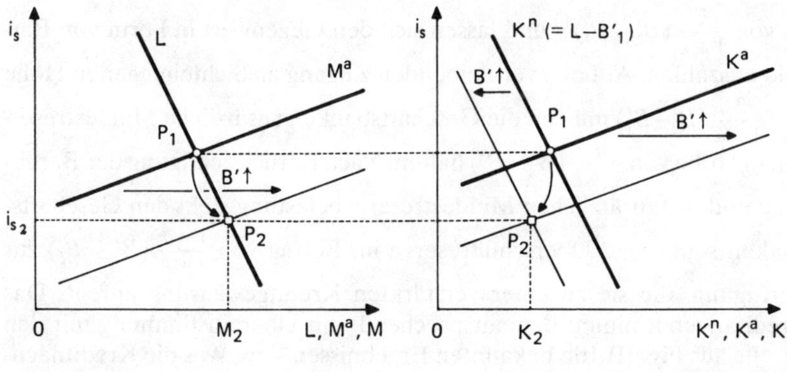


Fig. III.10a Fig. III.10b

nommenen Kurvenverläufen nimmt die Kreditmenge offenbar etwas ab (siehe $K_2$).

Zur Interpretation dieser Ergebnisse wollen wir die hinter der komparativ-statischen Analyse stehenden *Anpassungsvorgänge* etwas genauer untersuchen. Zur Illustration wollen wir annehmen, daß die Nettoauslandsforderungen der Zentralbank zunehmen, weil Exportüberschüsse bei den Nichtbanken in Form von Devisen anfallen, die von den Nichtbanken an die Geschäftsbanken und von diesen weiter an die Zentralbank verkauft werden[38]. Durch diese Transaktionen erhöht sich die bereinigte Basis um $(B'_2 - B'_1)$[39]. Um diesen Betrag steigen auch der Bestand an Zentralbankgeld bei den Geschäftsbanken sowie die Sichteinlagen der Nichtbanken (und damit die Geldmenge). Der Anstieg der Sichteinlagen der Nichtbanken bewirkt, daß das bestehende Verhältnis zwischen Bargeldumlauf und Sichteinlagen $\left(\frac{C}{D} = k\right)$ gestört wird. Um dieses Verhältnis wiederherzustellen, liquidieren die Nichtbanken Sichteinlagen in Hö-

---

Grund der oben durchgeführten Analyse akzeptiert, daß sich die Kredit- und Geldmenge infolge einer möglichen unterschiedlichen Reaktion auf eine Veränderung der bereinigten Basis u.U. auch entgegengesetzt entwickeln, dann erscheint es problematisch, die *Kreditmenge als Indikator* zu verwenden.

[38] Daß solche Transaktionen in der Realität in Form von Interventionen der Zentralbank auf dem Devisenmarkt abgewickelt werden, spielt für unsere Gleichgewichtsanalyse keine Rolle.

[39] Die gleiche Wirkung haben Ankäufe von Staatsobligationen durch die Zentralbank im Rahmen von Offenmarktgeschäften und die mit einer Abnahme des Reinvermögens der Zentralbank verbundene Ausschüttung von Zentralbankgewinnen, vorausgesetzt über den entsprechenden Zugang an Zentralbankeinlagen wird vom öffentlichen Sektor verfügt. Vgl. hierzu die Abgrenzung der bereinigten Basis auf S. 104ff. und die (vereinfachte) Definitionsgleichung.

he von $\frac{k}{1+k}(B_2' - B_1')$[40] und lassen sich den Gegenwert in Form von Bargeld auszahlen. Auf den verbleibenden Zugang an Sichteinlagen in Höhe von $\frac{1}{1+k}(B_2'-B_1')$ müssen die Geschäftsbanken zusätzliche Mindestreserven in Höhe von $\frac{r}{1+k}(B_2' - B_1')$ halten. Nach Berücksichtigung der Barabzüge und der zusätzlichen Mindestreservebelastung steht den Geschäftsbanken somit eine Überschußreserve im Betrag von $\frac{1-r}{1+k}(B_2' - B_1')$ zur Verfügung, die sie zu einer verstärkten Kreditgewährung anregt. Das Kreditangebot nimmt dementsprechend – in Übereinstimmung mit den bereits aus Fig. III.10b bekannten Ergebnissen – zu. Was die Kreditnachfrage anbelangt, so wissen wir aus Fig. III.10b, daß sich die Kreditnachfragekurve bei einer Erhöhung der bereinigten Basis nach links verschiebt, die Kreditnachfrage also bei alternativen Sollzinssätzen zurückgeht. Der Grund für diesen Vorgang ist darin zu sehen, daß den Nichtbanken im Zuge der Devisenverkäufe Geld zufließt und sie deshalb weniger auf Kredite der Geschäftsbanken angewiesen sind[41]. Ein Teil der Kreditnachfrage fällt deshalb aus. Inwieweit die Linksverschiebung der Kreditnachfragekurve die Rechtsverschiebung der Kreditangebotskurve in Hinblick auf die realisierte Kreditmenge kompensiert, hängt von dem relativen Ausmaß der Kurvenverschiebungen[42] sowie von der Zinsempfindlichkeit des Kreditangebots und der Kreditnachfrage, d.h. von der Steigung der $K^a$- und der $K^n$-Kurve, ab. Es zeigt sich z.B., daß die Kreditmenge in jedem Fall zunimmt, wenn das Kreditangebot in bezug auf den Sollzinssatz *vollkommen unelastisch* (also völlig unempfindlich) reagiert (vgl. Fig. III.11a). Umgekehrt nimmt die Kreditmenge in jedem Fall ab, wenn das Kreditangebot in bezug auf den Sollzinssatz *vollkommen elastisch* (also überaus empfindlich) reagiert (vgl. Fig. III.11b). Offenbar nimmt die Kre-

---

[40] Der Zugang an Sichteinlagen beläuft sich dann im Endergebnis auf $\left(1 - \frac{k}{1+k}\right)(B_2' - B_1')$ bzw. auf $\frac{1}{1+k}(B_2' - B_1')$ und der Zugang an Bargeld auf $\frac{k}{1+k}(B_2' - B_1')$. Das bestehende Verhältnis von Bargeldumlauf zu Sichteinlagen $\left(\frac{C}{D} = k\right)$ wird also durch die Zugänge nicht geändert.

[41] Auch eine empirische Überprüfung spricht für einen negativen Zusammenhang zwischen Kreditnachfrage und bereinigter Basis. Siehe hierzu H. Möller, H.-J. Jarchow, Kreditangebot, Kreditnachfrage und exogene Geldbasis. Eine theoretische und ökonometrische Studie für die Bundesrepublik. In: Geld- und Währungspolitik in der Bundesrepublik Deutschland. (Hrsg. u. eingeleitet von W. Ehrlicher, D. B. Simmert). „Beihefte zu Kredit und Kapital", H.7 (1982), S.212ff., 220.

[42] Die $K^n$-Kurve verschiebt sich um $\Delta B'$, die $K^a$-Kurve um $m_K \cdot \Delta B'$, wobei $m_K$ den Kreditangebotsmultiplikator aus (14) bezeichnet, für den $0 < m_K \gtreqless 1$ gilt.

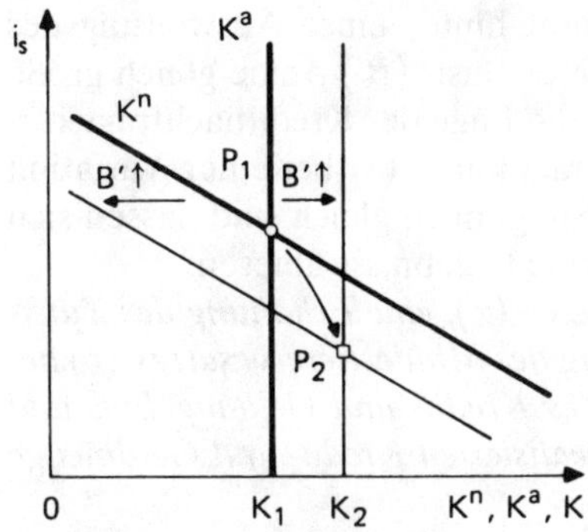

Fig. III.11a

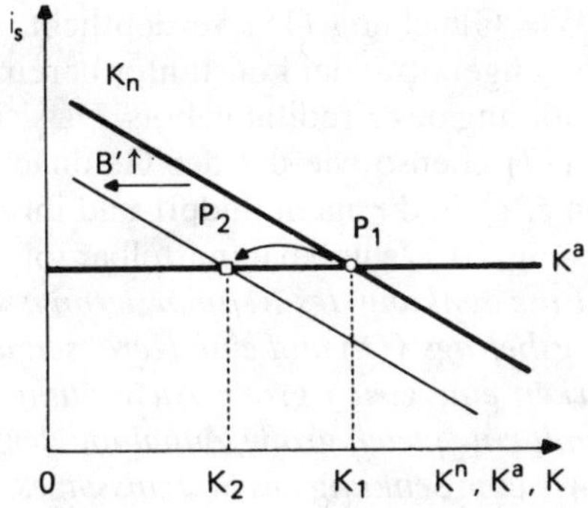

Fig. III.11b

ditmenge bei einer Ausweitung der bereinigten Basis um so eher zu, je unempfindlicher die Geschäftsbanken mit ihrem Kreditangebot auf Änderungen des Sollzinssatzes reagieren[43].

*Wie sich auch immer die Kreditmenge verändert, in jedem Fall bewirkt eine Ausweitung der bereinigten Basis eine Zunahme der Geldmenge und umgekehrt.*

Hinsichtlich der *Zentralbankverschuldung* der Geschäftsbanken impliziert unser Modell keine eindeutige Entwicklung[44]. Auf ein plausibel erscheinendes Anpassungsmuster wird im Rahmen des folgenden Unterabschnitts im Zusammenhang mit einigen ergänzenden Betrachtungen zur Dynamik kurz eingegangen.

Nach Darstellung der von einer Änderung der bereinigten Basis ausgehenden Wirkungen ist noch zu untersuchen, wie die geldpolitischen Parameter *Refinanzierungssatz* ($z$), *Zuteilungsbetrag* ($Q$) und *Mindestreservesatz* ($r$) die Geld- und Kreditmenge sowie den Sollzinssatz beeinflussen. Wie aus Gleichung (13) hervorgeht, vermindert eine Senkung von $z$ (wegen $\partial a/\partial z < 0$) und eine Erhöhung von $Q$ (wegen $\partial a/\partial Q > 0$) den Nenner des Multiplikators, damit steigt bei alternativen Werten für den Sollzinssatz das Geldangebot. Ebenso bewirkt eine Senkung des Mindestreservesatzes eine Ausweitung des Geldangebots; denn $r$ steht mit einem negativen Vorzeichen im Nenner des Multiplikators und wird mit einer negativen Größe multipliziert, so daß eine Verminderung von $r$ den Nenner verkleinert.

---

[43] Anhand entsprechender graphischer Darstellungen läßt sich auch zeigen, daß die Kreditmenge bei gegebener Kreditangebotsfunktion um so eher abnimmt, je *unempfindlicher* die Nichtbanken mit ihrer *Kreditnachfrage* auf Änderungen des Sollzinssatzes reagieren.

[44] Wie aus Gleichung (x) in Fußnote 23 hervorgeht, wirken auf die Zentralbankverschuldung ($F$) zwei entgegengerichtete Einflüsse ein: zum einen der Rückgang von $a$, weil $i_s$ sinkt, zum anderen die Erhöhung von $D$, weil $M$ steigt.

Wie Gleichung (15) verdeutlicht, steht hinter einer Ausweitung des Geldangebots – bei konstanter bereinigter Basis ($B'$) – eine gleich große Erhöhung des Kreditangebots. Da sich die Lage der Kreditnachfragekurve (17) ebenso wie die der Geldnachfragekurve (7) bei einer Variation von $z$, $Q$ und $r$ nicht ändert und ihre Steigungen gleich sind, lassen sich aus Fig. III.12a und b unmittelbar folgende Ergebnisse ablesen:

*Eine Senkung des Refinanzierungssatzes* ($z$), *eine Erhöhung des Zuteilungsbetrags* ($Q$) *und eine Herabsetzung des Mindestreservesatzes* ($r$) *bewirken eine gleich große Ausweitung des Kredit- und Geldangebots und damit eine gleich große Zunahme der realisierten Kredit- und Geldmenge sowie eine Senkung des Sollzinssatzes.*

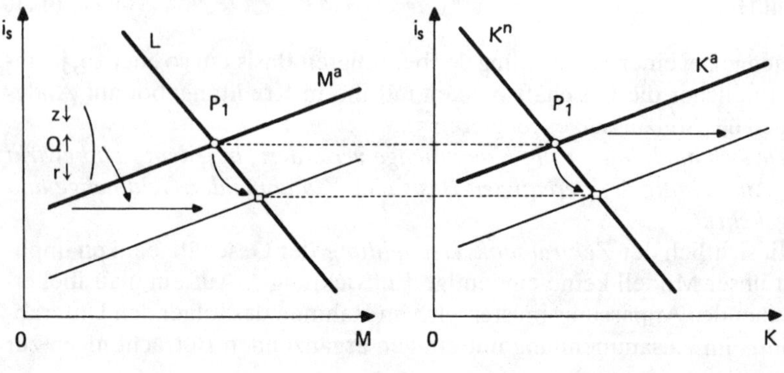


Fig. III.12a Fig. III.12b

Erfolgt eine Änderung der Parameter $z$, $Q$ und $r$ jeweils in entgegengesetzter Richtung, dann vermindern sich das Kredit- und Geldangebot (die $M^a$-Kurve und die $K^a$-Kurve verschieben sich nach links), und die Kredit- und Geldmenge sinken bei steigendem Sollzinssatz um den gleichen Betrag.

bbb) Betrachten wir nun im folgenden eine Parameteränderung, die eine *Verlagerung der Geldnachfragekurve* bewirkt. Im Rahmen unserer Modellannahmen kann dieser Fall dadurch eintreten, daß sich das *Volkseinkommen* verändert. Erhöht sich das Volkseinkommen, dann verschiebt sich die Kurve der Geldnachfrage und mit ihr auch die Kurve der Kreditnachfrage gleichermaßen nach rechts (vgl. Fig. III.13a und 13b[45]).

Da die Kredit- und Geldangebotskurve die gleichen Steigungen haben, wird das neue Gleichgewicht bei einer *größeren Kreditmenge,* einer um

[45] Gleichung (17) zeigt, daß die Kreditnachfrage bei einem Anstieg des Volkseinkommens und unveränderter bereinigter Basis im Ausmaß der Erhöhung der Geldnachfrage zunehmen muß.

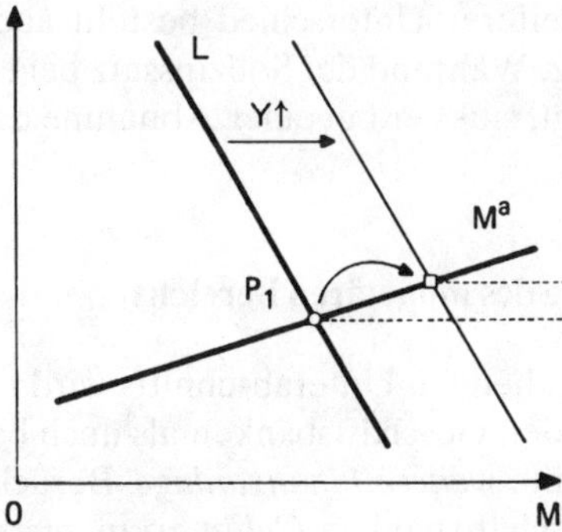


Fig. III.13a

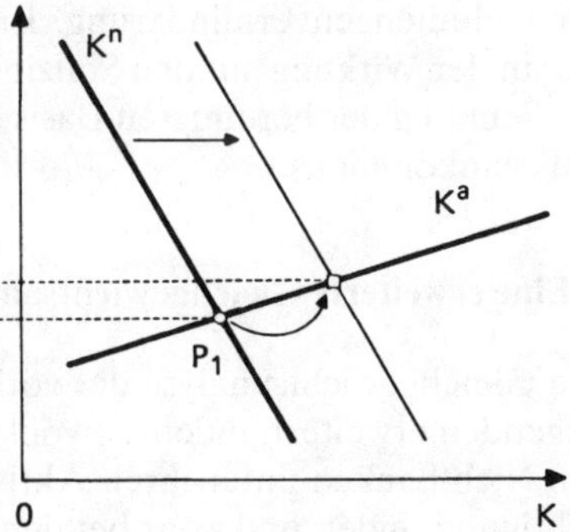


Fig. III.13b

den gleichen Betrag *gestiegenen Geldmenge* und einem *höheren Sollzinssatz* realisiert. Hinter diesen aus einer komparativ-statischen Analyse gewonnenen Ergebnissen verbergen sich folgende *Anpassungsvorgänge*: Die zunehmende Geldnachfrage wird bei konstanter bereinigter Basis ($B'$) dadurch befriedigt, daß die Geschäftsbanken zusätzliche Kredite bei erhöhtem Sollzinssatz gewähren. Die zunehmende Kreditgewährung schlägt sich in einer Erhöhung der Sichteinlagen der Nichtbanken nieder, über die teilweise in bar verfügt wird. Um die Bargeldabzüge und die mit den zusätzlichen Sichteinlagen verbundenen zusätzlichen Mindestreserveverpflichtungen finanzieren zu können, weiten die Banken ihre Zentralbankverschuldung aus. Hierzu besteht auch insofern ein Anreiz, als sich die Ertragsaussichten bei der Kreditgewährung verbessert haben. Im Endergebnis *erhöhen* sich auf diese Weise – trotz gleichbleibender bereinigter Basis – *Kredit- und Geldmenge bei steigenden Sollzinssätzen.*

ccc) Eine Erhöhung der bereinigten Basis und ein steigendes Volkseinkommen führen also gleichermaßen zu einem Anstieg der Geldmenge. Die Kreditmenge kann bei einer Ausweitung der bereinigten Basis zunehmen, abnehmen oder konstant bleiben; bei einer Erhöhung des Volkseinkommens nimmt sie in jedem Fall zu, und zwar im Ausmaß der Geldmengenerhöhung. Ein weiterer Unterschied besteht in der Wirkung auf den Sollzinssatz: Während der Sollzinssatz bei einer Ausweitung der bereinigten Basis sinkt, steigt er bei zunehmendem Volkseinkommen. Treten die *umgekehrten Parameteränderungen* ein, also eine Senkung der bereinigten Basis bzw. eine Abnahme des Volkseinkommens, dann verschiebt sich die $M^a$-Kurve in Fig. III.10a bzw. die $L$-Kurve in Fig. III.13a nach links. In beiden Fällen ergibt sich eine Verminderung der Geldmenge. Die Kreditmenge kann bei einer Senkung der bereinigten Basis wieder abnehmen, zunehmen oder konstant bleiben; bei einem Rückgang des Volkseinkommens nimmt sie in jedem Falle ab, und zwar im Ausmaß der Geldmengenverminderung. Ein weiterer Unterschied besteht auch hier in der Wirkung auf den Sollzinssatz: Während der Sollzinssatz bei einer Senkung der bereinigten Basis steigt, sinkt er bei einer Abnahme des Volkseinkommens.

### c) Eine erweiterte Gleichgewichtsanalyse des monetären Bereichs

Die Gleichgewichtsanalyse des vorhergehenden Unterabschnitts wird im folgenden erweitert, indem sowohl bei den Geschäftsbanken als auch bei den Nichtbanken unter ihren Aktiva eine *weitere Finanzanlage* Berücksichtigung findet, und zwar bei den Geschäftsbanken *Geldmarktpapiere* in Form von Schuldverschreibungen[46] der Zentralbank (ZB-Geldmarktpapiere) und bei den Nichtbanken *befristete Einlagen* in Form von Termin- und Spareinlagen, die neben den Sichteinlagen gehalten werden. Insbesondere die Einbeziehung der Termin- und Spareinlagen erscheint wichtig, da auf diese Weise neben der Geldmenge $M$ im Sinne von $M1$ noch ein Geldmengenkonzept in einem *weiteren* Sinne Gegenstand der Analyse wird[47].

*aa) Die Bilanzen.* – Die Rahmenbedingungen für das erweiterte Modell werden durch folgende vier Bilanzen wiedergegeben:

1c. Zentralbankbilanz

| Aktiva | | Passiva | |
|---|---|---|---|
| Nettoauslandsforderungen<br>Nettoverschuldung des öffentlichen Sektors (Kredite ./. Einlagen)<br>Kredite an Geschäftsbanken ./. Verbindlichkeiten aus abgegebenen Schuldverschreibungen (ZB-Geldmarktpapiere) ./. Reinvermögen | $B$ | Banknotenumlauf bei Nichtbanken .............. | $C$ |
| | | Mindestreserveeinlagen ....... | $Z$ |

[46] Finanzierungspapiere, die ebenfalls zu den Geldmarktpapieren zählen, werden vernachlässigt. Da ihre Emission der kurzfristigen Finanzierung eines Teils des öffentlichen Kreditbedarfs dient, könnte man die Bestände an Finanzierungspapieren bei den Geschäftsbanken ihren Krediten zurechnen, sie also unter $K$ miterfassen, und sie bei der Zentralbank unter der Nettoverschuldung des öffentlichen Sektors berücksichtigen.

[47] Auf Geldmengenkonzepte, die in der monetären Analyse und Geldpolitik Verwendung finden, ist im Unterabschnitt I. 1c) dd) näher eingegangen worden.

2c. Geschäftsbankenbilanz

| Aktiva | | Passiva | |
|---|---|---|---|
| Mindestreserveeinlagen ........ | $Z$ | Sichteinlagen der Nichtbanken .. | $D$ |
| Schuldverschreibungen der Zentralbank (ZB-Geldmarktpapiere) ........ | $G$ | Termin- und Spareinlagen der Nichtbanken .............. | $T$ |
| Kredite an inländische Nichtbanken ........................ | $K$ | Zentralbankverschuldung ...... | $F$ |

3c. Konsolidierte Bilanz des gesamten Bankensystems

| Aktiva | | | Passiva | |
|---|---|---|---|---|
| Nettoauslandsforderungen der Zentralbank ........... | $W$ | $B'$ | Banknotenumlauf bei Nichtbanken .............. | $C$ |
| Nettoverschuldung des öffentlichen Sektors bei der Zentralbank ................ | $Ö$ | | Sichteinlagen der Nichtbanken ........................ | $D$ |
| ./. Reinvermögen der Zentralbank ........... | $RV_Z$ | | Termin- und Spareinlagen der Nichtbanken .............. | $T$ |
| Kredite an inländische Nichtbanken .................. | | $K$ | | |

4c. Bilanz der inländischen Nichtbanken

| Aktiva | | Passiva | |
|---|---|---|---|
| Banknotenumlauf ............. | $C$ | Kredite von Geschäftsbanken ... | $K$ |
| Sichteinlagen ................. | $D$ | Nettoverschuldung des öffentlichen Sektors bei der Zentralbank ........................ | $Ö$ |
| Termin- und Spareinlagen ...... | $T$ | Reinvermögen ................. | $RV_N$ |

*bb) Die Ausgangsgleichungen.* – aaa) Mit der Erweiterung werden gegenüber dem vereinfachten Modell folgende Modifikationen bzw. ergänzende Annahmen des Modells erforderlich:

1) *Geldmarktpapiere* werden nur von der Zentralbank emittiert und nur zwischen Geschäftsbanken und Zentralbank gehandelt. Die Zentralbank fixiert dabei einen einheitlichen Zinssatz für ZB-Geldmarktpapiere ($i_G$). Zu diesem Zinssatz können ZB-Geldmarktpapiere bei der Zentralbank erworben und an sie zurückgegeben werden[48]. Der von Geschäfts-

[48] Die Annahmen stellen *Vereinfachungen* dar: So werden Geldmarktpapiere von Zentralbanken auch als Zinstender begeben. Bei diesem Ausschreibungsverfahren ist $i_G$ (bzw. der Ankaufskurs) abhängig vom Betrag der von der Zentralbank abgegebenen Geldmarktpapiere. *Außerdem* werden Geldmarktpapiere von Zentralbanken i. a. *ohne* Zusage einer Rücknahme vor Fälligkeit abgegeben.

banken gewünschte Bestand an ZB-Geldmarktpapieren ($G$) hängt bei gegebener Risikoeinschätzung positiv vom Zinssatz für Geldmarktpapiere ($i_G$), negativ von der Ertragsrate für (konkurrierende) Bankkredite ($i_s$) und positiv von den verfügbaren Mitteln $(D + T)(1 - r)$ ab, wobei der zuletzt genannte Zusammenhang wieder *proportional* sein soll. Wird ferner angenommen, daß der gewünschte Bestand an ZB-Geldmarktpapieren mit sinkendem Refinanzierungssatz und steigendem Zuteilungsbetrag ($Q$) zunimmt, dann läßt sich folgende Beziehung formulieren:

$$G = g(i_s, i_G, z, Q)\,[(D + T)(1 - r)]$$

$$g > 0; \quad \frac{\partial g}{\partial i_s} < 0; \quad \frac{\partial g}{\partial i_G} > 0; \quad \frac{\partial g}{\partial z} < 0; \quad \frac{\partial g}{\partial Q} > 0.$$

2) Die Nichtbanken orientieren sich bei der *Aufteilung ihrer gesamten Einlagen* in Termin- und Spareinlagen ($T$) einerseits sowie in Sichteinlagen ($D$) anderseits an der Höhe des Habenzinssatzes ($i_h$). Genauer wird angenommen, daß sie die Summe aus Termin- und Spareinlagen in einem durch die Größe $t$ angegebenen Verhältnis zu den Sichteinlagen halten, wobei die Größe $t$ mit steigendem Habenzinssatz zunimmt und umgekehrt[49]. Es besteht also folgende Beziehung:

$$T = t(i_h) \cdot D \qquad \frac{\partial t}{\partial i_h} > 0.$$

3) Der *Habenzinssatz* wird von den Geschäftsbanken in Anlehnung an die Entwicklung des Sollzinssatzes festgelegt. Zu diesem Zinssatz sind die Geschäftsbanken bereit, unbegrenzt Termin- und Spareinlagen entgegenzunehmen. Es gilt also:

$$i_h = i_h(i_s) \qquad \frac{\partial i_h}{\partial i_s} > 0.$$

4) Da der Habenzinssatz die Aufteilung der gesamten Einlagen in Termin- und Spareinlagen einerseits und Sichteinlagen anderseits beeinflußt, ist anzunehmen, daß die *Geldnachfrage* ($L$) nicht nur wie bisher vom Sollzinssatz ($i_s$) und dem nominalen Volkseinkommen ($Y$), sondern zusätzlich auch vom Habenzinssatz ($i_h$) abhängt, und zwar entsprechend folgender Beziehung:

$$L = L(i_s, i_h, Y) \quad \frac{\partial L}{\partial i_s} < 0; \quad \frac{\partial L}{\partial i_h} < 0; \quad \frac{\partial L}{\partial Y} > 0.$$

---

[49] Bei dieser Hypothese wird unterstellt, daß für Termin- und Spareinlagen ein einheitlicher Habenzinssatz berechnet wird und der Habenzinssatz für Sichteinlagen gleich Null ist. Die erste Annahme bedeutet, daß Umschichtungen zwischen Termin- und Spareinlagen unberücksichtigt bleiben; die zweite Annahme hat zur Folge, daß der Habenzinssatz für Sichteinlagen als Einflußfaktor von $t$ entfällt.

5) Termin- und Spareinlagen sind (wie Sichteinlagen) mindestreservepflichtig. Es wird angenommen, daß für Sichteinlagen sowie für Termin- und Spareinlagen ein *einheitlicher Mindestreservesatz* ($r$) fixiert wird.

6) Das *Kreditangebot der Geschäftsbanken* ($K^a$) hängt bei gegebener Risikoeinschätzung positiv von der Ertragsrate für Bankkredite ($i_s$) und negativ vom Zinssatz für konkurrierende Geldmarktanlagen ($i_G$) ab. Außerdem wird wieder angenommen, daß das Kreditangebot mit sinkendem Refinanzierungssatz ($z$) und steigendem Zuteilungsbetrag ($Q$) zunimmt. Wie schon vorher wird schließlich noch ein positiver und *proportionaler* Zusammenhang zwischen dem Kreditangebot und den verfügbaren Mitteln $(D + T)\ (1 - r)$ unterstellt.

Somit läßt sich folgende Beziehung formulieren:

$$K^a = a(i_s, i_G, z, Q) \cdot [(D + T)(1 - r)]$$

$$a > 0^{50}; \quad \frac{\partial a}{\partial i_s} > 0; \quad \frac{\partial a}{\partial i_G} < 0; \quad \frac{\partial a}{\partial z} < 0; \quad \frac{\partial a}{\partial Q} > 0.$$

bbb) Unter Berücksichtigung dieser Ergänzungen und der Bilanzen (2c.) und (3c.) erhält man als formales Gerüst des erweiterten Modells schließlich folgendes Gleichungssystem:

| | | |
|---|---|---|
| (1) | $Z + G + K = D + T + F$ | (Bilanzrestriktion) |
| (2) | $B' + K = C + D + T$ | (Bilanzrestriktion) |
| (3) | $Z = r(D + T)$ | (Mindestreserven) |
| (4) | $G = g \cdot [(D + T)(1 - r)]$,<br>wobei $g = g(i_s, i_G, z, Q)$ | (Geldmarktpapiere) |
| (5) | $K^a = a \cdot [(D + T)(1 - r)]$,<br>wobei $a = a(i_s, i_G, z, Q)$ | (Kreditangebot) |
| (6), (7) | $K^a = K^n = K$ | (Gleichgewicht, Definition) |
| (8) | $L = L(i_s, i_h, Y)$ | (Geldnachfrage) |
| (9), (10) | $M^a = L = M$ | (Gleichgewicht, Definition) |
| (11) | $M = C + D$ | (Definition) |

[50] Anders als im vereinfachten Modell folgt jetzt aus der Bilanzrestriktion der Geschäftsbanken (1), daß $a < 1$ sein kann, da $F - G < 0$ möglich ist. Vgl. hierzu auch Fußnote 22.

| | | |
|---|---|---|
| (12) | $C = kD$ | (Zahlungssitten) |
| (13) | $T = t\,(i_h) \cdot D$ | (Aufteilung der Einlagen) |
| (14) | $i_h = i_h\,(i_s)$ | (Fixierung des Habenzinssatzes) |

Das Modell enthält damit an:

*Daten*: $k$
*Parametern*: $B', Q, Y, i_G, z, r$
*Variablen*: $C, D, F, G, K, K^a, K^n, L, M^a, M, T, Z, i_s, i_h$
(*insgesamt* also 14).

Vorausgesetzt eine Lösung existiert, dann lassen sich mit den Gleichungen (1) bis (14) alle Variablen des Modells bestimmen.

*cc) Angebot und Nachfrage auf dem Markt für Geld (in einem engeren und weiteren Sinne) und auf dem Kreditmarkt*. – Die den monetären Bereich des erweiterten Modells beschreibenden Strukturgleichungen werden im folgenden so weit zusammengefaßt, daß sich der Markt für Geld (in verschiedenen Abgrenzungen) und der Kreditmarkt jeweils durch eine Angebots- und Nachfragefunktion beschreiben lassen. Auf diese Weise wird wieder die graphische Analyse vorbereitet.

aaa) Um den *Markt für Geld* (im Sinne von $M1$) zu beschreiben, ist es (wie im vereinfachten Modell) zunächst erforderlich, die in dem vorstehenden Modell enthaltene *Geldangebotsfunktion* herzuleiten. Wir gehen dabei wieder von der sich aus der konsolidierten Bankenbilanz ergebenden Bilanzrestriktion des gesamten Bankensystems (2) aus:

(2) $B' + K = C + D + T.$

Die gesamte Geldmenge ($M = C + D$) zuzüglich der Termin- und Spareinlagen ($T$) resultiert also aus der Kreditgewährung ($K$) und der bereinigten Basis ($B'$).

Aus Gleichung (2) wird wieder in einem *ersten* Schritt die Bestimmungsformel für die *Sichteinlagen* ($D$), also für das Giralgeld, hergeleitet. Dazu wird zunächst $K$ durch $K^a$ und anschließend $K^a$ durch Beziehung (5) ersetzt. Man erhält dann:

$$B' + a\,(D + T)\,(1 - r) = C + D + T.$$

Wird außerdem $C$ entsprechend (12) durch $kD$ sowie $T$ entsprechend (13) durch $tD$ ersetzt, dann ergibt sich:

$$B' + a(D + tD)\,(1 - r) = D + kD + tD$$

und bei Auflösung nach $D$:

(15) $$D = \frac{1}{1+k+t-a(1+t)(1-r)} B'.$$

In einem *zweiten* Schritt wird $D$ aus Gleichung (15) in die Definitionsgleichung für die *Geldmenge*

$$M = C + D = kD + D = (1+k)D$$

eingesetzt. Mit $M = M^a$ folgt unmittelbar:

$$M^a = \frac{1+k}{1+t+k-a(1+t)(1-r)} B'$$

bzw.

(16) $$M^a = \frac{1+k}{(1+t)[1-a(1-r)]+k} B',$$

wobei $t = t(i_h)$ und $a = a(i_s, i_G, z, Q)$.

Diese Funktion bezeichnen wir wieder als **Geldangebotsfunktion.** Wie unmittelbar zu erkennen ist, ergibt sich bei $t = 0$ als Spezialfall die im vereinfachten Modell abgeleitete Geldangebotsfunktion (13).

Die Darstellung des Marktes für Geld wird vollständig, wenn neben der Geldangebotsfunktion die bereits angegebene *Geldnachfragefunktion* in der Form

(8) $$L = L(i_s, i_h, Y)$$

berücksichtigt wird.

bbb) Mit dem *Markt für Geld in einem weiteren Sinne* findet ein Geldmengenkonzept ($M^+$) Berücksichtigung, das die Geldmenge weiter faßt und neben dem Bargeldumlauf und den Sichteinlagen auch die befristeten Einlagen der Nichtbanken miteinbezieht[51]. Die Größe $M^+$ ist demnach wie folgt abgegrenzt:

(17) $$M^+ = M + T.$$

Zur Ermittlung der *Angebotsfunktion für* $M^+$ ersetzen wir $T$ in (17) durch $tD$ und erhalten bei $M = M^a$ sowie $M^+ = M^{a+}$

(17a) $$M^{a+} = M^a + tD.$$

[51] Das Konzept $M^+$ läßt sich mit der *Geldmenge* $M3$ in traditioneller Abgrenzung identifizieren, wenn man der Größe $T$ Termineinlagen mit einer Befristung bis unter vier Jahren sowie Spareinlagen mit dreimonatiger Kündigungsfrist zuordnet und andere Termin- und Spareinlagen im Modell vernachlässigt (siehe hierzu den Unterabschnitt I. 1c) dd)).

Wir ersetzen in dieser Gleichung $M^a$ entsprechend (16) und $D$ entsprechend (15). Dann ergibt sich wegen des gleichen Nenners in (15) und (16) unmittelbar:

$$(18) \quad \boxed{M^{a+} = \frac{1+k+t}{(1+t)[1-a(1-r)]+k} B', \quad \text{wobei} \quad t = t(i_h) \quad \text{und} \quad a = a(i_s, i_G, z, Q).}$$

Der Ermittlung der *Nachfragefunktion für die Geldmenge* $M^+$ wird ebenfalls die durch (17) gegebene Definitionsgleichung zugrunde gelegt. Da nach Gleichung (13) $T = tD$, kann man hierfür auch schreiben:

$$(19) \quad M^+ = M + tD.$$

Da aus (11) und (12) $M = (1+k)D$ folgt, ist

$$D = \frac{1}{1+k} M.$$

Wird dieser Ausdruck für $D$ in (19) eingesetzt, dann ergibt sich:

$$M^+ = M + \frac{t}{1+k} M$$

bzw.

$$(20) \quad M^+ = \frac{1+k+t}{1+k} M.$$

Werden in (20) $M^+$ durch $L^+$ und $M$ durch $L$ ersetzt, so erhält man bei Berücksichtigung von (8) als Nachfragefunktion

$$(21) \quad L^+ = \frac{1+k+t}{1+k} L(i_s, i_h, Y)$$

ccc) Die für den Kreditmarkt relevante *Kreditangebotsfunktion* läßt sich aus der Bilanzrestriktion (2) herleiten, indem $(C + D + T)$ durch $M^+$ ersetzt wird. Man erhält dann

$$B' + K = M^+.$$

Wird $K$ durch $K^a$ und $M^+$ durch $M^{a+}$ ersetzt, dann ergibt sich bei Auflösung nach $K^a$

$$(22) \quad K^a = M^{a+} - B'.$$

Offenbar läßt sich die *Kreditangebotsfunktion* ermitteln, indem von der Angebotsfunktion für $M^+$ die bereinigte Basis subtrahiert wird[52].

[52] Analog zur vereinfachten Gleichgewichtsanalyse läßt sich die ausformulierte

Bei der Ableitung der *Kreditnachfragefunktion* gehen wir (entsprechend der Vorgehensweise im vereinfachten Modell) von der Bilanzrestriktion des Nichtbankensektors aus. Wird in der Bilanz (4c.) die Summe $(C + D + T)$ durch $M^+$ ersetzt, dann ergibt sich:

(23) $M^+ = K + \ddot{O} + RV_N.$

Das Reinvermögen des Nichtbankensektors $(RV_N)$ entspricht wie bisher den Nettoauslandsforderungen $(W)$, vermindert um das Reinvermögen der Zentralbank $(RV_Z)$, d.h.

$$RV_N = W - RV_Z.$$

Eingesetzt in (23), ergibt sich

$$M^+ = K + \ddot{O} + W - RV_Z.$$

Berücksichtigt man ferner, daß $\ddot{O} + W - RV_Z = B'$, dann kann man mit $M^+ = L^+$ und $K = K^n$ auch schreiben

$$L^+ = K^n + B'$$

bzw.

(24) $K^n = L^+ - B'.$

*dd) Gleichgewicht*. – aaa) Wir betrachten zunächst den Markt für die *Geldmenge M*. Wie die Geldangebotsfunktion

(16) $M^a = \dfrac{1 + k}{(1 + t)\,[1 - a\,(1 - r)] + k}\, B',$

wobei $t = t\,(i_h)$ und $a = a\,(i_s, i_G, z, Q)$,
in Verbindung mit der Zinsfixierungsfunktion

(14) $i_h = i_h\,(i_s)$

erkennen läßt, geht von Änderungen des Sollzinssatzes $i_s$ bei gegebener Bargeldquote $(k)$ und vorgegebenen Werten der Parameter $B'$, $Q$, $r$, $i_G$ und $z$ ein *zweifacher Einfluß* auf das Geldangebot $M^a$ aus, und zwar ein-

---

Kreditangebotsfunktion in folgender Weise herleiten: Gleichung (5) wird unter Berücksichtigung der Beziehung $T = tD$ zu

$$K^a = a(1 - r)(1 + t)\,D.$$

Wird in diese Gleichung die Beziehung für die Sichteinlagen (15) eingesetzt, dann erhält man:

$$K^a = \frac{a\,(1 - r)\,(1 + t)}{(1 + t)\,[1 - a\,(1 - r)] + k}\, B',$$

wobei $t = t\,(i_h)$ und $a = a\,(i_s, i_G, z, Q)$.

mal über den Kreditkoeffizienten $a$ und zum anderen über den Einlagenkoeffizienten $t$. Der über den *Kreditkoeffizienten a* bestehende Zusammenhang zwischen $M^a$ und $i_s$ ist – wie im einfachen Modell – *positiv*. *Nicht eindeutig* ist demgegenüber die über den *Einlagenkoeffizienten t* hergestellte Beziehung zwischen $M^a$ und $i_s$[53]. Hinter den beiden Effekten von $i_s$ auf $M^a$ verbirgt sich folgender ökonomischer Sachverhalt: Eine Erhöhung des Sollzinssatzes, ausgelöst z.B. durch eine Zunahme der Geld- und Kreditnachfrage im Zuge einer Verstärkung der wirtschaftlichen Aktivität, stellt für die Geschäftsbanken einen Anreiz dar, ihr Kreditangebot auszuweiten. Hieraus resultiert ein *expansiver* Einfluß auf $M^a$. Anderseits zieht die Erhöhung des Sollzinssatzes eine Erhöhung des Habenzinssatzes nach sich, wodurch Nichtbanken veranlaßt werden, Sichteinlagen und entsprechend der Beziehung (12) $C = kD$ auch Bargeldbestände durch Termin- und Spareinlagen zu ersetzen. Aus diesem **Umschichtungseffekt** resultiert zum einen ein *Geldvernichtungseffekt*, da Geldbestände (Bargeld und Sichteinlagen) in Nicht-Geld darstellende Aktiva (Termin- und Spareinlagen) umgewandelt werden. Zum anderen ist dieser Vorgang aber auch mit einem Rückgang des Bargeldumlaufs verbunden, der – isoliert gesehen – einen *Geldschöpfungseffekt* auslöst. Insofern ist der Umschichtungseffekt in seiner Gesamtwirkung nicht eindeutig. Ob nun der expansive Effekt über den Kreditkoeffizienten ($a$) in seiner Wirkung auf das Geldangebot $M^a$ stärker ist als ein möglicherweise kontraktiver Einfluß über den Einlagenkoeffizienten ($t$), läßt sich von vornherein nicht entscheiden. Denkbar ist also, daß der durch (16) in Verbindung mit (14) hergestellte Zusammenhang zwischen $M^a$ und $i_s$ positiv oder auch negativ ist. Im folgenden werden wir jedoch die Möglichkeit einer negativ geneigten Geldangebotsfunktion vernachlässigen, weil hiergegen empirische Beobachtungen sprechen[54].

Zur Ermittlung der Gleichgewichtslösung benötigen wir neben der Geldangebotsfunktion (16) die *Geldnachfragefunktion*

$$(8) \quad L = L\,(i_s, i_h, Y).$$

Da unterstellt wird, daß $\frac{\partial L}{\partial i_s} < 0$ und $\frac{\partial L}{\partial i_h} < 0$, folgt

$$\frac{dL}{di_s} = \frac{\partial L}{\partial i_s} + \frac{\partial L}{\partial i_h}\frac{\partial i_h}{\partial i_s} < 0, \quad \text{da} \quad \frac{\partial i_h}{\partial i_s} > 0.$$

---

[53] Die Wirkungsrichtung von $t$ auf $M^a$ hängt davon ab, ob $1 - a\,(1 - r) \lesseqgtr 0$. Offenbar wirkt der Einlagenkoeffizient ($t$) so lange kontraktiv auf das in Gleichung (16) angegebene Geldangebot ($M^a$) ein, wie $1 - a\,(1 - r) > 0$.

[54] Siehe hierzu H.-J. Jarchow, H. Möller, Geldbasiskonzepte und Geldmenge (II). Zweiter Teil: Empirische Zusammenhänge. „Kredit und Kapital", 9. Jg. (1976), S. 326 ff., sowie J. Siebke, An Analysis of the German Money Supply Process: The Multiplier Approach. „Beihefte zu Kredit und Kapital", H. 1 (1972), S. 269 f.

Die Funktion (8) beschreibt also bei gegebenem Volkseinkommen einen *negativen* Zusammenhang zwischen der Geldnachfrage $L$ und dem Sollzinssatz $i_s$ (vgl. Fig. III.14a auf S. 137).

bbb) Zur Gleichgewichtslösung für die Geldmenge ($M$) und den Sollzinssatz ($i_s$) gehört eine ganz bestimmte *Gleichgewichtslösung für die Geldmenge in einem weiteren Sinne* ($M^+$) und für die *Kreditmenge* ($K$). Für die graphische Bestimmung der entsprechenden Gleichgewichtswerte benutzen wir – neben der Geldangebots- und Geldnachfragekurve (vgl. Fig. III.14a) – linearisierte Angebots- und Nachfragekurven für die Geldmenge $M^+$ und für die Kreditmenge (vgl. Fig. III.14b und c).

Die *Angebotsfunktion für die Geldmenge* $M^+$

(18) $$M^{a+} = \frac{1+k+t}{(1+t)\,[1-a\,(1-r)]+k}\, B',$$

$$\text{wobei} \quad t = t(i_h) \quad \textit{und} \quad a = a\,(i_s, i_G, z, Q),$$

beschreibt ceteris paribus einen *positiven* Zusammenhang zwischen $M^{a+}$ und $i_s$, der sich wie folgt herleiten läßt: Der über den Kreditkoeffizienten $a$ bestehende Zusammenhang ist aus dem gleichen Grund *positiv* wie beim Geldangebot $M^a$. Anders als beim Geldangebot $M^a$ ist beim Geldangebot $M^{a+}$ aber auch der über den Einlagenkoeffizienten $t$ bestehende Zusammenhang zwischen $M^{a+}$ und $i_s$ *positiv*: So bewirkt eine Erhöhung von $i_s$ eine Erhöhung von $i_h$ und diese wiederum eine Zunahme von $t$. Wie sich nun zeigen läßt, hat die Zunahme von $t$ ceteris paribus stets eine Erhöhung von $M^{a+}$ zur Folge[55]. Die ökonomische Erklärung hierfür ist darin zu sehen, daß (wie schon erwähnt) bei einer Zunahme der Termin- und Spareinlagen und bei einem Rückgang der Sichteinlagen auch der *Bargeldumlauf* zurückgeht. Der hieraus resultierende Geldschöpfungseffekt[56] wird in seiner Wirkung auf $M^{a+}$ – anders als bei $M^a$ – nicht dadurch berührt, daß Geldbestände in Termin- und Spareinlagen umgewandelt werden; denn durch derartige Umschichtungsvorgänge wird nur die Zusammensetzung, nicht aber der Umfang der Geldmenge in einem weiteren Sinne ($M^+$) geändert.

---

[55] Wird der Multiplikator in Gleichung (18) nach $t$ differenziert, dann erhält man:

$$\frac{(1+t)\,[1-a\,(1-r)]+k-(1+k+t)\,[1-a\,(1-r)]}{N^2}$$

bzw.

$$\frac{k-k\,[1-a\,(1-r)]}{N^2} > 0,$$

wobei mit $N$ der Nenner des Multiplikators in (18) bezeichnet wird.

[56] In der vorangegangenen Fußnote läßt die Ableitung des Multiplikators in (18) erkennen, daß der (expansive) Einfluß von $t$ auf $M^{a+}$ bei *bargeldlosem* Zahlungsverkehr, d. h. bei $k = 0$, entfällt.

Betrachtet man die *Nachfragefunktion für die Geldmenge* $M^+$

(21) $L^+ = \frac{1+k+t}{1+k} L\,(i_s, i_h, Y)$, wobei $t = t(i_h)$,

dann zeigt sich, daß zwischen $L$ und $i_s$ zwar ein negativer, zwischen $t$ und $i_s$ wegen $\partial i_h / \partial i_s > 0$ jedoch ein positiver Zusammenhang besteht. A priori kann deshalb die Möglichkeit nicht ausgeschlossen werden, daß $L^+$ auf $i_s$ auch positiv reagiert. Wenn wir jedoch davon ausgehen, daß sich bei einem Anstieg des Sollzinssatzes (und damit der Wertpapierrendite) und einer gleichzeitig vorgenommenen Anhebung des Habenzinssatzes Umschichtungen zwischen Termin- und Spareinlagen einerseits und Wertpapieren anderseits letztlich ausgleichen, dann ist der Zusammenhang zwischen $L^+$ und $i_s$ *negativ*. Unter dieser Annahme rührt der negative Einfluß einer Erhöhung von $i_s$ auf $L^+$ ausschließlich daher, daß Geldbestände in Wertpapiere umgeschichtet werden, d. h. $dL^+/di_s = \partial L/\partial i_s < 0$[57]. Außerdem spricht der empirische Befund – wenn auch nicht ohne gewisse Einschränkungen – dagegen, daß die Zinselastizität der Geldnachfrage in einer weiteren Abgrenzung positiv ist[58]. Wir werden jedenfalls bei den weiteren Betrachtungen von der Annahme ausgehen, daß die Nachfragekurve für Geld in einem weiteren Sinne i.a. eine *negative* Neigung aufweist. Als denkbaren Grenzfall wollen wir jedoch die Möglichkeit nicht ausschließen, daß die $L^+$-Kurve auch vollkommen zinsunelastisch verläuft.

Die *Kreditangebotsfunktion* läßt sich – wie schon erwähnt wurde – dadurch herleiten, daß man von den Abszissenwerten der Angebotsfunk-

---

[57] Um einen negativen Zusammenhang zwischen $L^+$ und $i_s$ herzuleiten, ist schon die Annahme hinreichend, daß bei Erhöhungen von $i_s$ und $i_h$ nicht mehr Wertpapiere in Termin- und Spareinlagen umgeschichtet werden als umgekehrt.

[58] In empirischen Untersuchungen gelangte man hinsichtlich der Zinselastizität der Geldnachfrage sowohl bei enger als auch bei weiter Abgrenzung der Geldmenge in den weitaus meisten Fällen zu negativen Werten (vgl. dazu M. M. G. Fase, J. B. Kuné, The Demand for Money in Thirteen European and Non-European Countries: A Tabular Survey. „Kredit und Kapital", Jg. 8 (1975), S. 410 ff.). – Die empirischen Ergebnisse dürften jedoch nicht unwesentlich davon abhängen, wie die Geldmenge in einem weiteren Sinne abgegrenzt wird und welcher Zinssatz Verwendung findet. Eigene, auf die Bundesrepublik bezogene Schätzungen der Geldnachfragefunktion mit Quartalswerten für den Zeitraum I 80 bis IV 96 führten bei Verwendung der Geldmenge $M3$ in Abhängigkeit vom nominalen Sozialprodukt und Sollzinssatz auch zu einer (signifikant) negativen Zinselastizität, die jedoch betragsmäßig kleiner ausfiel als die auf $M1$ bezogene Zinselastizität. Für das engere und deshalb auch nicht mit $M^+$ gleichzusetzende Geldmengenkonzept $M2$ ($M1$ plus Termineinlagen mit einer Befristung bis zu vier Jahren) ergab sich eine niedrige (signifikant) positive Zinselastizität. Die Erklärung für eine positive Zinsabhängigkeit dürfte darin zu sehen sein, daß bei Veränderungen des Sollzinssatzes die Anpassung des Habenzinssatzes für Spareinlagen i. a. langsamer und wohl auch schwächer ist als die Anpassung beim Habenzinssatz für Termineinlagen. Deshalb ist z. B. bei einer Zinserhöhung damit zu rechnen, daß Spareinlagen durch Termineinlagen ersetzt werden und sich hierdurch $M2$ – trotz Abnahme von $M1$ – erhöht.

tion für $M^+$ die Höhe der bereinigten Basis subtrahiert (vgl. Fig. III.14c). Demzufolge besteht der gleiche *positive* Zusammenhang wie zwischen $M^{a+}$ und $i_s$ auch zwischen $K^a$ und $i_s$ (d. h. die Steigungen der beiden Kurven sind gleich).

Die *Kreditnachfragefunktion* ergibt sich – wie (24) zeigt –, indem von den Abszissenwerten der Nachfragekurve für Geld im weiteren Sinne ein konstanter Betrag in Höhe der bereinigten Basis abgezogen wird (vgl. Fig. III.14c). Die $K^n$-Kurve und die $L^+$-Kurve haben demnach die gleichen Steigungen.

ccc) Ausgangspunkt bei der graphischen Ermittlung der Gleichgewichtswerte für den Sollzinssatz, die Geldmenge $M$, die Geldmenge $M^+$ und die Kreditmenge $K$ ist die Angebots- und Nachfragekonstellation auf dem Markt für Geld (vgl. Fig. III.14a). Zu beachten ist, daß die $M^a$-Kurve steiler verläuft als die $M^{a+}$-Kurve und die $K^a$-Kurve. Hiermit wird dem Umstand Rechnung getragen, daß der von $i_s$ über $a$ ausgehende Einfluß in seiner Wirkung auf $M^a$ durch eine zinsinduzierte Umwandlung von Geldbeständen in Nicht-Geld darstellende Aktiva (Termin- und Spareinlagen) abgeschwächt wird, während das umfassendere Geldangebot $M^{a+}$ und damit auch $K^a$ $(= M^{a+} - B')$ hiervon unberührt bleiben. Außerdem ist die $L^+$-Kurve steiler eingezeichnet worden als die $L$-Kurve, da die Steigung $dL^+/di_s$ annahmegemäß dem Ausdruck $\partial L/\partial i_s$ entspricht und dieser betragsmäßig kleiner ist als $dL/di_s = \partial L/\partial i_s + \partial L/\partial i_h \cdot \partial i_h/\partial i_s$.

Der Schnittpunkt der $M^a$-Kurve mit der $L$-Kurve bestimmt den Gleichgewichtspunkt $P_1$ und damit die Geldmenge $M_1$ und den Sollzinssatz $i_{s1}$ (vgl. Fig. III.14a). Ist der Sollzinssatz im Gleichgewicht ermittelt, dann sind damit auch die im Gleichgewicht realisierte Geldmenge in einem weiteren Sinne $M_1^+$ und die Kreditmenge $K_1$ bestimmt (vgl. Fig. III.14b und III.14c).

*ee) Parameteränderungen.* – Wir behandeln wieder zunächst Parameteränderungen, die zu einer *Verschiebung der Geldangebotskurve* führen,

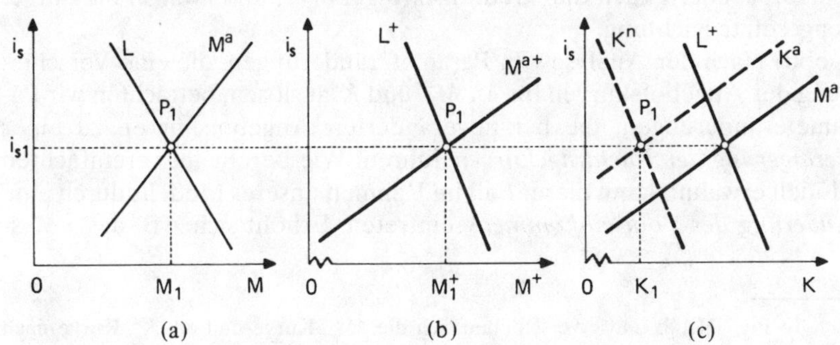


Fig. III.14

und danach Parameterveränderungen, die zu einer *Verschiebung der Geldnachfragekurve* führen.

aaa) Aus Gleichung (16) geht hervor, daß Änderungen von $B'$, $z$, $Q$ und $r$ in gleicher Weise auf die Lage der Geldangebotskurve einwirken wie im Rahmen der vereinfachten Gleichgewichtsanalyse, d.h. wie bei $t = 0$. Eine Ausweitung der bereinigten Basis, eine Senkung des Refinanzierungssatzes, eine Erhöhung des Zuteilungsbetrages beim Mengentender und eine Herabsetzung des Mindestreservesatzes führen demnach über eine Rechtsverschiebung der Geldangebotskurve zu einem Anstieg der realisierten Geldmenge bei sinkendem Sollzinssatz (und umgekehrt). Mit der Änderung des Sollzinssatzes ist wegen der Beziehung $i_h = i_h\ (i_s)$ eine gleichgerichtete Änderung des *Habenzinssatzes* verbunden.

Welche Wirkungen von Änderungen des *Zinssatzes für Geldmarktpapiere* ($i_G$) ausgehen, läßt sich ebenfalls aus Gleichung (16) entnehmen. Eine Senkung von $i_G$ vermindert wegen $\partial a / \partial i_G < 0$ den Nenner des Multiplikators, damit steigt bei alternativen Werten für den Sollzinssatz das Geldangebot, und es ergibt sich – bei unveränderter Lage der Geldnachfragekurve – eine *Erhöhung der Geldmenge bei sinkendem Sollzinssatz* (und umgekehrt).

Wie aus der Gleichung (18) und den Hinweisen zur Kreditangebotsfunktion hervorgeht, lösen die behandelten Parameteränderungen Verschiebungen der $M^{a+}$-Kurve und der $K^a$-Kurve in die gleiche Richtung aus wie bei der Geldangebotskurve $M^a$. Eine Senkung des Refinanzierungssatzes oder des Zinssatzes für Geldmarktpapiere bewirkt deshalb ebenso wie eine Erhöhung des Zuteilungsbetrages oder eine Herabsetzung des Mindestreservesatzes eine Zunahme der Geldmenge in einem weiteren Sinne und der Kreditmenge[59] (und umgekehrt). Eine Ausweitung der bereinigten Basis führt ebenfalls zu einer Zunahme von $M^+$ (und umgekehrt). Die Wirkung auf die Kreditmenge ist demgegenüber (wie schon im vereinfachten Modell festgestellt) unbestimmt, da sich bei einer Änderung der bereinigten Basis nicht nur die Kreditangebotskurve verschiebt, sondern auch die Kreditnachfragekurve, und zwar in die entgegengesetzte Richtung.

bbb) Nach der Analyse von Parameteränderungen, die eine Verschiebung der Angebotskurven für $M$, $M^+$ und $K$ auslösen, betrachten wir Parameteränderungen, die bei unveränderten Angebotskurven zu einer *Verlagerung der Nachfragekurven* führen. Wie bereits im vereinfachten Modell erwähnt, kann dieser Fall im Rahmen unseres Modells durch eine *Änderung des Volkseinkommens* eintreten. Erhöht sich z.B. das Volks-

---

[59] In Fig. III.14b und c verschieben sich die $M^{a+}$-Kurve und die $K^a$-Kurve nach rechts. – Im *Grenzfall* einer vollkommen unelastischen $L^+$-Kurve würde die Verschiebung der Angebotskurven keine Veränderung von $M^+$(und $K$) bewirken.

einkommen von $Y_1$ auf $Y_2$, dann verschieben sich die Nachfragekurven für $M$, $M^+$ und $K$ nach rechts (vgl. Fig. III.15a, b und c).

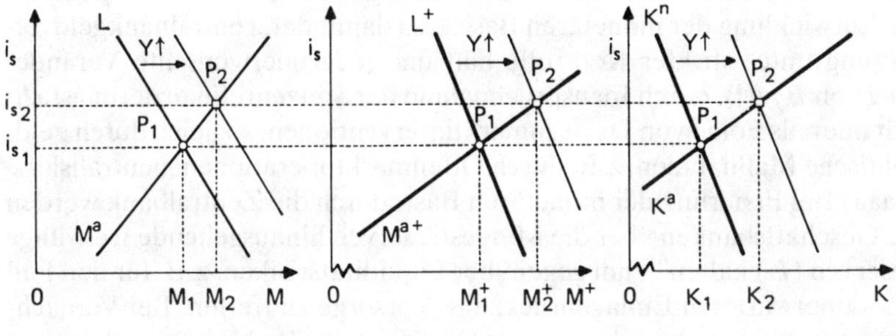


(a) (b) (c) Fig. III.15

Das neue Gleichgewicht wird jeweils im Punkt $P_2$ bei der *größeren Geldmenge* $M_2$, der *größeren Geldmenge in einem weiteren Sinne* $M_2^+$ und der *größeren Kreditmenge* $K_2$ sowie bei dem *höheren Sollzinssatz* $i_{s2}$ realisiert (vgl. Fig. III.15a, b und c). Unterschiede im Ausmaß der Zunahme von $M$ einerseits und $M^+$ sowie $K$ anderseits sind insofern zu erwarten, als die Einkommensexpansion über die Geldnachfrage eine Erhöhung des Sollzinssatzes bewirkt, die einen Anstieg des Habenzinssatzes nach sich zieht und dadurch Umschichtungen von Bargeldbeständen und Sichteinlagen in Termin- und Spareinlagen zur Folge hat. Während der hiermit verbundene Rückgang des Bargeldumlaufs den expansiven Effekt sowohl auf $M$ als auch auf $M^+$ und $K$ verstärkt, bedeutet die Verlagerung von Geldbeständen in Nicht-Geld darstellende Aktiva eine Geldvernichtung für $M$, während $M^+$ und $K$ hiervon unberührt bleiben. Deshalb expandieren $M^+$ und $K$ stärker als $M$.

Mit der Kredit- und Geldmengenexpansion geht – wie in der vereinfachten Gleichgewichtsanalyse – eine Zunahme der *Zentralbankverschuldung* einher, da Bargeldabzüge und zusätzliche Mindestreserveverpflichtungen zu finanzieren sind. Daneben dürften Geschäftsbanken Geldmarktanlagen auflösen, d. h. *Geldmarktpapiere* an die Zentralbank zurückgeben bzw. fällige Geldmarktpapiere nicht durch neue ersetzen. Will die Zentralbank eine Abnahme des Umlaufs an Geldmarktpapieren bei den Geschäftsbanken vermeiden, dann müßte der Zinssatz für Geldmarktpapiere $i_G$ der Entwicklung des Marktzinses $i_s$ angepaßt und damit heraufgesetzt werden[60].

[60] Der *Zentralbank* könnte in Anbetracht zunehmender wirtschaftlicher Aktivität und der damit verbundenen Gefahr steigender Preise daran gelegen sein, die Refinan-

*ff) Geldangebot bei fixierter monetärer Basis.* – Im folgenden wird ergänzend untersucht, wie die Geldangebotsfunktionen zu modifizieren sind, wenn die **monetäre Basis** ($B$) für die Geschäftsbanken eine exogen bestimmte Größe darstellt. Dieser Fall liegt vor, wenn die Zentralbank die Entwicklung der monetären Basis und damit der Zentralbankgeldversorgung unter strikter Kontrolle hält und jede unerwünschte Veränderung von $B$, z.B. durch Inanspruchnahme der Spitzenrefinanzierungsfazilität oder als Folge von Devisenmarktinterventionen, sogleich durch geldpolitische Maßnahmen, z.B. durch Offenmarktoperationen, neutralisiert.

aaa) Bei Fixierung der monetären Basis durch die Zentralbank werden die Geschäftsbanken über die Mindestreserven hinausgehende **freiwillige Reserven** ($E$) halten[61], um gegenüber Liquiditätsrisiken, z.B. für den Fall eines unerwarteten Einlagenrückzugs, Vorsorge zu treffen. Bei Vernachlässigung des Zuteilungsbetrages ($Q$) läßt sich die Bestimmungsgleichung für die Haltung von freiwilligen Reserven durch folgende Beziehung ausdrücken:

$$(25)\quad E = e(i_s, i_G, z) \cdot [(D+T)(1-r)]$$

$$e > 0; \quad \frac{\partial e}{\partial i_s} < 0; \quad \frac{\partial e}{\partial i_G} < 0; \quad \frac{\partial e}{\partial z} > 0.$$

Einzelwirtschaftlich kann man den postulierten Einfluß von $i_s$ und $i_G$ sowie $z$ auf $E$ mit einem Ansatz stützen, der in seinem Kern bereits im Zusammenhang mit der optimalen *Vorsichtskasse* im II. Kapitel behandelt wurde und dessen Wurzeln bis zu Edgeworth[62] zurückreichen. Analog zur Vorsichtskasse berücksichtigt der Ansatz Alternativ- und Illiquiditätskosten. Erstere entstehen durch die Haltung von Überschußreserven und werden durch den Sollzinssatz ($i_s$) und den Zinssatz für Geldmarktpapiere ($i_G$) bestimmt; letztere resultieren vor allem aus dem Risiko des Einlagenrückzugs und werden durch den Refinanzierungszinssatz ($z$) repräsentiert. Die Abwägung zwischen beiden Kostenkomponenten im Rahmen eines Optimierungsansatzes führt zu den oben angegebenen Abhängigkeiten[63].

---

zierungsmöglichkeiten der Geschäftsbanken zu verteuern. Sie würde dann auch den Refinanzierungssatz heraufsetzen.

[61] Die Notwendigkeit hierzu wird verstärkt, wenn kein Mindestreservesystem vorliegt, das eine Durchschnittserfüllung der Mindestreserve innerhalb einer Periode, z.B. innerhalb eines Monats, gestattet und den Geschäftsbanken dadurch einen gewissen Liquiditätspuffer bietet. Siehe hierzu auch Band II, Unterabschnitt III. 2b) ee).

[62] Siehe F. Y. Edgeworth, The Mathematical Theory of Banking. „Journal of Royal Statistical Society", Vol. 51 (1888), S. 113 ff.

[63] Siehe hierzu E. Baltensperger, H. Milde, Theorie des Bankenverhaltens. Berlin 1987. S. 21 ff., insbesondere S. 32 f., sowie die Lehrbuchdarstellung bei Fuhrmann, a. a. O., S. 122 ff.

bbb) Bei fixierter monetärer Basis liefert die *Zentralbankbilanz* die Ausgangsgleichung für die Herleitung der Geldangebotsfunktionen. Erweitert um die freiwilligen Reserven ($E$), lautet sie:

$$(26) \quad B = C + Z + E.$$

Werden $C$, $Z$ und $E$ entsprechend den Gleichungen (12), (3) und (25) in Gleichung (26) ersetzt und wird dabei die Beziehung $T = tD$ beachtet, dann erhält man

$$B = kD + r(1+t)D + e(1+t)(1-r)D$$

und bei Auflösung nach $D$:

$$(27) \quad D = \frac{1}{(1+t)\,[r + e\,(1-r)] + k}\,B.$$

Da $\quad M = (1+k)\,D,$

ergibt sich bei $M = M^a$ als *Geldangebotsfunktion*:

$$(28) \quad M^a = \frac{1+k}{(1+t)\,[r + e\,(1-r)] + k}\,B,$$

$$\text{wobei} \quad t = t(i_h) \quad \text{und} \quad e = e(i_s, i_G, z).$$

Bei $t = 0$ (wie in der vereinfachten Analyse) geht vom Sollzinssatz ($i_s$) eindeutig ein positiver Einfluß auf das Geldangebot aus, da $e$ mit steigendem $i_s$ abnimmt. Bei $t > 0$ läßt sich demgegenüber von vornherein nicht entscheiden, ob das Geldangebot positiv oder negativ vom Sollzinssatz abhängt, da die Koeffizienten $e$ und $t$ gegenläufig auf Zinsänderungen reagieren.

Zur Ermittlung der *Angebotsfunktion für* $M^+$ ersetzen wir in

$$(17a) \quad M^{a+} = M^a + tD$$

$M^a$ entsprechend (28) und $D$ entsprechend (27). Dann ergibt sich wegen des gleichen Nenners unmittelbar:

$$(29) \quad M^{a+} = \frac{1+k+t}{(1+t)\,[r + e\,(1-r)] + k}\,B.$$

Auch hier geht vom Sollzinssatz ($i_s$) ein zweifacher Einfluß auf das Geldangebot aus: Wie bei $M^a$ wirkt $i_s$ über den Reservequotienten $e$ positiv auf $M^{a+}$ ein, da $e$ mit steigendem $i_s$ kleiner wird. Anders als bei $M^a$ ist beim Geldangebot $M^{a+}$ aber auch der über den Einlagenkoeffizienten $t$ bestehende Zusammenhang positiv. Es läßt sich nämlich zeigen, daß der Multiplikator vor $B$ in (29) unter plausiblen Annahmen ($0 < r < 1; 0 < e < 1$) größer wird, wenn $t$ zinsinduziert steigt[64].

[64] Wird der Multiplikator in (29) nach $t$ differenziert, dann erhält man

*gg) Einige Anmerkungen zur Dynamik*[65]. – Die bisherige Darstellung könnte den Eindruck vermitteln, daß die durch Parameteränderungen ausgelösten Anpassungsvorgänge ohne zeitliche Verzögerung und simultan erfolgen. Tatsächlich benötigen die geschilderten Anpassungsvorgänge aber eine gewisse Zeit, und es ist anzunehmen, daß die Geschwindigkeit der Anpassung an das neue Gleichgewicht bei den einzelnen Variablen unterschiedlich ist.

So könnte man z. B. vermuten, daß ein Zufluß an Zentralbankgeld, der sich bei den Geschäftsbanken im Zuge der Ausweitung der bereinigten Basis einstellt, zunächst im wesentlichen zur Tilgung von Zentralbankschulden und zum Erwerb von Geldmarktpapieren genutzt und erst mit der Zeit in dem gewünschten Umfang zur Kreditgewährung und damit zur Geldschöpfung verwendet wird. Umgekehrt ist bei einer Verminderung der bereinigten Basis zu erwarten, daß die hiermit verbundenen Zentralbankgeldverluste bei den Banken zunächst im wesentlichen durch Erhöhung der Zentralbankverschuldung und Auflösung von Geldmarktanlagen finanziert werden und erst im Laufe der Zeit eine Einschränkung der Kreditgewährung und damit der Geldschöpfung erfolgt. *Zentralbankverschuldung* und *Geldmarktanlagen* würden somit bei den Banken eine Art *Pufferfunktion* zwischen Änderungen ihres Zentralbankgeldbestandes und der Kreditgewährung gegenüber dem Publikum übernehmen. Die Möglichkeit weiterer Puffereffekte wäre zu berücksichtigen, wenn man die Kredite disaggregieren und z. B. zwischen dem Erwerb von *Wertpapieren* (z. B. von Industrieobligationen) einerseits und Direktkrediten (z. B. Kontokorrentkrediten) andererseits unterscheiden würde[66]. So hat die Bundesbank in der Vergangenheit verschiedentlich auf die Erfahrungstatsache hingewiesen, „daß die Banken auf eine Einschränkung ihres freien Liquiditätsspielraums zuerst und relativ rasch mit einer Drosse-

---

$$\frac{k+(1+t)\,[r+e(1-r)]-(1+k+t)\,[r+e(1-r)]}{N^2},$$

wobei mit $N$ der Nenner des Multiplikators von (29) bezeichnet wird. Der Quotient läßt sich wie folgt umformen:

$$k - k\,[r+e(1-r)] = \frac{k\,(1-r)-ke\,(1-r)}{N^2} = \frac{k\,(1-r)\,(1-e)}{N^2}.$$

Er ist positiv, wenn $0 < r < 1$ und $0 < e < 1$.

[65] Vgl. zum folgenden Absatz auch Unterabschnitt IV. 4a) cc).

[66] Siehe hierzu die Beobachtungen von B. S. Bernanke, A. S. Blinder, The Federal Funds Rate and The Channels of Monetary Transmission. „The American Economic Review", Vol. 82 (1992), S. 918 f. – Vgl. auch L. Hübl, Bankenliquidität und Kapitalmarktzins. (Veröffentlichungen des Instituts für Empirische Wirtschaftsforschung, Bd. 2.) Berlin 1969. S. 70. – K. Häuser, Die Geldmarktabhängigkeit des deutschen Kapitalmarktes. In: Geld- und Währungspolitik in der Bundesrepublik Deutschland. (Beihefte zu Kredit und Kapital, H. 7.) Hrsg. von W. Ehrlicher, D. B. Simmert. Berlin 1982. S. 316.

lung ihrer Wertpapierkäufe reagieren“[67] und erst in zweiter Linie die erforderliche Anpassung bei den Direktkrediten vornehmen[68].

### d) Zinsabhängiges Geldangebot und die KEYNESsche Liquiditätspräferenztheorie

Wir wollen die in diesem Abschnitt durchgeführte Analyse bei endogen bestimmter Geldmenge nicht abschließen, ohne sie noch kurz vor dem Hintergrund der im ersten Abschnitt dieses Kapitels dargestellten *KEYNESschen Liquiditätspräferenztheorie* betrachtet zu haben. Wir abstrahieren dabei vom Detail und konzentrieren uns nur auf folgenden Punkt:

– Im Gegensatz zu den Ergebnissen einer endogen bestimmten Geldmenge geht die KEYNESsche Liquiditätspräferenztheorie von einem vollkommen zinsunelastischen Geldangebot aus.

Dieser Unterschied hat *zweierlei* Konsequenzen:

1. Steigt die bereinigte Basis (z. B. im Zuge von Devisenzuflüssen) oder wird der Refinanzierungssatz gesenkt, dann erfolgt sowohl bei vollkommen zinsunelastischem Geldangebot als auch bei zinselastischem Geldangebot eine Erhöhung der Geldmenge und eine Senkung des Zinsniveaus. Da eine Senkung des Zinsniveaus (genauer: eine Senkung des Sollzinssatzes) bei endogen bestimmter Geldmenge eine Einschränkung der von den Geschäftsbanken angebotenen Kredit- und Geldmenge induziert, dieser Effekt im KEYNESschen Modell aber unberücksichtigt bleibt, ist die Geldmengenexpansion und damit die Zinssenkung im Rahmen der Liquiditätspräferenztheorie *stärker* als bei endogen bestimmter Geldmenge (und umgekehrt).

2. Ein Anstieg des Volkseinkommens führt in beiden Modellen zu einer Erhöhung des Zinsniveaus. Da die Erhöhung des Sollzinssatzes bei endogen bestimmter Geldmenge eine Erhöhung der von den Geschäftsbanken angebotenen Kredit- und Geldmenge induziert, die Geldmenge im KEYNESschen Modell in diesem Fall aber konstant bleibt, fällt die Zinserhöhung im Rahmen der Liquiditätspräferenztheorie *stärker* aus als bei endogen bestimmter Geldmenge.

[67] Geschäftsbericht der Deutschen Bundesbank für das Jahr 1964, S. 51.

[68] Vgl. Geschäftsbericht der Deutschen Bundesbank für das Jahr 1965, S. 69.

## Zusammenfassung zu 3b) bis 3d)[69]

1. Ausgehend von der konsolidierten Bilanz des gesamten Bankensystems (einschließlich der Zentralbank) und der Bilanz des Geschäftsbankensektors wird eine Gleichgewichtsanalyse des monetären Bereichs einer Volkswirtschaft durchgeführt, die u. a. die Geldmenge ($M$), den Soll- und den Habenzinssatz, die Geldmenge in einem weiteren Sinne ($M^+$ = Geldmenge plus Termin- und Spareinlagen) und die Kreditmenge als endogene Größen enthält.
2. Als Ergebnis einer komparativ-statischen Analyse findet man, daß die Geldmenge ($M$) und die Geldmenge in einem weiteren Sinne ($M^+$) sowie die Kreditmenge zunehmen und der Soll- und der Habenzinssatz sinken, wenn der Refinanzierungssatz, der Mindestreservesatz oder der Zinssatz für Geldmarktpapiere gesenkt werden und der Zuteilungsbetrag beim Mengentender erhöht wird.
3. Weiter zeigt sich, daß die Geldmenge ($M$) sowie die Geldmenge in einem weiteren Sinne ($M^+$) steigen und der Soll- und der Habenzinssatz sinken, wenn die bereinigte Basis zunimmt; die Kreditmenge kann in diesem Fall steigen, sinken oder konstant bleiben.
4. Schließlich ergibt sich noch, daß die Geldmenge ($M$) und die Geldmenge in einem weiteren Sinne ($M^+$) sowie die Kreditmenge bei steigendem Soll- und Habenzinssatz zunehmen, wenn die Geld- und die Kreditnachfrage infolge einer Erhöhung des Volkseinkommens zunehmen. Dabei erhöhen sich die Geldmenge $M^+$ und die Kreditmenge stärker als die Geldmenge $M$.
5. Ändern sich die Parameter in der entgegengesetzten Richtung, dann ergeben sich jeweils die umgekehrten Resultate.
6. Während ein Anstieg des Einlagenkoeffizienten (Termineinlagen plus Spareinlagen, bezogen auf die Sichteinlagen) im Rahmen der unter 2. bis 5. genannten Anpassungsvorgänge – isoliert betrachtet – in seiner Wirkung auf das Geldangebot ($M^a$) nicht eindeutig ist, wirkt er in Hinblick auf das Angebot an Geld in einem weiteren Sinne ($M^{a+}$) und damit auch auf das Kreditangebot ($K^a$) expansiv (und umgekehrt).
7. Zinsabhängige Geldangebotsfunktionen lassen sich auch für den Fall herleiten, daß die Zentralbank die (nicht bereinigte) monetäre Basis fixiert.

---

[69] Die Zusammenfassung zu 3a) findet sich auf S. 108f.

## 4. Exkurs zur Theorie der Zinsstruktur

Abgesehen davon, daß in der erweiterten Gleichgewichtsanalyse des monetären Bereichs neben dem Sollzinssatz auch ein hiervon abhängiger Habenzinssatz berücksichtigt wurde, lag den bisherigen theoretischen Untersuchungen stets die Vorstellung zugrunde, daß nur ein einziger Zinssatz existiert. Demgegenüber trifft man in der Realität auf eine Vielzahl unterschiedlicher Zinssätze, wobei eine Differenzierung u. a. nach Regionen, der Bonität des Schuldners und der Fristigkeit der Schuldtitel festzustellen ist. Auf den zuletzt genannten Aspekt konzentriert sich die folgende Analyse und damit auf die sog. **zeitliche Zinsstruktur.** Diese beschreibt die in einem bestimmten Zeitpunkt geltenden effektiven Zinssätze (Renditen) von Wertpapieren, geordnet nach der Restlaufzeit, bei sonst gleichen Ausstattungsmerkmalen. Graphisch wird die Beziehung zwischen (effektiven) Zinssätzen und Restlaufzeiten durch die sog. **Zinsstrukturkurve** bzw. **Renditenstrukturkurve** dargestellt.

Die Ausführungen in diesem Exkurs sind wie folgt gegliedert: Den Ausgangspunkt der Betrachtungen bilden beobachtete Charakteristika der Zinsstruktur (Unterabschnitt a)), vor dem Hintergrund der beschriebenen Beobachtungen erfolgt danach eine ausführliche theoretische Analyse (Unterabschnitte b) bis d)), und abschließend werden geldpolitisch relevante Implikationen aufgezeigt (Unterabschnitt e)).

### a) Empirische Charakteristika

Empirisch betrachtet weisen die zeitliche Zinsstruktur und ihre Entwicklung bestimmte Charakteristika auf, die sich in den folgenden fünf Punkten zusammenfassen lassen[1]:

1) Im allgemeinen liegt der Zinssatz von Wertpapieren um so höher, je länger ihre Restlaufzeit ist (normale Zinsstruktur); seltener sinkt der Zinssatz mit zunehmender Restlaufzeit (inverse Zinsstruktur).
2) Der (bei normaler Zinsstruktur) mit einer Verlängerung der Restlaufzeit einhergehende Zinsanstieg wird mit zunehmender Restlaufzeit tendenziell geringer.
3) Auf die inverse Zinsstruktur trifft man bei relativ hohem Zinsniveau eher als bei relativ niedrigem Zinsniveau.
4) Kurz- und langfristige Zinssätze bewegen sich überwiegend gleichgerichtet.
5) Kurzfristige Zinssätze schwanken i.d.R. stärker als langfristige.

---

[1] Vgl. hierzu auch D. KATH, Die verschiedenen Ansätze der Zinsstrukturtheorie. Versuch einer Systematisierung. „Kredit und Kapital", 5. Jg. (1972), S. 32.

Schaubild 1: *Durchschnittliche Zinsstruktur* [a] *am deutschen Rentenmarkt (Sept. 1972 – Jan. 1998)* [2]

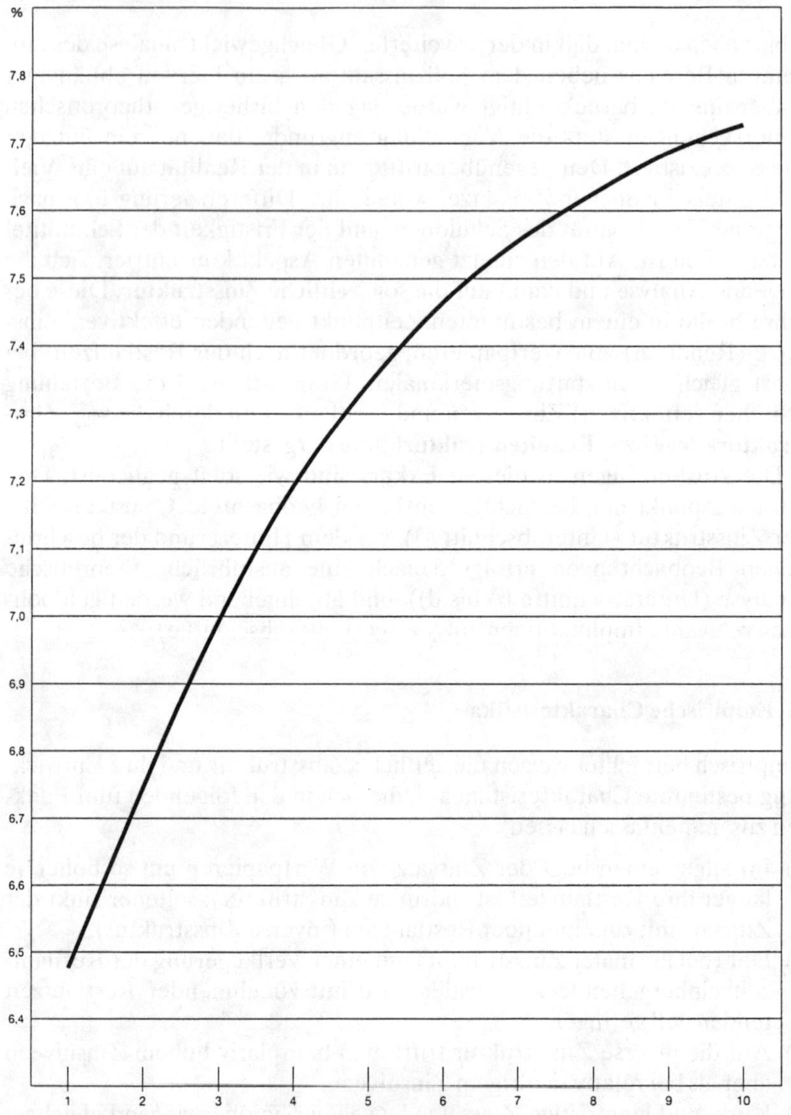


[a] Schätzwerte für Bundesanleihen, Bundesobligationen und Bundesschatzanweisungen mit einer Restlaufzeit von mindestens 3 Monaten; Durchschnitte der Monatsendstände in den jeweiligen Restlaufzeitklassen von Sept. 1972 bis Jan. 1998.

[2] Quelle: Deutsche Bundesbank.

Schaubild 2: *Inverse und normale Zinsstruktur*[a] *am deutschen Rentenmarkt*[3]

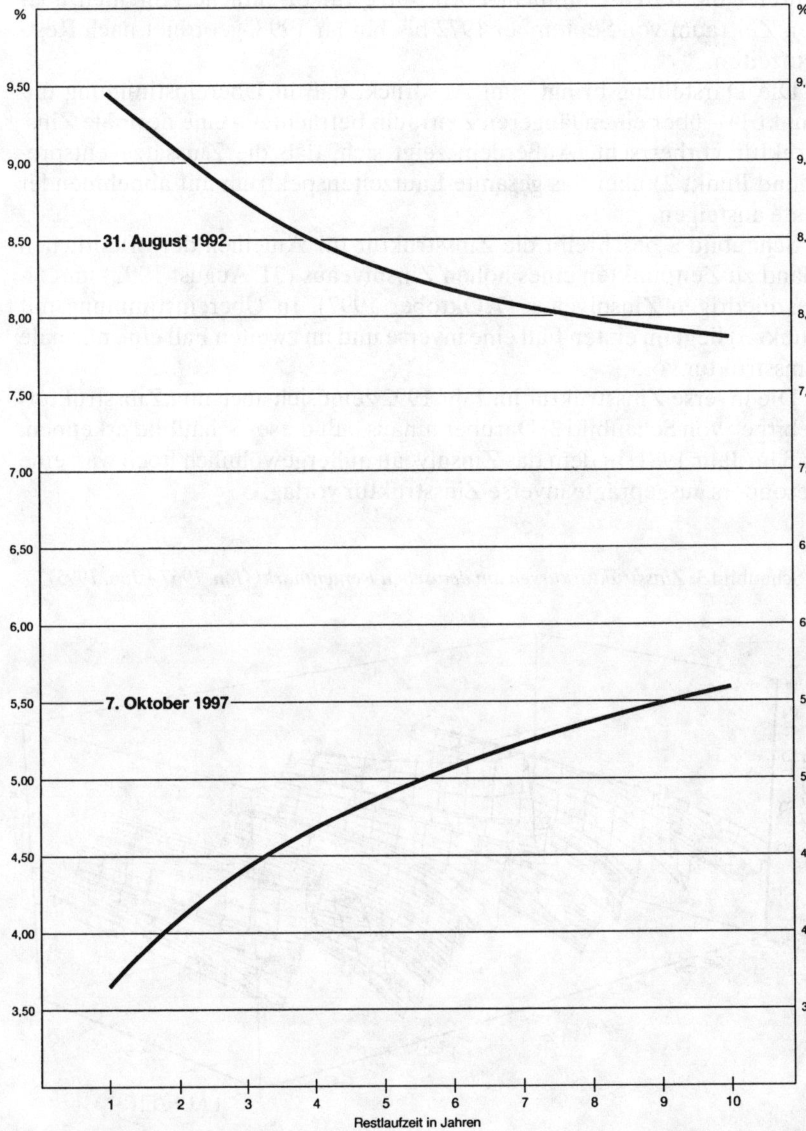


[a] Schätzwerte für Bundesanleihen, Bundesobligationen und Bundesschatzanweisungen mit einer Restlaufzeit von mindestens 3 Monaten.

[3] Quelle: Deutsche Bundesbank.

Die geschilderten Charakteristika der Zinsstruktur lassen sich durch empirische Belege veranschaulichen und untermauern. Schaubild 1 beschreibt die *durchschnittlichen* Zinssätze für öffentliche Anleihen über den Zeitraum von September 1972 bis Januar 1998, geordnet nach Restlaufzeiten.

Die Darstellung bringt zum Ausdruck, daß in Übereinstimmung mit Punkt 1) – über einen längeren Zeitraum betrachtet – eine normale Zinsstruktur vorherrscht. Außerdem zeigt sich, daß die Zinssätze entsprechend Punkt 2) über das gesamte Laufzeitenspektrum mit abnehmender Rate ansteigen.

Schaubild 2 beschreibt die Zinsstruktur für Anleihen der öffentlichen Hand zu Zeitpunkten eines hohen Zinsniveaus (31. August 1992) und eines niedrigen Zinsniveaus (7. Oktober 1997). In Übereinstimmung mit Punkt 3) liegt im ersten Fall eine inverse und im zweiten Fall eine normale Zinsstruktur vor.

Die inverse Zinsstruktur im Jahr 1992 zeigt sich auch im „Zinsstrukturgebirge" von Schaubild 3. Darüber hinaus läßt dieses Schaubild erkennen, daß im Jahr 1981, in dem das Zinsniveau außergewöhnlich hoch war, eine besonders ausgeprägte inverse Zinsstruktur vorlag.

Schaubild 3: *Zinsstrukturkurven am deutschen Rentenmarkt (Jan. 1967 – Jan. 1995)* [4]

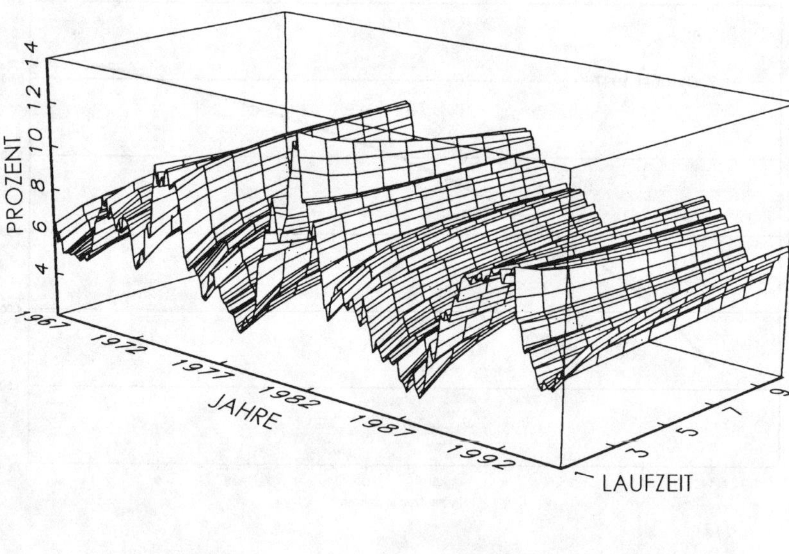


[4] Quelle: Übernommen aus S. Gerlach, The Information Content of the Term Structure: Evidence for Germany. „BIS Working papers", No. 29 (1995), S. 6.

Schaubild 4 zeigt am Beispiel öffentlicher Anleihen mit einer Restlaufzeit von einem Jahr bzw. zwei Jahren und von zehn Jahren, daß sich der Zinssatz für kürzerfristige Anlagen $i_1$ bzw. $i_2$ und der Zinssatz für längerfristige Anlagen ($i_{l(10)}$) entsprechend Punkt 4) zwar nicht immer, aber überwiegend gleichgerichtet entwickelt haben.

Schaubild 4: *Kurz- und langfristige Zinssätze am deutschen Rentenmarkt (1972–1996)*[5]

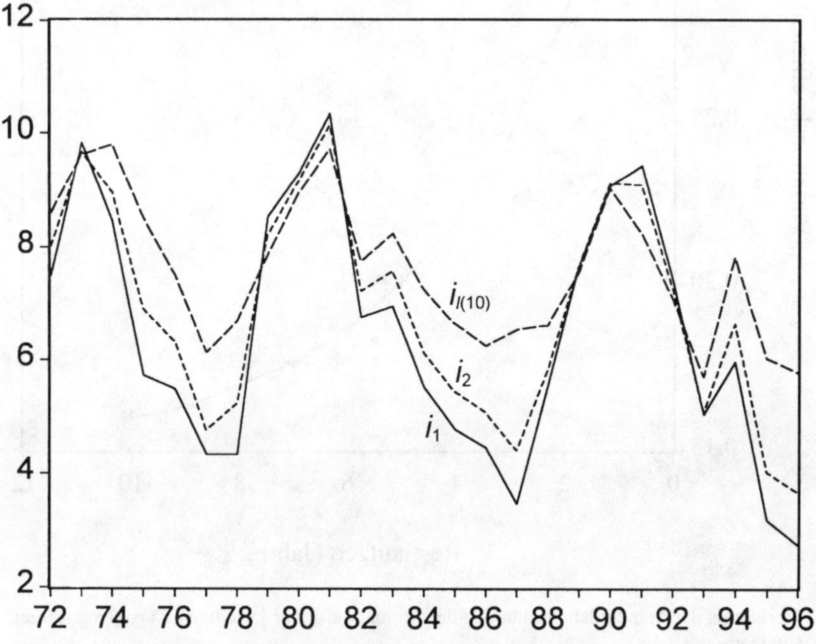


Schaubild 5 liefert schließlich einen empirischen Beleg dafür, daß die Variabilität der nach Restlaufzeiten angeordneten Zinssätze entsprechend Punkt 5) mit zunehmender Restlaufzeit abnimmt. Wie man sieht, wird der Variationskoeffizient der Zinssätze für öffentliche Anleihen, ermittelt aus ihren Monatswerten für den Zeitraum September 1972 bis Dezember 1996, mit zunehmender Restlaufzeit kleiner.

---

[5] Quelle: Die dem Schaubild zugrunde liegenden Zahlen finden sich in Deutsche Bundesbank. Kapitalmarktstatistik, Statistisches Beiheft zum Monatsbericht 2, unter II 7e), lfd. Hefte.

Schaubild 5: *Variationskoeffizienten*[a] *von öffentlichen Anleihen mit unterschiedlicher Restlaufzeit (Sept. 1972 – Dez. 1996)*[6]

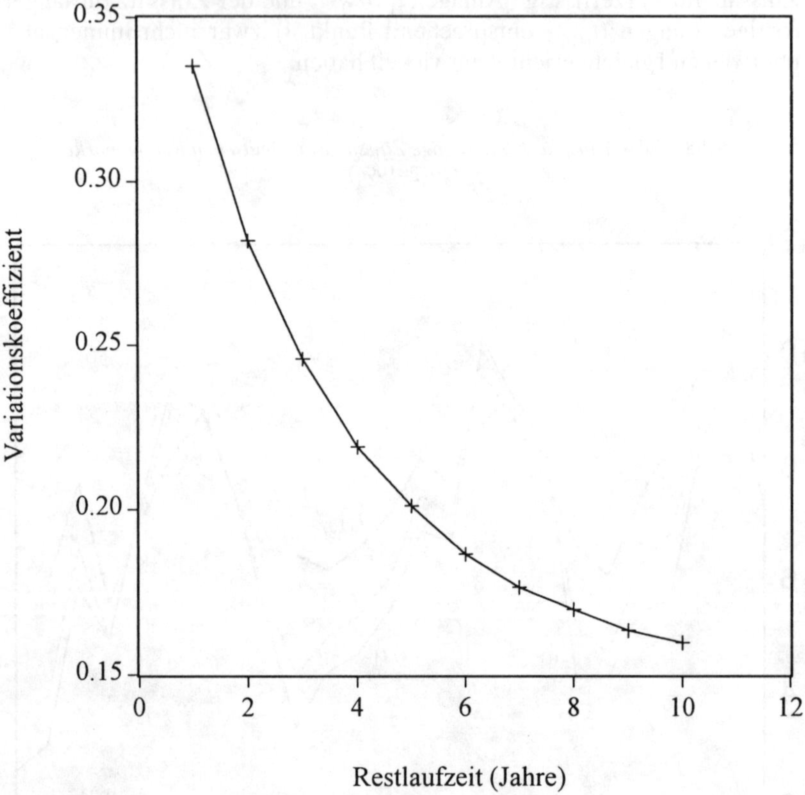


[a] Verhältnis der Standardabweichungen der Monatswerte der jeweiligen Zinssätze zu ihren Mittelwerten.

Die theoretische Analyse, wie sie im folgenden mit der *Erwartungs-*, *Marktsegmentations-* und *Liquiditätsprämientheorie* vorgenommen wird, hat insbesondere den Zweck, zur Erklärung der beobachteten Charakteristika beizutragen.

---

[6] Quelle: Die der Berechnung der Variationskoeffizienten zugrunde liegenden Zahlen finden sich in S. T. Schich, Schätzung der deutschen Zinsstrukturkurve. „Diskussionspapier 4/97. Volkswirtschaftliche Forschungsgruppe der Deutschen Bundesbank", S. 27.

**b) Erwartungstheorie**

*aa) Lang- und kurzfristiger Zinssatz*. – Nach der **Erwartungstheorie,** deren Wurzeln auf I. FISHER[7] zurückreichen, wird der gegenwärtige langfristige Zinssatz durch den gegenwärtigen kurzfristigen Zinssatz und die bis zum Ende der Laufzeit der langfristigen Anlage erwarteten kurzfristigen Zinssätze bestimmt. Um die entsprechende Beziehung formal zu präzisieren, wird auf den individuellen Wirtschaftlichkeitskalkül eines Kapitalanlegers zurückgegriffen. Angenommen sei, daß der Kapitalanleger einen Geldbetrag für eine bestimmte Dauer, z. B. für drei Jahre, in Wertpapieren anlegen will und dabei eine Anlage in langfristigen Papieren (hier mit dreijähriger (Rest-)Laufzeit) gegen eine wiederholte Anlage in kurzfristigen Papieren (mit jeweils einjähriger Laufzeit) abwägt. Wird der gegenwärtige langfristige Zinssatz (p. a.) mit $i_l$ bezeichnet, dann ergibt sich bei *langfristiger* Anlage am Ende des dritten Jahres pro angelegter Geldeinheit ein Liquidationserlös ($e_l$) von:

$$e_l = (1 + i_l)^3,$$

wenn die jährlichen Zinserträge – wie vereinfachend angenommen wird – zum gegenwärtigen langfristigen Zinssatz ($i_l$) reinvestiert werden[8].

Bezeichnet man den gegenwärtigen, für das erste Jahr geltenden kurzfristigen Zinssatz mit $i_1$, den für das zweite Jahr erwarteten kurzfristigen Zinssatz mit $i_2^*$ und den für das dritte Jahr erwarteten kurzfristigen Zinssatz mit $i_3^*$, dann ergibt sich bei dreimaliger *kurzfristiger* Anlage am Ende des dritten Jahres pro angelegter Geldeinheit insgesamt ein (erwarteter) Liquidationserlös ($e_k^*$) von:

$$e_k^* = (1 + i_1)(1 + i_2^*)(1 + i_3^*),$$

wenn die jährlichen Liquidationserlöse (einschließlich der Zinserträge) nach dem ersten Jahr zu dem für das zweite Jahr erwarteten Zinssatz $i_2^*$ und nach dem zweiten Jahr zu dem für das dritte Jahr erwarteten Zinssatz $i_3^*$ reinvestiert werden.

---

[7] Vgl. I. FISHER, The Theory of Interest. New York 1930. S. 70, 209 f., 313 f. – Siehe auch F. A. LUTZ, The Structure of Interest Rates. „The Quarterly Journal of Economics", Vol. 55 (1941), S. 36 ff. – J. R. HICKS, Value and Capital. 2nd ed. Oxford 1946. S. 144 ff.

[8] Diese Annahme liegt der Ermittlung einer *Renditenstrukturkurve* zugrunde. Sie ist von der *Zinsstrukturkurve* zu unterscheiden, die nicht unter dieser einschränkenden Wiederanlageprämisse berechnet wird. Genauer siehe hierzu Deutsche Bundesbank. Monatsbericht Oktober 1997, S. 61 ff. – Im folgenden werden Unterschiede zwischen der Renditen- und Zinsstrukturkurve vernachlässigt. Sie entfallen bei Wertpapieren *ohne* periodische Zinszahlungen (Kuponzahlungen) wie den Nullkuponanleihen.

Entsprechend der Erwartungstheorie wird im folgenden unterstellt, daß ein Kapitalanleger die zukünftigen kurzfristigen Zinssätze *mit Sicherheit* erwartet (einwertige bzw. sichere Erwartungen) oder sich gegenüber einem mit unsicheren Zinserwartungen verbundenen Risiko *neutral* verhält (Risikoneutralität). Unter dieser Annahme entscheidet sich ein gewinnmaximierender Anleger ausschließlich für kurzfristige Wertpapiere, wenn $e_k^* > e_l$, ausschließlich für langfristige Wertpapiere, wenn $e_k^* < e_l$, und er verhält sich indifferent, d. h., er verteilt seinen Anlagebetrag in beliebigen Anteilen auf beide Wertpapiere, wenn $e_k^* = e_l$. Abgesehen vom (speziellen) dritten Fall, erfolgt also eine *Entweder (kurzfristige Wertpapiere) Oder (langfristige Wertpapiere)-Entscheidung*[9].

Für den Schritt vom einzelwirtschaftlichen Kalkül zum Marktgleichgewicht wird – entsprechend der Erwartungstheorie – zusätzlich angenommen, daß die für die Zukunft erwarteten kurzfristigen Zinssätze aus der Sicht sämtlicher Kapitalanleger gleich sind (identische Erwartungen). Unter dieser Annahme besteht Gleichgewicht auf dem Wertpapiermarkt nur, wenn $e_l = e_k^*$, d. h.:

$$(1) \qquad (1 + i_l)^3 = (1 + i_1)\,(1 + i_2^*)(1 + i_3^*)\,.$$

Daß sich diese Bedingung nach Abschluß der Anpassungsvorgänge ergibt, dafür sorgt schon eine vollständige Arbitrage zwischen kurz- und langfristigen Wertpapieren, da diese wegen sicherer Erwartungen bzw. Risikoneutralität perfekte Substitute darstellen. Steigt beispielsweise der gegenwärtige kurzfristige Zinssatz ($i_1$) gegenüber dem Ausgangsgleichgewicht, dann bieten Arbitrageure langfristige Wertpapiere an und fragen gleichzeitig kurzfristige Wertpapiere nach. Das Überschußangebot bei den langfristigen Wertpapieren führt dort zu einer Kurssenkung bzw. einem Zinsanstieg, während sich bei den kurzfristigen Wertpapieren infolge einer Überschußnachfrage ein Kursanstieg bzw. eine Zinssenkung einstellt[10]. Dieser Prozeß setzt sich solange fort, bis die Bedingung (1) wieder erfüllt wird.

---

[9] Eine Parallele hierzu bietet die Analyse auf den S. 40 ff. – Zu ergänzen ist, daß als Anlagemöglichkeiten noch weitere Varianten existieren, z. B. zunächst eine Anlage für ein Jahr in kurzfristigen Wertpapieren und anschließend eine Anlage für zwei Jahre in langfristigen Wertpapieren. Die genannte Variante erfordert Erwartungen über den in einem Jahr herrschenden langfristigen Zinssatz. Zur Vereinfachung der Betrachtungen werden derartige Zwischenformen nicht weiter berücksichtigt.

[10] Die Anpassungsvorgänge werden dadurch unterstützt, daß sich die potentiellen Kapitalnehmer, also die Anbieter von Wertpapieren, dem Markt für langfristige Titel zuwenden, während die potentiellen Kapitalgeber, also die Nachfrager von Wertpapieren, kurzfristige Titel bevorzugen.

Die durch die Erwartungstheorie implizierte Bestimmungsgleichung für den langfristigen Zinssatz ($i_l$) ergibt sich, wenn Gleichung (1) nach $i_l$ aufgelöst wird. Man erhält dann:

(2) $i_l = \sqrt[3]{(1+i_1)(1+i_2^*)(1+i_3^*)} - 1$[11].

Wie aus Gleichung (2) hervorgeht, wird der langfristige Zinssatz $i_l$ (plus eins) als geometrisches Mittel aus dem gegenwärtigen kurzfristigen Zinssatz $i_1$ (plus eins) und den bis Ende der Laufzeit des langfristigen Wertpapiers erwarteten kurzfristigen Zinssätzen (plus eins) bestimmt. Man erkennt ferner,

- daß $i_l = i_1$, wenn gegenüber dem laufenden Jahr keine Änderung des kurzfristigen Zinssatzes erwartet wird (d.h. $i_1 = i_2^* = i_3^*$),
- daß $i_l > i_1$, wenn ein Anstieg des kurzfristigen Zinssatzes erwartet wird (wie z.B. bei $i_1 < i_2^* = i_3^*$), und
- daß $i_l < i_1$, wenn eine Senkung des kurzfristigen Zinssatzes erwartet wird (wie z.B. bei $i_1 > i_2^* = i_3^*$).

Da sich aus der Erwartungstheorie a priori keine Hinweise für eine Dominanz einer dieser drei Fälle ergeben, liefert sie allein auch keine Begründung für die in der Realität überwiegend anzutreffende normale Zinsstruktur (mit $i_l > i_1$ entsprechend Punkt 1)).

Bei unveränderten Zinserwartungen folgt aus Gleichung (1) bzw. (2) für eine Änderung des gegenwärtigen kurzfristigen Zinssatzes ($i_1$),

- daß sich der langfristige Zinssatz ($i_l$) (entsprechend Punkt 4)) gleichgerichtet verändert und
- daß die Änderung des langfristigen Zinssatzes (entsprechend Punkt 5)) dabei geringer als die Änderung des kurzfristigen Zinssatzes ausfällt[12].

---

[11] Beträgt die Laufzeit des langfristigen Wertpapiers ganz allgemein $n$ Jahre, dann tritt an die Stelle von (2)

$$i_l = \sqrt[n]{(1+i_1)\cdot(1+i_2^*)\cdot\ldots\cdot(1+i_n^*)} - 1.$$

[12] Implizite Differentiation von (1) ergibt nach Umformung:

$$\frac{di_l}{di_1} = \frac{1}{3}\,\frac{(1+i_2^*)(1+i_3^*)}{(1+i_l)^2}.$$

Werden Zähler und Nenner mit $(1 + i_1)$ erweitert, dann erhält man unter Beachtung von (1):

$$\frac{di_l}{di_1} = \frac{1}{3}\,\frac{1+i_l}{1+i_1}.$$

Dieser Ausdruck ist für realistische Werte von $i_1$ und $i_l$ kleiner als eins. – Ein weiterer Erklärungsgrund für Punkt 5) findet sich bei B. G. Malkiel, The Term Structure of Interest Rates. Expectations and Behaviour Patterns. Princeton, N.J., 1966. S. 67 f. – Vgl. hierzu auch Kath, a.a.O., S. 49 f.

Die erste Aussage impliziert die geldpolitisch relevante Folgerung, daß die Zentralbank den langfristigen Zinssatz beeinflussen kann, indem sie den kurzfristigen Zinssatz verändert, z. B. durch An- bzw. Verkäufe kurzfristiger Wertpapiere[13].

*bb) (Kassa-)Zinssätze und (implizite) Terminzinssätze*. – Für die folgenden Betrachtungen wird die Unterscheidung zwischen (Kassa-)Zinssätzen und Terminzinssätzen relevant. **(Kassa-)Zinssätze** sind Zinssätze, die im Zeitpunkt $t$ für Anlagen (z. B. in Wertpapieren) vereinbart werden, deren für die Verzinsung relevante Laufzeit in $t$ beginnt und in $T$ endet ($T > t$). Sie entsprechen den bisher verwendeten Zinssätzen. **Terminzinssätze** sind Zinssätze, die im Zeitpunkt $t$ für Anlagen (z. B. in Wertpapieren) vereinbart werden, deren Laufzeit in einem späteren Zeitpunkt ($t'$) beginnt und in einem noch späteren Zeitpunkt ($T'$) endet ($T' > t' > t$). Sie geben also die Verzinsung von Anlagen an, deren Laufzeit in eine zukünftige Periode $n$ fällt. Handelt es sich dabei um einjährige Wertpapieranlagen (was unterstellt wird), dann gibt der Terminzinssatz $i_n$ die Verzinsung einer einjährigen Wertpapieranlage an, deren Laufzeit in das Jahr $n$ fällt. Unter den Annahmen der Erwartungstheorie, d. h. bei sicheren und identischen Erwartungen, wird der Terminzinssatz $i_n$ im Gleichgewicht durch den für das $n$-te Jahr erwarteten kurzfristigen (Kassa-)Zinssatz $i_n^*$ bestimmt, d. h.

$$(3) \qquad i_n = i_n^*.$$

Ist nämlich $i_n > i_n^*$, dann lohnt sich eine Geldanlage per Termin, weil man erwartet, den Gegenwert im $n$-ten Jahr zu einem (Kassa-)Zinssatz finanzieren zu können, der niedriger ist als der Zinssatz aus dem Terminkontrakt. Ist $i_n < i_n^*$, dann lohnt sich eine Geldaufnahme per Termin, weil man erwartet, den Gegenwert im $n$-ten Jahr zu einem (Kassa-)Zinssatz anlegen zu können, der höher ist als der Zinssatz aus dem Terminkontrakt. Im ersten Fall sinkt $i_n$, im zweiten Fall steigt $i_n$. In beiden Fällen führen Anpassungsvorgänge also zu einer Erfüllung der Gleichgewichtsbedingung.

Stehen Terminzinssätze, die entsprechend Beziehung (3) Zinserwartungen für zukünftige Jahre widerspiegeln, nur begrenzt für weiter in der Zukunft liegende Einjahresanlagen zu Verfügung, dann kann man sich bei empirischen Analysen damit behelfen, sog. **implizite Terminzinssätze** aus (Kassa-)Zinssätzen für benachbarte Laufzeiten ($n$ und $n$–1) herzuleiten. Zur Illustration der Herleitung soll ein (einjähriger) Terminzinssatz für das dritte Jahr betrachtet werden. Ausgangspunkt der Herleitung ist

[13] Umgekehrt ist es aus der Sicht der Erwartungstheorie auch möglich, den kurzfristigen Zinssatz durch Variation des langfristigen zu verändern.

Gleichung (1), die durch eine analoge Bestimmungsgleichung für den langfristigen Zinssatz einer Zweijahresanlage ergänzt wird, wobei in beiden Beziehungen die erwarteten Zinssätze $i_2^*$ und $i_3^*$ entsprechend Gleichung (3) durch die Terminzinssätze $i_2$ und $i_3$ ersetzt und zur Unterscheidung der beiden langfristigen Zinssätze die Symbole $i_{l(3)}$ und $i_{l(2)}$ verwendet werden. Division der beiden Gleichungen

$$(1') \quad (1 + i_{l(3)})^3 = (1 + i_1)(1 + i_2)(1 + i_3)$$

und

$$(4) \quad (1 + i_{l(2)})^2 = (1 + i_1)(1 + i_2)$$

ergibt

$$(5) \quad \frac{(1 + i_{l(3)})^3}{(1 + i_{l(2)})^2} = (1 + i_3)$$

bzw.

$$(6) \quad i_3 = \frac{(1 + i_{l(3)})^3}{(1 + i_{l(2)})^2} - 1$$[14].

Wie Gleichung (6) zeigt, ergibt sich aus den langfristigen (Kassa-)Zinssätzen für Drei- und Zweijahresanlagen der implizite Terminzinssatz für Einjahresanlagen, deren Laufzeit ins dritte Jahr fällt. Werden implizite Terminzinssätze von Einjahresanlagen analog zu Gleichung (6) (bzw. allgemein nach Gleichung (x) in Fußnote 14) für verschiedene Jahre berechnet und nach den Jahren 1, 2, …, $n$ geordnet, dann erhält man eine **Terminzinsstrukturkurve** (siehe Schaubild 6). Sie gibt Aufschluß über den Zeitpfad der erwarteten Zinssätze von zukünftigen Einjahresanlagen (da $i_n^* = i_n$) und ermöglicht so auch eine genauere zeitliche Lokalisierung von Zinsänderungserwartungen.

Zwischen der Zinsstrukturkurve und der Terminzinsstrukturkurve bestehen Zusammenhänge, die durch Umformung von Gleichung (5) deutlich werden. Wird Gleichung (5) auf beiden Seiten durch $(1 + i_{l(3)})$ dividiert, dann ergibt sich

---

[14] Allgemein wird der auf das $n$-te Jahr bezogene implizite Terminzinssatz $i_n$ durch die Gleichung

$$(x) \quad i_n = \frac{(1 + i_{l(n)})^n}{(1 + i_{l(n-1)})^{n-1}} - 1$$

bestimmt. – Der Terminzinssatz $i_n$ ist nicht nur ein theoretisch ableitbarer, sondern auch ein durch (Kassa-)Transaktionen in Wertpapieren mit benachbarten Laufzeiten *realisierbarer* Terminzinssatz. So kann sich ein Wirtschaftssubjekt, das z. B. in Periode $n$ Geld anlegen möchte, den Zinssatz $i_n$ heute schon sichern, indem es heute Wertpapiere mit der Laufzeit $n-1$ zum Zinssatz $i_{l(n-1)}$ emittiert und gleichzeitig Wertpapiere mit der Laufzeit $n$ zum Zinssatz $i_{l(n)}$ erwirbt.

(7) $$\frac{(1+i_{l(3)})^2}{(1+i_{l(2)})^2} = \frac{(1+i_3)}{(1+i_{l(3)})}.$$

Aus Gleichung (7) ergibt sich folgendes:

- Bei $i_{l(3)} = i_{l(2)}$, d. h. bei horizontaler Zinsstrukturkurve, folgt $i_3 = i_{l(3)}$, d. h. der (einjährige) Terminzinssatz für das dritte Jahr und der langfristige Zinssatz für Dreijahresanlagen sind gleich,
- bei $i_{l(3)} > i_{l(2)}$, d. h. bei normaler Zinsstrukturkurve, folgt $i_3 > i_{l(3)}$ und
- bei $i_{l(3)} < i_{l(2)}$, d. h. bei inverser Zinsstrukturkurve, folgt $i_3 < i_{l(3)}$.

Schaubild 6: *Zinsstruktur- und Terminzinsstrukturkurve (Ende Jan. 1994)*[15]

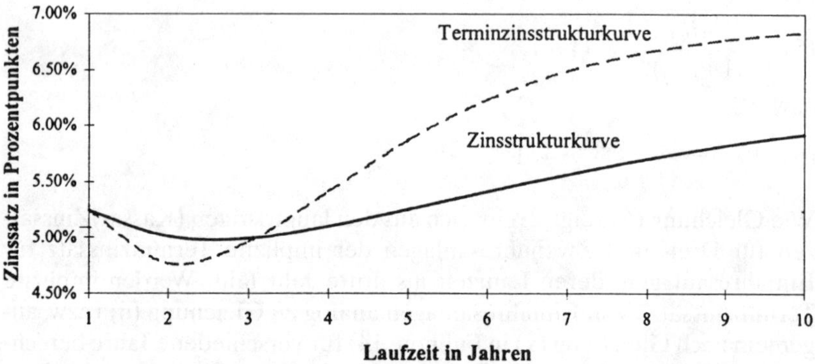


In Übereinstimmung mit diesen Ergebnissen zeigt Schaubild 6[16], daß die Terminzinsstrukturkurve bei normaler Zinsstruktur oberhalb und bei inverser Zinsstruktur unterhalb der Zinsstrukturkurve verläuft und daß sie die Zinsstrukturkurve in deren Minimum schneidet[17]. Die Bewegungen der Terminzinsstrukturkurve sind deshalb notwendigerweise ausgeprägter als die der Zinsstrukturkurve[18].

Der Erwartungstheorie und der auf ihr basierenden Berechnung von impliziten Terminzinssätzen liegen eine Reihe restriktiver Voraussetzungen zugrunde. So erscheinen insbesondere die Annahme sicherer Zinser-

---

[15] Quelle: Übernommen aus SCHICH, a. a. O., S. 7.

[16] Zur Interpretation von Schaubild 6 siehe auch den Unterabschnitt d) bb).

[17] In ihrem Minimum ist die Steigung der Zinsstrukturkurve Null, d. h. sie verläuft horizontal. – Außerdem zeigt die Abbildung, daß impliziter Terminzinssatz und (Kassa-)Zinssatz bei einer Laufzeit von 1 gleich groß sind. Dieses Ergebnis folgt aus Gleichung (x) in Fußnote 14; denn bei $n = 1$ ist der Terminzinssatz $i_1$ gleich dem (Kassa-) Zinssatz $i_{l(1)}$.

[18] Siehe SCHICH, a. a. O., S. 7.

wartungen bzw. risikoneutralen Verhaltens und die Vorstellung identischer Zinserwartungen bei den Kapitalanlegern wenig realistisch. Auch fehlt eine Theorie darüber, in welcher Weise Erwartungen über die zukünftigen Zinssätze gebildet werden[19]. Trotz dieser Schwächen liefert die Erwartungstheorie aber Beiträge zur Erklärung der Realität. So ist davon auszugehen, daß sich tendenziell auch unter unsicheren und nicht von Kapitalanleger zu Kapitalanleger identischen Erwartungen bei einer Änderung des kurzfristigen Zinssatzes auf Grund von Arbitragevorgängen die den Punkten 4) und 5) entsprechenden Änderungen des langfristigen Zinssatzes einstellen. Darüber hinaus impliziert die Erwartungstheorie für den Fall einer Änderung von Zinserwartungen wichtige Schlußfolgerungen, auf die wir in den Unterabschnitten d) und e) noch zurückkommen.

### c) Marktsegmentationstheorie

Im Unterschied zur Erwartungstheorie liegt der Marktsegmentationstheorie die Annahme zugrunde, daß Zins- bzw. Kurserwartungen unsicher sind und sich die Wirtschaftssubjekte *strikt risikoavers* in dem Sinne verhalten, daß sie jedes Risiko vermeiden wollen. Risiken können für eine Wirtschaftseinheit alternativ in Form des sog. **Kapitalrisikos** oder in Form des sog. **Einkommensrisikos** auftreten. Für einen Kapitalgeber (also einen Nachfrager nach Wertpapieren) ergibt sich ein Kapitalrisiko, wenn er Wertpapiere mit einer Laufzeit erwirbt, die über den Zeitraum hinausgeht, für den ihm Mittel als Anleger zur Verfügung stehen (Anlageperiode). Das Risiko besteht darin, daß der Wertpapiernachfrager am Ende der Anlageperiode Wertpapiere u.U. mit Kursverlusten verkaufen muß. Umgekehrt ergibt sich für ihn ein Einkommensrisiko, wenn er Wertpapiere mit einer Laufzeit kauft, die kürzer ist als die Anlageperiode. Das Risiko besteht in diesem Fall darin, daß er die am Ende der Laufzeit des Wertpapiers freiwerdenden Mittel u.U. nur zu einem gesunkenen Zinssatz wieder anlegen kann. Für einen Kapitalnehmer (also einen Anbieter von Wertpapieren) ergibt sich ein Kapitalrisiko, wenn er Wertpapiere mit einer Laufzeit emittiert, die über den Zeitraum hinausgeht, für den ein Finanzierungsbedarf besteht (Finanzierungsperiode). Das Risiko besteht darin, daß er am Ende der Finanzierungsperiode seine Verbindlichkeiten ablösen möchte und dabei die von ihm emittierten Titel u.U. zu gestiegenen Kursen zurückkaufen muß, weil die Rendite gesunken ist[20]. Umge-

[19] Ein Beitrag hierzu findet sich bei D. MEISELMAN, The Term Structure of Interest Rates. Englewood Cliffs, N.J., 1962. S. 18ff.

[20] Verwendet der Kapitalnehmer die am Ende der Finanzierungsperiode freiwer-

kehrt ergibt sich für ihn ein Einkommensrisiko, wenn er Wertpapiere mit einer Laufzeit emittiert, die kürzer ist als die Finanzierungsperiode. Das Risiko besteht in diesem Fall darin, daß er die erforderliche Anschlußfinanzierung u.U. nur zu einem höheren Zinssatz durchführen kann.

Soll (wie angenommen) jegliches Risiko vermieden werden, dann muß die Laufzeit eines Wertpapiers für einen Kapitalgeber mit der Anlageperiode und für einen Kapitalnehmer mit der Finanzierungsperiode genau übereinstimmen. Dementsprechend werden Kapitalgeber und Kapitalnehmer jeweils nur Wertpapiere mit ganz bestimmter Laufzeit kaufen bzw. verkaufen, so daß der Wertpapiermarkt in viele nach Laufzeiten abgegrenzte Marktsegmente zerfällt, zwischen denen wegen strikter Risikoaversion keine Arbitrage stattfindet. Die Zinssätze auf den verschiedenen Marktsegmenten würden dabei eine normale Zinsstruktur entsprechend Punkt 1) ergeben, wenn bei den *Kapitalanbietern* relativ *kurze* Anlageperioden und bei den *Kapitalnachfragern* relativ *lange* Finanzierungsperioden vorherrschen. Bei dieser Konstellation (auf die im folgenden noch eingegangen wird) würde sich nämlich im Fall gleicher kurz- und langfristiger Zinssätze im kurzfristigen Bereich ein Angebotsüberschuß an Kapital (d.h. ein Nachfrageüberschuß an Wertpapieren) und im langfristigen Bereich ein Nachfrageüberschuß an Kapital (d.h. ein Angebotsüberschuß an Wertpapieren) ergeben, so daß zur Herstellung des Gleichgewichts langfristige Zinssätze erforderlich sind, die *über* den kurzfristigen Zinssätzen liegen[21].

Im Gegensatz zur Erwartungstheorie ergibt sich aus der Marktsegmentationstheorie für die Geldpolitik die Folgerung, daß die langfristigen Zinssätze – wegen der gegeneinander abgeschotteten Teilmärkte des Wertpapiermarktes – nicht durch Veränderung des kurzfristigen Zinssatzes beeinflußt werden können (und umgekehrt). Hinsichtlich der Relevanz dieser Folgerung ist allerdings zu beachten, daß die Marktsegmentationstheorie mit der Annahme strikter Risikoaversion und den sich hieraus ergebenden Konsequenzen in Hinblick auf die Realität als recht restriktiv erscheint. In dieser strengen Form sollte man sie auch mehr als ge-

---

denden Mittel nicht zum Rückkauf der von ihm emittierten Wertpapiere, sondern zum Ankauf fremder Titel, dann ergeben sich Verluste dadurch, daß die Zinsaufwendungen für die emittierten Wertpapiere größer sind als die Zinserträge aus den erworbenen (fremden) Wertpapieren.

[21] Zu beachten ist dabei, daß das Gleichgewicht durch den relativen Anstieg des langfristigen Zinssatzes nicht im Wege einer Arbitrage zwischen kurz- und langfristigen Wertpapieren hergestellt wird, sondern dadurch, daß sich Anbieter von kurzfristigem Kapital und Nachfrager von langfristigem Kapital vom Wertpapiermarkt zurückziehen, während (neue) Nachfrager nach kurzfristigem Kapital und Anbieter von langfristigem Kapital in den Wertpapiermarkt eintreten. – Vgl. zu dieser Argumentation L. Harris, Monetary Theory. New York 1985. S. 336.

dankliche Gegenposition zur Erwartungstheorie betrachten und nicht als wirklichkeitsnahe Beschreibung der Zinsstruktur[22].

### d) Liquiditätsprämientheorie

*aa) Keine Zinsänderungserwartungen.* – Die Implikationen der mit dem Namen von J. R. HICKS verbundenen Liquiditätsprämientheorie sollen zunächst unter der Annahme behandelt werden, daß *keine* Änderung der Zinssätze erwartet wird. Nach der Erwartungstheorie müssen dann der kurzfristige Zinssatz und die für verschiedene Laufzeiten notierten langfristigen Zinssätze gleich sein; denn es gilt $i_1 = i_2^*, \ldots, i_n^*$. Bei dieser Zinskonstellation stellt sich – so die Liquiditätsprämientheorie – bei den langfristigen Wertpapieren ein Überschußangebot und bei den kurzfristigen Wertpapieren eine Überschußnachfrage ein. Diese *„konstitutionelle Schwäche"* am langen Ende des Marktes[23] läßt sich mit einer Konstellation begründen, die im Zusammenhang mit der Marktsegmentationstheorie bereits erwähnt wurde: Bei Kapitalnehmern (wie Unternehmungen) herrschen wegen des Finanzierungsbedarfs für langfristige Realinvestitionen relativ lange Finanzierungsperioden vor, während bei Kapitalgebern (wie Haushalten) aus Vorsichtsgründen eher eine Vorliebe für kurze Anlageperioden zu vermuten ist, weil Zeitpunkt und Umfang des zukünftigen Kassenbedarfs häufig schwer vorhersehbar sind.

Bei eher langen Finanzierungsperioden und eher kurzen Anlageperioden ist das vorherrschende Risiko bei Kapitalnehmern das Einkommensrisiko (wegen der Unsicherheit über die zukünftigen Zinskonditionen für den Fall einer erforderlichen Anschlußfinanzierung) und bei Kapitalgebern das Kapitalrisiko (wegen möglicher Kursverluste bei Wertpapierliquidierung vor Fälligkeit). Kapitalnehmer können längerfristige Wertpapiere in gewünschtem Umfang am Markt unterbringen und so das Einkommensrisiko vermeiden, wenn sie den Käufern, also den Kapitalgebern, für die Aufgabe von Liquidität und das damit verbundene Kapitalrisiko als Entschädigung eine „Liquiditätsprämie" zahlen. Die Liquiditätsprämie bewirkt, daß die langfristigen Zinssätze über dem kurzfristigen Zinssatz liegen und stellt damit eine Zinskonstellation her, die Marktgleichgewicht bei lang- und kurzfristigen Wertpapieren ermöglicht.

---

[22] So auch KATH, a. a. O., S. 52, Fußnote 25. – Auch J. M. CULBERTSON, der die Erwartungstheorie kritisiert und als Vertreter der Marktsegmentationstheorie gilt, geht in seiner Analyse nicht von einer strikten Risikoaversion aus; er sieht jedoch die Substituierbarkeit zwischen kurz- und langfristigen Wertpapieren – im Unterschied zur Erwartungstheorie – als begrenzt an (The Term Structure of Interest Rates. „The Quarterly Journal of Economics", Vol. 71 (1957), S. 485 ff.).

[23] Siehe zu diesem Begriff J. R. HICKS, Value and Capital. Oxford 1939. S. 146.

Genauere Aussagen über die Zinsstruktur lassen sich herleiten, wenn man berücksichtigt, daß zinsinduzierte Kursänderungen für übliche Wertpapierausstattungen[24] um so größer ausfallen, je länger die (Rest-)Laufzeit ist. Die Liquiditätsprämie, die Kapitalgeber zum Ausgleich ihres Kapitalrisikos erhalten, wird deshalb i.a. mit steigender (Rest-)Laufzeit der Wertpapiere größer, so daß – auch ohne Zinssteigerungserwartungen – entsprechend Punkt 1) eine normale Zinsstruktur zu erwarten ist (vgl. die Zinsstrukturkurve a) in Fig. III.16). Den mit zunehmender (Rest-)Lauf-

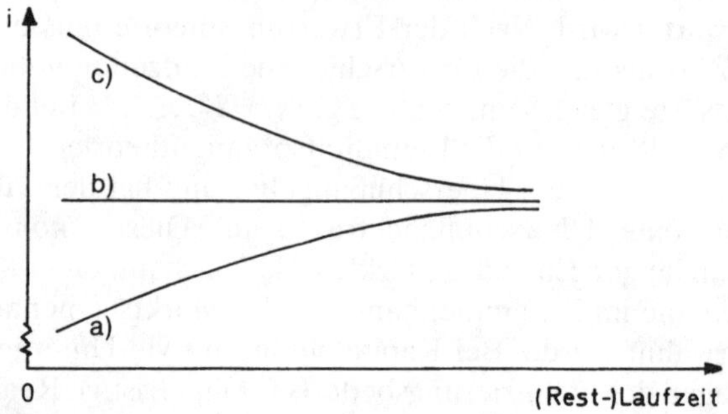

Fig. III.16

zeit flacher werdenden Kurvenanstieg (vgl. Punkt 2)) kann man als Regelfall damit begründen, daß sich die Kursvariabilität infolge von Zinsänderungen bei Wertpapieren mit benachbarter Laufzeit für übliche Wertpapierausstattungen um so mehr annähert, je länger die Laufzeit ist[25].

*bb) Zinsänderungserwartungen.* – Die aus der Liquiditätsprämientheorie folgende (normale) Zinsstruktur wird durch Zinsänderungserwartungen modifiziert. Wird damit gerechnet, daß die Zinssätze in der Zukunft *über* dem gegenwärtig herrschenden Niveau liegen, dann werden Kapitalgeber hierdurch (zusätzlich) angeregt, weniger langfristig und mehr kurzfristig zu investieren, d. h. weniger langfristige und mehr kurzfristige Wertpapiere nachzufragen. Umgekehrt besteht für Kapitalnehmer ein (zusätzlicher) Anreiz, sich mehr langfristig und weniger kurzfristig zu verschulden, d. h. mehr langfristige und weniger kurzfristige Wertpapiere anzubieten. Aus dieser Marktkonstellation folgt, daß die Kurse für langfristige Titel sinken und für kurzfristige steigen und sich damit die langfristigen Zinssätze relativ zum kurzfristigen Zinssatz erhöhen[26]. Auf entspre-

[24] Zinsinduzierte Kursänderungen nehmen (entgegen verbreiteten Vorstellungen) nicht in jedem Fall mit der (Rest-)Laufzeit zu, wohl aber für gängige Wertpapierausstattungen. Vgl. hierzu die 8. Auflage dieses Bandes, S. 309 ff. – Siehe auch Malkiel, a. a. O., S. 55, 79 ff.

[25] Vgl. dazu die 8. Auflage dieses Bandes, S. 309 ff.

[26] Dieses Ergebnis entspricht den Implikationen der Erwartungstheorie.

chende Weise läßt sich begründen, daß die Erwartung einer *Zinssenkung* – für sich gesehen – bewirkt, daß sich die langfristigen Zinssätze relativ zum kurzfristigen Zinssatz vermindern[27]. Für die Zinsstrukturkurve folgt hieraus: Eine Zinserhöhungserwartung läßt einen positiv geneigten Verlauf (wie bei a) in Fig. III.16) steiler werden, und eine Zinssenkungserwartung kann dazu führen, daß sich eine horizontale Linie ergibt (wie bei b)) oder ein negativ geneigter Verlauf, der eine *inverse Zinsstruktur* zum Ausdruck bringt (wie bei c)). Zinssenkungserwartungen können also den durch die Liquiditätsprämientheorie erklärten positiven Anstieg der Zinsstrukturkurve kompensieren (wie bei b)) oder auch überkompensieren (wie bei c)).

Anzunehmen ist, daß die Erwartungen über die zukünftige Zinsentwicklung auch vom gegenwärtigen Zinsniveau beeinflußt werden. Ausgehend von einer normalen Bandbreite der Zinsschwankungen[28], werden bei einem sehr niedrigen Zinsniveau eher Zinssteigerungen und bei einem sehr hohen Zinsniveau eher Zinssenkungen erwartet. Deshalb ist damit zu rechnen, daß bei sehr niedrigen Zinssätzen die längerfristigen Zinssätze auf Grund von Zinserhöhungserwartungen über den kurzfristigen Zinssatz steigen und bei sehr hohem Zinsniveau auf Grund von Zinssenkungserwartungen unter den kurzfristigen Zinssatz fallen[29]. Vor diesem Hintergrund erscheint Punkt 3) plausibel, wonach eine *inverse Zinsstruktur* bei relativ hohem Zinsniveau (wie bei c)) eher anzutreffen ist.

Bezüglich der Einschätzung zukünftiger Zinsentwicklungen ist bereits erwähnt worden, daß die Analyse der *Terminzinsstrukturkurve* noch genauere Rückschlüsse zuläßt als die Zinsstrukturkurve. Anhand von Schaubild 6 läßt sich diese Aussage illustrieren: Die zunächst inverse und danach normale Zinsstruktur deutet darauf hin, daß Ende Januar 1994 für eine gewisse Zeitspanne Zinssenkungen erwartet wurden. *Genauer* geht aus dem Verlauf der Terminzinsstrukturkurve hervor, daß für eine Frist bis zu etwa zwei Jahren mit sinkenden Zinssätzen und für eine längere Frist mit steigenden Zinssätzen gerechnet wurde, wobei diese nach knapp vier Jahren über dem Ausgangsniveau liegen.

*cc) Fristentransformation.* – Abschließend ist noch kurz auf die Frage einzugehen, ob die aus der Liquiditätsprämientheorie hervorgehende

---

[27] Die Änderung der Zinsstruktur ist die Folge eines Überschußangebots bei kurzfristigen und einer Überschußnachfrage bei langfristigen Wertpapieren.

[28] Die normale Bandbreite der Zinsschwankungen verlagert sich nach oben, wenn das Inflationsniveau anhaltend größer wird (und umgekehrt). Vgl. hierzu auch den Unterabschnitt IV. 4b).

[29] Siehe hierzu auch die Beobachtungen von Culbertson, a. a. O., S. 504, und R. A. Kessel (The Cyclical Behavior of the Term Structure of Interest Rates. New York 1965. S. 3 f., 59 ff.). – Zur Interpretation siehe auch Kath, a. a. O., S. 43 ff., der sich an Malkiel (a. a. O., S. 59 ff.) anlehnt, sowie Kessel, a. a. O., S. 84 ff.

normale Zinsstruktur geändert wird, wenn Finanzierungsinstitute (finanzielle Intermediäre) – wie Geschäftsbanken – in die Betrachtungen einbezogen werden. Geschäftsbanken betreiben **Fristentransformation,** indem sie auf der Basis (formell) kurzfristiger Finanzierungsmittel langfristige Finanzanlagen vornehmen, mit der Konsequenz, daß die durchschnittliche Fristigkeit ihrer Finanzanlagen (Kredite und Wertpapiere) größer ist als die durchschnittliche Fristigkeit ihrer vor allem aus Einlagen bestehenden Verbindlichkeiten. Sie sind hierzu – anders als andere Wirtschaftseinheiten – in besonderem Maße befähigt, weil sie auf Grund der großen Zahl ihrer Gläubiger mit hoher Wahrscheinlichkeit davon ausgehen können, daß ihnen aus formell kurzfristigen Einlagen bzw. Sichteinlagen materiell ein Bodensatz an langfristig verfügbaren Finanzierungsmitteln zur Verfügung steht[30]. Die Fristentransformation von kurz- in langfristige Laufzeiten hat – isoliert gesehen – zur Folge, daß sich tendenziell der kurzfristige Zinssatz erhöht und die langfristigen Zinssätze vermindern. Daß dennoch als Regelfall eine normale Zinsstruktur beobachtet wird, ist damit zu erklären, daß die mit der Fristentransformation verbundene Tätigkeit der Geschäftsbanken Kosten verursacht und mit Risiken einhergeht[31]. Die Geschäftsbanken müssen deshalb eine Ertragsmarge erwirtschaften, die insbesondere aus der positiven Differenz zwischen den Zinserträgen der (eher langfristigen) Kredite und den Zinsaufwendungen der (eher kurzfristigen) Einlagen resultiert. Die Existenz der Geschäftsbanken bewirkt somit letztlich, daß eine normale Zinsstruktur zwar eingeebnet, aber nicht beseitigt wird.

### e) Implikationen der Zinsstruktur

Geldpolitisch relevante Implikationen der Zinsstruktur ergeben sich insbesondere daraus, daß sie Einschätzungen der Marktteilnehmer über zukünftige konjunkturelle Entwicklungen und über Erfolgschancen einer Antiinflationspolitik indiziert. Ihre Eignung als Konjunktur- und „Glaubwürdigkeitsindikator“[32] beruht dabei letztlich darauf, daß die Zinsstruk-

---

[30] Der auf A. Wagner zurückgehenden **Bodensatztheorie** (1857) steht die mehr auf der inhaltlichen Linie der Marktsegmentationstheorie liegende **goldene Bankregel** von O. Hübner (1854) gegenüber, „die verlangt, die Fristen des eingesetzten Kapitals exakt den Fristen des beschafften Kapitals anzupassen“. Siehe hierzu O. Fischer, Der geschäftspolitische Bereich als Gegenstand der wissenschaftlichen Bankbetriebslehre. In: Bankbetriebliches Lesebuch. (Ludwig Mülhaupt zum 65. Geburtstag.) Hrsg. von H.-D. Deppe. Stuttgart 1978. S. 230.

[31] Vgl. zu diesen Überlegungen auch Kessel, a. a. O., S. 52 ff.

[32] Issing, Einführung in die Geldtheorie. 10., überarb. Aufl., a. a. O., S. 127.

tur – entsprechend der Erwartungstheorie – auch Zinserwartungen widerspiegelt.

*aa) Konjunkturindikator*. – Für die Rolle der Zinsstruktur als Konjunkturindikator (genauer: als Indikator der von den Marktteilnehmern erwarteten Konjunkturentwicklung) sind folgende Überlegungen maßgeblich: Wird allgemein ein Konjunkturaufschwung mit zunehmenden Wachstumsraten des realen Sozialprodukts und steigenden Inflationsraten erwartet, dann werden zukünftige Zinserhöhungen antizipiert, da stärker steigende Nominaleinkommen die (nominale) Geldnachfrage ausweiten. Außerdem bewirkt die Erwartung später steigender Inflationsraten, daß Kreditgebern dann zum Ausgleich zusätzlicher Kaufkraftverluste höhere (nominale) Zinssätze von Kreditnehmern konzediert werden[33]. Da sich Zinserhöhungserwartungen in einer steiler werdenden (normalen) Zinsstruktur bzw. einer größeren Spanne zwischen einem lang- und kurzfristigen Referenzzinssatz, dem sog. „*term spread*" (kurz: **spread**), widerspiegeln, kann hierin auch ein Indikator für einen zukünftigen wirtschaftlichen Aufschwung mit steigender wirtschaftlicher Aktivität und höheren Inflationsraten gesehen werden. Mit einer analogen Argumentation kann in einer sich abflachenden oder invers werdenden Zinsstruktur bzw. einem abnehmenden oder negativ werdenden spread ein Indikator für eine zukünftige Rezession mit sinkender wirtschaftlicher Aktivität und niedrigeren Inflationsraten gesehen werden.

Die Eignung der Zinsstruktur als Konjunkturindikator wird durch Länderstudien überwiegend *empirisch* gestützt. So weisen Hesse und Roth darauf hin, daß in Deutschland mit einer Ausnahme[34] „zu Beginn jeder Phase der Konjunkturabschwächung eine deutliche Abflachung oder sogar eine Inversion der Zinsstrukturkurve zu erkennen (ist)"[35]. Bernard und Gerlach bestätigen diese Aussage, indem sie für eine Reihe von Ländern (darunter Deutschland) zeigen, daß die Wahrscheinlichkeit einer zukünftigen Rezession mit sinkendem spread steigt und dementsprechend bei einer ausgeprägt inversen Zinsstruktur besonders hoch ist[36]. Gerlach gelangt in einer anderen (bereits erwähnten) Untersuchung für Deutsch-

---

[33] Siehe hierzu genauer die Darstellung des Fisher-Theorems im Unterabschnitt IV. 4b). – Das dort behandelte vereinfachte Fisher-Theorem zeigt auch, daß sich Veränderungen der erwarteten Inflationsrate bei konstantem realen Zinssatz (und Vernachlässigung zeitvariabler Liquiditäts- und Risikoprämien) in vollem Umfang im nominalen Zinssatz widerspiegeln.

[34] Die Ausnahme betrifft die schwerlich vorhersehbare Verlängerung der Aufschwungphase durch die Wiedervereinigung im Jahre 1990.

[35] Siehe H. Hesse, G. Roth, Die Zinsstruktur als Indikator der Geldpolitik? „Kredit und Kapital", 25. Jg. (1992), S. 17.

[36] Siehe H. Bernard, S. Gerlach, Does the Term Structure Predict Recessions? The International Evidence. „BIS Working paper", No. 37 (1996), S. 10.

land ferner zu dem Ergebnis, daß die spreads im Sinne der oben geschilderten Zusammenhänge auch einen beträchtlichen Informationsgehalt über zukünftige Inflationsraten enthalten[37]. Die ökonometrischen Länderstudien von ESTRELLA und MISHKIN belegen ebenfalls die beachtliche Prognosequalität der Zinsstruktur für die reale wirtschaftliche Aktivität und die Inflation, und zwar mit einem Vorlauf von ein bis zwei Jahren für erstere und mit einem längeren Vorlauf für letztere[38].

*bb) Glaubwürdigkeitsindikator*. – Für die Rolle der Zinsstruktur als Glaubwürdigkeitsindikator einer Antiinflationspolitik ist wesentlich, daß eine von den Marktteilnehmern als vertrauenswürdig eingeschätzte Restriktionspolitik der Zentralbank in *zweifacher* Weise auf die Zinsstruktur einwirkt. Der *erste* Effekt besteht darin, daß eine restriktive Geldpolitik zu einem Zinsanstieg führt, der in erster Linie die kurzfristigen Zinssätze trifft. Werden die Erfolgschancen der Restriktionspolitik zudem positiv eingeschätzt, dann stellt sich ein zweiter Effekt ein. Er wird dadurch ausgelöst, daß die Inflationserwartungen für spätere Perioden nach unten revidiert werden und damit auch die für die Zukunft erwarteten Zinssätze. Demzufolge ergibt sich als *zweiter* Effekt eine Senkung der langfristigen Zinssätze. Beide Effekte zusammengenommen, führen somit zu einem abnehmenden oder negativ werdenden spread bzw. zu einer sich abflachenden bzw. invers werdenden Zinsstruktur. Nach den vorausgegangenen Ausführungen kann dieses „als Vertrauensbeweis der Marktteilnehmer in den längerfristigen Erfolg der Stabilitätsbemühungen der Notenbank gewertet werden“[39].

Die schon erwähnten Länderstudien von ESTRELLA und MISHKIN bestätigen, daß die Geldpolitik ein wichtiger Einflußfaktor der Zinsstruktur ist und daß restriktive geldpolitische Maßnahmen (gemessen durch einen repräsentativen Refinanzierungssatz der Zentralbank) den spread negativ beeinflussen, wobei das Ausmaß vom Grad der Glaubwürdigkeit der Antiinflationspolitik abhängig zu sein scheint[40].

---

37 Siehe GERLACH, a. a. O., S. 5, 8.

38 Siehe A. ESTRELLA, F. S. MISHKIN, The predictive power of the term structure of interest rates in Europe and the United States: Implications for the European Central Bank. „European Economic Review“, Vol. 41 (1997), S. 1375 ff., insbesondere S. 1398.

39 Monatsberichte der Deutschen Bundesbank, Juli 1991, S. 40.

40 Siehe ESTRELLA, MISHKIN, a. a. O., S. 1375 ff., insbesondere S. 1377 u. 1398.

**Zusammenfassung**

1. Bekannte Theorien zur (zeitlichen) Zinsstruktur sind: die Erwartungstheorie, die Marktsegmentationstheorie und die Liquiditätsprämientheorie.
2. Ausgehend von sicheren Erwartungen bzw. Risikoneutralität erfolgt nach der Erwartungstheorie eine vollständige Arbitrage zwischen kurz- und langfristigen Wertpapieren, so daß sich der langfristige Zinssatz für bestimmte (Rest-)Laufzeiten als (geometrisches) Mittel aus kurzfristigen Zinssätzen ergibt. Aus langfristigen Zinssätzen für Anlagen mit benachbarten Laufzeiten lassen sich erwartete kurzfristige Zinssätze von zukünftigen Anlagen und die durch sie bestimmten impliziten Terminzinssätze ermitteln.
3. Im Gegensatz zur Erwartungstheorie geht die Marktsegmentationstheorie von strikter Risikoaversion aus mit der Folge, daß zwischen kurz- und langfristigen Wertpapieren keine Arbitrage stattfindet und der Wertpapiermarkt in viele gegeneinander abgeschottete Teilmärkte zerfällt.
4. Nach der Liquiditätsprämientheorie müssen Kapitalnehmer mit einer Präferenz für längere Finanzierungsperioden (und dem sog. Einkommensrisiko) Kapitalgebern mit einer Präferenz für kürzere Anlageperioden (und dem sog. Kapitalrisiko) für die Bereitstellung längerfristiger Mittel eine (mit der (Rest-)Laufzeit steigende) Prämie zahlen.
5. Als Regelfall wird eine mit der (Rest-)Laufzeit steigende Wertpapierrendite beobachtet. Diese normale Zinsstruktur läßt sich mit der Liquiditätsprämientheorie begründen. Sie wird durch Zinsänderungserwartungen modifiziert. So kann sich durch Zinssenkungserwartungen auch eine inverse Zinsstruktur mit einer negativen Spanne (spread) zwischen einem lang- und kurzfristigen Referenzzinssatz ergeben.
6. Eine steiler werdende Zinsstruktur kann einen zukünftigen Aufschwung, eine sich abflachende bzw. invers werdende Zinsstruktur eine zukünftige Rezession indizieren (Konjunkturindikator). In einer sich abflachenden bzw. invers werdenden Zinsstruktur kann bei restriktiver Geldpolitik auch ein Vertrauensbeweis für die Glaubwürdigkeit der Antiinflationspolitik gesehen werden (Glaubwürdigkeitsindikator).

## Ausgewählte Literaturangaben zum III. Kapitel

E.-M. Claassen, Grundlagen der Geldtheorie. 2., neubearb. u. erw. Aufl. Berlin, Heidelberg, New York 1980 (zu **2** und **3**).

D. Duwendag, K.-H. Ketterer, W. Kösters, R. Pohl, D. B. Simmert, Geldtheorie und Geldpolitik. Eine problemorientierte Einführung mit einem Kompendium bankstatistischer Fachbegriffe. 4., überarb. u. erw. Aufl. Köln 1993 (zu **1** und **2**).

H. Fassbender, Zur Theorie und Empirie der Fristigkeitsstruktur der Zinssätze. (Untersuchungen über das Spar-, Giro- und Kreditwesen, Bd. 72.) Berlin 1973 (zu **4**).

L. Harris, Monetary Theory. New York 1985 (zu **4**).

O. Issing, Einführung in die Geldtheorie. 10., überarb. Aufl. München 1995 (zu **2**).

H.-J. Jarchow, H. Möller, Geldbasiskonzepte und Geldmenge (I). Erster Teil: Theoretische Zusammenhänge. „Kredit und Kapital", 9. Jg. (1976), S. 177 ff., Geldbasiskonzepte und Geldmenge (II). Zweiter Teil: Empirische Zusammenhänge. „Kredit und Kapital", 9. Jg. (1976), S. 317 ff. (zu **3**).

H.-J. Jarchow, P. Rühmann, G. Engel, Geldmenge, Zinssatz, Bankenverhalten und Zentralbankpolitik. „Weltwirtschaftliches Archiv", Bd. 105 (1970 II), S. 304 ff. (zu **3**).

J. M. Keynes, The General Theory of Employment, Interest and Money. London 1936 (zu **1**).

H. Möller, Ökonometrische Untersuchung zur Bestimmung von Geldmenge, Kreditvolumen und Zinssatz in der Bundesrepublik unter besonderer Berücksichtigung zentralbankpolitischer Maßnahmen. Göttingen 1978 (zu **3**).

M. Neldner, Die Bestimmungsgründe des Volkswirtschaftlichen Geldangebots. Berlin, New York 1976 (zu **2** und **3**).

R. Richter, U. Schlieper, W. Friedmann, Makroökonomik. Eine Einführung. Mit einem Beitrag von J. Ebel, 4., korr. u. erg. Aufl. Berlin, Heidelberg, New York 1981 (zu **1** und **3**).

R. Schilcher, Geldfunktionen und Buchgeldschöpfung. Ein Beitrag zur Geldtheorie. (Wirtschaftswissenschaftliche Abhandlungen, H. 11) Berlin 1958 (zu **2**).

E. Schneider, Einführung in die Wirtschaftstheorie, III. Teil. Geld, Kredit, Volkseinkommen und Beschäftigung. 11., verb. und erw. Auflage. Tübingen 1969 (zu **1** und **2**).

J. Siebke, M. Willms, Theorie der Geldpolitik. Berlin, Heidelberg, New York 1974 (zu **1** und **3**).

U. Westphal, Theoretische und empirische Untersuchungen zur Geldnachfrage und zum Geldangebot. (Kieler Studien, 110.) Tübingen 1970 (zu **3**).

M. Willms, K. W. Riechel, Geldtheorie und Geldpolitik VII: Geldangebot. In: Handwörterbuch der Wirtschaftswissenschaft (HdWW). Zugleich Neuauflage des Handwörterbuchs der Sozialwissenschaften. 3. Bd. (1981), S. 451 ff. (zu **3**).

# IV. Monetärer Bereich und güterwirtschaftlicher Bereich

In den beiden vorhergehenden Abschnitten wurde gezeigt, wie sich das Gleichgewicht im monetären Bereich einer Volkswirtschaft etabliert und welche Anpassungsvorgänge bei Störungen ausgelöst werden. Dabei wurden das nominale Volkseinkommen ebenso wie seine Komponenten, das reale Sozialprodukt und das Preisniveau, als Parameter angesehen, also nicht aus dem Modell heraus erklärt. Die Erklärung der Höhe bzw. Veränderung des realen *Sozialprodukts* (und damit der *Beschäftigung*[1]) sowie des *Preisniveaus* stellt jedoch gerade ein Anliegen dar, das von großem allgemeinen Interesse ist und deshalb schon seit langem einen wichtigen Gegenstand systematischer Forschung in der Nationalökonomie bildet. Und auch in Hinblick auf die Analyse geldpolitischer Maßnahmen können wir nicht bei einer Darstellung stehenbleiben, die nur die Anpassungsvorgänge im monetären Bereich einer Volkswirtschaft beschreibt. Wir haben vielmehr zu untersuchen, wie die (z. B. durch Einsatz geldpolitischer Aktionsparameter) ausgelösten Anpassungsvorgänge im monetären Bereich auf die letztlich wirtschaftspolitisch relevanten Größen des güterwirtschaftlichen Bereichs (das reale Sozialprodukt, die Beschäftigung und das Preisniveau) weiterwirken. Dazu müssen wir die Analyse des monetären Bereichs durch eine Analyse des güterwirtschaftlichen Bereichs (einschließlich des Arbeitsmarktes) ergänzen und dabei die Verbindungslinien zwischen *monetären Impulsen,* z. B. ausgelöst durch Einsatz geldpolitischer Parameter, und den *Zielgrößen im güterwirtschaftlichen Bereich,* also den sogenannten **Transmissionsmechanismus,** aufzeigen. Zur Klärung der Zusammenhänge werden wir verschiedene Theorien heranziehen, die sich u. a. dadurch unterscheiden, daß sie Änderungen der Geldmenge unterschiedliche Wirkungen auf den güterwirtschaftlichen Bereich beimessen.

---

[1] Die Verbindung zwischen dem realen Sozialprodukt und der Beschäftigung wird durch eine gesamtwirtschaftliche Produktionsfunktion hergestellt (vgl. dazu S. 190).

## 1. Die Quantitätstheorie und die neoklassische Theorie

Die *Quantitätstheorie,* die schon in der ökonomischen Literatur des achtzehnten Jahrhunderts, z.B. bei HUME[1], anzutreffen ist, bildet einen wesentlichen Bestandteil des Gebäudes der sog. *klassischen Nationalökonomie,* die ADAM SMITH (1723–1790), DAVID RICARDO (1772–1823) und JOHN STUART MILL (1806–1873) zu ihren einflußreichen Architekten zählt. Als *neoklassisch*[2] wollen wir eine jüngere Denkrichtung in der Nationalökonomie bezeichnen, in der die Tradition der Quantitätstheorie – wie bei L. WALRAS, A. MARSHALL, K. WICKSELL und A. C. PIGOU – in Form der *Kassenhaltungsgleichungen* weitergeführt und um die von L. WALRAS entwikkelte mikroökonomisch fundierte *Totalanalyse der Gleichgewichtsbildung* auf Märkten für produzierte Güter, Dienste und Faktoren erweitert wird. Die hierbei gefundenen Ergebnisse präzisieren die wichtigsten Aussagen der Klassiker[3].

### a) Quantitätsgleichung und Quantitätstheorie

Ein wichtiges Konzept der Quantitätstheorie ist die **Umlaufsgeschwindigkeit des Geldes** ($V_T$), die durch folgende Beziehung definiert wird:

$$(1) \qquad V_T = \frac{p_T \cdot T^r}{M} \,.$$

Hierbei bedeuten

$T^r$: den Realwert aller während einer Periode gehandelten Güter einschl. Dienstleistungen (das sog. Handelsvolumen),

$p_T$: den dazugehörigen Durchschnittspreis und

$M$: (wie bisher) die Geldmenge.

Die *Umlaufsgeschwindigkeit des Geldes* ist also eine Beziehung zwischen dem Wert aller Gütertransaktionen, die innerhalb einer Periode durchgeführt werden, und der Geldmenge; sie gibt an, wie häufig eine Geldeinheit innerhalb einer Periode im Durchschnitt benutzt wird, um Gütertransaktionen zu finanzieren.

---

[1] Vgl. D. HUME, Political Discourses. 2nd ed. Edinburgh 1752. S. 41 ff., 82 f.

[2] Vgl. D. PATINKIN, Money, Interest, and Prices. An Integration of Monetary and Value Theory. 2nd ed. New York 1966. S. 162 f.

[3] Ein makroökonomisches Modell, das die Vorstellungen der Klassiker charakterisiert, findet sich im Anhang A2).

Aus der Definitionsgleichung für die Umlaufsgeschwindigkeit des Geldes läßt sich die FISHERsche **Quantitätsgleichung**[4] herleiten:

(2) $MV_T = p_T T^r$ [5]

Diese Gleichung ist weiterhin eine *definitorische* Beziehung zwischen $M$, $V_T$, $p_T$ und $T^r$. Sie enthält beispielsweise die Aussage, daß eine Vergrößerung der Geldmenge bei *konstanter* Umlaufgeschwindigkeit des Geldes und bei *konstantem* Realwert aller Gütertransaktionen von einer Erhöhung des Preisniveaus begleitet sein muß.

Wird die Quantitätsgleichung nicht auf das Volumen *aller* Gütertransaktionen, sondern nur auf Transaktionen der *gesamtwirtschaftlichen Endnachfrage* (Konsum, Investition und Außenbeitrag) bezogen, dann sind in Gleichung (2) die Größen $V_T$, $p_T$, und $T^r$ durch $V$, $p$ und $Y^r$ zu ersetzen. Man erhält so folgende Beziehung:

(3) $\boxed{MV = pY^r}$ .

Die genaue Bedeutung der Symbole ist hierbei folgende:

- Die Größe $V$ gibt an, wie häufig eine Geldeinheit innerhalb einer Periode im Durchschnitt benutzt wird, um Beiträge zum Sozialprodukt (bzw. Volkseinkommen[6]) zu finanzieren. Man bezeichnet $V$ deshalb auch als **Einkommenskreislaufgeschwindigkeit des Geldes**[7].
- Die Größe $p$ ist der Durchschnittspreis für alle Güter und Dienstleistungen, die im Sozialprodukt enthalten sind[8].
- Die Größe $Y^r$ unterscheidet sich von der Größe $T^r$ dadurch, daß von den Güter- und Dienstleistungstransaktionen nur solche berücksichtigt werden, die in die volkswirtschaftliche Endnachfrage eingehen und damit Bestandteile des Volkseinkommens sind. Die Größe $Y^r$ berück-

---

[4] Vgl. hierzu I. FISHER, The Purchasing Power of Money. Its Determination and Relation to Credit, Interest and Crisis. New and rev. ed. New York 1922 (Reprinted 1963). S. 14 ff.

[5] Die mit der Definitionsgleichung (2) formulierte Quantitätsgleichung läßt sich modifizieren, indem z.B. wie bei FISHER (vgl. ebenda, S. 48) auf der linken Seite zwischen Zahlungen in Form von Bargeld und Zahlungen in Form von Giralgeld unterschieden wird.

[6] Wenn wir Sozialprodukt und Volkseinkommen gleichsetzen, unterstellen wir – genaugenommen –, daß es sich beim Sozialprodukt um das Nettosozialprodukt zu Faktorkosten handelt.

[7] Siehe z.B. SCHNEIDER, Einführung in die Wirtschaftstheorie. III. Teil, ..., a.a.O., S. 233.

[8] Eine Präzisierung von $p$ erfolgt durch Gleichung (14) auf S. 175.

sichtigt im Unterschied zu $T^r$ also keine Umsätze von Vorleistungen bzw. Zwischenprodukten und ist deshalb auch *kleiner* als $T^r$[9].

Mit der Gleichung (2) stimmt (3) darin überein, daß sie eine *Identitätsgleichung* ist, also eine *tautologische* Beziehung darstellt.

Aus der *Quantitätsgleichung* (3), also einer *Identitätsgleichung,* entsteht eine *Theorie,* und zwar die **Quantitätstheorie,** wenn bestimmte Annahmen hinsichtlich der in (3) enthaltenen Größen gemacht werden, die durch Erfahrungen widerlegt, also *falsifiziert* werden können[10]. Zum Beispiel kann unterstellt werden, daß sich die Einkommenskreislaufgeschwindigkeit im Zeitablauf nicht ändert (d. h. $V = \bar{V}$) und das Geldangebot autonom (z. B. in Höhe von $\bar{M}$) fixiert ist. In diesem Fall tritt an die Stelle von (3) folgender Zusammenhang:

$$(4) \quad MV = pY^r \quad \text{mit} \quad M = \bar{M} \quad \text{und} \quad V = \bar{V}.$$

Aus Gleichung (4) ergibt sich dann die *Schlußfolgerung,* daß wegen der konstanten Einkommenskreislaufgeschwindigkeit eine (autonome) Erhöhung der Geldmenge eine proportionale Zunahme des nominalen Volkseinkommens bewirkt und umgekehrt.

### b) Die Kassenhaltungstheorie

*aa) Gleichgewicht zwischen Geldnachfrage und Geldangebot.* – Eine abgewandelte Ausprägung erfuhr die *Quantitätstheorie* in Form der sog. **Kassenhaltungstheorie,** die insbesondere durch A. Marshall[11] und seine Schüler bekannt wurde. In formaler Hinsicht läßt sich die *Kassenhaltungstheorie* aus der Quantitätstheorie herleiten, indem Gleichung (4) nach der Geldmenge aufgelöst und der reziproke Wert der Einkommenskreislaufgeschwindigkeit $\left(\frac{1}{V}\right)$ durch den **Kassenhaltungskoeffizienten** $k$ (das sog. *Cambridge-k*) ersetzt wird:

$$(5) \quad \boxed{\bar{M} = kp\,Y^r} \quad .$$

Inhaltlich ist diese Gleichung wie folgt zu interpretieren: Die *rechte* Seite enthält die Faktoren, die den Umfang der gewünschten Kassenhaltung

---

[9] Vgl. hierzu M. Friedman, A Theoretical Framework for Monetary Analysis. „The Journal of Political Economy“, Vol. 78 (1970), S. 198 f.

[10] Im Unterschied zu einer tautologischen Beziehung (wie der Quantitätsgleichung) läßt sich eine Theorie (wie z. B. die Quantitätstheorie) also *falsifizieren.*

[11] Vgl. A. Marshall, Money, Credit, and Commerce. London 1929. S. 38 ff., insbesondere S. 45.

($L$) bestimmen, also die durch $k$ charakterisierten und als gegeben angenommenen Kassenhaltungsgewohnheiten sowie das nominale Volkseinkommen ($pY^r$)[12].

Die *linke* Seite enthält das fixierte Geldangebot ($M^a$), das in Höhe von $\bar{M}$ bei den Nichtbanken untergebracht werden soll. Die Gleichung (5) läßt sich demzufolge als *Bedingung für das Gleichgewicht* zwischen Angebot an Geld (linke Seite von (5)) und Nachfrage nach Geld (rechte Seite von (5))[13] auffassen.

*bb) Parameteränderungen.* – Während sich die Quantitätstheoretiker in erster Linie dafür interessierten, wie sich eine Änderung des exogen fixierten Geldangebots bei gegebener Einkommenskreislaufgeschwindigkeit (also bei gegebenen Zahlungsgewohnheiten) auswirkt, steht bei der Cambridger Kassenhaltungstheorie die Frage im Vordergrund, welche Konsequenzen aus einer Änderung der Kassenhaltungsgewohnheiten bei gegebener Geldmenge resultieren[14]. Die Antwort auf die erste Frage ist bereits im Zusammenhang mit Gleichung (4) gegeben worden. Sie läßt sich aber auch unmittelbar aus Gleichung (5) ablesen: Eine *Zunahme des exogen fixierten Geldangebots* ($M^a = \bar{M}$) bewirkt bei konstanten Kassenhaltungsgewohnheiten, d.h. bei konstanter Größe von $k$, eine Erhöhung des nominalen Volkseinkommens ($Y = pY^r$). Umgekehrt hat eine Abnahme des Geldangebots einen Rückgang des nominalen Volkseinkommens zur Folge.

Wird der *Kassenhaltungskoeffizient k kleiner* (und bleibt die Geldmenge konstant), dann zeigt Gleichung (5), daß das nominale Volkseinkommen ($Y = pY^r$) zunehmen muß. Umgekehrt dagegen muß das nominale Volkseinkommen sinken, wenn $k$ größer wird. Eine Verminderung des Kassenhaltungskoeffizienten wirkt also in gleicher Richtung auf das nominale Volkseinkommen ein wie ein zunehmendes Geldangebot und umgekehrt.

### c) Ein reduziertes Walrasianisches System für den güterwirtschaftlichen Bereich[15]

Die bisherige Darstellung der Quantitätstheorie gibt nur eine unvollständige Antwort auf die Frage, wie sich Impulse aus dem monetären Bereich

[12] Wie sich der entsprechende Zusammenhang plausibel machen läßt, ist in einzelwirtschaftlicher Hinsicht bei der Analyse der institutionell determinierten Kassenhaltung im II. Kapitel unter 1a) bereits dargestellt worden.

[13] Vgl. zu dieser Interpretation: G.N. Halm, Economics of Money and Banking. Homewood, Ill., 1966. S.74. – Friedman, A Theoretical Framework ..., a.a.O., S.200 ff.

[14] Vgl. Halm, a.a.O., S.74.

[15] Vgl. hierzu B. Hansen, A Survey of General Equilibrium Systems. New York 1970. S.31 ff.

auf den güterwirtschaftlichen Bereich übertragen, und zwar deshalb, weil lediglich Wirkungen auf das *nominale Volkseinkommen* aufgezeigt werden. Von Interesse ist aber vor allem, wie sich diese Wirkungen auf das *reale Sozialprodukt* (und damit auf die *Beschäftigung*) einerseits und auf das *Preisniveau* anderseits verteilen. Um hierauf eine Antwort zu erhalten, muß man die Quantitätstheorie oder Kassenhaltungstheorie um weitere Hypothesen ergänzen. Der neoklassische Ansatz bezieht zu diesem Zweck neben der Kassenhaltungstheorie eine *mikroökonomische totale Gleichgewichtstheorie* für die Gütermärkte (einschließlich der Märkte für Dienstleistungen) und die Faktormärkte mit in die Analyse ein.

Das hier verwendete vereinfachte[16] Gleichgewichtsmodell für den *güterwirtschaftlichen Bereich* beschreibt die Angebots- und Nachfragefunktionen für $n$ Güter- und Faktormärkte, die unter der Bedingung vollkommener Konkurrenz abgeleitet sind, und gibt die Bedingungen an, unter denen sich Gleichgewicht auf diesen Märkten etabliert. Die Angebots- und Nachfragefunktionen gehen dabei auf einzelwirtschaftliche Entscheidungen von Haushalten und Unternehmungen zurück, die unter der Maxime der Nutzen- bzw. Gewinnmaximierung getroffen werden und unter der Restriktion erfolgen, daß die Einnahmen aus Verkäufen von Gütern und Faktoren genau so groß sind wie die Ausgaben für Käufe von Gütern und Faktoren.

Für die Angebots- und Nachfragefunktionen eines solchen **Walras-Modells**[17] ist charakteristisch, daß Angebot und Nachfrage auf einem bestimmten Markt nicht nur vom Preis des gehandelten Gutes oder Faktors, sondern auch von den Preisen der übrigen Güter oder Faktoren abhängen. Bezeichnen wir die angebotene Menge eines bestimmten Gutes oder Faktors mit $x_i^a$ ($i = 1, 2, \ldots, n$) und den dazugehörigen Preis mit $p_i$, dann läßt sich demnach die *Angebotsfunktion für das i-te Gut* bzw. den $i$-ten Faktor wie folgt formulieren:

$$\text{(6a)} \quad x_i^a = x_i^a(p_1, p_2, \ldots, p_n) \qquad i = 1, 2, \ldots, n.$$

[16] Die Vereinfachung des Modells besteht darin, daß wir die Angebots- und Nachfragefunktionen nicht aus den zugrunde liegenden Optimierungskalkülen der Haushalte und Unternehmungen abgeleitet haben. Wie eine solche Herleitung erfolgt, ist Gegenstand der allgemeinen Mikroökonomie (vgl. z.B. J. Schumann, Grundzüge der mikroökonomischen Theorie. 6., überarb. u. erw. Aufl. Berlin 1992. S. 239 ff.).

[17] Zur Bedeutung des Beitrages von Leon Walras (1834–1910) zur generellen Gleichgewichtstheorie siehe E. Schneider, Einführung in die Wirtschaftstheorie. IV. Teil. Ausgewählte Kapitel der Geschichte der Wirtschaftstheorie. 2., durchges. Aufl., Tübingen 1965. S. 246 ff.

Die Preise können – wie bei WALRAS – in Einheiten eines bestimmten Gutes oder Faktors gemessen werden. Dieses Gut ist dann das Standardgut oder in der Terminologie von WALRAS der **numéraire.** Wird z. B. das $n$-te Gut als numéraire gewählt, dann treten in Gleichung (6a) an die Stelle der Preise $p_i$ ($i = 1, 2, \ldots, n$) die *Austauschverhältnisse* $\frac{p_i}{p_n}$. Aus (6a) wird damit:

(6) $$x_i^a = x_i^a\left(\frac{p_1}{p_n}, \frac{p_2}{p_n}, \ldots, \frac{p_{n-1}}{p_n}, 1\right) \quad i = 1, 2, \ldots, n.$$

Jedes *Austauschverhältnis* gibt dabei an, wieviel Einheiten des $n$-ten Gutes oder Faktors gegen eine Einheit des $i$-ten Gutes oder Faktors ausgetauscht werden können. Wird z. B. mit $p_n$ der Lohnsatz pro Stunde und mit $p_1$ der Preis für ein Kilogramm Schweinefleisch angegeben, dann bedeutet $\frac{p_1}{p_n} = \frac{1}{2}$, daß man eine halbe Stunde arbeiten muß, um ein Kilogramm Schweinefleisch kaufen zu können. Der Produktionsfaktor Arbeit dient also in diesem Fall als numéraire.

Die nachgefragte Menge des $i$-ten Gutes oder Faktors ($x_i^n$) wird durch die gleichen Austauschverhältnisse bestimmt wie die angebotene Menge $x_i^a$. *Die Nachfragefunktion für das Gut i* lautet daher:

(7) $$x_i^n = x_i^n\left(\frac{p_1}{p_n}, \frac{p_2}{p_n}, \ldots, \frac{p_{n-1}}{p_n}, 1\right) \quad i = 1, 2, \ldots, n.$$

Angebot und Nachfrage auf dem $i$-ten Markt befinden sich im *Gleichgewicht,* wenn

(8), (9) $$x_i^a = x_i^n = x_i \quad i = 1, 2, \ldots, n.$$

Besteht zwischen dem Angebot $x_i^a$ und der Nachfrage $x_i^n$ Gleichgewicht, dann wird die Gleichgewichtsmenge $x_i$ realisiert. Das Modell enthält damit an:

*Variablen:* $x_i^a,\ x_i^n,\ x_i$ $\quad i = 1, 2, \ldots, n$, also $3n$, und
$p_i$ $\quad i = 1, 2, \ldots, n$, also $n$, und insgesamt: $4n$.

Den $4n$ Variablen stehen $4n$ Gleichungen gegenüber, von denen allerdings nur $4n - 1$ Gleichungen *voneinander unabhängig* sind. Es läßt sich zeigen[18], daß eine der $4n$ Gleichungen aus den übrigen ermittelt werden

[18] Wenn die Einnahmen aus Verkäufen von Gütern und Faktoren bei allen Wirtschaftseinheiten genauso groß sind wie die Ausgaben für Käufe von Gütern und Faktoren, dann muß auch das gesamte wertmäßige Angebot und die gesamte wertmäßige Nachfrage für Güter und Faktoren in der Volkswirtschaft gleich groß sein. Es gilt also das SAYsche **Gesetz,** d. h.:

($x$) $$p_1 x_1^a + \ldots + p_{n-1} x_{n-1}^a + p_n x_n^a = p_1 x_1^n + \ldots + p_{n-1} x_{n-1}^n + p_n x_n^n.$$

kann. Diese Gleichung enthält also keine Informationen, die nicht schon in den übrigen Gleichungen enthalten sind.

Da nur $4n - 1$ voneinander unabhängige Gleichungen zur Verfügung stehen, können (Existenz der Lösung vorausgesetzt[19]) neben den Gleichgewichtsmengen auf allen Güter- und Faktormärkten ($3n$ Variablen) *nur die (n – 1) Austauschverhältnisse (relativen Preise), nicht aber die absoluten Preise bestimmt werden.* Somit können etwa die Preise der Güter und Faktoren $p_1, p_2, \ldots, p_{n-1}$ nur im Verhältnis zum Preis des $n$-ten Gutes, d. h. *nur als numéraire-Preise*, ausgedrückt werden.

Die bisher etwas abstrakt erscheinenden Ausführungen werden aussagekräftiger, wenn wir die $n$ Märkte gedanklich in bestimmter Weise anordnen. Wir wollen uns dazu vorstellen, daß auf den Märkten $i = 1$ bis beispielsweise $i = 500$ $(500 < n)$ *Güter und Dienstleistungen der Endnachfrage* gehandelt werden. Hat sich auf diesen Märkten Gleichgewicht etabliert, dann sind damit auch die Komponenten des realen Sozialprodukts, nämlich $x_1, x_2, \ldots, x_{500}$, festgelegt. Die Komponenten des realen Sozialprodukts werden dabei (ebenso wie die numéraire-Preise) unabhängig von der Geldmenge bestimmt. Damit deutet sich hier bereits ein Ergebnis an, das wir bald präzisieren werden: Die Geldmenge ist *neutral* in bezug auf das reale Sozialprodukt.

Wir wollen uns weiter vorstellen, daß auf dem $n$-ten Markt der als homogen angenommene *Faktor Arbeit* gehandelt wird. Mit der Höhe von $x_n$ ist deshalb auch die Beschäftigung festgelegt. Da $x_n$ im Gleichgewicht sowohl nachgefragte als auch angebotene Arbeit darstellt, kann in dem dargestellten System *keine unfreiwillige Arbeitslosigkeit* auftreten. Jeder, der bereit ist, beim herrschenden Lohnsatz zu arbeiten, findet Arbeit. Die

---

Befinden sich $n - 1$ Märkte im Gleichgewicht, z. B.:

(*xx*) $\quad x_i^a = x_i^n \qquad i = 1, 2, \ldots, n-1,$

dann gilt

$$p_i x_i^a = p_i x_i^n \qquad i = 1, 2, \ldots, n-1,$$

und damit auch

(*xxx*) $\quad p_1 x_1^a + \ldots + p_{n-1} x_{n-1}^a = p_1 x_1^n + \ldots + p_{n-1} x_{n-1}^n .$

Aus (*x*) und (*xxx*) resultiert offensichtlich:

$$p_n x_n^a = p_n x_n^n$$

und

(*xxxx*) $\quad x_n^a = x_n^n.$

Die Gleichungen (*x*) und (*xx*) implizieren also die Gleichgewichtsbedingung für den $n$-ten Markt. – (Vgl. zu den abgeleiteten Zusammenhängen auch die Ausführungen über das WALRAS-Gesetz im Anhang A3)).

[19] Vgl. hierzu die Hinweise von B. HANSEN, a. a. O., S. 34 f.

Höhe der Beschäftigung ist dabei – ebenso wie die Höhe der Komponenten des realen Sozialprodukts – unabhängig von der Höhe der Geldmenge. Geldmengenänderungen haben also keine realwirtschaftlichen Auswirkungen. Sie spielen aber im Zusammenhang mit der Bestimmung absoluter Preise eine Rolle, wie im nächsten Abschnitt zu zeigen sein wird.

### d) Das reduzierte WALRAS-Modell und die Kassenhaltungstheorie

Wie bereits ausgeführt, wird der in das WALRAS-Modell zu integrierende monetäre Bereich in klassischen bzw. neoklassischen Modellen durch die Quantitätstheorie bzw. *Kassenhaltungstheorie* dargestellt. Letztere läßt sich in folgende drei Beziehungen aufspalten:

(10) $M^a = \bar{M}$ (Geldangebot),

(11) $L = kpY^r$ (Geldnachfrage)

und

(12), (13) $M^a = L = M$ (Gleichgewichtsbedingung, Definition).

Um das reduzierte WALRAS-Modell für den güterwirtschaftlichen Bereich mit der Kassenhaltungstheorie verbinden zu können, müssen zusätzliche Gleichungen formuliert werden, die die *disaggregierten Größen des güterwirtschaftlichen Bereichs* und die *aggregierten Größen des monetären Bereichs* zueinander in Beziehung setzen.

Zu diesem Zweck definieren wir zunächst das (absolute) *Preisniveau des Sozialprodukts p* als einen irgendwie gewichteten Durchschnittspreis[20] aus den Preisen $p_1, p_2, \ldots, p_{500}$, also:

(14) $p = p_1 \pi_1 + p_2 \pi_2 + \ldots + p_{500}\, \pi_{500}.$

Die Gewichte $\pi_i\,(i = 1, 2, \ldots, 500)$ müssen sich hierbei in ihrer Summe zu eins ergänzen.

Wird das Preisniveau $p$ durch den Preis eines bestimmten Gutes oder Faktors geteilt, z. B. durch den Lohnsatz $p_n$, dann erhält man *als relatives Preisniveau*:

(14a) $\frac{p}{p_n} = \frac{p_1}{p_n}\,\pi_1 + \frac{p_2}{p_n}\,\pi_2 + \ldots + \frac{p_{500}}{p_n}\,\pi_{500}.$

Wird das in Geldeinheiten ausgedrückte *nominale Sozialprodukt*

[20] Als Gewicht von $p_i$ $(i = 1, 2, \ldots, 500)$ könnte man z. B. den auf $x_i$ entfallenden Umsatzanteil am Gesamtumsatz der in die Endnachfrage eingehenden Güter benutzen. Man berechnet diesen Koeffizienten aus den entsprechenden Größen der früheren Perioden.

(15) $Y = p_1 x_1 + p_2 x_2 + \ldots + p_{500} x_{500}$

durch $p_n$ geteilt, dann ergibt sich das *in Arbeitsstunden gemessene Sozialprodukt*:

$$(15a)\quad \frac{Y}{p_n} = \frac{p_1}{p_n} x_1 + \frac{p_2}{p_n} x_2 + \ldots + \frac{p_{500}}{p_n} x_{500}.$$

*Das reale Sozialprodukt* $Y^r$ wird schließlich als Quotient aus dem nominalen Sozialprodukt $Y$ und dem Preisniveau $p$ definiert, also:

$$(16)\quad Y^r = \frac{Y}{p}.$$

Man berechnet $Y^r$, indem man (15) durch (14) oder (15a) durch (14a) dividiert.

Wenn wir neben den Gleichungen (6) bis (13) die Definitionsgleichungen (14), (15) und (16) (oder (14a), (15a) und (16)) berücksichtigen, dann enthält das Modell an

| | | |
|---|---|---|
| *Daten*: | $k$ | |
| *Parametern*: | $\bar{M}$ | |
| *Variablen:* | $x_i^a, x_i^n, x_i, Y^r, Y$ | $i = 1, 2, \ldots, n$, also $3n + 2$, und |
| | $p_i, p$ | $i = 1, 2, \ldots, n$, also $n + 1$, und |
| | $M^a, L, M$ | also 3, und |
| | | insgesamt $4n + 6$. |

Zur Berechnung der $4n + 6$ Variablen stehen aus dem Teilmodell für den güterwirtschaftlichen Bereich (Gleichungen (6) bis (9)) $4n - 1$, aus dem Kassenhaltungsmodell des monetären Bereichs (Gleichungen (10) bis (13)) *vier* und aus den Definitionsgleichungen (14), (15), (16) *drei, insgesamt* also $4n - 1 + 4 + 3 = 4n + 6$ voneinander unabhängige Gleichungen zur Verfügung. Vorausgesetzt eine Lösung existiert, dann lassen sich neben den Gleichgewichtsmengen auf allen Märkten jetzt auch die *absoluten Preise* aller Güter und Faktoren und damit auch das absolute Preisniveau des Sozialprodukts berechnen.

Die Struktur des neoklassischen Ansatzes dürfte nunmehr deutlich geworden sein. Wie ein makroökonomisches Modell klassischer Vorstellungen[21] läßt sich das gesamte System in zwei Teilmodelle zerlegen, so daß eine sog. **Dichotomie** (Zweiteilung) vorliegt:

Die Beziehungen für den *güterwirtschaftlichen Bereich* bestimmen die Gleichgewichtsmengen auf allen Güter- und Faktormärkten, also auch die *Höhe der Beschäftigung*, sowie $n - 1$ *relative Preise.* Wie die Gleichungen (15a) und (14a) erkennen lassen, ist hiermit auch das in Arbeitsstunden gemessene Sozialprodukt und das relative Preisniveau bestimmt. Da-

[21] Vgl. hierzu die makroökonomische Version des klassischen Modells im Anhang A2).

mit ist aber auch der Quotient aus diesen Größen, das in Gleichung (16) definierte *reale Sozialprodukt*, festgelegt. Auf alle diese Größen haben Änderungen der Geldmenge keinen Einfluß. Das ist gemeint, wenn von der **Neutralität des Geldes** gesprochen wird.

Die Beziehungen (10) bis (13), die bekanntlich den *monetären Bereich* beschreiben, dienen dazu, das *absolute Preisniveau des Sozialprodukts* und damit auch die *absolute Höhe aller Preise*[22] sowie das in Geldeinheiten ausgedrückte *(nominale) Sozialprodukt* festzulegen. Der *Einfluß des autonom fixierten Geldangebots* ($M$) auf das Preisniveau des Sozialprodukts ($p$) wird besonders deutlich, wenn die Beziehungen des monetären Bereichs zu der (bereits bekannten) Gleichung

(17) $\bar{M} = kpY^r$

zusammengefaßt werden. Da $Y^r$ durch die Beziehungen des güterwirtschaftlichen Bereichs bestimmt wird, determiniert die Höhe der Geldmenge das (absolute) Preisniveau ($p$). Auf diesem Weg wird in einem Geldsystem, in dem die Geldmenge – wie in einem **Papierstandard**[23] – Aktionsparameter der Zentralbank ist, das Preisniveau und damit auch die Kaufkraft des Geldes bestimmt. Weiter geht aus Gleichung (17) hervor, daß *Veränderungen der Geldmenge zu gleichgerichteten proportionalen Veränderungen des Preisniveaus* (und des nominalen Sozialprodukts) führen. Dieses ist ein Ergebnis, das im allgemeinen als Inhalt der **Quantitätstheorie** angesehen wird. Es ist für die klassische und neoklassische Position wesentlich[24].

---

[22] Da die relativen Preise im güterwirtschaftlichen Bereich festgelegt werden, ist nach Gleichung (14a) mit $p$ auch $p_n$ bestimmt. Ist $p_n$ bestimmt, dann ergeben sich alle anderen (absoluten) Preise ($p_1$, $p_2$, ...) aus den entsprechenden relativen Preisen ($p_1/p_n, p_2/p_n, \ldots$).

[23] Wie aus Gleichung (14a) hervorgeht, kann das Preisniveau ($p$) auch dadurch bestimmt werden, daß *ein* (absoluter) Preis fixiert wird. Bezeichnet $p_1$ z. B. den Goldpreis und wird dieser vom Staat fixiert, dann wird dadurch wegen der im güterwirtschaftlichen Bereich determinierten relativen Preise das absolute Niveau von $p_n$ festgelegt und damit auch das absolute Niveau von $p$. Wird dieses Verfahren angewendet, dann liegt ein **Warenstandard** vor, und die Geldmenge ist *endogen* und nachfragebestimmt. Zum Papier- und Warenstandard siehe im einzelnen RICHTER, a. a. O., S. 17 ff., 104 f., 113 ff.

[24] Die Wirkungen einer Änderung der Geldmenge konnten im Rahmen des monetären Bereichs (siehe Abschnitt 1a) und 1b)) nur in bezug auf das nominale Volkseinkommen ($pY^r$) angegeben werden. Durch die Einbeziehung des güterwirtschaftlichen Bereichs können wir die entsprechenden Aussagen spezifizieren.

### e) Die Problematik der Preisanpassungen und die Lösung von D. Patinkin

Der Einfluß der Geldmenge auf das Preisniveau wurde oben nur im Rahmen einer komparativ-statischen Analyse der Beziehung (17) beschrieben. Die Kräfte, die die Preisanpassung auslösen und den *Anpassungspfad im Zeitablauf* bestimmen, wurden nicht aufgezeigt. Von sehr wenigen Ausnahmen abgesehen (zu den Ausnahmen gehört K. Wicksell), fehlte auch bei den Neoklassikern eine *dynamische Analyse*, die die Entwicklung des Preisniveaus vom alten zum neuen Gleichgewicht untersucht[25]. Erst eine dynamische Analyse macht aber eine Inkonsistenz des neoklassischen Modells sichtbar, die innerhalb einer komparativ-statischen Analyse verdeckt bleibt und die wir im folgenden aufzeigen wollen[26].

Die *Dynamisierung* des neoklassischen Modells erfolgt durch eine Beziehung, die Walras zugeschrieben wird und die den *zeitlichen Anpassungspfad* für einen bestimmten Preis $p_i$ angibt. Sie lautet:

$$(18) \quad \frac{dp_i}{dt} = f(x_i^n - x_i^a),$$

$$\text{wobei} \quad \frac{dp_i}{dt} : \begin{cases} = 0, \text{ falls } (x_i^n - x_i^a) = 0 \\ > 0, \text{ falls } (x_i^n - x_i^a) > 0 \\ < 0, \text{ falls } (x_i^n - x_i^a) < 0. \end{cases}$$

Diese Beziehung bedeutet, daß

- die Preisänderungsrate für ein bestimmtes Gut oder einen bestimmten Faktor durch die Differenz zwischen Nachfrage und Angebot für dieses Gut oder diesen Faktor bestimmt wird,
- im Gleichgewicht, d. h. bei $(x_i^n - x_i^a) = 0$ keine Preisänderungen auftreten und
- bei einem Nachfrageüberschuß $[(x_i^n - x_i^a) > 0]$ ein Preisanstieg und bei einem Angebotsüberschuß $[(x_i^n - x_i^a) < 0]$ eine Preissenkung erfolgen.

Beziehen wir die *Preisanpassungsfunktion* (18) in die Analyse des neoklassischen Modells mit ein, dann ergibt sich folgendes Problem[27]:

---

[25] Vgl. Patinkin, a. a. O., S. 167 f.

[26] Während sich eine *komparativ-statische Analyse* darauf beschränkt, zwei Gleichgewichtszustände miteinander zu vergleichen, untersucht eine *dynamische Analyse* außerdem den zeitlichen Anpassungspfad der Variablen zwischen dem alten und dem neuen Gleichgewichtszustand.

[27] Vgl. hierzu und zu weiteren Problemen des dargestellten neoklassischen Ansatzes B. Hansen, a. a. O., S. 43 ff.

- Nach Gleichung (17) muß eine Änderung der Geldmenge ($M$) bei gegebenen Angebots- und Nachfragefunktionen des güterwirtschaftlichen Bereichs eine Änderung des Preisniveaus ($p$) nach sich ziehen.
- Nach Gleichung (14) kann eine Änderung des Preisniveaus ($p$) bei unveränderten Gewichten $\pi_i$ ($i = 1, 2, \ldots, 500$) nur auftreten, wenn sich mindestens ein Preis $p_i$ (hier: $i = 1, 2, \ldots, 500$) ändert.
- Nach Gleichung (18) ändert sich ein Preis $p_i$ nur dann, wenn auf dem betreffenden Markt ein Nachfrage- oder Angebotsüberschuß entsteht.
- Nach den Gleichungen (6) und (7) (siehe S. 173) kann ein Nachfrage- oder Angebotsüberschuß aber nicht durch eine Änderung der Geldmenge verursacht werden, da die Geldmenge nicht in den Angebots- und Nachfragefunktionen des güterwirtschaftlichen Bereichs als Argument erscheint.

Zur Lösung dieses Problems bietet es sich an, die Geldmenge als Argument in den Angebots- und Nachfragefunktionen des güterwirtschaftlichen Bereichs zu berücksichtigen. Eine systematische Weiterentwicklung dieser Idee ist das Verdienst von D. PATINKIN. Eine *zentrale Hypothese* seiner Theorie[28] besteht darin, daß bei den privaten Wirtschaftseinheiten der *Bestand an realem finanziellen Nettovermögen* die Angebots- und Nachfragedispositionen beeinflußt. Auf welche Weise diese Hypothese zur Lösung des Preisanpassungsproblems beitragen kann, soll unter bestimmten Annahmen gezeigt werden, die dem oben dargestellten neoklassischen Modell entsprechen und auch von PATINKIN in weiten Teilen seiner Analyse benutzt werden. So wird unterstellt, daß die Geldschöpfung in der betrachteten Wirtschaft ausschließlich dadurch erfolgt, daß der Staat laufende Budgetdefizite durch Kreditaufnahme bei der Zentralbank finanziert. Geld existiert damit nur in Form von *outside money*[29]: Es entsteht durch Monetisierung von Schulden des Staates (also einer Wirtschaftseinheit *außerhalb* des privaten Sektors) und stellt eine *Nettoforderung* des privaten Sektors dar. Weiter wird angenommen, daß Geld die einzige Form ist, in der private Wirtschaftseinheiten finanzielles Vermögen besitzen. Unter diesen Annahmen repräsentiert die Geldmenge das finanzielle Nettovermögen der privaten Wirtschaftseinheiten. Sie gelangt deshalb auch als Argument in die Angebots- und Nachfragefunktionen

---

[28] Siehe PATINKIN, a. a. O. – Vgl. auch B. HANSEN, a. a. O., S. 78 ff., sowie das vereinfachte PATINKIN-Modell im Anhang A5).

[29] Während **outside money** im Rahmen der hier betrachteten geschlossenen Volkswirtschaft auf einer Monetisierung von öffentlichen Schulden basiert, entsteht **inside money** durch Verschuldung *privater* Wirtschaftseinheiten. Ein typisches Beispiel für eine Geldschöpfung in Form von inside money ist die Kreditgewährung der Geschäftsbanken an private Nichtbanken (siehe zu den Begriffen weiter J. G. GURLEY, E. S. SHAW, Money in a Theory of Finance. Washington, D. C. 1960. S. 72 f., 134 ff. und PATINKIN, a. a. O., S. 295).

des güterwirtschaftlichen Bereichs und bildet so die Grundlage für einen Vermögenseffekt in Form des Real-Balance-Effekts[30]. Angewendet auf die Nachfragefunktion für ein bestimmtes Gut, besagt der **Real-Balance-Effekt,** daß eine Erhöhung der realen Geldmenge (in Form von outside money) eine Erhöhung der Nachfrage nach diesem Gut auslöst (und umgekehrt). Auf diese Weise wird die reale Geldmenge zum Transmissionsriemen, der Impulse aus dem monetären Bereich im Wege eines Real-Balance-Effekts auf den güterwirtschaftlichen Bereich überträgt.

Berücksichtigen wir diesen Real-Balance-Effekt in einem neoklassischen Modell, dann läßt sich der durch eine Veränderung der Geldmenge ausgelöste Prozeß der Preisanpassung, dessen Darstellung sich im Rahmen der neoklassischen Theorie als problematisch erwies, wie folgt beschreiben: Die *Erhöhung* des autonom fixierten Geldangebots ist mit einer Zunahme der verfügbaren Geldmenge (in Form von outside money) identisch und bewirkt bei zunächst konstantem Preisniveau eine Erhöhung der realen Geldmenge ($\bar{M}/p$). Hierdurch wird ein *Real-Balance-Effekt* ausgelöst, der eine Zunahme der Nachfrage nach Gütern bedeutet[31]. Möglicherweise geht auf Grund des Real-Balance-Effekts gleichzeitig auch das Angebot an Gütern zurück. Auf jeden Fall ist im allgemeinen zu erwarten, daß sich auf den Gütermärkten als Folge des Real-Balance-Effekts eine Überschußnachfrage einstellt[32]. Entsprechend der WALRASianischen Preisanpassungsfunktion (s. Gleichung (18)) müssen die Preise auf den Gütermärkten daraufhin steigen. Der Preisanstieg wirkt der anfänglichen Vergrößerung der *realen* Geldmenge ($\bar{M}/p$) entgegen und setzt sich so lange fort, wie der Real-Balance-Effekt der anfänglichen Geldmengenerhöhung noch wirksam ist. Der Real-Balance-Effekt ist nicht mehr wirksam, wenn die *reale* Geldmenge auf Grund der Preiserhöhungen wieder auf ihr Ausgangsniveau zurückgefallen ist. Das ist genau dann der Fall, wenn *die Preise proportional zur autonomen Erhöhung der Geldmenge gestiegen sind* (sich zum Beispiel verdoppelt haben, wenn die Geldmenge verdoppelt wurde)[33].

---

[30] An die Stelle des Real-Balance-Effekts tritt bei PATINKIN ein **Net-Real-Financial-Asset-Effekt,** wenn das finanzielle Nettovermögen des privaten Sektors nicht nur aus Geld, sondern auch aus Staatstiteln (z. B. Staatsschuldverschreibungen) besteht (vgl. PATINKIN, a. a. O., S. 288 ff. – Siehe hierzu auch B. HANSEN, a. a. O., S. 87 ff., sowie Fußnote 34 auf der folgenden Seite).

[31] Dieser Zusammenhang läßt sich in *einzelwirtschaftlicher* Sicht wie folgt plausibel machen: Erhöht sich der verfügbare Kassenbestand bei einer Wirtschaftseinheit, dann wird der verfügbare Kassenbestand dadurch größer als der gewünschte; die Wirtschaftseinheit wird deshalb versuchen, die überschüssige Kasse durch Käufe von Gütern abzubauen. Unter Umständen wird sie auch ihr Angebot an Arbeit einschränken.

[32] Vgl. B. HANSEN, a. a. O., S. 83.

[33] Vgl. hierzu auch den Anhang A3).

Bei einer Verminderung der Geldmenge erfolgen die Anpassungsvorgänge in der umgekehrten Richtung; im Endergebnis tritt hier eine zur Verminderung der Geldmenge proportionale Senkung der Preise ein. Die Einbeziehung des Real-Balance-Effekts bestätigt somit die Ergebnisse des neoklassischen Modells[34]; darüber hinaus macht sie aber auch deutlich, auf welchem Weg die Preisanpassung erfolgt.

**Zusammenfassung**

1. Die Quantitätstheorie und die Kassenhaltungstheorie beschreiben bei isolierter Betrachtungsweise eine positive proportionale Beziehung zwischen einer autonom fixierten Geldmenge und dem nominalen Volkseinkommen.
2. Wird die Kassenhaltungstheorie durch ein (WALRASianisches) Gleichgewichtsmodell für den güterwirtschaftlichen Bereich ergänzt, dann erhält man ein neoklassisches Modell, das die Aussagen der Klassiker präzisiert und zu folgenden Aussagen gelangt:
   - Die relativen Preise und die Gleichgewichtsmengen auf den Güter- und Faktormärkten und damit auch das reale Sozialprodukt und die Beschäftigung werden unabhängig von der Geldmenge bestimmt.
   - Unfreiwillige Arbeitslosigkeit existiert nicht, da sich die Preise (einschl. des Geldlohnsatzes) immer so einpendeln, daß auf

[34] Zu beachten ist, daß der Zusammenhang zwischen Geldmenge und Preisen neu zu überdenken ist, wenn die Nettoforderungen des privaten Sektors gegenüber dem Staat nicht nur aus Kasse, sondern auch aus *Staatstiteln* bestehen, und wenn die Geldmenge auch das für entwickelte Volkswirtschaften bedeutsamere *inside money* enthält (vgl. hierzu PATINKIN, a.a.O., S. 288ff., 295ff., und B. HANSEN, a.a.O., S. 87ff.). Insbesondere sind dann auch die beiden folgenden Fragen zu diskutieren: *erstens,* ob und inwieweit ein aus Beständen an Staatstiteln resultierender Vermögenseffekt dadurch kompensiert wird, daß private Wirtschaftseinheiten die zur Finanzierung der Zinszahlungen des Staates erforderlichen zukünftigen Steuerbelastungen antizipieren (und kapitalisieren), und *zweitens,* ob und inwieweit die Existenz von inside money auf Grund einer gewinnbringenden Geldschöpfungstätigkeit der Geschäftsbanken zu einem Vermögenseffekt führt, obwohl dem Gesamtbestand an inside money – rein buchhaltungstechnisch – gleich hohe Verbindlichkeiten innerhalb des privaten Sektors gegenüberstehen (siehe im einzelnen hierzu B. HANSEN, a.a.O., S. 94ff., CLAASSEN, a.a.O., S. 212ff., 240ff., B. P. PESEK, TH. R. SAVING, Money, Wealth, and Economic Theory. New York, London 1967, sowie D. PATINKIN, Money and Wealth. In: Studies in Monetary Economics. London 1972. S. 168ff.).

allen Güter- und Faktormärkten (also auch auf dem Arbeitsmarkt) Angebot und Nachfrage gleich groß sind.

- Bei gegebenen Angebots- und Nachfragefunktionen für den güterwirtschaftlichen Bereich bestimmt die Geldmenge die absoluten Preise auf allen Güter- und Faktormärkten und damit auch das absolute Preisniveau des Sozialprodukts. Eine Erhöhung der Geldmenge führt dann zu einem proportionalen Anstieg des Preisniveaus und umgekehrt.

3. Im neoklassischen Modell entsteht das Problem, auf welchem Wege bei einer Änderung der Geldmenge Preisanpassungen bewirkt werden. Die Berücksichtigung des Real-Balance-Effekts durch PATINKIN führt unter bestimmten Annahmen zu einer Lösung: Die reale Geldmenge (in Form des sog. outside money) erscheint bei PATINKIN als Argument in den Angebots- und Nachfragefunktionen des güterwirtschaftlichen Bereichs und überträgt damit Impulse aus dem monetären Bereich auf den güterwirtschaftlichen Bereich.

## 2. Die KEYNESianische Theorie

Die Vollbeschäftigungsthese der Klassiker wurde durch die Erfahrungen der Weltwirtschaftskrise widerlegt. Das große soziale Problem Anfang der dreißiger Jahre, die anhaltende Massenarbeitslosigkeit, konnte mit der klassischen und neoklassischen Theorie nicht in Einklang gebracht und durch sie auch nicht adäquat gelöst werden. Die Zeit für eine Erneuerung der Theorie war somit reif geworden.

Daß es gerade KEYNES mit seiner im Jahre 1936 veröffentlichten *Allgemeinen Theorie*[1] gelang, eine neue Phase in der ökonomischen Theorie einzuleiten, hat verschiedene Gründe[2]. Ein Grund ist darin zu sehen, daß KEYNES die klassischen Vorstellungen im Rahmen einer neuen (oder erneuerten) Theorie einer grundlegenden Kritik unterzieht und dabei zentrale Positionen der Klassiker in Frage stellt: So sind der bei den Klassikern durch Marktkräfte bewirkte Vollbeschäftigungsautomatismus, der damit verbundene „zelebrierte Optimismus"[3] und die implizit enthaltene Forderung des laissez-faire wesentliche Angriffspunkte der KEYNESschen Kritik. Ein weiterer Grund für den Erfolg der KEYNESianischen Revolution besteht aber auch darin, daß die *Allgemeine Theorie* mit der Kritik an den klassischen Vorstellungen zugleich eine Erklärung für die Möglichkeit genereller Unterbeschäftigung anbietet und für diesen Fall auch eine plausibel erscheinende Therapie enthält.

Für die Beurteilung geldpolitischer Maßnahmen ist von besonderem Interesse, daß KEYNES die Rolle des Geldes in den klassischen und neoklassischen Theorien nicht akzeptiert. Wie bereits aus der Darstellung seiner Liquiditätspräferenztheorie bekannt, führt er bei der Analyse der Kassenhaltung als ein neues Element gegenüber den Klassikern und Neoklassikern das *Spekulationsmotiv* ein. Er kritisiert deshalb die mit der Quantitäts- und Kassenhaltungstheorie zum Ausdruck gebrachte enge (und proportionale) Verknüpfung zwischen Geldmenge und nominalem Volkseinkommen. Hinsichtlich der Wirkungen der Geldmenge auf den güterwirtschaftlichen Bereich gelangt er zu Ergebnissen, die der Hypothese der Klassiker von der Neutralität des Geldes entgegenstehen. Aus der Sicht der KEYNESianischen Analyse ergeben sich demzufolge andere und neue Aspekte für die Wirkungsweise der Geldpolitik.

---

[1] KEYNES, a. a. O.

[2] Vgl. hierzu und zum Folgenden die Kriterien, die von H. G. JOHNSON für den Erfolg einer Revolution ökonomischer Doktrinen in seiner RICHARD T. ELY Lecture genannt werden (The KEYNESian Revolution and the Monetarist Counter-Revolution. „The American Economic Review", Papers and Proceedings, Vol. 61 (1971), S. 1 ff.).

[3] Vgl. KEYNES, a. a. O., S. 33.

**a) Strukturgleichungen**

Das hier analysierte KEYNESianische Modell bezieht sich auf eine *geschlossene* Volkswirtschaft mit wirtschaftlicher Aktivität des Staates.

*aa) Der monetäre Bereich.* – Der monetäre Bereich des KEYNESianischen Modells ist bereits in Form der Liquiditätspräferenztheorie von uns im einzelnen beschrieben worden. Dabei ist allerdings auf eine Aufspaltung des nominalen Sozialprodukts in die beiden Komponenten Preisniveau und reales Sozialprodukt verzichtet worden. Beide Komponenten stellen aber wirtschaftspolitische Zielgrößen dar und sind insofern für unsere weiteren Betrachtungen von Bedeutung. Bei der Einbeziehung des monetären Bereichs in das KEYNESianische Gesamtmodell wollen wir deshalb das nominale Volkseinkommen $Y (= p \cdot Y^r)$ in seine beiden Komponenten aufspalten und gelangen dann zu folgender leicht modifizierter Darstellung der KEYNESschen **Liquiditätspräferenztheorie**:

(1) $M^a = \bar{M}$ (Geldangebot)

(2) $L = p \cdot L^r (Y^r, i);$ (Geldnachfrage)[4]

$$\frac{\partial L^r}{\partial Y^r} > 0, \quad \frac{\partial L^r}{\partial i} < 0$$

(3) $M^a = L = M$ (Gleichgewicht,
(4) Definition)

*bb) Der Gütermarkt.* – Im güterwirtschaftlichen Bereich sollen zunächst die Bestimmungsgründe für **die gesamtwirtschaftliche Nachfrage,** d. h. für die Aggregate *privater Konsum, private Investition* und *Staatsausgaben,* untersucht werden.

aaa) Der wesentliche Bestimmungsgrund des privaten *realen*[5] *Konsums* $(C^r)$ ist in der KEYNESianischen Theorie – anders als bei den Klassikern[6] – das reale verfügbare Einkommen $(Y^r - T^r)$, wobei $T^r$ die realen Steuern bezeichnet[7]. Dementsprechend lautet die **Konsumfunktion**:

---

[4] Diese Schreibweise impliziert, daß sich die (nominale) Geldnachfrage bei gegebenem Realeinkommen und Zinssatz proportional zum Preisniveau entwickelt.

[5] Daß KEYNES für die Ermittlung des realen Sozialprodukts und seiner Komponenten nicht den Preisindex des Sozialprodukts benutzt, sondern den Geldlohnsatz, ist für die weiteren Betrachtungen nicht wesentlich (siehe hierzu auch A. H. HANSEN, a. a. O., S. 39 ff.).

[6] Bei den Klassikern ist die gesamtwirtschaftliche Ersparnis $(S^r)$ und damit auch der gesamtwirtschaftliche Konsum $(C^r = Y^r - S^r)$ vom Zinssatz abhängig (siehe hierzu auch den Anhang A2), der die wirtschaftliche Aktivität des Staates vernachlässigt). – Auf eine Begründung dafür, daß bei KEYNES im Unterschied zu den Klassikern mit

$$(5) \quad C^r = C^r(Y^r - T^r); \quad 0 < \frac{dC^r}{d(Y^r - T^r)} < 1,$$

wobei gilt:

$$(6) \quad T^r = \tau Y^r; \qquad 0 < \tau < 1.$$

Materiell bedeutet dieser Zusammenhang, daß die Konsumenten mit einer Ausdehnung ihres realen Konsums reagieren, wenn das (verfügbare) Realeinkommen zunimmt, das Nominaleinkommen z. B. stärker steigt als das Preisniveau. Umgekehrt schränken sie ihren realen Konsum ein, wenn das Realeinkommen abnimmt, das Nominaleinkommen z. B. schwächer steigt als das Preisniveau. Der reale Konsum wird schließlich überhaupt nicht geändert, wenn das Realeinkommen konstant bleibt, das Nominaleinkommen z. B. proportional zum Preisniveau steigt. Die Konsumenten orientieren ihre Dispositionen über ihren realen Konsum also nicht am Nominaleinkommen, sondern an der Höhe des Realeinkommens. Daß sie ihre Entscheidung über eine reale Größe von der Entwicklung einer anderen realen Größe abhängig machen, bedeutet, daß sie *frei* sind von **Geldillusion.**

Neben dem Realeinkommen nennt KEYNES noch eine Reihe anderer (sekundärer) Einflußfaktoren, die zwar nicht explizit in seiner Konsumfunktion erscheinen, aber die Lage der Konsumfunktion und damit den realen Konsum bei gegebenem Realeinkommen verändern können. Eine relativ große Bedeutung mißt er hierbei dem *Wert des privaten Nettovermögens* zu[8]. Steigt z. B. der Kurswert von Aktien infolge einer Senkung der Rendite von Obligationen[9], dann können Aktienbesitzer Kursgewinne (sog. *windfall profits*) realisieren; sie fühlen sich deshalb reicher und entfalten bei gegebenem Realeinkommen eine größere Nachfrage nach Konsumgütern. Verallgemeinern wir diesen Zusammenhang, dann erfolgt eine Erhöhung der Konsumgüternachfrage, wenn der Kapitalwert des privaten Nettovermögens steigt, und eine Verminderung, wenn der Kapitalwert des privaten Nettovermögens sinkt.

bbb) Ein wesentlicher Bestimmungsfaktor der privaten *realen Nettoinvestition* ist bei KEYNES – wie bei den Klassikern[10] – die *Höhe des Zinssatzes*. Um den entsprechenden Zusammenhang plausibel zu machen, müs-

---

dem realen Volkseinkommen eine Transaktionsgröße in der Konsumfunktion erscheint, wird auf S. 204, Fußnote 34, hingewiesen.

[7] Diese (Transferzahlungen vernachlässigende) Annahme ist eine Präzisierung der KEYNESschen Hypothese über die Realeinkommensabhängigkeit des realen Konsums. Siehe hierzu KEYNES, a. a. O., S. 89 ff., insbesondere S. 96.

[8] Vgl. KEYNES, a. a. O., S. 92 ff. – Eine ausführliche Darstellung findet sich bei LEIJONHUFVUD, a. a. O., S. 187 ff.

[9] Die Senkung der Rendite von Obligationen bewirkt im allgemeinen eine Zunahme der Nachfrage nach Aktien und damit einen Kursanstieg.

[10] Siehe hierzu auch den Anhang A2).

sen wir auf die Dispositionen der mikroökonomischen Entscheidungseinheiten zurückgehen.

Steht ein Investor vor der Entscheidung, eine Investition zu tätigen (z.B. eine Maschine zu erwerben), dann wird er zu diesem Zweck die mit der Investition verbundene Anfangsausgabe (z.B. die Anschaffungssumme für die Maschine) und die für die Zukunft erwarteten laufenden Nettoeinnahmen (laufende Einnahmen minus laufende Ausgaben ohne Abschreibungen) aus der Investition einander gegenüberstellen. Er hat dabei zu beachten, daß die Anfangsausgabe und die erwarteten Nettoeinnahmen zu *verschiedenen* Zeitpunkten anfallen. Um diese beiden Größen dennoch vergleichbar machen zu können, wird er sie auf den gleichen Zeitpunkt beziehen und eine entsprechende Umrechnung vornehmen müssen. Dieses kann z.B. in der Weise geschehen, daß der Investor die für die Zukunft erwarteten laufenden Nettoeinnahmen auf den Kalkulationszeitpunkt abzinst und dazu einen Kalkulationszinssatz benutzt, der sich weitgehend am herrschenden Marktzinssatz für alternative Wertpapieranlagen orientiert[11]. Als Ergebnis erhält er dann den *Gegenwartswert der Nettoeinnahmen* $e(0)$. Unter der Annahme, daß der vom Investor gewählte Kalkulationszinsfuß dem Marktzinssatz $i$ entspricht, ergibt sich für $e(0)$ folgende Beziehung:

$$e(0) = \frac{e_1}{(1+i)} + \frac{e_2}{(1+i)^2} + \ldots + \frac{e_n}{(1+i)^n}.$$

Hierbei bedeuten $e_1, e_2, \ldots, e_n$ die für die Perioden $1, 2, \ldots, n$ erwarteten Nettoeinnahmen.

Sind die erwarteten Nettoeinnahmen in den Perioden $1, 2, \ldots, n$ gleich groß (also $e_1 = e_2 = \ldots = e_n = e_j$) und geht die Laufzeit der Investition gegen unendlich ($n \to \infty$), dann wird aus dieser Beziehung[12]:

$$e(0) = \frac{e_j}{i}.$$

Ist der Gegenwartswert der erwarteten Nettoeinnahmen bestimmt, dann wird sich der Investor nach folgender *Entscheidungsregel* richten:

- Solange der Gegenwartswert der erwarteten Nettoeinnahmen aus der Investition ($e(0)$) *nicht kleiner* ist als die Anfangsausgabe in der Periode 0, lohnt sich die Investition.

Nun steht ein Investor nicht nur vor der Frage, ob sich eine bestimmte Investition lohnt; er hat ferner zu entscheiden, in welchem *Umfang* Investitionen getätigt werden sollen. Die Beantwortung dieser Frage erfolgt in *zwei* Schritten: Der erste führt zum optimalen Bestand an Sachkapital,

---

[11] Unterschiede zwischen Kalkulationszinssatz und Marktzinssatz können in einer vom Investor beanspruchten Risikoprämie begründet liegen.

[12] Vgl. S. 40, Fußnote 2.

der zweite begründet aus einer Diskrepanz zwischen *tatsächlichem* und optimalen Kapitalbestand den Umfang der Investitionen[13].

Die eben abgeleitete Entscheidungsregel bildet den Ausgangspunkt für den *ersten* Schritt; denn ein Investor wird seinen Kapitalbestand (konkret: seinen Maschinenpark) so lange erweitern, wie der Gegenwartswert der erwarteten Nettoeinnahmen aus der letzten marginalen Kapitaleinheit (konkret: für die zuletzt installierte Maschine) die Anfangsausgabe für diese Kapitaleinheit noch decken kann. Die Anfangsausgabe ist dabei der Preis, den die Anbieter von Investitionsgütern für die marginale Kapitaleinheit fordern; der Gegenwartswert der Nettoeinnahmen kann entsprechend als der Preis interpretiert werden, den die Investoren höchstens zu zahlen bereit sind. KEYNES nennt deshalb ersteren den *Angebotspreis (supply price)* und letzteren den *Nachfragepreis (demand price)* für Investitionsgüter[14].

Bezeichnen wir den Angebotspreis (und damit die Anschaffungssumme für eine zusätzliche Maschine) mit dem Symbol $p^a$, dann erweitert ein Investor seinen Bestand an Erzeugersachkapital so lange, bis für die *marginale* Kapitaleinheit

$$e(0) = p^a.$$

Für die weitere Analyse sollen die bisherigen Ergebnisse mit Hilfe des internen Zinssatzes ausgedrückt werden. Der **interne Zinssatz** (bei KEYNES: *marginal efficiency of capital*[15]) ist der Zinssatz, der den Gegenwartswert der Nettoeinnahmen und die Anschaffungssumme gleich groß macht. Der interne Zinssatz ($\varrho$) wird demzufolge durch folgende Gleichung bestimmt:

$$\frac{e_1}{(1+\varrho)} + \frac{e_2}{(1+\varrho)^2} + \ldots + \frac{e_n}{(1+\varrho)^n} = p^a.$$

Unterstellen wir wieder zur Vereinfachung, daß $e_1 = e_2 = \ldots = e_n = e_j$ und $n \to \infty$, *dann ergibt sich:*

$$\frac{e_j}{\varrho} = p^a \quad \text{bzw.} \quad \varrho = \frac{e_j}{p^a}.$$

Ist nun der interne Zinssatz einer marginalen Kapitaleinheit *größer* als der herrschende Zinssatz $i$ (und damit $e(0) = \frac{e_j}{i} > p^a$), dann ist eine margi-

[13] Vgl. zu dieser Vorgehensweise bei der Herleitung der Investitionsfunktion auch die Darstellung bei H.-W. WOHLTMANN, Grundzüge der makroökonomischen Theorie. Totalanalyse geschlossener und offener Volkswirtschaften. 2., überarb. u. erw. Aufl. München, Wien 1996. Dort findet sich neben dem KEYNESianischen Ansatz (auf S. 132 ff.) auch ein *neoklassischer Ansatz* (auf S. 117 ff.), der mit den gleichen zwei Schritten zur gleichen Investitionsfunktion führt.

[14] Vgl. KEYNES, a. a. O., S. 135 ff.

[15] Vgl. ebenda.

nale Kapitaleinheit *lohnend.* Ist $\varrho$ *gleich* $i$ (und damit $e(0) = p^a$), dann ist eine marginale Kapitaleinheit *gerade noch lohnend.* Ist schließlich $\varrho$ *kleiner* als $i$ (und damit $e(0) < p^a$), dann ist eine marginale Kapitaleinheit *nicht mehr lohnend.* Das Entscheidungskriterium für einen Investor können wir also alternativ zu $e(0) = p^a$ wie folgt ausdrücken: Ein Investor erweitert seinen Bestand an Erzeugersachkapital so lange, bis für die marginale Kapitaleinheit

$$\varrho = i.$$

Hierdurch wird der *optimale (reale) Kapitalbestand* festgelegt. Seine Ermittlung läßt sich graphisch veranschaulichen, wobei wegen abnehmender Grenzproduktivität des Kapitals davon ausgegangen wird, daß der interne Zinssatz mit steigendem Kapitalbestand abnimmt (vgl. Fig. IV.1). Wie man sieht, wird der Kapitalbestand bis zu dem Punkt der $\varrho$-Kurve ausgedehnt, bei dem der interne Zinssatz gerade auf die Höhe des herrschenden Marktzinssatzes ($i = i_1$) abgesunken ist. Weiter wird deutlich, daß der optimale Kapitalbestand um so größer wird, je weiter die $\varrho$-Kurve vom Nullpunkt entfernt und (oder) je näher die $i$-Parallele an der Abszisse liegt. Die $\varrho$-Kurve liegt um so weiter vom Nullpunkt entfernt, je höher die für die Zukunft erwarteten Nettoeinnahmen einer marginalen Kapitaleinheit sind. Der optimale Kapitalstock ist also bei *gegebenem* Marktzinssatz um so größer, je optimistischer die Ertragsaussichten beurteilt werden (und umgekehrt). Die $i$-Parallele liegt um so näher an der Abszisse, je niedriger der bestehende Marktzinssatz ist. Bei *gegebener* Lage der $\varrho$-Kurve ist der optimale Kapitalstock demnach um so größer, je niedriger der herrschende Marktzinssatz ist (und umgekehrt). Die anhand von Fig. IV.1 erläuterte Verhaltensweise einzelner Investoren wird in Hinblick auf weitere Überlegungen als repräsentativ für die Volkswirtschaft angesehen.

Der *zweite* Schritt führt zur Herleitung einer Investitionsfunktion. Für ihn ist die Vorstellung grundlegend, daß die Anpassung des tatsächlichen

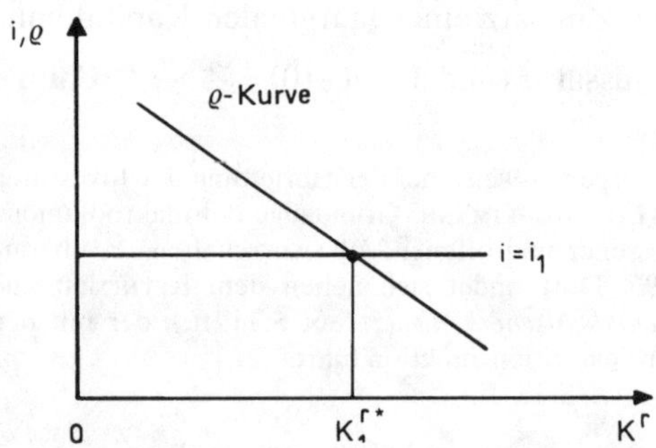


Fig. IV.1

Kapitalbestandes an den optimalen bei Änderungen von Einflußgrößen nicht unmittelbar in einem Zuge erfolgt, sondern nur allmählich. Die *zeitliche Streckung* der Kapitalanpassung läßt sich mit technischen Gegebenheiten in einzelnen Unternehmungen und mit Marktvorgängen begründen. Unter dem ersten Aspekt ist anzunehmen, daß die Anpassungskosten, die bei der Integration neuer Maschinen in die vorhandene Produktionsausrüstung entstehen (und die dem Angebotspreis hinzuzurechnen sind), um so stärker steigen, je mehr zusätzliche Maschinen *pro Periode* installiert werden. Unter dem zweiten Aspekt ist zu bedenken, daß der Angebotspreis für Investitionsgüter ($p^a$) bei einer allgemeinen (z. B. zinsinduzierten) Zunahme der Investitionstätigkeit nicht konstant bleibt, sondern steigt, und zwar um so stärker, je größer die Nachfrage *in der betreffenden Periode* ist. Da mit einer Erhöhung von $p^a$ eine Senkung des internen Zinssatzes verbunden ist[16], wird die Anschaffung von Maschinen in der laufenden Periode z. T. zurückgestellt und die Anpassung an den optimalen Kapitalstock somit zeitlich gestreckt[17].

Die Verzögerung bei der Kapitalbestandsanpassung wird dahingehend präzisiert, daß die Investoren eine Lücke zwischen dem optimalen und tatsächlichen Kapitalbestand ($K^{r*} - K^r$) *innerhalb einer Periode* nur im Ausmaß eines bestimmten Anteils ($\alpha$) dieser Lücke schließen wollen, d. h.

$$\Delta K^r = \alpha(K^{r*} - K^r), \quad 0 < \alpha < 1.$$

Da Änderungen des Kapitalbestandes als Nettoinvestitionen bezeichnet werden, kann man hierfür auch schreiben:

$$I^r = \alpha(K^{r*} - K^r).$$

Da der optimale Kapitalstock ($K^{r*}$) bei gegebener Lage der $\varrho$-Kurve und gegebenem tatsächlichen Kapitalstock ($K^r$) negativ vom Marktzinssatz ($i$) abhängt, sind die (privaten) realen Nettoinvestitionen in der Planungsperiode um so größer, je niedriger der bestehende Marktzinssatz ist und umgekehrt. Es ist dieser Zusammenhang, der in der KEYNESschen **Investitionsfunktion** beschrieben wird:

$$(7) \quad I^r = I^r(i), \quad \frac{dI^r}{di} < 0.$$

Wie oben angeführt, beeinflussen *veränderte Erwartungen* bezüglich der zukünftigen Nettoeinnahmen die $\varrho$-Kurve, damit den optimalen Kapital-

---

[16] Vgl. KEYNES, a. a. O., S. 136.

[17] Zur Rolle des Kapitalgüterpreises im Anpassungsprozeß siehe genauer: R. L. CROUCH, Macroeconomics. New York 1972. S. 80 ff. – CLAASSEN, Grundlagen der makroökonomischen Theorie. München 1980. S. 72 ff. – W. FUHRMANN, Makroökonomik. Zur Theorie interdependenter Märkte. 3., überarb. Aufl. München, Wien 1991. S. 75 ff.

bestand und so auch die (private) Investitionstätigkeit bei gegebenem Marktzinssatz; sie bewirken damit eine *Lageverschiebung* der Investitionsfunktion[18].

ccc) Der Staat fixiert die öffentlichen Konsum und öffentliche Investitionen umfassenden *realen Staatsausgaben* ($G^r$) autonom, d.h. es gilt:

(8) $G^r = \bar{G}^r$.

Die *gesamtwirtschaftliche reale Nachfrage ($Y^{rn}$)* setzt sich aus dem realen (privaten) Konsum ($C^r$), den realen (privaten) Investitionen ($I^r$) und den realen Staatsausgaben zusammen, d.h.:

(9) $Y^{rn} = C^r + I^r + G^r$.

ddd) Zur Bestimmung des Gleichgewichts auf dem Gütermarkt benötigen wir neben der gesamtwirtschaftlichen Nachfrage ($Y^{rn}$) eine Darstellung des *gesamtwirtschaftlichen Angebots* ($Y^{ra}$). Ausgangspunkt ist hierbei eine **gesamtwirtschaftliche Produktionsfunktion,** die das gesamtwirtschaftliche Angebot an Gütern der Endnachfrage (die gesamtwirtschaftliche Produktion) bei gegebenem Bestand an Erzeugersachkapital $K_0^r$ mit der in Arbeitsstunden gemessenen gesamtwirtschaftlichen Beschäftigung ($N$) verknüpft[19]. Sie hat bei KEYNES den von den Klassikern unterstellten Verlauf[20]:

(10) $Y^{ra} = Y^{ra}(K_0^r, N); \quad \frac{\partial Y^{ra}}{\partial N} > 0, \quad \frac{\partial^2 Y^{ra}}{\partial N^2} < 0.$

Die Produktionsfunktion (10) impliziert, daß die gesamtwirtschaftliche Produktion $Y^{ra}$ mit zunehmender Beschäftigung steigt (d.h. $Y_N^{ra} > 0$) und die Grenzproduktivität der Arbeit abnimmt (d.h. $Y_{NN}^{ra} < 0$).

[18] KEYNES (a.a.O., S.145) weist ausdrücklich darauf hin, daß die $\varrho$-Kurve von grundlegender Bedeutung ist, „because it is mainly through this factor ... that the expectation of the future influences the present“. An anderer Stelle (S.141f.) macht er deutlich, daß sich *Preiserwartungen* insbesondere über die $\varrho$-Kurve auf das reale Sozialprodukt der Gegenwart auswirken: Die Erwartung steigender Preise hebt die $\varrho$-Kurve an und stimuliert so die Investitionstätigkeit; die Erwartung sinkender Preise wirkt in die entgegengesetzte Richtung.

[19] Die Annahme eines *gegebenen* Bestandes an Erzeugersachkapital muß insofern problematisch erscheinen, als *Investitionen* (also Veränderungen des Bestandes an Erzeugersachkapital) als Bestandteil der gesamtwirtschaftlichen Nachfrage explizit berücksichtigt werden. Sollen Veränderungen des Bestandes an Erzeugersachkapital in der Produktionsfunktion dennoch unberücksichtigt bleiben, dann muß man annehmen, daß die Auswirkungen der Investitionen auf die Produktion in dem Zeitraum, in dem die Investitionsgüter $I^r$ die Nachfrageänderungen bewirken, so gering sind, daß man sie vernachlässigen kann.

[20] Vgl. hierzu den Hinweis bei KEYNES (a.a.O.) auf S.296. – Siehe auch A.H. HANSEN, a.a.O., S.190.

eee) Auf dem Gütermarkt existiert *Gleichgewicht,* wenn das gesamtwirtschaftliche Angebot und die gesamtwirtschaftliche Nachfrage gleich groß sind, d. h.:

(11), (12) $Y^{ra} = Y^{rn} = Y^{r}$.

Im Gleichgewicht auf dem Gütermarkt sind das gesamtwirtschaftliche Angebot und die gesamtwirtschaftliche Nachfrage gleich dem *realisierten* realen Sozialprodukt $Y^r$.

*cc) Der Arbeitsmarkt.* – aaa) Die Abhängigkeit der gesamtwirtschaftlichen Produktion von der Höhe der Beschäftigung erfordert eine Untersuchung der Bestimmungsgründe für Angebot und Nachfrage auf dem *Arbeitsmarkt.* Bei der Ableitung der *Nachfragefunktion* für Arbeit knüpft KEYNES an klassische Traditionen an, indem er sich an der **Grenzproduktivitätstheorie** orientiert[21]. Angewendet auf den einzelnen sich als Mengenanpasser verhaltenden Unternehmer besagt diese Theorie, daß der Einsatz eines Produktionsfaktors (z. B. von Arbeit) so lange ausgedehnt wird, bis der Wert seiner Grenzproduktivität gleich seinem (als gegeben angesehenen) Preis (z. B. dem Lohnsatz) ist[22]. Da unterstellt wird, daß die Grenzproduktivität mit steigendem Faktoreinsatz geringer wird, folgt aus dieser Entscheidungsregel, daß die Nachfrage nach einem Faktor (z. B. nach Arbeit) nur steigen kann, wenn der Quotient aus dem Faktorpreis (z. B. dem Geldlohnsatz) und dem Preis des produzierten Gutes sinkt. Überträgt man diesen Zusammenhang auf die Gesamtwirtschaft, dann ergibt sich folgende **Nachfragefunktion für Arbeit**:

$$(13) \quad N^n = N^n\left(\frac{w}{p}\right); \quad \frac{dN^n}{d\left(\frac{w}{p}\right)} < 0.$$

Hierbei bezeichnet $w$ den Geldlohnsatz und $p$ einen Durchschnittspreis für das Sozialprodukt, also das Preisniveau.

bbb) Bei der Aufstellung von Hypothesen über das *Angebotsverhalten* auf dem Arbeitsmarkt berücksichtigen wir zwei Alternativen:

- eine klassische Variante und
- eine KEYNESsche Variante.

---

21 Vgl. KEYNES, a. a. O., S. 17 f.

22 Es gilt also:
Preis des produzierten Gutes · Grenzproduktivität = Faktorpreis
oder
Grenzproduktivität = Faktorpreis : Preis des produzierten Gutes.

Die *klassische Variante* unterstellt ein mit dem Reallohnsatz steigendes Arbeitsangebot bei völliger Flexibilität von Geldlohnsätzen und Preisen. Dem entspricht folgende Beziehung:

$$(14) \quad N^a = N^a\left(\frac{w}{p}\right); \quad \frac{dN^a}{d\left(\frac{w}{p}\right)} > 0.$$

Zwar geht auch die KEYNES*sche Variante* davon aus, daß das Arbeitsangebot in (positiver) Abhängigkeit vom Reallohnsatz geplant wird, Abweichungen gegenüber dem klassischen Arbeitsmarkt ergeben sich jedoch aus einem asymmetrischen Verhalten gegenüber einem Marktdruck zur Änderung des Geldlohnsatzes. Genauer wird hierzu angenommen:

1. Die Anbieter von Arbeit *widersetzen* sich einer Senkung des Geldlohnsatzes[23], so daß dieser bei einem Überschußangebot, d.h. bei **Unterbeschäftigung,** *konstant* bleibt. Demzufolge ändert sich der Geldlohnsatz auch nicht, wenn die Nachfrage nach Arbeit bei fortbestehender Unterbeschäftigung zunimmt[24].
2. Liegt **Vollbeschäftigung** vor, d.h. finden alle Arbeiter, die beim herrschenden Reallohnsatz arbeiten wollen, einen Arbeitsplatz, und entsteht in dieser Situation eine Überschußnachfrage, dann widersetzen sich die Anbieter von Arbeit der Erhöhung des Geldlohnsatzes *nicht.* Der Geldlohnsatz paßt sich flexibel den Marktkräften an, und es gelten jetzt die Zusammenhänge des klassischen Arbeitsmarktes[25].

Auf einem klassischen Arbeitsmarkt mit völlig flexiblem Geldlohnsatz besteht *Gleichgewicht,* wenn das Arbeitsangebot und die Arbeitsnachfrage gleich groß sind:

$$(15), (16) \quad N^a = N^n = N.$$

Im Gleichgewicht auf dem Arbeitsmarkt sind Angebot und Nachfrage gleich der *realisierten* Beschäftigung *N.*

---

[23] Zur Begründung für einen nicht nach unten flexiblen Geldlohnsatz wird z.B. auf Lohnvereinbarungen mit den Gewerkschaften hingewiesen. KEYNES erwähnt an einigen Stellen, daß sich die Arbeiter einer Senkung des Geldlohnsatzes widersetzen werden (S.9, 15, 303).

[24] Diese übliche Vorstellung stellt allerdings gegenüber der *Allgemeinen Theorie* insofern eine Vereinfachung dar, als KEYNES davon ausgeht, daß der Geldlohnsatz schon im Unterbeschäftigungsbereich mit zunehmender Beschäftigung eine Steigerungstendenz aufweist (a.a.O., S.296, 301). Durch die vereinfachende Annahme eines innerhalb des Unterbeschäftigungsbereichs durchgehend konstanten Geldlohnsatzes ergeben sich jedoch keine qualitativen Änderungen der Ergebnisse.

[25] Diese Annahme ist mit den Aussagen von KEYNES in der *Allgemeinen Theorie* auf den S.295f. und 301 kompatibel.

Liegt die KEYNESsche Variante vor und bleibt der Geldlohnsatz bei einem Überschußangebot an Arbeit ($N^a > N^n$) auf dem Niveau $w_0$ konstant, dann bestimmt die kürzere Seite des Arbeitsmarktes, also die Nachfrage nach Arbeit, die tatsächliche Beschäftigung ($N$), so daß dann zusammen gelten:

(15a) $w = w_0$ und (16a) $N^a > N^n = N$.

*dd) Das gesamte Modell.* – Mit der Einbeziehung des Arbeitsmarktes ist das KEYNESianische Modell vollständig geworden. Es besteht somit aus den folgenden *Strukturgleichungen*:

(1) $M^a = \bar{M}$ (Geldangebot)

(2) $L = p \cdot L^r(Y^r, i)$ (Geldnachfrage)

(3), (4) $M^a = L = M$ (Gleichgewicht, Definition)

(5) $C^r = C^r(Y^r - T^r)$ (Konsumfunktion)

(6) $T^r = \tau Y^r$ (Steuerfunktion)

(7) $I^r = I^r(i)$ (Investitionsfunktion)

(8) $G^r = \bar{G}^r$ (Staatsausgaben)

(9) $Y^{rn} = C^r + I^r + G^r$ (Definition)

(10) $Y^{ra} = Y^{ra}(N)$[26] (Produktionsfunktion als Angebotsfunktion)

(11), (12) $Y^{ra} = Y^{rn} = Y^r$ (Gleichgewicht, Definition)

(13) $N^n = N^n\left(\frac{w}{p}\right)$ (Arbeitsnachfrage)

(14) $N^a = N^a\left(\frac{w}{p}\right)$ (Arbeitsangebot)

[26] Der als gegeben angenommene Bestand an Erzeugersachkapital wird nicht mehr mit aufgeführt.

| | | |
|---|---|---|
| (15), (16) | $N^a = N^n = N$ | (Gleichgewicht, Definition) |

*oder*

| | | |
|---|---|---|
| (15a) | $w = w_0$ mit | (Lohnsatzinflexibilität bei Unterbeschäftigung) |
| (16a) | $N^a > N^n = N$ | (Beschäftigung) |

Das Modell enthält damit an:

*Parametern*: $\bar{M}, \bar{G}^r, \tau$ und, falls (15a) mit (16a) gilt, $w_0$

*Variablen*: $C^r, I^r, G^r, L, M^a, M, N^a, N^n, N, T^r, Y^r, Y^{ra}, Y^{rn}, i, p, w$, insgesamt also 16.

Vorausgesetzt eine Lösung existiert, dann lassen sich die Variablen des Modells mit Hilfe der 16 Gleichungen bestimmen.

**b) Nachfrage- und Angebotsseite**

Die *Gleichgewichtslösung* für das KEYNESianische Modell (und damit die Bestimmung der oben angeführten Variablen) erfolgt mit Hilfe einer *geometrischen* Darstellung. Diese wird dadurch vorbereitet, daß die im vorhergehenden Abschnitt beschriebenen Strukturgleichungen in einem zweiten Schritt so zusammengefaßt werden, daß sie mit jeweils einer Funktion die Nachfrage- und Angebotsseite des KEYNESianischen Modells beschreiben.

*aa) Nachfrageseite.* – Die *makroökonomische Nachfragefunktion* erfaßt mit dem Güter- und Geldmarkt die Komponenten der gesamtwirtschaftlichen Nachfrageseite. Sie wird hergeleitet unter der Bedingung simultanen Gleichgewichts auf diesen beiden Märkten.

aaa) Zunächst werden die Gleichungen des monetären Bereichs zu

$$(17) \quad \boxed{\frac{\bar{M}}{p} = L^r(Y^r, i)}$$

zusammengefaßt. Die Beziehung (17) gibt alle Kombinationen von $p$, $Y^r$ und $i$ an, die bei gegebenem Geldangebot $M^a = \bar{M}$ *Gleichgewicht im monetären Bereich* gewährleisten. In graphischer Darstellung ergibt sich hierfür das untenstehende Bild.

Die in Fig. IV.2 dargestellten $LM^r$-Kurven sind aus Gleichung (17) hergeleitet. Sie stellen Kombinationen von $Y^r$ und $i$ dar, die bei alternativer

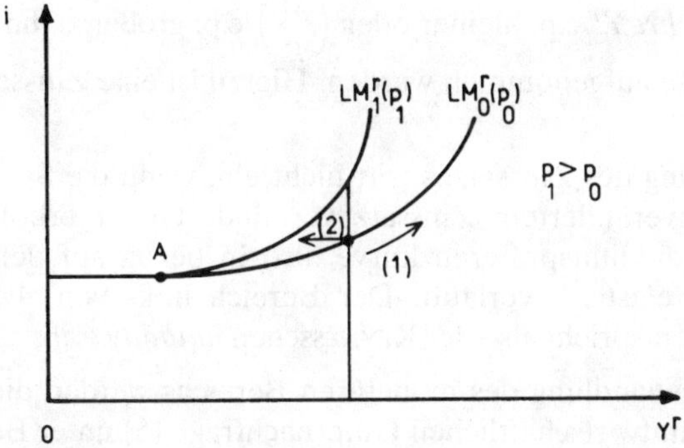


Fig. IV.2

Höhe der realen Geldmenge $\left(\frac{\bar{M}}{p}\right)$ jeweils Gleichgewicht im monetären Bereich herstellen. Im einzelnen werden mit den $LM^r$-Kurven folgende Zusammenhänge beschrieben:

- Der bei $A$ beginnende aufsteigende Ast der $LM_0^r$ $(p_0)$-Kurve besagt, daß eine *Erhöhung des realen Sozialprodukts* bei gegebener Geldmenge $\bar{M}_0$ und gegebenem Preisniveau $p_0$, also bei *gegebener* realer Geldmenge $\left(\frac{\bar{M}_0}{p_0}\right)$, von einem Anstieg des Zinsniveaus begleitet sein muß, wenn das Gleichgewicht im monetären Bereich weiter bestehen soll (Pfeil (1)). Der Grund hierfür liegt darin, daß eine Erhöhung des realen Sozialprodukts eine Zunahme der realen Liquiditätspräferenz für Transaktionszwecke zur Folge hat und diese bei gegebener realer Geldmenge nur befriedigt werden kann, wenn Spekulationskasse freigegeben wird. Hierzu ist aber eine *Zinserhöhung* erforderlich.
- Eine *Verminderung der Geldmenge* (z.B. auf $M_1$) und (oder) eine Erhöhung des Preisniveaus (z.B. auf $p_1$), also eine Senkung der realen Geldmenge $\left(\frac{\bar{M}}{p}\right)$, wird bei gegebenem realen Sozialprodukt $(Y^r)$ durch eine *Verschiebung der $LM^r$-Kurve* nach links dargestellt (Pfeil (2)). Eine Senkung von $\left(\frac{\bar{M}}{p}\right)$ führt demnach bei gegebenem $Y^r$ im Bereich rechts von $A$ zu einem Anstieg des Zinsniveaus, wenn das Gleichgewicht im monetären Bereich bestehen bleiben soll. Der Grund hierfür liegt darin, daß ein *konstantes* reales Sozialprodukt und damit eine unveränderte reale Kassenhaltung für Transaktionszwecke mit einer Senkung der gesamten realen Kassenhaltung nur vereinbar sein kann, wenn Spekulationskasse freigegeben wird. Hierzu ist aber eine *Zinserhöhung* erforderlich.

- Wird *umgekehrt* $Y^r$ c.p. kleiner oder $\left(\frac{\bar{M}}{p}\right)$ c.p. größer, dann muß Spekulationskasse aufgenommen werden. Hierzu ist eine Zinssenkung erforderlich.
- Eine Änderung des Zinssatzes tritt nicht ein, wenn die Spekulationskasse bei unverändertem Zinssatz vermindert oder erhöht werden kann, die Liquiditätspräferenzkurve also in bezug auf den Zinssatz vollkommen elastisch verläuft. Der Bereich links von $A$ auf einer $LM^r$-Kurve entspricht also der KEYNESschen *liquidity trap*[27].

bbb) Nach Behandlung des monetären Bereichs werden die Komponenten der gesamtwirtschaftlichen Güternachfrage (5) unter Berücksichtigung von (6) sowie (7) und (8) entsprechend (9) zusammengefaßt und in (12) eingesetzt:

(18a) $Y^r = C^r(Y^r - \tau Y^r) + I^r(i) + \bar{G}^r.$

Nach Umformung[28] kann man hierfür auch schreiben:

(18b) $I^r(i) + \bar{G}^r = S^r(Y^r - \tau Y^r) + \tau Y^r.$

Hierbei bezeichnet $S^r$ die Differenz aus dem realen (verfügbaren) Einkommen und dem realen (privaten) Konsum (also $S^r = Y^r - \tau Y^r - C^r$) und damit die *reale (private) Ersparnis.*

Die Beziehung (18b) gibt (ebenso wie (18a)) alle Kombinationen von $Y^r$ und $i$ an, die *Gleichgewicht auf dem Gütermarkt* gewährleisten. In graphischer Darstellung erhält man hierfür eine $IS^r$-Kurve (vgl. Fig. IV.3).

Die negative Steigung der $IS^r$-Kurve ergibt sich aus folgendem ökonomischen Zusammenhang: *Steigt das reale Sozialprodukt* ($Y^r$) und damit die Summe aus realer Ersparnis und realen Steuern, dann kann das Gleichgewicht auf dem Gütermarkt nur erhalten bleiben, wenn der *Zinssatz sinkt* und dadurch ein entsprechender Anstieg der realen Investitionen induziert wird.

*Verschiebungen* der $IS^r$-Kurve treten ein, wenn sich die Erwartungen bezüglich der zukünftigen Nettoeinnahmen ändern. Hierdurch ergibt sich eine zinsunabhängige und damit autonome Veränderung der realen Investitionen. Beurteilen die Investoren die Ertragsaussichten z. B. pessimistischer als vorher, dann läuft dieses auf eine autonome Senkung der realen Investitionen hinaus und die linke Seite von Gleichung (18b) wird kleiner

---

[27] Vgl. hierzu S. 76, Fußnote 34.

[28] Gleichung (18a) läßt sich wie folgt umformen:

$$Y^r - C^r(Y^r - \tau Y^r) - \tau Y^r + \tau Y^r = I^r(i) + \bar{G}^r$$

bzw.

$$Y^r - \tau Y^r - C^r(Y^r - \tau Y^r) + \tau Y^r = I^r(i) + \bar{G}^r.$$

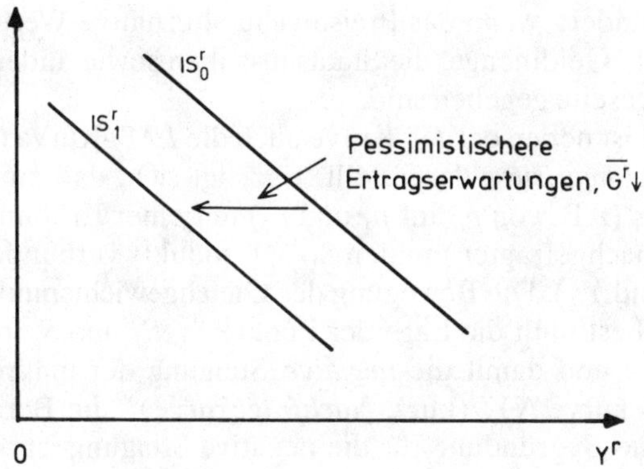


Fig. IV.3

als die rechte. Gütermarktgleichgewicht bleibt dann – bei gegebenem Zinssatz – nur erhalten, wenn das reale Sozialprodukt abnimmt und dadurch auch die rechte Seite von Gleichung (18b) kleiner wird. Pessimistischere Ertragsaussichten führen deshalb in Fig. IV.3 zu einer Linksverschiebung der $IS^r$-Kurve. Aus einer analogen Argumentation folgt, daß sich die $IS^r$-Kurve auch nach links verschiebt, wenn die realen Staatsausgaben ($\bar{G}^r$) vermindert werden[29].

Werden anderseits die zukünftigen Ertragsaussichten optimistischer beurteilt oder steigen die realen Staatsausgaben, dann ergeben sich die *umgekehrten* Zusammenhänge. In Fig. IV.3 würde dann in diesen Fällen eine Rechtsverschiebung der $IS^r$-Kurve erfolgen.

ccc) Das simultane Gleichgewicht auf dem Güter- und Geldmarkt läßt sich bestimmen, indem die in Fig. IV.2 dargestellte $LM_0^r$ $(p_0)$-Kurve und die in Fig. IV.3 dargestellte $IS_0^r$-Kurve zusammen in ein $i/Y^r$-Diagramm übertragen werden. Es entsteht so das *HICKSsche Diagramm* (Fig. IV.4, Quadrant I). Dieses bildet die Grundlage für die Herleitung der **makroökonomischen Nachfragefunktion,** die die beiden Beziehungen für partielle Gleichgewichte auf dem Güter- und dem Geldmarkt zu einer partiellen Gleichgewichtsbeziehung für die Nachfrageseite der Volkswirtschaft zusammenfaßt. Bei ihrer Herleitung wird gefragt, wie sich das durch Gleichgewicht auf dem Güter- und Geldmarkt bestimmte reale So-

---

[29] Bei einer Erhöhung des Steuersatzes $\tau$ würde sich auch eine Linksverlagerung der $IS^r$-Kurve ergeben (allerdings in Form einer Drehung um einen Punkt auf der $i$-Achse). Die Begründung hierfür liegt darin, daß die rechte Seite von (18b) durch die Anhebung des Steuersatzes um

$$\left[1 - \frac{\partial S^r}{\partial (Y^r - T^r)}\right] Y^r \, d\tau$$

größer wird, so daß bei gegebenem Zinssatz das Gleichgewichtseinkommen (in Abhängigkeit vom Ausgangseinkommen $Y^r$) sinken muß.

zialprodukt verändert, wenn das Preisniveau alternative Werte annimmt und die nominale Geldmenge, die Staatsausgaben sowie andere Parameter der Nachfrageseite gegeben sind.

In Quadrant I ist neben der $IS^r$-Kurve auch die $LM^r$-Kurve (wie im folgenden immer) *linearisiert* dargestellt. Es zeigt sich, daß eine Senkung des Preisniveaus (z. B. von $p_0$ auf $p_1$ und $p_2$) mit einer Erhöhung (des im Gleichgewicht nachgefragten) realen Sozialprodukts verbunden ist (z. B. von $Y_0^r$ auf $Y_1^r$ und $Y_2^r$). Die Bewegung des Gleichgewichtspunktes von $P_0$ nach $P_1$ und $P_2$ bestimmt die Lage der Punkte $S_0$, $S_1$ und $S_2$ in Quadrant IIa von Fig. IV.4 und damit die *negative* Steigung der makroökonomischen Nachfragekurve $NY^r$ (kurz: *Nachfragekurve*)[30] im Bereich bis $S_2$. Die ökonomische Begründung für die negative Steigung ist darin zu sehen, daß ein niedrigeres Preisniveau bei konstanter nominaler Geldmenge eine höhere reale Geldmenge impliziert, wodurch das Zinsniveau sinkt und sich als Folge davon eine Zunahme der Investitionen ergibt und damit auch des (nachgefragten) realen Sozialprodukts.

Eine Preissenkung unter das Niveau von $p_2$ bewirkt *keine* weitere Erhöhung des realen Sozialprodukts, da sie in die liquidity trap hineinführt. Deshalb verläuft die $NY_0^r$-Kurve von $S_2$ an senkrecht nach unten. Die *Knickstelle* wird im Hicksschen Diagramm durch *den* Punkt auf der $IS^r$-Kurve bestimmt, der zu dem für die liquidity trap maßgeblichen (niedrigsten) Zinssatz ($\bar{i}$) gehört.

Aus Fig. IV.4, Quadrant I, läßt sich weiter entnehmen, wie sich die *Lage* der $NY^r$-Kurve bei einer Änderung der nominalen Geldmenge oder der Staatsausgaben verändert. Eine Erhöhung der nominalen *Geldmenge* führt zu einer Rechtsverschiebung der $LM^r$-Kurve. Ausgehend von einem Gleichgewichtspunkt links von $P_2$ (z. B. von $P_0$) wird sich deshalb bei gegebenem Preisniveau das im Gleichgewicht nachgefragte reale Sozialprodukt erhöhen, wobei die Erhöhung jedoch in jedem Fall durch das der liquidity trap entsprechende Sozialproduktsniveau ($Y_2^r$) begrenzt ist. Diesem Ergebnis entspricht die in Quadrant IIa eingezeichnete Verlagerung der $NY^r$-Kurve nach oben. Ein Anstieg der (realen) *Staatsausgaben* bewirkt eine Rechtsverschiebung der $IS^r$-Kurve, so daß sich bei gegebenem Preisniveau und dadurch bestimmter $LM^r$-Kurve ein höheres im Gleich-

[30] Die negative Steigung der Nachfragekurve läßt sich formal aus den Gleichungen (17) und (18b) durch totale Differentiation bestimmen. Wird $\tau$ zur Vereinfachung der Ableitung gleich Null gesetzt, dann erhält man nach einigen Umformungen:

$$\frac{dp}{dY^r} = \frac{\frac{\partial L^r}{\partial Y^r} + \frac{\partial L^r}{\partial i}\frac{\partial S^r}{\partial Y^r} / \frac{\partial I^r}{\partial i}}{-\frac{M}{p^2}} < 0.$$

Vgl. hierzu auch T. Havrilesky, A Comment on 'The Use of the Aggregate Demand Curve'. „The Journal of Economic Literature", Vol. 13 (1975), S. 472 f.

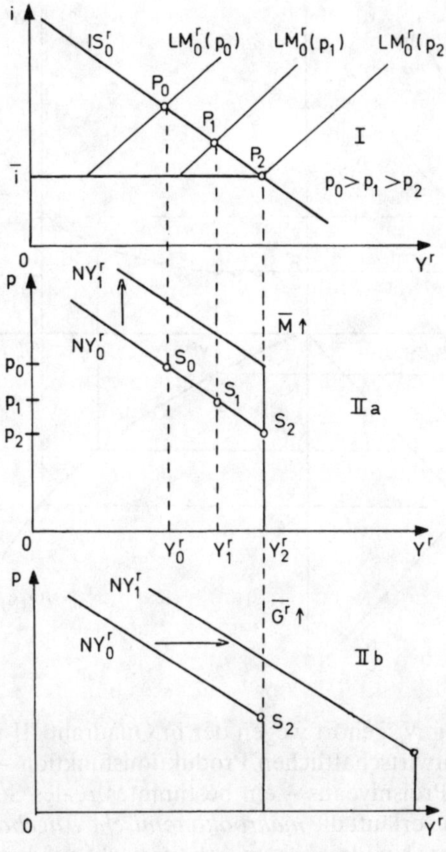


Fig. IV.4

gewicht nachgefragtes reales Sozialprodukt ergibt, und zwar auch bei der der liquidity trap entsprechenden $LM_0^r$ ($p_2$)-Kurve. Folglich verschiebt sich die $NY^r$-Kurve bei einem Anstieg der Staatsausgaben nach rechts, wie es in Quadrant IIb dargestellt ist.

*bb) Angebotsseite.* – Die **makroökonomische Angebotsfunktion** erfaßt die Komponenten der Angebotsseite und berücksichtigt die Konstellation auf dem Arbeitsmarkt sowie die gesamtwirtschaftliche Produktionsfunktion.

aaa) Der *klassische Arbeitsmarkt* wird durch eine mit steigendem Reallohnsatz sinkende Arbeitsnachfrage und ein mit dem Reallohnsatz steigendes Arbeitsangebot beschrieben. Bei völliger Flexibilität von Geldlohnsätzen und Preisen herrscht Gleichgewicht auf dem Arbeitsmarkt bei $P_0$ mit Vollbeschäftigung in Höhe von $N_0$ (Quadrant IV von Fig. IV.5).

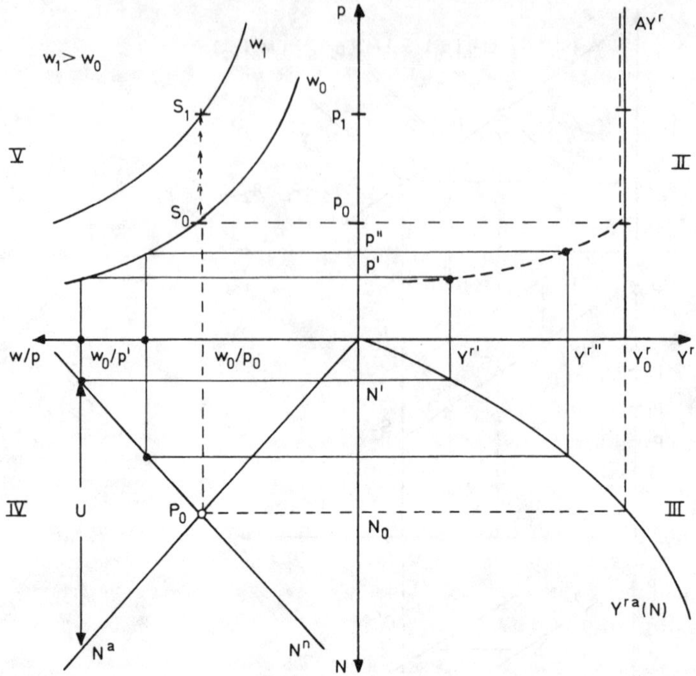


Fig. IV.5

Zur Beschäftigung $N_0$ gehört wegen der in Quadrant III von Fig. IV.5 dargestellten gesamtwirtschaftlichen Produktionsfunktion – unabhängig von der Höhe des Preisniveaus – ein bestimmtes reales Sozialprodukt, nämlich $Y_0^r$. Folglich verläuft die *makroökonomische Angebotskurve* $AY^r$ (kurz Angebotskurve) bei klassischem Arbeitsmarkt auf dem Niveau von $Y_0^r$ senkrecht (wie die durchgezogene Linie in Quadrant II). Alternativen Preisniveaus auf der Angebotskurve entsprechen bei dem durch den Arbeitsmarkt festgelegten Reallohnsatz $(w/p)_0$ bestimmte Geldlohnsätze (z.B. $w_0 = (w/p)_0 \, p_0$). Die Geldlohnsätze erscheinen in der Graphik (Quadrant V) als Lageparameter von *w-Kurven,* die die Identität $p = w \dfrac{1}{w/p}$ abbilden. Sie stellen gleichseitige Hyperbeln dar, die um so weiter vom Ursprung entfernt liegen, je höher der jeweilige Geldlohnsatz ist. Da auf dem klassischen Arbeitsmarkt der Geldlohnsatz vollkommen flexibel ist, wird die Lage der $w$-Kurve, d.h. die Höhe des Geldlohnsatzes, für ein bestimmtes Preisniveau durch den Gleichgewichtsreallohnsatz in Quadrant IV festgelegt. So gehört beispielsweise zum Preisniveau $p_0$ die $w_0$-Kurve mit dem Geldlohnsatz $w_0$, zum Preisniveau $p_1$ die $w_1$-Kurve mit dem Geldlohnsatz $w_1$ usw. Auf jeder dieser $w$-Kurven wird unter den Bedingungen des klassischen Arbeitsmarktes für alternative Preisniveaus jeweils immer nur ein Punkt relevant, z. B. $S_0$ auf der $w_0$-Kurve für $p_0$, $S_1$ auf der $w_1$-Kurve für $p_1$ usw.

bbb) Wie erläutert ist der Arbeitsmarkt mit der KEYNESschen Variante dadurch charakterisiert, daß der Geldlohnsatz bei Unterbeschäftigung *konstant* ist. Unterbeschäftigung entsteht, wenn sich durch eine Störung beim herrschenden Geldlohnsatz ein Angebotsüberschuß auf dem Arbeitsmarkt einstellt. Da jetzt annahmegemäß der Geldlohnsatz nicht sinkt, geben die Punkte auf der zum herrschenden Geldlohnsatz ($w_0$) gehörenden $w_0$-Kurve den Zusammenhang zwischen Preisniveau und Reallohnsatz an. Beispielsweise ist dem Preisniveau $p'$ bei gegebener $w_0$-Kurve der Reallohnsatz $w_0/p'$ zugeordnet (vgl. Quadrant V). Bei diesem (relativ hohen) Reallohnsatz bestimmt die Arbeitsnachfrage als kürzere Marktseite das Niveau der tatsächlichen Beschäftigung, z. B. in Höhe von $N'$ mit Arbeitslosigkeit im Ausmaß von $U$. Wie man sieht, gehört zum Preisniveau $p'$ ein gesamtwirtschaftliches Angebot in Höhe von $Y^{r\prime}$. Bei einem höheren Preisniveau und einem im Unterbeschäftigungsbereich weiterhin konstanten Geldlohnsatz ($w_0$) wird die Arbeitsnachfrage wegen des niedrigeren Reallohnsatzes größer und damit auch das gesamtwirtschaftliche Angebot. So entspricht dem Preisniveau $p''$ z. B. ein gesamtwirtschaftliches Angebot in Höhe von $Y^{r''}$. Das gesamtwirtschaftliche Angebot nimmt bei steigendem Preisniveau (und konstantem Geldlohnsatz) so lange zu, bis das Vollbeschäftigungsniveau (bei $P_0$) erreicht ist. Danach wird die klassische Arbeitsangebotsfunktion relevant; der Geldlohnsatz steigt proportional zum Preisniveau, so daß der Reallohnsatz konstant bleibt. Folglich fällt die gestrichelt gezeichnete Angebotsfunktion mit der KEYNESschen Variante oberhalb von $p_0$ mit der klassischen $AY^r$-Kurve zusammen; sie wird dort ebenfalls zu einer vertikalen Geraden auf dem Niveau $Y_0^r$.

### c) Gleichgewicht und Störungen[31]

Die bisher noch isoliert dargestellten makroökonomischen Nachfrage- und Angebotskurven werden in einem dritten Schritt so in einer Graphik zusammengefügt, daß sich ein *gesamtwirtschaftliches Gleichgewicht* bestimmen läßt. Nach Darstellung des Gleichgewichts werden die Konsequenzen von Störungen untersucht, und zwar insbesondere unter dem Aspekt der Beschäftigung.

[31] Der Einfluß bestimmter Parameteränderungen auf Beschäftigung, Zins- und Preisniveau wird unter der Annahme eines konstanten Geldlohnsatzes algebraisch im Anhang A4) dargestellt.

*aa) Das Modell mit der klassischen Variante.* – aaa) Während der Arbeitsmarkt in diesem Ansatz klassischen Vorstellungen entspricht, enthalten der Gütermarkt mit der einkommensabhängigen Konsumfunktion und der Geldmarkt mit der zinsabhängigen Geldnachfrage wesentliche Bestandteile der KEYNESschen Theorie. Dieses auch als **neoklassische Synthese** bezeichnete Modell impliziert – wie dargestellt – eine völlig preis-

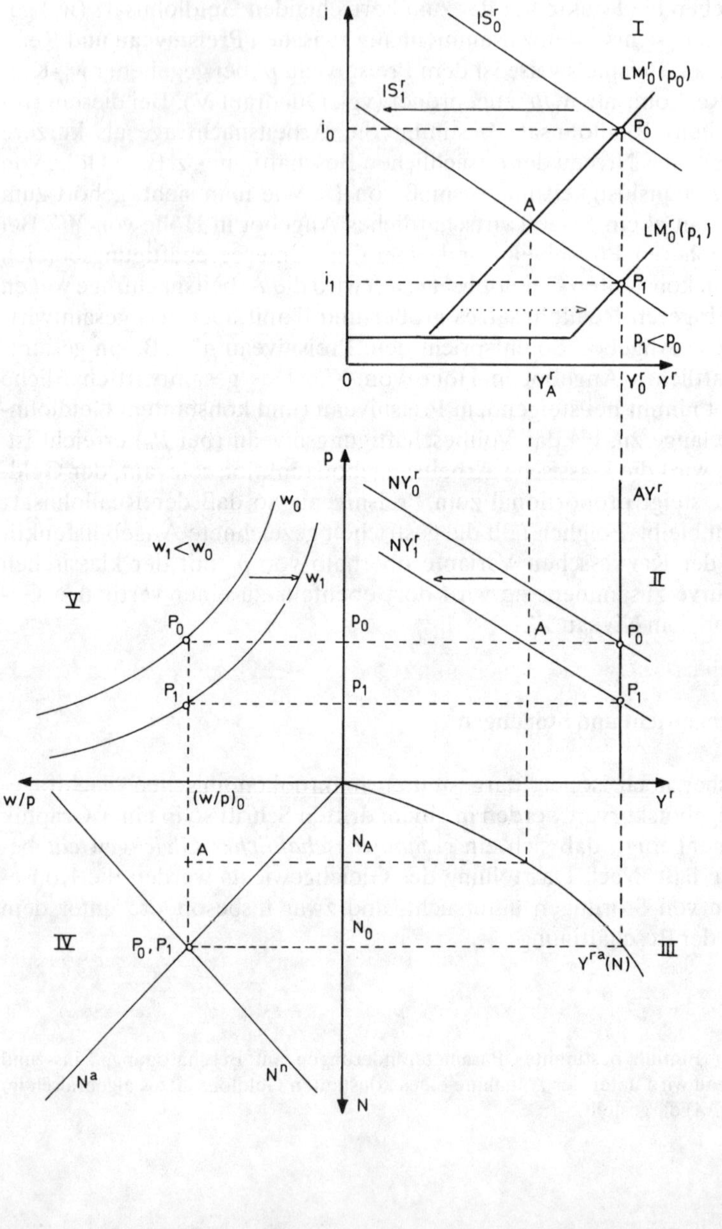


Fig. IV.6

unelastische makroökonomische Angebotskurve und eine bis zur liquidity trap preiselastische Nachfragekurve. Solange sich die Analyse nicht gerade mit Spezialfällen wie dem der liquidity trap befaßt, wird die Nachfragekurve für Situationen dargestellt, in denen die liquidity trap nicht relevant wird; die $NY^r$-Kurve weist dann im eingezeichneten Bereich keine Knickstelle auf.

Die Darstellung legt die Vermutung nahe, daß Angebot und Nachfrage auf dem Arbeitsmarkt stets zu einem Reallohnsatz führen, bei dem Vollbeschäftigung vorliegt. Eine solche Vermutung setzt allerdings voraus, daß dem der Vollbeschäftigung $N_0$ entsprechenden Gesamtangebot an Gütern $Y_0^r$ stets eine gleich hohe gesamtwirtschaftliche Nachfrage gegenübersteht. Für die Klassiker war die Übereinstimmung von Angebot und Nachfrage auf Gütermärkten entsprechend dem **SAYschen Gesetz** immer auf dem Vollbeschäftigungsniveau gewährleistet[32]. Die KEYNESianische Analyse stellt diese zentrale These der Klassiker in Frage und gelangt zu dem Ergebnis, daß Situationen eintreten können, in denen die gesamtwirtschaftliche Nachfrage *nicht* ausreicht, um das gesamtwirtschaftliche Angebot bei Vollbeschäftigung aufzunehmen. Es ist u.a. das Anliegen der folgenden Analyse, solche Situationen herauszuarbeiten.

bbb) Die Ausgangssituation unserer Betrachtungen ist so gewählt, daß bei einem Preisniveau $p_0$ Gleichgewicht auf dem Gütermarkt mit Vollbeschäftigung einhergeht (siehe $P_0$ in Fig. IV.6). Um die aus einer Störung resultierenden Anpassungsvorgänge im Zeitablauf beschreiben zu können, müssen wir unsere bisherigen, in den (sechzehn) Strukturgleichungen enthaltenen rein statischen Zusammenhänge um dynamische Hypothesen ergänzen, die Hinweise über die *Anpassungsgeschwindigkeit* verschiedener Variablen geben. Wir wollen deshalb folgende Hypothesen zusätzlich einführen:

- Auf dem Güter- und Arbeitsmarkt passen sich Mengengrößen schneller an als Preisgrößen. Das reale Sozialprodukt und die Beschäftigung reagieren deshalb schneller als das Preisniveau und der Geldlohnsatz[33].
- Die Anpassung im monetären Bereich erfolgt in der Weise, daß der Zinssatz simultan mit den Mengengrößen reagiert.

---

[32] Es gab allerdings auch Ausnahmen unter den Klassikern, z.B. den von KEYNES bewunderten R. MALTUS (vgl. L. R. KLEIN, The KEYNESian Revolution. 2nd ed. London, Melbourne 1968. S. 44).

[33] Diese Hypothese gehört zu den Grundannahmen der sog. **Neuen KEYNESianischen Makroökonomik.** Vgl. hierzu z.B. B. FELDERER, ST. HOMBURG, Makroökonomik und neue Makroökonomik. 6., verb. Aufl. Berlin 1994. S. 287 ff. – Siehe hierzu auch LEIJONHUFVUD, a.a.O., S. 49 ff. – Vgl. hierzu auch die Ausführungen in Kapitel IV unter 4a) cc) ccc).

Die zu analysierende Störung des ursprünglichen Gleichgewichts soll darin bestehen, daß die Investoren die Ertragsaussichten pessimistischer einschätzen. Die $IS^r$-Kurve und damit auch die $NY^r$-Kurve verschieben sich also nach links (vgl. Quadrant I und II von Fig. IV.6). Beim bestehenden Preisniveau $p_0$ und Geldlohnsatz $w_0$ entsteht dadurch ein Angebotsüberschuß an Gütern, der die Unternehmer zu einer Einschränkung der Produktion und Beschäftigung bei zunächst noch unverändertem Preisniveau veranlaßt. Für die Haushalte bedeutet dieser Vorgang, daß das tatsächlich erhaltene Realeinkommen kleiner ist als das Einkommen, mit dem sie in ihrer Planung bei dem gegebenen Preis- und Geldlohnsatzniveau gerechnet haben. Da das *realisierte* Einkommen die Konsumwünsche der Haushalte *limitiert,* müssen sie ihre effektive Nachfrage nach Konsumgütern ihrem gesunkenen Einkommen anpassen; ihre effektive Nachfrage geht also zurück[34]. Daraufhin stellen die Unternehmer in der Konsumgüterindustrie fest, daß sich ihre Absatzerwartungen nicht erfüllt haben. Sie revidieren ihre Produktionspläne nach unten und leiten so eine neue (kontraktiv wirkende) Multiplikatorrunde ein. Neben diesem kontraktiven Impuls resultiert aus den sinkenden Realeinkommen aber auch ein expansiver Impuls, und zwar aus dem monetären Bereich: Infolge des Einkommensrückgangs verringert sich die (reale) Liquiditätspräferenz für Transaktionszwecke bei zunächst unveränderter realer Geldmenge, und es tritt eine Zinssenkung ein, die zu Investitionen anregt und so den Kontraktionsprozeß dämpft. Als Fazit dieser Vorgänge wird schließlich vorübergehend der Punkt *A* realisiert, d.h. das reale Sozialprodukt ist auf $Y_A^r$ gesunken. Die hierbei realisierte Beschäftigung $N_A$ impliziert *Arbeitslosigkeit* in Höhe von $N_0N_A$ (Quadrant III und IV)[35].

---

[34] Mit diesem Hinweis auf die Verknüpfung zwischen den Nachfragedispositionen der Haushalte und dem bei zunächst noch unverändertem Preis- und Geldlohnsatzniveau realisierbaren Arbeitsangebot (und damit dem realisierbaren Realeinkommen) wird Bezug auf einige wichtige Überlegungen von R. Clower genommen (und zwar auf die von ihm eingeführte **duale Entscheidungshypothese**). – Seiner Analyse kommt für die Keynesianische Theorie auch insofern eine besondere Bedeutung zu, als sie (fundiert durch einen einzelwirtschaftlichen Optimierungskalkül) eine Erklärung dafür bietet, daß in der Keynesianischen Konsumfunktion – anders als in den klassischen Nachfragefunktionen – eine *Transaktionsgröße*, nämlich das *reale Volkseinkommen*, als unabhängige Variable erscheint. Einzelheiten zu den Überlegungen Clowers siehe R. Clower, The Keynesian Counterrevolution: A Theoretical Appraisal. In: The Theory of Interest Rates. Proceedings of a Conference held by the International Economic Association. (Ed. by F. H. Hahn, F. P. R. Brechling). London, New York 1965. S. 103 ff., insbesondere S. 118 ff. – Vgl. auch Leijonhufvud, a. a. O., S. 55 ff. – Richter, Schlieper, Friedmann, a. a. O., S. 348 ff. – G. Engel, Die Einbeziehung des monetären Bereichs in makroökonomische Modelle. Ein Beitrag zur Diskussion über den Transmissionsmechanismus monetärer Impulse. Göttinger Dissertation 1973. S. 133 ff.

[35] Der Reallohnsatz $(w/p)_0$ hat sich noch nicht verändert, und bei diesem Reallohnsatz beläuft sich das Arbeitsangebot auf $N_0$.

Die dem Punkt $A$ entsprechende Situation auf dem Güter- und Arbeitsmarkt kann nicht bestehen bleiben, da sich als Reaktion auf den Angebotsüberschuß auf dem Güter- und Arbeitsmarkt ein Druck auf das Preisniveau und den Geldlohnsatz ergibt. Aus der Preissenkung resultiert der sog. **KEYNES-Effekt**: Bei konstanter nominaler Geldmenge steigt die reale Geldmenge, d. h. in Quadrant I verschiebt sich die $LM^r$-Kurve nach rechts, und es tritt eine *weitere* Zinssenkung ein, die weitere Investitionen induziert. Die durch den KEYNES-Effekt bewirkte Nachfragestimulierung setzt sich so lange fort, wie noch Preissenkungen erfolgen; Preissenkungen werden so lange eintreten, wie noch (in Quadrant II) ein makroökonomisches Überschußangebot vorliegt. Synchron hiermit existiert auch auf dem Arbeitsmarkt noch ein Überschußangebot, das eine Senkung des Geldlohnsatzes bewirkt. Die gesamtwirtschaftliche Nachfrage wird deshalb bei sinkenden Preisen entlang der $NY_1^r$-Kurve so lange expandieren, bis sie ein Niveau erreicht hat, das ausreicht, die der Vollbeschäftigung $N_0$ entsprechende Produktion $Y_0^r$ aufzunehmen. Beschäftigung und reales Sozialprodukt kehren also auf ihre Ausgangswerte zurück, so daß das neue Gleichgewicht bei $P_1$ wieder mit *Vollbeschäftigung* einhergeht, allerdings bei einem *niedrigeren Zins-, Preis- und Geldlohnsatzniveau* ($i_1$, $p_1$ und $w_1$ in den Quadranten I, II und V).

ccc) Die automatische Wiederherstellung des gestörten Vollbeschäftigungszustandes braucht aber nicht in jedem Fall einzutreten. Die speziel-

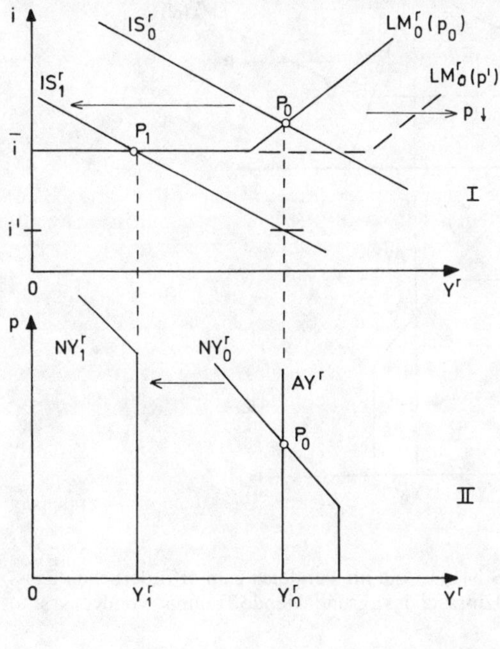


Fig. IV.7

len Gründe, die eine selbsttätige Rückkehr zur Vollbeschäftigung verhindern, sollen im folgenden graphisch erläutert werden (Fig. IV.7 und IV.8).

Beide Darstellungen gehen wieder von einer Abnahme der Investitionstätigkeit, d.h. von einer Linksverschiebung der $IS^r$-Kurve aus. Auch hier kommt es im Laufe des Kontraktionsprozesses zu einer verzögert einsetzenden Preissenkung, die eine Zunahme der realen Geldmenge bedeutet und eine Rechtsverschiebung der $LM^r$-Kurve bewirkt. Im Unterschied zu den vorhergehenden Darstellungen führt dieser Vorgang aber zu keiner Erhöhung der Investitionstätigkeit. Im *ersten* Fall (vgl. Fig. IV.7) liegt der Grund hierfür darin, daß zur Wiederherstellung des Vollbeschäftigungseinkommens ($Y_0^r$) eine Zinssenkung (nämlich auf $i'$) notwendig wäre, die nicht eintreten kann. Der zur Realisierung des Vollbeschäftigungseinkommens erforderliche Zinssatz liegt unter dem Marktzinssatz, der für gerade noch realisierbar gehalten wird, also unter dem Zinssatz ($\bar{i}$), der der *liquidity trap* entspricht (Fig. IV.7, Quadrant I)[36]. Anders interpretiert wird der KEYNES-Effekt nicht wirksam, da der Anstieg der realen Geldmenge keine Zinssenkung auslöst. Die weiteren Folgen zeigt Quadrant II: Nach der Linksverschiebung der Nachfragekurve $NY_0^r$ stellt sich *kein* neues gesamtwirtschaftliches Gleichgewicht ein; der Ange-

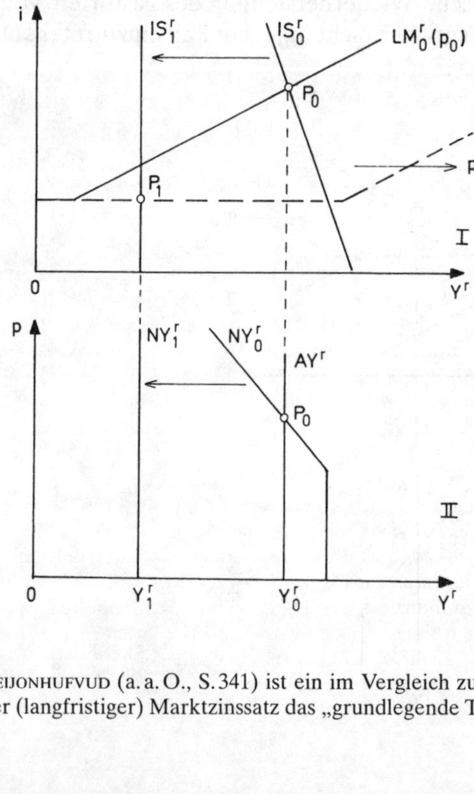


Fig. IV.8

[36] Für LEIJONHUFVUD (a.a.O., S. 341) ist ein im Vergleich zum erforderlichen Zinssatz zu hoher (langfristiger) Marktzinssatz das „grundlegende Trauma" von KEYNES.

botsüberschuß an Gütern bleibt wegen unzureichender Nachfrage bestehen und bewirkt eine ständige Preissenkung.

Auch im *zweiten* Fall wird der KEYNES-Effekt nicht wirksam. Der spezielle Grund liegt jetzt darin, daß die Investitionstätigkeit im Zuge ihrer autonomen Abschwächung gleichzeitig *vollkommen zinsunelastisch* wird. Deshalb ist die $IS_1^r$-Kurve eine vertikale Linie. Wie man sieht, tritt nach der Störung zwar noch eine Zinssenkung ein (auf ein $P_1$ entsprechendes Niveau), die Zinssenkung induziert aber keine Ausweitung der Investitionen. Wie Quadrant II von Fig. IV.8 verdeutlicht, ergibt sich auch hier auf Grund eines permanenten Angebotsüberschusses an Gütern ein anhaltender Druck auf das Preisniveau. Zu beachten ist dabei, daß durch den vertikalen Verlauf der $IS_1^r$-Kurve das (im partiellen Gleichgewicht) nachgefragte Sozialprodukt auf einem bestimmten Niveau fixiert wird (z.B. auf $Y_1^r$), so daß die Nachfragekurve ($NY_1^r$) auf diesem Niveau durchgehend senkrecht verläuft.

Die unterhalb des Vollbeschäftigungsniveaus ($Y_0^r$) begrenzte gesamtwirtschaftliche Nachfrage und der dadurch bedingte permanente Angebotsüberschuß gehen auf dem Arbeitsmarkt ebenfalls mit einem permanenten Angebotsüberschuß einher, also mit anhaltender *Arbeitslosigkeit.* Hieraus resultiert ein fortwährender Druck auf den Geldlohnsatz. Somit ergibt sich als Folge der Störung in beiden Spezialfällen ein Nebeneinander *ständig sinkender Preise und Geldlohnsätze* und damit eine deflatorische Entwicklung, die die wirtschaftliche Funktionsfähigkeit des Systems gefährdet[37] und die Vollbeschäftigung nicht herbeiführen kann[38].

In Hinblick auf die schwerwiegenden Folgen des fortwährenden Deflationsprozesses ist von wirtschaftspolitischem Interesse, daß dieser Prozeß

[37] Aus der Sicht von KEYNES wird die wirtschaftliche Funktionsfähigkeit des Systems durch den Deflationsprozeß aus verschiedenen Gründen gefährdet: 1. Es treten sozial nicht vertretbare Einkommensumverteilungsvorgänge auf (KEYNES, a.a.O., S.268). 2. Die Kalkulationsbasis der Unternehmer wird unsicher (ebenda, S.269). 3. Preissenkungen lösen pessimistische Preiserwartungen aus und verstärken so durch eine abnehmende Investitionstätigkeit den Deflationsprozeß (vgl. Fußnote 18, S.190). 4. Preisschwankungen bedeuten, daß Geld eine wesentliche Voraussetzung seiner Funktionsfähigkeit verliert, nämlich die Stabilität seiner Kaufkraft (vgl. A.H. HANSEN, a.a.O., S.164).

[38] Zur Vervollständigung sei darauf hingewiesen, daß dieses Ergebnis von PIGOU kritisiert wurde, und zwar mit Hilfe eines Konzepts, das später in der Theorie von PATINKIN eine Rolle spielte. PIGOU wies darauf hin, daß die im Zuge des deflatorischen Prozesses eintretende Senkung des Preisniveaus eine Erhöhung der realen Kassenbestände bedeutet und hierdurch eine Erhöhung des Konsums ausgelöst wird. Auch wenn keine Investitionen induziert werden, soll hierdurch schließlich wieder eine der Vollbeschäftigung entsprechende gesamtwirtschaftliche Nachfrage realisiert werden können. Selbst wenn dieser **PIGOU-Effekt** tatsächlich die Vollbeschäftigung wiederherstellen sollte, bliebe aber die wichtige Frage offen, ob dieses in einer vertretbaren Zeit geschieht.

an eine Grenze stößt, wenn der Geldlohnsatz (ähnlich wie bei der KEYNESschen Variante und abweichend von klassischen Vorstellungen) nicht mehr nach unten nachgibt. Wie schon gezeigt (Fig. IV.5), erhält die Angebotskurve hierdurch einen preiselastischen Bereich, so daß sich auf der nach links verschobenen Nachfragekurve stets ein Schnittpunkt mit der Angebotskurve ergibt und damit eine stabile *Gleichgewichtslage.* Offenbar werden in diesem Fall die Auswirkungen bestehender Inflexibilitäten (nämlich eine nach unten begrenzte Zinsanpassung oder eine vollkommene Zinsunelastizität der Investitionen) durch Einführung einer weiteren Inflexibilität (nämlich bei der Lohnanpassung) begrenzt. Vor diesem Hintergrund wird verständlich, daß für KEYNES ein (nach unten) stabiler Geldlohnsatz mehr ist als eine begründete Annahme; er ist zugleich eine wirtschaftspolitische Empfehlung[39].

*bb) Das Modell mit der KEYNESschen Variante.* – Wie bereits bekannt, folgt bei diesem Ansatz aus den speziellen Annahmen über das Arbeitsangebot, daß die makroökonomische Angebotsfunktion bis zur Vollbeschäftigungsgrenze preiselastisch ist und danach vollkommen preisunelastisch wird (vgl. Quadrant II von Fig. IV.9). Das durch $P_0$ beschriebene Ausgangsgleichgewicht mit Vollbeschäftigung wird annahmegemäß wieder dadurch gestört, daß die Investoren die Ertragsaussichten pessimistischer einschätzen und sich dementsprechend die $IS^r$-Kurve und damit auch die $NY^r$-Kurve nach links verschieben (Quadrant I und II).

Die gesamtwirtschaftliche Nachfrage geht also zurück, und es entsteht ein Angebotsüberschuß. Wie schon einmal dargestellt, wird hierdurch ein durch Zinssenkungen gedämpfter Kontraktionsprozeß ausgelöst, der bei zunächst noch unveränderten Preisen vorübergehend zu einer Zwischenposition führt, die durch den Punkt $A$ angegeben wird (Quadrant I und II). Das reale Sozialprodukt sinkt also auf $Y^r_A$.

Mit der Zeit stellt sich als Folge der rückläufigen gesamtwirtschaftlichen Nachfrage eine Preisreaktion ein, und zwar wegen des entstandenen Überschußangebots an Gütern (von $AP_0$) eine Preissenkung. Wie bereits erläutert, löst die Preissenkung im monetären Bereich durch den KEYNES-Effekt *Gegenreaktionen* aus: Die Preissenkung bedeutet eine Erhöhung der realen Geldmenge; sie führt deshalb noch einmal zu einer Zinssenkung und zu einer dadurch ausgelösten Ausweitung der Investitionen. Anders als bei dem Modell mit klassischem Arbeitsmarkt und völlig flexiblem Geldlohnsatz bewirkt der KEYNES-Effekt hier jedoch auch bei normalem Verlauf der $LM^r$-Kurve und der $IS^r$-Kurve keine vollständige Rückkehr zum ursprünglichen Gleichgewicht. Der expansive *feedback-Effekt* (Rückkoppelungseffekt) reicht nicht aus, weil die für die Nachfra-

---

[39] Vgl. KEYNES, a.a.O., S.270, 304. – Siehe auch LEIJONHUFVUD, a.a.O., S.332.

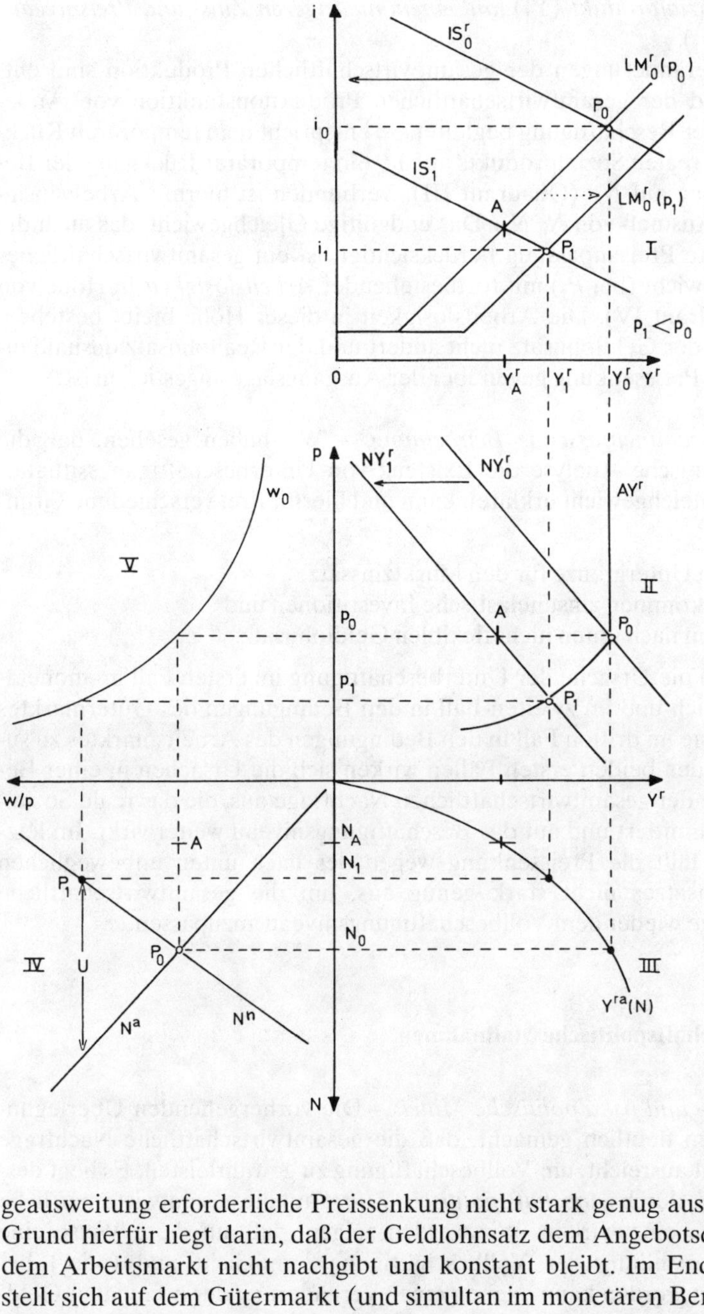

Fig. IV.9

geausweitung erforderliche Preissenkung nicht stark genug ausfällt. Der Grund hierfür liegt darin, daß der Geldlohnsatz dem Angebotsdruck auf dem Arbeitsmarkt nicht nachgibt und konstant bleibt. Im Endergebnis stellt sich auf dem Gütermarkt (und simultan im monetären Bereich) ein neues Gleichgewicht bei $P_1$ ein (Quadrant I und II) mit einem *kleineren realen Sozialprodukt* ($Y_1^r$) *und einem niedrigeren Zins- und Preisniveau* ($i_1$ *bzw.* $p_1$).

Die Veränderungen der gesamtwirtschaftlichen Produktion sind entsprechend der gesamtwirtschaftlichen Produktionsfunktion von Änderungen der Beschäftigung begleitet. So entspricht dem temporären Rückgang des realen Sozialprodukts auf $Y_A^r$ ein temporärer Rückgang der Beschäftigung auf $N_A$ (Quadrant III). Verbunden ist hiermit Arbeitslosigkeit im Ausmaß von $N_0\,N_A$. Das endgültige Gleichgewicht, das auch die verzögerte Preisanpassung berücksichtigt, ist ein gesamtwirtschaftliches Gleichgewicht (bei $P_1$) mit fortbestehender *Arbeitslosigkeit* in Höhe von $U$ (Quadrant IV). Die Arbeitslosigkeit in dieser Höhe bleibt bestehen, weil sich der Geldlohnsatz nicht ändert und der Reallohnsatz deshalb infolge der Preissenkung gegenüber der Ausgangslage angestiegen ist.

*cc) Zusammenfassende Betrachtung.* – Wir haben gesehen, daß die KEYNESianische Analyse die Existenz von Unterbeschäftigungssituationen im Gleichgewicht erklären kann und hierfür drei verschiedene Gründe liefert:

1. eine Untergrenze für den Marktzinssatz,
2. vollkommen zinsunelastische Investitionen und
3. einen nach unten nicht flexiblen Geldlohnsatz.

Während die Ursache der Unterbeschäftigung im ersten Fall im monetären Bereich und im zweiten Fall in den Bedingungen des Gütermarktes liegt, ist sie im dritten Fall in den Bedingungen des Arbeitsmarktes zu suchen. In den beiden ersten Fällen wirken sich die Ursachen in einer Begrenzung der gesamtwirtschaftlichen Nachfrage aus, die das reale Sozialprodukt limitiert und auf das Beschäftigungsniveau weiterwirkt. Im letzten Fall fällt die Preissenkung wegen des nach unten unbeweglichen Geldlohnsatzes nicht stark genug aus, um die gesamtwirtschaftliche Nachfrage wieder dem Vollbeschäftigungsniveau anzupassen.

### d) Wirtschaftspolitische Maßnahmen

*aa) Geld- und fiskalpolitische Mittel.* – Die vorhergehenden Überlegungen haben deutlich gemacht, daß die gesamtwirtschaftliche Nachfrage u.U. nicht ausreicht, um Vollbeschäftigung zu gewährleisten. Es liegt deshalb nahe, durch *wirtschaftspolitische Mittel* auf die gesamtwirtschaftliche Nachfrage einzuwirken. Wir werden zeigen, daß auf diese Weise eine Wiederherstellung der Vollbeschäftigung ermöglicht und (oder) beschleunigt werden kann. Neben einer Veränderung der nominalen Geldmenge (Geldpolitik) beziehen wir zum Zwecke des Vergleichs auch fiskalpolitische Maßnahmen in die Überlegungen ein, z. B. Änderungen der (realen) Staatsausgaben.

*bb) Expansive Maßnahmen.* – aaa) Bei der Analyse expansiver wirtschaftspolitischer Maßnahmen wollen wir (zunächst) folgende Situation zugrunde legen (vgl. Fig. IV.10 und IV.11, Quadrant II): In der durch $P_0$ gekennzeichneten Ausgangslage herrscht Arbeitslosigkeit, und zwar wegen eines nach unten nicht flexiblen Geldlohnsatzes (KEYNESsche Variante).

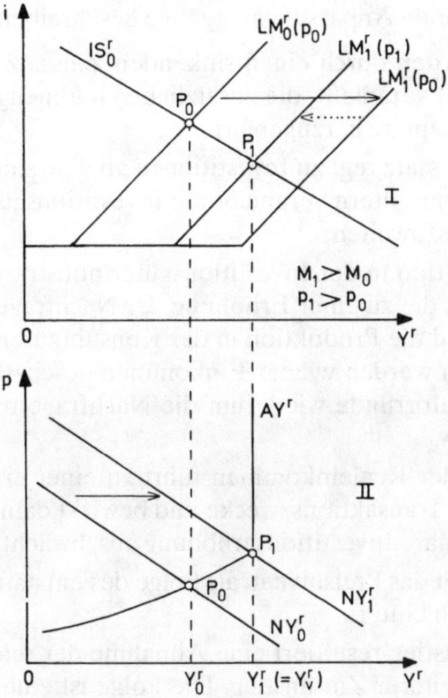


Fig. IV.10

Die bei $P_0$ bestehende Arbeitslosigkeit kann beseitigt werden, wenn es gelingt, das reale Sozialprodukt auf das der Vollbeschäftigung entsprechende Niveau $Y_1^r$ ($= Y_v^r$) anzuheben. Zu diesem Zweck bietet es sich an, die gesamtwirtschaftliche Nachfrage durch wirtschaftspolitische Maßnahmen so anzuregen, daß die neue $NY_1^r$-Kurve die unveränderte $AY^r$-Kurve in ihrem Vollbeschäftigungsbereich, z. B. in $P_1$ schneidet (vgl. Fig. IV.10 bzw. IV.11, Quadrant II). Die erforderliche Zunahme der gesamtwirtschaftlichen Nachfrage läßt sich erreichen, indem man die (nominale) *Geldmenge* vergrößert (vgl. Fig. IV.10, Quadrant I) oder die *Staatsausgaben* bei konstanter Geldmenge erhöht (vgl. Fig. IV.11, Quadrant I). Im ersten Fall verschiebt sich die $LM^r$-Kurve nach rechts, im zweiten erfolgt eine Rechtsverschiebung der $IS^r$-Kurve (siehe dazu die durchgezogenen Pfeile). In beiden Fällen wird die hieraus resultierende expansive Wirkung auf das reale Sozialprodukt durch einen induzierten Preisanstieg, der eine Abnahme der realen Geldmenge bedeutet und sich in Quadrant I von Fig. IV.10 bzw. IV.11 jeweils in einer Linksverschiebung der $LM^r$-Kurve niederschlägt, teilweise kompensiert (siehe dazu die gepunkteten Pfeile).

Im einzelnen läßt sich der **Transmissionsmechanismus** zwischen einer (z.B. durch Wertpapierankäufe der Zentralbank bewirkten) *Geldmengenerhöhung* einerseits und der Erhöhung des realen Sozialprodukts anderseits durch folgende Anpassungsvorgänge beschreiben:

- Nichtbanken werden durch einen sinkenden Zinssatz (bzw. steigende Wertpapierkurse) veranlaßt, die zusätzliche Geldmenge aufzunehmen (und dafür Wertpapiere herzugeben).
- Der sinkende Zinssatz regt zu Investitionen an. Die steigende Nachfrage nach Investitionsgütern veranlaßt die Investitionsgüterindustrie, ihre Produktion auszuweiten.
- Die Mehrproduktion in der Investitionsgüterindustrie schafft zusätzliche Einkommen, die zu einer Erhöhung der Nachfrage nach Konsumgütern führen und die Produktion in der Konsumgüterindustrie stimulieren. Hierdurch werden wieder Einkommen geschaffen, die in einer neuen Multiplikatorrunde wiederum die Nachfrage nach Konsumgütern erhöhen, usw.
- Die Steigerung der Realeinkommen führt zu einer erhöhten Liquiditätspräferenz für Transaktionszwecke und bewirkt damit einen Zinsanstieg, der die primäre Investitionserhöhung abschwächt.
- Mit der Zeit steigt das Preisniveau als Folge des entstandenen Nachfrageüberschusses an Gütern.
- Aus dem Preisanstieg resultiert eine Abnahme der realen Geldmenge und damit ein weiterer Zinsanstieg. Die Folge ist eine weitere Dämpfung des Expansionsprozesses.

Im Endergebnis führt der Expansionsprozeß, der *zunächst* die Investitionsgüterindustrie und erst *danach* die Konsumgüterindustrie erfaßt, zu einer *Vergrößerung des realen Sozialprodukts, der Beschäftigung und des Preisniveaus*[40]. Offenbar ist die Geldmenge in dem hier betrachteten Fall – abweichend von den Vorstellungen der Klassiker – *nicht neutral* in bezug auf reale Größen. Allerdings ergibt sich auch bei der KEYNESschen Variante der Lohnbildung Neutralität des Geldes, wenn die Vollbeschäf-

---

[40] Vgl. hierzu auch den Anhang A4).

tigungsgrenze erreicht und die Geldmenge weiter ausgedehnt wird. In diesem Fall führt eine Ausweitung der Geldmenge nur zu einer proportionalen Erhöhung des Preisniveaus, und es gilt die *Quantitätstheorie*[41].

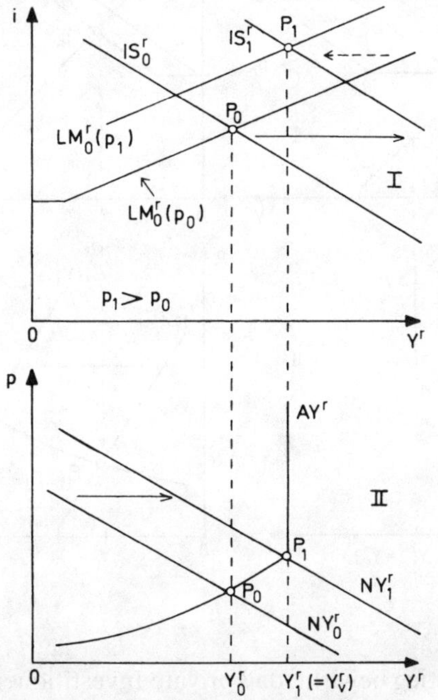


Fig. IV.11

Wird der Expansionsprozeß nicht durch eine Erhöhung der Geldmenge, sondern durch eine *Vergrößerung* der (realen) *Staatsausgaben* bei konstanter Geldmenge bewirkt, dann ist der Transmissionsmechanismus weitgehend ähnlich. Der Unterschied in den Wirkungen wird aus Quadrant I von Fig. IV.10 und IV.11 deutlich: Es zeigt sich, daß das Zinsniveau bei Einsatz der Geldpolitik im neuen Gleichgewicht gesunken und bei Einsatz der Fiskalpolitik gestiegen ist. Der bei expansiver Fiskalpolitik

---

[41] Dieses Ergebnis erhält man immer, wenn die klassische Arbeitsangebotsfunktion und damit eine senkrecht verlaufende makroökonomische Angebotsfunktion relevant werden. Im HICKSschen Diagramm wird dann die durch einen Anstieg der (nominalen) Geldmenge bewirkte *Rechtsverschiebung* der $LM^r$-Kurve durch eine gleich große, auf induzierte Preiserhöhungen zurückgehende *Linksverschiebung* der $LM^r$-Kurve in Hinblick auf Zinssatz und reales Sozialprodukt vollständig kompensiert. Ändern sich demzufolge Zinssatz und reales Sozialprodukt nicht, dann erfordert Gleichgewicht im monetären Bereich, daß die reale Geldmenge konstant bleibt und sich nominale Geldmenge und Preisniveau dementsprechend proportional zueinander entwickeln. – Vgl. auch KEYNES, a. a. O., S. 289, 295 f.

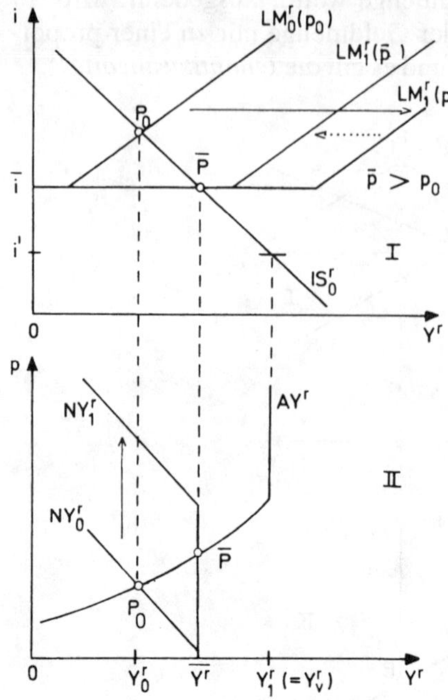


Fig. IV.12

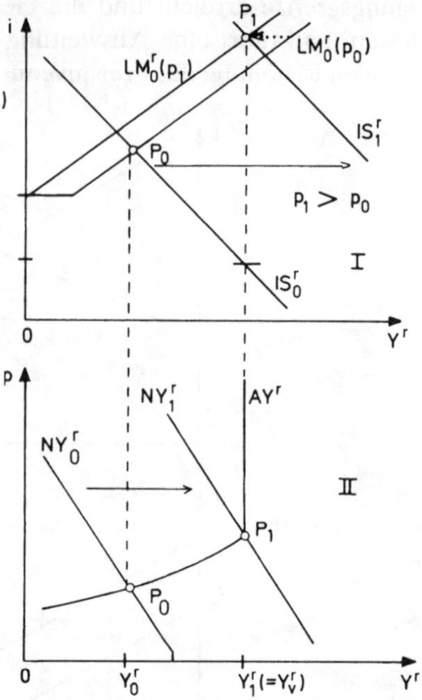


Fig. IV.13

eintretende Zinsanstieg bewirkt, daß private Investitionen verdrängt werden. Erreicht der Expansionsprozeß die Vollbeschäftigungsgrenze und werden die Staatsausgaben noch weiter erhöht, dann wird dieses **„crowding out"** vollständig, d. h. zusätzliche Staatsausgaben verdrängen private Investitionen in gleichem Umfang, und das reale Sozialprodukt bleibt bei steigendem Preisniveau unverändert[42].

bbb) Im Rahmen der bisherigen Analyse zeigen sich wesentlichere *Unterschiede* zwischen expansiven Maßnahmen der Geld- und Fiskalpolitik, wenn wir eine andere Ausgangssituation betrachten (vgl. Fig. IV.12 und IV.13). Die Figuren IV.12 und IV.13 unterscheiden sich von den Figuren IV.10 und IV.11 dadurch, daß bei unveränderten Staatsausgaben zur Erreichung der Vollbeschäftigung (bei $Y_1^r$) ein Zinssatz erforderlich ist (nämlich $i'$), der unter dem noch realisierbaren Zinssatz $\bar{i}$ liegt. Die graphischen Darstellungen lassen unmittelbar erkennen, daß in diesem Fall das Vollbeschäftigungseinkommen ($Y_1^r$) nur durch eine Erhöhung der

[42] Im Hicksschen Diagramm wird dann die durch Zunahme der Staatsausgaben bewirkte *Rechtsverschiebung* der $IS^r$-Kurve durch eine gleich große, auf Preiserhöhungen zurückgehende *Linksverschiebung* der $LM^r$-Kurve in Hinblick auf das reale Sozialprodukt vollständig kompensiert.

Staatsausgaben (also durch fiskalpolitische Mittel), *nicht* aber durch eine Ausdehnung der Geldmenge erreicht werden kann[43]. Die Vergrößerung der Geldmenge erhöht das reale Sozialprodukt nur unzureichend, nämlich höchstens bis auf $\bar{Y}^r$ (vgl. Fig. IV.12).

ccc) An den Aussagen über die Wirksamkeit expansiver geld- und fiskalpolitischer Maßnahmen im Rahmen einer KEYNESianischen Analyse ändert sich grundsätzlich nichts, wenn wir einen klassischen Arbeitsmarkt mit völlig flexiblen Geldlohnsätzen unterstellen[44]. Liegt in der Ausgangslage ein Vollbeschäftigungsgleichgewicht vor und wird dieses durch einen autonomen Rückgang der Investitionen gestört, dann können – wie bereits dargestellt – im Zuge des *deflatorischen* Prozesses zwei Konsequenzen eintreten:

1. Die durch sinkende Preise bewirkte Zunahme der realen Geldmenge induziert durch eine Zinssenkung zusätzliche Investitionen (KEYNES-Effekt) und führt so mit der Zeit zur Vollbeschäftigung zurück.
2. Die Erhöhung der realen Geldmenge bewirkt wegen der liquidity trap keine für die Rückgewinnung der Vollbeschäftigung ausreichende Zinssenkung, oder die Investitionen sind vollkommen zinsunelastisch. Die Folge ist der bereits beschriebene fortwährende Deflationsprozeß.

Im *ersten* Fall sind sowohl geld- als auch fiskalpolitische Mittel geeignet, die Wiederherstellung der Vollbeschäftigung zu beschleunigen. Im *zweiten* Fall wird eine Erhöhung der (nominalen) Geldmenge ebensowenig ausrichten können wie die im Zuge des Deflationsprozesses sinkenden Preise; denn in der Wirkung auf die reale Geldmenge besteht zwischen beiden Vorgängen kein Unterschied[45]. Als Mittel der Vollbeschäftigungspolitik kommen in diesem Fall lediglich fiskalpolitische Maßnahmen in Frage. So läßt sich die durch eine abnehmende Investitionstätigkeit be-

---

[43] KEYNES hat vermutlich diese Situation vor Augen, wenn er den Einsatz öffentlicher Investitionen als konjunkturpolitisches Mittel erörtert (a.a.O., S. 378): „... it seems unlikely that the influence of banking policy on the rate of interest will be sufficient by itself to determine an optimum rate of investment (d.h. ein zur Herstellung der Vollbeschäftigung erforderliches Investitionsniveau. H.-J. J.). I conceive, therefore, that a somewhat comprehensive socialisation of investment will prove the only means of securing an approximation to full employment ...". – Der Vollständigkeit halber sei darauf hingewiesen, daß umgekehrt geldpolitische Mittel wirksam und fiskalpolitische Mittel unwirksam bleiben, wenn die Ausgangssituation in einem vollkommen unelastischen Bereich der $LM^r$-Kurve liegt. Man nennt diesen Bereich häufig auch den *klassischen* Bereich.

[44] Vgl. die Ausführungen unter c) aa).

[45] Eine Erhöhung der nominalen Geldmenge und eine Senkung des Preisniveaus vergrößern gleichermaßen die reale Geldmenge und bewirken damit eine Rechtsverschiebung der $LM^r$-Kurve.

wirkte Lücke in der gesamtwirtschaftlichen Nachfrage z.B. durch eine Erhöhung der Staatsausgaben wieder auffüllen.

*cc) Kontraktive Maßnahmen.* – Während wir uns in den bisherigen Betrachtungen auf Unterbeschäftigungssituationen konzentriert und deshalb nur expansiv wirkende Maßnahmen der Geld- und Fiskalpolitik untersucht haben, betrachten wir jetzt eine Volkswirtschaft bei Vollbeschäftigung. Kommt es in dieser Situation zu einer Vergrößerung der gesamtwirtschaftlichen Nachfrage (z.B. weil die zukünftigen Ertragsaussichten von Investoren optimistischer beurteilt werden), dann kann zur Vermeidung eines Expansionsprozesses mit unerwünschten Preissteigerungen eine *kontraktive* Geld- bzw. Fiskalpolitik (d.h. eine Senkung der Geldmenge bzw. eine Einschränkung der Staatsausgaben bei konstanter Geldmenge) erforderlich werden.

Betrachten wir zur Illustration einmal den Fall, daß das Preisniveau infolge zunehmender Investitionstätigkeit von $p_1$ auf $p_0$ gestiegen ist und wieder auf das Niveau $p_1$ gesenkt werden soll (vgl. Fig. IV.14). Offenbar kann dieses Ziel durch eine Senkung der gesamtwirtschaftlichen Nachfrage erreicht werden, durch die die Nachfragekurve nach links verschoben wird. Das Ausmaß der erforderlichen Kontraktion und der Anpassungsprozeß hängen davon ab, ob die Angebotskurve klassischen Bedingungen entspricht oder auf der KEYNESschen Variante beruht. Im *ersten* Fall gilt die durchgezogene $AY^r$-Kurve, und man sieht, daß die Nachfragekurve in die Lage $NY^{r\prime}$ zu verschieben ist, um das Preisniveau auf $p_1$ zu senken. Als Folge der kontraktiven Maßnahmen ergibt sich dabei *vorübergehend* – bei zunächst noch unverändertem Preisniveau – eine mit einem Beschäftigungsrückgang verbundene Senkung des realen Sozialprodukts (siehe $A'$), *letztlich* aber nur die angestrebte Senkung des Preisniveaus (siehe $P'$). Der *zweite* Fall ist komplizierter: Zunächst ist die für die KEYNESsche Variante wesentliche Annahme eines nach unten nicht flexiblen Geldlohnsatzes noch genauer zu präzisieren. Diese Annahme kann alternativ bedeuten, daß der Geldlohnsatz von *jeder* einmal erreichten Gleichgewichtsposition aus nach unten unbeweglich ist oder nur dann auf eine untere Grenze stößt, wenn er auf ein *ganz bestimmtes,* exogen fixiertes Lohnsatzniveau absinkt (wie bei einem gesetzlichen Mindestlohn). Auf die erste Version, die der Allgemeinen Theorie von KEYNES wohl eher entspricht[46], wollen wir uns bei den folgenden Betrachtungen konzentrieren[47]. Gilt dementsprechend in der Ausgangslage die gestrichelte $AY^r$-

---

[46] So schreibt KEYNES (a.a.O., S.303), „that ... the workers ... are disposed to resist a reduction in their money-rewards, and that there is no corresponding motive to resist an increase". Diese Feststellung deutet eher auf einen asymmetrischen „ratchet-Effekt" hin als auf einen exogen fixierten (gesetzlichen) Mindestlohnsatz.

[47] Dieses impliziert, daß der preiselastische Ast der $AY^r$-Kurve vor der expansiven

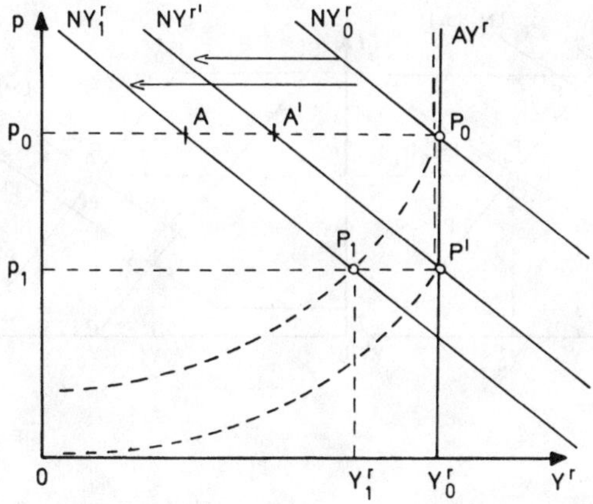


Fig. IV.14

Kurve mit der Knickstelle bei $P_0$, dann sieht man, daß die Nachfragekurve jetzt in die Lage $NY_1^r$ zu verschieben ist, um das Preisniveau auf $p_1$ zu senken. Die kontraktiven Maßnahmen sind bei Geldlohnresistenz also stärker zu dosieren als im klassischen Fall. Im Zuge der Anpassung wird dann bei zunächst noch unverändertem Preisniveau der Punkt $A$ und nach vollzogener Preisanpassung der Punkt $P_1$ realisiert (vgl. Fig. IV.14). Somit zeigt sich, daß die Preissenkung (auf $p_1$) im Rahmen der KEYNESschen Variante – anders als bei einer klassischen Angebotskurve – auch endgültig mit einer Einbuße an realem Sozialprodukt und mit Unterbeschäftigung erkauft wird[48].

Zu weiteren Einsichten gelangt man, wenn die kontraktiven Maßnahmen unter Einbeziehung der *Zinsanpassung* anhand des HICKSschen Diagramms analysiert werden. Der Darstellung legen wir dabei die KEYNESsche Variante zugrunde.

Bei einer kontraktiven Geldpolitik verschiebt sich die $LM^r$-Kurve nach links, bei einer kontraktiven Fiskalpolitik die $IS^r$-Kurve. In beiden Fällen wird die hieraus resultierende kontraktive Wirkung auf das reale Sozialprodukt durch eine induzierte Preissenkung, die eine Erhöhung der realen Geldmenge bedeutet und sich in den Fig. IV.15 und IV.16 in einer Rechtsverschiebung der $LM^r$-Kurve auswirkt, teilweise kompensiert (siehe dazu die gepunkteten Pfeile)[49].

---

Störung beim Preis $p_1$ im Punkt $P'$ begann und anschließend in der neuen Ausgangslage vor der kontraktiven Maßnahme beim Preis $p_0$ im Punkt $P_0$ anfängt.

48 Beruht die Lohninflexibilität auf einem gesetzlich fixierten Mindestlohnsatz, dann sind kontraktive Maßnahmen erst dann mit einer endgültigen Senkung des realen Sozialprodukts verbunden, wenn der Geldlohnsatz als Folge der Kontraktion auf den gesetzlichen Mindestlohnsatz absinkt.

49 Unter klassischen Bedingungen mit einer vertikalen $AY^r$-Kurve verschiebt sich

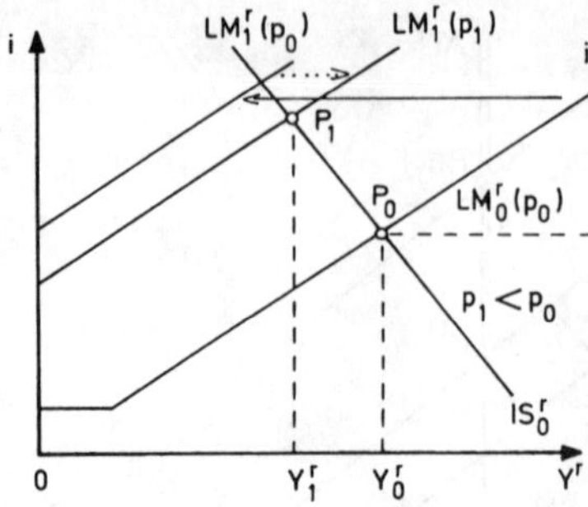


Fig. IV.15

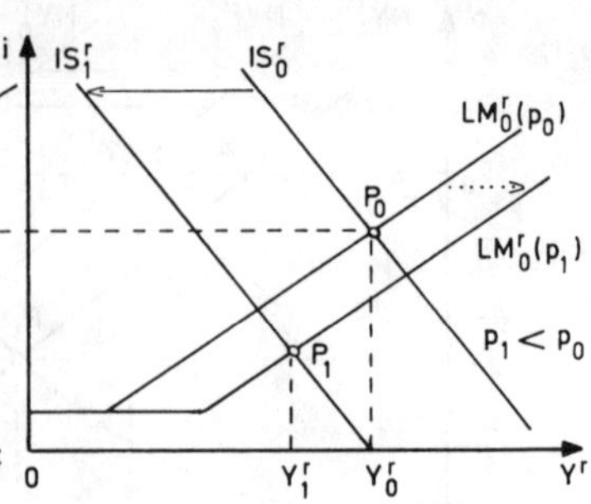


Fig. IV.16

Im *Unterschied* zu einer expansiven Geldpolitik, die eine Ausdehnung der gesamtwirtschaftlichen Nachfrage bewirken soll, wird mit einer entsprechend starken Verminderung der Geldmenge das angestrebte Ziel, die Einschränkung der gesamtwirtschaftlichen Nachfrage, immer erreicht, vorausgesetzt, die Investoren reagieren elastisch auf Zinsänderungen. Der Grund für diese Asymmetrie in der Wirkungsweise einer expansiven und kontraktiven Geldpolitik liegt darin, daß Zinssenkungen nach unten limitiert sind, Zinserhöhungen nach oben aber nicht[50].

Reagieren die Investoren *vollkommen unelastisch* auf Zinsänderungen (und damit auch auf Zinserhöhungen), dann versagt eine kontraktive Geldpolitik im Rahmen eines KEYNESianischen Systems ebenso wie eine expansive Geldpolitik. In diesem Spezialfall kann die gesamtwirtschaftliche Nachfrage nur durch kontraktiv wirkende Maßnahmen der Fiskalpolitik eingeschränkt werden. In den *anderen* Fällen wirkt eine Verminderung der Geldmenge aber (von den unterschiedlichen Zinswirkungen einmal abgesehen) in die gleiche Richtung wie eine Einschränkung der Staatsausgaben: Sie führt zu einer *Senkung des Preisniveaus* und bei der KEYNESschen Variante auch zu einem *Rückgang des realen Sozialprodukts und der Beschäftigung.*

### e) Zins- versus Geldmengensteuerung

Von speziellem geldpolitischen Interesse ist die Frage, ob eine Stabilisierung des Preisniveaus bzw. eine Dämpfung von Preisniveauschwankun-

---

die $LM^r$-Kurve im Zuge der Preissenkung so weit nach rechts, daß Gleichgewicht wieder beim ursprünglichen realen Sozialprodukt ($Y_0^r$) realisiert wird.

[50] Diese Asymmetrie läßt sich auch dadurch beschreiben, daß eine Erhöhung der Geldmenge schließlich in die *liquidity trap* hineinführt, eine Verminderung der Geldmenge aber schließlich aus der *liquidity trap* herausführt.

gen bei nicht vorhersehbaren gesamtwirtschaftlichen Störungen, sog. stochastischen (zufallsbedingten) Schocks, besser bei einer Zins- oder bei einer Geldmengensteuerung durch die Zentralbank gelingt. Zur Beantwortung dieser Frage können die behandelten makroökonomischen Zusammenhänge beitragen. Betrachtet werden dabei drei Störungen, und zwar Störungen auf dem *Geldmarkt*, auf der *Nachfrageseite* des Gütermarktes und auf der *Angebotsseite* des *Gütermarktes*.

*aa) POOLEsche Regel*. – Die im folgenden verwendete Darstellung geht im Kern auf den klassischen Beitrag von POOLE[51] zur Frage „Zins- versus Geldmengensteuerung" zurück. POOLE behandelte diese Frage in Hinblick auf das Ziel, das reale Sozialprodukt so nahe wie möglich am Vollbeschäftigungsniveau zu halten. Er verwendete dabei ein dem HICKSschen Diagramm entsprechendes *IS-LM*-Modell mit konstantem Preisniveau und analysierte stochastische Schocks auf dem Geld- und Gütermarkt[52]. Ein wichtiges Ergebnis seiner Analyse war: Eine *Zinssteuerung* erweist sich als überlegen (im Sinne einer Dämpfung der Schwankungen des realen Sozialprodukts), wenn Störungen vorwiegend auf dem *Geldmarkt* entstehen (z.B. bei der Geldnachfrage), eine *Geldmengensteuerung* erweist sich als überlegen, wenn Störungen vorwiegend auf der Nachfrageseite des *Gütermarktes* entstehen (z.B. bei der Investitionsgüternachfrage). Diese Aussage wird auch als **POOLEsche Regel** bezeichnet. Da im folgenden – anders als in der POOLEschen Analyse – nicht das reale Sozialprodukt, sondern das Preisniveau als zu stabilisierende Größe angesehen wird, ist das HICKSsche Diagramm um ein $p/Y^r$-Diagramm zu ergänzen. Dabei wird bei der Analyse der ersten beiden Störungen nur eine senkrechte Angebotskurve betrachtet (wie bei der neoklassischen Synthese mit flexiblem Geldlohnsatz), während bei der Analyse der dritten Störung (der Angebotsstörung auf dem Gütermarkt) zusätzlich eine Darstellung mit einer *positiv geneigten* Angebotskurve (wie bei der KEYNESschen Variante im Bereich des konstanten Geldlohnsatzes) herangezogen wird. Der Grund für diese Vorgehensweise liegt darin, daß sich die Ergebnisse der POOLEschen Analyse in den beiden ersten Fällen unmittelbar auf das Preisniveau übertragen lassen, wenn sich dieses gleichgerichtet mit dem realen Sozialprodukt entwickelt[53], im dritten (von POOLE nicht behandel-

---

[51] W. POOLE, Optimal Choice of Monetary Policy Instruments in a Simple Stochastic Macro Model. „The Quarterly Journal of Economics", Vol. 84 (1970), S. 197 ff.

[52] In einem deterministischen Modell, in dem nicht nur die Lage der $LM^r$- und $IS^r$-Kurve, sondern auch ihre Veränderungen bekannt sind, besteht zwischen einer Zins- und Geldmengensteuerung kein substantieller Unterschied. Siehe POOLE, a.a.O., S. 200 ff., 204.

[53] Eine graphische Analyse der Zins- und Geldmengensteuerung in Hinblick auf eine Preisniveaustabilisierung bei *positiv geneigter Angebotskurve* findet sich bei P. Bo-

ten) Fall aber zusätzliche Implikationen deutlich werden, wenn beide Varianten für die Angebotskurve Berücksichtigung finden.

*bb) Störungen auf dem Geldmarkt.* – Die zu analysierende Störung soll darin bestehen, daß die Geldnachfrage unabhängig vom laufenden Zinssatz und Volkseinkommen zurückgeht, z. B. durch Abnahme des Kassenhaltungskoeffizienten. Diese Störung bewirkt – wie eine Zunahme der nominalen Geldmenge – einen Angebotsüberschuß auf dem Geldmarkt. Die $LM^r$-Kurve und damit auch die $NY^r$-Kurve verschieben sich demzufolge nach rechts, und zwar bis zum Punkt $A$ (vgl. Quadrant I und II von Fig. IV.17).

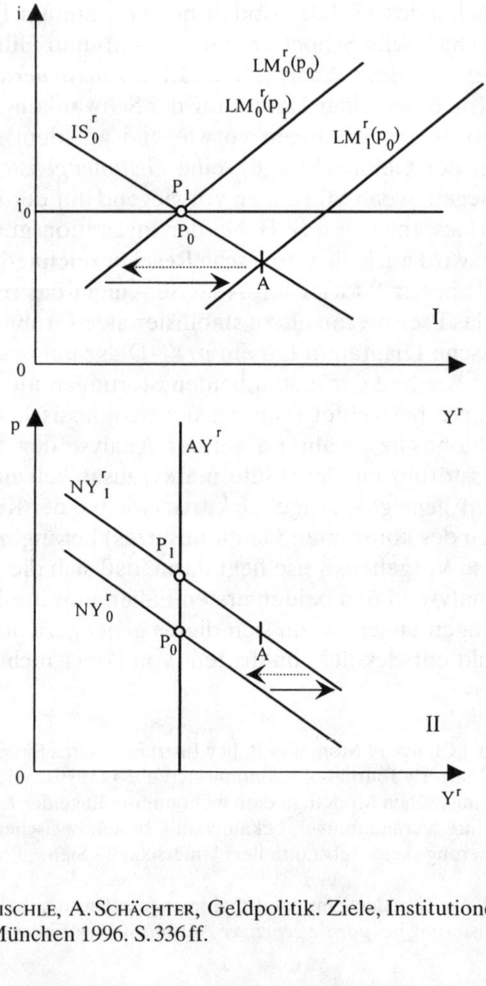


Fig. IV.17

---

FINGER, J. REISCHLE, A. SCHÄCHTER, Geldpolitik. Ziele, Institutionen, Strategien und Instrumente. München 1996. S. 336 ff.

Die hiermit einhergehende Zinssenkung wird bei *Zinssteuerung* mit dem angestrebten Niveau $i = i_0$ durch eine entsprechende Einschränkung der Geldmenge beseitigt. Der Gleichgewichtspunkt $P_0$ bleibt also bestehen, und das Preisniveau verändert sich nicht. Bei *Geldmengenfixierung* führt der bei $A$ bestehende Nachfrageüberschuß auf dem Gütermarkt demgegenüber zu einer Preisniveauerhöhung (siehe $P_1$ in Quadrant II). Offenbar erweist sich in dem betrachteten Fall eine Zinssteuerung auch als überlegen, wenn das Preisniveau gegenüber Störungen auf dem Geldmarkt möglichst weitgehend abgeschirmt werden soll. Für eine Zentralbank, die grundsätzlich eine Geldmengensteuerung betreibt, ergibt sich hieraus die Folgerung, daß sie eine Anpassung der Geldmenge vornehmen und damit eine Verletzung ihres Geldmengenziels hinnehmen sollte, wenn sie Störungen auf dem Geldmarkt erkennt[54].

*cc) Störungen bei der Güternachfrage*. – Die zu analysierende Störung soll darin bestehen, daß sich Komponenten der gesamtwirtschaftlichen Nachfrage, z. B. die Nettoinvestitionen, autonom erhöhen. Die $IS^r$-Kurve und damit auch die $NY^r$-Kurve verschieben sich demzufolge nach rechts, und zwar bis zum Punkt $A$ (vgl. Quadrant I und II von Fig. IV.18).

Auf die hiermit einhergehende, durch die Einkommenserhöhung bedingte Zinserhöhung reagiert die Zentralbank bei *Zinssteuerung* mit einer Ausweitung der Geldmenge, so daß sich Punkt $B$ ergibt. Die Nachfragekurve $NY_0^r$ verschiebt sich also aus zwei Gründen nach rechts: einmal wegen der autonom gestiegenen Investitionen, zum anderen wegen der Ausweitung der nominalen Geldmenge. Die bei $A$ und $B$ existierenden Nachfrageüberschüsse bewirken mit zeitlicher Verzögerung Preisniveauerhöhungen. Das erhöhte Preisniveau wird in Quadrant II bei Geldmengensteuerung durch den Punkt $P_1$ und bei Zinssteuerung durch den Punkt $P_2$ bestimmt. Bei Zinssteuerung ist weiter zu bedenken, daß die mit dem Preisanstieg verbundene Senkung der realen Geldmenge erneut Zinssteigerungstendenzen auslöst (vgl. die Anpassung in Richtung auf $P_2$ im I. Quadranten von Fig. IV.18). Da die Zentralbank versucht, den Zinssatz auf dem Niveau $i = i_0$ zu halten, erhöht sie die Geldmenge wieder und bewirkt damit eine weitere Preissteigerung (siehe $P_3$ im Quadranten II von Fig. IV.18). Hiermit sind wieder Zinsauftriebstendenzen verbunden, so daß sich der Prozeß von Zinsstabilisierungsbemühungen, Geldmengenexpansion und Preisanstieg fortsetzt[55]. Da sich das Preisniveau bei einer

[54] Sie wird allerdings dem Publikum ihre Vorgehensweise überzeugend begründen müssen, damit die Verfolgung einer preisniveaustabilen Geldpolitik glaubwürdig bleibt.

[55] Im II. Quadranten wandert der Schnittpunkt der $NY^r$-Kurve mit der $AY^r$-Kurve auf der senkrechten $AY^r$-Kurve nach oben, im I. Quadranten bleiben die damit korrespondierenden Punkte dagegen bei $P_1$, da jede zinssenkende Expansion der *nomina-*

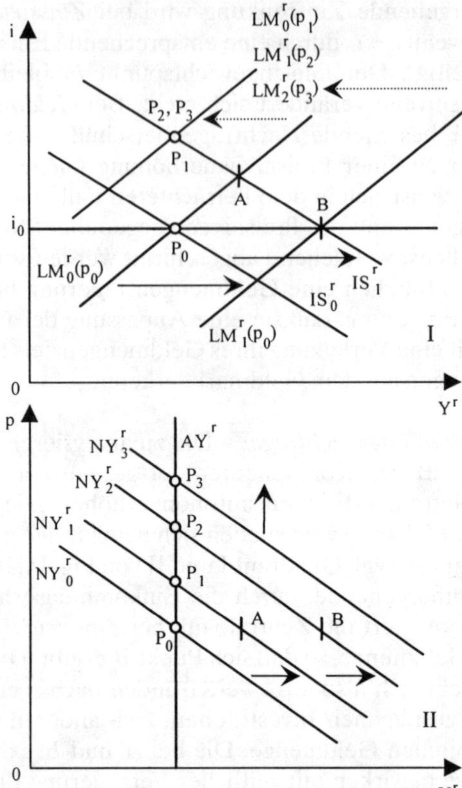


Figur IV.18

*Geldmengensteuerung* demgegenüber auf dem erhöhten Niveau von $P_1$ in Quadrant II stabilisiert, also nicht weiter ansteigt wie bei der Zinssteuerung, erweist sich hier die Geldmengensteuerung – anders als bei dem zuerst betrachteten Fall einer Geldmarktstörung – als die überlegene Strategie.

*dd) Störungen beim Güterangebot.* – Die zu analysierende Störung soll darin bestehen, daß das gesamtwirtschaftliche Angebot eingeschränkt wird und sich die $AY^r$-Kurve demzufolge nach links verschiebt[56]. Wie

---

*len* Geldmenge durch eine sich anschließende Kontraktion der *realen* Geldmenge als Folge von Preiserhöhungen wieder vollständig kompensiert wird.

[56] Der Grund für die Störung kann z.B. darin liegen, daß die Zahl der Erwerbspersonen abnimmt, die Präferenz für Freizeit zunimmt, sich die Lohnnebenkosten erhöhen oder die Preise anderer Produktionsfaktoren steigen.

schon erwähnt, wird der graphischen Analyse zuerst eine senkrechte und danach eine positiv geneigte Angebotskurve zugrunde gelegt.

aaa) Wie aus dem II. Quadranten von Fig. IV.19 hervorgeht, steigt bei Einschränkung des gesamtwirtschaftlichen Angebots das Preisniveau (bis zum Punkt $P_1$).

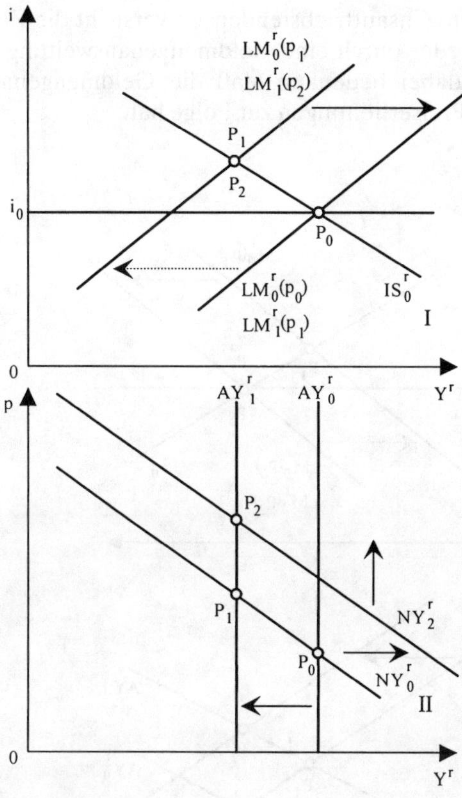


Figur IV.19

Den hieraus resultierenden Zinsauftriebstendenzen versucht die Zentralbank bei *Zinssteuerung* durch eine Geldmengenausweitung entgegenzuwirken, um den Zinssatz auf dem Niveau $i = i_0$ zu halten. Dadurch wird eine weitere Preiserhöhung ausgelöst (vgl. $P_2$ im II. Quadranten von Fig. IV.19). Da die hiermit einhergehende Abnahme der realen Geldmenge wieder Zinsauftriebstendenzen nach sich zieht, erhält man den bereits aus dem vorherigen Unterabschnitt bekannten, sich aufschaukelnden Prozeß von Zinsstabilisierungsbemühungen, Geldmengenexpansion und Preisniveauanstieg. Bei einer *Geldmengensteuerung* wird das Preisniveau demgegenüber auf dem erhöhten Niveau von $P_1$ stabilisiert. Somit erweist sich die Geldmengensteuerung in Hinblick auf eine Preisniveaustabilisierung – wie bei Störungen der Güternachfrage – der Zinssteuerung als überlegen.

bbb) Wie aus dem II. Quadranten von Fig. IV.20 hervorgeht, steigt bei einer Einschränkung des gesamtwirtschaftlichen Angebots auch bei positiv geneigter Angebotskurve das Preisniveau (bis zum Punkt $P_1$). Den hieraus resultierenden Zinsauftriebstendenzen versucht die Zentralbank bei *Zinssteuerung* wieder durch eine Geldmengenausweitung entgegenzuwirken. Sie wird dabei bedenken, daß die Geldmengenausweitung nachfrageinduzierte Preiserhöhungen zur Folge hat.

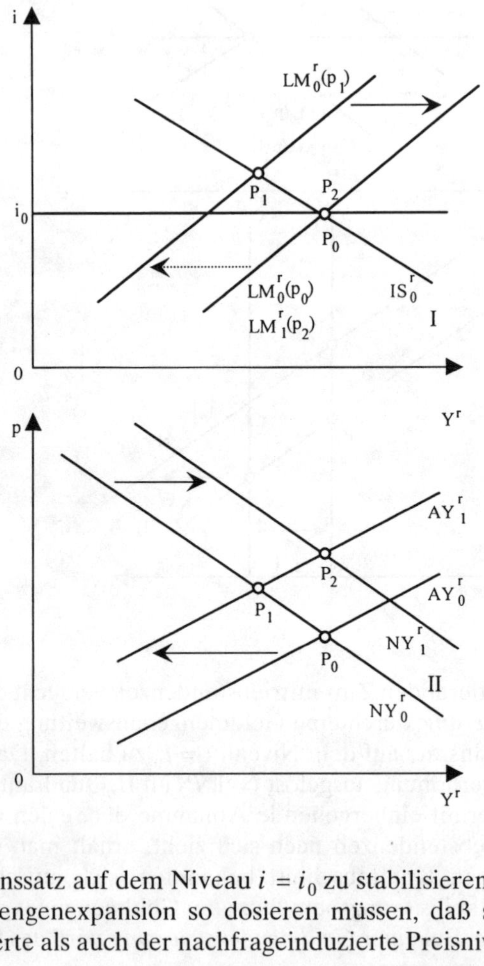


Fig. IV.20

Um den Zinssatz auf dem Niveau $i = i_0$ zu stabilisieren, wird sie deshalb die Geldmengenexpansion so dosieren müssen, daß sowohl der angebotsinduzierte als auch der nachfrageinduzierte Preisniveauanstieg in bezug auf die reale Geldmenge durch eine erhöhte nominale Geldmenge ausgeglichen wird. Das entsprechende Gleichgewicht wird in beiden Quadranten durch einen Punkt wie $P_2$ beschrieben. Da das Preisniveau bei *Geldmengensteuerung* (d.h. bei fixierter nominaler Geldmenge in Höhe von $M_0$) nur bis $P_1$ steigt, erweist sie sich gegenüber einer Zinssteuerung im Sinne einer Preisniveaustabilisierung als überlegen. Wie aus Fig. IV.20 hervorgeht, steht diesem Vorteil allerdings der Nachteil gegenüber, daß – anders als bei einer Zinssteuerung – eine Veränderung des realen Sozialprodukts (hier: eine Abnahme) in Kauf genommen werden muß[57].

*ee) Geldpolitische Implikationen*. – Aus der theoretischen Analyse der Zins- und Geldmengensteuerung ergibt sich für die geldpolitische Praxis die Folgerung, daß eine Geldmengensteuerung in Hinblick auf eine Preisniveaustabilisierung der Zinssteuerung überlegen ist, wenn sich die Geldnachfrage empirisch als stabiler erweist als die Komponenten der Güternachfrage. Diese empirische Hypothese wird von M. FRIEDMAN[58] vertreten, dem Wegbereiter des **Monetarismus**[59]. Deshalb ist es naheliegend, daß von monetaristischer Seite die Geldmengensteuerung empfohlen wird. Auch wird vor dem Hintergrund der theoretischen Analyse verständlich, weshalb die *Deutsche Bundesbank*, die über zwanzig Jahre in pragmatischer Weise eine Geldmengensteuerung betrieben hat, den empirischen Befund einer recht stabilen Geldnachfragefunktion für Deutschland immer wieder betont hat.

## Zusammenfassung

1. In der KEYNESianischen Theorie ist Gleichgewicht auf dem Gütermarkt nicht immer zwangsläufig mit Vollbeschäftigung verbunden. Der Anpassungsprozeß kann blockiert werden, wenn
   a) die Liquiditätspräferenzkurve für spekulative Zwecke vollkommen elastisch verläuft oder die Investoren vollkommen zinsunelastisch reagieren oder
   b) die Geldlohnsätze nach unten nicht flexibel und damit bei Unterbeschäftigung konstant sind.

[57] Dem entspricht bei BOFINGER, REISCHLE, SCHÄCHTER (a.a.O., S.342) die für eine positiv geneigte Angebotskurve abgeleitete Aussage, daß die Geldmengensteuerung der Zinssteuerung unter dem Aspekt der *Preisniveau*stabilisierung überlegen ist, während für eine Stabilisierung des *realen Sozialprodukts* das Umgekehrte gilt.

[58] Vgl. M. FRIEDMAN, The Quantity Theory of Money: A Restatement. In: The Optimum Quantity of Money and Other Essays. Chicago 1956. S.62.

[59] Siehe Abschnitt IV.4.

2. Ist der Geldlohnsatz vollkommen flexibel (wie beim klassischen Arbeitsmarkt), dann führt eine Änderung der Geldmenge nur zu einer proportionalen Änderung des Preisniveaus, vorausgesetzt, die unter 1a) beschriebene Situation liegt nicht vor. Ist der Geldlohnsatz demgegenüber nach unten nicht flexibel (wie bei der KEYNESschen Variante), dann führt eine Senkung der Geldmenge immer und eine Erhöhung der Geldmenge bei Unterbeschäftigung zu einer gleichgerichteten Änderung des realen Sozialprodukts, der Beschäftigung und des Preisniveaus, vorausgesetzt die unter 1a) beschriebene Situation liegt nicht vor. Im ersten Fall ist Geld in bezug auf reale Größen neutral, im zweiten nicht.
3. Liegt die unter 1a) angegebene Situation vor, dann bleibt eine Änderung der Geldmenge ohne Wirkung auf das reale Sozialprodukt, die Beschäftigung und das Preisniveau.
4. Da die Zinsanpassung nach unten begrenzt ist (wegen der liquidity trap), nach oben aber nicht, läßt sich die gesamtwirtschaftliche Nachfrage durch Geldmengenänderungen in expansiver Richtung nicht immer in jedem gewünschten Ausmaß beeinflussen, wohl aber in kontraktiver Richtung (zinselastische Investitionen vorausgesetzt).
5. Ist eine Unterbeschäftigungssituation gegeben und liegt das zur Realisierung des Vollbeschäftigungseinkommens erforderliche Zinsniveau unter dem der liquidity trap entsprechenden (also gerade noch realisierbaren) Zinsniveau, dann kann das Vollbeschäftigungseinkommen durch eine Erhöhung der Geldmenge nicht erreicht werden. Dieses hat KEYNES veranlaßt, für die Durchführung öffentlicher Investitionen als Mittel der Beschäftigungspolitik zu plädieren.
6. Wird eine Preisniveaustabilisierung angestrebt, dann ergibt sich aus der graphischen Analyse eines Modells mit dem HICKSschen Diagramm und einer makroökonomischen Angebots- und Nachfragekurve – analog zur POOLEschen Regel – folgende Aussage: Bei Störungen auf dem Geldmarkt erweist sich die Zinssteuerung der Geldmengensteuerung als überlegen; bei Störungen auf der Nachfrage- und Angebotsseite des Gütermarktes verhält es sich umgekehrt.

## 3. Der Transmissionsmechanismus der relativen Preise

Bei dem Transmissionsmechanismus der relativen Preise handelt es sich um eine Auffassung, die davon ausgeht, daß eine geldpolitische Maßnahme, z. B. Verkäufe von Schuldverschreibungen durch die Zentralbank, für eine Wirtschaftseinheit die Störung einer vorher als optimal angesehenen Vermögenszusammensetzung bedeutet. Auf die Störung reagieren Wirtschaftseinheiten mit Anpassungsmaßnahmen, die das *Finanzvermögen*, das *Sachvermögen* und die *Verbindlichkeiten* betreffen und auch die *Produktion neuer Güter* mit einbeziehen. An der Entwicklung einer entsprechenden theoretischen Konzeption waren seit Anfang der sechziger Jahre in besonderem Maße MILTON FRIEDMAN, KARL BRUNNER und ALLAN H. MELTZER, aber auch JAMES TOBIN beteiligt[1]; übernommen wurden dabei Bestandteile der *neoklassischen* Theorie, der Theorie von DON PATINKIN und der Theorie von KEYNES.

### a) Die Bilanzpositionen

Wir beginnen die Beschreibung des **Transmissionsmechanismus der relativen Preise** mit einer Darstellung der für unsere Analyse relevanten Bilanzpositionen, und zwar für Geschäftsbanken und Nichtbanken:

1. Geschäftsbanken

| Aktiva | Passiva |
|---|---|
| Mindestreserven | Sichteinlagen von Nichtbanken |
| Schuldverschreibungen der Zentralbank | Zentralbankverschuldung |
| Staatsobligationen | Reinvermögen |
| Kredite an Nichtbanken | |

[1] Vgl. FRIEDMAN, SCHWARTZ, a. a. O., S. 60 f. – M. FRIEDMAN, D. MEISELMAN, The Relative Stability of Monetary Velocity and the Investment Multiplier in the United States, 1897–1958. In: Stabilization Policies. Commission on Money and Credit. Prentice Hall, Englewood Cliffs, N. J., 1963. S. 218 ff. – K. BRUNNER, A. H. MELTZER, The Place of Financial Intermediaries in the Transmission of Monetary Policy. „The American Economic Review", Vol. 53 (1963), Papers and Proceedings, S. 372 ff. – K. BRUNNER, Eine Neuformulierung der Quantitätstheorie des Geldes. Die Theorie der relativen Preise, des Geldes, des Outputs und der Beschäftigung. „Kredit und Kapital", Vol. 3 (1970), S. 1 ff. – J. TOBIN, W. C. BRAINARD, Financial Intermediaries and the Effectiveness of Monetary Controls. „The American Economic Review", Vol. 53 (1963), Papers and Proceedings, S. 383 ff. – J. TOBIN, A General Equilibrium Approach to Monetary Theory. „Journal of Money, Credit and Banking", Vol. 1 (1969), S. 15 ff.

2. Nichtbanken

| Aktiva | Passiva |
| --- | --- |
| Sichteinlagen<br>Staatsobligationen<br>Aktien<br>Sachvermögen<br>(einschl. dauerhafte Konsumgüter) | Bankverbindlichkeiten<br>Reinvermögen |

Im folgenden soll an einem Beispiel[2] erläutert werden, wie Geschäftsbanken und Nichtbanken mit den Bilanzpositionen reagieren und darüber hinaus über den Erwerb neuproduzierter Güter disponieren, wenn sich die verfügbaren Mittel[3], das gesamte Vermögen und die mit den einzelnen Bilanzpositionen verbundenen Erträge oder Aufwendungen verändern. Es handelt sich also im Prinzip um Überlegungen, die durch die Theorie der *portfolio selection* vorbereitet sind[4].

### b) Der Anpassungsprozeß

Der Anpassungsprozeß soll dadurch ausgelöst werden, daß die Zentralbank in größerem Umfang Schuldverschreibungen in Form von Geldmarktpapieren emittiert und im Versteigerungsverfahren (Tenderverfahren) am Geldmarkt unterbringt. Dadurch steht für Geldmarktgeschäfte unter den Geschäftsbanken weniger Zentralbankgeld zur Verfügung, so daß am Geldmarkt ein Liquiditätsbedarf herbeigeführt oder vergrößert wird. Die aus der geldpolitischen Maßnahme resultierenden *Anpassungsvorgänge*[5] werden in einer bestimmten Aufeinanderfolge wiedergegeben, ohne daß damit ein strikter zeitlicher Ablauf festgelegt und ein zeitliches Nebeneinander von Anpassungsvorgängen ausgeschlossen sein soll[6]:

**1.** Diejenigen Banken, die auf Grund der Liquiditätsverknappung am Geldmarkt Zentralbankgeld benötigen, werden kurzfristig *Refinanzie-*

---

[2] Ein formalisierter Ansatz findet sich im Anhang A5).

[3] Die verfügbaren Mittel haben nur eine Bedeutung für die Geschäftsbanken; sie nehmen z.B. ab, wenn die Zentralbank Schuldverschreibungen an die Geschäftsbanken verkauft.

[4] Die Darstellung der *portfolio selection* in Kapitel II unter 3b) und 3c) bezieht sich allerdings nur auf Bestandteile der Aktivseite und dabei auch nur auf finanzielles Vermögen.

[5] Vgl. hierzu Brunner, Eine Neuformulierung ..., a.a.O., S. 8ff.

[6] Zum Zeitablauf der Anpassungsvorgänge vgl. die Hinweise im Kapitel IV unter 4a) cc).

*rungsfazilitäten* bei der Zentralbank in Anspruch nehmen. Außerdem werden sie sehr bald ihren Bestand an *Obligationen* (z.B. an Staatsanleihen) abbauen, so daß auch dieser Anpassungsvorgang noch der Phase 1 zugerechnet werden kann. Das erhöhte Angebot an Obligationen bedeutet bei unveränderter Nachfrage, daß der Kurs bzw. der Preis von Obligationen sinkt oder – was auf das gleiche hinausläuft – ihre Rendite zunimmt. Die Kurssenkung bei Obligationen ist der Grund dafür, daß private Nichtbanken Obligationen von Geschäftsbanken kaufen. Sie verlieren dadurch Geld in Form von Sichteinlagen, so daß die Mindestreserven sinken. Außerdem nimmt wegen der sinkenden Sichteinlagen auch die *Geldmenge* ab, und die Bargeldhaltung verringert sich.

**2.** Die Geschäftsbanken werden durch die erhöhte Inanspruchnahme von Refinanzierungsfazilitäten bei der Zentralbank, durch die Abnahme ihres Bestandes an Obligationen sowie durch die Kurssenkungen von Obligationen (bzw. die Erhöhung ihrer Rendite) veranlaßt, ihr *Angebot an Krediten* einzuschränken, beispielsweise auslaufende Kredite nicht zu erneuern. Im Zuge von Kredittilgungen sinken die Sichteinlagen, so daß Mindestreserven freigesetzt werden und sich die Bargeldhaltung verringert. Dadurch wird für die Geschäftsbanken Zentralbankgeld verfügbar, das sie benutzen, um die Zentralbankverschuldung wieder etwas abzubauen und die reduzierten Bestände an Obligationen wieder etwas zu erhöhen. Die Einschränkung des Kreditangebots der Geschäftsbanken geht mit einer Erhöhung des Sollzinssatzes und einer weiteren Senkung der *Geldmenge* einher.

**3.** Gegenüber der Ausgangssituation hat sich nicht nur der Sollzinssatz für Bankkredite, sondern auch die Rendite für Obligationen erhöht bzw. ihr Kurs (bzw. Preis) ist gesunken. Die Nichtbanken werden hierdurch veranlaßt, bereits *vorhandenes Sachvermögen*, das im Preis noch nicht gefallen ist, vermehrt zu verkaufen. Hierbei kann es sich konkret um den Verkauf von Aktien handeln, die Miteigentum an bestehenden Unternehmungen verkörpern, oder um Anteilsrechte an Immobilien bzw. um Immobilien selbst. Die Erhöhung des Angebots an bereits vorhandenem Sachvermögen führt zu einer Senkung der entsprechenden Preise, u.a. auch zu einer Senkung der Aktienkurse bzw. einer Erhöhung ihrer Rendite, einer Senkung der Preise von Anteilsrechten an Immobilienfonds oder von Immobilien usw.

**4.** Die Preissenkung bei vorhandenem Sachvermögen bedeutet, daß dieses im Verhältnis zu neuproduziertem Sachvermögen relativ billig wird[7]. Bei zunächst noch unveränderten Angebotspreisen für neuprodu-

---

[7] Damit sinkt das **Tobinsche q,** d.h. der Marktpreis des vorhandenen Sachkapitals in Relation zu seinen Reproduktionskosten. Vgl. Fußnote 29 im Anhang A5).

ziertes Sachvermögen tritt deshalb eine Abschwächung der Nachfrage nach *neuproduziertem Sachvermögen* (Investitionsgüter, Neubauten, dauerhafte Konsumgüter wie PKWs, Waschmaschinen etc.) ein. Die Abschwächung der Nachfrage nach neuproduziertem Sachvermögen hat in den entsprechenden Branchen einen Rückgang von Produktion und Beschäftigung zur Folge und bewirkt auch hier fallende Preise, die zudem von einer Senkung der Geldlohnsätze begleitet sind.

**5.** Die Preissenkung beim vorhandenen und neuproduzierten Sachvermögen führt dazu, daß dieses mehr und die noch nicht im Preis gesunkenen (d. h. noch relativ teuren) *Leistungen bzw. Produkte des Sachvermögens* weniger nachgefragt werden. Man substituiert die Mietwohnung durch ein Eigenheim, das öffentliche Verkehrsmittel bzw. das Taxi durch einen gekauften Gebrauchtwagen oder einen neuen PKW. Die auf diese Weise eintretende Abschwächung der Nachfrage nach Leistungen von Sachvermögensbeständen führt in den entsprechenden Bereichen zu einem Rückgang der Preise (z. B. zu Mietsenkungen).

**6.** Die Senkung der Kurse von Obligationen und Aktien sowie der Preisrückgang beim bereits vorhandenen Sachkapital (wie Immobilien) bedeuten eine *Wertminderung für das private Nettovermögen*. Hieraus resultiert eine Abschwächung der Nachfrage nach Gütern und Dienstleistungen.

**7.** Die Abschwächung der wirtschaftlichen Aktivität veranlaßt die Investoren, ihre *Ertragserwartungen* nach unten zu revidieren und ihre Nachfrage nach Sachvermögen einzuschränken.

**8.** Die in den Phasen 4 bis 7 geschilderten Anpassungsvorgänge bedeuten eine verminderte Nachfrage der privaten Nichtbanken nach neuproduzierten Gütern und Dienstleistungen. Hierdurch entsteht ein Kontraktionsprozeß, der zu einer Abnahme der Nachfrage nach Bankkrediten führt und eine *Senkung des Sollzinssatzes* bewirkt. Die Banken werden durch die rückläufige Kreditvergabe veranlaßt, ein noch vorhandenes Zentralbankobligo weiter abzubauen und ihre Bestände an Obligationen weiter aufzustocken. Letzeres führt zu einer Kurserhöhung bei Obligationen und einer *Senkung ihrer Rendite*.

**9.** Die sich im Zuge des Kontraktionsprozesses einstellende Senkung des Sollzinssatzes und der Rendite von Obligationen wirkt der anfänglichen Abschwächung der gesamtwirtschaftlichen Güternachfrage und dem hierdurch eingeleiteten Kontraktionsprozeß entgegen. Die Senkung von Sollzinssatz und Obligationenrendite wirkt also auf den güterwirtschaftlichen Bereich zurück und löst insofern einen *feedback-Effekt* (Rückkoppelungseffekt) aus.

**10.** Ein *feedback-Effekt* entsteht auch dadurch, daß im Zuge des Kontraktionsprozesses eine allgemeine, die neuproduzierten Güter erfassende Senkung der Preise eintritt, die einen Anstieg des realen Nettovermögens bedeutet und demzufolge einen expansiven Einfluß auf die Nachfrage der privaten Nichtbanken nach Gütern und Dienstleistungen ausübt.

Die durch einen monetären Impuls ausgelösten Anpassungsvorgänge im monetären und güterwirtschaftlichen Bereich sind nur für den Fall einer kontraktiv wirkenden Störung (Verkauf von Schuldverschreibungen der Zentralbank) dargestellt worden. Auf eine Beschreibung eines gegenläufigen Prozesses wollen wir verzichten, da die Anpassungsvorgänge jeweils nur in der entgegengesetzten Richtung erfolgen.

### c) Ergebnisse des Anpassungsprozesses

Der oben dargestellte *Transmissionsmechanismus* erscheint als eine Kette von Wechselwirkungen zwischen Geld, sonstigem finanziellen Vermögen, Sachvermögen und Verbindlichkeiten sowie zwischen diesen Bestandsgrößen und der Neuproduktion von Investitions- und Konsumgütern[8]. Die Anpassungsvorgänge sind dabei im wesentlichen Begleiterscheinungen von *Vermögens- und Substitutionseffekten.* So ist die Nachfrageabschwächung, soweit sie durch den Kurs- bzw. Preisrückgang bei Obligationen, Aktien und bestehendem Sachvermögen ausgelöst wird (vgl. Phase 6), die Folge eines Vermögenseffektes. Substitutionseffekte werden im monetären Bereich z. B. wirksam, wenn die Banken durch eine Senkung des Sollzinssatzes (als Folge abnehmender Kreditnachfrage) veranlaßt werden, ihre Kreditgewährung einzuschränken und ihren Bestand an Obligationen aufzustocken (vgl. Phase 8). Substitutionseffekte, die auf den güterwirtschaftlichen Bereich einwirken, sind in unserem Beispiel in den Phasen 3, 4, und 5 ausführlicher dargestellt worden.

Substitutions- und Vermögenseffekte der geschilderten Art sind also die entscheidenden Mechanismen, die eine Ausbreitung der primären Störung (vgl. Phase 1) auf den gesamten monetären Bereich bewirken und die die Impulse aus dem monetären Bereich auf den güterwirtschaftlichen Bereich übertragen und dadurch schließlich Änderungen der gesamtwirtschaftlichen Produktion, der Beschäftigung und des Preisniveaus herbeiführen. Der Anpassungsprozeß kann dabei vorübergehend noch durch eine Revision der Erwartungen akzentuiert werden (vgl. Phase 7). Mit der Zeit kommt es aber zu einer Gegenentwicklung, und zwar dadurch, daß im Falle einer Kontraktion die zunächst steigenden Wertpapierrenditen und Sollzinssätze im Laufe des Kontraktionsprozesses wieder sinken (vgl. die Phasen 8 und 9) und das reale Nettovermögen des privaten Sektors infolge des Preisrückgangs zunimmt (vgl. Phase 10). Im

---

[8] Vgl. K. Brunner, The „Monetarist Revolution" in Monetary Theory. „Weltwirtschaftliches Archiv", Bd. 105 (1970 II), S. 7.

Falle eines Expansionsprozesses laufen diese *feedback-Effekte* in der entgegengesetzten Richtung ab. In jedem Fall wirken sie wie ein eingebauter Stabilisator.

Betrachtet man die Ergebnisse des oben geschilderten Transmissionsmechanismus (S. 228 ff.) abschließend vor dem Hintergrund der KEYNESianischen Analyse, dann sollen bei einem Vergleich folgende beiden Punkte hervorgehoben werden:

1. Auch im Rahmen einer KEYNESianischen Analyse führt eine geldpolitische Maßnahme, die eine Veränderung der Geldmenge bewirkt, i.d.R. zu einer gleichgerichteten Änderung des realen Sozialprodukts, der Beschäftigung und des Preisniveaus. Die Nahtstelle zwischen monetärem Bereich und güterwirtschaftlichem Bereich sind dabei *zinsabhängige Investitionen.* Erst *nachdem* es in der Investitionsgüterindustrie zu einer Veränderung der Produktion gekommen ist, breitet sich der monetäre Impuls via Einkommensmultiplikator auch auf die Konsumgüterindustrie aus.

Anders als im Rahmen einer KEYNESianischen Analyse[9] ist die Reaktion der Investitionsgüterindustrie bei dem oben dargestellten Transmissionsmechanismus *keine* notwendige Voraussetzung für die Übertragung eines monetären Impulses auf den güterwirtschaftlichen Bereich. Denn auch die Nachfrage nach Konsumgütern reagiert unmittelbar auf monetäre Impulse, und zwar sowohl im Wege eines Vermögenseffektes (vgl. Phase 6) als auch im Wege eines Substitutionseffektes (vgl. Phase 4).

2. Auch im Rahmen der KEYNESianischen Analyse stellen sich im Laufe des Anpassungsprozesses gegenläufige *feedback-Effekte* ein: Führt beispielsweise eine Abnahme der Geldmenge zu einer Zinserhöhung und resultiert hieraus über abnehmende (zinsinduzierte) Investitionen eine Senkung des Volkseinkommens, dann geht die Liquiditätspräferenz für Transaktionskasse zurück und es erfolgt ein Zinsrückgang. Hierdurch wird die anfängliche Senkung des realen Sozialprodukts, der Beschäftigung und des Preisniveaus gedämpft, allerdings nicht voll kompensiert[10].

Inwieweit eine zunächst eintretende Kontraktion (oder Expansion) des realen Sozialprodukts und der Beschäftigung im Rahmen des oben geschilderten Transmissionsmechanismus der relativen Preise durch feed-

---

[9] Im Rahmen einer KEYNESianischen Analyse bleibt eine Änderung der Geldmenge ohne Wirkung auf den güterwirtschaftlichen Bereich, wenn die Investoren *vollkommen unelastisch* auf den Zinssatz reagieren (und die auf S. 185 erwähnten Vermögenseffekte weiter unberücksichtigt bleiben).

[10] Vgl. hierzu Anhang A4). – Feedback-Effekte führen allerdings auch in einem KEYNESianischen Modell zur ursprünglichen Beschäftigung zurück, wenn (entsprechend den Vorstellungen der Klassiker und wie im Rahmen der neoklassischen Synthese) völlige Flexibilität von Preisen und Löhnen sowie ein vom Reallohnsatz abhängiges Angebot an Arbeit unterstellt werden. Vgl. hierzu S. 213, Fußnote 41.

back-Effekte schließlich wieder kompensiert werden kann, ist eine Frage, die auf Grund der verbalen Schilderung der Anpassungsvorgänge nicht eindeutig beantwortet werden kann und nur im Rahmen eines geschlossenen Modells zu klären ist (wie in der neoklassischen Synthese oder im Angebots-Nachfrage-Modell des Abschnitts V.1c)). Auf jeden Fall ergibt sich auch im Endergebnis aus einem kontraktiv wirkenden geldpolitischen Impuls eine Tendenz zur Preissenkung und aus einem expansiv wirkenden geldpolitischen Impuls eine Tendenz zur Preiserhöhung.

### d) Der Kreditkanal als Verstärkungsmechanismus

Der oben dargestellte Transmissionsmechanismus der relativen Preise läßt sich durch Elemente des sog. *Kreditkanal-Ansatzes* („credit channel"-Ansatz)[11] ergänzen. Mit diesem in den achtziger Jahren in den USA entwickelten Ansatz, der die Rolle des Bankkredits besonders hervorhebt, versucht man die Beobachtung zu erklären, daß häufig schon relativ geringe Veränderungen der Notenbankzinsen eine starke Veränderung der Investitionstätigkeit bewirken[12].

*aa) Die Fremdfinanzierungsprämie. – Ein* wesentliches Element des **Kreditkanal-Ansatzes** ist die Annahme, daß die Kosten einer externen Finanzierung (Fremdfinanzierung) für den Kreditnehmer höher sind als die Alternativkosten[13] einer Innenfinanzierung (Selbstfinanzierung), solange der Kredit (d.h. hier: der Bankkredit) nicht vollständig durch ein Pfand (z.B. in Form von Wertpapieren oder Immobilien) besichert ist[14]. Die Prämie für die externe Finanzierung, die **Fremdfinanzierungsprämie,** resultiert aus einer *Informationsasymmetrie*: Der Kreditnehmer ist besser über die Ertragschancen und Risiken des Projekts, das er finanzieren will, informiert als die Bank, die es finanzieren soll. Um ihr Informationsdefi-

---

[11] Siehe hierzu B. Bernanke, M. Gertler, S. Gilchrist, The Financial Accelerator and the Flight to Quality. „NBER Working Paper 4789", 1994, und die Beiträge von R. G. Hubbard, S. G. Cecchetti, M. Gertler, B. S. Bernanke zu „Channels of Monetary Policy", „The Federal Reserve Bank of St. Louis Review", Vol. 77, No. 3 (1995), und von F. S. Mishkin, B. S. Bernanke/M. Gertler zu „The Monetary Transmission Mechanism", „The Journal of Economic Perspectives", Vol. 9, No. 4 (1995). – Siehe auch die umfassenden Literaturangaben bei E. Stöss, Die Finanzierungsstruktur der Unternehmen und deren Reaktion auf monetäre Impulse. Eine Analyse anhand der Unternehmensbilanzstatistik der Deutschen Bundesbank. „Diskussionspapier 9/96. Volkswirtschaftliche Forschungsgruppe der Deutschen Bundesbank", 1996, S. 55ff.

[12] Vgl. Stöss, a.a.O., S. 5.

[13] Die Alternativkosten könnten durch die Kapitalmarktrendite (z.B. für Staatsanleihen) erfaßt werden.

[14] Siehe Bernanke, Gertler, Gilchrist, a.a.O., S. 4.

zit zu verringern, wird die Bank als Kreditgeber Zeit in Prüfungs- und Kontrollaktivitäten investieren. Durch die Evaluierung des zu finanzierenden Projekts entstehen der Bank Informationskosten, die sie als Bestandteil der Fremdfinanzierungsprämie auf den Kreditnehmer überwälzt. Trotz ihrer Prüfungs- und Kontrollaktivitäten wird aber die Bank das Risiko, daß der Kreditnehmer in Zahlungsverzug gerät, nicht vollständig ausschließen können. Die Fremdfinanzierungsprämie enthält deshalb auch einen Risikozuschlag.

Ein *zweites* wichtiges Element des Kreditkanal-Ansatzes bildet die Annahme, daß die Fremdfinanzierungsprämie steigt, wenn die Kreditwürdigkeit des Kreditnehmers niedriger eingeschätzt wird und – bei Besicherung von Krediten – der Wert des Pfandes sinkt. Im Falle einer Unternehmung könnte man den Unternehmenswert, berechnet als Gegenwartswert zukünftiger Einnahmenüberschüsse, als wichtiges Kriterium für die Kreditwürdigkeit betrachten[15]. Bei einem Zinsanstieg würde die Bonität wegen der stärkeren Diskontierung der Einnahmenüberschüsse dann abnehmen. Geht mit dem Zinsanstieg eine Senkung der Kurse von Wertpapieren (Obligationen und Aktien) sowie der Preise von Immobilien einher, dann sinkt wegen der Werteinbußen von Aktiva das Reinvermögen der betroffenen Unternehmungen, so daß auch hierdurch die Bonität beeinträchtigt wird. Außerdem vermindert sich der Wert verpfändbarer Vermögensbestandteile, so daß auch aus diesem Grund die Fremdfinanzierungsprämie steigt.

*bb) Der finanzielle Akzelerator*. – Aus den bisherigen Überlegungen folgt als *drittes* wesentliches Element des Kreditkanal-Ansatzes, daß Zinseffekte, wie sie durch geldpolitische Maßnahmen ausgelöst werden, in ihrer Wirkung auf die Investitionstätigkeit durch den Kreditkanal verstärkt werden. Am Beispiel einer kontraktiven Geldpolitik läßt sich die Funktionsweise dieses „**finanziellen Akzelerators**“[16] wie folgt beschreiben: Der durch kontraktive geldpolitische Maßnahmen bewirkte Zinsanstieg führt zu einer Senkung des Unternehmenswerts und dadurch zu einer Verminderung der Kreditwürdigkeit aus der Sicht der Banken. In die gleiche Richtung wirken auch Wertminderungen bei Vermögensbestandteilen auf Grund von zinsinduzierten Kurseinbußen bei Aktien und Obligationen sowie Preissenkungen bei Immobilien[17]. Im Fall einer Besicherung von Bankkrediten führen diese Wertminderungen außerdem zu einer Abnahme des Beleihungswertes der Pfänder. Weiter ist zu bedenken,

---

[15] Siehe auch Stöss, a. a. O., S. 6.

[16] Siehe zu dieser Bezeichnung Bernanke, Gertler, Gilchrist, a. a. O., S. 1.

[17] Vgl. hierzu die Vorgänge 1 und 3 bei dem im Unterabschnitt b) geschilderten Anpassungsprozeß.

daß der cash flow[18] im Fall einer kurzfristigen oder zinsvariablen Verschuldung durch erhöhte Zinszahlungen sinkt. Abgesehen davon, daß auch hierdurch die Kreditwürdigkeit beeinträchtigt werden kann, macht eine Abnahme des cash flow eine höhere Fremdfinanzierung erforderlich. Schließlich kann die Kreditwürdigkeit von Schuldnern auch noch dadurch beeinträchtigt werden, daß sich in einer späteren Phase des Anpassungsprozesses nicht antizipierte Preissenkungen einstellen, die bei nominal fixierter Verschuldung (einschließlich Verzinsung) eine Erhöhung der realen Schuldenlast und damit eine Senkung des realen Reinvermögens bedeuten. Insgesamt gesehen bedeuten die geschilderten Vorgänge, daß sich die mit der Kreditgewährung verbundenen Risiken für die Banken erhöhen. Sie werden deshalb den Zugang zu Bankkrediten erschweren. Das kann *einerseits* bedeuten, daß die Banken ihre Kredite im Ausmaß der gestiegenen Fremdfinanzierungsprämie verteuern (also den Sollzinssatz erhöhen) oder *anderseits* kann es darauf hinauslaufen, daß sie eine Beschränkung ihres Kreditangebots durch Mengenrationierung vornehmen. Letzteres wäre eine **Kreditrationierung,** die impliziert, daß bei dem herrschenden Sollzinssatz der Banken eine Überschußnachfrage nach Bankkrediten existiert[19]. Daß die Überschußnachfrage nach Bankkrediten keine Anhebung des Sollzinssatzes bewirkt, ließe sich mit *Moral Hazard*[20] und *adverser Selektion*[21] erklären. In diesem Zusammenhang bedeuten Moral Hazard-Effekte, daß durch einen höheren Zinssatz für Kreditnehmer ein Anreiz entsteht, vermehrt Projekte mit hohem Risiko zu unternehmen, und adverse Selektion, daß bei höherem Zinssatz Kreditnehmer mit niedrigem Risiko als Nachfrager nach Bankkrediten zunehmend ausscheiden[22]. In beiden Fällen würden sich also die Risiken einer

---

[18] Unter dem **cash flow** wird der Saldo aus liquiditätswirksamen Erträgen und liquiditätswirksamen Aufwendungen verstanden. Siehe hierzu H. K. Weber, Betriebswirtschaftliches Rechnungswesen. Band 1: Bilanz und Erfolgsrechnung. 4., überarb. Aufl. München 1993. S. 345.

[19] Zur graphischen Illustration der Kreditrationierung siehe O. Issing, Einführung in die Geldpolitik. 6., überarb. Aufl. München 1996. S. 162.

[20] Unter **Moral Hazard** (moralische Wagnisse) kann man Aktionen verstehen, die ein Vertragspartner (z. B. der Kreditnehmer) unbemerkt vom anderen Vertragspartner (z. B. vom Kreditgeber) zu dessen Schaden und zum eigenen Nutzen unternimmt.

[21] **Adverse Selektion** (negative Auslese) führt dazu, daß auf Märkten von Gütern, Dienstleistungen oder Finanzaktiva überwiegend schlechte Qualitäten gehandelt werden. Den hier relevanten Zusammenhang beschreibt G. Illing (Geld und asymmetrische Information. Berlin 1985. S. 120) kurz so: „Die schlechten Risiken verdrängen die guten".

[22] Zur Begründung dieser Effekte und ihrer Wirkungen auf das Bankverhalten siehe den grundlegenden Beitrag von J. E. Stiglitz, A. Weiss, Credit Rationing in Markets with Imperfect Information. „The American Economic Review", Vol. 71 (1981), S. 393 ff. – Eine Lehrbuchdarstellung findet sich bei O. J. Blanchard, S. Fisher, Lectures on Macroeconomics. Cambridge, Mass., London 1989. S. 478 ff. – Siehe auch

Kreditgewährung für Banken erhöhen. Dieses könnte sie veranlassen, von einer Zinserhöhung abzusehen und statt dessen eine Rationierung vorzunehmen, d. h. Kreditanträge abzulehnen.

Wie ausgeführt hat eine durch kontraktive geldpolitische Maßnahmen bewirkte Zinserhöhung zur Folge, daß die Kreditwürdigkeit von Kreditnehmern abnimmt und der Wert beleihbarer Finanzaktiva sinkt. Da die Banken hierauf mit einer Verteuerung ihrer Kredite und (oder) einer Rationierung reagieren, wird der durch den (kontraktiven) geldpolitischen Impuls ausgelöste Transmissionsmechanismus der relativen Preise durch den Kreditkanal verstärkt. Anzunehmen ist, daß der Kreditkanal als *finanzieller Akzelerator* entsprechend auch bei expansiver Geldpolitik wirksam wird.

Abschließend bleibt noch zu ergänzen, daß sich der Kreditkanal-Ansatz – zumindest teilweise – nicht nur auf Bankkredite an Haushalte zur Finanzierung von dauerhaften Konsumgütern und Wohneigentum übertragen läßt[23], sondern auch auf die Mittelbeschaffung von Geschäftsbanken. Die Geschäftsbanken verlieren an Kreditwürdigkeit, wenn sie Wertminderungen auf der Aktivseite infolge zinsinduzierter Kurssenkungen bei Obligationen und Aktien hinnehmen müssen oder die Sicherheit ihrer Ausleihungen leidet, weil z. B. die Preise beliehener Immobilien sinken. Die Einschränkungen ihrer Bonität limitieren bzw. verteuern ihre Mittelbeschaffung und veranlassen sie, ihrerseits Kredite zu rationieren bzw. die Sollzinssätze zu erhöhen[24]. Auch dieser Vorgang wirkt als finanzieller Akzelerator von monetären Impulsen, die durch die Geldpolitik ausgelöst werden.

## Zusammenfassung

1. Im Rahmen einer Theorie der relativen Preise bewirkt eine geldpolitische Maßnahme die Störung einer vorher als optimal angesehenen Vermögenszusammensetzung.
2. Änderungen relativer Zinssätze bzw. relativer Preise bewirken Substitutions- und Vermögenseffekte, die das Finanzvermögen, das Sachvermögen und die Verbindlichkeiten von Wirtschafts-

D. NEUBERGER, Kreditvergabe durch Banken. Mikroökonomische Theorie und gesamtwirtschaftliche Implikationen. Tübingen 1994. S. 8 ff.

[23] Siehe B. S. BERNANKE, M. GERTLER, Inside the Black Box: The Credit Channel of Monetary Policy Transmission. „The Journal of Economic Perspectives“, Vol. 9, No. 4 (1995), S. 44 f.

[24] Vgl. ebenda, S. 36, 42, sowie BERNANKE, GERTLER, GILCHRIST, a. a. O., S. 15.

einheiten erfassen und auch auf die Neuproduktion von Konsum- und Investitionsgütern weiterwirken. Auf diese Weise löst ein die Geldmenge senkender, monetärer Impuls eine Abnahme des realen Sozialprodukts, der Beschäftigung sowie des Preisniveaus aus (und umgekehrt). Abweichend von der KEYNESianischen Analyse braucht ein Kontraktionsprozeß (bzw. ein Expansionsprozeß) dabei nicht in der Weise abzulaufen, daß zunächst die Investitionsgüterindustrie und erst danach die Konsumgüterindustrie erfaßt wird.

3. Im weiteren Verlauf eines Kontraktionsprozesses fallen die Wertpapierrendite und der Sollzinssatz wieder. Zusammen mit einer Zunahme des realen Nettovermögens (als Folge der Preissenkungen) resultiert hieraus eine der anfänglichen Kontraktion entgegengerichtete Entwicklung (und damit ein feedback-Effekt). Im Fall eines monetären Impulses, der die Geldmenge erhöht, erfolgen diese Anpassungsvorgänge in der umgekehrten Richtung.
4. Im Endergebnis führt ein die Geldmenge senkender, monetärer Impuls zu einem Preisrückgang (und umgekehrt). Ob die anfängliche Kontraktion (bzw. Expansion) des realen Sozialprodukts und der Beschäftigung durch feedback-Effekte nur gedämpft wird (wie im Rahmen einer KEYNESianischen Analyse mit nach unten inflexiblem Geldlohnsatz) oder auch schließlich voll kompensiert werden kann, ist eine Frage, die nur im Rahmen eines geschlossenen Modells zu klären ist und hier offenbleibt.
5. Der Kreditkanal-Ansatz ergänzt den Transmissionsmechanismus relativer Preise. Über zinsinduzierte Einflüsse auf die Kreditwürdigkeit von Nachfragern nach Bankkrediten und Wertveränderungen von beleihbaren Vermögensbestandteilen wirkt er wie ein finanzieller Akzelerator (Verstärker) monetärer Impulse.

## 4. Zur monetaristischen Position

Wie bereits ausgeführt, war die Massenarbeitslosigkeit der dreißiger Jahre das große soziale Problem, an dessen Erklärung die klassische Theorie scheiterte und das die KEYNESianische Analyse des Volkseinkommens und der Beschäftigung in den Vordergrund wirtschaftswissenschaftlicher Diskussionen rückte. In der Nachkriegszeit gewann dagegen ein anderes soziales Problem zunehmend an Bedeutung: die Entwicklung inflationärer Prozesse, die nicht selten von Schwankungen der gesamtwirtschaftlichen Produktion und der Beschäftigung begleitet waren.

Das Problem der *Inflation* tritt in der *Allgemeinen Theorie* von KEYNES weit hinter dem Problem der Unterbeschäftigung zurück; es spielt aber eine wesentliche Rolle bei den insbesondere durch FRIEDMAN und BRUNNER geprägten Überlegungen der **Monetaristen**[1]. Die Verbreitung monetaristischer Ideen, die sich nicht zuletzt unter dem Eindruck der amerikanischen Inflationserfahrungen der sechziger Jahre verstärkte, hängt aber auch damit zusammen, daß die KEYNESsche Theorie in häufig überpointierter und auch zu wenig differenzierender Betrachtungsweise als eine Lehre verstanden wird, nach der Geldmengenänderungen hinsichtlich des Volkseinkommens, der Beschäftigung und des Preisniveaus wenig wirksam, wenn nicht sogar unwirksam sind[2]. Vor dem Hintergrund einer solchen mit der KEYNESschen Lehre in Verbindung gebrachten *„money does not matter"-These* wird die Position der Monetaristen, wonach die *Geldmenge eine zentrale Einflußgröße* für die wirtschaftliche Aktivität darstellt, zur Antithese und tritt deshalb besonders deutlich hervor. Was das Problem der Unterbeschäftigung von Produktionsfaktoren, insbesondere also das Problem der *Arbeitslosigkeit*, anbelangt, so bieten die Monetaristen hierfür eine neue Erklärung an. Sie begründen Situationen der Unterbeschäftigung mit den Kosten der Informationsgewinnung (*Informationskosten*) und den Kosten der Anpassung an veränderte wirtschaftliche Bedingungen (*Anpassungskosten*).

Mit der Behandlung der monetaristischen Position verfolgen wir das Ziel, wesentliche Charakteristika des Monetarismus[3] herauszustellen. Monetaristische Vorstellungen mögen in gewisser Hinsicht durch ein be-

---

[1] Vgl. hierzu und zu dem folgenden Satz JOHNSON, a.a.O., S.7f.

[2] So z.B. FRIEDMAN (A Theoretical Framework ..., a.a.O., S.210). – Auch L.S. RITTER weist darauf hin, daß einige moderne Quantitätstheoretiker an solchen Interpretationen nicht unschuldig sind (The Role of Money in Keynesian Theory. In: Banking and Monetary Studies. Ed. by D. CARSON. Homewood, Ill., 1963. S.134).

[3] Siehe hierzu vor allem K. BRUNNER, The „Monetarist Revolution" ..., a.a.O., S.1ff. – Vgl. auch T. MAYER, Die Struktur des Monetarismus. „Beihefte zu Kredit und Kapital", H. 4 (1978), S.9ff.

stimmtes ordnungspolitisches Vorverständnis[4] mitgeprägt sein und beruhen z.T. auch auf Annahmen über empirische Detailzusammenhänge. Die zentralen, geldpolitisch relevanten Thesen der Monetaristen lassen sich aber auch aus einer modelltheoretischen Betrachtung gesamtwirtschaftlicher Zusammenhänge herleiten. Um jedoch zu vermeiden, daß die mehr verbalen Ausführungen zur monetaristischen Position durch eine längere Modellbetrachtung unterbrochen werden, wird diese zunächst zurückgestellt und erst im Zusammenhang mit einer geschlossenen theoretischen Analyse im folgenden Kapitel nachgeholt.

### a) Die Berücksichtigung von Informations- und Anpassungskosten

Wesentliches Merkmal der monetaristischen Position ist der im vorhergehenden Abschnitt dargestellte *Transmissionsmechanismus der relativen Preise,* der durch Berücksichtigung von **Informations- und Anpassungskosten**[5] eine wichtige Erweiterung erfährt.

*aa) Informations- und Anpassungskosten.* – Informationskosten entstehen durch die Beschaffung, Aufbereitung und Verarbeitung von *Informationen.* Benötigt man z.B. Informationen über die Absatzchancen bestimmter Güter (z.B. Ferienappartements) und vergibt man zu diesem Zweck einen Marktforschungsauftrag, dann entstehen Kosten. Ebenso entstehen Kosten, wenn man sich Informationen über die Verdienstmöglichkeiten in bestimmten Berufen verschaffen will und zu diesem Zweck in Zeitungen inseriert. Kosten entstehen aber auch, wenn man während der Informationsgewinnung auf jeden Einkommenserwerb verzichtet, sich also auf die Tätigkeit der Informationsgewinnung spezialisiert. Die entgangenen Verdienste sind dann (ggf. unter Abzug von Arbeitslosenunterstützung) den Informationskosten zuzurechnen.

Auch aus der *Anpassung* an veränderte wirtschaftliche Gegebenheiten resultieren Kosten. Werden z.B. Obligationen in Aktien umgetauscht, weil mit einer Erhöhung der Aktienkurse gerechnet wird, dann fallen Kosten in Form von Maklerprovisionen, Telefongebühren etc. an. Will man in Erwartung besserer Verdienstmöglichkeiten seinen Arbeitsplatz wechseln, dann wird man in Rechnung stellen, daß der Umzug, die neue Wohnung und andere Umstände Kosten verursachen.

---

4 Vgl. hierzu H. FRISCH, Die neue Inflationstheorie. Göttingen 1980. S. 82.

5 Vgl. hierzu A. A. ALCHIAN, W. R. ALLEN, University Economics. 2nd ed. Belmont, Calif., 1967. S. 496 ff. – A. A. ALCHIAN, Information Costs, Pricing, and Resource Unemployment. In: E. S. PHELPS et al. Microeconomic Foundations of Employment and Inflation Theory. New York 1970. S. 27 ff. – BRUNNER, Eine Neuformulierung ..., a. a. O., S. 7 ff. und 22 ff.

*bb) Kosten und Erlöse von Informationen.* – Für die meisten der folgenden Aussagen ist es nicht wesentlich, ob Anpassungskosten in die Überlegungen einbezogen werden oder nicht. Zur Vereinfachung werden wir uns deshalb bei den weiteren Überlegungen auf die Informationsbeschaffung konzentrieren. Für unsere Folgerungen spielen dabei bestimmte Annahmen über die Entwicklung der Kosten und (erwarteten) Erlöse der Informationsbeschaffung eine Rolle, nämlich[6]:

- Informationen ermöglichen eine Erhöhung der Erlöse. Der (erwartete) Mehrerlös oder der Grenzerlös einer Information nimmt dabei mit zunehmendem Umfang der Informationsgewinnung (Marktforschung) ab[7].
- Mit der Informationsgewinnung sind Kosten verbunden. Die Kosten sind um so höher, je mehr Informationen erworben werden. Die Mehrkosten oder Grenzkosten einer Information werden dabei nicht kleiner, sondern eher größer, wenn der Umfang der Informationsgewinnung steigt.
- Die mit der Informationsgewinnung verbundenen Kosten sind um so höher, je schneller ein bestimmter Informationsstand erreicht werden soll. Die (auf die Zeit bezogenen) Mehrkosten oder Grenzkosten werden dabei nicht kleiner, sondern eher größer, wenn der Zeitaufwand, mit dem ein bestimmter Informationsstand erreicht werden soll, verringert wird, die Geschwindigkeit der Informationsgewinnung also zunimmt.

Schließlich dürfte man auch in vielen Fällen davon ausgehen können, daß es sich für eine Wirtschaftseinheit lohnt, während der Zeit der Informationsgewinnung auf Tätigkeiten, die der Einkommenserzielung dienen, zu verzichten und sich stattdessen auf die Informationsgewinnung zu spezialisieren. In diesen Fällen sind die Kosten, die mit der Beschaffung einer bestimmten Menge an Informationen anfallen, auch unter Berücksichtigung des nicht durch die Arbeitslosenunterstützung gedeckten Verdienstausfalls geringer als in dem Fall, wo die Informationsbeschaffung *neben* einer beruflichen Tätigkeit erfolgt[8].

Wie im folgenden zu zeigen sein wird, ergeben sich aus den Annahmen über die Entwicklung von Erlös und Kosten der Informationsgewinnung wichtige Folgerungen. Diese bestehen ganz allgemein darin, daß es sich i. d. R. als sinnvoll erweist, die Informationsgewinnung bis zu einem bestimmten Informationsstand zu betreiben und hierfür – unter Zurückstellung von Entscheidungen – eine bestimmte Zeit aufzuwenden. Die Ent-

---

[6] Vgl. BRUNNER, Eine Neuformulierung ..., a. a. O., S. 7 f. und 22 ff.

[7] Um den Grenzerlös mit den Grenzkosten einer Information vergleichen zu können, muß der Grenzerlös als Gegenwartswert berechnet werden.

[8] Vgl. ALCHIAN, ALLEN, a. a. O., S. 497. – ALCHIAN, a. a. O., S. 29.

scheidung, die bezüglich der Informationsgewinnung gefällt wird, ist also eine zweifache: Sie betrifft einmal den *Umfang* der Informationen, zum anderen den hierfür veranschlagten *Zeitaufwand* und damit die Dauer der Informationsbeschaffung.

*cc) Informationskosten und Anpassungsprozeß.* – aaa) Mit Hilfe des Konzepts der Informationskosten (teilweise auch unter Berücksichtigung von Anpassungskosten) soll zunächst erläutert werden, weshalb Anpassungsvorgänge bei den verschiedenen Bilanzpositionen im Fall einer Störung des Portfolio-Gleichgewichts mit unterschiedlicher Geschwindigkeit erfolgen. Ein Beispiel hierfür ist der bereits bekannte Vorgang, daß die Geschäftsbanken bei einer Zunahme der frei verfügbaren Mittel zunächst *Liquiditätsdispositionen* vornehmen, d. h. ihre Zentralbankverschuldung abbauen und Geldmarktpapiere[9] kaufen, und die Kreditvergabe an Nichtbanken erst mit der Zeit intensivieren. Eine solche Verhaltensweise dürfte zum einen darauf zurückzuführen sein, daß Liquiditätsdispositionen in Hinblick auf die Konditionen wesentlich einfacher zu überblicken sind als Rendite und Risiko bei einer Kreditvergabe. Der aus der Differenz von Grenzerlös und Grenzkosten gebildete *Grenzgewinn einer Information* (vgl. hierzu die beiden ersten Annahmen) wird deshalb bei Ausdehnung der Marktforschung im Fall der Liquiditätsdispositionen schneller sinken als bei der Kreditvergabe. Da die Marktforschung demzufolge bei Liquiditätsdispositionen eher in den Bereich negativer Grenzgewinne (also in den Bereich abnehmender Gewinne) führt als bei der Kreditvergabe, ist es sinnvoll, die Marktforschung im ersten Fall *eher* (d. h. mit einem geringeren Umfang an Informationen) zu beenden als im zweiten.

Zum anderen ist zu berücksichtigen, daß die Informationsgewinnung hinsichtlich Rendite und Risiko bei Liquiditätsdispositionen u.U. beschleunigt werden kann, ohne daß dadurch beträchtliche Mehrkosten anfallen. Demgegenüber ist zu erwarten, daß Mehrkosten relativ stärker ins Gewicht fallen, wenn die für eine bestimmte Kreditmenge erforderlichen Informationen über kreditwillige und kreditwürdige Kunden sehr schnell beschafft werden sollen. Die Grenzkosten in bezug auf die Geschwindigkeit der Informationsgewinnung dürften deshalb bei der Kreditvergabe größer sein als bei Liquiditätsdispositionen. Deshalb lohnt es sich vermutlich, bei der Kreditvergabe *mehr* Zeit auf die Informationsgewinnung zu verwenden als bei Liquiditätsdispositionen.

Aus der Überlegung, daß die Informationsgewinnung bei Liquiditätsdispositionen früher abgeschlossen wird als im Falle der Kreditvergabe, ergibt sich, daß die Anpassung im ersten Fall *schneller* erfolgen kann als

[9] Käufe von *Obligationen* spielen eine ähnliche Rolle.

im zweiten. Noch nicht erklärt ist damit allerdings, weshalb Liquiditätsdispositionen im Anpassungsprozeß eine *Pufferfunktion*[10] übernehmen oder konkreter, weshalb Zentralbankverschuldung und Geldmarktanlagen beispielsweise bei expansiver (liquiditätszuführender) Geldpolitik zunächst über das endgültig optimale Ausmaß hinaus angepaßt und dann mit der Zeit, nämlich im Zuge der Ausweitung der Kreditgewährung, wieder auf das letztlich gewünschte Niveau zurückgeführt werden. Die Erklärung hierfür besteht offenbar darin, daß die für die Kreditgewährung in Aussicht genommenen Beträge bis zu ihrer Verwendung nicht in Form von Barreserven gehalten, sondern (zwischenzeitlich) zum Abbau der Zentralbankverschuldung und für eine Anlage in Geldmarktpapieren genutzt werden. Anzunehmen ist dabei, daß die hierdurch bedingten Anpassungskosten *kleiner* sind als die (zwischenzeitlich) anfallenden Erträge aus den Liquiditätsdispositionen.

bbb) Ähnlich wie bei Liquiditätsdispositionen und Kreditvergabe läßt sich mit Hilfe des Konzeptes der Informationskosten auch plausibel machen, weshalb bei Portfolio-Ungleichgewichten im allgemeinen Anpassungen beim *Finanzvermögen* schneller erfolgen als beim *Sachvermögen*: Der Grenzgewinn einer Information dürfte im Fall des Finanzvermögens (Beispiel: Staatsanleihen) i. d. R. *eher* negativ werden als im Fall des Sachvermögens (Beispiel: Eigenheim). Hinzu kommt, daß die Grenzkosten in bezug auf die Geschwindigkeit der Informationsgewinnung beim Sachvermögen i. d. R. größer sind als beim Finanzvermögen und daß es deshalb bei Dispositionen über das Sachvermögen lohnender wird, *länger* auf Informationen zu warten als beim Finanzvermögen.

ccc) Das Konzept der Informationskosten liefert schließlich auch eine Erklärung dafür, daß Mengenreaktionen häufig den Preisreaktionen vorangehen und dadurch Unterbeschäftigung von Produktionsfaktoren entsteht. Betrachten wir dazu einen beschäftigungslosen Arbeiter, der eine Stellung sucht[11]. Er wird im allgemeinen sofort eine Stellung finden, wenn er bereit ist, einen hinreichend niedrigen Lohnsatz zu akzeptieren. Vermutlich wird er sich aber zunächst darum bemühen, die Situation auf dem Arbeitsmarkt zu erforschen, d. h. Informationen über potentielle Arbeitgeber, gezahlte Löhne und sonstige Arbeitsbedingungen zu erhalten. Die Informationsbeschaffung kostet ihn einerseits Zeit und Geld (z. B. für Inserate), verschafft ihm anderseits aber auch Kenntnis über bessere Verdienstmöglichkeiten. In seinem Kalkül wird er deswegen sowohl die Kosten als auch die (im Mittel erwarteten) Erlöse der Informationsbeschaf-

---

[10] Vgl. hierzu Kapitel III unter 3c) gg).

[11] Vgl. hierzu z. B. Brunner, Eine Neuformulierung ..., a. a. O., S. 25 ff. – Ein weiteres illustratives Beispiel ist der Hauseigentümer, der seine Mieter verloren hat und dessen Wohnungen zunächst leerbleiben, weil erst Informationen über zahlungskräftige Mieter eingeholt werden sollen (vgl. Alchian, Allen, a. a. O., S. 500).

fung berücksichtigen. Seine optimale Entscheidung wird dabei dadurch bestimmt, daß es sich für ihn so lange lohnt, Informationen zu sammeln, bis der (erwartete) Grenzerlös einer Information (d.h. der Gegenwartswert der Verbesserung des Lohnangebots)[12] die Grenzkosten einer Information nicht mehr übersteigt. Der entsprechende Informationsstand kann je nach Geschwindigkeit der Informationsgewinnung in unterschiedlicher Zeit erreicht werden. Bei der Entscheidung über die Geschwindigkeit der Informationsgewinnung wird zu berücksichtigen sein, daß bei einer Erhöhung zwar einerseits Einkommen schneller verfügbar wird, anderseits aber auch die Kosten einer bestimmten Informationsmenge ansteigen. Auf jeden Fall wird ein wirtschaftlicher Kalkül im allgemeinen zu dem Ergebnis führen, daß es bei Berücksichtigung von Erlösen und Kosten der Informationsbeschaffung wirtschaftlich sinnvoll ist, nicht sofort das erstbeste Lohnangebot anzunehmen, sondern das Arbeitsangebot zunächst einmal zurückzuhalten, um in der Zwischenzeit Informationen über bessere Verdienstmöglichkeiten einzuholen. Dieses Ergebnis kommt allein dadurch zustande, daß die Informationsbeschaffung Kosten verursacht und die Kosten bei einer beschleunigten Informationsbeschaffung in bestimmter Weise zunehmen. Eine gewisse Zeit der Beschäftigungslosigkeit kann deshalb als Resultat eines individuellen Optimierungskalküls angesehen werden.

### b) Die Rolle erwarteter Preisänderungen bei der Zinsbildung

Neben der Einbeziehung von Informations- und Anpassungskosten ist der im vorhergehenden Abschnitt dargestellte Transmissionsmechanismus aus der Sicht der Monetaristen auch noch dadurch zu ergänzen, daß bei der Zinsbildung die **erwartete Preisänderungsrate** zu berücksichtigen ist.

Die erwartete Preisänderungsrate, die bereits bei FRIEDMAN in seiner Neukonzipierung der Quantitätstheorie als Argument der Geldnachfrage in Erscheinung tritt[13], vorher aber schon als Einflußfaktor des Zinsniveaus von IRVING FISHER herausgestellt worden ist[14], bildet gegenüber der Zinsbestimmung im Rahmen der KEYNESianischen Analyse ein neues Element. In der KEYNESianischen Analyse lassen sich (wie bekannt) bei

---

[12] Siehe hierzu S. 240, Fußnote 7.

[13] Vgl. M. FRIEDMAN, The Quantity Theory of Money – A Restatement. In: The Optimum Quantity of Money and Other Essays. Chicago 1956. S. 51 ff.

[14] Vgl. FISHER, The Theory of Interest, a. a. O., S. 36 ff., und die dort angegebenen Hinweise auf frühere Werke.

einer Änderung der Geldmenge (z. B. einer Erhöhung) folgende für die Zinsbildung relevante Vorgänge unterscheiden:

- Die Erhöhung der Geldmenge bewirkt bei gegebener Liquiditätspräferenzfunktion und gegebenem Volkseinkommen eine Senkung des Zinssatzes (*Liquiditätseffekt*).
- Der hierdurch ausgelöste Expansionsprozeß bewirkt über steigende Realeinkommen einen Zinsanstieg (*Einkommenseffekt*).
- Der Zinsanstieg wird noch dadurch verstärkt, daß Preiserhöhungen eintreten und damit die reale Geldmenge abnimmt (*Preiseffekt*).

Die durch den Einkommens- und Preiseffekt induzierte *Umkehrung* in der Entwicklung des Zinssatzes (also das Wiederansteigen des Zinssatzes) kann die primäre Änderung des Zinssatzes (also die Zinssenkung) im Rahmen einer KEYNESianischen Analyse nicht kompensieren. Eine Geldmengenänderung führt also unter den Bedingungen eines komparativ-statischen KEYNES-Modells im Endergebnis stets zu einer *gegenläufigen* Zinsänderung[15].

Dieses Ergebnis ist zu modifizieren, wenn durch die Änderung der Geldmenge ein *Preiserwartungs-* bzw. *Inflationserwartungseffekt* ausgelöst wird. Dieser kann z. B. im Falle einer Geldmengenerhöhung daraus resultieren, daß als Folge der Geldmengenexpansion Preissteigerungen auftreten und die tatsächlichen Preisänderungen bei den Wirtschaftseinheiten die Erwartung auslösen, daß sich der Preisanstieg in der Zukunft fortsetzt.

Die Erwartung steigender Preise wird Kreditgeber (z. B. auch Käufer von Wertpapieren) veranlassen, zur Kompensation erwarteter Kaufkraftverluste bei dem investierten Betrag und den Zinserträgen höhere Zinsen als im Fall konstanter Preise zu verlangen[16]. Umgekehrt werden Kreditnehmer (z. B. auch Verkäufer von Wertpapieren) bereit sein, einen höheren Zinssatz als bei konstanten Preisen zu vereinbaren, da sie bei Erwerb von Sachvermögen von den erwarteten Preissteigerungen profitieren oder anders argumentiert, da der Rückzahlungsbetrag einschließlich des Zinsaufwandes, ausgedrückt in *realen* Größen, durch Preissteigerungen geringer wird. Berücksichtigen Kreditgeber und Kreditnehmer die erwartete Preissteigerungsrate $\pi^* = \left(\frac{dp}{dt}\frac{1}{p}\right)^*$ in vollem Umfang und gehen sie

[15] Vgl. hierzu Anhang A4). – Siehe aber auch S. 213, Fußnote 41.

[16] Fordert ein Kreditgeber z. B. bei konstanten Preisen einen Zinssatz von $i^r = 0{,}1$ p. a. und will er neben diesem Zinssatz bei einer für die Laufzeit des Kredits erwarteten Preissteigerungsrate von $\pi^* = 0{,}05$ p. a. Kaufkraftverluste sowohl bei dem investierten Betrag als auch bei den Zinserträgen kompensieren, dann muß er einen Zinssatz von $i = 0{,}1 + 0{,}05 + 0{,}05 \cdot 0{,}1 = 0{,}155$ p. a., also von 15,5 v. H. p. a., verlangen.

dabei von gleichen Erwartungen aus, dann ergibt sich für den auf dem Markt notierten Zinssatz $i$ folgende auch als **FISHER-Theorem** bezeichnete Bestimmungsgleichung:

$$(1) \quad \boxed{i = i^r + \pi^* + \pi^* i^r} \quad .$$

Die Größe $i$ wird dabei als **nominaler Zinssatz** bezeichnet. Die Größe $i^r$ gibt den bei konstanten Preisen geforderten Zinssatz an, den sog. **realen Zinssatz.** Der zweite Summand auf der rechten Seite von (1) stellt die Kompensation für den Kaufkraftverlust der Darlehnssumme und der dritte Summand die Kompensation für den Kaufkraftverlust der Verzinsung dar. Wird der dritte, relativ kleine Summand vernachlässigt, dann erhält man als *vereinfachtes FISHER-Theorem*

$$(1a) \quad i = i^r + \pi^*.$$

Wird der Einfluß einer erwarteten Preisänderungsrate bei der Zinsbildung berücksichtigt, dann tritt z. B. im Zuge eines Expansionsprozesses nach einer anfänglichen (durch den Liquiditätseffekt bewirkten) Zinssenkung eine Zinserhöhung ein, die über das durch den Einkommens- und Preiseffekt bedingte Ausmaß hinausgeht. Hierbei wird es sich allerdings nur um eine *vorübergehende* Erscheinung handeln, wenn die Geldmenge keine fortwährende Erhöhung erfährt. In diesem Fall wird sich nämlich das Preisniveau mit der Zeit auf einem höheren Niveau stabilisieren, so daß die erwartete Preisänderungsrate auf *Null* zurückfällt und dadurch wieder eine Zinssenkung ausgelöst wird. Ein *nachhaltiger,* über den KEYNESschen Liquiditäts-, Einkommens- und Preiseffekt hinausgehender Einfluß auf das Zinsniveau wird nur wirksam, wenn im Zuge einer *ständig wachsenden* Geldmenge ein anhaltender Preisanstieg erfolgt, der fortwährend zu einer *erwarteten positiven Preisänderungsrate* führt. In diesem Fall dürfte es den Vorstellungen der Monetaristen entsprechen[17], davon auszugehen, daß der Zinssatz bei der Geldmengenexpansion – entgegen den Ergebnissen einer KEYNESianischen Analyse – nach einem anfänglichen Rückgang über das ursprüngliche Niveau hinaus ansteigt und sich damit im Endergebnis in der *gleichen* Richtung verändert wie die Geldmenge.

---

[17] Vgl. D. I. FAND, A Monetarist Model of the Monetary Process. „The Journal of Finance", Vol. 25 (1970), S. 282. – Siehe auch BRUNNER, The „Monetarist Revolution" …, a. a. O., S. 14.

### c) Wirtschaftspolitisch relevante Hypothesen der Monetaristen

Die wirtschaftspolitischen Empfehlungen der Monetaristen, auf die im nächsten Unterabschnitt eingegangen wird, basieren auf bestimmten Vorstellungen über den Wirtschaftsablauf[18]. Zwei der entsprechenden Hypothesen sind wirtschaftspolitisch von besonderer Bedeutung; auf sie wird im folgenden näher eingegangen. Die *erste* Hypothese befaßt sich mit der Frage, in welcher Weise der private und öffentliche Sektor den Wirtschaftsablauf beeinflussen. Sie dürfte durch ein gewisses ordnungspolitisches Vorverständnis mitgeprägt sein und lautet:

- Die wesentlichen Ursachen für die Auslösung von Schwankungen der wirtschaftlichen Aktivität liegen nicht im privaten Sektor der Volkswirtschaft. Anpassungsvorgänge im privaten Sektor der Volkswirtschaft wirken auch nicht destabilisierend, sondern vielmehr stabilisierend auf exogen ausgelöste Expansions- und Kontraktionsprozesse ein[19]. Störungen im Wirtschaftsablauf werden demgegenüber im wesentlichen durch Maßnahmen des öffentlichen Sektors (wie z.B. durch eine Änderung geldpolitischer Aktionsparameter oder neue Steuer- oder Ausgabenprogramme) verursacht.

Diese Hypothese über die auslösenden Ursachen von Schwankungen der wirtschaftlichen Aktivität steht im Gegensatz zu der Meinung von KEYNES[20], wonach Konjunkturbewegungen in erster Linie auf exogene Schwankungen der Investitionsfunktion[21] zurückzuführen sind. Was die stabilisierende Wirkung des privaten Sektors anbelangt, so sind entsprechende Vorgänge auch aus der KEYNESschen Theorie bekannt. Man denke z.B. an den feedback-Effekt, der einen Expansionsprozeß dadurch dämpft, daß eine Erhöhung des Volkseinkommens im monetären Bereich einen Zinsanstieg induziert.

Die *zweite* Hypothese nennt den wichtigsten Bestimmungsfaktor für die Schwankungen der wirtschaftlichen Aktivität und ist unter dem Gesichtspunkt der Konjunkturbeeinflussung von besonderem Interesse. Sie lautet:

- Schwankungen der wirtschaftlichen Aktivität werden im wesentlichen durch monetäre Impulse bestimmt. Demgegenüber sind fiskalpoliti-

---

[18] Vgl. hierzu im einzelnen BRUNNER, The „Monetarist Revolution" ..., a.a.O., S.5ff.

[19] BRUNNER (ebenda, S.6) schreibt z.B. „The private sector absorbs shocks and transforms them into a stabilization motion".

[20] Vgl. KEYNES, a.a.O., S.313.

[21] Schwankungen der Investitionsfunktion resultieren vor allem aus veränderten Erwartungen bezüglich der zukünftigen Erträge (vgl. A.H. HANSEN, a.a.O., S.208. – Vgl. dazu auch S.189f.).

sche Maßnahmen, soweit sie mit keiner Änderung der Geldmenge verbunden sind, in ihrer Wirkung relativ schwach und unzuverlässig.

Die zweite Hypothese wird durch die *drei* folgenden Aussagen präzisiert:

1. Stoßkraft und Stoßrichtung monetärer Impulse werden durch Änderungen der Geldmenge angezeigt. Änderungen der Geldmenge werden maßgeblich durch Änderungen der monetären Basis beeinflußt. Die Träger der Geldpolitik beherrschen die monetäre Basis[22].
2. Die absolute Höhe der Wachstumsrate der Geldmenge ist von geringem Einfluß auf die Beschäftigung und die Entwicklung des realen Sozialprodukts[23], aber von dominierendem Einfluß auf die Inflationsrate. Je höher die Wachstumsrate der Geldmenge, desto größer ist die Inflationsrate (und umgekehrt).
3. Wird die Wachstumsrate der Geldmenge angehoben (vermindert), dann ergibt sich für die Beschäftigung und die Entwicklung des realen Sozialprodukts nur vorübergehend ein expansiver (kontraktiver) Impuls; die Inflationsrate wird demgegenüber dauerhaft erhöht (gesenkt). Erst wenn die Wachstumsrate der Geldmenge fortlaufend erhöht wird, die Geldmengenexpansion also eine Beschleunigung (Akzeleration) erfährt, kann die Beschäftigung und die Entwicklung des realen Sozialprodukts nachhaltig angeregt werden, allerdings um den Preis einer andauernden Inflationserhöhung **(Akzelerationshypothese)**[24].

Die erste Aussage erklärt, weshalb die Monetaristen die *monetäre Basis* als *Indikator* ansehen, also als eine Größe, an der sich die Einwirkung geldpolitischer Maßnahmen auf wirtschaftspolitische Zielgrößen abschätzen läßt[25]. Sie macht gleichzeitig deutlich, weshalb das *Geldangebot* aus

---

[22] Vgl. hierzu und zu den beiden vorhergehenden Sätzen K. Brunner, The Role of Money and Monetary Policy. „Federal Reserve Bank of St. Louis Review", Vol. 50, No. 7 (1968), S. 9, 24.

[23] In einer *wachsenden* Wirtschaft geht es genauer um einen Einfluß auf die *Wachstumsrate* des realen Sozialprodukts, in einer *stationären* Wirtschaft um einen Einfluß auf das *Niveau* des realen Sozialprodukts.

[24] Vgl. M. Friedman, Price Theory. Chicago 1976. S. 227. – V. Argy, The Postwar International Money Crises – an Analysis. London 1981. S. 137 f.

[25] Vgl. Kapitel III unter 3 a) aa) bbb). – Die Betrachtungen des vorhergehenden Unterabschnitts IV. 4b) machen zudem deutlich, weshalb die Verwendung des *Zinssatzes* als *Indikator* problematisch sein könnte: Betreibt die Zentralbank eine Geldmengenexpansion, dann ist damit zunächst eine Zinssenkung verbunden. Von irgendeinem Zeitpunkt an tritt aber eine Zinserhöhung ein, die u.U. stärker ist als die vorangegangene Zinssenkung. Die Geldmengenexpansion ist also nicht mit einer eindeutigen Entwicklung des Zinssatzes verknüpft. Das gleiche gilt auch für den Fall einer Reduktion der Geldmenge.

der Sicht der Monetaristen als eine weitgehend durch die Zentralbank bestimmte und damit *weitgehend exogene Größe* erscheint[26].

Die beiden letzten Aussagen werden theoretisch im folgenden Kapitel (Abschnitt 1) untermauert. Sie verdienen nicht zuletzt deshalb besondere Aufmerksamkeit, weil sie u. U. Entwicklungen erklären, die etwa seit Mitte der sechziger Jahre verstärkt in den Vordergrund des Interesses gerückt sind und die sich in Hinblick auf wirtschaftspolitische Ziele als sehr problematisch erwiesen haben. Es handelt sich hierbei um inflationäre Prozesse, die von Schwankungen der Produktion und Beschäftigung begleitet sind. Akzeptiert man die zweite und dritte Aussage, dann kann man solche Situationen damit erklären, daß ein hohes durchschnittliches Wachstum der Geldmenge mit starken Beschleunigungen und Verlangsamungen der Geldmengenexpansion einhergeht[27].

### d) Wirtschaftspolitische Empfehlungen

Wie im vorhergehenden Abschnitt dargelegt, unterscheiden sich die KEYNESianische Theorie und die monetaristischen Vorstellungen bereits in der Diagnose der Ursachen von Schwankungen der wirtschaftlichen Aktivität. Es liegt deshalb nahe, daß zur Stabilisierung auch unterschiedliche Therapien empfohlen werden: In KEYNESianischer Betrachtungsweise machen Fluktuationen der Investitionsfunktion und die daraus resultierenden Schwankungen der Produktion, Beschäftigung und des Preisniveaus ausgleichende Maßnahmen durch die Geld- und Fiskalpolitik notwendig. Demgegenüber erscheint eine solche kompensierende Stabilisierungspolitik aus der Sicht der Monetaristen *nicht* erforderlich, da nach ihrer Auffassung die entscheidenden Ursachen von Schwankungen der wirtschaftlichen Aktivität nicht im privaten Sektor der Volkswirtschaft zu suchen sind. Die Monetaristen nehmen vielmehr den Standpunkt ein, daß sich die Träger der Wirtschaftspolitik heftiger ad hoc-Interventionen enthalten und eine von abrupten Eingriffen freie „Verstetigung" ihrer konjunkturpolitischen Maßnahmen anstreben sollten. Anders als in der KEYNESianischen Theorie wird dabei der Fiskalpolitik als Stabilisierungsinstrument, wenn überhaupt, dann nur noch eine untergeordnete Rolle zugeteilt[28]. Was die Geldpolitik anbelangt, so wird – insbesondere von

---

26 Vgl. hierzu auch FAND, a. a. O., S. 280. – Siehe auch BRUNNER, The „Monetarist Revolution" ..., a. a. O., S. 19.

27 Vgl. BRUNNER, The „Monetarist Revolution" ..., a. a. O., S. 13.

28 Vgl. FAND, a. a. O., S. 285 ff. – M. FRIEDMAN, A Monetary and Fiscal Framework for Economic Stability. „The American Economic Review", Vol. 38 (1948), S. 248 f. – BRUNNER stellt fest, „that fiscal policy is an unreliable and tenous mode of achieving economic stabilization" (The „Monetarist Revolution" ..., a. a. O., S. 21).

FRIEDMAN – für die Realisierung einer *konstanten* Wachstumsrate der Geldmenge plädiert[29]. Unter Berücksichtigung der Wachstumsrate des realen Sozialprodukts läßt sich auf diese Weise ein annähernd stabiles Preisniveau ansteuern[30]. Außerdem können so die aus einer Beschleunigung oder Verlangsamung der Geldmengenexpansion resultierenden Schwankungen der Wachstumsrate des realen Sozialprodukts und der Beschäftigung vermieden werden. Gegen geldpolitische ad hoc-Interventionen spricht aus der Sicht FRIEDMANS schließlich auch, daß sich die Wirkungen der Zentralbankpolitik im güterwirtschaftlichen Bereich erst mit einer *zeitlichen Verzögerung* (also mit einem *time lag*)[31] einstellen und die Länge des time lag von Zeit zu Zeit schwankt und demzufolge schwer vorherzusehen ist. Die Existenz von time lags kann deshalb dazu führen, daß geldpolitische Maßnahmen zu spät vorgenommen werden und die Wirkungen im Zeitpunkt ihres Auftretens unerwünscht sind.

## Zusammenfassung

1. Wesentliches Merkmal der monetaristischen Position ist der im letzten Abschnitt dargestellte Transmissionsmechanismus der relativen Preise. Eine wichtige Ergänzung besteht dabei in der Berücksichtigung von Informations- und Anpassungskosten, mit deren Hilfe u.a. Unterbeschäftigung von Produktionsfaktoren und damit auch Arbeitslosigkeit erklärt werden.
2. Was die Zinsbildung anbelangt, so besteht ein wichtiger Beitrag der Monetaristen in der Berücksichtigung von erwarteten Preisänderungen. Die Monetaristen unterscheiden deshalb zwischen dem realen und dem nominalen Zinssatz. Der reale Zinssatz bildet sich heraus, wenn mit gleichbleibenden Preisen gerechnet wird. Der nominale Zinssatz ist der reale Zinssatz zuzüglich eines Prozentsatzes, der durch die erwartete Preisänderungsrate bestimmt wird (FISHER-Theorem).
3. Nach Meinung der Monetaristen liegen die wesentlichen Ursachen für die Auslösung von Schwankungen der wirtschaftlichen

---

[29] Vgl. M. FRIEDMAN, The Role of Monetary Policy. „The American Economic Review", Vol. 58 (1968), S. 16.

[30] Um ein annähernd stabiles Preisniveau zu realisieren, muß man die Geldmenge nach FRIEDMAN mit einer Wachstumsrate ausdehnen, die in etwa der Wachstumsrate des realen Sozialprodukts entspricht oder geringfügig größer ist (siehe: Statement on Monetary Theory and Policy. In: Readings in Money, National Income and Stabilization Policy. Ed. by W. L. SMITH, R. L. TEIGEN. Homewood, Ill., 1965. S. 84f.). Die zur Stabilerhaltung des Preisniveaus erforderliche Wachstumsrate der Geldmenge veranschlagt FRIEDMAN auf 3 bis 5 v. H. (Ders., The Role of Monetary Policy, a. a. O., S. 16).

[31] Zum Problem der time lags vgl. Band II, Abschnitt IV. 2a).

Aktivität nicht im privaten Bereich der Wirtschaft. Anpassungsvorgänge im privaten Bereich wirken auch nicht destabilisierend, sondern vielmehr stabilisierend auf Expansions- und Kontraktionsprozesse ein. Störungen im Wirtschaftsablauf resultieren demgegenüber in erster Linie aus Vorgängen im öffentlichen Sektor.

4. Schwankungen der gesamtwirtschaftlichen Aktivität werden im wesentlichen durch monetäre Impulse verursacht; demgegenüber sind fiskalpolitische Maßnahmen (soweit sie mit keiner Änderung der Geldmenge verbunden sind) in ihrer Wirkung relativ schwach und unzuverlässig.
5. Stoßkraft und Stoßrichtung monetärer Impulse werden durch Änderungen der Geldmenge angezeigt. Änderungen der Geldmenge werden wiederum maßgeblich durch Änderungen der von den Trägern der Geldpolitik beherrschten monetären Basis beeinflußt.
6. Die absolute Höhe der Wachstumsrate der Geldmenge ist von geringem Einfluß auf die Beschäftigung und die Entwicklung des realen Sozialprodukts, aber von dominierendem Einfluß auf die Inflationsrate. Je höher die Wachstumsrate der Geldmenge, desto größer ist die Inflationsrate (und umgekehrt).
7. Wird die Wachstumsrate der Geldmenge angehoben (vermindert), dann ergibt sich für die Beschäftigung und die Entwicklung des realen Sozialprodukts nur vorübergehend ein expansiver (kontraktiver) Impuls; die Inflationsrate wird demgegenüber dauerhaft erhöht (gesenkt). Erst wenn die Wachstumsrate der Geldmenge fortlaufend erhöht wird, kann die Beschäftigung und die Entwicklung des realen Sozialprodukts nachhaltig angeregt werden, allerdings um den Preis einer andauernden Inflationsbeschleunigung (monetaristische Akzelerationshypothese).
8. Geht ein hohes durchschnittliches Wachstum der Geldmenge mit starken Beschleunigungen und Verlangsamungen des Geldmengenwachstums einher, dann folgt aus den Punkten 6 und 7, daß inflationäre Prozesse erzeugt werden, die von Schwankungen der gesamtwirtschaftlichen Produktion und Beschäftigung begleitet sind.
9. In Hinblick auf das Ziel eines weitgehend stabilen Preisniveaus und der Vermeidung größerer Schwankungen der gesamtwirtschaftlichen Produktion und Beschäftigung plädieren die Monetaristen für eine weitgehend gleichbleibende (an der Wachstumsrate des realen Sozialprodukts orientierte) Wachstumsrate der Geldmenge.

# Ausgewählte Literaturangaben zum IV. Kapitel

K. BRUNNER, Eine Neuformulierung der Quantitätstheorie des Geldes. Die Theorie der relativen Preise, des Geldes, des Outputs und der Beschäftigung. „Kredit und Kapital", Vol. 3 (1970), S. 1 ff. (zu **3** und **4**).

–: The „Monetarist Revolution" in Monetary Theory. „Weltwirtschaftliches Archiv", Bd. 105 (1970 II), S. 1 ff. (zu **4**).

–: Hat der Monetarismus versagt? „Kredit und Kapital", Vol. 17 (1984), S. 18 ff. (zu **4**).

D. DUWENDAG, K.-H. KETTERER, W. KÖSTERS, R. POHL, D. B. SIMMERT, Geldtheorie und Geldpolitik. Eine problemorientierte Einführung mit einem Kompendium bankstatistischer Fachbegriffe. 4., überarb. u. erw. Aufl. Köln 1993 (zu **3**).

G. ENGEL, Die Einbeziehung des monetären Bereichs in makroökonomische Modelle. Ein Beitrag zur Diskussion über den Transmissionsmechanismus monetärer Impulse. Göttinger Dissertation 1973 (zu **3** und **4**).

A. H. HANSEN, A Guide to Keynes. New York, Toronto, London 1953 (zu **2**).

B. HANSEN, A Survey of General Equilibrium Systems. New York 1970 (zu **1** und **2**).

H.-J. JARCHOW, Der Keynesianismus. In: Geschichte der Nationalökonomie. 3., überarb. u. erg. Aufl. (Hrsg. von O. ISSING). München 1994. S. 193ff. (zu **2**).

J. M. KEYNES, The General Theory of Employment, Interest, and Money. London 1936 (zu **2**).

J. NIEHANS, Theorie des Geldes. Synthese der monetären Mikro- und Makroökonomik. Bern, Stuttgart 1980 (zu **2**).

D. PATINKIN, Money, Interest, and Prices. An Integration of Monetary and Value Theory. 2nd ed. New York 1966 (zu **1**).

H.-W. WOHLTMANN, Grundzüge der makroökonomischen Theorie. Totalanalyse geschlossener und offener Volkswirtschaften. 2., überarb. u. erw. Aufl. München, Wien 1996 (zu **2**).

# V. Geldpolitik und Inflation

Im V. Kapitel rückt das insbesondere von den Monetaristen herausgestellte Problem der *Inflation* in den Vordergrund und damit ein Zusammenhang, in dem die Zentralbank und das von ihr kontrollierte Geldmengenwachstum eine besondere Rolle spielen. Zunächst wird unter Berücksichtigung der Inflationserwartungen untersucht, wie durch Veränderung des Geldmengenwachstums die Entwicklung der *Inflationsrate* beeinflußt wird und ob sich dabei *realwirtschaftliche Effekte* auf Produktion und Beschäftigung ergeben (siehe V. 1). Unter dem Aspekt von Inflation und Beschäftigung wird anschließend die für die geldpolitische Konzeption der Zentralbank relevante Frage „*Regelbindung versus diskretionäre Maßnahmen*“ eingehend behandelt, und zwar im Rahmen des im Abschnitt V. 1 bereits verwendeten Angebots-Nachfrage-Modells, ergänzt um eine Zielfunktion für die Zentralbank (siehe Abschnitt V. 2). Da sich durch inflationäres Geldmengenwachstum auch ein Geldschöpfungsgewinn, die sog. *Seigniorage*, erzielen läßt (siehe V. 3), kann aus der Sicht der Einnahmenbeschaffung des Staates in einer gewissen Inflationierung auch ein Vorteil gesehen werden. Wie im letzten Abschnitt (V. 4) genauer dargelegt wird, stehen dem aber so gravierende Nachteile in Form von *Inflationskosten* gegenüber, daß im Endergebnis eine Inflationsvermeidung, d. h. eine Politik der *Preisniveaustabilisierung*, als ein sinnvolles geldpolitisches Ziel erscheint.

# 1. Geldmengenwachstum, realwirtschaftliche Effekte und Inflation bei alternativen Erwartungen

## a) Vorbemerkungen

Die theoretischen und empirischen Untersuchungen *inflationärer Prozesse* brachten es mit sich, daß die Rolle der Erwartungen, insbesondere der *Inflationserwartungen,* zunehmend in makroökonomischen Modellen Berücksichtigung fand. Es erscheint zweckmäßig, auf diese z.T. neuere Entwicklung, an der die *Monetaristen* wesentlichen Anteil haben, in einem gesonderten Abschnitt näher einzugehen. Dabei soll inhaltlich die für die Geldpolitik wichtige Frage im Vordergrund stehen, wie Änderungen des Geldmengenwachstums auf die Beschäftigung, das reale Sozialprodukt und die Inflationsrate einwirken. Die entsprechende Analyse bietet eine theoretische Begründung für wichtige *monetaristische Thesen* und ist zugleich Ausgangspunkt für Überlegungen, die zur Erklärung *inflationärer* Tendenzen beitragen.

Die Darstellung erfolgt anhand eines makroökonomischen *Angebots-Nachfrage-Modells,* mit dem methodisch und zum Teil auch inhaltlich an eine Betrachtung angeknüpft wird, mit der die KEYNESianische Theorie durch eine makroökonomische Angebots- und Nachfragefunktion in einem $p/Y^r$-Diagramm zusammengefaßt wurde[1]. Wichtige Unterschiede bestehen jedoch in folgender Hinsicht: *Erstens* wird nun davon ausgegangen, daß die Zentralbank nicht die absolute Höhe der nominalen Geldmenge, sondern ihre Wachstumsrate[2] festlegt. Diese Annahme führt dazu, daß auch die übrigen nominalen Größen, nämlich Preise und Geldlohnsätze, als *Wachstumsraten* auszudrücken sind. Da wir keine real wachsende Volkswirtschaft zugrunde legen, wird demgegenüber bei realen Größen, wie dem realen Sozialprodukt, weiterhin nur ihr Niveau betrachtet. *Zweitens* werden gegenüber der KEYNESianischen Theorie bestimmte *Verhaltensweisen* von Marktteilnehmern geändert. So wird hinsichtlich des Arbeitsmarktes nicht mehr Mengenanpasserverhalten unter-

---

[1] Siehe Unterabschnitt IV. 2e).

[2] Ausführlicher geschrieben und präziser ist $\frac{\Delta M}{M} = \frac{M - M_{-1}}{M_{-1}}$, wobei sich $M$ auf die laufende und $M_{-1}$ auf die vorhergehende Periode beziehen. – Werden anstelle diskreter (endlicher) Änderungen *infinitesimale* Änderungen betrachtet, dann lautet die Wachstumsrate:

$$m = \frac{dM}{dt}\,\frac{1}{M}.$$

stellt, sondern davon ausgegangen, daß der Lohnsatz bzw. seine Wachstumsrate im Rahmen von Lohnverhandlungen bestimmt wird. Ferner wird angenommen, daß auch die Anbieter auf dem Gütermarkt keine Mengenanpasser sind, sondern die Preise im Wege einer Zuschlagskalkulation festlegen, sich also als Preisfixierer verhalten. *Drittens* wird schließlich mit der Berücksichtigung von *Inflationserwartungen* gegenüber dem KEYNESianischen Modell ein neues Element explizit in die Analyse einbezogen. Da diesem Aspekt im Rahmen der zu behandelnden Anpassungsprozesse eine wichtige Rolle zukommt, erscheint es zweckmäßig, dem Angebots-Nachfrage-Modell eine etwas eingehendere Darstellung der Erwartungsbildung bezüglich der Inflationsrate voranzustellen.

### b) Erwartungsbildung

Hinsichtlich der Erwartungsbildung unterscheidet man in der Literatur insbesondere drei Formen, nämlich *extrapolative, adaptive* und *rationale* Erwartungen[3]. Auf diese Hypothesen wird im folgenden eingegangen.

*aa) Extrapolative Erwartungen*. – Die **extrapolative Erwartungshypothese** geht von der Vorstellung aus, daß die inflationäre Entwicklung der Vergangenheit auf die Zukunft extrapoliert wird. In einer sehr einfachen Variante läßt sich diese Hypothese wie folgt formalisieren:

$$(1) \qquad \pi_t^* = \pi_{t-1} + a(\pi_{t-1} - \pi_{t-2}); \quad a \geqq 0^4.$$

Nach dieser Erwartungsfunktion wird der für die laufende Periode erwarteten Inflationsrate ($\pi_t^*$) die tatsächliche Inflationsrate der letzten Periode ($\pi_{t-1}$) zugrunde gelegt, wobei diese erhöht (vermindert) wird, wenn die Inflationsrate von der vorletzten bis zur letzten Periode gestiegen (gesunken) ist. Auf diese Weise wird bei der Abschätzung von $\pi^*$ die Entwicklung von $\pi$ in der Vergangenheit berücksichtigt (und extrapoliert). Für den *Spezialfall* $a = 0$ erhält man aus (1) die einfachste Form einer extrapolativen Erwartungshypothese, nämlich $\pi_t^* = \pi_{t-1}$.

---

[3] Vgl. z.B. CLAASSEN, Grundlagen ..., a.a.O., S. 298 ff. – W. FUHRMANN, a.a.O., S. 289 ff.

[4] Eine extrapolative Erwartungshypothese in der Form

$$\pi_t^* = \Theta_1 \pi_{t-1} + \Theta_2 \pi_{t-2} + \ldots + \Theta_n \pi_{t-n}, \quad \text{wobei} \quad 0 < \Theta_i < 1$$

$$\text{und} \quad \sum_{i=1}^{n} \Theta_i = 1,$$

findet sich schon bei I. FISHER (The Theory of Interest, a.a.O., S. 419 f.). Hinsichtlich der Gewichte $\Theta_i$ unterstellt FISHER eine *arithmetisch* abnehmende Reihe.

*bb) Adaptive Erwartungen.* – Hinter der **adaptiven Erwartungshypothese** steht die Ansicht, daß die Wirtschaftssubjekte aus früheren Fehlern bei der Einschätzung der zukünftigen Entwicklung lernen[5]. Präzisiert und angewendet auf die erwartete Inflationsrate, läßt sich diese Hypothese wie folgt formulieren:

$$(2) \qquad \pi_t^* = \pi_{t-1}^* + b(\pi_{t-1} - \pi_{t-1}^*); \quad 0 < b \leqq 1.$$

Diese Beziehung besagt, daß die Wirtschaftssubjekte die erwartete Inflationsrate der letzten Periode nach oben (unten) korrigieren, wenn die tatsächliche Inflationsrate in der letzten Periode höher (niedriger) als die (damals) erwartete Inflationsrate ausgefallen ist. Die Korrektur erfolgt dabei proportional zum Erwartungsfehler $(\pi_{t-1} - \pi_{t-1}^*)$. Für den *Spezialfall* $b = 1$ ergibt sich aus (2) – wie bei der extrapolativen Erwartungshypothese – auch als einfachste Form einer adaptiven Erwartungshypothese die Annahme $\pi^* = \pi_{t-1}$. Ferner läßt sich zeigen, daß die adaptive Erwartungsfunktion durch eine extrapolative Erwartungsfunktion angenähert werden kann, und zwar um so besser, je weiter die bei der Formulierung der extrapolativen Erwartungshypothese herangezogenen Perioden in die Vergangenheit zurückreichen[6].

*cc) Rationale Erwartungen.* – Mit der **rationalen Erwartungshypothese**[7] wird ganz allgemein unterstellt, daß die Wirtschaftssubjekte sämtliche in der Planungsperiode vorhandenen Informationen für die Prognose ökonomischer Größen wie der Inflationsrate ausnutzen. Genauer entspricht die erwartete Inflationsrate $\pi_t^*$ dem Erwartungswert ($E$) der Inflationsrate $\pi_t$, der sich aus der in der Planungsperiode $t-1$ vorhandenen, für die Inflationserklärung relevanten Informationsmenge $J_{t-1}$ bestimmen läßt, d. h.:

$$(3) \qquad \pi_t^* = E(\pi_t / J_{t-1}).$$

Auf die Modellanalyse übertragen, besagt die Annahme rationaler Erwartungen, daß die erwartete Inflationsrate dem sich aus dem benutzten Modell ergebenden Prognosewert (Erwartungswert) für die Inflationsrate gleichzusetzen ist[8]. Eine entsprechend dieser Hypothese vorgenom-

---

[5] Die adaptive Erwartungshypothese geht zurück auf P. Cagan, The Monetary Dynamics of Hyperinflation. In: Studies in the Quantity of Money. (Ed. by M. Friedman.) Chicago 1956. S. 37.

[6] Vgl. hierzu die Ableitungen bei Frisch, a. a. O., auf S. 177.

[7] Die rationale Erwartungshypothese geht zurück auf J. F. Muth, Rational Expectations and the Theory of Price Movements. „Econometrica", Vol. 29 (1961), S. 315 ff. – Vgl. zur rationalen Erwartungshypothese auch die Ausführungen von Frisch, a. a. O., S. 179 ff., und die dort angegebene Literatur.

[8] „... expectations, ..., are essentially the same as the predictions of the relevant economic theory" (Muth, a. a. O., S. 316).

mene Erwartungsbildung setzt zweierlei voraus, nämlich *erstens*, daß die Bestimmungsfunktion für die Inflationsrate bekannt ist, und *zweitens*, daß hinreichende Informationen über die in ihr enthaltenen exogenen Variablen vorliegen[9]. Auf die Geldpolitik angewendet, impliziert die zweite Voraussetzung, daß Regeln existieren, die das Geldmengenwachstum bestimmen, und daß diese bekannt sind. Derartige Regeln können darin bestehen, daß für die Wachstumsrate der Geldmenge Zielwerte festgelegt und angekündigt werden oder daß die Zentralbank in eindeutiger, erkennbarer Weise auf bestimmte ökonomisch bedeutsame Größen (wie die Unterbeschäftigung) reagiert.

Im *ersten* Fall wird das Geldmengenwachstum wie folgt bestimmt:

$$(4) \qquad m_t = \bar{m}_t + u_t .$$

Dabei bezeichnet $m_t$ die tatsächliche Wachstumsrate der Geldmenge, $\bar{m}_t$ die angekündigte Wachstumsrate der Geldmenge, und $u_t$ erfaßt Zufallseinflüsse, die Abweichungen des Geldmengenwachstums von der systematischen Komponente (hier: $\bar{m}_t$) darstellen (und auch Ergebnis einer bewußten geldpolitischen Entscheidung sein können). Im *zweiten* Fall liegt eine **geldpolitische Reaktionsfunktion** oder **Rückkoppelungsregel** (feedback control rule) vor, z. B. in folgender (einfacher) Form:

$$(5) \qquad m_t = c_0 + c_1 (U_{t-1} - \bar{U}_{t-1}) + u'_t ; \quad c_0, c_1 > 0.$$

In dieser Beziehung bezeichnet $u'_t$ wieder eine nicht vorhersehbare Zufallsvariable. Gleichung (5) besagt, daß die Zentralbank mit einer Expansion des Geldmengenwachstums reagiert, wenn die Unterbeschäftigung ($U$) über ein als normal anzusehendes Ausmaß ($\bar{U}$)[10] ansteigt, und das Geldmengenwachstum verringert, wenn die Unterbeschäftigung unter die normale Unterbeschäftigung absinkt.

### c) Angebots-Nachfrage-Modell

Das folgende Modell[11] beschreibt die Nachfrage- und Angebotsseite einer Volkswirtschaft jeweils durch eine makroökonomische Funktion,

---

[9] Präziser formuliert muß man a) die Beziehung kennen, die die Inflationsrate in Abhängigkeit von exogenen Variablen darstellt, also die *reduzierte Form,* und b) die Wahrscheinlichkeitsverteilung bzw. Bestimmungsfunktion der exogenen Variablen.

[10] Zum Begriff der normalen Unterbeschäftigung siehe genauer Unterabschnitt c) bb).

[11] Siehe hierzu insbesondere die Darstellung bei R. Dornbusch, S. Fischer, Macroeconomics. 6th ed. New York 1994. S. 469 ff. oder bei Claassen, Grundlagen ..., a. a. O., S. 305 ff. – Eine Variante zu dieser auch als *„monetaristisches Modell"* bezeichneten Analyse findet sich bei J. Vanderkamp, Inflation: A Simple Friedman Theory with a Phillips Twist. „Journal of Monetary Economics", Vol. 1 (1975), S. 117 ff. – Siehe

die in Hinblick auf eine graphische Analyse in einem Diagramm mit der Inflationsrate ($\pi$) an der Ordinaten- und dem realen Sozialprodukt ($Y^r$) an der Abszissenachse abgebildet werden. Die entsprechende Darstellung bildet dann die Grundlage für eine Untersuchung der Wirkungen, die von einer veränderten Wachstumsrate der (nominalen) Geldmenge ausgehen.

*aa) Nachfrageseite.* – Die zu formulierende (makroökonomische) Nachfragefunktion basiert auf der im Abschnitt IV. 2 ausführlich dargestellten *KEYNESianischen Theorie* und erfaßt die Bestimmungsgründe des realen Sozialprodukts, gesehen von der Nachfrageseite. Wie aus dem HICKSschen Diagramm bekannt, führt eine Veränderung der *realen Geldmenge* ($M/p$), ausgedrückt durch eine Verschiebung der $LM^r$-Kurve, bzw. der realen Staatsausgaben ($G^r$), ausgedrückt durch eine Verschiebung der $IS^r$-Kurve, bei konstanten sonstigen Einflüssen der gesamtwirtschaftlichen Nachfrage i.d.R. zu einer *gleichgerichteten* Veränderung des *realen Sozialprodukts* ($Y^r$). Es besteht also offenbar folgender Zusammenhang:

(6) $$Y^r = f\left(\frac{M}{p}, G^r\right), \quad \text{wobei} \quad \partial Y^r / \partial \frac{M}{p} > 0, \quad \partial Y^r / \partial G^r > 0$$[12].

Bevor Beziehung (6) in einer bestimmten expliziten Form als Nachfragefunktion Verwendung findet, sollte deutlich gemacht werden, daß dieser Ansatz insofern eine *Vereinfachung* darstellt, als die erwartete Inflationsrate vernachlässigt wird. Anzunehmen ist nämlich, daß die erwartete Inflationsrate ($\pi^*$) die Nachfrageseite des makroökonomischen Modells beeinflußt, und zwar sowohl über *die Investitionsfunktion* als auch über die *Geldnachfragefunktion.* So ist bei $\pi^* \neq 0$ zu beachten, daß nicht der nominale Zinssatz ($i$), sondern der (erwartete) *reale Zinssatz* ($i^{r*}$) die relevante Einflußgröße für die (realen) Investitionen ($I^r$) darstellt, d. h.

(7) $$I^r = I^r\,(i^{r*}), \quad \text{wobei} \quad i^{r*} = i - \pi^* \quad \text{und} \quad \frac{dI^r}{di^{r*}} < 0.$$

Hinsichtlich der Geldnachfrage ist zu bedenken, daß die Geldhaltung bei $\pi^* > 0$ mit Alternativkosten verbunden ist; denn bei Anlage in Sachvermögen würden sich permanente Steigerungen des Nominalwerts ergeben. Die Geldnachfrage wird deshalb mit steigenden Werten für die erwartete Inflationsrate abnehmen, so daß die KEYNESianische Geldnachfragefunktion wie folgt zu erweitern wäre:

---

hierzu auch FRISCH, a. a. O., S. 103 ff., und G. STEINMANN, Inflationstheorie. Paderborn 1979. S. 173 ff.

[12] Gleichung (6) ist formal als reduzierte Form des aus den Gleichungen (17) und (18b) des Abschnitts IV.2 bestimmten realen Sozialprodukts anzusehen, wobei der Steuersatz $\tau$ als konstant anzusehen ist.

(8) $L = p\,L^r(Y^r, i, \pi^*)$, wobei $\frac{\partial L^r}{\partial \pi^*} < 0$[13].

Die in den Gleichungen (7) und (8) zum Ausdruck gebrachten Einflußwege der erwarteten Inflationsrate $\pi^*$ auf die Nachfrageseite werden aus Gründen der Vereinfachung *vernachlässigt*. Gleichung (6) wird also ohne Berücksichtigung von $\pi^*$ formuliert[14] und unter der Annahme konstanter Staatsausgaben für die Zwecke der weiteren Analyse in folgender *expliziten Form* geschrieben:

(9) $Y^r = \gamma\, ln\left(\frac{M}{p}\right); \quad \gamma > 0.$

Gleichung (9) bringt zum Ausdruck, daß das reale Sozialprodukt (gesehen von der Nachfrageseite) steigt, wenn die reale Geldmenge zunimmt. Darüber hinaus impliziert die gewählte Form der Gleichung, daß sich die *Zunahme* des realen Sozialprodukts *abschwächt*, je mehr die reale Geldmenge ausgedehnt wird. Gleichung (9) läßt sich wie folgt umformen:

$$Y^r = \gamma(ln\, M - ln\, p)$$

bzw. für die Vorperiode

$$Y^r_{-1} = \gamma(ln\, M_{-1} - ln\, p_{-1}).$$

Wird diese Gleichung von der vorhergehenden abgezogen, dann ergibt sich:

$$Y^r - Y^r_{-1} = \gamma[(ln\, M - ln\, M_{-1}) - (ln\, p - ln\, p_{-1})].$$

Da sich für kleinere Änderungen Differenzen von Logarithmen durch Wachstumsraten annähern lassen, kann man hierfür auch (näherungsweise) schreiben:

$$Y^r - Y^r_{-1} = \gamma(m - \pi), \quad \text{wobei} \quad m = \frac{\Delta M}{M} \quad \text{und} \quad \pi = \frac{\Delta p}{p}.$$

---

[13] Siehe hierzu auch die Ausführungen von RICHTER, SCHLIEPER, FRIEDMANN (a.a.O.) auf S. 372 ff. – Vgl. auch FRIEDMAN, The Quantity Theory of Money, a.a.O., S. 54 ff.

[14] Würde man $\pi^*$ als Einflußgröße von $I^r$ und $L$ berücksichtigen, dann wäre Gleichung (6) wie folgt zu modifizieren:

$$Y^r = g\left(\frac{M}{p}, G^r, \pi^*\right), \quad \text{wobei} \quad \frac{\partial Y^r}{\partial \pi^*} > 0.$$

Der positive Zusammenhang zwischen $Y^r$ und $\pi^*$ läßt sich wie folgt erklären: Steigende Werte von $\pi^*$ bewirken a) daß bei gegebenem nominalen Zinssatz der (erwartete) reale Zinssatz $i^{r*}$ abnimmt und b) daß die Geldnachfrage eingeschränkt wird, woraus – isoliert gesehen – eine Senkung des nominalen Zinssatzes $i$ resultiert. Beide Effekte wirken über steigende Investitionen expansiv auf $Y^r$.

Hieraus folgt schließlich bei Auflösung nach $Y^r$:

(10) $$\boxed{Y^r = Y^r_{-1} + \gamma(m - \pi)} \quad (\textit{Nachfragefunktion})^{15}.$$

Gleichung (10) beschreibt für eine gegebene Höhe des realen Sozialprodukts in der Vorperiode $Y^r_{-1}$ und eine gegebene Wachstumsrate der nominalen Geldmenge $m$ eine *negative* Abhängigkeit des *realen Sozialprodukts* von der *herrschenden Inflationsrate* – gesehen von der Nachfrageseite. Die entsprechende Beziehung wird als (makroökonomische) **Nachfragefunktion** bezeichnet; sie besagt, daß das (nachgefragte) reale Sozialprodukt der laufenden Periode ($Y^r$) dem Sozialprodukt der vorhergehenden Periode ($Y^r_{-1}$) entspricht, zuzüglich eines Betrages, der auf das Wachstum der realen Geldmenge zurückgeht.

*bb) Angebotsseite*. – Wie schon erwähnt, wird die Angebotsseite auf dem Gütermarkt dadurch charakterisiert, daß die Unternehmer die Preise im Wege einer Zuschlagskalkulation festsetzen. Da die Basis der Kalkulation die Lohnstückkosten sein sollen, ist zuvor – in einem *ersten* Schritt – auf die Bestimmung des Lohnsatzes (bzw. seiner Wachstumsrate) einzugehen. In weiteren Schritten erfolgt dann die Ermittlung des Angebotspreises (bzw. seiner Wachstumsrate).

aaa) Ausgangspunkt für die Herleitung einer Bestimmungsfunktion für die Steigerungsrate des Geldlohnsatzes $\left(\frac{\Delta w}{w}\right)$, kurz **Lohngleichung,** ist die Vorstellung, daß die *Beschäftigungslage* auf dem Arbeitsmarkt maßgeblich dafür ist, ob und inwieweit Arbeitnehmer Lohnvorstellungen im Rahmen von Lohnverhandlungen durchsetzen können. Genauer wird von einem Zusammenhang ausgegangen, wie er einer linearisierten Version der sog. **Phillips-Kurve**[16] entspricht:

(11) $$\frac{\Delta w}{w} = \alpha(\bar{U} - U); \quad \alpha > 0^{17}.$$

[15] Sollen Änderungen realer Staatsausgaben berücksichtigt werden, dann kann man hierzu folgende Variante formulieren:

$$Y^r = Y^r_{-1} + \gamma(m - \pi) + \delta(G^r - G^r_{-1}); \quad \gamma > 0, \quad \delta > 0.$$

[16] Die PHILLIPS-Kurve geht auf eine empirische Untersuchung von A. W. PHILLIPS zurück, in der er eine inverse, nicht-lineare Beziehung zwischen der Geldlohnsatzänderungsrate und der Arbeitslosenquote für das Vereinigte Königreich ermittelte (The Relation between Unemployment and the Rate of Change of Money Wage Rates in the United Kingdom. 1861–1957. „Economica", Vol. 25 (1958), S. 283 ff.). – Zur traditionellen Interpretation der PHILLIPS-Kurve siehe R. G. LIPSEY, The Relation between Unemployment and the Rate of Change of Money Wage Rates in the United Kingdom, 1862–1957: A Further Analysis. „Economica", Vol. 27 (1960), S. 1 ff. – Vgl. hierzu auch CLAASSEN, Grundlagen ..., a. a. O., S. 281 ff.

[17] Wird die Möglichkeit *wachsender Arbeitsproduktivität* berücksichtigt, dann kann

In dieser Beziehung gibt $U$ die herrschende **Arbeitslosenquote** an. Sie ist definiert als das Verhältnis aus der Zahl der Arbeitslosen und der Gesamtzahl der abhängigen Erwerbspersonen ($E$), wobei die Zahl der Arbeitslosen als Differenz zwischen der Gesamtzahl aller abhängigen Erwerbspersonen und der Zahl der abhängig Beschäftigten ($N$) bestimmt wird. Damit ist

$$(12) \quad U = \frac{E-N}{E}.$$

Das Symbol $\bar{U}$ in (11) bezeichnet die sog. **normale** oder **natürliche Arbeitslosenquote**[18]. Sie ist *nicht konjunkturell* bedingt, sondern geht auf *friktionelle* oder *strukturelle* Arbeitslosigkeit zurück. *Friktionelle* Arbeitslosigkeit entsteht im Zusammenhang mit Fluktuationen der Arbeitskräfte und ist dadurch bedingt, daß wegen unvollkommener Markttransparenz i.d.R. eine gewisse Zeit verstreicht, bis wieder ein passender Arbeitsplatz gefunden wird. *Strukturelle* Arbeitslosigkeit äußert sich darin, daß zwar Arbeitskräfte gesucht werden, Arbeitslose den entsprechenden Bedarf aber wegen fehlender beruflicher Qualifikation oder mangelnder räumlicher Mobilität nicht befriedigen können. Diese Form der Arbeitslosigkeit hängt eng zusammen mit den ständigen Strukturwandlungen einer wachsenden Volkswirtschaft (insbesondere Änderungen der Nachfrage- und Produktionsstruktur).

Inhaltlich besagt Beziehung (11), daß die Arbeitnehmer eine Erhöhung des Geldlohnsatzes (also eine positive Steigerungsrate $\Delta w/w$) verlangen und auch durchsetzen, wenn die herrschende Arbeitslosenquote unter der normalen liegt. Als Lohngleichung erscheint diese der traditionellen PHILLIPS-Kurve entsprechende Beziehung insofern unvollständig, als *Preisniveauänderungen* unberücksichtigt bleiben. Es ist nämlich anzunehmen, daß die Arbeitnehmerseite bei ihren Lohnforderungen nicht nur die herrschende Beschäftigungslage berücksichtigt, sondern außerdem für einen inflationsbedingten Kaufkraftschwund ihrer Nominallöhne einen Ausgleich fordert. Da die Arbeitnehmer die tatsächliche Inflationsrate für die Laufzeit der Lohnvereinbarungen noch nicht kennen, legen sie ihren Forderungen die von ihnen *erwartete Inflationsrate* zugrunde. An die Stelle von Gleichung (11) tritt dann als *Lohngleichung* folgende *erweiterte* PHILLIPS-Kurve:

---

es auch bei einer der natürlichen Arbeitslosenquote entsprechenden Unterbeschäftigung zu Lohnsatzsteigerungen kommen. Die PHILLIPS-Kurve wäre dann wie folgt zu modifizieren:

$$\frac{\Delta w}{w} = \alpha(\bar{U} - U) + \varepsilon\varrho; \quad \varepsilon > 0,$$

wobei $\varrho$ die Zuwachsrate der Arbeitsproduktivität bezeichnet. Vgl. hierzu CLAASSEN, Grundlagen ..., a. a. O., S. 284.

[18] Vgl. hierzu FRIEDMAN, The Role ..., a. a. O., S. 8f.

(13) $\frac{\Delta w}{w} = \pi^* + \alpha\,(\bar{U} - U)$[19],

wobei $\pi^*$ die erwartete Inflationsrate bezeichnet.

bbb) Gleichung (13) wird im folgenden dazu verwendet, den von den Unternehmern festgelegten Angebotspreis (bzw. seine Wachstumsrate) zu bestimmen. Dazu wird – in einem *zweiten* Schritt – unterstellt, daß die Anbieter auf dem Gütermarkt ihre Preise ($p$) im Wege einer Zuschlagskalkulation mit den Lohnstückkosten ($wN/Y^r$) als Basis für den Zuschlagssatz ($g$) festsetzen.
Dann ist

(14) $p = (1 + g)\, w \frac{N}{Y^r}$.

Unter der Annahme eines konstanten Zuschlagssatzes ($g$) und unveränderter (durchschnittlicher) Arbeitsproduktivität $Y^r/N$ impliziert (14), daß sich Preis und Geldlohnsatz proportional zueinander entwickeln, der tatsächliche Reallohnsatz ($w/p$) also konstant bleibt. In Wachstumsraten ausgedrückt, folgt unter den genannten Bedingungen aus (14):

(15) $\frac{\Delta p}{p} (= \pi) = \frac{\Delta w}{w}$[20].

Wird $\Delta w/w$ aus der Beziehung (13) in Gleichung (15) eingesetzt, dann ergibt sich:

(16) $\pi = \pi^* + \alpha\,(\bar{U} - U)$.

Diese Beziehung wird auch als *um Erwartungen erweiterte* **PHILLIPS-Kurve** bezeichnet[21].

ccc) Die Beziehung (16) soll in einem letzten Schritt so umgeformt werden, daß sie anstelle der Arbeitslosenquoten $U$ bzw. $\bar{U}$ entsprechende

---

[19] Kann die Arbeitnehmerseite einen Lohnausgleich für die erwartete Inflationsrate nur teilweise durchsetzen, dann ist in Gleichung (13) $\pi^*$ durch $\lambda\pi^*$ mit $0 < \lambda < 1$ zu ersetzen. Zu den Implikationen dieser Modifikation siehe CLAASSEN, Grundlagen ..., a. a. O., S. 294 ff.

[20] Für endliche Änderungen von $p$ und $w$ ergibt sich aus (14)
$\Delta p = (1 + g)\,\Delta w$.
Werden die beiden Seiten dieser Gleichung durch $p$ bzw. $(1 + g)\, w \frac{N}{Y^r}$ $(= p)$ geteilt, dann ergibt sich die Beziehung (15).

[21] In einem $\pi/U$-Diagramm wird diese Beziehung für alternative Werte von $\pi^* (\neq \pi)$ durch eine Schar negativ geneigter Kurven, sog. **kurzfristige PHILLIPS-Kurven,** dargestellt; für $\pi^* = \pi$ (d. h. bei korrekten Erwartungen) erhält man eine durch $U = \bar{U}$ bestimmte Senkrechte, die sog. **langfristige PHILLIPS-Kurve.** Auf ihr bleibt die Inflationsrate im Gleichgewicht unverändert, so daß $\bar{U}$ eine Arbeitslosenquote bei stabiler Inflationsrate darstellt. Man bezeichnet sie deshalb auch als **NAIRU** (**N**on-**A**ccelerating-**I**nflation **R**ate of **U**nemployment).

Größen für das *reale Sozialprodukt* ($Y^r$) enthält. Die so modifizierte Beziehung (16) läßt sich dann nämlich zusammen mit der makroökonomischen Nachfragefunktion in einem $\pi/Y^r$-Diagramm darstellen. Für die Umformung wird auf die Definition der *Arbeitslosenquote*

$$(12) \quad U = \frac{E-N}{E}$$

zurückgegriffen. Wird diese Definition auf die normale Arbeitslosenquote $\bar{U}$ übertragen, dann erhält man

$$\bar{U} = \frac{E-\bar{N}}{E},$$

wobei $\bar{N}$ die der normalen Arbeitslosenquote entsprechende normale Beschäftigung angibt. Als Differenz zwischen $\bar{U}$ und $U$ ergibt sich dann

$$(17) \quad \bar{U} - U = \frac{N-\bar{N}}{E}.$$

Unterstellt man weiter – im Einklang mit der schon verwendeten Annahme einer konstanten durchschnittlichen Arbeitsproduktivität, aber abweichend vom KEYNESianischen Modell – entsprechend einer vereinfachten gesamtwirtschaftlichen *Produktionsfunktion* einen proportionalen Zusammenhang zwischen realem Sozialprodukt und Beschäftigung, dann erhält man

$$Y^r = \beta' N \quad \text{und} \quad \bar{Y}^r = \beta' \bar{N},$$

wobei $\bar{Y}^r$ das bei normaler Beschäftigung $\bar{N}$ realisierbare **potentielle Sozialprodukt** darstellt. Unter Berücksichtigung dieser beiden produktionstechnischen Zusammenhänge läßt sich die Gleichung (17) zur Beziehung

$$\bar{U} - U = \frac{1}{\beta'} \frac{Y^r - \bar{Y}^r}{E}$$

bzw. zu

$$(18) \quad \bar{U} - U = \beta (Y^r - \bar{Y}^r) \quad \text{mit} \quad \beta = \frac{1}{\beta' E}$$

umformen. Wie man sieht, impliziert Gleichung (18) einen *inversen* Zusammenhang zwischen Unterbeschäftigung ($U$) und realem Sozialprodukt ($Y^r$). Der in Gleichung (18) ausgedrückte Zusammenhang entspricht weitgehend dem sog. **OKUNschen Gesetz,** das als empirische Faustformel anzusehen ist[22].

---

[22] Nach A.M. OKUN (The Political Economy of Prosperity. Washington, D.C., 1970. S.136) besteht folgender Zusammenhang:

$$U = \bar{U} + b \, \frac{\bar{Y}^r - Y^r}{\bar{Y}^r}.$$

Die von ihm für die USA durchgeführten *empirischen Untersuchungen* ergaben, daß eine Erhöhung der Arbeitslosenquote um einen Prozentpunkt mit einer Minderauslastung des Produktionspotentials in Höhe von etwas weniger als 3 v.H. verbunden ist.

Wird die durch (18) bestimmte Differenz $(\bar{U} - U)$ in Gleichung (16) eingesetzt, dann erhält man als Bestimmungsfunktion für die Inflationsrate $(\pi)$, kurz: *Preisgleichung,* folgende Beziehung:

$$(19) \qquad \boxed{\pi = \pi^* + \alpha\beta\,(Y^r - \bar{Y}^r)} \quad (\textit{Preisgleichung}).$$

Gleichung (19) beschreibt bei gegebenen Werten für die erwartete Inflationsrate $\pi^*$ und das potentielle reale Sozialprodukt $\bar{Y}^r$ eine *positive* Abhängigkeit der herrschenden Inflationsrate $\pi$ von dem tatsächlichen *realen Sozialprodukt* $Y^r$ – gesehen von der Angebotsseite. Die kurz als **Preisgleichung** bezeichnete Beziehung läßt erkennen, daß die herrschende Inflationsrate $(\pi)$ im vorliegenden Modell durch *zwei* Faktoren bestimmt wird, die beide über die Lohnsatzsteigerungsrate (entsprechend der Beziehung (15)) auf $\pi$ einwirken. Zum einen ergibt sich ein inflationärer Impuls, wenn das tatsächliche (reale) Sozialprodukt über das potentielle hinausgeht $(Y^r - \bar{Y}^r > 0)$ und damit die tatsächliche Unterbeschäftigung unter die normale fällt; zum anderen führt die Erwartung einer positiven Inflationsrate $(\pi^* > 0)$ zur Inflation, weil Arbeitnehmer hierfür einen Lohnausgleich durchsetzen und die Unternehmer die Lohnsteigerung auf die Preise überwälzen.

### d) Wirkungen einer geänderten Geldmengenwachstumsrate

Im folgenden soll an Hand einer Graphik untersucht werden, wie geldpolitische Maßnahmen, die auf eine Änderung der Wachstumsrate der nominalen Geldmenge hinauslaufen, das reale Sozialprodukt und die Inflationsrate im Zeitablauf beeinflussen. Die verwendete Graphik (Fig. V.1) enthält die Nachfragefunktion (10) als negativ geneigte *Nachfragekurve* mit den Lageparametern $Y^r_{-1}$ und $m$ sowie die Preisgleichung (19) als positiv geneigte *Preiskurve* mit den Lageparametern $\pi^*$ und $\bar{Y}^r$. Hinsichtlich der *erwarteten Inflationsrate* $(\pi^*)$ wird mit $\pi^*_t = \pi_{t-1}$ bzw. $\pi^* = \pi_{-1}$ zunächst unter bb) der einfachste Fall extrapolativer bzw. adaptiver Erwartungen zugrunde gelegt. Sie implizieren, daß bei einer Erhöhung der Inflationsrate $(\pi > \pi_{-1})$ ihr Niveau unterschätzt und bei einer Senkung der Inflationsrate $(\pi < \pi_{-1})$ ihr Niveau überschätzt wird. Systematische Prognosefehler dieser Art treten bei der rationalen Erwartungshypothese, die unter cc) berücksichtigt wird, nicht auf.

*aa) Stationäres Gleichgewicht.* – Ausgangspunkt der Analyse ist in jedem Fall ein **stationäres (langfristiges) Gleichgewicht,** d. h.:

- Das reale Sozialprodukt ändert sich nicht $(Y^r = Y^r_{-1})$; dieses impliziert wegen der Nachfragefunktion (10), daß die herrschende Inflationsrate auf dem Niveau der Wachstumsrate der nominalen Geldmenge liegt ($\pi = m$).

- Die tatsächliche Inflationsrate entspricht der erwarteten ($\pi = \pi^*$); dieses impliziert wegen der Preisgleichung (19), daß das tatsächliche und das potentielle reale Sozialprodukt gleich sind ($Y^r = \bar{Y}^r$).

Bei dieser Konstellation bleibt die *reale Geldmenge* ($M^r$) *unverändert*, da die Wachstumsraten für die nominale Geldmenge ($m$) und für die Preise ($\pi$) im langfristigen Gleichgewicht übereinstimmen[23]. Ferner ist auch der (von den Arbeitnehmern) *erwartete Reallohnsatz* ($w^{r*}$) *konstant*, da die Steigerungsrate für den Geldlohnsatz ($\Delta w/w$) wegen Gleichung (15) stets der herrschenden Inflationsrate ($\pi$) entspricht und diese im langfristigen Gleichgewicht gleich der erwarteten Inflationsrate ($\pi^*$) ist[24].

Eine dem *langfristigen Gleichgewicht* entsprechende Ausgangslage für die Periode Null wird in Fig. V.1 durch den Schnittpunkt der Preisgleichung $A_0$ und der Nachfragekurve $N_0$ beschrieben (siehe Punkt $A$). Dabei wird zur Veranschaulichung angenommen, daß sich die Wachstumsrate der (nominalen) Geldmenge $m$ und damit auch die herrschende Inflationsrate $\pi$ auf 4 v. H. belaufen.

*bb) Extrapolative bzw. adaptive Erwartungen.* – aaa) Wird die Wachstumsrate der Geldmenge ($m$) im Zuge einer *expansiven Geldpolitik* heraufgesetzt, z. B. von 4 auf 6 v. H., dann erfolgt eine Parallelverschiebung der *Nachfragekurve* nach *rechts.* Die Lage der neuen Nachfragekurve ($N_1$) wird dadurch bestimmt, daß $Z$ ein Punkt dieser Kurve ist; denn die Nachfragefunktion (10) zeigt, daß $Y^r = Y^r_{-1}$ (und damit im vorliegenden Fall $Y^r = \bar{Y}^r$), wenn $\pi = m$ (6 v. H.) gesetzt wird. Die Preisgleichung wird zunächst in ihrer Lage nicht berührt, da die Erwartung über die Inflationsrate noch unverändert ist. Das *neue* (temporäre) *Gleichgewicht* liegt bei $B$ und macht deutlich, daß sich das reale Sozialprodukt und die Inflationsrate erhöht haben. Ausgelöst wird diese Anpassung durch die nachfragestimulierende Wirkung der gestiegenen realen Geldmenge[25], die die Anbieter zu einer Ausweitung ihrer Produktion veranlaßt ($Y^r > \bar{Y}^r$). Auf

---

[23] Aus $m = \pi$ bzw. $\frac{M - M_{-1}}{M_{-1}} = \frac{p - p_{-1}}{p_{-1}}$ bzw. $\frac{M}{M_{-1}} - 1 = \frac{p}{p_{-1}} - 1$ folgt $\frac{M}{p} = \frac{M_{-1}}{p_{-1}}$, d. h. die reale Geldmenge ($M^r$) ändert sich nicht.

[24] Aus $\frac{\Delta w}{w} = \pi^*$ bzw. $\frac{w - w_{-1}}{w_{-1}} = \frac{p^* - p^*_{-1}}{p^*_{-1}}$ bzw. $\frac{w}{w_{-1}} - 1 = \frac{p^*}{p^*_{-1}} - 1$ folgt $\frac{w}{p^*} = \frac{w_{-1}}{p^*_{-1}}$, d. h. der erwartete Reallohnsatz ($w^{r*}$) ändert sich nicht.

[25] Analog zu den Ableitungen in Fußnote 23 steigt die reale Geldmenge, d. h. $M/p > M_{-1}/p_{-1}$, wenn $m > \pi$. Aus Fig. V.1 wird deutlich, daß die Inflationsrate $\pi$ nach

Grund der damit einhergehenden Verbesserung der Beschäftigungslage ($N > \bar{N}$ bzw. $U < \bar{U}$) können die Arbeitnehmer eine Erhöhung der Lohnsatzsteigerungsrate durchsetzen, die jedoch wegen der Zuschlagskalkulation der Anbieter entsprechend Beziehung (15) in gleichem Ausmaß zu einem Anstieg der Inflationsrate führt. Obwohl sich somit der Reallohnsatz tatsächlich nicht geändert hat, sehen die Arbeitnehmer in der über 4 v.H. hinausgehenden Geldlohnsatzsteigerungsrate eine zu erwartende *Erhöhung* des Reallohnsatzes[26], da sie in ihren Erwartungen entsprechend der Hypothese $\pi^* = \pi_{-1}$ vorerst noch mit einer unveränderten Inflationsrate von 4 v. H. rechnen, die tatsächliche Inflationsrate also unterschätzen.

Die in der ersten Periode eingetretenen Erhöhungen der Inflationsrate und des realen Sozialprodukts bewirken, daß sich der Anpassungsprozeß über Verschiebungen der Preis- und der Nachfragekurve in der zweiten Periode fortsetzt. Die *Preiskurve* verschiebt sich parallel nach *oben*, weil die Inflationserwartungen infolge der in der ersten Periode auf $\pi_B$ gestiegenen Inflationsrate nach oben korrigiert werden (auf $\pi^* = \pi_B$). Genauer ausgeführt hat der Anstieg der erwarteten Inflationsrate $\pi^*$ eine entsprechende Erhöhung der Steigerungsrate des Geldlohnsatzes zur Folge, die auf der Angebotsseite des Gütermarktes dazu führt, daß die Inflationsrate $\pi$ in gleichem Ausmaß für jedes $Y^r$ angehoben wird. Die genaue Lage der neuen Preiskurve ($A_2$) wird dadurch bestimmt, daß $Q$ ein Punkt auf dieser Kurve ist; denn die Preisgleichung (19) zeigt, daß sich für $Y^r = \bar{Y}^r$ eine Inflationsrate von $\pi = \pi^*$ ($= \pi_B$) ergibt. Gleichzeitig verschiebt sich die *Nachfragekurve* erneut nach *rechts*, doch nunmehr weil sich das reale Sozialprodukt in der (vorausgegangenen) ersten Periode erhöht hatte ($Y^r_{-1}$ entspricht in der zweiten Periode $Y^r_B$). Die neue Nachfragekurve $N_2$ muß den Punkt $R$ durchlaufen; denn aus der Nachfragefunktion geht hervor, daß $Y^r = Y^r_{-1}$ ($= Y^r_B$), wenn $\pi = m$ (= 6) gesetzt wird. Der Schnittpunkt der Nachfragekurve $N_2$ mit der Preiskurve $A_2$ bestimmt das neue temporäre Gleichgewicht im Punkt $C$.

Gegenüber dem Punkt $B$ hat sich offenbar – wie in einer Phase der *Stagflation* – die Inflationsrate bei abnehmendem realen Sozialprodukt erhöht. Dabei wurde die neue Inflationsrate wieder unterschätzt, da $\pi^* = \pi_B$. In der dritten Periode verschiebt sich die *Preiskurve* weiter nach *oben*, weil die Inflationserwartungen weiter nach oben korrigiert werden;

der Störung nicht um 2 Prozentpunkte (wie die Wachstumsrate der nominalen Geldmenge $m$), sondern um weniger gestiegen ist.

[26] Analog zu den Ableitungen in Fußnote 24 erhöht sich der erwartete Reallohnsatz, d. h. $w/p^* > w_{-1}/p^*_{-1}$, wenn $\Delta w/w > \pi^*$. Das ist der Fall, da die (der Inflationsrate entsprechende) Steigerungsrate des Geldlohnsatzes ($\Delta w/w$) gegenüber dem Ausgangsniveau (von 4 v. H.) größer wird und die erwartete Inflationsrate ($\pi^*$) zunächst noch unverändert bleibt.

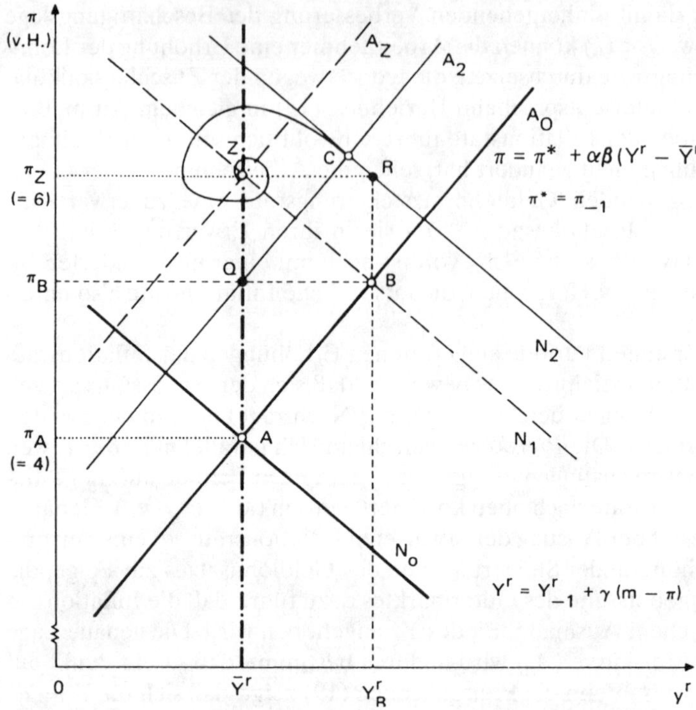

Figur V.1

gleichzeitig ergibt sich für die *Nachfragekurve* eine *Rückverschiebung*, also eine Verschiebung nach links, da das reale Sozialprodukt in der Vorperiode gesunken ist.

Eine weitergehende Betrachtung der verschiedenen Anpassungsrunden wollen wir uns ersparen; hinzuweisen ist nur auf folgendes: Möglich ist es, daß auch nach der ersten Periode noch weitere Erhöhungen des realen Sozialprodukts eintreten. Der genaue Zeitpfad des Anpassungsprozesses hängt bei gegebener Erwartungshypothese von den Steigungen der Preiskurve und der Nachfragekurve ab (und damit von den Koeffizienten $\alpha$, $\beta$ und $\gamma$). Jede Veränderung dieser Größen bewirkt damit, daß sich die zeitliche Verteilung der geldpolitischen Effekte auf das reale Sozialprodukt und die Inflationsrate verändert. Zu vermuten ist deshalb, daß die *time lags*, mit denen Beschäftigung, Sozialprodukt und Inflationsrate auf geldpolitische Maßnahmen reagieren, entsprechend der *FRIEDMANschen These schwanken.* Unabhängig von der Größe der Koeffizienten $\alpha$, $\beta$ und $\gamma$ ergibt sich im Rahmen des betrachteten Modells jedoch, daß eine Rückbewegung zum langfristigen Gleichgewicht einsetzt, und zwar auf einem Zeitpfad, wie er in Fig. V.1 durch die zu $Z$ hinführende

Schleife dargestellt wird[27]. Im *langfristigen Gleichgewicht* bei $Z$ entspricht das tatsächliche reale Sozialprodukt wieder dem potentiellen, und die Inflationsrate ist wieder identisch mit der (auf 6 v.H. erhöhten) Wachstumsrate der nominalen Geldmenge. *Zusammenfassend* läßt sich somit feststellen,

- daß eine Anhebung der Wachstumsrate der Geldmenge – der *monetaristischen Position* entsprechend – nur vorübergehend das reale Sozialprodukt und die Beschäftigung, aber dauerhaft die Inflationsrate erhöht, und
- daß in bestimmten Phasen des Anpassungsprozesses gleichzeitig die Inflationsrate steigt und das reale Sozialprodukt abnimmt (also Stagflation vorliegt).

Darüber hinaus wird deutlich,

- daß die Inflationsrate vor Erreichen ihres langfristigen Gleichgewichtswerts über dieses Niveau hinaus ansteigt, also eine sog. **überschießende Reaktion** („*overshooting*") eintritt[28].

bbb) Besteht nun die Absicht, das reale Sozialprodukt mit Hilfe der Geldpolitik längerfristig über dem potentiellen (realen) Sozialprodukt ($\bar{Y}^r$) zu halten, um auf diese Weise die Unterbeschäftigung nachhaltig unter das normale Niveau ($\bar{U}$) zu senken, dann muß die Wachstumsrate der (nominalen) Geldmenge nicht einmalig, sondern *laufend* heraufgesetzt werden. Durch die fortwährende Erhöhung von $m$ wird die Nachfragekurve ständig weiter nach rechts verschoben. Infolgedessen können alle Schnittpunkte mit den sich im Zuge der steigenden Inflationserwartungen nach oben verschiebenden Preiskurven rechts von $\bar{Y}^r$ liegen[29]. Die hiermit verbundene dauerhafte Verminderung der Unterbeschäftigung unter das normale (oder natürliche) Niveau durch ständige Erhöhung der Wachstumsrate der Geldmenge hat allerdings ihren Preis: Er besteht in

---

[27] Im Anhang A6) wird nachgewiesen, daß sich die Inflationsrate (und damit auch das reale Sozialprodukt) in gedämpften Schwingungen auf eine Gleichgewichtslage zubewegt.

[28] Daß sich eine *überschießende Reaktion* einstellen muß, zeigt auch folgende Überlegung: Die reale Geldmenge ist im neuen langfristigen Gleichgewicht wieder genau so groß wie im Ausgangsgleichgewicht; denn nach Gleichung (9) gehört zum gleichen realen Sozialprodukt die gleiche reale Geldmenge. Da die reale Geldmenge zunächst wegen $m\ (= 6) > \pi$ steigt, muß sie in einer späteren Phase wieder sinken, d.h. es gilt dann: $\pi > m\ (= 6)$.

[29] Auf Dauer gesehen, ist allerdings mit der Möglichkeit zu rechnen, daß auch die Erwartungsbildung über die Inflationsrate beschleunigt revidiert wird und die erwartete Inflationsrate die tatsächliche einholt. Tritt dieser Fall ein, dann ist eine Verminderung der Unterbeschäftigung unter das normale Niveau nicht mehr möglich. Vgl. hierzu auch ARGY, a.a.O., S.137.

einer fortwährenden *Beschleunigung der inflationären Entwicklung*[30]. Somit läßt sich zusammenfassend feststellen,

- daß entsprechend der *monetaristischen Akzelerationshypothese* eine nachhaltige Erhöhung von Sozialprodukt und Beschäftigung über das normale Niveau nur bei fortwährender Beschleunigung (Akzeleration) des Preisanstiegs möglich erscheint.

ccc) Nicht weniger bedeutsam als der bisher behandelte Fall einer Erhöhung des Geldmengenwachstums ist der Versuch, durch eine *Senkung* der Wachstumsrate der (nominalen) Geldmenge, also durch *kontraktive Geldpolitik,* zu einer Verminderung der Inflationsrate zu gelangen, d.h. eine *Disinflation* zu realisieren. In der graphischen Analyse des Angebots-Nachfrage-Modells führt eine Senkung der Geldmengenwachstumsrate, z.B. von 4 auf 2 v.H., zu einer *Linksverschiebung* der *Nachfragekurve* (vgl. Fig. V.2). Das neue (temporäre) Gleichgewicht stellt sich in der ersten Periode (nach der Störung) im Schnittpunkt *B* der verschobenen Nachfragekurve ($N_1$) und der Preiskurve ($A_0$) ein. Die Inflationsrate ist also gesunken (auf $\pi_B$). Da die Arbeitnehmer vorerst noch mit der unveränderten Inflationsrate $\pi_A$ rechnen, überschätzen sie die tatsächliche Inflationsrate. Gleichzeitig ist das reale Sozialprodukt zurückgegangen (auf $Y_B^r$). Die auslösende Ursache hierfür ist die nachfragedämpfende Wirkung der gesunkenen realen Geldmenge[31].

Der in der ersten Phase eingetretene Rückgang der Inflationsrate und des realen Sozialprodukts bewirkt über Verschiebungen der Preis- und Nachfragekurve weitere Anpassungen. Dabei verschiebt sich die *Preiskurve* (parallel) nach *unten,* weil die Inflationserwartungen infolge der in der ersten Periode gesunkenen Inflationsrate nach unten korrigiert werden, und die *Nachfragekurve* verschiebt sich (parallel) nach *links,* weil sich das reale Sozialprodukt in der ersten Periode gegenüber der Ausgangslage vermindert hat[32]. Der Schnittpunkt *C* der Preiskurve $A_2$ mit der Nachfragekurve $N_2$ bestimmt das (temporäre) Gleichgewicht in der

---

[30] Nicht zuletzt deshalb werden zur Verringerung der Unterbeschäftigung häufig *arbeitsmarktpolitische* Maßnahmen vorgeschlagen, z.B. Maßnahmen zur Verbesserung der Transparenz des Arbeitsmarktes sowie zur Förderung einer größeren räumlichen und beruflichen Mobilität der Arbeitskräfte. Maßnahmen dieser Art verringern das Ausmaß der auf friktioneller und struktureller Arbeitslosigkeit beruhenden normalen Unterbeschäftigung.

[31] Die reale Geldmenge muß gegenüber der Ausgangslage abgenommen haben, da die Inflationsrate $\pi$ offensichtlich nicht um 2 v.H. (wie die Wachstumsrate der nominalen Geldmenge), sondern um weniger gesunken ist.

[32] Die genaue Lage von $A_2$ und $N_2$ wird wieder durch folgende Überlegung bestimmt: *Q* ist ein Punkt auf $A_2$; denn aus der Preisgleichung (19) geht hervor, daß sich für $Y^r = \bar{Y}^r$ die Inflationsrate $\pi = \pi^*$ ($= \pi_B$) ergibt. *R* ist ein Punkt auf $N_2$; denn aus der Nachfragefunktion geht hervor, daß $Y^r = Y_{-1}^r$ ($= Y_B^r$), wenn $\pi = m$ (= 2) gesetzt wird.

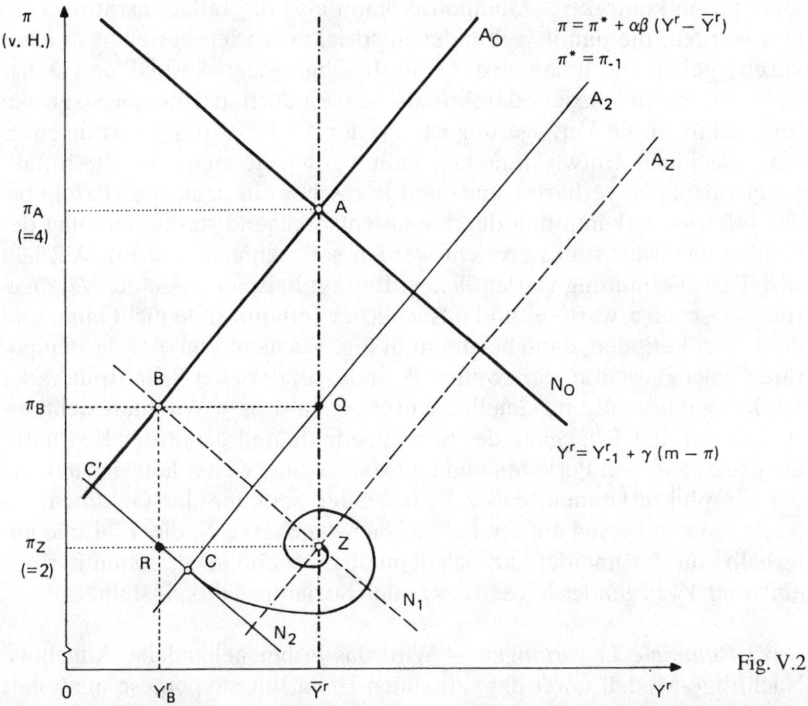


Fig. V.2

zweiten Periode. Ohne den Anpassungspfad im einzelnen weiter zu verfolgen, sei festgestellt, daß eine Rückkehr zu einem langfristigen Gleichgewicht erfolgt, und zwar auf einem Zeitpfad, wie ihn in Fig. V.2 die zu *Z* hinführende Schleife beschreibt. Im *langfristigen Gleichgewicht* hat das tatsächliche reale Sozialprodukt wieder das potentielle erreicht, und die Inflationsrate entspricht der (auf 2 v. H. gesunkenen) Wachstumsrate der Geldmenge. Somit ergibt sich als Fazit,

- daß eine Senkung der Wachstumsrate der Geldmenge – der *monetaristischen Position* entsprechend – vorübergehend das reale Sozialprodukt und die Beschäftigung verringert, aber dauerhaft die Inflationsrate senkt.

Darüber hinaus zeigt sich,

- daß die Inflationsrate vor Erreichen ihres langfristigen Gleichgewichts *unter* dieses Niveau absinkt, also eine sog. **unterschießende Reaktion** („undershooting") eintritt[33].

[33] Daß sich eine *unterschießende Reaktion* einstellen muß, ergibt sich auch aus fol-

Durch eine kontraktive Geldpolitik kann also die Inflationsrate verringert werden; die damit verbundenen sozialen Kosten bestehen in einer vorübergehenden Zunahme der Unterbeschäftigung. Ausmaß und Dauer des temporären Anstiegs der Arbeitslosigkeit dürften dabei um so größer sein, je länger die Verzögerung ist, mit der die Inflationserwartungen an die tatsächliche Entwicklung angepaßt werden (je mehr also die Inflationserwartungen verhärtet sind) und je rascher ein deutlicher Erfolg bei der Inflationsbekämpfung durch eine entsprechend starke Senkung des Geldmengenwachstums erreicht werden soll. Anhand von Fig. V.2 läßt sich diese Vermutung verdeutlichen. Beträgt beispielsweise die Verzögerung zwischen erwarteter und tatsächlicher Inflationsrate nicht eine, sondern zwei Perioden, dann bestimmt in Fig. V.2 nicht Punkt $C$ das temporäre Gleichgewicht in der zweiten Periode, sondern der Schnittpunkt der Nachfragekurve $N_2$ mit der Preiskurve $A_0$ (also $C'$). Wie man sieht, erstreckt sich der Rückgang des Sozialprodukts und damit der Beschäftigung jetzt auf zwei Perioden und fällt stärker aus. Weiter läßt sich anhand der Graphik erkennen, daß z.B. bei einer Senkung der Geldmengenwachstumsrate von 4 auf 1 v.H. die Nachfragekurve $N_1$ die $\bar{Y}^r$-Linie unterhalb von $Z$ schneidet und sich dementsprechend in der ersten Periode ein unter $Y_B^r$ liegendes Niveau des realen Sozialprodukts einstellt.

*cc) Rationale Erwartungen.* – Wird das bisher behandelte Angebots-Nachfrage-Modell unter der rationalen Erwartungshypothese analysiert und dabei ein stochastischer Ansatz mit Berücksichtigung von Zufallseinflüssen zugrunde gelegt, dann gelangt man zu Aussagen, wie sie als charakteristisch für die insbesondere von R.E. Lucas, T.S. Sargent und N. Wallace entwickelte **Neue klassische Makroökonomik** angesehen werden[34]. Diese Theorie führt das monetaristische Programm fort[35] und wird deshalb auch als *Monetarismus zweiter Art* bezeichnet – zur Unterscheidung von der traditionellen monetaristischen Position *(Monetarismus erster Art),* die auf der adaptiven Erwartungshypothese beruht und deren wesentliche Implikationen im vorangegangenen Unterabschnitt bb) verdeutlicht wurden[36].

---

gender Überlegung: Wie schon erwähnt, muß die reale Geldmenge im neuen Gleichgewicht wieder genau so groß sein wie im Ausgangsgleichgewicht. Da die reale Geldmenge zunächst wegen $m$ (= 2) < $\pi$ sinkt, muß sie in einer späteren Phase wieder steigen, d.h. es muß dann gelten $\pi < m$ (= 2).

[34] Vgl. hierzu die Darstellung bei Felderer, Homburg, a.a.O., S. 269ff.

[35] Siehe ebenda, S. 280.

[36] Diese Unterscheidung geht auf J. Tobin zurück (Asset Accumulation and Economic Activity. Reflections on Contemporary Macroeconomic Theory. Oxford 1980. S. 21f., 36ff.). – Vgl. hierzu auch H.-J. Ramser, Perspektiven einer Neuformulierung der makroökonomischen Theorie. In: Der Keynesianismus V. Makroökonomik nach Keynes. (Hrsg. von G. Bombach, H.-J. Ramser, M. Timmermann.) Berlin 1984. S. 16.

aaa) Der Analyse bei rationalen Erwartungen wird zur Einführung zunächst ein *deterministischer* Ansatz vorangestellt, d. h.: Anders als in dem anschließend zu behandelnden *stochastischen* Modell existieren keine Zufallseinflüsse. Zwischen den Variablen des Modells bestehen demzufolge nur exakte Zusammenhänge. In diesem auch als **vollkommene Voraussicht** bezeichneten Fall wird die Inflationsrate stets korrekt antizipiert, d. h. es gilt:

(20) $\pi^* = \pi$.

Nach Preisgleichung (19) impliziert dieses Ergebnis

(21) $Y^r = \bar{Y}^r$.

Das reale Sozialprodukt ($Y^r$) muß also auf dem Niveau des potentiellen Sozialprodukts ($\bar{Y}^r$) verharren, und zwar unabhängig davon, wie sich die Wachstumsrate der Geldmenge entwickelt. Damit ist stets $Y^r = Y^r_{-1}$; dieses setzt aber wegen der Nachfragefunktion (10) voraus, daß

(22) $\pi = m$.

Die Inflationsrate ($\pi$) muß also stets der nominalen Geldmengenwachstumsrate ($m$) entsprechen. Somit ergibt sich für den Fall *vollkommener Voraussicht* als Fazit,

- daß eine Änderung der Wachstumsrate der Geldmenge das reale Sozialprodukt (und damit auch die Beschäftigung) *nicht* beeinflußt, die Inflationsrate jedoch unmittelbar und in vollem Ausmaß der Erhöhung (Senkung) der Wachstumsrate der Geldmenge ansteigt (sinkt)[37].

Dieses Ergebnis bedeutet, daß *Neutralität* des Geldmengenwachstums hinsichtlich des güterwirtschaftlichen Bereichs schon auf kurze Sicht vorliegt (und nicht erst im langfristigen Gleichgewicht wie bei extrapolativen bzw. adaptiven Erwartungen). Ökonomisch läßt sich dieses Ergebnis wie folgt erklären: Da die Arbeitnehmer sämtliche ökonomischen Zusammenhänge übersehen, kennen sie die unter (21) und (22) angegebenen Ergebnisse. Sie gehen deshalb bei ihren Lohnforderungen von einem unveränderten realen Sozialprodukt in Höhe des potentiellen realen Sozialprodukts sowie von einer erwarteten Inflationsrate in Höhe der Geldmengenwachstumsrate aus und fordern dementsprechend eine Geldlohnsatzsteigerungsrate, die der gestiegenen Geldmengenwachstumsrate entspricht. Diese wird von den Unternehmern akzeptiert und sofort auf die Inflationsrate überwälzt. Damit erfüllen sich die Inflationserwartungen

---

[37] "... any predictable change in the rate of monetary growth has 100 percent of its effect on inflation *even in the short run*, and zero percent of its effect on unemployment." (R. J. Gordon, Recent Developments in the Theory of Inflation and Unemployment. „Journal of Monetary Economics", Vol. 2 (1976), S. 201.)

der Arbeitnehmer, und das reale Sozialprodukt sowie die Beschäftigung verharren auf dem Ausgangsniveau des langfristigen Gleichgewichts.

bbb) Im folgenden bleibt zu untersuchen, ob die bisherigen Ergebnisse bestehen bleiben, wenn ein *stochastisches* Modell mit rationalen Erwartungen zugrunde gelegt wird. Insbesondere ist zu prüfen, ob bei diesem Ansatz Abweichungen zwischen *erwarteter* und *tatsächlicher* Inflationsrate auftreten können und wodurch diese ggf. bestimmt sind. Treten nämlich derartige Abweichungen auf, dann impliziert die Preisgleichung (19), daß sich das reale Sozialprodukt $Y^r$ – anders als bei vollkommener Voraussicht – vom potentiellen Sozialprodukt $\bar{Y}^r$ unterscheidet.

Wie bereits erwähnt, rechnen die Wirtschaftssubjekte bei rationalen Erwartungen mit einer (erwarteten) Inflationsrate ($\pi_t^*$), die dem Erwartungswert für die sich aus dem Modell ergebende Inflationsrate $\pi_t$ entspricht, d.h. $\pi_t^* = E(\pi_t)$. Um die Inflationsrate $\pi_t$ ermitteln zu können, müssen die Regeln bekannt sein, die das Geldmengenwachstum bestimmen. Unterstellt wird im folgenden die bereits angeführte Gleichung

$$(4) \qquad m_t = \bar{m}_t + u_t.$$

Ausgangspunkt für die Ermittlung der Inflationsrate in der laufenden Periode ($\pi_t$) ist die Überlegung, daß $\pi_t$ als endogene Variable durch sämtliche unabhängigen Größen festgelegt wird, d.h. durch die systematische Komponente des Geldmengenwachstums $\bar{m}_t$, das reale Sozialprodukt der Vorperiode $Y_{t-1}^r$, das potentielle Sozialprodukt $\bar{Y}^r$, durch die Zufallsvariable $u_t$ sowie durch die Zufallsvariablen $v_t$ bzw. $w_t$, die zufällige Schwankungen der Nachfragefunktion bzw. Preisgleichung erfassen. Da sämtliche Gleichungen des betrachteten Modells linear sind, muß die Bestimmungsfunktion für $\pi_t$ ebenfalls linear sein, z.B. in der *allgemeinen* Form:

$$(23) \qquad \pi_t = \mu_1 \bar{m}_t + \mu_2 Y_{t-1}^r + \mu_3 \bar{Y}^r + \mu_4 u_t + \mu_5 v_t + \mu_6 w_t.$$

Wie sich zeigen läßt[38], gilt *speziell* für das vorliegende Modell:

$$\mu_1 = 1, \quad \mu_2 = -\mu_3 = \frac{1}{\gamma}, \quad \mu_4 = \frac{\alpha'\gamma}{1+\alpha'\gamma}, \quad \mu_5 = \frac{\alpha'}{1+\alpha'\gamma},$$
$$\mu_6 = \frac{1}{1+\alpha'\gamma}, \quad \text{wobei} \quad \alpha' = \alpha\beta.$$

Wird hinsichtlich der Zufallsvariablen $u_t$, $v_t$ und $w_t$ ein Erwartungswert von jeweils Null angenommen, dann geht aus (23) hervor, daß der Erwartungswert für die Inflationsrate durch folgende Gleichung bestimmt wird:

---

[38] Zur Ableitung siehe genauer Anhang A7). – Vgl. zur Vorgehensweise auch M.J.M. Neumann, Stabilisierungspolitik bei rationalen Erwartungen. „Wirtschaftswissenschaftliches Studium", 10. Jg. (1981), H. 3, S. 112ff. – R. Pohl, Theorie der Inflation. Grundzüge der monetären Makroökonomik. München 1981. S. 125ff.

(24) $\pi_t^* = \mu_1 \bar{m}_t + \mu_2 Y_{t-1}^r + \mu_3 \bar{Y}^r$.

Wird (24) von (23) subtrahiert, dann ergibt sich:

(25) $\pi_t - \pi_t^* = \mu_4 u_t + \mu_5 v_t + \mu_6 w_t$.

Offenbar bestehen Abweichungen zwischen erwarteter und tatsächlicher Inflationsrate – allerdings nur auf Grund von Zufallseinflüssen[39]. Die Konsequenzen dieses Ergebnisses werden deutlich, wenn in (25) die *Preisgleichung* (19) berücksichtigt wird. Diese läßt sich bei Zeitindizierung und ergänzt um die Zufallsvariable $w_t$ wie folgt formulieren:

(26) $\pi_t = \pi_t^* + \alpha' (Y_t^r - \bar{Y}^r) + w_t$.[40]

Wird (26) in (25) eingesetzt, dann erhält man:

$$\alpha' (Y_t^r - \bar{Y}^r) + w_t = \mu_4 u_t + \mu_5 v_t + \mu_6 w_t$$

bzw.

(27) $Y_t^r = \bar{Y}^r + \frac{1}{\alpha'} (\mu_4 u_t + \mu_5 v_t + \mu_6 w_t - w_t)$.

Werden $\mu_4$, $\mu_5$ und $\mu_6$ entsprechend den oben gemachten Angaben ersetzt, dann ergibt sich schließlich nach Umformung:

(28) $Y_t^r = \bar{Y}^r + \frac{1}{1+\alpha' \gamma} (\gamma u_t + v_t - \gamma w_t)$.

Die Beziehungen (27) und (28) machen gleichermaßen deutlich, daß das reale Sozialprodukt (und damit auch die Beschäftigung) nur durch (unvorhergesehene) *Zufallseinflüsse* verändert wird, seien sie nun monetärer Natur (wie $u_t$) oder realwirtschaftlicher Natur (wie $v_t$ und $w_t$). Diese Aussage gilt unabhängig davon, ob die Zentralbank ein Geldmengenziel fest-

---

[39] Sind die Zufallsvariablen $u_t$, $v_t$ und $w_t$ gleich Null, dann ist $\pi_t = \pi_t^*$ (wie bei vollkommener Voraussicht).

[40] Wird die Preisgleichung nach dem realen Sozialprodukt $Y^r$ aufgelöst, dann ergibt sich eine gesamtwirtschaftliche Angebotsfunktion vom LUCAS-Typ. Genauer lautet die für die Neue klassische Makroökonomik wesentliche **LUCAS-Angebotsfunktion** (bei Vernachlässigung verzögerter Werte für das reale Sozialprodukt):

$$\ln Y_t^r = \bar{Y}_t^r + b\ (\ln p_t - \ln p_t^*) + z_t,$$

wobei $p_t$ das tatsächliche Preisniveau, $p_t^*$ das erwartete Preisniveau und $z_t$ eine Zufallsvariable darstellen (siehe hierzu z.B. R.E. LUCAS, Some International Evidence on Output-Inflation Tradeoffs. „The American Economic Review", Vol. 63 (1973), S. 327f.). – Daß sich eine Angebotsfunktion vom LUCAS-Typ auch aus einem Arbeitsmarktgleichgewicht bei einem vom erwarteten Reallohnsatz (positiv) abhängigen Arbeitsangebot und einer vom tatsächlichen Reallohnsatz (negativ) abhängigen Arbeitsnachfrage in Verbindung mit einer gesamtwirtschaftlichen Produktionsfunktion herleiten läßt, erläutert P. DE GRAUWE, Macroeconomic theory for the open economy. Aldershot, Brookfield 1983. S. 39ff.

legt (wie mit (4) unterstellt) oder eine antizyklische Konjunkturpolitik über eine Rückkoppelungsregel betreibt (wie durch (5) beschrieben[41]). Sie impliziert die **Politikineffektivitätshypothese**: Jede systematische, an Regeln orientierte Geldpolitik bleibt bei rationalen Erwartungen ohne realwirtschaftliche Wirkungen; sie wird von den Wirtschaftssubjekten bezüglich der Inflationseffekte vollständig antizipiert und führt (wie auch (23) zeigt) lediglich zu einer proportionalen, *sofortigen* Änderung der Inflationsrate. Offenbar kann die Zentralbank nur durch *unvorhergesehene* (sich in der Zufallsvariablen $u_t$ ausdrückende) Geldmengenänderungen und die dadurch (nach (25)) ausgelöste *Überraschungsinflation* das reale Sozialprodukt und die Beschäftigung beeinflussen.

ccc) Die geldpolitischen Implikationen des Angebots-Nachfrage-Modells unter der rationalen Erwartungshypothese lassen sich graphisch veranschaulichen. Dabei wird eine Erhöhung der Geldmengenwachstumsrate z. B. von 4 auf 6 v. H. betrachtet, und zwar zunächst im *deterministischen* Ansatz, d. h. bei vollkommener Voraussicht, und danach im *stochastischen* Ansatz für den Fall einer Überraschungsinflation.

Wie im Unterabschnitt d) bb) ausgeführt, verschiebt sich die Nachfragekurve bei einem Anstieg der Geldmengenwachstumsrate z. B. von 4 auf 6 v. H. nach rechts, wobei ihre neue Lage durch den Punkt $Z$ (mit $\pi = m =$ 6 v. H. und $Y^r = Y^r_{-1} = \bar{Y}^r$) bestimmt wird (vgl. Fig. V.3).

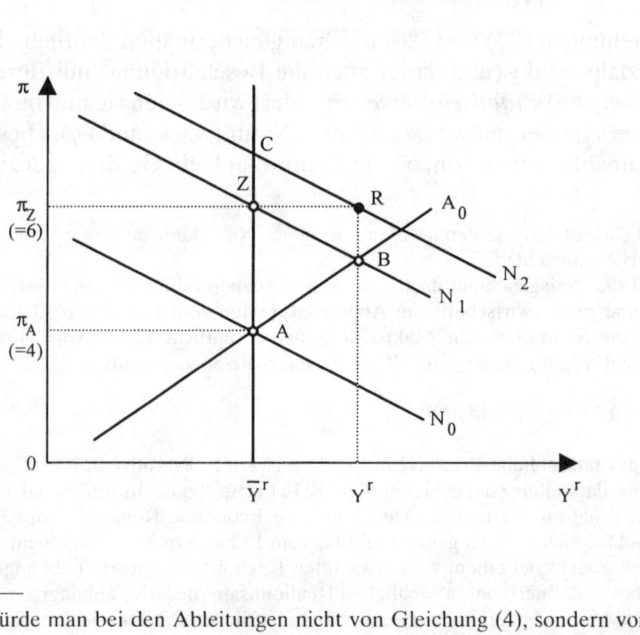


Fig. V.3

[41] Würde man bei den Ableitungen nicht von Gleichung (4), sondern von (5) ausgehen, dann würde sich bei gleicher Vorgehensweise letztlich eine Beziehung ergeben, die mit (27) übereinstimmt (abgesehen davon, daß $u_t$ durch $u_t'$ zu ersetzen wäre).

Nach den Ausführungen im Unterabschnitt cc) aaa) zum *deterministischen* Ansatz wird das neue (endgültige) Gleichgewicht nach Erhöhung der Geldmengenwachstumsrate sofort und ohne realwirtschaftliche Auswirkungen erreicht, und zwar nach Gleichung (21) und (22) bei $Y^r = \bar{Y}^r$ und $\pi = m$ (= 6 v.H.), d.h. bei $Z$.

Wird die im *stochastischen* Ansatz gegebene Möglichkeit betrachtet, daß die Erhöhung der Geldmengenwachstumsrate für die erste Periode nach der Störung nicht antizipiert wird und sich dementsprechend eine Überraschungsinflation einstellt, dann ergibt sich zunächst, d. h. in der ersten Periode, ein Gleichgewicht beim Punkt $B$. Danach erkennen die Wirtschaftssubjekte die Erhöhung der Geldmengenwachstumsrate, und eine Überraschungsinflation kann nicht mehr eintreten, d. h. $\pi = \pi^*$. Demzufolge ist dann $Y^r = \bar{Y}^r$. Zu beachten ist allerdings, daß sich die durch

$$(2) \qquad Y^r = Y^r_{-1} + \gamma\,(m - \pi)$$

bestimmte Nachfragekurve in der zweiten Periode noch einmal nach rechts verschiebt, da sich das reale Sozialprodukt in der (vorausgegangenen) ersten Periode erhöht hatte. Dabei muß die neue Nachfragekurve ($N_2$) den Punkt $R$ durchlaufen, da $Y^r = Y^r_{-1}$ (= $Y^r_B$), wenn $\pi = m$ (= 6) gesetzt wird. In der zweiten Periode ergibt sich deshalb ein (korrekt antizipiertes) temporäres Gleichgewicht im Punkt $C$ mit einer über $\pi = m$ (= 6) hinausgehenden Inflationsrate. In der dritten Periode wird dann das neue Gleichgewicht bei $Z$ erreicht. Die Anpassung erfolgt dadurch, daß sich die Nachfragekurve auf $N_1$ zurückverschiebt, weil ihre Lage nunmehr durch den Punkt $Z$ bestimmt wird; denn $Y^r = Y^r_{-1} = \bar{Y}^r$, wenn $\pi = m$ (= 6) gesetzt wird.

Die ökonomische Erklärung für die vorübergehende Produktionsausweitung auf $Y^r_B$ ist darin zu sehen, daß die Lohnsatzsteigerungsrate und damit auch die Preissteigerungsrate wegen der zunächst nicht antizipierten Erhöhung der Geldmengenwachstumsrate um weniger als 2 v. H. ansteigen und sich deshalb vorübergehend eine nachfragestimulierende Erhöhung der realen Geldmenge einstellt. Nach der Erhöhung der realen Geldmenge (in der ersten Periode) ergibt sich dann durch das „overshooting" der Inflationsrate (in der zweiten Periode) eine gleich große Senkung der realen Geldmenge, so daß diese wieder auf das Ausgangsniveau zurückfällt.

ddd) Die Politikineffektivitätshypothese stellt eine wichtige Implikation der *Neuen klassischen Makroökonomik* dar. Nicht zuletzt deshalb ist abschließend noch einmal genauer auf die Prämissen dieser Konzeption einzugehen. Neben der Preisgleichung (19) bzw. der (in Fußnote 40 erwähnten) LUCAS-Angebotsfunktion sind die *Annahmen* rationaler Erwartungen und völlig flexibler, stets markträumender Preise wesentlich. Beide Annahmen sind nicht unproblematisch[42]. Die rationale Erwartungshypothese unterstellt mit der genauen Kenntnis des Modells und der Zentralbankstrategie einen Informationsstand, der wohl nur als eine „idealisierende Annahme“ angesehen werden kann. Und selbst wenn es möglich sein sollte, einen derart umfassenden Informationsstand zu erreichen, bleibt die Frage, ob sich der mit der Beschaffung und Verarbeitung der erforderlichen Informationen verbundene Aufwand unter Kosten- und Ertragsgesichtspunkten überhaupt lohnt. *Anderseits* ist die rationale Erwartungshypothese nicht mit dem Nachteil vergangenheitsorientierter Erwartungen verbunden, systematische Erwartungsfehler zu implizieren. Außerdem liegt es nahe, daß bei der Erstellung von Prognosen auch aus der Theorie bekannte und empirisch gestützte Zusammenhänge genutzt werden. Der Annahme völlig flexibler Preise stehen empirische Beobachtungen entgegen, die auf Güterpreis- und Lohnsatzrigiditäten hinweisen. Viele Güterpreise werden nur in größeren Zeitabständen geändert, z.B. wegen der hiermit verbundenen Anpassungskosten (sog. „menu costs“) bei den Anbietern oder mit Rücksicht auf deren Kunden[43]. Schnelle Preisanpassungen unterbleiben auch deshalb, weil Unternehmungen erst mit der Zeit erkennen, ob es sich um dauerhafte oder nur vorübergehende Nachfrageänderungen handelt, oder weil sie nicht sicher sind, wie sich die Konkurrenz bei Nachfrageänderungen verhält, und weil dadurch Absatzrisiken entstehen. Geldlohnsätze enthalten ein Element temporärer Inflexibilität, wenn Lohnvereinbarungen für einen längeren Zeitraum getroffen werden[44], z.B. am Ende der Vorperiode für die laufende und die zukünftige Periode. Werden die Lohnkontrakte dabei zu verschiedenen Zeitpunkten abgeschlossen, dann überlappen sich ihre Laufzeiten, und es wird in jeder Periode Geldlohnsätze geben, die auf Grund noch laufender Verträge unverändert bleiben, auch wenn Änderungen der Geldmenge und des Preisniveaus korrekt vorhergesehen werden. Trotz rationaler Erwartungen hat die Geldpolitik dann – wegen teilweise bestehender Inflexibilität der Geldlohnsätze – temporäre Auswirkungen auf das reale Sozialprodukt[45].

---

[42] Vgl. W. Franz, Neuere Makroökonomische Kontroversen. „Wirtschaftswissenschaftliches Studium“, Jg. 21 (1992), S. 275 ff.

[43] Zur Begründung von Preisrigiditäten siehe genauer H. Wagner, Stabilitätspolitik. Theoretische Grundlagen und institutionelle Alternativen. 2., verb. u. erg. Aufl. München, Wien 1992. S. 50 ff.

[44] Ein Grund hierfür kann in den mit Lohnvereinbarungen verbundenen Transaktionskosten gesehen werden.

[45] Zu Modellen, die diese Aussage mit längerfristigen Lohnkontrakten bei sich überlappenden Laufzeiten begründen, siehe genauer S. Fischer, Long-Term Contracts, Rational Expectations, and the Optimal Money Supply Rule. „The Journal of Political Economy“, Vol. 85 (1977), S. 191 ff. – J. B. Taylor, Staggered Wage Setting in a Macro

## Zusammenfassung

1. Hinsichtlich der Erwartungsbildung sind verschiedene Hypothesen möglich:
   a) Die Entwicklung in der Vergangenheit wird auf die Zukunft extrapoliert (extrapolative Erwartungen),
   b) frühere Fehler bei der Einschätzung der zukünftigen Entwicklung werden korrigiert (adaptive Erwartungen) und
   c) sämtliche Informationen, die in der Planungsperiode für die Prognose verfügbar sind, werden verwertet (rationale Erwartungen).
2. Aus der Analyse des makroökonomischen Angebots-Nachfrage-Modells ergeben sich für extrapolative bzw. adaptive Erwartungen – in Übereinstimmung mit der monetaristischen Position – folgende Konsequenzen für die Geldpolitik:
   - Eine Anhebung der Wachstumsrate der Geldmenge erhöht nur vorübergehend das reale Sozialprodukt und die Beschäftigung, aber dauerhaft die Inflationsrate. Dabei nimmt die Inflationsrate in bestimmten Phasen des Anpassungsprozesses bei sinkendem realen Sozialprodukt zu (Stagflation) und steigt vor Erreichen ihres langfristigen Gleichgewichtswertes vorübergehend über dieses Niveau hinaus („überschießende Reaktion").
   - Soll die Unterbeschäftigung durch fortlaufende Erhöhung der Wachstumsrate der Geldmenge nachhaltig unter ihr normales Niveau (also unter die natürliche Arbeitslosenquote) gesenkt werden, dann ist mit einer fortwährenden Beschleunigung der inflationären Entwicklung zu rechnen (Akzelerationshypothese).
   - Soll eine hohe Inflationsrate durch Senkung der Geldmengenwachstumsrate vermindert, also eine Disinflation herbeigeführt werden, dann tritt eine vorübergehende Abnahme des realen Sozialprodukts und der Beschäftigung ein. Dabei fällt die Inflationsrate vor Erreichen ihres langfristigen Gleichgewichtswertes vorübergehend unter dieses Niveau („unterschießende Reaktion").
3. Für den Fall rationaler Erwartungen führt das Angebots-Nachfrage-Modell – entsprechend der Neuen klassischen Makroökonomik – zu dem Ergebnis, daß Beschäftigung und reales Sozialpro-

---

Model. „The American Economic Review", Papers and Proceedings, Vol. 69 (1979), S. 108 ff. – WAGNER, a. a. O., S. 39 ff.

dukt nur durch Zufallseinflüsse verändert werden. Eine systematisch betriebene Geldpolitik (z.B. durch Festlegung auf eine Rückkoppelungsregel) bleibt deshalb ohne realwirtschaftliche Effekte (Politikineffektivitätshypothese); ihre Wirkungen erschöpfen sich in einer vorgezogenen (sofortigen) Veränderung der Inflationsrate.

## 2. Regelbindung versus diskretionäre Maßnahmen in der Geldpolitik

### a) Alternative Strategien im Ein-Perioden-Ansatz

Geht man von der Vorstellung aus, daß Geldmengenwachstum für Inflation wesentlich ist und die Zentralbank das Geldmengenwachstum kontrolliert, dann liegt es nahe, einen möglichen Zusammenhang zwischen Zentralbankverhalten und Inflation zu analysieren. Bei der Modellierung und Bewertung verschiedener geldpolitischer Strategien steht die Frage „*Regelbindung versus diskretionäre Politik*" im Vordergrund. Insofern wird an eine geldpolitische Diskussion angeknüpft, deren Ausgangspunkt der bekannte Beitrag von SIMONS aus dem Jahr 1936 über „Rules versus Authorities in Monetary Policy"[1] bildet und die durch den formalisierten Ansatz von KYDLAND/PRESCOTT[2] und die hierauf zurückgehende *Zeitinkonsistenzhypothese* wiederbelebt wurde.

*aa) Das Modell.* – Die Basis der Analyse bilden das im letzten Abschnitt benutzte Angebots-Nachfrage-Modell, insbesondere die *Preisgleichung*, sowie eine *Zielfunktion* der Zentralbank in Form einer Kosten- bzw. Verlustfunktion. Sie bringt zum Ausdruck, daß Abweichungen der Inflationsrate ($\pi$) und des realen Sozialprodukts ($Y^r$) von ihren Zielwerten $\hat{\pi}$ und $\hat{Y}^r$ unerwünscht sind und von der Zentralbank als soziale Kosten betrachtet werden. Das gewünschte Niveau der Inflationsrate ($\hat{\pi}$) kann unter dem Aspekt von Geldschöpfungsgewinnen der Währungsbehörde (der noch zu behandelnden *Seigniorage*) positiv sein, wird hier jedoch vereinfachend gleich Null gesetzt, d.h. $\hat{\pi} = 0$[3]. Ferner wird davon ausgegangen, daß der Zielwert für das reale Sozialprodukt über das mit normaler Beschäftigung verbundene potentielle Niveau $\bar{Y}^r$ hinausgeht, d.h. $\hat{Y}^r = k\bar{Y}^r$, $k > \mathbf{1}$. Diese Annahme ist für das Modell *wesentlich*. Sie impliziert, daß die normale Arbeitslosenquote als zu hoch angesehen wird. Diese Einschätzung wird u.a. mit der Existenz von Einkommensteuern und Arbeitslosenunterstützungen begründet[4]. Die hierdurch bedingte Arbeitslosigkeit führt beim Staat durch Mindereinnahmen und zu-

---

[1] H.C. SIMONS, Rules versus Authorities in Monetary Policy. „The Journal of Political Economy", Vol. 44 (1936), S. 1 ff.

[2] F.E. KYDLAND, E.C. PRESCOTT, Rules Rather than Discretion: The Inconsistency of Optimal Plans. „Journal of Political Economy", Vol. 85 (1977), S. 473 ff.

[3] Zur Begründung vgl. Abschnitt V.4, der sich mit den Inflationskosten befaßt.

[4] Siehe z.B. R.J. BARRO, D.B. GORDON, Rules, Discretion and Reputation in a Model of Monetary Policy. „Journal of Monetary Economics", Vol. 12 (1983), S. 103. – K. BLACKBURN, M. CHRISTENSEN, Monetary Policy and Policy Credibility: Theories and Evidence. „The Journal of Economic Literature", Vol. 27 (1989), S. 10.

sätzliche Transferzahlungen zu Budgetbelastungen, deren Folgen für die Gesellschaft vom einzelnen Wirtschaftssubjekt als externe Kosten bei seinen Entscheidungen nicht berücksichtigt werden. Die sozialen Kosten der normalen Arbeitslosigkeit übersteigen deshalb die privaten[5]. Deshalb liefert der Markt mit dem der normalen Arbeitslosenquote entsprechendem *potentiellen Sozialprodukt* ($\bar{Y}^r$) ein die individuellen Nutzen- und Gewinnmaximierungskalküle widerspiegelndes Ergebnis, das unter dem gesellschaftlich wünschenswerten Niveau des realen Sozialprodukts liegt. Weitere Effizienzhemmnisse sind in Vereinbarungen von Tarifparteien und in Vorschriften über Mindestlöhne zu sehen, wenn diese zu einem Reallohnsatz oberhalb des Gleichgewichtslohnsatzes führen und dadurch eine als zu niedrig angesehene Beschäftigung zustandekommt[6].

Im Rahmen der folgenden Analyse wird der Koeffizient $k$ als eine *konstante* Größe betrachtet. Damit wird aber nicht verkannt, daß es als „erstbeste Lösung" sinnvoll sein könnte, die erwähnten Effizienzhemmnisse abzubauen, z. B. durch Maßnahmen im Bereich der Arbeitsmarktpolitik[7]. Auf diese Weise ließe sich die normale Arbeitslosigkeit verringern und das potentielle Sozialprodukt erhöhen, so daß der Abstand zwischen dem angestrebten Sozialprodukt ($k\hat{Y}^r$) und dem potentiellen Sozialprodukt ($\bar{Y}^r$) kleiner wird, d. h. sich der Koeffizient $k$ verringert. Bei der weiteren Analyse wird diese Möglichkeit jedoch nicht weiter betrachtet.

Unter der Annahme eines konstanten $k$ werden die Vorstellungen über die Zielfunktion der Zentralbank durch folgende *Kostenfunktion* formalisiert:

(1) $$K = \pi^2 + \lambda\,(Y^r - k\bar{Y}^r)^2, \quad \lambda > 0, \quad k > 1.$$

Ein hoher Wert von $\lambda$ bedeutet dabei eine starke Präferenz der Zentralbankakteure für beschäftigungsstimulierende Maßnahmen relativ zu antiinflationären Maßnahmen. Die Quadrierung in der Zielfunktion impliziert, daß große Zielabweichungen stärker gewichtet werden als kleine. Das Modell wird durch die Preisgleichung und die Nachfragefunktion aus dem im Unterabschnitt 1c) dargestellten Angebots-Nachfrage-Modell vervollständigt, wobei zur Vereinfachung und ohne materielle Konsequenzen $\alpha\beta = 1$ gesetzt wird:

(2) $$\pi = \pi^* + (Y^r - \bar{Y}^r)$$

(3) $$Y^r = Y^r_{-1} + \gamma\,(m - \pi)\,.$$

---

[5] Siehe WAGNER, a. a. O., S. 126.

[6] Vgl. BLACKBURN, CHRISTENSEN, a. a. O., S. 10, 16 f.

[7] Siehe K. ROGOFF, The Optimal Degree of Committment to an Intermediate Monetary Target. „The Quarterly Journal of Economics", Vol. 100 (1985), S. 1170. – L. E. O. SVENSSON, Optimal Inflation Targets, 'Conservative' Central Banks, and Linear Inflation Contracts. „NBER Working Paper 5251", 1995, S. 1, 4, 10, 30.

Die in die Lohnbildung eingehenden Inflationserwartungen der Arbeitnehmer ($\pi^*$) werden dabei unter korrekter Verwertung aller verfügbaren Informationen, d. h. *rational*, gebildet.

Die Zielfunktion und die Preisgleichung stehen im Mittelpunkt des Modells. Die Nachfragefunktion dient lediglich dazu, die zu einer bestimmten Inflationsrate gehörende Geldmengenwachstumsrate ($m$) zu ermitteln. Für die Modellauswertung ist es zweckmäßig, die Preisgleichung als Nebenbedingung in der Zielfunktion zu berücksichtigen. Dazu wird (2) nach $Y^r$ aufgelöst und $Y^r$ danach in (1) eingesetzt. Man erhält dann:

$$K = \pi^2 + \lambda[\pi - \pi^* - (k-1)\,\bar{Y}^r]^2$$

bzw.

$$(4) \qquad K = \pi^2 + \lambda(\pi - \pi^* - z)^2,$$

wenn für das konstante Produkt $(k-1)\,\bar{Y}^r$ das Symbol $z$ eingeführt wird, wobei $z > 0$.

Die Modellauswertung läßt sich graphisch illustrieren[8]. Die Zielfunktion (1) wird für alternative Werte der sozialen Kosten ($K$) durch eine Schar von *Isokostenlinien* in Form von Ellipsen dargestellt (vgl. Fig. V.4). Da negative Inflationsraten unberücksichtigt bleiben und sich für die Lösung nur positiv geneigte Isokostenlinien als relevant erweisen, ist lediglich das linke obere Segment der Ellipsen von Interesse. Die positive Neigung einer Isokostenlinie bedeutet, daß die Kosten bei Erhöhung der Inflationsrate nur konstant bleiben, wenn sich gleichzeitig die Produktion erhöht. Die konvexe Krümmung bringt zum Ausdruck, daß ein Anstieg der Inflationsrate zur Kompensation eine um so größere Produktionserhöhung erfordert, je höher $\pi$ ist, d. h. je mehr sich die Inflationsrate von ihrem Zielwert $\hat{\pi} = 0$ entfernt hat. Kosten in Höhe von Null entstehen bei $\pi = 0$ und $Y^r = k\,\bar{Y}^r$. Für diesen Fall schrumpft die Ellipse zum Punkt $P$ auf der $Y^r$-Achse zusammen. Je weiter die Ellipsen vom Punkt $P$ entfernt sind, desto höher sind die Kosten, die sie repräsentieren. Die an den Ellipsen und an den beiden Achsen beispielhaft angegebenen Zahlenwerte sind mit folgenden Koeffizienten kompatibel: $\lambda = 2$, $k = 1{,}25$, $\bar{Y}^r = 12$. Die Darstellung in Fig. V.4a wird durch die Graphen für die Preisgleichung (2) und die Nachfragefunktion (3) vervollständigt.

*bb) Selbst- bzw. Regelbindung*. – Als Ausgangspunkt der folgenden Betrachtungen dient folgende besonders einfach darzustellende Situation:

---

[8] Siehe hierzu H.-J. Jarchow, Diskretionäre Geldpolitik, Zeitinkonsistenz und Politikglaubwürdigkeit. „das wirtschaftsstudium", 22. Jg. (1993), S. 147. – Bofinger, Reischle, Schächter, a. a. O., S. 149.

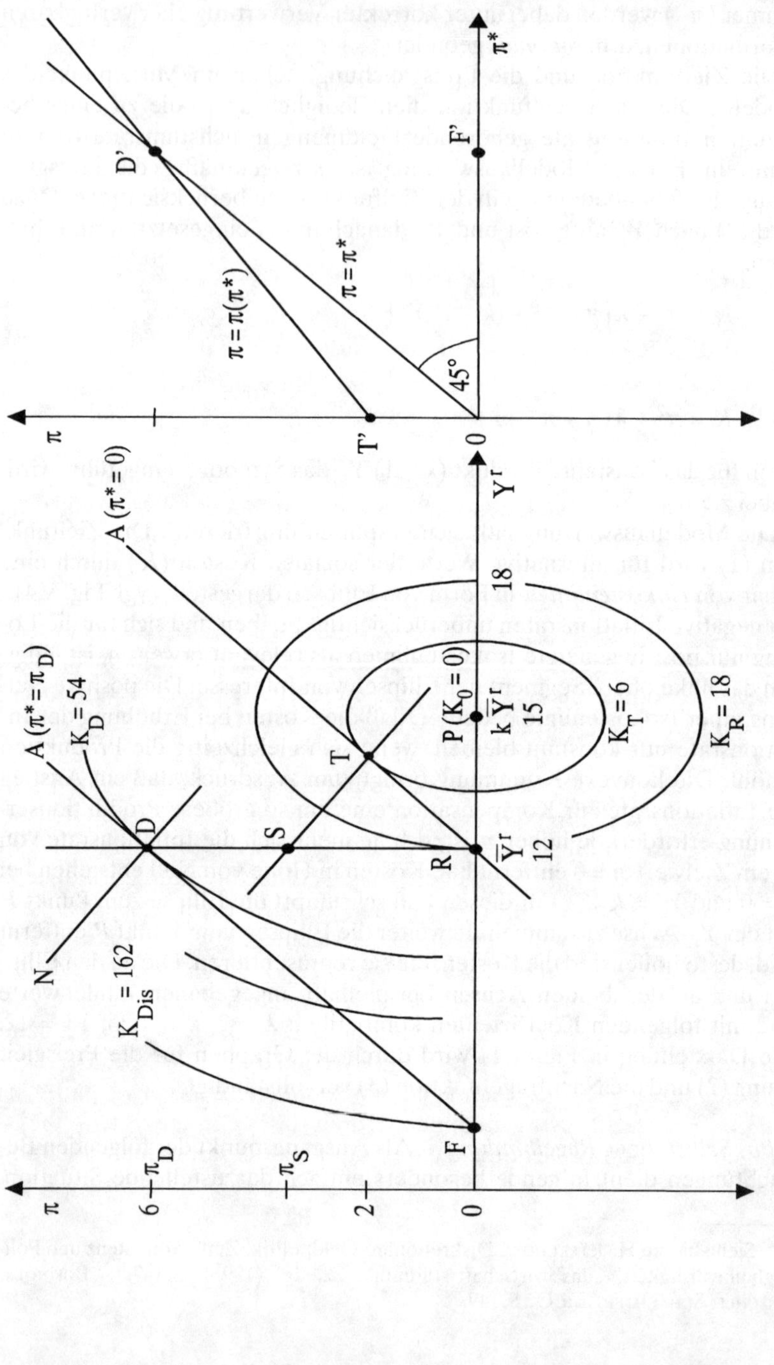
π
6
2
0
π_D
π_S
F
K_Dis = 162
N
D
K_D = 54
A (π* = π_D)
S
T
R
Y^r
12
P (K_0 = 0)
k Y^r
15
K_T = 6
K_R = 18
18
A (π* = 0)
Y^r
0
T'
π
45°
π = π(π*)
π = π*
D'
F'
π*

Fig V.4

Die Zentralbank kündigt an, daß sie ein Gleichgewicht bei Preisniveaustabilität (d. h. $\pi = 0$) anstrebt und dementsprechend die Geldmenge konstant halten will (d. h. $m = 0$). Den Wirtschaftssubjekten erscheint die erklärte Selbstbindung der Zentralbank glaubwürdig, und sie erwarten deshalb eine Inflationsrate von Null, d. h. $\pi^* = 0$. Demzufolge würde das reale Sozialprodukt nach Gleichung (2) dem potentiellen entsprechen, d. h. es würde gelten:

$$\pi_R = \pi^* = 0 \quad \text{und} \quad \bar{Y}_R^r = \bar{Y}^r .$$

Wie sich aus Gleichung (4) ergibt, würden sich die Kosten dann auf

$$(5) \qquad K_R = \lambda z^2 \qquad (= 18).$$

belaufen. In Fig. V.4a wird die entsprechende Lösung durch den Punkt $R$, in Fig. V.4b durch den Nullpunkt dargestellt.

*cc) Täuschungslösung*. – Für die weiteren Überlegungen ist wesentlich, daß die erwartete Inflationsrate in die Lohnbildung eingeht und die Arbeitnehmer durch Lohnkontrakte für eine Periode an die ausgehandelte nominale Lohnsatzsteigerungsrate gebunden sind. Die Lohnsatzsteigerungsrate, die im Punkt $R$ Null beträgt[9], kann deshalb nur mit einer Verzögerung von einer Periode an die erwartete Inflationsrate angepaßt werden. Demgegenüber kann die Zentralbank die Inflationsrate annahmegemäß durch Anpassung des Geldmengenwachstums jederzeit verändern. Aus der Sicht der Zentralbank, die durch ihre Zielfunktion beschrieben wird, läßt sich deshalb die durch den Punkt $R$ dargestellte Situation verbessern. Gelingt es ihr nämlich, die erwartete Inflationsrate durch Ankündigung einer preisstabilen Politik auf Null zu drücken (so daß sich die Arbeitnehmer im Gleichgewicht bei $Y = \bar{Y}^r$ mit einer Lohnsatzsteigerungsrate von Null zufriedengeben), dann könnte sie mit dem Punkt $T$ ein geringeres Kostenniveau erreichen. Erforderlich wäre dazu ein Wachstum der Geldmenge, das die negativ geneigte Nachfragekurve von $R$ nach oben bis zum Punkt $S$ verschiebt.

Die Zentralbank müßte also – *entgegen ihrer Ankündigung* – die Geldmenge und das Preisniveau erhöhen (d. h. $m$, $\pi > 0$). Sie würde sich dann von der Selbstbindung lösen und eine **diskretionäre Politik** betreiben, d. h. die geldpolitischen Entscheidungen wären *situationsabhängig* und würden von Fall zu Fall vorgenommen. Durch das nicht antizipierte Geldmengenwachstum bewirkt die Zentralbank eine Überraschungsinflation (mit $\pi > \pi^* = 0$), und hierdurch würde sie – in Übereinstimmung mit

---

[9] Nach Gleichung (13) im Abschnitt V.1 ist
$\Delta w/w = 0$, wenn $\pi^* = 0$ und $Y^r = \bar{Y}^r$, d. h. $U = \bar{U}$.

Gleichung (2) – erreichen, daß das reale Sozialprodukt über $\bar{Y}^r$ hinausgeht[10].

Die Ergebnisse zur Täuschungslösung lassen sich rechnerisch präzisieren. Ausgangspunkt ist dabei die Zielfunktion in der Form (4), die unter der Annahme $\pi^* = 0$ zu minimieren ist. Da die Zentralbank mit der Geldmengenwachstumsrate $m$ die Inflationsrate $\pi$ steuern kann, wird letztere bei der Lösung des Minimierungsproblems als Entscheidungsvariable angesehen und die zu minimierende Zielfunktion (4) mit $\pi^* = 0$ dementsprechend nach $\pi$ differenziert. Notwendig zur Realisierung des Minimums ist

$$\frac{dK}{d\pi} = 2\pi + 2\lambda\,(\pi - z) = 0.$$

Bei Auflösung nach $\pi$ ergibt sich die Inflationsrate für die Täuschungslösung.

$$(6) \qquad \pi_T = \frac{\lambda}{1+\lambda}\, z \qquad (=2).$$

Das dazugehörige reale Sozialprodukt läßt sich aus Gleichung (2) ermitteln. Bei Auflösung nach $Y^r$ ergibt sich

$$(7) \qquad Y^r = \pi - \pi^* + \bar{Y}^r.$$

Wird $\pi$ in (7) durch $\pi_T$ entsprechend (6) ersetzt und die Annahme $\pi^* = 0$ berücksichtigt, dann erhält man

$$(8) \qquad Y_T^r = \frac{\lambda}{1+\lambda}\, z + \bar{Y}^r \qquad (=14).$$

Wie man sieht, führt die Täuschungslösung zu höherer Inflation, aber auch zu höherer Produktion als die zuerst betrachtete Selbstbindung der Zentralbank. Die zur Täuschungslösung gehörenden Kosten lassen sich aus Gleichung (4) ermitteln. Dazu wird diese Gleichung unter Berücksichtigung von $\pi^* = 0$ zunächst wie folgt umgeformt:

$$(4a) \qquad K = \pi^2\,(1+\lambda) + \lambda z^2 - 2\lambda\pi z.$$

Wird $\pi$ in (4a) durch $\pi_T$ entsprechend (6) ersetzt, dann ergibt sich nach Umformung

$$(9) \qquad K_T = \frac{\lambda}{1+\lambda}\, z^2 \qquad (=6).$$

[10] In $T$ ist $m > \pi_T$, d. h. die reale Geldmenge steigt. Die hiervon ausgehende nachfragestimulierende Wirkung erklärt die Produktionsausweitung von der Nachfrageseite. Von der Angebotsseite her betrachtet, läßt sich die Produktionsausweitung damit begründen, daß der Reallohnsatz in $T$ kleiner ist als in $R$, da das Preisniveau gestiegen, der Geldlohnsatz aber konstant geblieben ist.

Ein Vergleich von (9) und (5) bestätigt das bereits graphisch illustrierte Ergebnis: $K_R > K_T$, d. h. die Selbstbindung würde der Zentralbank gegenüber der Täuschungslösung nur als *zweitbestes* Ergebnis erscheinen.

*dd) Zeitinkonsistenz und diskretionäre Lösung*. – Für die weiteren Überlegungen ist es wichtig, daß die geschilderte Möglichkeit einer Täuschungslösung bei rationalen Erwartungen und symmetrischem Informationsstand von den Wirtschaftssubjekten durchschaut wird. Insbesondere wissen sie, daß aufgrund des Kostenminimierungskalküls für die Zentralbank ein Anreiz besteht, *vor* Realisierung von $\pi^* = 0$ ein dafür notwendiges Geldmengenwachstum von $m = 0$ (d. h. eine Fixierung der Geldmenge) anzukündigen, dann aber *nach* Realisierung von $\pi^* = 0$ (und nach Abschluß darauf basierender Lohnkontrakte) die Geldmenge wachsen zu lassen. Die Wirtschaftssubjekte erkennen mit anderen Worten die sogenannte *Zeitinkonsistenz* der preisniveaustabilen Situation bei $R$. **Zeitinkonsistenz** bedeutet, daß ein in der Ausgangslage optimal erscheinender Zustand (hier: $\pi = 0$) nach Realisierung der dafür erforderlichen Bedingung (hier: $\pi^* = 0$), also von einem späteren Zeitpunkt aus gesehen, für die wirtschaftspolitischen Entscheidungsträger nicht mehr optimal ist. Wegen der Zeitinkonsistenz des Zustands bei $R$ wird die Ankündigung von $m = 0$ als nicht glaubwürdig betrachtet. Die Wirtschaftssubjekte wissen, daß die Realisierung der für $R$ erforderlichen Bedingung, die in der $A(\pi^* = 0)$-Kurve zum Ausdruck kommt, die Zentralbank veranlassen würde, Punkt $T$ mit höherer Produktion unter Inkaufnahme von Inflation anzustreben (vgl. Fig. V.4a). Eine erwartete Inflationsrate von $\pi^* = 0$ ist deshalb nicht realisierbar, und die $A(\pi^* = 0)$-Kurve kommt nicht zustande. Vielmehr ist bei der *diskretionären Lösung* zu berücksichtigen, daß die Wirtschaftssubjekte aufgrund rationaler Erwartungen und eines symmetrischen Informationsstandes Inflationserwartungen *in Kenntnis* der Kostenminimierungsbedingung der Zentralbank bilden, sich also nicht überraschen lassen (d. h. $\pi^* = \pi$). Außerdem ist zu beachten, daß die erwartete Inflationsrate für die Zentralbank eine gegebene Größe darstellt, da $\pi^*$ von den Arbeitnehmern festgelegt wird, bevor die Zentralbank handelt. Diesen Überlegungen entspricht folgende Vorgehensweise bei der Rechnung: Zunächst ist die Zielfunktion (4) für einen gegebenen Wert von $\pi^*$ zu minimieren. Als Kostenminimierungsbedingung ergibt sich bei Differentiation nach $\pi$

$$(10) \quad \frac{dK}{d\pi} = 2\pi + 2\lambda(\pi - \pi^* - z) = 0.$$

Weiter ist zu beachten, daß $\pi^* = \pi$. Als Inflationsrate für die diskretionäre Lösung ergibt sich dann aus (10)[11]:

---

[11] Etwas aufwendiger läßt sich die diskretionäre Lösung auch wie folgt ermitteln:

(11) $\pi_D = \lambda z$ (= 6).

Das der diskretionären Lösung entsprechende reale Sozialprodukt läßt sich aus Gleichung (7) bestimmen. Für $\pi = \pi^*$ erhält man:

$$Y_D^r = \bar{Y}^r \qquad (=12).$$

Wie Gleichung (11) zeigt, ist die Inflationsrate um einen konstanten Betrag ($\lambda z$) größer als bei der betrachteten Selbstbindung mit einer Inflationsrate von Null. Insofern existiert bei diskretionärer Politik „eine Schlagseite zur Inflation", der sog. **„inflation bias".** Die höhere Inflationsrate hat aber gegenüber der Selbstbindung keine Auswirkungen auf die Produktion; denn $Y_D^r = Y_R^r = \bar{Y}^r$. Dieses Ergebnis ist naheliegend, da die Erhöhung der Inflationsrate antizipiert wird ($\pi = \pi^*$). Die der diskretionären Lösung entsprechenden Kosten ergeben sich wieder aus Gleichung (4). Wird in (4) $\pi = \pi^*$ beachtet und $\pi$ durch $\pi_D$ ersetzt, erhält man

(12) $K_D = (\lambda z)^2 + \lambda z^2$

bzw.

(13) $K_D = \lambda (1 + \lambda) z^2$ (= 54).

Wie man sieht, gilt:

$$K_D > K_R > K_T.$$

Die diskretionäre Lösung liefert also nur das *drittbeste* Ergebnis. Die geschilderten Zusammenhänge lassen sich anhand von Fig. V.4 veranschaulichen.

Punkt $D$ kennzeichnet die diskretionäre Lösung; denn dort werden die beiden hierfür notwendigen Bedingungen erfüllt. *Erstens* erweisen sich die Inflationserwartungen als korrekt, d.h. $\pi = \pi^*$ (da $Y^r = \bar{Y}^r$), und *zweitens* minimiert die Zentralbank bei gegebener erwarteter Inflationsrate $\pi^* = \pi_D$ und dadurch bestimmter Preisgleichung $A(\pi^* = \pi_D)$ die Kosten[12]. Insofern liegt eine konsistente Lösung vor. Der diskretionären

---

Man bildet den Erwartungswert von (10), wobei $E(\pi) = \pi^*$, $E(\pi^*) = E[E(\pi)] = E(\pi) = \pi^*$ und $E(z) = z$. Man erhält dann für die erwartete Inflationsrate: $\pi^* = \lambda z$. Eingesetzt in (10), ergibt sich (11).

[12] Die Realisierung von $D$ kann auch *spieltheoretisch* erklärt werden. Am Spiel sind die Zentralbank mit $\pi$ und die privaten Wirtschaftssubjekte mit $\pi^*$ als Aktionsparameter beteiligt. Die sog. „Payoff-Matrix" der Zentralbank wird durch Gleichung (4) beschrieben, die des Publikums z.B. durch $K_p = (\pi - \pi^*)^2$, wobei letztere zum Ausdruck bringt, daß die privaten Wirtschaftssubjekte eine dem potentiellen Sozialprodukt entsprechende normale Beschäftigung bei $Y^r = \bar{Y}^r$ anstreben, und sich deshalb – entsprechend Gleichung (2) – keiner Überraschungsinflation aussetzen wollen. Der konsistenten Lösung bei $D$ entspricht ein nichtkooperatives Spiel mit dem sog. „NASH-Gleichgewicht". Zur spieltheoretischen Interpretation siehe genauer J.J. SIJ-

Lösung entspricht in Fig. V.4b der Punkt $D'$. Er wird bestimmt als Schnittpunkt zweier Kurven. Die 45°-Linie bringt zum Ausdruck, daß sich die Inflationserwartungen der Wirtschaftssubjekte erfüllen, d.h. $\pi = \pi^*$. Die bei $T'$ (der Täuschungslösung) beginnende zweite Kurve $\pi = \pi(\pi^*)$ ergibt sich aus der Auflösung der Kostenminimierungsbedingung (10) nach $\pi$. Man erhält dann:

$$\pi = \frac{\lambda}{1+\lambda}(\pi^* + z).$$

Diese Beziehung gibt an, wie die Zentralbank mit $\pi$ auf $\pi^*$ reagiert[13].

*ee) Disinflation*. – Senkt die Zentralbank die Inflationsrate durch Reduktion der Geldmengenwachstumsrate auf Null, dann entsteht eine Stabilisierungskrise. Die entsprechende Konstellation wird durch den Punkt $F$ in Fig. V.4a und Punkt $F'$ in Fig. V.4b dargestellt. Wie Fig. V.4a zeigt, ist das reale Sozialprodukt unter das potentielle gesunken. Die mit der Disinflation verbundenen Kosten ergeben sich, indem in Gleichung (4) $\pi = 0$ und $\pi^* = \lambda z$ gesetzt werden. Man erhält dann

$$(14) \quad K_{Dis} = \lambda[(1+\lambda)z]^2 \qquad (=162).$$

Wie man sieht, sind die Kosten deutlich höher als in den anderen drei Fällen.

*ff) Normative Aspekte*. – Der mit der diskretionären Lösung verbundene „inflation bias" und die mit der Disinflation verbundene Stabilisierungskrise führen unter dem Aspekt gesellschaftlicher Kosten zu ungünstigen Ergebnissen. Unter normativen Aspekten stellt sich deshalb die Frage, wie man die Ergebnisse durch institutionelle Vorkehrungen verbessern kann. Eine Möglichkeit hierzu ist darin zu sehen, die Zentralbank durch gesetzliche Vorschriften zur Preisniveaustabilität zu verpflichten[14]. Anders als die schwächere Selbstbindung wird eine derartige **Regelbindung** *exogen* auferlegt[15]. Deshalb bestehen Chancen, daß die Ankündigung einer preisniveaustabilen Geldpolitik auf der Basis einer Regelbin-

---

BEN, Monetary Policy in a Game-Theoretic Framework. Spieltheoretische Ansätze zur Geldpolitik. „Jahrbücher für Nationalökonomie und Statistik", Bd. 210 (1992), S. 233 ff.

[13] Auch Fig. V.4b verdeutlicht eine Analogie zur Oligopoltheorie. Die beiden Geraden lassen sich als Reaktionskurven der privaten Wirtschaftssubjekte und der Zentralbank interpretieren, und ihr Schnittpunkt liefert die COURNOT-Lösung bzw. das NASH-Gleichgewicht. Siehe hierzu auch die vorhergehende Fußnote.

[14] So wird das Europäische System der Zentralbanken durch Art. 105 des Maastrichter EG-Vertrags zu Preisniveaustabilität verpflichtet.

[15] Zur Unterscheidung von Regelbindung und Selbstbindung s. BOFINGER, REISCHLE, SCHÄCHTER, a. a. O., S. 122 u. 146, Fußnote 176.

dung glaubwürdig erscheint und die Implikation der Zeitinkonsistenzhypothese demzufolge nicht zum Tragen kommt. Die Lösung würde dann dem Punkt *R* in Fig. V.4a entsprechen. Dieses Ergebnis läßt sich auch auf andere Weise erreichen, z.B. durch Berufung einer ultrakonservativen Zentralbankleitung, die – anders als die Regierung – ausschließlich an Preisniveaustabilität interessiert ist, d.h. $\lambda = 0$[16]. Demzufolge wäre an dieser Stelle zwischen den Zielfunktionen der Zentralbank und der Regierung zu unterscheiden[17]. Da die ultrakonservative Zentralbankleitung eine Inflationsrate von Null realisiert und dieses von den Wirtschaftssubjekten auch antizipiert wird, ergibt sich ein reales Sozialprodukt in Höhe des potentiellen. Wäre für die gesellschaftlichen Kosten in der Einschätzung der Regierung eine Funktion wie die Zielfunktion (4) maßgeblich, dann würden sich diese wegen $\pi = \pi^* = 0$ auf $K = \lambda z^2$ belaufen – wie bei der Regelbindung. Eine weitere Möglichkeit, die Ergebnisse der Regelbindung zu realisieren, bestünde darin, der Zentralbankleitung vertraglich eine Strafe für den Fall aufzuerlegen, daß das Ziel der Preisniveaustabilität verfehlt wird[18]. Um die Zentralbankleitung zu veranlassen, Preisniveaustabilität zu realisieren, müßte die Strafe nach der Formel $K_P = 2\lambda z\pi$ bemessen sein[19]. Um diese „Strafkosten" wäre die Zielfunktion (4) zu ergänzen. In der Kostenminierungsbedingung (10) würde dann für den Fall der diskretionären Lösung mit $\pi = \pi^*$ die *marginale Kostenersparnis* durch eine produktionsstimulierende Überraschungsinflation $(-2\lambda z)$ durch gleich große *marginale Strafkosten* $(2\lambda z)$ kompensiert werden. Die kostenminimale Lösung wäre dann $\pi = \pi_R = 0$. Schließlich ist noch vorgeschlagen worden[20], der Zentralbank im Sinne des sog. *„inflation targeting"* einen bestimmten Zielwert für die Inflationsrate $(\pi_T)$

---

[16] Die Idee eines konservativen „Central Bankers" geht zurück auf ROGOFF, der in einem stochastischen Modell eine konservative Zentralbankleitung berücksichtigt, die Abweichungen vom Produktionsziel geringer gewichtet als die Gesellschaft. Siehe hierzu genauer K. ROGOFF, a.a.O., S. 1169ff. – Siehe auch M. KING, Direct Inflation Targets. In: Monetary Policy Strategies in Europe. (Ed. by Deutsche Bundesbank). München 1996. S. 55ff.

[17] Siehe auch T. PERSSON, G. TABELLINI, Macroeconomic Policy, Credibility and Politics. Chur 1990. S. 26.

[18] Siehe hierzu genauer PERSSON, TABELLINI, Designing institutions for monetary stability. „Carnegie-Rochester Conference Series on Public Policy", Vol. 39 (1993), S. 60ff. – C. E. WALSH, Optimal Contracts for Central Bankers. „The American Economic Review", Vol. 85 (1995), S. 150ff.

[19] Mit der vertraglich vereinbarten Bestrafung für den Fall der Zielverfehlung wird ein **Principal-Agent-Problem** gelöst: Die durch die Regierung repräsentierte Gesellschaft als *Prinzipal* schafft für die Zentralbankleitung mit der Strafandrohung eine Anreizstruktur, die die Zentralbankleitung als ihren *Agenten* veranlaßt, im Interesse der Gesellschaft zu handeln (d.h. Preisniveaustabilität zu realisieren).

[20] Siehe hierzu SVENSSON, a.a.O., S. 12ff.

zuzuweisen. Wie sich zeigen läßt[21], würde sich auch im Fall einer diskretionären Lösung eine Inflationsrate von Null ergeben, wenn das Inflationsziel den Wert Null um den „inflation bias" ($\lambda z$) unterschreitet. Probleme für die Glaubwürdigkeit dieser Zentralbankstrategie können sich allerdings dadurch ergeben, daß die tatsächliche Inflationsrate (von $\pi = 0$) ständig höher ist als das angekündigte Inflationsziel (von $\pi_T = -\lambda z$), das Inflationsziel also nicht eingehalten wird[22].

### b) Mehrperiodenansatz und Reputation

*aa) Mehrperiodenansatz*. – aaa) Die bisherigen Ergebnisse, insbesondere der aus der Zeitinkonsistenzhypothese folgende inflation bias sowie die Stabilisierungskosten einer Disinflation, erscheinen in einem veränderten Licht, wenn realistischerweise davon ausgegangen wird, daß der Zeithorizont der Zentralbank nicht eine, sondern viele Perioden umfaßt. Es zeigt sich dann, daß gewisse Mechanismen zu erwarten sind, die *disziplinierend* auf die Geldpolitik einwirken, dadurch der Antiinflationspolitik dienlich sind und so in gewisser Beziehung Funktionen einer Regelbindung übernehmen können. Zu berücksichtigen ist nämlich, daß die Zentralbankleitung im Rahmen einer *Mehrperiodenplanung* bedenkt, daß die in der Gegenwart durchgeführten Maßnahmen die Inflationserwartungen beeinflussen und damit auch die Ergebnisse ihrer Geldpolitik in der Zukunft. Sie wissen, daß die kurzfristigen Vorteile (Kostenersparnisse) einer produktionsstimulierenden Überraschungsinflation mit den längerfristigen Nachteilen erhöhter Inflationserwartungen erkauft werden müssen. Wie noch gezeigt wird, wirkt dieser „*trade off*" dem Anreiz entgegen, die privaten Wirtschaftssubjekte „zu täuschen".

bbb) Der disziplinierende Effekt des trade offs kommt nur zum Tragen, wenn der Planungshorizont der Zentralbank über eine Periode hinausgeht und sein Ende nicht von vornherein bekannt ist. Bei einem mehrere Perioden umfassenden Planungszeitraum mit bekanntem *endlichen* Zeithorizont bleibt er aus. In diesem Fall wird nämlich die Zentralbankleitung

---

[21] Bei einem Inflationsziel von $\pi_T$ wäre die Kostenfunktion (1) wie folgt zu modifizieren:

$$K = (\pi - \pi_T)^2 + \lambda(\pi - \pi^* - z)^2.$$

Als Kostenminimierungsbedingung ergibt sich bei Differentiation nach $\pi$

$$2(\pi - \pi_T) + 2\lambda(\pi - \pi^* - z) = 0.$$

Unter Beachtung von $\pi = \pi^*$ erhält man als diskretionäre Lösung

$$\pi_D = \pi_T + \lambda z.$$

Damit $\pi_D = 0$, muß $\pi_T = -\lambda z$ betragen.

[22] Siehe hierzu J. H. Green, Inflation Targeting: Theory and Policy Implications. „International Monetary Fund Staff Papers", Vol. 43 (1996), S. 789 ff.

in der letzten Periode ($t = n$) keinen Anlaß mehr sehen, die zukünftigen Nachteile erhöhter Inflationserwartungen in ihre Überlegungen einzubeziehen. Sie wird dann in jedem Fall eine kurzfristige Produktions- und Beschäftigungserhöhung mit einer Überraschungsinflation realisieren wollen. Da dieses jedoch von den privaten Wirtschaftssubjekten antizipiert wird, erhält man für $t = n$ die diskretionäre Lösung mit der Inflationsrate $\pi_D$ und damit den inflation bias. Stehen somit Bestrafung und Ergebnis für die letzte Periode ohnehin fest, dann liegt für die Zentralbankleitung kein Grund mehr vor, in der vorletzten Periode $t = n - 1$ auf eine produktionsstimulierende Überraschungsinflation zu verzichten. Auch dieses wird antizipiert mit der Folge, daß sich auch in der Periode $t = n - 1$ die diskretionäre Lösung ergibt. Da in gleicher Weise für alle Perioden bis $t = 0$ argumentiert werden kann, folgt aus dieser Rückwärtsinduktion, daß sich bei einem Zeithorizont mit bekanntem Endpunkt die diskretionäre Lösung mit einem inflation bias (d. h. $\pi = \pi_D$) für alle Perioden ergibt[23].

*bb) Anreiz- und Abschreckungseffekt*. – aaa) Die Implikationen eines endlichen Planungszeitraums lassen sich durch zeitlich versetzte Amtszeiten der Mitglieder der Zentralbank vermeiden. Die zeitliche Überlappung bewirkt, daß der Planungszeitraum kein von vornherein bekanntes Ende aufweist. Unter dieser Annahme, von der im folgenden realistischerweise ausgegangen wird, müssen die Wirtschaftssubjekte *nicht* damit rechnen, daß jede erwartete Inflationsrate unterhalb der diskretionären Inflationsrate $\pi_D$ für die Zentralbank einen Anreiz bietet, eine Überraschungsinflation auszulösen. Die Zentralbankleitung wird nämlich Vorteile und zukünftige Nachteile gegeneinander abwägen, bevor sie sich entscheidet, den Kurs einer geldwertstabilen Politik zu verlassen. Der Anreiz, die Inflationsrate von Null bei einer erwarteten Inflationsrate von Null durch Ausweitung der Geldmenge auf das dem Punkt $T$ (in Fig. V.4a) entsprechende Niveau der Täuschungslösung $\pi_T$ anzuheben, ergibt sich – wie erwähnt – aus kurzfristigen Produktionsgewinnen. Diese ermöglichen auch unter Berücksichtigung der gestiegenen Inflationsrate Kostenersparnisse der Zentralbank von $K_R - K_T$. In der graphischen Darstellung (Fig. V.4a) belaufen sich die den *Anreiz* zur Überraschungsinflation quantifizierenden Kostenersparnisse auf 18 – 6 = 12, allgemeiner auf

$$K_R - K_T = \lambda z^2 - \left(\frac{\lambda}{1+\lambda}\right) z^2 = \lambda z^2 \left(1 - \frac{1}{1+\lambda}\right)$$

bzw.

$$K_R - K_T = \frac{\lambda^2}{1+\lambda} z^2 \qquad \text{(Anreiz).}$$

[23] Vgl. Blackburn, Christensen, a. a. O., S. 18.

Durch die Geldmengenexpansion und die dadurch ausgelöste Überraschungsinflation verliert die Zentralbank jedoch hinsichtlich der Verfolgung einer geldwertstabilen Politik an Glaubwürdigkeit (Reputation). Der Verlust an (so verstandener) **Politikglaubwürdigkeit**[24] hat eine Kostenerhöhung zur Folge, deren Ausmaß von den „Sanktionen" der privaten Wirtschaftssubjekte abhängt. Verschiedene **Sanktionsstrategien** („*trigger-strategies*"[25]) sind vorstellbar. Hier wird angenommen, daß die privaten Wirtschaftssubjekte nach einer Täuschung einer weiteren Überraschungsinflation entgehen wollen und deshalb eine Absicherungsposition beziehen, indem sie die (höhere) Inflationsrate der diskretionären Lösung ($\pi_D$) erwarten und ihren Lohnforderungen für eine bestimmte Zahl von Perioden $t = s$ zugrunde legen. Der hierdurch (in Fig. V.4a) festgelegten $A(\pi^* = \pi_D)$-Kurve paßt sich die Zentralbank kostenminimierend durch ein entsprechendes Geldmengenwachstum an, womit der Punkt $D$ realisiert wird. Punkt $D$ bedeutet gegenüber dem Punkt $R$ (d.h. gegenüber der Regelbindung mit Preisstabilisierungspolitik) eine Kostenerhöhung, die auf eine höhere Inflationsrate zurückgeht und dem Anreiz zur Überraschungsinflation entgegenwirkt, also als „*Abschreckung*" wirkt. In Fig. V.4a beläuft sich die Kostenerhöhung/Periode auf 54 – 18 = 36, allgemeiner auf

$$K_D - K_R = (\lambda z)^2 \qquad \text{(Abschreckung).}$$

Da die Kostenzugänge erst in der Zukunft anfallen, sind sie für die Länge des Sanktionszeitraums mit der Zeitpräferenzrate der Zentralbankakteure ($r$) abzuzinsen, um ihren Gegenwartswert zu ermitteln.

bbb) Ob die Zentralbank eine geldwertstabile Politik beibehält oder nicht, hängt davon ab, ob die durch eine produktionsstimulierende Überraschungsinflation möglichen Kostenersparnisse ($K_R - K_T$) niedriger oder höher ausfallen als die hierdurch bedingten abgezinsten Kostenzugänge in der Zukunft ($K_D - K_R$), d.h. ob

(Anreizeffekt) (Abschreckungseffekt)

$$\text{(15)} \quad \frac{\lambda^2}{1+\lambda} z^2 \lesseqgtr \frac{(\lambda z)^2}{1+r} + \frac{(\lambda z)^2}{(1+r)^2} + \ldots + \frac{(\lambda z)^2}{(1+r)^s}$$

bzw.

$$\text{(16)} \quad \frac{1}{1+\lambda} \lesseqgtr \frac{1}{1+r} + \frac{1}{(1+r)^2} + \ldots + \frac{1}{(1+r)^s}.$$

[24] Der Begriff der Politikglaubwürdigkeit wird in der Literatur in unterschiedlicher Bedeutung verwendet. Vgl. hierzu H.-E. Loef, Diskretionäre Geldpolitik, rationale Erwartungen und Politikglaubwürdigkeit. „Jahrbuch für Sozialwissenschaft", Bd. 39 (1988), S. 372 f. – Siehe hierzu ferner den Übersichtsaufsatz von Blackburn, Christensen, a.a.O., S. 1 ff.

[25] Trigger heißt übersetzt Auslöser bzw. Gewehrabzug.

Ein Spezialfall liegt vor, wenn die privaten Wirtschaftssubjekte ihre Inflationserwartungen nach einer Überraschungsinflation nur für *eine* Periode auf das Niveau $\pi^* = \pi_D$ heraufsetzen. Ein so kurzer *Sanktionszeitraum* (das sog. „punishment"-Intervall) ließe sich damit erklären, daß die Zentralbank nach Realisierung der diskretionären Lösung wieder zur Politik der Geldwertstabilität mit $\pi = 0$ zurückkehrt und die Wirtschaftssubjekte hieran auch für die Zukunft glauben (d. h. $\pi^* = 0$). In diesem Spezialfall entfallen auf der rechten Seite der Ungleichung (16) alle Quotienten bis auf den ersten, d. h. aus (16) wird

$$\frac{1}{1+\lambda} \lesseqgtr \frac{1}{1+r}$$

bzw.

$$r \lesseqgtr \lambda.$$

Offenbar bleibt die Zentralbank um so eher bei einer Politik der Preisniveaustabilisierung, je kleiner ihre Zeitpräferenzrate ($r$) ist, d. h. je weniger sie den „Abschreckungseffekt" abdiskontiert. Aber auch durch einen relativ hohen Wert für $\lambda$, d. h. durch eine starke Präferenz der Zentralbankakteure für eine Produktions- und Beschäftigungsstimulierung, kann die für eine preisniveaustabile Lösung relevante Bedingung $r < \lambda$ erfüllt werden. Dieses mag wie ein *Paradoxon* erscheinen[26]. Die Erklärung für dieses zunächst überraschende Ergebnis ist darin zu suchen, daß durch einen steigenden Wert für $\lambda$ nicht nur der Anreizeffekt, sondern auch der Abschreckungseffekt vergrößert wird, und zwar stärker als der Anreizeffekt.

Wie die Ungleichung (16) weiter verdeutlicht, führt die Gegenüberstellung von Anreiz- und Abschreckungseffekt um so eher zur Entscheidung für eine preisniveaustabile Politik, je länger der Sanktionszeitraum ausfällt. Ist er im Extremfall unendlich groß (d. h. $s \to \infty$), dann lassen sich die Quotienten auf der rechten Seite von (16) zu $1/r$ zusammenfassen, d. h. aus (16) wird

$$\frac{1}{1+\lambda} \lesseqgtr \frac{1}{r}$$

bzw.

$$r \lesseqgtr 1+\lambda.$$

Offenbar wird eine preisniveaustabile Politik immer beibehalten, so lange $r \leqq 1$.

ccc) Da die Kosten für die Zentralbank mit der Länge des Sanktionszeitraums zunehmen, könnte sie versuchen, diesen durch einen geldpolitischen Kurswechsel zu verkürzen. Dabei ist es für die Zentralbank wichtig, die Wirtschaftssubjekte schnell von der Ernsthaftigkeit der Umorientie-

[26] Vgl. JARCHOW, Diskretionäre Geldpolitik, ..., a. a. O., S. 151.

rung hin zu einer Antiinflationspolitik zu überzeugen[27]. Dazu könnte sie die Geldmengenwachstumsrate so reduzieren, daß sie trotz der noch bei $\pi^* = \pi_D$ verharrenden Inflationserwartungen eine Inflationsrate von Null realisiert. Als Folge einer *negativen Überraschungsinflation* ergibt sich die schon erwähnte Stabilisierungskrise, deren Ausmaß durch Punkt *F* in Fig. V.4a dargestellt wird. Offenbar ist die sich gegenüber der Regelbindung ergebende Kostenerhöhung bei Disinflation (im Beispiel $K_{Dis} - K_R = 162 - 18 = 144$) beträchtlich größer als bei der durch den Punkt *D* dargestellten diskretionären Lösung (im Beispiel: $K_D - K_R = 54 - 18 = 36$). Die Inkaufnahme dieser höheren „Bestrafung" kann als Preis für die mögliche Verkürzung des Sanktionszeitraums angesehen werden.

ddd) Die Überlegungen zur Mehrperiodenbetrachtung *zusammenfassend* bleibt festzustellen, daß die Zentralbank vor Aufgabe einer bisher verfolgten Preisstabilisierungspolitik den Verlust an *Glaubwürdigkeit* berücksichtigen wird. Die Auswirkungen bestehen in den sich aus einer höheren Inflation in der Zukunft ergebenden Nachteilen bzw. Kosten. Wie oben erläutert, hängen sie ab von der Reaktion der privaten Wirtschaftssubjekte nach einer Überraschungsinflation und damit zusammenhängend vom Sanktionszeitraum sowie von der Zeitpräferenzrate der Zentralbankakteure. Der Sanktionsmechanismus wirkt dem Anreiz zur Produktions- und Beschäftigungsstimulierung durch eine Überraschungsinflation entgegen und könnte im Hinblick auf das Ziel der Preisstabilisierung insofern als eine Art Ersatzlösung gegenüber einer Regelbindung angesehen werden.

### c) Stochastische Angebotsschocks

*aa) Modellerweiterung*. – Im folgenden werden die bisherigen Betrachtungen durch Berücksichtigung zufallsverteilter Störungen, sog. **stochastische Schocks,** erweitert. Wie bereits gezeigt wurde[28], können sie den Geldmarkt sowie die Nachfrage- und Angebotsseite des Gütermarktes treffen. Im folgenden werden nur Schocks in die Analyse einbezogen, die auf die Angebotsseite des Gütermarktes, d. h. auf die Preisgleichung, einwirken. Die entsprechenden Untersuchungen konzentrieren sich auf eine Ein-Perioden-Betrachtung[29]. Schon dabei wird deutlich, daß sich durch

---

[27] Bei einem Richtungswechsel zu einer Politik der Beschäftigungsstimulierung über eine Geldmengenexpansion verhält es sich umgekehrt. Damit sich die Inflationserwartungen nicht so schnell an die erhöhte Inflationsrate anpassen, besteht Interesse daran, daß die Umorientierung nicht sogleich durchschaut wird.

[28] Siehe hierzu Unterabschnitt 1d) cc).

[29] Detailliertere Überlegungen zu einer Mehr-Perioden-Betrachtung finden sich bei Persson, Tabellini, Macroeconomic Policy, …, a. a. O., S. 47 ff.

Berücksichtigung derartiger Angebotsschocks neue Aspekte für die zentrale Frage „*Regelbindung oder diskretionäre Maßnahmen*" ergeben.

Bei Einbeziehung von Angebotsschocks tritt an die Stelle der ursprünglichen Preisgleichung (2) die folgende modifizierte Form

(2a) $\pi = \pi^* + (Y^r - \bar{Y}^r) + w$

bzw. bei Auflösung nach $Y^r$

(2b) $Y^r = \pi - \pi^* + \bar{Y}^r - w,$

wobei der Angebotsschock durch die normalverteilte Zufallsvariable $w$ mit einem Erwartungswert von Null, d.h. $E(w) = 0$, und der Varianz $V(w) = s^2$ dargestellt wird. Der Angebotsschock kann positiv oder negativ sein. Im ersten Fall wirkt er kontraktiv, im zweiten expansiv auf das reale Sozialprodukt ein. Die Analyse konzentriert sich im folgenden auf positive Werte von $w$.

Für die weiteren Betrachtungen ist wichtig, daß die Zentralbank ihre geldpolitischen Entscheidungen *nach* Auftreten eines Schocks trifft, die privaten Wirtschaftssubjekte die aktuelle Geldlohnsatzsteigerungsrate aber *vor* Auftreten des Schocks vereinbart haben. Anders als die Zentralbank können die privaten Wirtschaftssubjekte also nicht sofort auf Schocks reagieren. Der Grund hierfür kann in einem unterschiedlichen Informationsstand von Zentralbank und privaten Wirtschaftssubjekten gesehen oder damit erklärt werden, daß die Arbeitnehmer durch Lohnkontrakte noch an eine früher ausgehandelte Lohnsatzsteigerungsrate gebunden sind. Bei der Argumentation wird im folgenden unterstellt, daß die Zentralbank einen Angebotsschock früher feststellen kann als die privaten Wirtschaftssubjekte, also einen *Informationsvorteil* besitzt[30].

*bb) Starre Regelbindung*. – Analog zur Vorgehensweise im vorherigen Abschnitt wird als Ausgangspunkt wieder eine Regelbindung gewählt. Genauer handelt es sich um eine *starre* Regelbindung, weil sie die Zentralbank *allein* zur Preisniveaustabilität (mit $\pi = 0$) verpflichtet und Auswirkungen von Angebotsschocks auf die Produktion unberücksichtigt läßt, insofern also *situationsunabhängig* ist. Als einfache Lösung ergibt sich

$$\pi_R = \pi^* = 0$$

und auf Grund von (2b)

$$Y_R = \bar{Y}^r - w.$$

---

[30] Siehe zu dieser Vorgehensweise auch PERSSON, TABELLINI, Macroeconomic Policy, ..., a.a.O., S.19.

Als Varianz für die Schwankungen des realen Sozialprodukts erhält man:

$$V(Y_R^r) = E\,[Y_R^r - E(Y_R^r)]^2,$$

wobei $E$ den Erwartungsoperator bezeichnet.

Wegen $Y_R^r = \bar{Y}^r - w$ und $E(Y_R^r) = \bar{Y}^r$ ergibt sich dann

$$V(Y_R^r) = E\,(\bar{Y}^r - w - \bar{Y}^r)^2 = s^2,$$

da $s^2 = E[w - E(w)]^2$ und $E(w) = 0$. Bei Befolgung einer starren Regelbindung mit $\pi = 0$ als einzuhaltendes Endziel werden also die durch Angebotsschocks ausgelösten Einkommensschwankungen in vollem Umfang in Kauf genommen.

Um die Kosten einer starren Regelbindung zu bestimmen, wird zunächst Gleichung (2b) in Gleichung (1) eingesetzt. Analog zu Gleichung (4) erhält man

(17) $K = \pi^2 + \lambda\,(\pi - \pi^* - w - z)^2,$

wobei $z$ – wie bisher – das konstante Produkt $(k - 1)\,\bar{Y}^r$ bezeichnet. Da die Kosten mit $w$ eine Zufallsvariable enthalten, ist für die Ermittlung der (im Mittel) erwarteten Kosten der Erwartungswert von (17) zu bilden. An die Stelle von (17) tritt dann

(18) $E\,(K) = E\,[\pi^2 + \lambda\,(\pi - \pi^* - w - z)^2].$

Wird das Ergebnis $\pi_R = \pi^* = 0$ in (18) berücksichtigt, dann erhält man als Erwartungswert der Kosten einer starren Regelbindung

$$E\,(K_R) = E\,[\lambda\,(-w - z)^2]$$

bzw.

(19) $E\,(K_R) = \lambda\,(z^2 + s^2),$

da $E(w) = 0$ und $E(w^2) = s^2$.

Wie ein Vergleich mit Beziehung (5) zeigt, sind die erwarteten Kosten einer starren Regelbindung bei Auftreten von stochastischen Angebotsschocks höher als die Kosten einer Regelbindung ohne Angebotsschocks. Maßgeblich hierfür ist die Inkaufnahme von Schwankungen des realen Sozialprodukts, die die Kosten um $\lambda s^2$ erhöhen.

*cc) Diskretionäre Lösung*. – Für das Verständnis des Lösungsweges bei diskretionärer Geldpolitik ist es hilfreich, sich die zeitliche Abfolge wichtiger Vorgänge zu verdeutlichen: *Zuerst* werden Lohnkontrakte unter Berücksichtigung der erwarteten Inflationsrate abgeschlossen, *dann* stellt sich der Angebotsschock ein und *danach* ergreift die Zentralbank geldpolitische Maßnahmen[31]. Anders als die privaten Wirtschaftssubjekte handelt die Zentralbank also in Kenntnis des Angebotsschocks. Da sie geldpolitisch auf eine konkrete, von ihr beobachtete Ausprägung der Zufallsvariablen $w$ reagiert, kann die Kostenfunktion (17) als ihre Zielfunktion angesehen werden. Sie minimiert die Kosten, indem sie die Inflationsrate $\pi$ mit der Geldmengenwachstumsrate steuert, wobei nicht nur die erwartete Inflationsrate $\pi^*$, sondern auch der durch $w$ dargestellte Angebotsschock für sie eine gegebene Größe darstellt. Unter diesen Annahmen lautet die Kostenminimierungsbedingung

$$(20) \quad \frac{dK}{d\pi} = 2\pi + 2\lambda\,(\pi - \pi^* - w - z) = 0.$$

Dieser Optimierungskalkül ist den Wirtschaftssubjekten wegen der Annahme rationaler Erwartungen bekannt. Sie benutzen ihn deshalb als Basis bei der Bildung ihrer Inflationserwartungen, wobei sie bezüglich der Angebotsschocks nur wissen, daß sich diese im Mittel ausgleichen, d.h. $E(w) = 0$. Wird für (20) der Erwartungswert gebildet und dabei beachtet, daß

$$E(\pi) = \pi^*, \quad E(w) = 0 \quad \text{sowie}$$

$$E(\pi^*) = \pi^* \text{ und } E(z) = z, \text{ da } \pi^* \text{ und } z \text{ konstante Größen sind,}$$

dann ergibt sich

$$2\pi^* + 2\lambda(\pi^* - \pi^* - z) = 0.$$

Hieraus erhält man

$$\pi^* = \lambda z.$$

Wird $\pi^*$ $(= \lambda z)$ in (20) eingesetzt, folgt:

$$2\pi + 2\lambda(\pi - \lambda z - w - z) = 0$$

bzw.

$$\pi(1+\lambda) - \lambda(1+\lambda)z - \lambda w = 0.$$

Bei Auflösung nach $\pi$ ergibt sich dann:

$$(21) \quad \pi_D = \lambda z + \frac{\lambda}{1+\lambda} w.$$

Um das reale Sozialprodukt für die diskretionäre Lösung zu bestimmen, werden in die Gleichung

[31] Siehe hierzu A. Alesina, R. Gatti, Independent Central Banks: Low Inflation at No Cost? „The American Economic Review, Papers and Proceedings", Vol. 85 (1995), S. 197.

(2b) $Y^r = \pi - \pi^* + \bar{Y}^r - w$

$\pi^*$ ($= \lambda z$) und $\pi$ ($=\pi_D$) aus (21) eingesetzt. Man erhält dann

$$Y_D^r = \frac{\lambda}{1+\lambda} w + \bar{Y}^r - w$$

bzw.

(22) $$Y_D^r = \bar{Y}^r - \frac{1}{1+\lambda} w.$$

Als Varianz für die Schwankungen des realen Sozialprodukts ergibt sich dann:

$$V(Y_D^r) = E\left(\bar{Y}^r - \frac{1}{1+\lambda} w - \bar{Y}^r\right)^2 = \frac{1}{(1+\lambda)^2} s^2, \quad \text{da} \quad E(w^2) = s^2.$$

Wie Gleichung (22) verdeutlicht, wird die Auswirkung eines kontraktiven Angebotsschocks ($w > 0$) im Falle einer diskretionären Geldpolitik durch die Reaktion der Zentralbank gegenüber der Lösung bei einer starren Regelbindung ($Y_R^r = \bar{Y}^r - w$) gedämpft. Das wirkt sich auch in der durch die Varianz gemessenen Volatilität des realen Sozialprodukts aus. Sie ist mit $s^2/(1 + \lambda)^2$ kleiner als bei starrer Regelbindung mit $s^2$. Hierin äußert sich der Stabilisierungseffekt einer flexibel gehandhabten diskretionären Geldpolitik. Dieser Vorteil wird allerdings mit einer höheren Inflationsrate erkauft. Wie aus Gleichung (21) hervorgeht, ist die Inflationsrate bei der diskretionären Lösung nach einer Reaktion der Zentralbank auf einen kontraktiven Angebotsschock ($w > 0$) um die Summe aus dem inflation bias $\lambda z$ und dem Stabilisierungsterm $\lambda w/(1 + \lambda)$ größer als $\pi = 0$ (wie bei starrer Regelbindung). Zwar entfallen die Auswirkungen des Stabilisierungseffekts auf die Inflationsrate im langfristigen Mittel, da $E(w) = 0$, der inflation bias bleibt aber bestehen. Eine starre Regelbindung beseitigt demgegenüber die Schlagseite zur Inflation, sie verhindert aber auch eine flexible Reaktion der Zentralbank auf Angebotsschocks und damit eine mögliche Stabilisierung des realen Sozialprodukts. Da aus der Perspektive einer Mehrperioden-Betrachtung Abweichungen von einer preisniveaustabilen Politik durch eine diskretionäre Geldpolitik Glaubwürdigkeitsverluste zur Folge haben, besteht offenbar ein Substitutionsverhältnis bzw. ein „trade off" zwischen *Glaubwürdigkeit und Flexibilität* in der Geldpolitik.

Daß die starre Regelbindung bei Berücksichtigung stochastischer Schocks nicht nur Vor-, sondern auch Nachteile gegenüber einer diskretionären Geldpolitik aufweist, geht auch aus einem Vergleich der Kostenfunktionen hervor. Um die (im Mittel) erwarteten Kosten einer diskretionären Lösung zu ermitteln, werden $\pi_D$ aus (21) für $\pi$ und $\pi^*$ ($= \lambda z$) in (18) eingesetzt. Man erhält dann

$$E(K_D) = E\left[(\lambda z + \frac{\lambda}{1+\lambda} w)^2 + \lambda\,(-\frac{1}{1+\lambda} w - z)^2\right].$$

Wird in der eckigen Klammer ausmultipliziert und dabei beachtet, daß $E(w) = 0$ und $E(w^2) = s^2$, dann ergibt sich

$$(23) \quad E(K_D) = \lambda^2 z^2 + \lambda z^2 + \frac{\lambda}{1+\lambda} s^2.$$

Anders als im Modell ohne stochastische Angebotsschocks, in dem die starre Regelbindung der diskretionären Lösung unter Kostenaspekten in jedem Fall überlegen war, zeigt sich nun, daß die relative Vorteilhaftigkeit einer der beiden Strategien von den Parameterwerten $s^2$, $\lambda$ und $z$ abhängt. Da für die erwarteten Kosten der starren Regelbindung

$$E(K_R) = \lambda z^2 + \lambda s^2$$

ermittelt wurde, ist

$$E(K_R) \gtrless E(K_D),$$

je nachdem ob

$$\lambda z^2 + \lambda s^2 \gtrless \lambda^2 z^2 + \lambda z^2 + \frac{\lambda}{1+\lambda} s^2$$

bzw.

$$\lambda s^2 \left(1 - \frac{1}{1+\lambda}\right) \gtrless \lambda^2 z^2$$

bzw.

$$(24) \quad s^2 \gtrless (1+\lambda) z^2.$$

Wie man sieht, sind die erwarteten Kosten einer starren Regelbindung um so eher höher als die einer diskretionären Geldpolitik, je größer die Varianz der stochastischen Angebotsschocks ($s^2$) und je geringer die Inflationsgefahr ist, d.h. je kleiner die Produktions- bzw. Beschäftigungspräferenz ($\lambda$) ist und je weniger der angestrebte Zielwert für das reale Sozialprodukt von seinem potentiellen Niveau abweicht, d.h. je kleiner $z^2$ ausfällt. Die auf die starre Regelbindung bezogenen Aussagen lassen sich gleichermaßen auf institutionelle Vorkehrungen übertragen, die – wie die starre Regelbindung – auf die Lösung $\pi = \pi^* = 0$ hinauslaufen. Sie gelten also auch für die Berufung einer ultrakonservativen Zentralbankleitung.

*dd) Flexible Regelbindung*. – Da die starre Regelbindung relative Vorteile in Hinblick auf die Inflationsbekämpfung und die diskretionäre Politik relative Vorteile in Hinblick auf die Stabilisierung der Produktion aufweist, liegt die Überlegung nahe, die jeweiligen Vorteile in einer „Zwischenlösung" zu kombinieren. Ein derartiger Kompromiß könnte in einer *flexiblen Regelbindung* gesehen werden. Sie besagt, daß die Zentralbank nach einer **geldpolitischen Reaktionsfunktion** handelt, die sie veröffentlicht. Diese läßt sich *in allgemeiner Form* wie folgt formulieren

$$(25) \quad \pi = a + bw, \quad a \geqq 0, \quad b > 0.$$

Der Parameter $a$ gibt an, welche Inflationsrate die Zentralbank in langfristiger Sicht anstrebt, d. h. über einen Zeitraum, in dem sich die zufallsverteilten Schocks (praktisch) ausgleichen und für den $E(w) = 0$ gilt. Der Parameter $b$ bezeichnet den Anstieg der Inflationsrate über den Wert von $a$ hinaus, den die Zentralbank bei Dämpfung eines kontraktiven Schocks ($w > 0$) toleriert[32]. Da die geldpolitische Reaktionsfunktion mit dem Parameter $b$ eine schockabhängige Komponente enthält, ist die Regelbindung hier nicht *situationsunabhängig* wie bei der starren Regelbildung, sondern **situationsabhängig** (state-contingent).

Die beiden Parameter werden im Rahmen eines Kostenminimierungskalküls bestimmt. Für das Verständnis des Lösungsweges ist es auch hier hilfreich, sich vorweg die zeitliche Abfolge wichtiger Vorgänge zu verdeutlichen. *Zuerst* wird die geldpolitische Reaktionsfunktion bekanntgegeben, *dann* werden die Lohnkontrakte in Kenntnis der geldpolitischen Reaktionsfunktion unter Berücksichtigung der Inflationserwartungen abgeschlossen und *danach* stellt sich ein Angebotsschock ein, auf den die Zentralbank entsprechend ihrer situationsabhängigen Regel reagiert. Für die Spezifizierung der Zielfunktion bedeutet das zweierlei. *Erstens* bilden die Wirtschaftssubjekte ihre Inflationserwartungen auf der Basis der geldpolitischen Reaktionsfunktion (25). Da $E(w) = 0$, ist

$$(26) \quad \pi^* = a\,.$$

Indem sich die Zentralbank an eine vorab angekündigte Reaktionsfunktion bindet, liefert sie also den Wirtschaftssubjekten eine Basis für deren Inflationserwartungen. Da die Zentralbank dieses weiß, kann sie die durch (26) bestimmten Inflationserwartungen – *anders* als bei der diskretionären Lösung – in ihrem Kostenminimierungskalkül „internalisieren"[33]. *Zweitens* handelt die Zentralbank entsprechend (25). Werden dementsprechend (25) und (26) in die Zielfunktion (18) eingesetzt, ergibt sich

$$(27) \quad E(K) = E\left[(a + bw)^2 + \lambda(bw - w - z)^2\right]$$

bzw. nach Ausmultiplizieren

$$E(K) = E\left[a^2 + b^2 w^2 + 2abw + \lambda w^2 (b-1)^2 + \lambda z^2 + 2\lambda w (b-1) z\right].$$

Wird $E(w) = 0$ sowie $E(w^2) = s^2$ beachtet, dann kann man hierfür auch schreiben

---

[32] Bei Dämpfung eines expansiven Schocks ($w < 0$) erfolgt eine Senkung der Inflationsrate unter $a$.

[33] Auf die Oligopoltheorie übertragen, verhält sich die Zentralbank wie der dominante Duopolist im STACKELBERG-Modell, der die Reaktionsfunktion der sich anpassenden Unternehmung in sein Gewinnmaximierungskalkül einbezieht.

(28) $E(K) = a^2 + b^2 s^2 + \lambda s^2 (b-1)^2 + \lambda z^2.$

Partielle Differentiation von $E(K)$ nach $a$ und $b$ führt zu den beiden folgenden Optimalbedingungen

$$\frac{\partial E(K)}{\partial a} = 2a = 0, \quad \text{d.h.} \quad a = 0,$$

und

$$\frac{\partial E(K)}{\partial b} = 2bs^2 + 2\lambda s^2 (b-1) = 0$$

bzw.

$$b + \lambda(b-1) = 0, \quad \text{d.h.} \quad b = \frac{\lambda}{1+\lambda}.$$

Werden die optimalen Werte von $a$ und $b$ in die allgemeine Form der geldpolitischen Reaktionsfunktion (25) eingesetzt, dann ergibt sich folgende, die flexible Regelbindung bestimmende *optimale* geldpolitische Reaktionsfunktion:

(29) $\pi_{FR} = \frac{\lambda}{1+\lambda} w.$

Diese den Wirtschaftssubjekten bekanntgemachte Reaktionsfunktion bringt zum Ausdruck, daß die Zentralbank so handelt, daß der Erwartungswert der Inflationsrate Null ist (da $E(w) = 0$), sie also im langfristigen Mittel Preisniveaustabilität realisiert, aber in durchschaubarer Weise bei Auftreten von Angebotsschocks Abweichungen hiervon zuläßt, um Schwankungen des realen Sozialprodukts zu dämpfen. Wie man sieht, ist die Inflationsrate bei flexibler Regelbindung $\pi_{FR}$ niedriger als die durch (21) bestimmte Inflationsrate bei diskretionärer Geldpolitik. Das reale Sozialprodukt bei flexibler Regelbindung erhält man, wenn in (2b) für $\pi$ entsprechend (29) $\pi_{FR}$ und für $\pi^*$ Null eingesetzt wird. Dann ergibt sich

(30) $Y^r_{FR} = \bar{Y}^r - \frac{1}{1+\lambda} w.$

Wie (30) zeigt, ist das reale Sozialprodukt genau so groß wie im Fall einer diskretionären Politik (s. Gleichung (22)). Da die Inflationsrate jedoch geringer ausfällt, erweist sich die flexible Regelbindung gegenüber der diskretionären Politik als vorteilhaft. Diese Folgerung wird durch einen Vergleich der Kosten bestätigt, in den auch die starre (situationsunabhängige) Regelbindung einbezogen wird. Um die Kosten der flexiblen Regelbindung zu ermitteln, werden die Ergebnisse des Optimierungskalküls mit $a = 0$ und $b = \lambda/(1+\lambda)$ in (28) eingesetzt[34]. Man erhält

---

[34] Die Berechnung könnte auch über Gleichung (18) erfolgen, in der für $\pi$ das Ergebnis von Gleichung (29) und für $\pi^*(= a)$ Null gesetzt wird.

$$E(K_{FR}) = \left(\frac{\lambda}{1+\lambda}\right)^2 s^2 + \lambda s^2 \left(\frac{-1}{1+\lambda}\right)^2 + \lambda z^2$$

$$= \lambda s^2 \left(\frac{1}{1+\lambda}\right)^2 (1+\lambda) + \lambda z^2$$

bzw.

$$E(K_{FR}) = \frac{\lambda}{1+\lambda} s^2 + \lambda z^2.$$

Wie der Vergleich mit $E(K_R)$ in (19) und $E(K_D)$ in (23) zeigt, gilt:

$$E(K_{FR}) < E(K_R),\ E(K_D).$$

Die flexible Regelbindung führt also zu niedrigeren Kosten als die starre Regelbindung und die diskretionäre Lösung.

*ee) Ergänzende Betrachtungen*. – Zwar erweist sich die flexible Regelbindung aus der Sicht des betrachteten Modells eindeutig als die kostengünstigste Strategie, ihre Umsetzung in die geldpolitische Praxis ist aber mit Problemen verbunden. So dürfte es in der *Realität* unmöglich bzw. wegen der Transaktionskosten prohibitiv aufwendig sein, im voraus alle möglichen Störungen zu spezifizieren und in einer veröffentlichten geldpolitischen Reaktionsfunktion anzugeben, wie mit der Inflationsrate auf jede Eventualität reagiert wird[35]. Hinzu kommt, daß sich einige gravierende Schocks – wie kriegerische Auseinandersetzungen, Preisexplosionen beim Erdöl oder ein Börsencrash – so selten ereignen, daß man ihre statistische Verteilung einschließlich der Varianz ($s^2$) nicht abschätzen kann[36]. Aber selbst wenn die Schwierigkeiten bei der Implementierung der geldpolitischen Reaktionsfunktion nicht beständen, wäre zu bedenken, daß die Wirtschaftssubjekte ex post die Einhaltung einer sehr komplizierten (flexiblen) Regel vermutlich nicht überprüfen können. Dann bestünde aber die Gefahr, daß sie eine Überraschungsinflation als Versuch der Zentralbank interpretieren würden, eine beschäftigungsstimulierende Täuschungslösung zu realisieren. Aus der Sicht einer Mehrperioden-Betrachtung müßte die Zentralbank dann mit Glaubwürdigkeitsverlusten rechnen, die einen Anstieg der erwarteten und tatsächlichen Inflationsrate z. B. auf das diskretionäre Niveau zur Folge hätten.

Ein Ausweg aus den erwähnten Problemen einer flexiblen Regelbindung besteht u.U. darin, eine *einfache Regel* mit **Ausnahmeklauseln** zu befolgen[37]. So könnte die Zentralbank für „normale Zeiten", d.h. für Perioden ohne gravierende Schocks, Preisniveaustabilität zur Regel machen

[35] Vgl. S. Lohmann, Optimal Commitment in Monetary Policy: Credibility versus Flexibility. „The American Economic Review", Vol. 82 (1992), S. 273, 275.

[36] Vgl. Persson, Tabellini, Macroeconomic Policy, …, a. a. O., S. 24.

[37] Zu Regeln „with escape clauses" und zum folgenden siehe genauer Persson, Tabellini, Macroeconomic Policy, …, a. a. O., S. 28 ff., 48.

und erklären, hiervon nur unter außergewöhnlichen Umständen abzuweichen, nämlich dann, wenn sich gravierende Schocks einstellen. Da diese von den Wirtschaftssubjekten (ex post) erkannt werden, akzeptieren sie die Inanspruchnahme der Ausnahmeklausel durch die Zentralbank, ohne sich durch die Überraschungsinflation getäuscht zu fühlen.

Bei Anwendung einer einfachen Regel mit Ausnahmeklauseln bilden sich die Inflationserwartungen auf einem Niveau, das zwischen der Inflationsrate bei starrer Regelbindung $\pi_R (= 0)$ und der diskretionären Inflationsrate $\pi_D$ liegt[38]. Demzufolge stellt sich auch eine über Null hinausgehende Inflationsrate ein. Sie ist der Preis dafür, daß bei gravierenden Störungen die Geldpolitik auch zur Dämpfung der Produktions- und Beschäftigungsschwankungen eingesetzt wird.

Für den Fall, daß die Zentralbank *tatsächlich* eine beschäftigungsstimulierende Täuschungslösung erwägt, könnte man wieder auf den disziplinierenden Effekt drohender Glaubwürdigkeitsverluste setzen, wenn die Strategie der Zentralbank ex post von den Wirtschaftssubjekten durchschaut wird. Die analytische Behandlung dieser Möglichkeit würde auch hier eine Mehrperioden-Betrachtung erfordern. Eine entsprechende Analyse[39] geht aber über den Rahmen dieses Bandes hinaus.

## Zusammenfassung

1. Bei diskretionärer Geldpolitik kann die Zentralbank durch eine Überraschungsinflation Produktion und Beschäftigung stimulieren. Sind die Wirtschaftssubjekte jedoch über die Zielfunktion der Zentralbank informiert und haben sie rationale Erwartungen, dann rechnen sie von vornherein mit Inflation und verhindern so Produktions- und Beschäftigungsgewinne. Eine diskretionäre Politik, die zur Geldwertstabilität führen soll, erscheint ihnen wegen der sog. Zeitinkonsistenz nicht glaubwürdig. Die Folge ist eine Schlagseite zur Inflation, der sog. „inflation bias". Geldwertstabilität erscheint dann offenbar nur durch bestimmte institutionelle Vorkehrungen realisierbar, z. B. eine gesetzlich verankerte Regelbindung.
2. In einer längerfristigen Perspektive wird die Zentralbank jedoch bei Erwägung einer Überraschungsinflation zukünftige Glaub-

---

[38] Siehe hierzu bei Persson, Tabellini, Macroeconomic Policy, ..., a. a. O., S. 29, die Gleichung (2.15), aus der auch hervorgeht, daß die erwartete Inflationsrate um so näher an Null liegt, je restriktiver die Ausnahmeklausel angewendet wird.

[39] Einige Überlegungen hierzu finden sich bei Persson, Tabellini, a. a. O., S. 46 ff.

würdigkeitsverluste bedenken, die durch Bildung positiver Inflationserwartungen letztlich zu ungünstigeren Ergebnissen führen als eine preisniveaustabile Geldpolitik. Ein derartiger Sanktionsmechanismus erweist sich u.U. als Ersatzlösung für eine Regelbindung.

3. Bei Berücksichtigung stochastischer (Angebots-)Schocks zeigt sich, daß eine starre, d. h. allein auf Preisniveaustabilität fixierte, Regelbindung der diskretionären Geldpolitik nicht in jedem Fall überlegen ist. Sie beseitigt zwar die Schlagseite zur Inflation, verhindert aber auch eine die Beschäftigungsschwankungen dämpfende Reaktion der Zentralbank auf Angebotsschocks. Als beiden Strategien überlegen erweist sich aus theoretischer Sicht eine flexible, situationsabhängige Regelbindung in Form einer veröffentlichten geldpolitischen Reaktionsfunktion. Mit ihr ergeben sich jedoch Probleme bei der praktischen Umsetzung. Ein Ausweg könnte eine einfache Regel mit Ausnahmeklauseln bieten.

## 3. Seigniorage und Inflation

### a) Bestimmung der Seigniorage

Wie im vorhergehenden Abschnitt 2 bereits angedeutet, kann auch eine positive Inflationsrate wünschenswert erscheinen, wenn hiermit Geldschöpfungsgewinne der Währungsbehörde[1] einhergehen. Diese (monetäre) **Seigniorage**[2] ist unter dem Aspekt der Budgetfinanzierung von Interesse, und zwar insbesondere dann, wenn eine Ausweitung der Besteuerung auf Schwierigkeiten stößt oder wegen negativer Folgen für die Effizienz der Volkswirtschaft problematisch erscheint. Sie gibt den realen Vermögenstransfer an, den der private Sektor an den Staat (einschließlich Zentralbank) vornehmen muß, um Zentralbankgeld zu erhalten. Die so verstandene *Seigniorage* ($S$) entspricht also der Ausweitung der monetären Basis ($\Delta B$), deflationiert mit dem Preisniveau ($p$), d.h.

$$S = \frac{\Delta B}{p}.$$

Ohne Folgen für die weitere Analyse wird vereinfachend angenommen, daß die Erhöhung der monetären Basis zu einer Erhöhung des Geldangebots im gleichen Umfang führt[3]. Unter dieser Annahme ist

$$\boxed{S = \frac{\Delta M}{p}.}$$

Hierfür kann man auch schreiben

$$S = \frac{\Delta M}{M}\frac{M}{p}$$

bzw.

$$(31) \quad S = m\,M^r.$$

---

[1] Als Währungsbehörde ist die für die Geldemission zuständige Stelle (z.B. die Zentralbank) anzusehen, die hier dem öffentlichen Sektor zugerechnet wird.

[2] In der Literatur wird die Seigniorage in verschiedener Weise abgegrenzt. Neben dem hier verwendeten Konzept der *monetären* Seigniorage finden das Konzept der *fiskalischen* Seigniorage sowie noch ein *Alternativkostenkonzept* der Seigniorage Anwendung. Siehe zu den Konzepten genauer M. KLEIN, M. J. M. NEUMANN, Seigniorage: What Is It and Who Gets It. „Weltwirtschaftliches Archiv", Bd. 126 (1990 II), S. 205ff. – P. RÜHMANN, Seigniorage und Inflation. „das wirtschaftsstudium", Jg. 20 (1991), S. 627f.

[3] Für das durch Gleichung (13) im Unterabschnitt III.3b) cc) bestimmte Geldangebot impliziert dieses die Annahmen $F = 0$ und $r = 1$.

Die reale Geldmenge $M^r$ entspricht in der hier allein behandelten Gleichgewichtsbetrachtung der realen Geldnachfrage $L^r$, für die folgende Beziehung gelten soll

(32) $L^r = f(i) \cdot Y^r; \quad \frac{\partial f}{\partial i} < 0$[4].

Unterstellt wird damit eine Elastizität der realen Geldnachfrage in bezug auf das Realeinkommen von eins und damit $\partial L^r / L^r = \partial Y^r / Y^r$[5]. Da *Inflationserwartungen* zu berücksichtigen sind, wird in (32) der nominale Zinssatz ($i$) durch die Summe aus dem realen Zinssatz ($i^r$) und der erwarteten Inflationsrate ($\pi^*$) ersetzt[6], so daß sich für die reale Geldnachfrage ergibt

(32a) $L^r = f(i^r + \pi^*) \cdot Y^r$.

Da $M^r = L^r$ erhält man für die Seigniorage aus (31) in Verbindung mit (32a) folgende Bestimmungsgleichung

(33) $S = m\, f(i^r + \pi^*) \cdot Y^r$,

wobei der reale Zinssatz $i^r$ exogen bestimmt sein soll.

### b) Maximale Seigniorage

*aa) Nicht wachsende Wirtschaft.* – Wird zunächst eine real *nicht wachsende Wirtschaft* unterstellt (wie auch in dem zuvor verwendeten Angebots-Nachfrage-Modell), dann gelten für das im folgenden betrachtete stationäre (langfristige) Gleichgewicht die Bedingungen $\pi = m$, $\pi = \pi^*$ und $Y^r = \bar{Y}^r$. Werden diese Gleichgewichtsbedingungen in Beziehung (33) berücksichtigt, dann läßt sich $S$ durch die beiden folgenden Varianten beschreiben:

(34a) $S = \pi \cdot f\,(i^r + \pi) \cdot \bar{Y}^r$

bzw.

(34b) $S = m \cdot f\,(i^r + m) \cdot \bar{Y}^r$.

Die Variante (34a) verdeutlicht, daß sich die Seigniorage auch als Besteuerung der Geldbesitzer interpretieren läßt[7]. Die reale Kassenhaltung

---

[4] Siehe zur Verwendung dieses Ansatzes auch RÜHMANN, a. a. O., S. 627.

[5] Aus (32) folgt: $\frac{\partial L^r}{\partial Y^r} \cdot \frac{Y^r}{L^r} = \frac{fY^r}{L^r} = 1$.

[6] Wie Gleichung (1) aus dem Unterabschnitt IV.4b) verdeutlicht, wird das Produkt $\pi^* i^r$ vernachlässigt.

[7] Vgl. M. NELDNER, Seigniorage, inflationäre Staatshaushaltsfinanzierung und das Problem der optimalen Geldmenge. „das wirtschaftsstudium“, Jg. 13 (1984), S. 412.

$L^r = f(\ldots)\,\bar{Y}^r$ kann dabei als Bemessungsgrundlage, die Inflationsrate $\pi$ als Steuersatz pro Geldeinheit Realkasse angesehen werden. Bei der Erwägung, den Ertrag aus der *„Inflationssteuer"* durch Erhöhung der Inflationsrate zu steigern, ist zu bedenken, daß hierdurch zwar der „Steuersatz" steigt, zugleich aber die „Bemessungsgrundlage" sinkt (da $\partial f / \partial \pi < 0$ wegen $\partial f / \partial i < 0$).

Von Interesse ist die Frage, bei welcher Inflationsrate die *Seigniorage* ein *Maximum* erreicht. Da die Geldmengenwachstumsrate ($m$) Aktionsparameter der Zentralbank ist, wird $m$ in der Variante (34b) so geändert, daß $S$ ein Maximum ergibt. Die hierfür erforderliche Bedingung ist:

$$\frac{dS}{dm} = m \cdot \frac{\partial f}{\partial i} \cdot \bar{Y}^r + f \cdot \bar{Y}^r = 0^8.$$

Hieraus folgt für die $S$-maximale Geldmengenwachstumsrate

$$(35) \quad \hat{m} = -\frac{f}{\partial f / \partial i} > 0.$$

Da $m = \pi$, gilt auch

$$(36) \quad \hat{\pi} = -\frac{f}{\partial f / \partial i} > 0.$$

Wie aus (36) hervorgeht, ist die gewünschte (d. h. $S$-maximale) Inflationsrate ($\hat{\pi}$) in einer nicht wachsenden Volkswirtschaft positiv (denn $\partial f / \partial i < 0$). Außerdem zeigt sich, daß $\hat{\pi}$ um so größer ist, je kleiner $|\partial f / \partial i|$, d. h. je schwächer die reale Geldnachfrage auf den Nominalzinssatz und damit auf die (erwartete) Inflationsrate reagiert.

Zu weiteren Folgerungen gelangt man, wenn (36) wie folgt geschrieben wird:

$$\frac{\partial f / \partial i \cdot \bar{Y}^r \hat{\pi}}{f \bar{Y}^r} = -1.$$

Da $\partial L^r / \partial \pi^* = \partial f / \partial i \cdot Y^r$, $\hat{\pi} = \pi^*$ und $L^r = f \bar{Y}^r$, kann man hierfür auch schreiben:

$$(37) \quad \frac{\partial L^r}{\partial \pi^*} \frac{\pi^*}{L^r} = -1.$$

Die linke Seite von (37) bezeichnet die Elastizität der realen Geldnachfrage in bezug auf die (erwartete) Inflationsrate ($\eta$). Wie man sieht, muß

---

[8] Man beachte, daß $\frac{\partial f}{\partial m} = \frac{\partial f}{\partial i} \frac{\partial i}{\partial m}$, wobei $\frac{\partial i}{\partial m} = 1$ (da $i = i^r + m$).

die Inflationsrate für eine maximale Seigniorage in einer nicht wachsenden Wirtschaft so bestimmt werden, daß $\eta = -1$[9].

Die Bestimmung der maximalen Seigniorage läßt sich graphisch illustrieren. Dazu wird eine linearisierte Form der Gleichung (32a) für die reale Geldnachfrage mit konstanten Werten für $i^r$ und $Y^r$ $(= \bar{Y}^r)$ betrachtet (vgl. Fig. V.5).

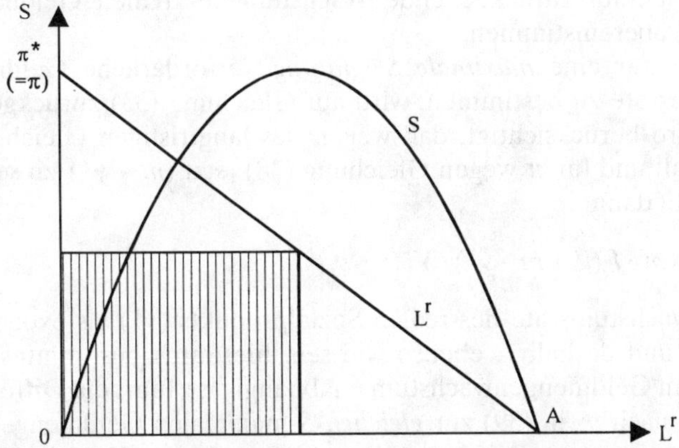


Fig. V.5

Da die Seigniorage nach Gleichung (34a) durch das Produkt $\pi L^r$ bestimmt wird, ist ihr Graph – wie die zu einer linearen Preis-Absatz-Beziehung gehörenden Umsatzglocke – eine nach unten offene Parabel, die im Nullpunkt beginnt (wegen $L^r = 0$) und beim Höchstwert für $L^r$ $(= 0A)$ endet (wegen $\pi = 0$). Die maximale Seigniorage wird bei der Hälfte der Sättigungsmenge $(0A)$ erreicht und damit bei einer auf $\pi^*$ $(= \pi = m)$ bezogenen Geldnachfrageelastizität von –1. Ihr Betrag wird durch die schraffierte Fläche angegeben.

*bb) Wachsende Wirtschaft*. – Für eine *wachsende Volkswirtschaft* mit exogen vorgegebener Wachstumsrate $(\Delta Y^r / Y^r = y^r > 0)$ gelangt man zu veränderten Folgerungen, weil im langfristigen Gleichgewicht – bei der hier unterstellten Geldnachfragefunktion – an die Stelle von $m = \pi$ die Bedingung

$$(38) \quad m = \pi + y^r$$

tritt[10]. Damit ergibt sich für die in (31) definierte Seigniorage

---

[9] Zu diesem Ergebnis, daß in Analogie zur Bedingung für ein *Umsatzmaximum* eines Monopolisten zu sehen ist, siehe M. FRIEDMAN, Government Revenue from Inflation. „The Journal of Political Economy", Vol. 79 (1971), S. 849.

[10] Eine im Gleichgewicht unveränderte Inflationsrate impliziert bei exogen fixiertem realen Zinssatz einen unveränderten nominalen Zinssatz und damit wegen des

$$S = (\pi + y^r) \cdot M^r.$$

Offenbar fließt die Seigniorage in einer wachsenden Wirtschaft aus *zwei* Quellen: der bereits erwähnten „Inflationssteuer" ($\pi M^r$) und der wachstumsbedingten Zunahme des Realkassenbedarfs ($y^r M^r$), wobei zu beachten ist, daß das Wachstum des realen Sozialprodukts ($\Delta Y^r / Y^r = y^r$) und das hierauf zurückgehende Wachstum der realen Geldnachfrage ($\Delta L^r / L^r$) übereinstimmen.

Um die für eine *maximale Seigniorage* erforderliche Geldmengenwachstumsrate zu bestimmen, wird auf Gleichung (33) zurückgegriffen. Dabei wird berücksichtigt, daß wegen des langfristigen Gleichgewichts $\pi = \pi^*$ gilt und für $\pi$ wegen Gleichung (38) jetzt $(m - y^r)$ zu setzen ist. Man erhält dann

(39) $$S = m \cdot f(i^r + m - y^r) \cdot Y^r.$$

Da die Wachstumsrate des realen Sozialprodukts ($y^r$) als exogen angenommen und deshalb – ebenso wie sein hierdurch bestimmtes Niveau ($Y^r$) – vom Geldmengenwachstum unabhängig ist, führt die Differentiation von $S$ nach $m$ in (39) zur *gleichen* $S$-maximalen Geldmengenwachstumsrate ($m$) wie die Differentiation von $S$ nach $m$ in (34b) im Fall einer stationären Wirtschaft (siehe Gleichung (35)). Für die $S$-maximale Inflationsrate ($\hat{\pi}$) erhält man jedoch ein *verändertes* Ergebnis. Da wegen (38) $\hat{\pi} = \hat{m} - y^r$, ergibt sich bei Berücksichtigung von (35)

(40) $$\hat{\pi} = -\frac{f}{\partial f / \partial i} - y^r.$$

Zunächst einmal zeigt sich, daß die $S$-maximale Inflationsrate um so niedriger ist, je höher das reale Wachstum ($y^r$) ausfällt. Der Grund hierfür liegt darin, daß das $S$-maximale Geldmengenwachstum ($m$) z.T. durch den wachstumsbedingten Mehrbedarf an Realkasse absorbiert wird und deshalb nur eine geringere Inflationsrate alimentieren kann als in einer stationären Volkswirtschaft. Weiter geht aus (40) hervor, daß die $S$-maximale Inflationsrate ($\hat{\pi}$) in einer wachsenden Volkswirtschaft auch Null oder negativ sein kann.

### c) Optimale Seigniorage

Wie im vorangegangenen Unterabschnitt abgeleitet wurde, erfordert die Maximierung der Seigniorage in einer stationären Wirtschaft immer und

---

Geldmarktgleichgewichts $M = p \cdot f(i) \cdot Y^r$ eine konstante Einkommenskreislaufgeschwindigkeit $\frac{M}{pY^r}$. Hieraus folgt $m - \pi - y^r = 0$, d.h. es gilt Gleichung (38).

in einer wachsenden Wirtschaft u.U. eine positive Inflationsrate. Hieraus bereits ein Argument für eine gewisse Inflationierung herzuleiten, wäre voreilig. Wie im folgenden Abschnitt 4 zu zeigen sein wird, entstehen nämlich durch eine Inflation *gesellschaftliche Kosten*, und außerdem existieren für den Staat neben Geldschöpfungsgewinnen noch andere Möglichkeiten für eine Budgetfinanzierung, wie insbesondere die Erhebung von Steuern. Allerdings ist die Besteuerung ebenfalls mit gesellschaftlichen Kosten verbunden. Neben den Steuererhebungs- und Steuerabführungskosten resultieren diese vor allem daraus, daß von nahezu allen Steuern allokationsverzerrende Wirkungen ausgehen[11]. Unter dem Aspekt der PARETO-Optimalität stellen solche *Verzerrungen* Effizienzhemmnisse dar, wie sich am einfachsten am Beispiel einer speziellen Verbrauchsteuer veranschaulichen läßt[12]. Die Besteuerung eines Verbrauchsguts treibt einen Keil zwischen den (höheren) Preis, den der Konsument entrichtet, und den (niedrigeren) Preis, den der Produzent bekommt. Demzufolge stimmen die Preisverhältnisse von Verbrauchsgütern für Konsumenten und Produzenten nicht mehr überein und damit auch nicht die Grenzrate der Transformation bei den Produzenten und der (nutzenmäßigen) Substitution bei den Konsumenten. PARETO-Optimalität wird deshalb nicht erreicht, und es entsteht ein *gesellschaftlicher Wohlfahrtsverlust*[13]. Auf entsprechende Weise ergeben sich auch *allokative Verzerrungen* durch eine allgemeine Verbrauch- bzw. Umsatzsteuer oder eine Einkommensteuer, und zwar bei der Allokation von Arbeit und Freizeit, sowie durch eine Kapitalertragsteuer, und zwar bei der intertemporalen Allokation von Gegenwarts- und Zukunftskonsum[14].

Die mit der Steuererhebung und -abführung verbundenen gesellschaftlichen Kosten sind – ebenso wie die noch zu behandelnden gesellschaftlichen Kosten einer mit Seigniorage-Einnahmen verbundenen Inflationierung – wesentliche Kriterien für eine *Optimalbesteuerung*. Die hierfür

---

[11] Eine Ausnahme bildet eine Pauschal- bzw. Kopfsteuer, die aber von geringer praktischer Relevanz ist.

[12] Siehe hierzu H. POLLAK, Verbrauchsteuern I: Ziele und Ausgestaltung. In: Handwörterbuch der Wirtschaftswissenschaft (HdWW). Zugleich Neuauflage des Handwörterbuchs der Sozialwissenschaften. Achter Band. Stuttgart 1980. S. 201 f. – M. C. BURDA, C. WYPLOSZ, Makroökonomik. Eine Europäische Perspektive. München 1994. S. 562 f.

[13] Es handelt sich um den sog. „Dead-weight Loss", der in der herkömmlichen graphischen Analyse der Besteuerung durch das HARBERGER-*Dreieck* gemessen wird. Vgl. hierzu auch R. LINDE, Einführung in die Mikroökonomie. 3., überarb. u. erw. Aufl. Stuttgart, Berlin, Köln 1996. S. 148 ff.

[14] Erstere treiben einen Keil zwischen den Reallohn, den der Arbeitgeber zahlt und den Reallohn, den der Arbeitnehmer (netto) erhält, letztere treiben einen Keil zwischen den Zinsaufwand/Geldeinheit, der beim Kapitalnehmer entsteht, und den Zinsertrag/Geldeinheit, der (netto) dem Kapitalgeber zufließt.

maßgebliche allgemeine Regel läßt sich (analog zu den Bedingungen für eine kostenminimale Produktion einer Unternehmung) wie folgt formulieren: Die gesellschaftlichen Grenzkosten der verschiedenen Steuern einschließlich der Inflationssteuer, d. h. der Seigniorage-Einnahmen, müssen einander gleich sein[15]. Dabei ist zu unterstellen, daß die gesellschaftlichen Grenzkosten der Steuern mit dem Ausmaß ihrer Erhebung zunehmen.

Die allgemeine Regel für eine optimale Besteuerung impliziert, daß letztlich nicht die *maximale Seigniorage*, sondern die unter Berücksichtigung anderer Einnahmequellen des Staates zu bestimmende **optimale Seigniorage** relevant ist. Dieses Konzept erklärt auch, weshalb die Seigniorage in Ländern mit einem ineffizienten Steuersystem, einer verbreiteten Schattenwirtschaft und anderen Schwierigkeiten bei der Steuererhebung und -abführung vom Staat als Einnahmenquelle stärker genutzt wird als anderswo. Offenbar steigen in solchen Ländern die gesellschaftlichen Grenzkosten der Besteuerung schnell an, so daß die Seigniorage unter dem Aspekt einer optimalen Budgetfinanzierung als alternative Finanzierungsform an Bedeutung gewinnt.

## Zusammenfassung

1. Die aus realen Geldschöpfungsgewinnen der Währungsbehörden bestehende (monetäre) Seigniorage hat in einer wachsenden Volkswirtschaft zwei Quellen: erstens die „Inflationssteuer" (wie in einer stationären Wirtschaft) und zweitens den wachstumsbedingten Mehrbedarf an Realkasse. Die Inflationsrate, die die Seigniorage maximiert, kann in einer wachsenden Volkswirtschaft (anders als in einer stationären) auch Null oder negativ sein.
2. Das Konzept der optimalen Seigniorage steht in einem Zusammenhang mit dem Konzept der Optimalbesteuerung. Diese erfordert, daß die gesellschaftlichen Grenzkosten der verschiedenen Steuern einschließlich der Inflationssteuer, d. h. der Seigniorage-Einnahmen, einander gleich sind.

---

[15] Eine formalisierte Lehrbuchdarstellung findet sich bei Claassen, Grundlagen ..., a. a. O., S. 327 ff. – Den wegweisenden Beitrag zur Beurteilung der Seigniorage im Zusammenhang mit anderen Steuern lieferte E. S. Phelps (Inflation in the Theory of Public Finance. „The Swedish Journal of Economics", Vol. 75 (1973), S. 67 ff.).

## 4. Inflationskosten

Bei der Behandlung der gesellschaftlichen Kosten einer Inflation wird so vorgegangen, daß zunächst auf die Kosten einer korrekt antizipierten Inflation eingegangen wird und danach auf die Kosten einer nicht korrekt antizipierten Inflation[1]. Auf den ersten Fall trifft man eher bei einer moderaten, gleichmäßigen Inflation, auf den zweiten eher bei hoher Inflation oder einer Hyperinflation, die i.a. von stark schwankenden (volatilen) und deshalb schwerer vorhersehbaren Inflationsraten begleitet sind[2].

### a) Korrekt antizipierte Inflation

Im Zusammenhang mit einer korrekt antizipierten Inflation werden *drei* Gründe für das Entstehen inflationsbedingter gesellschaftlicher Kosten behandelt: eine suboptimale Geldhaltung, ein nicht inflationsneutral gestaltetes Steuersystem und Preisanpassungskosten[3].

*aa) Suboptimale Geldhaltung*. – Ausgangspunkt für die Analyse einer *suboptimalen Geldhaltung* ist das FRIEDMANsche Konzept einer **optimalen Geldmenge**[4]. Unter dem Aspekt einer maximalen gesamtwirtschaftlichen Wohlfahrt wird ein realer Geldbestand dann als optimal angesehen, wenn der aus zusätzlicher Liquidität resultierende Grenzertrag einer Geldeinheit, also der *Grenznutzen*, den für die Herstellung einer zusätzlichen Geldeinheit erforderlichen gesellschaftlichen Kosten, also den *sozialen Grenzkosten*, gerade entspricht. Da die Produktionskosten von Geld vernachlässigbar gering sind und deshalb mit Null veranschlagt werden, wird die optimale (reale) Geldmenge realisiert, wenn sie so weit ausgedehnt wird, daß der Grenznutzen des Geldes ebenfalls Null beträgt.

Der Grenznutzen des Geldes wird für jeden realen Geldbestand durch die Ordinatenwerte der (realen) Geldnachfragefunktion ($L^r$) repräsentiert (vgl. Fig. V.6). Demnach wäre eine Geldmenge im Umfang der Sättigungsmenge $OS$ optimal. Um die Wirtschaftssubjekte zu veranlassen, diese Geldmenge zu halten, wären der Nominalzinssatz $i$ und damit die durch ihn bestimmten (marginalen) Alternativkosten der Kassenhaltung

---

[1] Siehe zu dieser Unterscheidung auch BOFINGER, REISCHLE, SCHÄCHTER, a.a.O., S. 77 ff.

[2] Siehe dazu OECD Wirtschaftsausblick, 55 (1994), S. 39 f.

[3] Vgl. hierzu auch S. FISCHER, F. MODIGLIANI, Towards an Understanding of the Real Effects and Costs of Inflation. „Weltwirtschaftliches Archiv“, Bd. 114 (1978), S. 810 ff.

[4] Siehe M. FRIEDMAN, The Optimum Quantity of Money. In: M. FRIEDMAN, The Optimum Quantity of Money and Other Essays. Chicago 1969. S. 1 ff., insbesondere S. 16 ff.

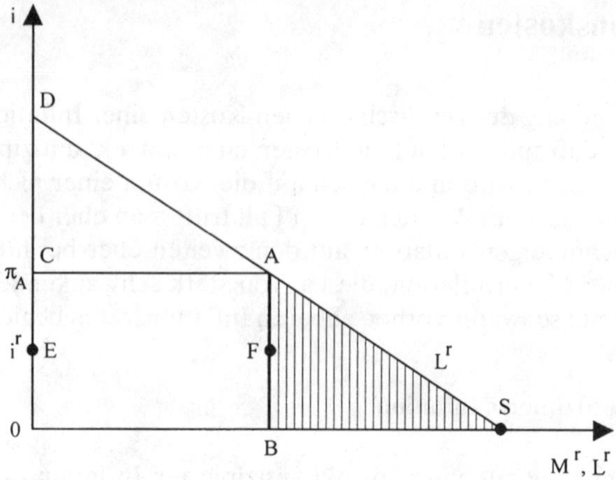


Fig. V.6

auf Null zu reduzieren. Da der nominale Zinssatz nach dem vereinfachten FISHER-Theorem[5] der Summe aus dem realen Zinssatz $i^r$ und der erwarteten Inflationsrate $\pi^*$ entspricht, d.h. $i = i^r + \pi^*$, erfordert die *optimale Geldmenge* bei positivem realen Zinssatz eine negative erwartete Inflationsrate in Höhe des realen Zinssatzes, d.h. $\pi^* = -i^r$. Bei korrekt antizipierter Inflation müßte die Geldpolitik also eine Deflation mit einer dem realen Zinssatz entsprechenden Preissenkungsrate herbeiführen.

Der durch die optimale Geldmenge ermöglichte Gesamtnutzen der Geldhaltung wird durch die Fläche des Dreiecks $DOS$ repräsentiert; denn dieses entspricht den von $O$ bis $S$ aufaddierten Grenznutzen. Werden nun Steuern wegen der mit ihnen verbundenen gesamtwirtschaftlichen Kosten – im Sinne der Optimalbesteuerung – teilweise durch Seigniorage-Einnahmen ersetzt und wird dazu eine positive Inflationsrate realisiert, z.B. von $\pi_A$, dann steigt dadurch der nominale Zinssatz auf $OC$ $(= i^r + \pi_A)$ und die Geldhaltung fällt demzufolge auf den Betrag $OB$, d.h. sie wird *suboptimal*. Der damit verbundene Wohlfahrtsverlust wird durch die schraffierte Fläche $ABS$ repräsentiert[6]. Für die Geldhalter entsteht dann nur noch ein Gesamtnutzen (eine Konsumentenrente) in Höhe der Fläche $DCA$. Die verbleibende Fläche $CABO$ gibt die Alternativkosten der Kassenhaltung an. Sie entsprechen dem (realen) Ertrag aus der Geldschöpfung[7], der dem Geldemittenten (als Produzentenrente) zufließt.

---

[5] Siehe dazu Gleichung (1a) im Unterabschnitt IV. 4b).

[6] Siehe hierzu und zu den Wohlfahrtskosten der Seigniorage den klassischen Beitrag von M.J. BAILEY, The Welfare Cost of Inflationary Finance. „The Journal of Political Economy", Vol.64 (1956), S.93ff.

[7] Dieser wird auch als **Opportunitätskosten-Seigniorage** bezeichnet. Sie entspricht den (realen) Zinsaufwendungen, die der Staat dadurch einsparen kann, daß er un-

Die recht abstrakt anmutende Analyse der gesellschaftlichen Kosten einer suboptimalen Geldhaltung soll im folgenden etwas konkretisiert werden. Wie oben angedeutet, bewirkt ein inflationsbedingter Anstieg des Nominalzinssatzes eine Ökonomisierung der Kassenhaltung. Sie erfolgt dadurch, daß im Zeitablauf ein höherer Durchschnittsbestand an verzinslichen Finanzaktiva (Spar- und Termineinlagen sowie Wertpapiere) gehalten wird, da der Zinssatz – entsprechend dem FISHER-Theorem[8] – bei korrekt antizipierter Inflation eine Kompensation für den Kaufkraftverlust der investierten Mittel (einschließlich ihrer Verzinsung) bietet. Wirtschaftssubjekte können die hierzu erforderlichen finanziellen Mittel bei der Kassenhaltung dadurch einsparen, daß sie zwischenzeitlich nicht genutzte Kassenüberschüsse – im Sinne einer optimalen Transaktionskasse[9] – verringern, indem sie verzinsliche Aktiva häufiger und in jeweils kleineren Beträgen auflösen, wodurch sich die sog. Umwandlungskosten (einschl. des höheren Zeitaufwandes für Bankkontakte) vergrößern. Außerdem können sie ihre Vorsichtskasse reduzieren. Dadurch erhöht sich dann allerdings die Wahrscheinlichkeit für Illiquiditätskosten[10]. Sie ergeben sich bei der Abwendung einer drohenden Illiquidität und bestehen z. B. aus Zinsaufwendungen für einen Überbrückungskredit oder aus Werteinbußen bei Zwangsverkäufen von Aktiva (wie Immobilien oder Wertpapiere). Bei nicht vermeidbarer Illiquidität resultieren sie aus den Kosten der Zahlungseinstellung. Durch die bei suboptimaler Geldhaltung bedingten zusätzlichen Transaktionen und die dabei aufgewendeten Ressourcen (einschließlich des Zeitaufwandes) entstehen die sog. **„Schuhlederkosten“** (shoe-leather costs). Diese stellen gesellschaftliche Kosten dar, da die auf Grund der suboptimalen Kassenhaltung zusätzlich aufgewendeten Ressourcen nicht mehr für die Güterproduktion verfügbar sind. Wie noch ausgeführt wird, werden die Schuhlederkosten bei starker Inflationierung gravierend.

*bb) Besteuerung und Inflation*. – Realwirtschaftliche Effekte einer Inflationierung ergeben sich auch durch ein *nicht inflationsneutral ausgestaltetes Steuersystem*. Der Grund hierfür liegt insbesondere darin, daß für die Besteuerung *Nominalgrößen* relevant sind. Ein bekanntes Beispiel für eine nicht inflationsneutral wirkende Steuer ist die Einkommensteuer mit dem *Nominaleinkommen* als Bemessungsgrundlage und progressivem Steuertarif. Steigende Preise und Lohnsätze führen bei unveränder-

---

verzinsliches Geld anstelle verzinslicher Staatstitel emittiert, um Ausgaben zu finanzieren. Die *monetäre Seigniorage* (= $\pi M^r$) wird in Fig. V.6 durch die Teilfläche *CAFE* angegeben.

[8] Siehe Gleichung (1) im Unterabschnitt IV. 4b).

[9] Siehe dazu den Unterabschnitt II. 1b).

[10] Siehe dazu die Analyse der Vorsichtskasse in Abschnitt II.2.

ten Realeinkommen zu inflationär aufgeblähten Nominaleinkommen, so daß viele Steuerzahler in eine höhere Progressionsstufe geraten, wodurch sich der durchschnittliche Steuersatz erhöht. Die Erhöhung tritt bei inflationärer Entwicklung und progressivem Steuertarif automatisch ein, ohne daß sie jeweils durch das Parlament legitimiert wird. Deshalb spricht man auch von einer **„kalten Progression“.** Sie bewirkt bei unveränderten Realeinkommen einen Anstieg der realen Steuerbelastung. Die gleiche Wirkung ergibt sich bei der Einkommen- und Gewinnsteuer auch durch eine *nominale* Fixierung von Freibeträgen und von Höchstbeträgen für abzugsfähige Aufwendungen sowie durch gewinnmindernde Abschreibungen, die auf die Anschaffungs- oder Herstellungskosten vorgenommen werden. Alle diese für die Steuerbemessung relevanten Größen werden bei inflationärer Entwicklung real reduziert, so daß bei unverändertem Realeinkommen eine höhere reale Steuerbelastung eintritt.

Die Besteuerung von Kapitalgewinnen ist ein weiteres Beispiel dafür, daß sich die reale Steuerlast erhöhen kann, ohne daß sich die Steuerbemessungsgrundlage – real betrachtet – verändert hat. Spiegeln sich z. B. in Kurssteigerungen von Aktien nur allgemeine Preissteigerungen wider, dann führt eine Besteuerung *nominaler* Kapitalgewinne zu einer zusätzlichen Steuerbelastung, ohne daß ein realer Kursgewinn eingetreten ist.

Eine inflationsbedingte reale Steuermehrbelastung ergibt sich ferner durch die Besteuerung von Kapitalerträgen. Sie äußert sich darin, daß der Realzins nach Steuern durch positive Inflationsraten vermindert wird. Dieses Ergebnis läßt sich mit einer einfachen Rechnung herleiten. Werden die *nominalen* Zinserträge pro Geldeinheit mit dem Steuersatz $\tau$ besteuert, dann ergibt sich für den nominalen Zinssatz nach Steuern

$$(41) \quad i^n = (1-\tau)\, i \, .$$

Da der nominale Zinssatz nach dem vereinfachten FISHER-Theorem der Summe aus dem realen Zinssatz ($i^r$) und der erwarteten Inflationsrate ($\pi^*$) entspricht, d. h. $i = i^r + \pi^*$, und bei korrekt antizipierter Inflation $\pi^* = \pi$ gilt, kann man Gleichung (41) auch wie folgt schreiben:

$$i^n = (1-\tau)\,(i^r + \pi)\, .$$

Für den realen Zinssatz nach Steuern ergibt sich dann

$$i^{rn} = (1-\tau)\,(i^r + \pi) - \pi$$

bzw.

$$(42) \quad i^{rn} = (1-\tau)\, i^r - \tau\pi$$[11].

[11] Bei einem Steuersatz von $\tau = 0{,}5$ und einem realen Zinssatz von 4 v. H. ($i^r = 0{,}04$) würde der reale Zinssatz nach Steuern ($i^{rn}$) bei einem Anstieg der Inflationsrate

Der reale Zinssatz *nach* Steuern ($i^{rn}$) wird demzufolge bei gegebenem realen Zinssatz *vor* Steuern ($i^r$) durch Inflation um den Betrag $\tau\pi$ reduziert. Der Grund hierfür liegt darin, daß durch die Kapitalertragsteuer auch jener Teil der Nominalzinsen belastet wird, der nur eine Kompensation für die eingetretene (korrekt antizipierte) Inflation darstellt.

Der inflationsbedingten steuerlichen Zusatzbelastung bei Kapitalgewinnen und -erträgen wirkt – gesamtwirtschaftlich betrachtet – die steuerliche Abzugsfähigkeit der *nominalen* Zinsaufwendungen bei der Gewinnermittlung entgegen. Durch Inflation werden die nominalen Zinsaufwendungen bei unverändertem realen Zinssatz, d. h. bei unveränderten realen Zinsaufwendungen, erhöht und der steuerliche Gewinn damit vermindert. Auf Grund der eingesparten Steuern sinken bei kreditnehmenden Unternehmungen die realen Verschuldungskosten. Ob im Endergebnis hieraus eine inflationsbedingte Steuermehrbelastung für Kapitaleinkünfte (einschl. Gewinne) entsteht oder nicht, läßt sich nur empirisch klären. Aus entsprechenden Untersuchungen[12] geht eindeutig hervor, daß die reale Steuerbelastung auf Kapitaleinkünfte durch Inflation zunimmt, wenn ihre Wirkungen auf steuerliche Abschreibungen, zu versteuernde Kapitalerträge und abzugsfähige Zinsaufwendungen zusammengefaßt werden.

Aus der Interaktion von Besteuerung und Inflation ergeben sich Konsequenzen, die in gesamtwirtschaftlicher Betrachtung negativ zu beurteilen sind. Abgesehen davon, daß reale Steuermehrbelastungen ohne Einschaltung des Parlaments erfolgen, resultieren die Nachteile insbesondere aus den realwirtschaftlichen Wirkungen der inflationsbedingten Steuererhöhungen. Indem sie die *allokativen Verzerrungen* von Steuern, wie sie im Zusammenhang mit der optimalen Seigniorage beschrieben worden sind[13], verstärken, führen sie zu einem zusätzlichen Wohlfahrtsverlust.

*cc) Preisanpassungskosten*. – Wie oben erwähnt, bestehen gesellschaftliche Kosten einer korrekt antizipierten Inflation schließlich auch darin, daß Preisanpassungskosten, die sog. **„menu costs“**, anfallen. Sie umfassen nicht nur die Kosten für neue Preisauszeichnungen, Preislisten und Kataloge, für die Umstellung von Automaten sowie für die Anpassung von Lohnvereinbarungen, sondern auch den Zeitaufwand für die Festlegung

---

von $\pi = 0$ v.H. auf $\pi = 4$ v.H. von 2 v.H. auf 0 v.H. sinken. Bei einer höheren Inflationsrate würde sich ein realer Vermögensverlust ergeben, da dann $i^{rn} < 0$.

[12] Siehe M. Feldstein, The Costs and Benefits of Going From Low Inflation to Price Stability. „NBER Working Paper 5469“, 1996, S. 16 ff. – K.-H. Tödter, G. Zierbarth, Preisstabilität oder geringe Inflation für Deutschland. Eine Analyse von Kosten und Nutzen. „Diskussionspapier 3/97. Volkswirtschaftliche Forschungsgruppe der Deutschen Bundesbank“, 1997, S. 19 ff.

[13] Vgl. dazu den Unterabschnitt V. 3c).

neuer Preise und Verhandlungen mit Kunden sowie mögliche Nachteile durch Störungen von Kundenbeziehungen.

Versucht man nun, die Preisanpassungskosten dadurch niedrig zu halten, daß die Preise (und Lohnsätze) nicht kontinuierlich, sondern nur von Zeit zu Zeit angepaßt werden und erfolgen die Preisanpassungen bei den verschiedenen Gütern dabei (realistischerweise) zu unterschiedlichen Zeitpunkten, dann ergeben sich zwischenzeitlich Veränderungen relativer Preise, die nicht auf veränderten Knappheitsverhältnissen beruhen, sondern mehr oder weniger zufällig sind. Ihre Beachtung führt deshalb zu einer Fehlallokation von Ressourcen[14].

Auf der Ebene von Preisanpassungskosten liegen auch die sog. *bürokratischen Inflationskosten*[15]. Sie entstehen bei der Regierung, dem Parlament und der Finanzverwaltung dadurch, daß das Besteuerungssystem angepaßt wird, um die inflationsbedingten realen Steuermehrbelastungen zu mildern. Entsprechende mit Kosten verbundene Maßnahmen sind z.B. Senkungen der Steuersätze sowie Erhöhungen von Frei- und Höchstbeträgen. Die bürokratischen Anpassungskosten steigen wie die menu costs (und die bereits behandelten Schuhlederkosten) mit zunehmender Inflation.

### b) Nicht korrekt antizipierte Inflation

Entsprechend der oben beschriebenen Vorgehensweise werden jetzt Inflationskosten behandelt, die darauf zurückgehen, daß zukünftige Inflationsraten *nicht korrekt antizipiert* werden. Wie schon erwähnt, ist hiermit um so mehr zu rechnen, je höher die Inflationsrate ist, da die Volatilität der Inflationsrate mit ihrem Niveau i.a. ansteigt. Eine nicht korrekt antizipierte Inflationsrate kann bedeuten, daß die zukünftige tatsächliche Inflationsrate unterschätzt wird, d.h. $\pi^* < \pi$, oder überschätzt wird, d.h. $\pi^* > \pi$. Bei der anschließenden Analyse steht der erste Fall im Vordergrund, also Situationen, in denen die zukünftige Inflationsrate nur unvollständig antizipiert, d.h. unterschätzt wird. Dieser Fall dürfte insbesondere in Phasen einer akzelerierenden Inflation gegeben sein[16]. Für den zweiten Fall erhält man lediglich die umgekehrten Ergebnisse.

Die bereits im Zusammenhang mit einer *korrekt* antizipierten Inflationsrate behandelten Inflationskosten ergeben sich auch bei nicht kor-

---

[14] Siehe zu diesem Argument A. KARMANN, M. GRAFF, Monetäre Makroökonomik: Inflation. „Dresdner Beiträge zur Volkswirtschaftslehre", Nr. 5 (1997), S. 32.

[15] Siehe ebenda.

[16] Nach dem empirischen Befund paßt sich der Nominalzinssatz, der auch die erwartete Inflationsrate widerspiegelt, nur sehr langsam der tatsächlichen inflatorischen Entwicklung an. Siehe dazu genauer D. LAIDLER, M. PARKIN, Inflation: A Survey. „The Economic Journal", Vol. 85 (1975), S. 789.

rekt antizipierter Inflation, wobei sie (wie erwähnt) durch steigende Inflationsraten verstärkt werden. Dazu kommen die gesellschaftlichen Kosten auf Grund einer *nicht korrekt* antizipierten Inflation, deren Behandlung im folgenden danach systematisiert wird, ob sie aus Wirkungen auf die Einkommens- und Vermögensverteilung (Redistributionseffekte), auf die Allokation (Allokationseffekte) oder auf die Funktionsfähigkeit der Geldwirtschaft resultieren.

*aa) Redistributionseffekte*. – In der traditionellen Diskussion der Inflationskosten spielen die *Redistributionseffekte* eine hervorgehobene Rolle. Sie beziehen sich auf die Einkommens- und Vermögensverteilung. *Einkommensumverteilungseffekte* infolge inflationärer Entwicklungen stellen sich ein, wenn die Anpassung der verschiedenen nominal fixierten Einkommensarten an die allgemeinen Preissteigerungen unterschiedlich verläuft. Etwas konkreter gilt folgende Aussage:

- Inflationsverlierer sind Einkommensbezieher, deren Einkommen inflationsbedingt schwächer steigen als die Güterpreise; Inflationsgewinner sind dann diejenigen Wirtschaftssubjekte, die diese Einkommen auszahlen.

Die Begründung für diesen Redistributionseffekt ist bei Lohnempfängern, deren Inflationserwartungen sich annahmegemäß in den Lohnkontrakten niederschlagen, darin zu sehen, daß sie die tatsächliche Inflationsrate unterschätzt haben, d.h. $\pi^* < \pi$[17], und sie die Löhne bei einer Überraschungsinflation auf Grund noch geltender Tarifverträge nur verzögert an die Preisentwicklung anpassen können (Lohnlag-Hypothese). Rentenempfänger und Empfänger anderer nominal fixierter Transfereinkommen werden durch inflationäre Entwicklungen benachteiligt, wenn die Anpassung ihrer Einkommen durch den Staat nicht mit der Geschwindigkeit der Güterpreissteigerungen Schritt hält (Rentenlag-Hypothese). Die *Lohnlag-Hypothese* mit ihren Redistributionseffekten hat offenbar keine gesicherte empirische Basis[18], der *Rentenlag-Hypothese* mag größere Bedeutung zukommen, da der politische Einfluß der betroffenen Bevölkerungsgruppe geringer sein dürfte als das Durchsetzungsvermögen der Gewerkschaften.

Die Redistributionseffekte auf die *Vermögensverteilung* infolge nicht korrekt antizipierter Inflationsraten sind vermutlich substantieller als die

---

[17] Ist $\pi^* > \pi$ gehören die Lohnempfänger umgekehrt zu den Inflationsgewinnern, da sich ihre Inflationserwartungen in ihren Lohnkontrakten niederschlagen.

[18] Vgl. Laidler, Parkin, a.a.O., S.787f. – Siehe auch die angeführten Untersuchungen bei H. Wagner, Inflation und Wirtschaftswachstum. Zum Einfluß von Inflation auf die Akkumulationsrate. Berlin 1983. S.26ff.

inflationsbedingten Einkommensumverteilungseffekte[19]. Analog hierzu gilt folgende Aussage:

- Inflationsverlierer sind die Gläubiger, deren nominal fixierte Forderungen einschließlich ihrer Verzinsung inflationsbedingt schwächer steigen als die Güterpreise; Inflationsgewinner sind die Schuldner, deren nominal fixierte Verbindlichkeiten einschließlich Verzinsung inflationsbedingt langsamer steigen als die Güterpreise.

Die Begründung für diesen Redistributionseffekt liegt darin, daß der nominale Zinssatz, der auch die erwartete Inflationsrate widerspiegelt, bei unvollständig antizipierter Inflationsrate, d. h. bei $\pi^* < \pi$[20], für den inflationsbedingten Kaufkraftverlust bei der Darlehnssumme und der Verzinsung nur eine *teilweise* Entschädigung bietet. Anders formuliert erfahren Forderungen und damit auch Verbindlichkeiten einschließlich Verzinsung durch Inflation eine reale Wertminderung – zum Nachteil von Gläubigern und zum Vorteil von Schuldnern (Gläubiger-Schuldner-Hypothese).

Hinter der *Gläubiger-Schuldner-Hypothese* verbergen sich insbesondere inflationsbedingte reale Vermögensumverteilungs-Vorgänge vom privaten Sektor zum Staat, da dieser in den meisten Ländern der größte Schuldner ist[21]. Innerhalb des privaten Sektors erfolgt eine inflationsbedingte reale Vermögensumverteilung zu Lasten von Haushalten, die Finanzierungsüberschüsse in Finanzvermögen anlegen, und zu Gunsten von Unternehmungen, die Investitionen durch Verschuldung finanzieren. Außerdem beinhaltet die Gläubiger-Schuldner-Hypothese auch eine inflationsbedingte reale Vermögensumverteilung von der älteren Generation, die überwiegend eine Netto-Gläubiger-Position einnimmt, zur jüngeren Generation, die zu einem großen Teil verschuldet ist, z. B. auf Grund von Hypotheken, mit denen der Erwerb einer Wohnung oder eines Hauses finanziert wurde[22].

Redistributionseffekte treten schließlich auch innerhalb des Bruttovermögens (Finanz- und Sachvermögen) auf. Bei nicht vollständig antizipierter Inflation werden die Besitzer von Finanzvermögen benachteiligt, während die Besitzer von Sachvermögen i.a. besser gegen inflationsbedingte Realwertverluste geschützt sind. Bestimmte langlebige Gebrauchsgüter (wie Grund und Boden, Wohnungen, Gold, Schmuck, Antiquitäten und Kunstgegenstände) erfahren dabei im Zuge der inflatorischen Entwick-

---

[19] So jedenfalls FISCHER, MODIGLIANI, a. a. O., S. 823.

[20] Ist $\pi^* > \pi$, gehören die Gläubiger umgekehrt zu den Inflationsgewinnern, da sie durch den nominalen Zinssatz für inflationsbedingte Kaufkraftverluste überkompensiert werden.

[21] Vgl. CLAASSEN, Grundlagen …, a. a. O., S. 335.

[22] Vgl. D. BEGG, S. FISCHER, R. DORNBUSCH, Economics. 5th ed. London 1997. S. 475.

lung sogar überproportionale Nominalwertsteigerungen, weil die zusätzliche Nachfrage auf ein unelastisches oder sogar vollständig unelastisches Angebot trifft[23]. Allerdings hat sich die sog. „Flucht ins Betongold", d. h. der Erwerb von Immobilien zur Absicherung gegen inflationsbedingte Realwertverluste, letztlich nicht selten als unwirtschaftlich erwiesen, worauf im folgenden noch kurz zurückzukommen sein wird.

*bb) Allokationseffekte*. – Die schädlichen Auswirkungen einer nicht korrekt antizipierten Inflation auf die Allokation haben insbesondere zwei Gründe. Der erste Grund ist darin zu sehen, daß die Wirtschaftssubjekte bei volatilen Inflationsraten – zumindest kurzfristig – Probleme haben, Veränderungen *relativer Preise* und Veränderungen des *allgemeinen Preisniveaus* voneinander zu unterscheiden. Hierdurch wird die Signal- und Lenkungsfunktion des Preismechanismus beeinträchtigt, und es kommt zu einer Fehlallokation knapper Ressourcen. Der zweite Grund besteht darin, daß jede in die Zukunft reichende Wirtschaftsplanung bei schwankenden und deshalb schwer zu prognostizierenden Inflationsraten *Risiken* ausgesetzt ist, die bei Preisniveaustabilität nicht existieren. So bestehen Unsicherheiten hinsichtlich des zukünftigen realen Zinssatzes und damit der Rentabilität von Investitionsobjekten[24], was die Investitionsbereitschaft beeinträchtigt. Bei Sparern, d. h. in erster Linie den Haushalten, verstärkt sich die tendenziell ohnehin vorhandene Präferenz für kurze Anlageperioden[25], weil zukünftige Realwertverluste schwer einzuschätzen sind. Kapitalnehmer und damit auch insbesondere die Investoren müssen deshalb bei längerfristiger Verschuldung den Kapitalgebern (Sparern) eine höhere Liquiditätsprämie in Form *höherer Zinsen* bieten oder einen längerfristigen Finanzierungsbedarf revolvierend durch kurzfristige Kreditaufnahme bzw. Emission kurzfristiger Schuldtitel decken. Die inflationsbedingte *Laufzeitenverkürzung* bedeutet für Kapitalnehmer mit längerfristigem Finanzierungsbedarf ein Zinsänderungsrisiko, was sich ebenfalls negativ auf die Investitionsbereitschaft auswirkt und zwar insbesondere bei Investitionsobjekten mit langer Kapitalbindungsdauer. Die investitions- und damit wachstumshemmenden Wirkungen der unsicheren Inflationserwartungen werden schließlich auch noch dadurch verstärkt, daß Sparer verfügbare Mittel weniger am heimischen Kapitalmarkt anlegen, sondern – um sich vor Realwertverlusten zu schützen – vermehrt in langlebige Gebrauchsgüter einschließlich Immobilien und in relativ kaufkraftstabile Devisen investieren. Dadurch stehen weniger Fi-

---

[23] Vgl. Fischer, Modigliani, a. a. O., S. 828.

[24] In einer inflationären Umwelt tritt der *reale* Zinssatz als wesentlicher Bestimmungsfaktor des optimalen Kapitalbestandes an die Stelle des nominalen Zinssatzes.

[25] Dieser Aspekt wurde auch im Zusammenhang mit der Zinsstrukturtheorie im Unterabschnitt III. 4c) erwähnt.

nanzierungsmittel für Ausrüstungsinvestitionen zur Verfügung und damit für die Aufstockung von Erzeugersachkapital, das erheblich mehr als Wohnungsbauinvestitionen zur Ausweitung des Produktionspotentials beiträgt. Hinzu kommt, daß sich der Erwerb von Immobilien im Zuge der schon erwähnten Flucht ins Betongold im nachhinein häufig als Fehlinvestition und gesamtwirtschaftlich als Verschwendung knapper Ressourcen erwies, wenn sich bei nicht antizipierter *rückläufiger* Inflation und dadurch sinkenden Zinsen später herausstellte, daß die erworbenen Immobilien zu teuer finanziert und am Bedarf vorbei produziert worden waren.

*cc) Auswirkungen auf die Geldwirtschaft*. – Nach der vorgegebenen Systematik ist abschließend noch auf die inflationsbedingte *Beeinträchtigung der Geldwirtschaft* einzugehen. Sie resultiert daraus, daß die Geldhaltung bei Inflation eingeschränkt wird und suboptimal ist. Die Folge sind die bereits behandelten Schuhlederkosten. Sie fallen unabhängig davon an, ob Inflationsraten korrekt oder nicht korrekt antizipiert werden, da sich in beiden Fällen die Kassenhaltung gegenüber Preisniveaustabilität durch höhere Zinsen verteuert. Sie steigen (wie erwähnt) mit zunehmender Inflation und dadurch bedingter höherer erwarteter Inflationsrate. *Neue* Aspekte ergeben sich *zum einen* daraus, daß der Nominalzinssatz bei unvollständig antizipierter Inflation nur noch teilweise eine Entschädigung für Kaufkraftverluste bei Finanzanlagen bietet und die Höhe der im Nominalzinssatz enthaltenen Entschädigung bei hohen und volatilen Inflationsraten schwer einzuschätzen ist. Anlagen in Sachvermögen, dessen Nominalwert mit dem allgemeinen Preisniveau steigt, erscheinen demgegenüber besser inflationsgeschützt, d.h. weniger risikobehaftet, und werden deshalb als Mittel, um „Kaufkraft zu lagern", nicht nur gegenüber Kasse attraktiver. *Zum anderen* verstärken sich bei fortschreitender Inflation die Wirkungen auf die Zahlungsgewohnheiten und Geld verliert zunehmend seine effizienzfördernden Funktionen[26]. Die bei hoher Inflation bzw. einer Hyperinflation eintretenden Veränderungen der Zahlungsgewohnheiten äußern sich konkret darin, daß die Unternehmungen ihre Beschäftigten nicht mehr monatlich, sondern wöchentlich oder sogar täglich bezahlen, die Konsumenten ihre Einkommen unmittelbar nach Empfang verausgaben und der Handel die in Geld zufließenden Verkaufserlöse so schnell wie möglich wieder zum Einkauf von Gütern verwendet[27]. Die erhöhte Häufigkeit der Zahlungsvorgänge (bei unverändertem Gesamtvolumen) verursacht zusätzliche Transaktionskosten (Schuhlederkosten) und erfordert damit einen Ressourceneinsatz, den man bei Preisniveaustabilität auch für eine Mehrproduktion von Gütern

---

[26] Siehe hierzu den Unterabschnitt I. 1a) bb).

[27] Vgl. hierzu BAILEY, a.a.O., S.100. – POHL, Theorie der Inflation, a.a.O., S.171.

hätte verwenden können. Die entsprechenden volkswirtschaftlichen Kosten steigen weiter, wenn Geld seine Funktionen nicht mehr erfüllen kann und an seine Stelle bestimmte Güter (wie Zigaretten) oder relativ kaufkraftstabile Devisen treten. Mit Ersatzgeld wird die Abwicklung des Zahlungsverkehrs komplizierter und deshalb aufwendiger als mit Noten und Münzen; denn Warengeld erfüllt weniger effektiv technische Erfordernisse[28] wie Homogenität, Teilbarkeit und Haltbarkeit, und die Verwendung von Devisen ist mit Transaktionskosten (bei der Beschaffung) und mit Informationskosten (wegen der möglichen Wechselkursänderungen) verbunden.

Erfahrungsgemäß wird Geld bei fortschreitender Inflation zunächst in solchen Funktionen ersetzt, bei denen die Zeitdauer eine besondere Rolle spielt, wie bei der Wertaufbewahrungsfunktion und der Funktion als Recheneinheit bei Kreditverträgen und Anleihen[29]. In der Spätphase einer Inflation wird Geld dann aber auch in seiner Funktion als allgemein akzeptiertes Tauschmittel mehr und mehr durch andere Zahlungsmittel in Form von Gütern und Devisen verdrängt, womit die bereits erwähnten Nachteile verbunden sind. Hinzu kommt, daß sich in diesem Stadium der Naturaltausch verbreitet, der gegenüber einer funktionsfähigen Geldwirtschaft mit einem hohen zusätzlichen Aufwand an Informations- und Transaktionskosten verbunden ist[30].

### c) Beurteilung der Inflation

In Anbetracht der gravierenden gesellschaftlichen Kosten erscheint es unstrittig, daß *hohe und volatile Inflationsraten* aus gesamtwirtschaftlicher Sicht unerwünscht sind. Für die Beurteilung einer *geringen, korrekt antizipierten Inflation* und ihrer Beseitigung bietet die von FELDSTEIN[31] für die USA vorgenommene und von TÖDTER, ZIERBARTH[32] auf Deutschland übertragene *Kosten-Nutzen-Analyse* eine empirische Basis. In den entsprechenden Untersuchungen werden die gesellschaftlichen Kosten einer **Disinflation**, d.h. einer Inflationsreduktion, ihrem gesellschaftlichen Nutzen gegenübergestellt. Die gesellschaftlichen Kosten einer Disinflation bestehen in dem temporären Rückgang der Beschäftigung

---

[28] Siehe hierzu Unterabschnitt I. 1b).

[29] So dienten in der Zeit der großen deutschen Inflation Mengeneinheiten u.a. von Roggen, Weizen, Steinkohle und Braunkohle als Recheneinheit für die Tilgung und Verzinsung von Hypotheken und Anleihen. Siehe hierzu auch Band II, Unterabschnitt I. 1b) aa).

[30] Vgl. zur Illustration den Unterabschnitt I. 1a) bb).

[31] FELDSTEIN, a.a.O., S.1ff.

[32] TÖDTER, ZIERBARTH, a.a.O., S.8ff.

und des realen Sozialprodukts, der mit einer kontraktiven Geldpolitik verbunden ist[33]. Bei vorgegebener Inflationsreduktion wird der temporäre Produktionsverlust – formal betrachtet – durch die Steigung der die Angebotsseite der Volkswirtschaft beschreibenden Preisgleichung[34] bestimmt. In der empirischen Untersuchung von FELDSTEIN wurde der gesamte Produktionsverlust während des Anpassungszeitraums als Folge einer Inflationsreduktion um 2 Prozentpunkte mit 6 v. H. des Bruttoinlandsprodukts veranschlagt[35].

Während die Kosten der Disinflation *einmalig* anfallen, ist der Nutzengewinn *permanent*. Um beide vergleichen zu können, wurde deshalb der Barwert der zukünftigen jährlichen Nutzengewinne den einmaligen Kosten gegenübergestellt bzw. der jährliche Nutzen der Annuität der Kosten (d. h. den auf ein Jahr umgerechneten Kosten). Für die Ermittlung des gesellschaftlichen Nutzengewinns durch einen Inflationsabbau spielen die gesellschaftlichen Kosten eine Rolle, die bei einer korrekt antizipierten Inflation entstehen und die sich durch Disinflation vermeiden lassen. Konkret wurden im FELDSTEIN-Ansatz folgende Aspekte berücksichtigt und quantifiziert.

- Aus der Interaktion von Besteuerung und Inflation ergeben sich allokative Verzerrungen bei der Entscheidung über Gegenwarts- und Zukunftsgüter sowie bei der Nachfrage nach steuerlich begünstigtem Wohneigentum[36]. Der Nutzengewinn einer Inflationsreduktion besteht darin, die hieraus resultierenden volkswirtschaftlichen Kosten zu senken.
- Ein Inflationsabbau erhöht wegen des sinkenden Nominalzinssatzes die Kassenhaltung und senkt dadurch die volkswirtschaftlichen Kosten einer suboptimalen Geldmenge. Dem hieraus resultierenden Nutzengewinn wirken allerdings Einflüsse auf die Staatseinnahmen (wie eine Verminderung der Seigniorage) entgegen[37].
- Der reale Zinssatz nach Steuern steigt bei einer Inflationsreduktion[38].

---

[33] Siehe hierzu die graphische Analyse in Fig. V.2 im Unterabschnitt V. 1d).

[34] Siehe Gleichung (19) im Unterabschnitt V. 1c).

[35] Siehe FELDSTEIN, a. a. O., S. 10. – In der Untersuchung von TÖDTER, ZIERBARTH für Deutschland wurde der Produktionsverlust bei Inflationsreduktion um 2 Prozentpunkte mit etwas mehr als insgesamt 11 v. H. des Bruttoinlandsprodukts bemessen (a. a. O., S.13).

[36] Siehe hierzu im einzelnen FELDSTEIN, a. a. O., S. 11 ff., und TÖDTER, ZIERBARTH, a. a. O., S. 14 ff.

[37] Empirisch sind diese Effekte sogar stärker als der Nutzengewinn aus der erhöhten Kassenhaltung. Siehe dazu FELDSTEIN, a. a. O., S. 40 ff., TÖDTER, ZIERBARTH, a. a. O., S. 35 f.

[38] Die Erklärung beruht darauf, daß die antizipierte Inflationsrate als Bestandteil des Nominalzinssatzes der Besteuerung unterliegt. Siehe genauer Gleichung (42) im Unterabschnitt a) bb).

Die hierdurch bewirkte Zunahme der realen Schuldenlast des Staates erfordert zum Ausgleich eine (reale) Erhöhung anderer Steuern, so daß sich auf Grund der hiermit verbundenen allokativen Verzerrungen ein Nutzenverlust einstellt.

Nach den zitierten Untersuchungen ergab sich – vor allem durch Reduktion inflationsbedingter Verzerrungen bei der intertemporalen Allokation von Konsumgütern – für den permanenten Nettoeffekt einer Inflationsreduktion um 2 Prozentpunkte ein jährlicher Nutzengewinn von etwa 1 v.H. des Bruttoinlandsprodukts (BIP) für die USA und von rd. 1,4 v.H. des BIP für Deutschland. Die Annuität der Kosten einer Disinflation in gleichem Ausmaß belief sich für die USA auf 0,16 v.H. des BIP und für Deutschland auf 0,28 v.H.[39]. Als Ergebnis der Kosten-Nutzen-Analyse ergibt sich also, daß selbst bei moderater Inflation die gesamtwirtschaftlichen (Netto)Nutzengewinne einer Inflationsreduktion (z.B. um 2 v.H.) deutlich höher sind als die realwirtschaftlichen Kosten der Disinflation. Demnach ist es unter gesamtwirtschaftlichen Aspekten lohnend, Preisniveaustabilität zu realisieren. Diesem Ziel würde eine Inflationsrate von Null entsprechen. Für die praktische Geldpolitik ist allerdings zu bedenken, daß die *statistisch gemessene* Inflationsrate die *tatsächliche* Inflation nicht exakt wiedergibt und tendenziell überzeichnet[40]. Der Grund hierfür liegt u.a. darin, daß die Zusammensetzung der im Warenkorb berücksichtigten Güter bei der Ermittlung von Preisindizes wie dem besonders wichtigen Lebenshaltungskostenindex für eine gewisse Zeit konstant bleibt und deshalb veraltet. Das hat zur Folge, daß Probleme bei der Berücksichtigung neuerer Produkte entstehen und im Preis steigende Güter, die durch im Preis sinkende Güter substituiert werden, ein zu hohes Gewicht behalten[41]. Auch dürften manche gemessene Preiserhöhungen auf statistisch unvollständig erfaßte Qualitätsverbesserungen zurückgehen, und die von der Statistik ermittelten Angebotspreise der Unternehmungen dürften häufiger über die tatsächlich gezahlten Preise hinausgehen, z.B. weil Konsumenten preisgünstige Sonderangebote nutzen. Aus den angeführten Gründen erscheint es vertretbar, eine statistisch ermittelte Inflationsrate in der Größenordnung von 1 bis 2 v.H. als mit Preisniveaustabilität noch vereinbar anzusehen.

---

[39] Zu den Zahlenangaben siehe Feldstein, a.a.O., S.3f. und S.50f., sowie Tödter, Zierbarth, a.a.O., S.14 und 38.

[40] Siehe auch OECD Wirtschaftsausblick, a.a.O., S.41.

[41] Der Lebenshaltungskostenindex ist ein Laspeyres-Index, dem ein (für eine gewisse Zeit) unverändertes Gewichtungsschema zugrunde liegt. Das unterscheidet ihn vom Preisdeflator für das Sozialprodukt, der ein Paasche-Index mit wechselnder Gewichtung ist. Siehe hierzu genauer A. Stobbe, Volkswirtschaftliches Rechnungswesen. 8., neu bearb. u. erw. Aufl. Berlin 1994. S.162ff., 180ff.

## Zusammenfassung

1. Bei der Behandlung der gesellschaftlichen Inflationskosten wird zwischen einer korrekt antizipierten und einer nicht korrekt (insbesondere unvollständig) antizipierten Inflationsrate unterschieden. Der erste Fall ist eher bei geringer, gleichmäßiger Inflation, der zweite eher bei hoher, volatiler Inflation zu erwarten.
2. Bei korrekt antizipierter Inflation (wie insbesondere bei moderater, gleichmäßiger Inflation) resultieren Inflationskosten daraus, daß die Geldmenge geringer ist als die optimale (was die sog. Schuhlederkosten verursacht), daß sich aus der Interaktion von Besteuerung und Inflation allokative Verzerrungen ergeben und daß Preisanpassungskosten (sog. „menu costs") entstehen.
3. Bei nicht korrekt antizipierter Inflation (wie insbesondere bei starker, volatiler Inflation) sind weitere unerwünschte Folgen zu berücksichtigen. So ergeben sich ungewollte Effekte auf die Einkommens- und Vermögensverteilung, durch Verwechslung von Erhöhungen relativer Preise und allgemeinen Preissteigerungen kommt es zu Fehlallokationen von Ressourcen, und die Spar- und Investitionstätigkeit wird durch die mit der Inflationsprognose verbundene Unsicherheit beeinträchtigt. Schließlich entstehen zusätzliche Transaktionskosten dadurch, daß sich die Häufigkeit von Zahlungsvorgängen bei starker Inflation und unsicheren Inflationserwartungen erheblich vergrößert und Geld weitgehend seine Funktionen verliert.
4. Empirische Untersuchungen lassen vermuten, daß auch im Fall einer niedrigen, korrekt antizipierten Inflation die aus einer Disinflation resultierenden (permanent anfallenden) Nutzengewinne größer sind als die einmaligen Kosten der Disinflation. Deshalb ist Preisniveaustabilität ein sinnvolles geldpolitisches Ziel. Da die statistisch gemessene Inflationsrate die tatsächliche Inflationsrate nicht exakt wiedergibt und tendenziell überzeichnet, kann man eine Inflationsrate in der Größenordnung von 1 bis 2 v.H. als mit diesem Ziel vereinbar ansehen.

## Ausgewählte Literaturangaben zum V. Kapitel

K. Blackburn, M. Christensen, Monetary Policy and Policy Credibility: Theories and Evidence. „The Journal of Economic Literature“, Vol. 27 (1989), S. 1 ff. (zu **2**).

P. Bofinger, J. Reischle, A. Schächter, Geldpolitik. Ziele, Institutionen, Strategien und Instrumente. München 1996 (zu **2**, **3** und **4**).

E.-M. Claassen, Grundlagen der makroökonomischen Theorie. München 1980 (zu **1**, **3** und **4**).

A. Cukierman, Central Bank Behavior and Credibility: Some Recent Theoretical Developments. „Federal Reserve Bank of St. Louis Review“, Vol. 68, No. 5 (1986), S. 5 ff. (zu **2**).

R. Dornbusch, S. Fischer, Macroeconomics. 6th ed. New York 1994 (zu **1**).

S. Fischer, F. Modigliani, Towards an Understanding of the Real Effects and Costs of Inflation. „Weltwirtschaftliches Archiv“, Bd. 114 (1978), S. 810 ff. (zu **4**).

H. Frisch, Die neue Inflationstheorie. Göttingen 1980 (zu **1**).

G. Illing, F. Fecht, Konservativer Zentralbanker versus Optimaler Zentralbankkontrakt – Eine spieltheoretische Analyse. „das wirtschaftsstudium“, Jg. 27 (1998), Nr. 1, S. 84 ff. (zu **2**).

O. Issing, Einführung in die Geldtheorie. 10., überarb. Aufl. München 1995 (zu **4**).

H.-J. Jarchow, Diskretionäre Geldpolitik, Zeitinkonsistenz und Politikglaubwürdigkeit. „das wirtschaftsstudium“, 22. Jg. (1993), S. 146 ff. (zu **2**).

M. King, Direct Inflation Targets. In: Monetary Policy Strategies in Europe. A Symposium at the Deutsche Bundesbank. (Ed. by Deutsche Bundesbank). München 1996. S. 45 ff. (zu **2**).

H.-E. Loef, Diskretionäre Geldpolitik, rationale Erwartungen und Politikglaubwürdigkeit. „Jahrbuch für Sozialwissenschaft“, Bd. 39 (1988), S. 361 ff. (zu **2**).

M. Neumann, Theoretische Volkswirtschaftslehre I. Makroökonomische Theorie: Beschäftigung, Inflation und Zahlungsbilanz. 5., überarb. Aufl. München 1996 (zu **1**).

T. Persson, G. Tabellini, Macroeconomic Policy, Credibility and Politics. Chur 1990 (zu **2**).

P. Rühmann, Seigniorage und Inflation. „das wirtschaftsstudium“, 20. Jg. (1991), S. 623 ff. (zu **3**).

H. Wagner, Stabilitätspolitik. Theoretische Grundlagen und institutionelle Alternativen. 2., verb. u. erg. Aufl. München, Wien 1992 (zu **1** und **2**).

# VI. Die Europäische Zentralbank

Mit dem in Maastricht im Februar 1992 unterzeichneten Vertrag über eine Europäische Union (EU) wurde die Schaffung einer **Europäischen Wirtschafts- und Währungsunion (EWWU)** beschlossen.

Nach dem Übergang in die Endstufe[1] der EWWU am 1. Januar 1999, den zunächst elf EU-Mitglieder vollziehen, ist das bereits Anfang Juni 1998 errichtete **Europäische System der Zentralbanken (ESZB)** mit der Europäischen Zentralbank (EZB) als zentraler Institution für die Festlegung und Ausführung der Geldpolitik in der Gemeinschaft zuständig.

Bei der Behandlung der ESZB-Politik wird in folgender Weise vorgegangen: Zunächst werden Ziele, Aufgaben und Organisation des ESZB beschrieben (Abschnitt 1), danach wird auf die Frage seiner geldpolitischen Strategie eingegangen (Abschnitt 2), und den größten Raum nimmt dann eine ausführliche Darstellung seines geldpolitischen Instrumentariums ein (Abschnitt 3).

## 1. Ziele, Aufgaben und Organisation

### a) Ziele und Aufgaben

*aa) Ziele.* – Das wichtigste Ziel ist dem ESZB durch Art. 105 (1) des EG-Vertrages[2] vorgegeben. Dort heißt es:

> „*Das vorrangige Ziel des ESZB ist es, die Preisstabilität zu gewährleisten*".

Das wichtigste Ziel des ESZB ist also die Sicherung der Kaufkraftstabilität des Euro. Weiter heißt es in Art. 105 (1)

> „*Soweit dies ohne Beeinträchtigung des Zieles der Preisstabilität möglich ist, unterstützt das ESZB die allgemeine Wirtschaftspolitik der Gemeinschaft, ...*".

---

[1] Zum Weg, der zur Endstufe der EWWU führte, siehe Band II, Unterabschnitt IV. 4a), sowie im einzelnen Jarchow, Rühmann, Monetäre Außenwirtschaft, II, a. a. O., Kapitel VIII.

[2] Die angegebenen Artikel finden sich in: Europäische Gemeinschaft ..., a. a. O.

Mit dem Eintritt in die Endstufe der EWWU wird die Deutsche Bundesbank integraler Bestandteil des ESZB. Das bedingt eine Änderung der §§ 3 und 12 des Bundesbankgesetzes (BBankG), in denen die Aufgaben der Bundesbank und ihr Verhältnis zur Bundesregierung geregelt sind[3].

*bb) Aufgaben.* – Wie bereits (im Unterabschnitt I. 1c) bb)) näher ausgeführt, hat die EZB das ausschließliche Recht, die Ausgabe von Banknoten und den Umfang von Münzprägungen zu genehmigen. Weitere grundlegende Aufgaben bestehen nach Artikel 105 (2) des EG-Vertrages in

- der Festlegung und Durchführung der einheitlichen Geldpolitik,
- der Durchführung der Devisengeschäfte im Einklang mit Art. 109,
- der Haltung und Verwaltung der offiziellen Währungsreserven[4] und
- der Förderung des reibungslosen Funktionierens der Zahlungssysteme.

Einer ergänzenden Erläuterung bedürfen die *Devisengeschäfte*, die im Einklang mit Art. 109 des EG-Vertrages stehen müssen. Zwar obliegt dem ESZB die Durchführung der Devisengeschäfte und damit der Interventionen am Devisenmarkt, grundlegende Entscheidungen in der Wechselkurspolitik gegenüber *Drittlandswährungen* (wie dem US-Dollar) fallen aber in die Zuständigkeit des Ministerrats der EU. Genauer bestimmt Artikel 109 folgendes:

- Bei grundsätzlich *festen* Wechselkursen gegenüber Drittlandswährungen kann der Ministerrat (mit qualifizierter Mehrheit) Leitkurse festlegen, ändern oder aufgeben, allerdings nur nach Anhörung der EZB, und zwar (wie es in Artikel 109 (1) heißt) „in dem Bemühen, zu einem mit dem Ziel der Preisstabilität im Einklang stehenden Konsens zu gelangen, …".
- Bei grundsätzlich *flexiblen* Wechselkursen gegenüber Drittwährungen kann der Ministerrat (mit qualifizierter Mehrheit) allgemeine Orientierungen für die Wechselkurspolitik gegenüber diesen Währungen geben, die allerdings (wie es im Artikel 109 (2) heißt) „das vorrangige Ziel des ESZB, die Preisstabilität zu gewährleisten, nicht beeinträchtigen (dürfen)".

---

[3] Zur Neufassung des Gesetzes über die Deutsche Bundesbank siehe Bundesgesetzblatt, Teil I (1997), Nr. 88 vom 22. Dezember 1997, S. 3274 f. – Zur bis zum Eintritt in die Endstufe geltenden Fassung der §§ 3 und 12 vgl. Band II, Unterabschnitt I. 3a).

[4] Dazu übertragen die nationalen Zentralbanken einen ihrem jeweiligen Anteil am gezeichneten Kapital entsprechenden Anteil ihrer Währungsreserven an die EZB, und zwar insgesamt bis zu einem Gegenwert von 50 Mrd. Euro (EUR). Die EZB kann über diesen Betrag hinaus unter bestimmten Bedingungen die Einzahlung weiterer Währungsreserven fordern.

Devisenmarktinterventionen sind nicht nur gegenüber Drittlandswährungen möglich, sie können auch durch das sog. EWS 2 bedingt sein. Dieser dem Europäischen Währungssystem (EWS)[5] ähnelnde Wechselkursmechanismus regelt die Wechselkursbeziehungen zwischen EU-Mitgliedern, die der Währungsunion (und damit dem Euro-Währungsraum) angehören, und jenen EU-Mitgliedern, die ihr noch nicht angehören (kurz: Nicht-Teilnehmer)[6]. Wesentlich für das EWS 2 ist, daß für die Währungen der Nicht-Teilnehmer an der Währungsunion änderbare[7] Leitkurse gegenüber dem Euro festgelegt werden[8], um die die Wechselkurse nur innerhalb einer Bandbreite von ± 15 v. H. des Leitkurses schwanken dürfen. Die zur Einhaltung der vereinbarten Schwankungsbreite erforderlichen *obligatorischen Interventionen* am Devisenmarkt werden von der Zentralbank der betroffenen Nicht-Teilnehmerwährung und der EZB durchgeführt, und zwar in unbegrenzter Höhe. Der aus den Interventionen resultierende, auf die Währung des Kreditgebers lautende Schuldnersaldo ist – wie bei der sehr kurzfristigen Finanzierung im EWS – wie folgt auszugleichen: Die Erstfälligkeit liegt vor dem 16. des *dritten* Monats nach dem Monat, in dem interveniert wird; eine Verschiebung der Fälligkeit ist möglich, und zwar ohne Zustimmung der Gläubigernotenbank um drei Monate und mit Zustimmung der Gläubigernotenbank um weitere drei Monate. Sowohl die EZB als auch die in das EWS 2 einbezogenen nationalen Zentralbanken haben die Möglichkeit, die obligatorischen Interventionen und deren Finanzierung auszusetzen, wenn die hiermit verbundene Geldmengenexpansion das vorrangige Ziel der Preisniveaustabilität gefährdet. Die Teilnahme am EWS 2-Wechselkurssystem ist für die EU-Mitglieder, die dem Euro-Währungsraum noch nicht angehören, freiwillig.

Wie im EWS können im EWS 2 neben den obligatorischen Interventionen am Devisenmarkt auch Interventionen innerhalb der Bandbreiten durchgeführt werden. Mit solchen *intramarginalen Interventionen*, die im Einvernehmen zwischen EZB und der jeweiligen nationalen Zentralbank vorzunehmen sind, läßt sich u.U. verhindern, daß die Wechselkurse an die Grenzen der Bandbreite stoßen und dadurch Spekulationen über Leitkursänderungen auslösen.

---

[5] Siehe dazu genauer Band II, Unterabschnitt I. 3c) bb), und JARCHOW, RÜHMANN, Monetäre Außenwirtschaft, II, a.a. O., Abschnitt VIII. 2.

[6] Hierbei handelt es sich um: Dänemark, Griechenland, Großbritannien und Schweden.

[7] Ein Verfahren zur Überprüfung der Leitkurse kann von allen beteiligten Zentralbanken, also auch von der EZB, und von den Finanzministern sowie der EU-Kommission eingeleitet werden.

[8] Zum Verfahren siehe genauer: EUROPÄISCHES WÄHRUNGSINSTITUT, Die einheitliche Geldpolitik in Stufe 3. Festlegung des Handlungsrahmens, Januar 1997, S. 69.

*cc) Unabhängigkeit.* – Theoretische Erwägungen und empirische Untersuchungen zur Antiinflationspolitik von Zentralbanken[9] lassen vermuten, daß die EZB ihr vorrangiges Ziel, die Preisniveaustabilität, nur realisieren kann, wenn sie unabhängig ist. Diesem Erfordernis trägt der Artikel 107 des EG-Vertrages (analog zu § 12 BBankG[10]) Rechnung. Danach

> „... *darf weder die EZB noch eine nationale Zentralbank noch ein Mitglied ihrer Beschlußorgane Weisungen von Organen oder Einrichtungen der Gemeinschaft, Regierungen der Mitgliedstaaten oder anderen Stellen einholen oder entgegennehmen*".

Die hierdurch kodifizierte *institutionelle Unabhängigkeit* ist durch *personelle* und *funktionelle Unabhängigkeit* zu ergänzen. Auf erstere wird im folgenden Unterabschnitt b) noch eingegangen; letztere bedeutet, daß die EZB in die Lage versetzt wird, das Wachstum der Euro-Geldbasis und damit der Euro-Geldmenge im Sinne der Preisniveaustabilität zu kontrollieren. Die so verstandene funktionelle Unabhängigkeit könnte durch den Zwang, Budgetdefizite mit Zentralbankkrediten finanzieren oder auf dem Devisenmarkt intervenieren zu müssen, gefährdet werden. Wie bereits erwähnt[11], verbietet jedoch Art. 104 in Verbindung mit Art. 109e (3) des EG-Vertrages den Zentralbanken der EU-Mitgliedstaaten bereits seit dem am 1.1.1994 vollzogenen Übergang zur zweiten Stufe der EWWU, Kredite an öffentliche Stellen zu gewähren. Die für die Devisenmarktinterventionen maßgeblichen Wechselkursregelungen, für die der EU-Ministerrat zuständig ist, sollen zwar auch dem Ziel der Preisniveaustabilität Rechnung tragen, sie schließen aber eine Beeinträchtigung der funktionellen Unabhängigkeit der EZB sowie einen Konflikt zwischen politischen Instanzen und EZB wegen bestehender Interpretationsspielräume nicht aus.

### b) Organisation

*aa) Das Europäische System der Zentralbanken (ESZB).* – Aufbau und Zusammensetzung des ESZB ähneln der Organisationsstruktur der Deutschen Bundesbank[12]. Wie schon erwähnt, besteht das ESZB aus der

---

[9] Einzelheiten hierzu siehe Band II, Abschnitt IV.1.

[10] In § 12 BBankG heißt es (vor und nach der Neufassung), daß die Bundesbank „bei der Ausübung der Befugnisse, die ihr nach diesem Gesetz zustehen, von Weisungen der Bundesregierung unabhängig (ist)".

[11] Siehe Unterabschnitt III. 3a) aa).

[12] Organe der Deutschen Bundesbank sind der Zentralbankrat, das Direktorium mit dem Präsidenten, Vizepräsidenten und bis zu sechs weiteren Mitgliedern sowie die Vorstände der Landeszentralbanken. Der Zentralbankrat besteht aus den Mitgliedern des Direktoriums und den Präsidenten der (neun) Landeszentralbanken. Siehe hierzu genauer Band II, Unterabschnitt I. 3b).

Europäischen Zentralbank (EZB) und den nationalen Zentralbanken (NZBen). Die Beschlußorgane des ESZB sind der *EZB-Rat* und das *Direktorium*; sie leiten das ESZB. Der **EZB-Rat,** bestehend aus dem Direktorium mit dem Präsidenten, dem Vizepräsidenten und vier weiteren Mitgliedern sowie den Präsidenten der NZBen, legt die Geldpolitik in der EWWU fest; das **Direktorium** als zentrales Exekutivorgan ist für die Umsetzung verantwortlich. Entsprechend dem *Subsidiaritätsprinzip* (also des grundsätzlichen Vorrangs der unteren vor der oberen Ebene) obliegt die Ausführung der geldpolitischen Beschlüsse im wesentlichen den NZBen, die hierzu die erforderlichen Weisungen vom Direktorium erhalten.

Die *Abstimmungsmodalitäten* im EZB-Rat sind wie folgt geregelt: Abgesehen von Abstimmungen in bestimmten finanziellen Angelegenheiten (wie z.B. bei der Zeichnung des Kapitals, der Übertragung von Währungsreserven und der Verteilung von Gewinnen bzw. Verlusten), bei denen eine Stimmengewichtung[13] erfolgt, hat jedes (anwesende) Mitglied bei Abstimmungen im EZB-Rat *eine Stimme*. Grundsätzlich beschließt der EZB-Rat mit einfacher Mehrheit, wobei im Falle der Stimmengleichheit die Stimme des Präsidenten den Ausschlag gibt[14].

Der Präsident, der Vizepräsident und die weiteren Mitglieder des Direktoriums werden von den Regierungen der Mitgliedstaaten auf der Ebene der Staats- und Regierungschefs auf Empfehlung des Rates (auf Ministerebene), der hierzu das Europäische Parlament und den EZB-Rat anhört, einvernehmlich ausgewählt und ernannt. Ihre Amtszeit beträgt acht Jahre; eine Wiederernennung ist nicht möglich[15]. Die Präsidenten der nationalen Zentralbanken werden nach den für die NZBen relevanten innerstaatlichen Rechtsvorschriften für eine Amtszeit von mindestens fünf Jahren gewählt. So wird der Präsident der Deutschen Bundesbank nach § 7 (3) BBankG vom Bundespräsidenten auf Vorschlag der Bundesregierung, die hierzu den Zentralbankrat anhört, bestellt. Aus der Bestellung der Mitglieder des EZB-Rats könnte sich trotz der in Artikel 107 des EG-Vertrages gesetzlich verankerten Unabhängigkeit die Möglichkeit einer gewissen politisch motivierten Beeinflussung der EZB über die Auswahl der Mitglieder ihrer Beschlußorgane ergeben. Zwar wird die personelle Unabhängigkeit im Direktorium der EZB dadurch gestärkt, daß die Amtszeit seiner Mitglieder acht Jahre beträgt[16]; die Amtszeit der Präsi-

---

[13] Zu dem dabei relevanten Gewichtungsschlüssel siehe Art. 10.3 der Protokolle über die Satzung des ESZB, die im EU-Vertrag gesetzlich verankert ist. Siehe hierzu Europäische Gemeinschaft ..., a. a. O., S. 190ff.

[14] In Ausnahmen ist eine qualifizierte Mehrheit erforderlich, z. B. bei Abstimmungen über das Kapital der EZB. Zur Definition der qualifizierten Mehrheit siehe Artikel 10.3 der Satzung des ESZB.

[15] Siehe zu diesen Bestimmungen Artikel 109a (2) b) des EG-Vertrages.

[16] Zu beachten ist allerdings, daß bei der *erstmaligen Ernennung* der Mitglieder des

denten der NZBen erscheint jedoch unter diesem Aspekt eher zu kurz, wenn sie nur der vorgesehenen Mindestamtszeit von fünf Jahren entspricht.

Die Organisationsstruktur des EZB wird durch Schaubild 7 noch einmal zusammengefaßt und illustriert.

Schaubild 7: *Die Organisationsstruktur der EZB*

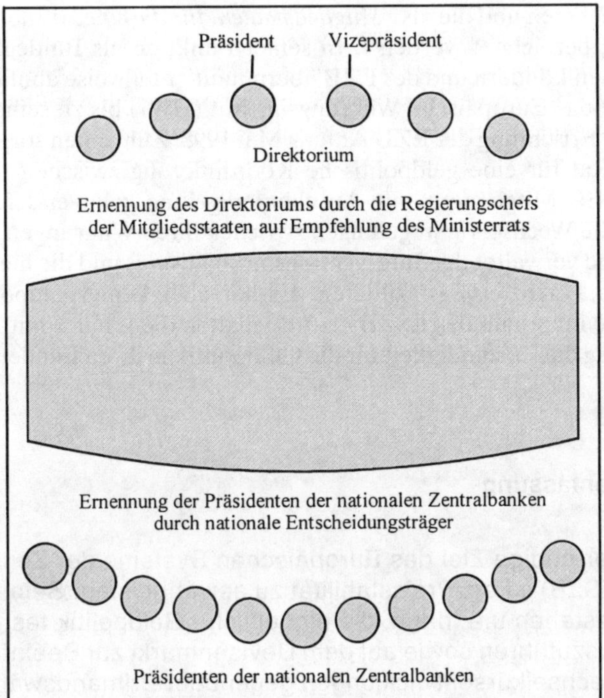


Mit der Teilnahme Deutschlands an der Endstufe der EWWU verändert sich die Rolle des Zentralbankrats der Deutschen Bundesbank erheblich. Nach § 6 (1) BBankG in der bis Ende 1998 gültigen Fassung bestimmt er „die Währungs- und Kreditpolitik der Bank", nach der vom 1.1.1999 an gültigen Neufassung von § 6 (1) bestimmt er „die Geschäftspolitik der Bank" und handelt bei „der Erfüllung der Aufgaben des Euro-

Direktoriums Sonderregelungen anzuwenden waren und dementsprechend der Vizepräsident nur für eine Dienstzeit von vier Jahren und die weiteren Mitglieder für eine Dienstzeit zwischen fünf und acht Jahren ernannt wurden.

päischen Systems der Zentralbanken ... im Rahmen der Leitlinien und Weisungen der Europäischen Zentralbank".

*bb) Der Erweiterte Rat der EZB.* – Solange noch nicht alle EU-Mitglieder an der Währungsunion teilnehmen, wird als drittes Beschlußorgan der EZB ein **Erweiterter Rat** eingerichtet. Ihm gehören der Präsident und Vizepräsident der EZB an sowie die Präsidenten der Zentralbanken *aller* EU-Mitglieder, also einschließlich jener, die an der Währungsunion noch nicht teilnehmen und die als „*Mitgliedstaaten, für die eine Ausnahmeregelung gilt*", bezeichnet werden[17]. In seiner Funktion als Bindeglied zwischen diesen Ländern und der EZB übernimmt er teilweise ähnliche Aufgaben wie das Europäische Währungsinstitut (EWI) bis zu seiner Liquidation bei Errichtung der EZB Anfang Mai 1998: Zum einen sorgt der Erweiterte Rat für eine geldpolitische Koordinierung zwischen der EZB und den EU-Mitgliedern mit Ausnahmeregelung, zum anderen überwacht er die Wechselkursregelungen zwischen ihren Währungen, also das EWS 2, und verwaltet den Interventionsmechanismus und die hierfür vorgesehenen Finanzierungsfazilitäten. Er hat aber keine geldpolitischen Befugnisse innerhalb des ESZB; dafür behalten die Länder mit Ausnahmeregelung die Zuständigkeit für die Geldpolitik in ihren Ländern.

## Zusammenfassung

1. Das vorrangige Ziel des Europäischen Systems der Zentralbanken (ESZB) ist es, Preisstabilität zu gewährleisten. Seine Aufgaben bestehen u.a. darin, die einheitliche Geldpolitik festzulegen und auszuführen sowie auf dem Devisenmarkt zur Beeinflussung von Wechselkursentwicklungen gegenüber Drittlandswährungen oder im EWS 2 zu intervenieren.
2. Die EZB ist in ihren geldpolitischen Entscheidungen von Weisungen (z.B. seitens der Regierungen von Mitgliedstaaten oder Einrichtungen der Gemeinschaft) unabhängig. Die Unabhängigkeit wird unter funktionalem Aspekt durch das Verbot von Zentralbankkrediten an öffentliche Stellen unterstützt.
3. Das ESZB setzt sich aus der Europäischen Zentralbank (EZB) als zentraler Institution und den nationalen Zentralbanken (NZBen) zusammen. Der EZB-Rat, bestehend aus dem Präsi-

---

[17] Die weiteren Mitglieder des EZB-Direktoriums können an den Sitzungen des Erweiterten Rates teilnehmen, aber ohne Stimmrecht.

denten, dem Vizepräsidenten und vier weiteren Mitgliedern des Direktoriums sowie den Präsidenten der NZBen, ist das zentrale Entscheidungsorgan für die einheitliche Geldpolitik, das Direktorium das zentrale Exekutivorgan. Zur Ausführung der Geldpolitik erteilt das Direktorium den NZBen die hierfür erforderlichen Weisungen.

4. Der Erweiterte Rat der EZB besteht aus dem Präsidenten und Vizepräsidenten der EZB sowie aus den Präsidenten der nationalen Zentralbanken aller EU-Mitglieder, d.h. einschließlich jener, die an der Währungsunion noch nicht teilnehmen (Länder mit Ausnahmeregelung). Er sorgt für eine koordinierte Geldpolitik zwischen den Ländern mit Ausnahmeregelung und der EZB und ist für die Überwachung und Verwaltung des EWS 2 zuständig.

## 2. Zur geldpolitischen Strategie

Eine geldpolitische Strategie beschreibt die konzeptionelle Vorgehensweise einer Zentralbank bei Verfolgung ihres wirtschaftspolitischen Endziels. Sie betrifft den geldpolitischen Entscheidungsprozeß innerhalb der Zentralbank sowie die Darstellung und Begründung der Entscheidungen nach außen. Für die Diskussion einer vom ESZB angewendeten und vom EZB-Rat zu beschließenden geldpolitischen Strategie bieten sich die bisher schon von nationalen Zentralbanken innerhalb der EU praktizierten Vorgehensweisen an. Hierauf wird im folgenden zunächst eingegangen.

### a) Mögliche Strategien

Vor dem Übergang in die Endstufe der EWWU wurden innerhalb der EU insbesondere die folgenden drei Strategien befolgt: ein Wechselkursziel, ein Geldmengenziel und ein direktes Inflationsziel[1].

*aa) Wechselkursziel.* – Eine Zentralbank verfolgt ein **Wechselkursziel,** wenn sie ihre Geldpolitik so ausrichtet, daß sie den Wechselkurs zwischen ihrer Währung und einer kaufkraftstabilen Fremdwährung innerhalb einer engen Bandbreite stabilisiert. Indem sie die kaufkraftstabile Fremdwährung als nominalen Anker ihrer Geldpolitik verwendet, bindet sie die eigene Geldpolitik an die des Landes mit der Ankerwährung.

Innerhalb der EU hatten Österreich und die Niederlande schon seit längerem (und später auch Belgien einschließlich Luxemburg sowie Dänemark) eine wechselkursorientierte Geldpolitik betrieben, und zwar gegenüber der D-Mark. Aus der Sicht der Theorie optimaler Währungsräume spricht im Fall dieser Länder, d. h. allgemeiner: im Fall *kleiner Länder mit großem Offenheitsgrad* in bezug auf den Außenhandel, einiges für eine Wechselkursstabilisierung gegenüber einer Ankerwährung. Wechselkursänderungen würden nämlich insbesondere wegen einer Anpassung der Importpreise relativ umfassend und schnell zu Veränderungen der Inlandspreise führen, z.B. eine Abwertung zu einer Preiserhöhung, durch die die Wirkungen der Wechselkursänderungen auf den Außenbeitrag abgeschwächt bzw. kompensiert werden. Aus diesem Grund kommt

---

[1] Weitere mögliche Strategien bestehen darin, die Geldpolitik an einer Zwischenzielgröße für das Wachstum des nominalen Sozialprodukts, an bestimmten Zinssätzen oder an der Zinsstruktur auszurichten. Vgl. O. Issing, Einführung in die Geldpolitik. 6., überarb. Aufl. München 1996. S. 181 ff.

Wechselkursänderungen ebenso wie Maßnahmen der Geldpolitik, die auf Grund von Kapitalbewegungen rasch zu Wechselkursänderungen führen, für kleine Länder mit großem Offenheitsgrad nur eine relativ geringe stabilisierungspolitische Bedeutung zu. Für eine große Region mit relativ geringem Offenheitsgrad, wie sie der Euro-Währungsraum darstellt, gelten diese Erwägungen aber nicht. Deshalb machen die mit einer Wechselkursorientierung verbundene Beschränkung der geldpolitischen Autonomie und die dadurch u.U. bedingte Gefährdung der Preisniveaustabilität ein Wechselkursziel (z.B. gegenüber dem US-Dollar) zu einer ungeeigneten Option für eine geldpolitische Strategie der ESZB.

*bb) Geldmengenziel.* – Ein **Geldmengenziel** war seit Mitte der siebziger Jahre Kernstück der geldpolitischen Strategie der Deutschen Bundesbank. Sie bestand seit 1988 darin, für ein Jahr im voraus einen Zielkorridor für das angestrebte Wachstum der Geldmenge *M3* festzulegen und anzukündigen[2]. Mit dieser Zwischenzielstrategie verfolgte sie die Absicht, die inflationäre Entwicklung auf eine explizit herausgestellte Inflationsnorm von 1,5 bis 2 v.H. zu begrenzen. Die Begründung für die Verwendung eines geldpolitischen Zwischenziels ergibt sich daraus, daß die Zentralbank ihre laufenden antiinflationären Maßnahmen wegen unsicherer, langer und dabei variabler time lags bei der Reaktion der Inflationsrate nicht an der laufenden Inflationsrate ausrichten kann. In empirischer Hinsicht setzt eine Geldmengenstrategie voraus, daß die langfristige Geldnachfrage hinreichend stabil ist und sich die trendmäßige (also konjunkturunabhängige) Umlaufsgeschwindigkeit des Geldmengenaggregats deshalb als zuverlässig prognostizierbar erweist[3]. Wie sich zeigte, wurde diese Voraussetzung in einigen Ländern wegen fortwährender Strukturbrüche in der Geldnachfragefunktion (anders als in Deutschland) nicht erfüllt, so daß eine Reihe von Zentralbanken, die die Geldmengenstrategie in den 70er Jahren eingeführt hatten, diese (anders als die Bundesbank) in den 80er Jahren wieder aufgegeben haben.

*cc) Direktes Inflationsziel.* – Im Rahmen einer Strategie des **direkten Inflationsziels,** wie sie innerhalb der EU in der ersten Hälfte der neunziger Jahre in Großbritannien, Schweden, Finnland und Spanien eingeführt wurde, gibt die Zentralbank (bzw. die Regierung) im voraus bekannt, welchen Preisanstieg sie als tolerierbar betrachtet. Grundsätzlich kann sich die Festlegung dabei auf eine Zielgröße für die *Inflationsrate* oder auf einen Zielpfad für die Entwicklung des *Preisniveaus* beziehen. Die zweite

---

[2] Vgl. dazu genauer Band II, Unterabschnitt IV.2c).

[3] Zur Rolle der Umlaufsgeschwindigkeit bei der Quantifizierung der Zielvorgabe siehe Band II, Unterabschnitt IV.2c) bb).

Variante impliziert – anders als die erste –, daß bei Überschreiten des Zielpfades in einer Periode die Inflationsrate in der nächsten Periode reduziert werden muß, um wieder auf die Ziellinie zu gelangen[4]. In der geldpolitischen Praxis fand bisher nur die erste (bezüglich der Preisniveaustabilität weniger strenge) Variante Anwendung[5].

Da die Inflationsrate mit unsicheren, langen und variablen time lags auf geldpolitische Maßnahmen reagiert, sind zur Umsetzung einer Strategie des direkten Inflationsziels regelmäßige *Inflationsprognosen* erforderlich, und zwar für *den* zukünftigen Zeitraum, auf den sich die Ankündigung der angestrebten Inflationsrate bezieht. Zeigt sich dann, daß die prognostizierte Inflationsrate höher ist als die angestrebte, werden die geldpolitischen Instrumente kontraktiv, im umgekehrten Fall expansiv eingesetzt. In die Prognose der Inflationsrate gehen eine ganze Reihe von Indikatorgrößen ein, z.B. Wechselkurse, Rohstoffpreise, Lohnentwicklungen, Kapazitätsauslastung, Zinssätze, Zinsstruktur sowie Geldmengenaggregate. In empirischer Hinsicht setzt eine Strategie des direkten Inflationsziels demnach voraus, daß zwischen den Indikatorgrößen und der zukünftigen Inflationsrate eine stabile Beziehung besteht.

**b) Beurteilungskriterien**

Wie bereits erwähnt, erscheint ein Wechselkursziel wegen der Größe des Euro-Währungsraums als geldpolitische Konzeption für das ESZB ungeeignet. Inwieweit das Geldmengenziel und das direkte Inflationsziel hierfür in Frage kommen, ist an Hand von Kriterien zu beurteilen, die aus dem mit einer geldpolitischen Strategie verfolgten Zweck hergeleitet werden. Der wesentliche Zweck einer geldpolitischen Strategie besteht darin, die von den Wirtschaftssubjekten erwartete Inflationsrate auf dem Niveau der angestrebten (niedrigen) Inflationsrate zu stabilisieren, um bei antiinflationärer Ausrichtung der Geldpolitik Stabilisierungskrisen zu vermeiden. Die Verankerung der Inflationserwartungen durch Veröffentlichung des Endziels und ggf. des Zwischenziels setzt voraus, daß die Zentralbank in Hinblick auf die Realisierung des von ihr angekündigten Ziels glaubwürdig ist. *Glaubwürdigkeit* wird durch *Transparenz* der Geldpolitik, *Verantwortlichkeit* der Zentralbank und *Kontinuität* einer bewährten Konzeption gefördert. *Transparenz* bedeutet, daß die Zentralbank ihr geldpolitisches Ziel präzisiert und publiziert (z.B. als Inflationsziel oder

---

[4] Zu den Unterschieden der beiden Varianten siehe genauer F.S. Mishkin, A.S. Posen, Inflation Targeting: Lessons from Four Countries. „Federal Reserve Bank of New York Economic Policy Review", Vol. 3, No. 3 (1997), S. 17f.

[5] Vgl. ebenda, S. 93.

Inflationsnorm von 1,5 bis 2 v. H.). Transparenz beinhaltet ferner, daß die geldpolitische Strategie, die den Einsatz der geldpolitischen Instrumente lenkt, verständlich und einsichtig ist. Auf diese Weise trägt Transparenz dazu bei, die Zielkonsistenz der laufenden geldpolitischen Maßnahmen zu verdeutlichen und damit auch Befürchtungen entgegenzuwirken, daß die Zentralbank – entsprechend der Zeitinkonsistenzhypothese[6] – aus beschäftigungspolitischen Gründen den angekündigten antiinflationären Kurs verläßt und eine Überraschungsinflation herbeiführt[7]. Kann der Zentralbank die *Verantwortlichkeit* für die Realisierung von Zielgrößen eindeutig zugeordnet werden, dann steht sie bei Zielverfehlungen in der Pflicht, gegenüber der Öffentlichkeit Rechenschaft abzulegen. Der mit der Verantwortlichkeit verbundene Rechtfertigungszwang führt zu einer Selbstdisziplinierung der Zentralbank. *Kontinuität* bedeutet schließlich, daß das ESZB an eine erfolgreiche geldpolitische Strategie einer NZB aus der Zeit vor Errichtung der Währungsunion anknüpft und sich dadurch auf sie Reputation überträgt.

Wird bei einer Geldmengenstrategie die Zwischenzielgröße aus einer übergeordneten Inflationsnorm hergeleitet und diese als präzise formuliertes Endziel veröffentlicht, dann weist ein Geldmengenziel in Hinblick auf alle drei Kriterien Vorteile gegenüber einem direkten Inflationsziel aus. Unter dem Aspekt der *Transparenz* hat es den Vorteil, daß die Beurteilung der laufenden Geldpolitik an Hand der Geldmengenentwicklung einfacher und eindeutiger erscheint als an Hand der Inflationsprognose, die wegen der Vielzahl der verwendeten Indikatoren schwer nachzuvollziehen ist. Da die Geldmengenentwicklung einer direkteren Kontrolle unterliegt als die tatsächliche bzw. erwartete Inflationsrate, kann der Zentralbank bei Fehlentwicklungen auch eindeutiger die *Verantwortlichkeit* zugeordnet werden als bei Verfolgung eines direkten Inflationsziels. Der hiermit verbundene Rechtfertigungszwang führt insofern zu einer Selbstdisziplinierung, als die Zentralbank Zwischenzielverfehlungen nur zulassen wird, wenn ihr diese in Hinblick auf Preisniveaustabilität unbedenklich erscheinen und sie dieses gegenüber der Öffentlichkeit überzeugend darlegen kann. Unter dem Aspekt der *Kontinuität* spricht für ein pragmatisch verfolgtes Geldmengenziel, daß die Bundesbank diese Strategie über mehr als zwanzig Jahre betrieben hat und der Preisanstieg in Deutschland über diesen langen Zeitraum deutlich geringer ausgefallen ist als im Durchschnitt der anderen EU-Staaten. Zwar war die Antiinflationspolitik in den neunziger Jahren auch in jenen Ländern erfolgreich, die in dieser Zeit zur Strategie eines direkten Inflationsziels übergingen, doch

---

[6] Siehe dazu Unterabschnitt V. 2a) dd).

[7] Vgl. T. D. Lane, Which Strategy of Monetary Policy for Europe? In: Monetary Policy in an Integrated World Economy. (Ed. by H. Siebert). Tübingen 1996. S. 175.

ist ihr Erfahrungshorizont nur auf wenige Jahre begrenzt und umfaßt zudem eine Periode, in der die Inflationsraten generell rückläufig waren.

Wie schon erwähnt, fehlt der Geldmengenstrategie die solide Basis, wenn die Geldnachfragefunktion nicht stabil und die langfristige Entwicklung der Geldumlaufsgeschwindigkeit deshalb schwer prognostizierbar ist. Gegenüber Strukturbrüchen im monetären Bereich erscheint die Strategie eines direkten Inflationsziels demgegenüber robuster und insofern vorteilhafter, da dieses Konzept bei der Prognose der Inflationsrate neben Geldmengenaggregaten noch eine ganze Reihe anderer Indikatorvariablen verwertet[8]. Zu beachten ist allerdings, daß auch eine zuverlässige Inflationsprognose eine stabile Beziehung zwischen den Indikatorvariablen und der zukünftigen Inflationsrate voraussetzt. Außerdem deuten zahlreiche empirische Untersuchungen zur aggregierten Geldnachfrage von Ländergruppen im EU-Raum darauf hin, daß die EU-weite Geldnachfragefunktion langfristig hinreichend stabil ist, wobei die Ergebnisse in Hinblick auf statistische Prüfkriterien befriedigender ausfallen als für entsprechende nationale Beziehungen[9]. Allerdings ist nicht sicher, ob der ermittelte enge Zusammenhang auch nach Eintritt in die dritte Stufe der EWWU erhalten bleibt. Zum einen stellt der Übergang von einer nationalen Geldpolitik zu einer Währungsunion mit Einheitswährung einen gravierenden Systemwechsel dar, zum anderen ist zu bedenken, daß manche Faktoren, die vor Gründung der EWWU zur Stabilität der aggregierten Geldnachfrage beigetragen haben, in der EWWU u. U. nicht mehr in gleichem Maße wirksam sind[10].

Angesichts der gerade in der Anfangsphase möglichen Unsicherheiten für eine Geldmengenstrategie könnte es sich als zweckmäßig erweisen, diese mit einem relativ breiten Zwischenzielkorridor zu beginnen und neben einer grundsätzlichen Orientierung der Geldpolitik an einem Geldmengenaggregat als Zwischenziel auch Informationen über andere Einflußgrößen der Preisentwicklung (wie Lohnstückkosten, Importpreise und Wechselkurse) zu nutzen. Derartige Indikatoren, die Elemente der Strategie eines direkten Inflationsziels darstellen, wurden auch von der Deutschen Bundesbank bei ihrer pragmatisch gehandhabten und dabei

---

[8] Vgl. King, a. a. O., S. 60.

[9] Vgl. F. X. Browne, G. Fagan, J. Henry, Money Demand in EU Countries: A Survey. „Staff Paper No. 7. European Monetary Institute“, 1997, S. 16f., sowie Deutsche Bundesbank, Monatsbericht Januar 1998, S. 47.

[10] Hierzu gehören z. B. Störungen der Geldnachfrage auf Grund finanzieller Innovationen, die bisher im Ausmaß und Zeitablauf von Land zu Land in der EU unterschiedlich ausfielen und sich dadurch bei Aggregation zu Ländergruppen teilweise ausgleichen, in einer Währungsunion dann aber stärker korreliert sein könnten (vgl. Lane, a. a. O., S. 179f.). – Weitere Gründe finden sich in Browne, Fagan, Henry, a. a. O., S. 16f.

erfolgreichen Geldmengensteuerung berücksichtigt, um Gefährdungen der künftigen Preisniveaustabilität möglichst früh und umfassend abschätzen zu können.

Wie auch immer der EZB-Rat in der Frage der geldpolitischen Strategie entscheidet, zur Präzisierung des Ziels der Preisniveaustabilität sollte eine explizit herausgestellte Inflationsnorm hierbei ein Schlüsselelement darstellen. Wegen der unsicheren, langen und variablen time lags, mit denen die Inflationsrate auf die Geldpolitik reagiert, erscheint es zudem angebracht, die laufenden geldpolitischen Maßnahmen in pragmatischer Weise und auf mittlere Sicht an einem Zwischenziel in Form einer angekündigten Geldmengenwachstumsrate zu orientieren.

## Zusammenfassung

1. Vor dem Übergang in die Endstufe der EWWU wurden innerhalb der EU von nationalen Zentralbanken insbesondere die folgenden drei Strategien befolgt: ein Wechselkursziel, ein Geldmengenziel und ein direktes Inflationsziel. Ein Wechselkursziel erscheint für das ESZB wegen der Größe des Euro-Währungsraums als eine ungeeignete geldpolitische Strategie.
2. Mit einer Geldmengenstrategie werden wegen langer, unsicherer und variabler time lags, mit denen die Inflationsrate auf geldpolitische Maßnahmen reagiert, im voraus angekündigte Zwischenziele in Form einer bestimmten Wachstumsrate für ein Geldmengenaggregat angesteuert. Bei einer Strategie eines direkten Inflationsziels versucht die Zentralbank, unter Berücksichtigung von Einschätzungen bzw. Prognosen der zukünftigen Inflation eine bestimmte, im voraus angekündigte Inflationsrate zu realisieren.
3. Für die Beurteilung einer geldpolitischen Strategie werden u.a. Kriterien herangezogen wie Transparenz der Geldpolitik, Verantwortlichkeit der Zentralbank und Kontinuität einer bewährten Konzeption. Eine auf einer veröffentlichten Inflationsnorm basierende Geldmengenstrategie weist in Hinblick auf alle drei Kriterien gegenüber dem Konzept eines direkten Inflationsziels Vorteile auf. Letzteres könnte sich allerdings in Hinblick auf mögliche Strukturbrüche im monetären Bereich als robuster erweisen als eine Geldmengenstrategie.

## 3. Geldpolitisches Instrumentarium

### a) Überblick

Unter den geldpolitischen Operationen des ESZB[1] spielen die Offenmarktgeschäfte eine dominierende Rolle. Sie erfolgen auf Initiative des ESZB und dienen der Steuerung der Zinssätze und der Zentralbankgeldversorgung (Liquidität) „am Markt", insbesondere am Geldmarkt. Die Offenmarktgeschäfte werden im folgenden in drei Kategorien unterteilt, und zwar in das Hauptrefinanzierungsinstrument und längerfristige Refinanzierungsgeschäfte (Unterabschnitt b)), die Feinsteuerungsoperationen (Unterabschnitt c)) und die strukturellen Operationen (Unterabschnitt d)). Neben die im Mittelpunkt stehenden Offenmarktgeschäfte treten als flankierende Instrumente zwei *ständige Fazilitäten*, nämlich die Spitzenrefinanzierungsfazilität und die Einlagefazilität (Unterabschnitt e)). Erstere steht für den Fall einer als übermäßig angesehenen Liquiditätsanspannung, letztere für den Fall einer als übermäßig angesehenen Liquiditätsverflüssigung zur Verfügung. Mit den Offenmarktgeschäften, insbesondere mit dem Hauptrefinanzierungsinstrument, steuert das ESZB kurzfristige Geldmarktsätze wie den Tagesgeldsatz im Sinne eines kurzfristigen Operationsziels, und zwar innerhalb einer Bandbreite, die durch die ständigen Fazilitäten i.a. nach oben und unten begrenzt werden. Ergänzt werden die geldpolitischen Operationen schließlich noch durch ein *Mindestreservesystem* (Unterabschnitt f)).

Grundlage der Darstellung sind Berichte des Europäischen Währungsinstituts und der Deutschen Bundesbank über die Vorbereitung der Geldpolitik des ESZB sowie Beschlüsse des EZB-Rats bis September 1998.

### b) Hauptrefinanzierungsinstrument und längerfristige Refinanzierungsgeschäfte

*aa) Hauptrefinanzierungsinstrument.* – Wie schon aus der Bezeichnung hervorgeht, ist das Hauptrefinanzierungsinstrument das wichtigste Offenmarktgeschäft. Das **Hauptrefinanzierungsinstrument** bilden regelmäßig wöchentlich stattfindende liquiditätszuführende Transaktionen mit einer

[1] Siehe hierzu Europäisches Währungsinstitut, Die einheitliche Geldpolitik in Stufe 3. Festlegung des Handlungsrahmens, a.a.O., S.16ff. – Dasselbe, Die einheitliche Geldpolitik in Stufe 3. Allgemeine Regelungen für die geldpolitischen Instrumente und Verfahren des ESZB, September 1997, S.4ff. – H.-J. Jarchow, Von der Deutschen Bundesbank zur Europäischen Zentralbank. In: Quantitative Wirtschaftspolitik in offenen Volkswirtschaften: Theoretische Ansätze und aktuelle Entwicklungen (Festschrift zum 65. Geburtstag von Helmut Kuhn). Hrsg. von K. Farmer, H.-W. Wohltmann. Münster 1998. S.31ff.

Laufzeit von i. d. R. zwei Wochen. Sie werden – wie grundsätzlich alle geldpolitischen Operationen des ESZB – dezentral von den nationalen Zentralbanken durchgeführt. Die Liquiditätszuführung erfolgt im Tenderverfahren, d. h. durch Versteigerung von Zentralbankgeld, und zwar in Form eines **Standardtenders.** Charakteristisch hierfür ist, daß er allen als Geschäftspartner des ESZB fungierenden Kreditinstituten, die die allgemeinen Zulassungskriterien erfüllen[2], angeboten und innerhalb von 24 Stunden von der Tenderankündigung bis zur Bestätigung des Zuteilungsergebnisses abgewickelt wird. Die Durchführung kann als Mengen- oder als Zinstender erfolgen. Bei einem **Mengentender** wird der Zinssatz im voraus von der Zentralbank festgelegt, und die teilnehmenden Geschäftspartner geben Gebote über den Geldbetrag ab, für den sie zum angekündigten Zinssatz abschließen wollen. Übersteigt das gesamte Bietungsaufkommen bei einem liquiditätszuführenden Mengentender den von der Zentralbank vorgesehenen Betrag der Liquiditätsbereitstellung, dann erfolgt bei der Zuteilung von Zentralbankgeld eine Repartierung. Dabei werden die Gebote der Geschäftspartner mit einer Zuteilungsquote berücksichtigt, die durch das Verhältnis des vorgesehenen Zuteilungsbetrages zum gesamten Bietungsaufkommen bestimmt wird. Die Abwicklung wird durch das Beispiel 1 veranschaulicht[3].

Beispiel 1: *Liquiditätszuführender Mengentender*

Gebote der Geschäftspartner des ESZB in Mio. EUR:

| **Geschäftspartner** | **Gebot** |
|---|---|
| Bank A | 30 |
| Bank B | 50 |
| Bank C | 70 |
| **Insgesamt** | 150 |

Von der EZB festgelegter Zuteilungsbetrag in Mio. EUR: 75
Zuteilungsquote: (75/150) · 100 50 v. H.
Zuteilungen an die Geschäftspartner in Mio. EUR:

| **Geschäftspartner** | **Gebot** | **Zuteilung** |
|---|---|---|
| Bank A | 30 | 15 |
| Bank B | 50 | 25 |
| Bank C | 70 | 35 |
| **Insgesamt** | 150 | 75 |

---

[2] Siehe dazu Europäisches Währungsinstitut. Die einheitliche Geldpolitik in Stufe 3. Allgemeine Regelungen ..., a. a. O., S. 10 f.

[3] Siehe zu den im folgenden verwendeten Beispielen auch Europäisches Währungsinstitut. Die einheitliche Geldpolitik in Stufe 3. Allgemeine Regelungen ..., a. a. O., S. 60 ff.

Bei einem **Zinstender** geben die teilnehmenden Geschäftspartner Gebote über die Beträge und Zinssätze ab, zu denen sie mit der Zentralbank Geschäfte abschließen wollen.

Bei einem liquiditätsbereitstellenden Zinstender beginnt die Zentralbank mit der Zuteilung von Zentralbankgeld bei dem Gebot mit dem höchsten Zinssatz und akzeptiert in absteigender Reihenfolge der Zinsgebote so lange Offerten, bis der vorgesehene Betrag an Zentralbankgeld erreicht ist. Überschreitet das Gesamtvolumen der Gebote bei dem gerade noch akzeptierten Zinssatz, dem sog. **marginalen Zinssatz,** den vorgesehenen Zuteilungsbetrag, dann werden die Gebote zum marginalen Zinssatz repartiert. Die Zuteilung erfolgt beim Zinstender entweder einheitlich zum marginalen Zinssatz („*holländisches*" Zuteilungsverfahren) oder zu den jeweiligen individuellen Bietungssätzen („*amerikanisches*" Verfahren). Die Abwicklung eines Zinstenders wird mit beiden Varianten durch das Beispiel 2 veranschaulicht.

Beispiel 2: *Liquiditätszuführender Zinstender*

Gebote der Geschäftspartner des ESZB in Mio. EUR:

| **Zinssatz** (v. H.) | **Bank A** | **Bank B** | **Bank C** | **Gebote/ Zinssatz** | **Gebote kumulatrv** |
|---|---|---|---|---|---|
| 4,0 | 0 | 10 | 5 | 15 | 15 |
| 3,8 | 5 | 15 | 10 | 30 | 45 |
| 3,6 | 10 | 20 | 20 | 50 | 95 |
| *3,4* | *10* | *10* | *20* | *40* | *135* |
| 3,2 | 0 | 10 | 5 | 15 | 150 |
| **Insgesamt** | 25 | 65 | 60 | 150 | |

Von der EZB festgelegter Zuteilungsbetrag in Mio. EUR: 115

Marginaler Zinssatz 3,4 v. H.

Repartierungsquote beim marginalen Zinssatz

[(115–95)/40] · 100 50 v. H.

(Repartierte Beiträge für: A: 5, für B: 5; für C: 10).

Zuteilungen an die Geschäftspartner in Mio. EUR:

| **Geschäftspartner** | Bank A | Bank B | Bank C | **Insgesamt** |
|---|---|---|---|---|
| **Gebote insgesamt** | 25 | 65 | 60 | 150 |
| **Zuteilung insgesamt** | 20 | 50 | 45 | 115 |

Bei Zuteilung nach dem holländischen Verfahren beträgt der Zinssatz für die den Geschäftspartnern zugeteilten Beträge einheitlich 3,4 v. H.

Bei Zuteilung nach dem amerikanischen Verfahren erhält beispielsweise Bank A 5 Mio. EUR zum Zinssatz 3,8 v. H., 10 Mio. EUR zum Zinssatz 3,6 v. H. und 5 Mio. EUR zum Zinssatz 3,4 v. H.

Bei dem Hauptrefinanzierungsinstrument handelt es sich um eine befristete (reversible) Transaktion[4], d. h. am Ende der Laufzeit eines liquiditätszuführenden Standardtenders erfolgt ein automatischer Rückfluß an Zentralbankgeld zum ESZB. Deshalb lassen sich durch Einsatz des Hauptrefinanzierungsinstruments auch kontraktive Effekte auf dem Geldmarkt erzielen. Sie stellen sich ein, wenn ein auslaufender Standardtender am Fälligkeitstermin nur teilweise oder gar nicht durch einen neuen ersetzt wird.

Die Besicherung der ESZB-Forderungen an die Geschäftspartner der ESZB erfolgt bei reversiblen Offenmarktgeschäften in der Weise, daß die Geschäftspartner entweder Wertpapiere unter Rückkaufsvereinbarung an das ESZB verkaufen (wie bei den sog. Wertpapierpensionsgeschäften) oder Wertpapiere verpfänden[5]. Im ersten Fall wird das Eigentum an dem Vermögenswert auf die EZB übertragen, im zweiten Fall erhält die EZB ein Sicherungsrecht an den als Pfand hinterlegten Vermögenswerten. Welche der beiden Varianten gewählt wird, bleibt den nationalen Zentralbanken überlassen. Die Deutsche Bundesbank bereitet für die reversiblen Offenmarktgeschäfte des ESZB die Verpfändungslösung vor.

*bb) Längerfristige Refinanzierungsgeschäfte.* – Neben den wöchentlichen Standardtendern des Hauptrefinanzierungsgeschäfts, über das den Geschäftsbanken der größte Teil ihres Zentralbankgeldbedarfs bereitgestellt wird, sind die sog. **längerfristigen Refinanzierungsgeschäfte** ein weiteres wichtiges reversibles Offenmarktgeschäft, das der Liquiditätszuführung dient. Auf sie entfällt nur ein begrenzter Teil der Zentralbankgeldbereitstellung. Wie beim Hauptrefinanzierungsinstrument wird den Geschäftsbanken auch durch die längerfristigen Refinanzierungsgeschäfte Zentralbankgeld im Wege eines regelmäßig von der ESZB angebotenen Standardtenders zugeführt. Da das ESZB mit diesem Offenmarktgeschäft nicht die Absicht verfolgt, dem Markt Zinssignale zu geben und sich dementsprechend als „Preisnehmer“ verhält[6], werden die längerfri-

---

[4] Generell sind unter **befristeten Transaktionen** Geschäfte zu verstehen, bei denen das ESZB refinanzierungsfähige Titel mit Rückkaufsvereinbarung entweder kauft, verkauft oder beleiht.

[5] Die als Sicherheiten bei geldpolitischen Operationen des ESZB verwendbaren Wertpapiere, die sowohl öffentliche als auch private Schuldtitel umfassen, sind in zwei Kategorien eingeteilt. In die erste Kategorie werden nur marktfähige Schuldtitel aufgenommen, die von der EZB für den gesamten Währungsraum festgelegte Zulassungskriterien erfüllen. Zur zweiten Kategorie zählen neben weiteren marktfähigen Schuldtiteln nicht marktfähige Sicherheiten, die für nationale Finanzmärkte und Bankensysteme von besonderer Bedeutung sind und von den NZBen im Einklang mit EZB-Mindeststandards als refinanzierungsfähig eingestuft werden. Einzelheiten zu den Sicherheiten siehe Europäisches Währungsinstitut, Die einheitliche Geldpolitik in Stufe 3. Allgemeine Regelungen …, a. a. O., S. 39 ff.

[6] Siehe hierzu Europäisches Währungsinstitut, Die einheitliche Geldpolitik in Stufe 3. Allgemeine Regelungen …, a. a. O., S. 14.

stigen Refinanzierungsgeschäfte im allgemeinen als *Zinstender* durchgeführt. Die Versteigerungen von Zentralbankgeld erfolgen dabei in einem monatlichen Rhythmus bei einer Laufzeit von drei Monaten. Die längerfristigen Refinanzierungsgeschäfte bieten in Deutschland (wie auch in Österreich) in gewisser Weise einen Ausgleich für den mit dem Übergang zur einheitlichen Geldpolitik des ESZB entfallenden Rediskontkredit. Wegen der dreimonatigen Laufzeit tragen sie (wie der entfallende Rediskontkredit) zur Dispositionssicherheit insbesondere der kleinen Geschäftsbanken bei[7], zumal Handelswechsel in den Katalog refinanzierungsfähiger Sicherheiten (Katalog 2) einbezogen werden können[8].

### c) Feinsteuerungsoperationen

**Feinsteuerungsoperationen** dienen dazu, unerwartete Liquiditätsschwankungen im Bankenbereich und dadurch ausgelöste reversible Zinsausschläge am Geldmarkt zu dämpfen bzw. auszugleichen[9]. Im Unterschied zu dem Hauptrefinanzierungsinstrument und den längerfristigen Refinanzierungsgeschäften finden Feinsteuerungsoperationen unregelmäßig statt, ihre Laufzeit ist nicht standardisiert, sie werden entweder über sog. bilaterale Geschäfte oder sog. Schnelltender durchgeführt und dienen auch zur Liquiditätsabschöpfung. Auf die verschiedenen Verfahren zur Feinsteuerung wird im folgenden näher eingegangen.

*aa) Befristete Transaktionen.* – Im Rahmen der Feinsteuerung wird dem Geldmarkt durch **befristete (reversible) Transaktionen**[10] für eine bestimmte Zeitspanne Zentralbankgeld zugeführt oder entzogen. Liquiditätszuführende Transaktionen erfolgen dabei i.d.R. über einen sog. Schnelltender[11], liquiditätsentziehende Transaktionen über sog. *bilaterale Geschäfte*. **Schnelltender,** die für eine rasche Beeinflussung der Geldmarktsituation und nur zur Feinsteuerung eingesetzt werden, unterscheiden sich vom Standardtender in zweierlei Hinsicht: *Erstens* erfolgt die

---

[7] Vgl. DEUTSCHE BUNDESBANK, Informationsbrief zur Europäischen Wirtschafts- und Währungsunion, Nr. 9, September 1997, S. 5f.

[8] Die Deutsche Bundesbank wird in erster Linie Handelswechsel und Kredite der Banken an Wirtschaftsunternehmen, d.h. nicht marktfähige Sicherheiten, in die Kategorie 2 aufnehmen. Siehe ebenda, S. 13.

[9] Siehe dazu auch Band II, Unterabschnitt III. 7a) bb).

[10] Siehe zur Definition Fußnote 4 im Unterabschnitt b).

[11] Ein Rückgriff auf sog. bilaterale Geschäfte ist jedoch nicht ausgeschlossen. Siehe EUROPÄISCHES WÄHRUNGSINSTITUT, Die einheitliche Geldpolitik in Stufe 3. Allgemeine Regelungen …, a. a. O., S. 15.

Abwicklung beim Schnelltender von der Tenderankündigung bis zur Bestätigung des Zuteilungsergebnisses innerhalb nur einer Stunde und *zweitens* nimmt an einem Schnelltender nach einem Rotationsprinzip nur eine begrenzte Anzahl von Geschäftspartnern teil, die auf der Grundlage von einheitlichen Kriterien für den gesamten Euro-Währungsraum (wie der Geldmarktaktivität, der Leistungsfähigkeit der Geldhandelsabteilungen und dem Bietungspotential) ausgewählt werden. **Bilaterale Geschäfte** stellen Geschäfte dar, die das ESZB ohne Einsatz des Tenderverfahrens entweder direkt mit einem bzw. wenigen Geschäftspartnern abschließt (direkte Kontaktaufnahme) oder über Börsen und Marktvermittler abwickelt. Sie sind die einzigen Geschäfte, die in Ausnahmefällen von der EZB selbst durchgeführt werden. Im Rahmen bilateraler Geschäfte zur Feinsteuerung in Form *liquiditätsabsorbierender* befristeter Transaktionen verkauft das ESZB unter Rückkaufsvereinbarung Wertpapiere an ihre Geschäftspartner und entzieht ihnen damit Zentralbankgeld.

*bb) Devisenswapgeschäfte.* – Im Rahmen eines **Devisenswapgeschäfts** werden vom ESZB Fremdwährungen per Kasse gegen Euro gekauft und gleichzeitig per Termin wieder verkauft (liquiditätszuführende Devisenswaps) *oder* Fremdwährungen per Kasse gegen Euro verkauft und gleichzeitig wieder per Termin zurückgekauft (liquiditäsabsorbierende Devisenswaps). Bei Devisentransaktionen *per Kasse* erfolgt die Übergabe und Bezahlung der Fremdwährungen innerhalb von zwei Tagen nach Vertragsschluß, und zwar zum Kassakurs bei Vertragsschluß. Bei Devisentransaktionen *per Termin* erfolgt die Übergabe und Bezahlung der Fremdwährungen eine bestimmte Zeit nach Vertragsschluß, und zwar zu dem bei Vertragsschluß vereinbarten Terminkurs.

Devisenswaps, die auch zu den Offenmarktgeschäften zählen, werden vom ESZB nur zur Feinsteuerung eingesetzt, und zwar als liquiditätszuführende oder als liquiditätsabsorbierende Geschäfte. Dabei spielt die Differenz zwischen dem Termin- und Kassakurs eine wesentliche Rolle. Sie wird hier – in Anlehnung an die Terminologie des EWI – als **Swapsatz** bezeichnet[12]. Der den Swapsatz bestimmende Termin- und Kassakurs ist dabei als Preis eines Euro, ausgedrückt in Fremdwährung, z. B. in US-Dollar (\$/EUR), zu verstehen[13]. Liegt der Zinssatz für Fremdwährungsanlagen, z. B. Dollaranlagen, *über* dem Zinssatz für entsprechende Euro-

[12] Häufig wird auch die auf den Kassakurs bezogene Differenz als Swapsatz bezeichnet. Vgl. Band II, S. 169.

[13] Diese im Großkundengeschäft übliche Form der Wechselkursnotierung wählt das EWI in seinen Beispielen über Devisenswapgeschäfte. Siehe EUROPÄISCHES WÄHRUNGSINSTITUT. Die einheitliche Geldpolitik in Stufe 3. Allgemeine Regelungen ..., a. a. O., S. 63 ff. Auch wegen der besseren Vergleichbarkeit wird der vom EWI verwendeten und vom EWI-Rat empfohlenen sog. *Mengennotierung* hier gefolgt.

anlagen, dann bewirkt die Zinsarbitrage[14], daß der Eurokurs ($/EUR) per Termin mit einem Aufschlag notiert, d.h. der Terminkurs des Euro (ausgedrückt in Dollar) ist größer als der Kassakurs und der Swapsatz damit *positiv*. Liegt der Dollar-Zinssatz dagegen *unter* dem Euro-Zinssatz, dann wird der Eurokurs per Termin umgekehrt mit einem Abschlag notiert, d. h. der Swapsatz ist *negativ*. Devisenswapgeschäfte werden über bilaterale Geschäfte oder (abweichend von der Bundesbankpraxis) über Tender, und zwar über Schnelltender durchgeführt. Das Tenderverfahren, das normalerweise bei Offenmarktgeschäften angewendet wird, kann dabei in Form eines Mengen- oder Zinstenders durchgeführt werden. Bei einem Devisenswapgeschäft über einen *Mengentender* fixiert das ESZB den Swapsatz, und die Geschäftspartner nennen in ihren Geboten den Geldbetrag, für den sie bei dem vorgegebenen Swapsatz abschließen wollen. Übersteigt das gesamte Bietungsaufkommen der Geschäftsbanken den vom ESZB vorgesehenen Betrag der Liquiditätsbereitstellung bzw. -absorption, dann werden die Gebote der Geschäftspartner mit einer Quote berücksichtigt, die durch das Verhältnis des vorgesehenen Betrages der Liquiditätsbereitstellung bzw. -absorption zum gesamten Bietungsaufkommen bestimmt wird.

Bei einem Devisenswap über einen *Zinstender* geben die teilnehmenden Geschäftspartner Gebote über die Beträge und Swapsätze ab, zu denen sie mit dem ESZB Geschäfte abschließen wollen. Wie schon erwähnt, ist der Swapsatz für den Euro dabei positiv, d. h. der Wechselkurs des Euro, ausgedrückt in Dollar ($/EUR) notiert per Termin mit einem Aufschlag, wenn der Dollar-Zinssatz über dem Euro-Zinssatz liegt. Wird dieses angenommen und ein *liquiditätszuführendes* Devisenswapgeschäft betrachtet, dann nennen die Geschäftsbanken in ihren Geboten Eurobeträge, die sie bei bestimmten (positiven) Swapsätzen vom ESZB im Rahmen einer Swaptransaktion per Kasse gegen Dollar *kaufen* möchten (siehe z. B. die Bank A im Beispiel 3). Bei der Zuteilung beginnt das ESZB bei den Geboten mit dem niedrigsten positiven Swapsatz des Euro, d. h. dem niedrigsten (Termin-)Aufschlag für den Euro, und akzeptiert in aufsteigender Reihenfolge der Swapsätze (Aufschläge) so lange Offerten, bis der von ihr vorgesehene Zuteilungsbetrag erreicht ist[15]. Überschreitet das Gesamtvolumen der Gebote bei dem gerade noch akzeptierten Swapsatz, dem sog. **marginalen Swapsatz,** den vorgesehenen Zuteilungsbetrag,

---

[14] Vgl. dazu Band II, Unterabschnitt III.6a) aa). Zu beachten ist dabei, daß dort die Wechselkurse in Preisnotierung ausgedrückt werden.

[15] Ist der Swapsatz des Euro negativ, d. h. wird der Euro per Termin mit einem Abschlag gehandelt, dann beginnt das ESZB die Zuteilung bei den Geboten mit dem höchsten Abschlag und akzeptiert in absteigender Reihenfolge der Abschläge so lange Offerten, bis der von ihr vorgesehene Zuteilungsbetrag erreicht ist.

Beispiel 3: *Liquiditätszuführender Devisenswap über Zinstender*

Im Beispiel kauft das ESZB US-Dollar gegen Euro zum Kassakurs von 1,100 \$/EUR von Geschäftsbanken, wobei sich diese verpflichten, die US-Dollar per Termin gegen Euro zurückzukaufen. Der Euro weist dabei einen Terminaufschlag auf, d. h. der Swapsatz, hier definiert als Diffenrenz zwischen dem Terminkurs des Euro (\$/EUR) und dem Kassakurs des Euro (\$/EUR), ist positiv.

Gebote der Geschäftspartner des ESZB in Mio. EUR:

| Swapsatz × 10000 | Bank A | Bank B | Bank C | **Gebote/Swapsatz** | **Gebote kumulativ** |
|---|---|---|---|---|---|
| 6,60 | 5 | 10 | 10 | 25 | 25 |
| 6,65 | 10 | 10 | 15 | 35 | 60 |
| 6,70 | 20 | 40 | 20 | 80 | 140 |
| *6,75* | *0* | *20* | *20* | *40* | *180* |
| 6,80 | 0 | 15 | 5 | 20 | 200 |
| **Insgesamt** | 35 | 95 | 70 | 200 | |

Von der EZB festgelegter Zuteilungsbetrag in Mio. EUR: 150
Marginaler Swapsatz (× 10000) 6,75
Repartierungsquote beim marginalen Zinssatz
[(150–140)/40] · 100 25 v. H.

(Repartierte Beiträge für: A: 0, für B: 5; für C: 5).

Zuteilungen an die Geschäftspartner in Mio. EUR:

| **Geschäftspartner** | Bank A | Bank B | Bank C | **Insgesamt** |
|---|---|---|---|---|
| **Gebote insgesamt** | 35 | 95 | 70 | 200 |
| **Zuteilung insgesamt** | 35 | 65 | 50 | 150 |

Bei Zuteilung nach dem holländischen Verfahren beträgt der Swapsatz (× 10000) für die den Geschäftspartnern vom ESZB bereitgestellten Euro-Beträge einheitlich 6,75, d. h. das ESZB verkauft Euro gegen Dollar per Kasse zu 1,100 \$/EUR und kauft sie per Termin zu 1,100675 \$/EUR zurück.
Bei Zuteilung nach dem amerikanischen Verfahren erhält beispielsweise Bank A 5 Mio. EUR zum Swapsatz 6,60, 10 Mio. EUR zum Swapsatz 6,65 und 20 Mio. Euro zum Swapsatz 6,70.

dann werden die Gebote zum marginalen Swapsatz repartiert. Weitere Einzelheiten zum Verfahren lassen sich Beispiel 3 entnehmen.

Wird ein liquiditätsabsorbierendes Devisenswapgeschäft über einen Zinstender betrachtet und weiterhin ein positiver Swapsatz angenommen, dann nennen die Geschäftsbanken in ihren Geboten Eurobeträge, die sie bei bestimmten (positiven) Swapsätzen an das ESZB im Rahmen einer Swaptransaktion per Kasse gegen Dollar *verkaufen* möchten. Die Zuteilung beginnt das ESZB bei den Geboten mit dem höchsten (positiven) Swapsatz, d. h. es werden vom ESZB zunächst Gebote angenommen, bei denen Geschäftspartner beim Rückkauf von Euro-Beträgen den höchsten (Termin-)Aufschlag für den Euro hinnehmen müssen. Danach akzeptiert das ESZB in absteigender Reihenfolge der Aufschläge so lange Offerten, bis der von ihr vorgesehene Abschöpfungsbetrag an Zentralbankgeld erreicht ist[16].

*cc) Hereinnahme von Termineinlagen.* – Das ESZB kann zur *Liquiditätsabschöpfung* Geschäftsbanken die **Hereinnahme verzinslicher Termineinlagen** für eine feste Laufzeit anbieten. Diese Möglichkeit, die gegenüber der Bundesbankpraxis eine Neuerung darstellt, bildet das dritte Instrument der geldpolitischen Feinsteuerung des ESZB. Es wird in der Regel als Schnelltender eingesetzt; eine Hereinnahme von verzinslichen Termineinlagen im Wege bilateraler Geschäfte ist aber nicht ausgeschlossen. Wird die Hereinnahme von Termineinlagen über einen Zinstender angeboten (was vorgesehen ist), dann nennen die Geschäftsbanken in ihren Geboten Geldbeträge, die sie bei bestimmten Zinssätzen in Form verzinslicher Einlagen beim ESZB halten möchten. Die Zuteilung beginnt das ESZB bei den Geboten mit dem niedrigsten Zinssatz und akzeptiert danach in aufsteigender Reihenfolge der genannten Zinssätze so lange Offerten, bis der von ihr vorgesehene Abschöpfungsbetrag an Zentralbankgeld erreicht ist. Weitere Einzelheiten zum Verfahren kann man Beispiel 4 im Unterabschnitt d) entnehmen.

*dd) Definitive Käufe und Verkäufe.* – Schließlich kann das ESZB im Rahmen der Feinsteuerung den Geschäftsbanken auch durch *definitive* Käufe bzw. Verkäufe von Schuldtiteln Zentralbankgeld zuführen bzw. entziehen. Anders als bei befristeten (reversiblen) Transaktionen, bei denen die Zentralbank Wertpapiere unter Rückkaufsvereinbarung kauft bzw. verkauft oder beleiht, handelt es sich bei *definitiven* Käufen bzw. Verkäufen von Wertpapieren um Transaktionen, bei denen die Zentralbank bestimmte Wertpapiere endgültig kauft bzw. verkauft. Sie werden als bilaterale Geschäfte abgewickelt, und zwar entsprechend den Marktgepflogenheiten, die für den Handel mit den verwendeten Wertpapieren üblich sind. Befristete Transaktionen wie die Tenderoperationen haben gegenüber definitiven Wertpapierkäufen und -verkäufen den Vorteil, daß sie nicht direkt den Kurs bzw. den Zinssatz von am Markt gehandelten Wertpapieren beeinflussen, sondern indirekt über die Bankenliquidität auf die Geldmarktkonditionen einwirken.

---

[16] Ist der Swapsatz negativ, dann beginnt das ESZB die Zuteilung bei den Geboten mit dem niedrigsten Abschlag für den Euro und akzeptiert in aufsteigender Reihenfolge der Abschläge so lange Offerten, bis der von ihr vorgesehene Abschöpfungsbetrag erreicht ist.

### d) Strukturelle Operationen

Auch die **strukturellen Operationen** gehören zu den Offenmarktgeschäften. Im Vergleich zu den Feinsteuerungsmaßnahmen, die kurzfristig auf den Geldmarkt einwirken, soll durch strukturelle Operationen, die sowohl zur Liquiditätsbereitstellung als auch zur Liquiditätsabschöpfung eingesetzt werden, ein eher längerfristiger (nachhaltiger) Einfluß auf die Bankenliquidität ausgeübt werden. Auf diese Weise soll die sog. „strukturelle Liquiditätsposition" des Bankensektors gegenüber dem ESZB angepaßt werden. Konkreter könnten liquiditätsabsorbierende strukturelle Operationen etwa zu dem Zweck vorgenommen werden, die Refinanzierungsabhängigkeit der Geschäftsbanken vom ESZB im Interesse der Steuerbarkeit kurzfristiger Geldmarktsätze (wieder) herzustellen oder zu erhöhen[17]. Auf die Verfahren, die bei strukturellen Operationen angewendet werden, wird im folgenden eingegangen.

*aa) Befristete und definitive Transaktionen.* – Strukturelle Operationen in Form befristeter Transaktionen werden nur zum Zweck der *Liquiditätsbereitstellung* durchgeführt. Wie beim Hauptrefinanzierungsinstrument oder bei den längerfristigen Refinanzierungsgeschäften werden sie als *Standardtender* abgewickelt. Im Unterschied zu diesen beiden Geschäften ist die Laufzeit bei strukturellen Operationen aber nicht von vornherein standardisiert, und ihre Durchführung kann auch im unregelmäßigen Rhythmus erfolgen. Strukturelle Operationen in Form *definitiver Käufe bzw. Verkäufe* von Wertpapieren, mit denen das ESZB Geschäftsbanken Zentralbankgeld zuführt bzw. entzieht, werden als bilaterale Geschäfte, d. h. durch direkte Kontaktaufnahme mit Geschäftspartnern oder über Börsen und Makler, durchgeführt.

*bb) Emission von Schuldverschreibungen.* – Das ESZB kann – regelmäßig oder unregelmäßig – *Schuldverschreibungen* emittieren, um damit am Markt einen Liquiditätsbedarf herbeizuführen oder zu vergrößern. Sie werden also zur *Liquiditätsabschöpfung* begeben. Sie haben eine Laufzeit von weniger als zwölf Monaten, sind uneingeschränkt übertragbar und werden abgezinst in Umlauf gebracht, d. h. zu einem Preis (Kurs) unter dem Nennwert begeben und bei Fälligkeit zum Nennwert eingelöst. Der Zinssatz ($i$) p. a. und in v. H. ergibt sich dabei wie folgt

$$i = \frac{N - p_W}{p_W} \frac{360}{n} \cdot 100,$$

---

[17] Vgl. auch Deutsche Bundesbank, Informationsbrief zur Europäischen Wirtschafts- und Währungsunion, Nr. 4, Februar 1997, S. 12.

wobei $p_W$ den Emissionspreis (-kurs), $N$ den Nennwert und $n$ die Laufzeit der Schuldverschreibung in Tagen angeben.

Wenn ESZB-Schuldverschreibungen emittiert werden, dann erfolgt die Emission als Standardtender. Wird dabei ein Zinstender angewendet (was nach dem EWI-Vorschlag vorgesehen ist)[18], nennen die Geschäftsbanken in ihren Geboten Geldbeträge, für die sie bei alternativen Zinssätzen[19] Schuldverschreibungen vom ESZB erwerben möchten. Die Zuteilung beginnt das ESZB bei den Geboten mit dem niedrigsten Zinssatz[20] und akzeptiert danach in aufsteigender Reihenfolge der genannten Zinssätze so lange Offerten, bis der von ihr vorgesehene Abschöpfungsbetrag erreicht ist[21]. Weitere Einzelheiten zum Verfahren lassen sich Beispiel 4 entnehmen.

Beispiel 4: *Hereinnahme von Termineinlagen bzw. Emission von ESZB-Schuldverschreibungen*

Gebote der Geschäftspartner des ESZB in Mio. EUR:

| Zinssatz (v. H.) | Bank A | Bank B | Bank C | **Gebote/Zinssatz** | **Gebote kumulativ** |
|---|---|---|---|---|---|
| 3,02 | 0 | 10 | 10 | 20 | 25 |
| 3,04 | 10 | 15 | 15 | 40 | 60 |
| *3,06* | *20* | *40* | *20* | *80* | *140* |
| 3,08 | 0 | 20 | 20 | 40 | 180 |
| 3,10 | 0 | 10 | 10 | 40 | 200 |
| **Insgesamt** | 30 | 95 | 75 | | |

Von der EZB festgelegter Abschöpfungsbetrag in Mio. EUR: 80

Marginaler Zinssatz 3,06 v. H.

Repartierungsquote beim marginalen Zinssatz

$[(80–60)/80] \cdot 100$ 25 v. H.

(Repartierte Beiträge für: A 5, für B: 10; für C: 5).

---

[18] Siehe EUROPÄISCHES WÄHRUNGSINSTITUT, Die einheitliche Geldpolitik in Stufe 3. Allgemeine Regelungen …, a. a. O., S. 30.

[19] Die EZB kann beschließen, daß die Gebote auf einen Preis (Kurs) anstatt eines Zinssatzes lauten müssen. In diesem Fall werden die gebotenen Preise (Kurse) als Vomhundertsatz des Nennwerts angegeben.

[20] Lauten die Gebote auf Preise (siehe die vorherige Fußnote), dann beginnt das ESZB mit dem höchsten Preis und akzeptiert danach Offerten in absteigender Reihenfolge.

[21] In der Konstruktion ähneln die ESZB-Schuldverschreibungen den Bundesbank-Liquiditäts-U-Schätzen (*Bulis*), die in den Jahren 1993 und 1994 von der Bundesbank im Tenderverfahren begeben wurden. Siehe hierzu Band II, Unterabschnitt III. 4b) cc).

Zuteilungen an die Geschäftspartner in Mio. EUR:

| Geschäftspartner | Bank A | Bank B | Bank C | Insgesamt |
|---|---|---|---|---|
| **Gebote insgesamt** | 30 | 95 | 75 | 200 |
| **Zuteilung insgesamt** | 15 | 35 | 30 | 80 |

Bei Zuteilung nach dem holländischen Verfahren beträgt der Zinssatz für die von den Geschäftspartnern beim ESZB angelegten Beträge einheitlich 3,06 v. H. Bei Zuteilung nach dem amerikanischen Verfahren kann beispielsweise Bank B 10 Mio. EUR zum Zinssatz 3,02 v. H., 15 Mio. zum Zinssatz 3,04 v. H. und 10 Mio. EUR zum Zinssatz 3,06 v. H. anlegen.

### e) Ständige Fazilitäten

Anders als bei Offenmarktgeschäften können Geschäftsbanken die ständigen Fazilitäten in eigener Initiative und grundsätzlich unbeschränkt in Anspruch nehmen, und zwar als Spitzenrefinanzierungsfazilität (zur Mittelaufnahme) und als Einlagefazilität (zur Mittelanlage).

*aa) Spitzenrefinanzierungsfazilität.* – Die **Spitzenrefinanzierungsfazilität** dient (wie der deutsche Lombardkredit) der Deckung eines nur vorübergehenden Zentralbankgeldbedarfs[22]. Zentralbankgeld wird bis zum nächsten Geschäftstag, also „über Nacht" bereitgestellt, wobei die Frist auf Antrag am Fälligkeitstag verlängert werden kann. Die Inanspruchnahme der Spitzenrefinanzierungsfazilität ist grundsätzlich unbegrenzt; in Ausnahmefällen kann sie jedoch für einzelne Geschäftsbanken begrenzt oder suspendiert werden. Der Rückgriff auf die Spitzenrefinanzierungsfazilität erfolgt zu einem von der EZB fixierten, im voraus bekanntgegebenen und jederzeit änderbaren Zinssatz, der – wie schon erwähnt – i. a. die *Obergrenze* für den Tagesgeldsatz am Geldmarkt bildet. Die Inanspruchnahme der Fazilität erfordert die Stellung von Sicherheiten, wobei die NZBen zwischen einem Übernacht-Pfandkredit oder einem Übernacht-Pensionsgeschäft (Verkauf von Wertpapieren an das ESZB unter der Vereinbarung eines Rückkaufs am nächsten Tag) wählen können. Die EZB kann die Bedingungen der Fazilität jederzeit ändern oder ihre Inanspruchnahme aussetzen.

*bb) Einlagefazilität.* – Die **Einlagefazilität,** die gegenüber der Bundesbankpolitik eine Neuerung darstellt, bietet Geschäftsbanken die Mög-

---

[22] Am Tagesende ungedeckt gebliebene Schuldnerpositionen von Geschäftsbanken auf Konten bei NZBen werden automatisch als Antrag zur Inanspruchnahme der Spitzenrefinanzierungsfazilität behandelt.

lichkeit, Zentralbankgeldüberschüsse kurzfristig zinstragend bei den NZBen anzulegen. Die Einlagen sind bis zum nächsten Geschäftstag befristet, wobei es für den Betrag, den die Geschäftsbanken „über Nacht" anlegen, keine Obergrenze gibt. Die Anlage erfolgt zu einem von der EZB fixierten, im voraus bekanntgegebenen und jederzeit änderbaren Zinssatz, der – wie schon erwähnt – i. a. die *Untergrenze* für den Tagesgeldsatz am Geldmarkt bildet[23]. Die Geschäftsbanken erhalten für die im ESZB gehaltenen Einlagen keine Sicherheiten. Die EZB kann die Bedingungen der Einlagefazilität jederzeit ändern oder ihre Inanspruchnahme aussetzen.

### f) Mindestreserven

*aa) Funktionen.* – Mit der Errichtung eines Mindestreservesystems werden verschiedene Zwecke verfolgt. *Erstens* führt die Mindestreserveverpflichtung bei den Geschäftsbanken – über die Bargeldabzüge hinaus – zu einem zusätzlichen stabilen Zentralbankgeldbedarf und erhöht damit deren Abhängigkeit von der Zentralbankgeldversorgung. *Zweitens* dient die Mindestreservehaltung den Geschäftsbanken als Liquiditätspuffer, da sie nur im Periodendurchschnitt zu erfüllen ist, und erspart der Zentralbank dadurch häufige Feinsteuerungsinterventionen am Geldmarkt. *Drittens* wirkt der Mindestreservesatz im Fall von Störungen bezüglich des Geldangebots wie ein eingebauter Stabilisator (oder eine „Geldschöpfungsbremse"), weil er eine direkte Verbindung zwischen Mindestreserven und Geldschöpfung herstellt[24]. *Viertens* kann der Mindestreservesatz als geldpolitischer Aktionsparameter eingesetzt werden, z. B. erhöht werden, um dadurch (wie durch strukturelle Operationen) bei Geschäftsbanken eine Liquiditätsknappheit herbeizuführen oder zu vergrößern. In ihrer zuletzt genannten Funktion als *prozeßpolitisches* Instrument haben die Mindestreserven ihre Bedeutung in der Bundesbankpolitik in der Vergangenheit zunehmend verloren; statt dessen wurde ihre Aufgabe in erster Linie darin gesehen, daß sie über die zuerst genannten Funktionen die *ordnungspolitischen* Rahmenbedingungen für geldpolitische Maßnahmen verbessern.

---

[23] Die Bundesbank etablierte gelegentlich eine Zinsuntergrenze für Tagesgeld, indem sie den Geschäftsbanken zeitweilig Schatzwechsel mit Laufzeiten von drei Tagen zu einem von ihr fixierten Abgabesatz anbot.

[24] Formal betrachtet resultiert die stabilisierende Funktion des Mindestreservesatzes daraus, daß er im Nenner der im Abschnitt III.3 hergeleiteten Geldangebotsmultiplikatoren steht.

*bb) Ausgestaltung.* – Der Mindestreserveverpflichtung unterliegen die im Euro-Währungsraum niedergelassenen Kreditinstitute. Berechnungsgrundlage der Mindestreserven, die sog. *Mindestreservebasis*, bilden bilanzielle Verbindlichkeiten der Kreditinstitute[25], wie täglich fällige Einlagen, Einlagen mit vereinbarter Laufzeit, ausgegebene Schuldverschreibungen und Geldmarktpapiere. *Ausgenommen* sind jedoch Verbindlichkeiten gegenüber anderen reservepflichtigen Kreditinstituten und gegenüber dem ESZB. Ein Reservesatz von Null soll für Verbindlichkeiten aus Wertpapierpensionsgeschäften (Verkäufe von Wertpapieren unter Rückkaufsvereinbarung)[26], die auch als *Repo-Geschäfte* bezeichnet werden, sowie aus Einlagen und Schuldverschreibungen mit einer vereinbarten Laufzeit von *mehr als zwei* Jahren angewendet werden[27].

Das *Mindestreserve-Soll* eines Kreditinstituts wird ermittelt, indem auf den Betrag der reservepflichtigen Verbindlichkeiten die von der EZB festgesetzten *Reservesätze* der entsprechenden Verbindlichkeitenkategorie angewendet werden. Die EZB kann auf die gesamte Reservebasis einheitliche Reservesätze anwenden oder die Reservesätze nach Verbindlichkeitenkategorien differenzieren. Die Mindestreservesätze dürfen dabei 10 Prozent der entsprechenden Verbindlichkeitenkategorie nicht überschreiten; sie können aber null Prozent betragen[28]. Vorgesehen ist ein (noch vom EZB-Rat zu beschließender) einheitlicher Reservesatz. Nach einem Beschluß der EZB soll er sich (sofern er nicht null Prozent beträgt) in einem Bereich von 1,5 bis 2,5 v.H. der relevanten Kategorien der Mindestreservebasis bewegen. Maßgeblich für die Berechnung des Mindestreserve-Solls sind die reservepflichtigen Verbindlichkeiten am Ende *des* Monats, der dem Monat vorausgeht, in dem die Mindestreserveerfüllungsperiode beginnt[29].

Die *Mindestreserveerfüllungsperiode* beträgt einen Monat; beginnt sie

---

[25] Nach dem Vorschlag des EWI können auch bestimmte Verbindlichkeiten aus außerbilanziellen Positionen in die Mindestreservebasis einbezogen werden.

[26] Da Verbindlichkeiten gegenüber dem ESZB und mindestreservepflichtigen Kreditinstituten nicht mindestreservepflichtig sind, handelt es sich hierbei um Verbindlichkeiten von kreditnehmenden und dabei Wertpapiere „in Pension" gebenden Kreditinstituten gegenüber *anderen* (pensionsnehmenden) Darlehnsgebern.

[27] Ein Reservesatz von *Null* schließt nicht aus, daß für die genannten Verbindlichkeiten in Zukunft auch einmal ein *positiver* Mindestreservesatz festgesetzt wird.

[28] Die (noch vorläufigen) Angaben finden sich in Artikel 4(1) des von der EZB empfohlenen, vom Rat der EU noch zu genehmigenden Verordnungsentwurfs über Mindestreserven, der im „Official Journal of the European Communities", C 246/6, vom 6.8.98 veröffentlicht wurde.

[29] Diese Regelung gilt für Kreditinstitute, die der vollen Meldepflicht zur Geld- und Bankenstatistik unterliegen. Für kleine Institute bieten die Meldevorschriften für die EZB-Geld- und Bankenstatistiken die Möglichkeit, Vereinfachungen vorzunehmen. Siehe dazu Europäisches Währungsinstitut, Die einheitliche Geldpolitik in Stufe 3. Allgemeine Regelungen ..., S. 52.

z. B. am 24. eines Monats – was erwogen wird –, dann endet sie am 23. des Folgemonats. Daß die Erfüllungsperiode dem für die Ermittlung des Mindestreserve-Solls maßgeblichen Berechnungszeitpunkt zeitlich versetzt folgt, erleichtert den Kreditinstituten die Dispositionen über die von ihnen zu haltenden Mindestreserven.

Die EZB gestattet den Abzug eines einheitlichen Freibetrages vom Reserve-Soll der Institute in Höhe von 100000 Euro. Diese Regelung bewirkt, daß für Kreditinstitute mit entsprechend kleiner Mindestreservebasis die Pflicht zur Haltung von Mindestreserven entfällt.

Das *Mindestreserve-Ist* ergibt sich aus dem *Durchschnitt* der Tagesendstände der bei den NZBen auf den Reservekonten während der Mindestreserveerfüllungsperiode gehaltenen Guthaben. Im Unterschied zu den bis Ende 1998 gültigen Mindestreserveregelungen im Rahmen der Bundesbankpolitik werden die im Rahmen des ESZB-Systems zu haltenden Mindestreserveguthaben *verzinst*. Der Zinssatz entspricht dabei dem Durchschnittssatz für die Hauptrefinanzierungsgeschäfte des ESZB in der Mindestreserveerfüllungsperiode.

Unterschreitet das Mindestreserve-Ist das Mindestreserve-Soll, wird also die Mindestreservepflicht nicht eingehalten, dann kann die EZB eine der beiden folgenden *Sanktionen* beschließen. Sie kann entweder einen Sonderzins auf den Fehlbetrag erheben, der bis zu 5 Prozentpunkten über dem Spitzenrefinanzierungssatz liegt oder das Zweifache dieses Zinssatzes beträgt, oder das betreffende Kreditinstitut zu einer unverzinslichen Einlage bei der EZB oder den NZBen von bis zum Dreifachen der Mindestreserveunterschreitung verpflichten[30].

## g) ESZB-Instrumente und das Geldangebotsmodell

Abschließend soll das ESZB-Instrumentarium in seiner Wirkungsweise auf die Geldmenge und das Zinsniveau vor dem Hintergrund der in Abschnitt III.3 behandelten Geldangebots/Geldnachfrage-Analyse betrachtet werden. Feinsteuerungsmaßnahmen bleiben dabei ebenso unberücksichtigt wie die ständigen Fazilitäten. Wie schon erwähnt, werden erstere zur Dämpfung unerwarteter Liquiditäts- und Zinsschwankungen am Geldmarkt eingesetzt, und letztere begrenzen die Bewegungen des Tagesgeldsatzes nach oben und unten. Eine Schlüsselrolle bei der Steuerung der Zentralbankversorgung, der Zinssätze und der Geldmengenentwicklung kommt dem *Standardtender* zu, da dieses Verfahren allein bei der

---

[30] Die (noch vorläufigen) Angaben finden sich in Artiel 7 (1 a und 1 b) des in Fußnote 28 zitierten, vom Rat der EU noch zu genehmigenden Verordnungsentwurfs über Mindestreserven.

Durchführung regelmäßiger Offenmarktgeschäfte in Form des besonders wichtigen Hauptrefinanzierungsinstruments und der längerfristigen Refinanzierungsgeschäfte, aber gegebenenfalls auch bei strukturellen Operationen Verwendung findet. Im Fall eines Mengentenders entsprechen der von der Zentralbank festgelegte Zinssatz und der Zuteilungsbetrag den Aktionsparametern $z$ und $Q$ in den Geldangebotsfunktionen. Im Fall eines Zinstenders läßt sich der marginale Zinssatz beim holländischen Zuteilungsverfahren bzw. ein Mittelwert aus den akzeptierten Zinssätzen beim amerikanischen Zuteilungsverfahren – die Zusammenhänge vereinfachend – als Refinanzierungssatz $z$ interpretieren. Wie im Rahmen der Geldangebots/Geldnachfrage-Analyse dargestellt, führen eine Senkung von $z$ und eine Erhöhung von $Q$ zu einer Geldmengenausweitung, die mit einem Zinsrückgang verbunden ist (und umgekehrt). Werden strukturelle Operationen zur Liquiditätsabschöpfung durch Versteigerung von ESZB-Schuldverschreibungen durchgeführt, dann entspricht das der Emission von ZB(Zentralbank)-Geldmarktpapieren im Modell. Dabei ist der kontraktive Einfluß auf die Geldmengenentwicklung und der zinserhöhende Effekt um so stärker, je höher der sich im Tenderverfahren ergebende marginale Zinssatz bzw. der Mittelwert aus den akzeptierten Zinssätzen ist (analog zur Wirkung des Zinssatzes für Geldmarktpapiere $i_G$ in der Geldangebotsfunktion). Die bereinigte Basis ($B'$) wird durch strukturelle Operationen verändert, wenn das ESZB Staatsobligationen definitiv (d.h. ohne Rückkaufsvereinbarung) kauft bzw. verkauft. Sie wird erhöht[31], d.h. die Geldmenge steigt und das Zinsniveau sinkt, wenn Ankäufe erfolgen (und umgekehrt). Wird schließlich der Mindestreservesatz von der EZB als Aktionsparameter eingesetzt, dann ergeben sich die schon aus der Analyse des Geldschöpfungspotentials (im Abschnitt III.2) bekannten Effekte: Auf das Geldangebot geht ein expansiver Effekt aus, wenn der Mindestreservesatz herabgesetzt wird, und ein kontraktiver, wenn er heraufgesetzt wird.

## Zusammenfassung

1. Das ESZB-Instrumentarium umfaßt Offenmarktgeschäfte, ständige Fazilitäten und das Mindestreservesystem. Die Offenmarktoperationen lassen sich in folgende Kategorien einteilen: das Hauptrefinanzierungsinstrument sowie längerfristige Refinanzierungsgeschäfte, Feinsteuerungsoperationen und strukturelle

[31] Die bereinigte Basis steigt auch, wenn das ESZB Gewinne ausschüttet oder im Rahmen von Devisenmarktinterventionen Fremdwährungen kauft.

Operationen. Die ständigen Fazilitäten bestehen aus der Spitzenrefinanzierungsfazilität und der Einlagefazilität.

2. Das zentrale Instrument zur Steuerung der Zentralbankgeldversorgung, der Zinssätze und der Geldmengenentwicklung ist das Hauptrefinanzierungsinstrument, daneben spielen auch die längerfristigen Refinanzierungsgeschäfte eine wichtige Rolle. Mit beiden Instrumenten versteigert das ESZB Zentralbankgeld in Form eines sog. Standardtenders, und zwar im ersten Fall wöchentlich mit einer Laufzeit von zwei Wochen, im zweiten Fall monatlich mit einer Laufzeit von drei Monaten. Die Geschäfte werden beim Hauptrefinanzierungsinstrument als Mengentender (mit fester Zinsvorgabe) oder als Zinstender (mit der Aufforderung zu Zinsgeboten), bei längerfristigen Refinanzierungsgeschäften i.a. als Zinstender abgewickelt.

3. Feinsteuerungsmaßnahmen dienen dem Ausgleich unerwarteter Liquiditäts- und Zinsschwankungen am Geldmarkt. Sie erfolgen u.a. als liquiditätsbereitstellende Schnelltender, die mit einer begrenzten Zahl von Geschäftspartnern innerhalb einer Stunde durchgeführt werden, durch die liquiditätsabsorbierende Hereinnahme von Termineinlagen und durch Devisenswapgeschäfte. Letztere bedeuten, daß vom ESZB Fremdwährungen per Kasse gegen Euro gekauft und gleichzeitig wieder per Termin verkauft werden oder Fremdwährungen per Kasse gegen Euro verkauft und gleichzeitig wieder per Termin zurückgekauft werden.

4. Durch strukturelle Operationen soll ein längerfristiger (nachhaltiger) Einfluß auf die Bankenliquidität ausgeübt und dadurch die sog. „strukturelle Liquiditätsposition" des Bankensystems gegenüber dem ESZB angepaßt werden. Sie erfolgen als liquiditätsbereitstellender Standardtender, durch die liquiditätsabsorbierende Emission von ESZB-Schuldverschreibungen und durch definitive Käufe und Verkäufe von Wertpapieren. Letztere bedeuten, daß Wertpapiere endgültig (ohne Rückkaufsvereinbarung) vom ESZB ge- oder verkauft werden.

5. Von Ausnahmefällen abgesehen, obliegt die Durchführung der geldpolitischen Maßnahmen den NZBen.

6. Mit der Spitzenrefinanzierungsfazilität bietet das ESZB Geschäftsbanken für den Fall eines vorübergehenden Liquiditätsengpasses die Möglichkeit eines (unbegrenzten) Übernachtkredits zu einem im voraus festgelegten Zinssatz. Die Einlagefazilität bietet Geschäftsbanken die Möglichkeit, Zentralbankgeldüberschüsse bis zum nächsten Geschäftstag (unbegrenzt) beim ESZB zu einem im voraus festgelegten Zinssatz als Einlage zu

halten. Diese beiden ständigen Fazilitäten begrenzen die insbesondere durch das Hauptrefinanzierungsinstrument gelenkten Bewegungen des Tagesgeldsatzes nach oben und unten.

7. Mindestreserven erhöhen die Abhängigkeit der Geschäftsbanken von der Zentralbankgeldversorgung, dienen den Geschäftsbanken als Liquiditätspuffer, fungieren als „Geldschöpfungsbremse" und können durch Änderungen des Mindestreservesatzes als geldpolitisches Instrument eingesetzt werden. Die Basis der Mindestreserveverpflichtung bilden die Monatsendstände der reservepflichtigen Verbindlichkeiten der Kreditinstitute, auf die die von der EZB festgesetzten Mindestreservesätze angewendet werden. Das Mindestreserve-Ist (das verzinst wird) ergibt sich aus dem Durchschnitt der Tagesendstände der bei den NZBen während der Mindestreserveerfüllungsperiode gehaltenen Guthaben. Die Mindestreserveerfüllungsperiode beträgt einen Monat und beginnt – zeitlich versetzt -nach dem für die Berechnung des Mindestreserve-Solls maßgeblichen Monatsende.

## Ausgewählte Literaturangaben zum VI. Kapitel

Deutsche Bundesbank, Informationsbrief zur Europäischen Wirtschafts- und Währungsunion, Nr. 4, Februar 1997, S. 3 ff. (zu **2** und **3**).

–, Informationsbrief zur Europäischen Wirtschafts- und Währungsunion, Nr. 9, September 1997, S. 3 ff (zu **3**).

–, Monatsbericht Januar 1998, S. 33 ff. (zu **2**).

Europäische Gemeinschaft – Europäische Union. Die Vertragstexte von Maastricht, bearbeitet und eingeleitet von T. Läufer, Bonn 1992 (zu **1**).

Europäisches Währungsinstitut, Die einheitliche Geldpolitik in Stufe 3. Festlegung des Handlungsrahmens, Januar 1997, S. 7 ff. (zu **2** und **3**).

–, Die einheitliche Geldpolitik in Stufe 3. Allgemeine Regelungen für die geldpolitischen Instrumente und Verfahren des ESZB, September 1997 (zu **3**).

H.-J. Jarchow, Von der Deutschen Bundesbank zur Europäischen Zentralbank. In: Quantitative Wirtschaftspolitik in offenen Volkswirtschaften: Theoretische Ansätze und aktuelle Entwicklungen (Festschrift zum 65. Geburtstag von Helmut Kuhn). Hrsg. von K. Farmer, H.-W. Wohltmann. Münster 1998. S. 23 ff. (zu **1**, **2** und **3**).

F. S. Mishkin, A. S. Posen, Inflation Targeting: Lessons from Four Countries. „Federal Reserve Bank of New York Economic Policy Review", Vol. 3, No. 3 (1997), S. 9 ff. (zu **2**).

# Anhänge

## A1) Zur Portefeuille-Theorie

### a) Risikokurven:

Bei einem aus zwei risikobehafteten Wertpapieren bestehendem Portefeuille beträgt das Risiko[1]

(1) $s^2 = s_1^2(1-x_2)^2 + 2s_1 s_2 r_{12}(1-x_2)x_2 + s_2^2 x_2^2,$
wobei $s_2 > s_1$.

Die diese Gleichung abbildenden *Risikokurven* werden genauer für die folgenden drei Fälle untersucht:

aa) $r_{12} = 1$

In diesem Fall ergibt sich aus (1) nach Wurzelziehen:

$$s = s_1(1-x_2) + s_2 x_2 \text{ bzw.}$$

(1a) $s = s_1 + (s_2 - s_1)x_2.$

Diese Kurve ist eine Gerade (vgl. Fig. II. 15)[2].

bb) $r_{12} = -1$

In diesem Fall wird aus (1):

$$s^2 = s_1^2(1-x_2)^2 - 2s_1 s_2(1-x_2)x_2 + s_2^2 x_2^2$$

und nach Wurzelziehen

$$s = |s_1(1-x_2) - s_2 x_2| \text{ bzw.}$$

(1b) $s = |s_1 - (s_1 + s_2)\, x_2|.$

Diese Funktion wird durch einen Graphen abgebildet (vgl. Fig. II. 15), der im Punkt A $(s = s_1,\ x_2 = 0)$ beginnt, zunächst eine negative Steigung aufweist $(-(s_1 + s_2))$, dann von der Nullstelle Q $(s = 0,\ x_2 = s_1/(s_1 + s_2))$ mit positiver Steigung verläuft $(+(s_1 + s_2))$ und im Punkt $E(s = s_2,\ x_2 = 1)$ endet.

---

[1] Siehe hierzu Gleichung (35) im Unterabschnitt II.3c).
[2] Siehe Unterabschnitt II.3c).

cc) $r_{12} = 0$

In diesem Fall wird aus (1):

(1c) $s^2 = (1 - x_2)^2 s_1^2 + x_2^2 s_2^2$.

Diese Funktion hat – ebenso wie die hieraus abgeleitete Risikokurve – ein Minimum (vgl. Fig. II. 15)[3]. Die notwendige Bedingung ist:

$$\frac{ds^2}{dx_2} = -2(1 - x_2)s_1^2 + 2x_2 s_2^2 = 0$$

und damit

$$x_2 = \frac{s_1^2}{s_1^2 + s_2^2}.$$

Die Bedingung 2. Ordnung ist erfüllt, da

$$\frac{d^2 s^2}{dx_2^2} = 2s_1^2 + 2s_2^2 > 0.$$

Hat die Varianz $(s^2)$ ein Minimum, dann hat die Standardabweichung $(s)$ und damit die Risikokurve an der gleichen Stelle $(x_2)$ ein Minimum[4].

Die Existenz eines *Minimums* bei $0 < x_2 < 1$ bedeutet, daß sich das Risiko $(s)$ durch Diversifikation unter das Risiko eines Portefeuilles drücken läßt, das nur das risikoärmere Wertpapier enthält (wie bei $x_2 = 0$).

**b) Effiziente Portefeuilles:**

Zunächst wird ein Portefeuille aus *zwei* risikobehafteten und einem risikolosen Wertpapier (bzw. Kasse) mit der Ertragsrate $e_0$ betrachtet[5].

Um die Kurve effizienter Portefeuilles zu bestimmen, wird das Minimum der Varianz des Portefeuilles

---

[3] Wie sich anhand der Bedingungen erster und zweiter Ordnung für ein Minimum zeigen läßt, haben alle durch (1) bestimmten Risikokurven im Bereich $0 < x_2 < 1$ ein Minimum, solange $-1 < r_{12} < s_1 / s_2$.

[4] Der Zusammenhang $\frac{ds^2}{dx_2} = 2s\frac{ds}{dx_2}$ impliziert, daß $\frac{ds}{dx_2} = 0$, wenn $\frac{ds^2}{dx_2} = 0$, solange $s > 0$.

[5] Ist Kasse die risikolose Anlage, dann gilt $e_0 = 0$.

$$s^2 = s_1^2 x_1^2 + s_2^2 x_2^2 + 2r_{12} s_1 s_2 x_1 x_2$$

für einen bestimmten Ertrag des Portefeuilles

$$e = e_0 x_0 + e_1 x_1 + e_2 x_2$$

unter Berücksichtigung der Budgetrestriktion

$$x_0 + x_1 + x_2 = 1$$

ermittelt[6]. Hierzu wird die LAGRANGE-Funktion

$$\begin{aligned} Z = {} & s_1^2 x_1^2 + s_2^2 x_2^2 + 2r_{12} s_1 s_2 x_1 x_2 \\ & + \lambda_1 (e_0 x_0 + e_1 x_1 + e_2 x_2 - e) \\ & + \lambda_2 (x_0 + x_1 + x_2 - 1) \end{aligned}$$

gebildet und ihre partiellen Ableitungen nach $x_0$, $x_1$ und $x_2$ gleich Null gesetzt:

(2) $\lambda_1 e_0 + \lambda_2 = 0$

(3) $2s_1^2 x_1 + 2r_{12} s_1 s_2 x_2 + \lambda_1 e_1 + \lambda_2 = 0$

(4) $2s_2^2 x_2 + 2r_{12} s_1 s_2 x_1 + \lambda_1 e_2 + \lambda_2 = 0$.

Aus (3) und (4) erhält man unter Berücksichtigung von (2)

(5) $2s_1^2 x_1 + 2r_{12} s_1 s_2 x_2 = -\lambda_1 e_{10}$

(6) $2s_2^2 x_2 + 2r_{12} s_1 s_2 x_1 = -\lambda_1 e_{20}$,

wobei $e_{10} = e_1 - e_0$ und $e_{20} = e_2 - e_0$.

Wird Gleichung (5) durch Gleichung (6) dividiert, dann erhält man:

$$\frac{s_1^2 x_1 + r_{12} s_1 s_2 x_2}{s_2^2 x_2 + r_{12} s_1 s_2 x_1} = \frac{e_{10}}{e_{20}}.$$

---

[6] Minimierung der Varianz $(s^2)$ impliziert Minimierung des durch die Standardabweichung $(s)$ gemessenen Risikos; solange $s > 0$ (vgl. Fußnote 4).

Nach Erweiterung der linken Seite um $1/x_2$ läßt sich hierfür auch schreiben:

$$\frac{s_1^2 x_1 / x_2 + r_{12} s_1 s_2}{s_2^2 + r_{12} s_1 s_2 x_1 / x_2} = \frac{e_{10}}{e_{20}}.$$

Wird diese Beziehung nach $x_1 / x_2$ aufgelöst, dann ergibt sich nach Umformung:

$$(8) \qquad \frac{x_1}{x_2} = \frac{\frac{s_2}{s_1}\frac{e_{10}}{e_{20}} - r_{12}}{\frac{s_1}{s_2} - r_{12}\frac{e_{10}}{e_{20}}}.$$

Offenbar werden die beiden risikobehafteten Wertpapiere innerhalb des effizienten Portefeuilles in einem *konstanten* Verhältnis gehalten, das – entsprechend dem **Separationstheorem** – von subjektiven Präferenzen für Ertrag und Risiko unabhängig ist und nur durch Ertrags- und Risikoparameter sowie durch den Korrelationskoeffizienten bestimmt wird. Ändern sich diese Parameter, dann verändert sich auch die Relation $x_1 / x_2$ und umgekehrt.

Im folgenden wird die Analyse auf ein Portefeuille mit $n$ risikobehafteten und einem risikolosen Wertpapier ausgedehnt. Die zu minimierende LAGRANGE-Funktion ist dann:

$$Z = \sum_{i=1}^{n} \sum_{j=1}^{n} r_{ij} s_i s_j x_i x_j + \lambda_1 \left( \sum_{i=0}^{n} e_i x_i - e \right) + \lambda_2 \left( \sum_{i=0}^{n} x_i - 1 \right).$$

Werden ihre partiellen Ableitungen nach $x_0$, $x_1$, $x_2$, $x_3$, ..., $x_n$ gleich Null gesetzt, dann ergibt sich:

$$(9) \qquad \lambda_1 e_0 + \lambda_2 = 0$$

$$(10) \qquad 2\sum_{j=1}^{n} r_{1j} s_1 s_j x_j + \lambda_1 e_1 + \lambda_2 = 0$$

$$(11) \qquad 2\sum_{j=1}^{n} r_{2j} s_2 s_j x_j + \lambda_1 e_2 + \lambda_2 = 0$$

$$(12) \qquad 2\sum_{j=1}^{n} r_{3j} s_3 s_j x_j + \lambda_1 e_3 + \lambda_2 = 0$$

$$\vdots \qquad\qquad \vdots$$

$$2\sum_{j=1}^{n} r_{nj} s_n s_j x_j + \lambda_1 e_n + \lambda_2 = 0.$$

In den Gleichungen (10), (11), (12), ... wird $\lambda_2$ auf die rechte Seite gebracht, und $(-\lambda_2)$ wird dann – entsprechend (9) – durch $\lambda_1 e_0$ ersetzt. Werden die so umgeformten Gleichungen (10) und (11) durcheinander dividiert, dann erhält man:

$$\frac{\sum_{j=1}^{n} r_{1j} s_1 s_j x_j}{\sum_{j=1}^{n} r_{2j} s_2 s_j x_j} = \frac{e_{10}}{e_{20}}.$$

Nach Erweiterung der linken Seite um $1/x_n$ läßt sich hierfür auch schreiben:

$$(13)\qquad \frac{\sum_{j=1}^{n} r_{1j} s_1 s_j x_j / x_n}{\sum_{j=1}^{n} r_{2j} s_2 s_j x_j / x_n} = \frac{e_{10}}{e_{20}}.$$

Dividiert man entsprechend Gleichung (11) durch (12), Gleichung (12) durch die folgende usw. und erweitert man jeweils die linke Seite mit $1/x_n$, dann erhält man zusammen mit (13) $(n-1)$ Gleichungen, mit denen sich (Existenz einer Lösung vorausgesetzt) die $(n-1)$ Relationen $x_j / x_n$, $j = 1, 2, ..., n-1$, in Abhängigkeit von Ertrags- und Risikoparametern sowie von Korrelationskoeffizienten bestimmen lassen, und zwar unabhängig von subjektiven Präferenzen für Ertrag und Risiko.

Wird die Betrachtung in der Weise modifiziert, daß nicht zum Zinssatz $e_0$ Mittel risikolos angelegt, sondern Kredite aufgenommen werden, dann ändert sich hierdurch nichts an den Ergebnissen. In der Bestimmungsfunktion für den Ertrag, der Budgetrestriktion und der LAGRANGE-Funktion ist lediglich $x_0$ durch $(-x_0)$ zu ersetzen, was sich auf die partiellen Ableitungen von $Z$ und damit auch auf die Gleichungen (8) und (13) nicht auswirkt.

## A2) Eine makroökonomische Version des klassischen Modells[7]

Wie das neoklassische Modell, so soll auch das klassische Makromodell in einen monetären und einen güterwirtschaftlichen Bereich aufgeteilt werden:

*Monetärer Bereich:*
Der monetäre Bereich wird durch die *Quantitätstheorie* und damit durch ein in Höhe von $\overline{M}$ autonom fixiertes Geldangebot sowie durch eine konstante Einkommenskreislaufgeschwindigkeit $V$ charakterisiert:

(1) $\overline{M}V = pY^{r}$.[8] (Quantitätstheorie)

*Güterwirtschaftlicher Bereich:*
Der güterwirtschaftliche Bereich enthält den *Kapitalmarkt*, den *Arbeitsmarkt* und eine *gesamtwirtschaftliche Produktionsfunktion*. Auf dem Kapitalmarkt werden Wertpapiere zur Finanzierung von Nettoinvestitionen $(I^r)$ angeboten und zur Anlage von Ersparnissen $(S^r)$ nachgefragt, und zwar jeweils in Abhängigkeit vom Zinssatz $i$. Auf dem Arbeitsmarkt werden Arbeitsstunden in Abhängigkeit vom Reallohnsatz $(w/p)$ angeboten und nachgefragt.

Die Zusammenhänge lassen sich wie folgt formalisieren:

(2) $S^r = S^r(i); \quad \frac{dS^r}{di} > 0$ (Nachfrage nach Wertpapieren = gewünschte Ersparnisse)

(3) $I^r = I^r(i); \quad \frac{dI^r}{di} < 0$ (Angebot an Wertpapieren = gewünschte Investitionen)

(4) $S^r = I^r$ (Gleichgewichtsbedingung)

---

[7] Vgl. G. ACKLEY, Macroeconomic Theory. New York 1961. S. 105ff. und 399ff. – E. E. HAGEN, The Classical Theory of the Level of Output and Employment. In: Readings in Macroeconomics. (Ed. by M. G. MUELLER). New York 1966. S. 3ff.

[8] Die in Gleichung (1) dargestellte Quantitätstheorie ist eine Zusammenfassung des folgenden Gleichungssystems:

(x) $M^a = \overline{M}$

(xx) $L = \frac{1}{V} pY^r$

(xxx) $M^a = L$.

$$(5) \qquad N^a = N^a\left(\frac{w}{p}\right); \quad \frac{dN^a}{d\left(\frac{w}{p}\right)} > 0 \qquad \text{(Angebot an Arbeit)}$$

$$(6) \qquad N^n = N^n\left(\frac{w}{p}\right); \quad \frac{dN^n}{d\left(\frac{w}{p}\right)} < 0 \qquad \text{(Nachfrage nach Arbeit)}$$

$$(7), (8) \qquad N^a = N^n = N \qquad \text{(Gleichgewichtsbedingung, Definition)}$$

$$(9) \qquad Y^r = Y^r(N); \quad \frac{dY^r}{dN} > 0; \quad \frac{d^2Y^r}{dN^2} < 0 \qquad \text{(Gesamtwirtschaftliche Produktionsfunktion)}$$

$$(10) \qquad Y^r = C^r + I^r \qquad \text{(Definition)}$$

Das Modell enthält an:

*Daten*: $V$
*Parametern*: $\overline{M}$
*Variablen*: $C^r$, $I^r$, $N^a$, $N^n$, $N$, $S^r$, $Y^r$, $i$, $p$, $w$; *insgesamt* 10.

Vorausgesetzt, eine Lösung existiert, dann lassen sich mit den Gleichungen (1) bis (10) alle Variablen des Modells bestimmen.

Die Gleichungen des Arbeitsmarktes (5) bis (8) bestimmen den Reallohnsatz $\left(\frac{w}{p}\right)$ (also ein Preisverhältnis), die Beschäftigung $N$ und zusammen mit (9) das reale Sozialprodukt $Y^r$. Aus den Gleichungen für den Kapitalmarkt (2) bis (4) ergibt sich der Zinssatz $i$, die realen Ersparnisse $S^r$ und die realen Investitionen $I^r$. Da das reale Sozialprodukt (in einer geschlossenen Volkswirtschaft) als Summe aus realem Konsum und realer Investition (bzw. realer Ersparnis) definiert ist (vgl. Gleichung (10)), ist auch der reale Konsum und damit die Verwendung des realen Sozialprodukts bestimmt.

Der Reallohnsatz, der Zinssatz, die Beschäftigung sowie das reale Sozialprodukt und seine Verwendung werden also allein aus den Beziehungen des güterwirtschaftlichen Bereichs, also *unabhängig* von der Höhe der Geldmenge, ermittelt[9]. Die Geldmenge bestimmt nach Gleichung (1) bei gegebenen Angebots- und Nachfragefunktionen auf dem Kapital- und Arbeitsmarkt und gegebener gesamtwirtschaftlicher Produktionsfunktion die *Höhe des absoluten Preisniveaus (p)*[9].

## A3) Ein vereinfachtes PATINKIN-Modell[10]

Die Vereinfachung des Modells besteht darin, daß das Vermögen der privaten Wirtschaftseinheiten ausschließlich aus Zentralbankgeld, also aus outside-money, bestehen soll[11].

*Monetärer Bereich:*
Das nominale Geldangebot $\left(M^a\right)$ entspricht der in der Volkswirtschaft vorhandenen Geldmenge $\overline{M}$, d.h.:

$$(1) \qquad M^a = \overline{M}\,.$$

Dem Geldangebot steht folgende Geldnachfragefunktion gegenüber:

$$(2) \qquad L = p \cdot \left(\frac{p_1}{p}, \frac{p_2}{p}, \ldots, \frac{p_n}{p}, \frac{\overline{M}}{p}\right),$$

wobei

$$(3) \qquad p = p_1\pi_1 + p_2\pi_2 + \ldots + p_n\pi_n \quad \text{mit} \quad \pi_1 + \pi_2 + \ldots + \pi_n = 1\,.$$

Gleichung (2) enthält neben den Preisverhältnissen $\frac{p_i}{p}$ $\left(i = 1, 2, \ldots, n\right)$ die reale Geldmenge $\frac{\overline{M}}{p}$ als Argument. Die reale Geldmenge $\left(\frac{\overline{M}}{p}\right)$ läßt sich als das $(n+1)$-te Gut, das den Preis $p$ hat, interpretieren. Die Preisverhältnisse

[9] Vgl. hierzu die Ergebnisse des neoklassischen Modells in Kapitel IV unter 1d).

[10] Das Modell entspricht der Darstellung bei B. HANSEN, a.a.O., S. 78ff.

[11] Ein erweitertes mikroökonomisches Modell findet sich bei B. HANSEN, a.a.O., S. 87ff. – PATINKIN entwickelt die vollständige makroökonomische Version seines Modells in den Kapiteln IX bis XII seines Buches (a.a.O., S. 199ff.).

$\frac{p_i}{p}$ erscheinen dann als numéraire-Preise mit der realen Geldmenge als Standardgut. *Materiell* beinhaltet Gleichung (2), daß sich die Nachfrage nach realen Geldbeständen $\left(\frac{L}{p}\right)$ nicht verändert, wenn die Preise $p_1, p_2, ..., p_n$ (und damit auch das Preisniveau $p$) und die Geldmenge $\overline{M}$ um ein beliebiges, jeweils gleich großes Vielfaches ihrer Ausgangsgröße erhöht werden. Die Nachfrage nach realen Geldbeständen ist also *homogen vom Grade Null* in den Preisen $p_1, p_2, ..., p_n$ (und damit in $p$) sowie in der Geldmenge $\overline{M}$.

Stimmen Geldangebot und Geldnachfrage überein, dann wird die (Gleichgewichts-)Geldmenge $M$ realisiert, d.h.:

(4), (5) $M^a = L = M$ [12].

*Güterwirtschaftlicher Bereich:*
Der güterwirtschaftliche Bereich wird durch $n$ Angebots- und Nachfragefunktionen für Güter und Faktoren charakterisiert, die die gleichen Argumente enthalten wie die Geldnachfragefunktion, also:

(6) $$x_i^a = x_i^a\left(\frac{p_1}{p}, \frac{p_2}{p}, ..., \frac{p_n}{p}, \frac{\overline{M}}{p}\right) \qquad i = 1, 2, ..., n$$

und

(7) $$x_i^n = x_i^n\left(\frac{p_1}{p}, \frac{p_2}{p}, ..., \frac{p_n}{p}, \frac{\overline{M}}{p}\right) \qquad i = 1, 2, ..., n.$$

Im Unterschied zur neoklassischen Theorie enthalten die Angebots- und Nachfragefunktionen für Güter und Faktoren also auch die reale Geldmenge als Argument[13].

---

[12] Unter der speziellen Annahme, daß das Geldangebot und die in der Volkswirtschaft (in der Ausgangslage) vorhandene Geldmenge gleich sind (siehe Beziehung (1)), müssen auch die (Gleichgewichts-) Geldmenge $(M)$ und die in der Volkswirtschaft vorhandene Geldmenge $(\overline{M})$ gleich sein.

[13] Die Preisverhältnisse $\frac{p_i}{p}$ $(i = 1, 2, ..., n)$ stellen gegenüber den Preisverhältnissen $\frac{p_i}{p_n}$ $(i=1, 2, ..., n-1)$, wie sie aus den Angebots- und Nachfragefunktionen der

Im Gleichgewicht gilt:

(8), (9) $x_i^a = x_i^n = x_i \qquad i = 1, 2, ..., n.$

Im Gleichgewicht sind $x_i^a$ und $x_i^n$ gleich den realisierten Mengen $x_i$.

Das Modell enthält an:

*Parametern:* $\overline{M}$

*Variablen:* $M^a, L, M, p,$ also 4, und

$x_i^a, x_i^n, x_i, p_i \quad (i = 1, 2, ..., n),$ also $4n$,

*insgesamt* $4n + 4$.

Zur Verfügung stehen 5 Gleichungen aus dem monetären Bereich (die Gleichungen (1) bis (5)) und $4n$ Gleichungen aus dem güterwirtschaftlichen Bereich, insgesamt also $4n + 5$. Die Gleichungen sind aber nicht unabhängig voneinander; denn es läßt sich mit Hilfe des WALRAS-Gesetzes zeigen, daß eine von ihnen aus den übrigen hergeleitet werden kann: Das **WALRAS-Gesetz**[14] ergibt sich aus den *aggregierten Budgetrestriktionen* aller Wirtschaftseinheiten und besagt im vorliegenden Fall, daß die Summe aus dem Geldangebot (d.h. hier: aus der in der Volkswirtschaft vorhandenen Geldmenge) und dem gesamten wertmäßigen Angebot an Gütern und Faktoren gleich der Summe aus der Geldnachfrage und der gesamten wertmäßigen Nachfrage nach Gütern und Faktoren sein muß, d.h.:

(10) $$M^a + \sum_{i=1}^{n} p_i x_i^a = L + \sum_{i=1}^{n} p_i x_i^n$$ [15].

Befinden sich die $n$ Güter- und Faktormärkte im Gleichgewicht, d.h.

---

neoklassischen Theorie bekannt sind (vgl. Gleichungen (6) und (7), S. 195f.) *keine* neuen Argumente dar. Um dieses zu sehen, braucht man nur

$$\frac{p_i}{p} \text{ mit } \frac{1}{p_n}$$

zu erweitern und $p$ dabei durch den in Gleichung (3) angegebenen Zusammenhang zu ersetzen.

[14] Das *SAYsche Gesetz* ist ein Spezialfall des *WALRAS-Gesetzes* (vgl. hierzu S. 173f., Fußnote 18, und B. HANSEN, a.a.O., S. 27, 32 und 46f.).

[15] Wird Gleichung (10) unter Verwendung von Beziehung (1) in folgender Form geschrieben:

$$\sum_{i=1}^{n} p_i x_i^a - \sum_{i=1}^{n} p_i x_i^n = L - \overline{M},$$

dann zeigt sich, daß stets das Überschußangebot an Gütern und Faktoren und die für den Planungszeitraum gewünschte Änderung der Geldmenge gleich sein müssen.

$$x_i^a = x_i^n \qquad i = 1, 2, ..., n,$$

dann ist auch

$$(11) \qquad \sum_{i=1}^{n} p_i x_i^a = \sum_{i=1}^{n} p_i x_i^n .$$

Zusammen mit (10) folgt hieraus:

$$M^a = L .$$

Es zeigt sich also, daß Gleichgewicht auf *n* Güter- und Faktormärkten Gleichgewicht zwischen Geldangebot und Geldnachfrage impliziert.

Es stehen somit nur 4*n* + 4 unabhängige Gleichungen zur Verfügung. Vorausgesetzt eine Lösung existiert, dann lassen sich hiermit die 4*n* + 4 Variablen des Modells bestimmen.

Von Interesse ist die Frage, wie sich eine *Veränderung der Geldmenge* auf die Variablen des Modells auswirkt, d.h. hier: welche Gleichgewichtswerte die Variablen annehmen, wenn für die in der Volkswirtschaft vorhandene Geldmenge alternative Werte angenommen werden. Eine Antwort hierauf gibt folgende komparativ-statische Betrachtung:
Angenommen, $\hat{p}_1, \hat{p}_2, ..., \hat{p}_n$ und $\hat{p}$ seien eine Lösung des Modells, wenn $M^a = \overline{M}$. Wird $M^a$ auf $\lambda\overline{M}$ $(\lambda > 1)$ erhöht, z.B. verdoppelt (d.h. $\lambda = 2$), dann geben $2\hat{p}_1$, $2\hat{p}_2, ...,$ $2\hat{p}_n$ und $2\hat{p}$ bei unveränderten Werten von $x_i^a, x_i^n$ und $x_i$ $(i = 1,\ 2,\ ...,\ n)$ eine neue Lösung an, wie man durch Einsetzen dieser Werte in die Gleichungen des Modells erkennen kann. Bei einer Erhöhung der Geldmenge auf $\lambda\overline{M}$ kommt es also zu einer *proportionalen* Erhöhung aller Preise (und damit auch des Preisniveaus für das Sozialprodukt *p*), und zwar bei unveränderten Preisverhältnissen $(p_i / p)$ und unveränderten Gleichgewichtsmengen $x_i$. Wir erhalten also die aus der neoklassischen Theorie bekannten Ergebnisse.

# A4) Ein KEYNESianisches Modell

Das KEYNESianische Modell soll unter der Annahme eines konstanten Geldlohnsatzes dargestellt werden, d.h.:

$$w = w_0 .$$

*Monetärer Bereich:*

Die Gleichungen des monetären Bereichs werden wie auf S. 194 zu folgender Beziehung zusammengefaßt:

(1) $$\frac{\overline{M}}{p} = L^r(Y^r, i).$$

*Gütermarkt:*

Für die Darstellung des Gütermarktes wird die Gleichung (18b) von S. 196 übernommen. Wird dabei vereinfachend $\tau = 0$ gesetzt, dann ergibt sich:

(2) $$I^r(i) + G^r = S^r(Y^r).$$

*Arbeitsmarkt:*

Die Gleichungen (13) und (15), (16) auf S. 193f. werden unter Berücksichtigung von $w = w_0$ zu folgender Beziehung zusammengefaßt:

(3) $$N = N^n\left(\frac{w_0}{p}\right).$$

Mit Hilfe der Beziehung (10) und unter Berücksichtigung der Gleichungen (11) und (12) auf S. 193 wird $Y^r$ aus den vorstehenden Gleichungen (1) und (2) eliminiert. Man erhält dann folgendes Gleichungssystem:

(1a) $$\frac{\overline{M}}{p} = L^r\left[Y^{ra}(N), i\right],$$

(2a) $$I^r(i) + G^r = S^r\left[Y^{ra}(N)\right],$$

(3) $$N = N^n\left(\frac{w_0}{p}\right).$$

Das so zusammengefaßte KEYNESianische Modell enthält an:

*Daten:* $w_0$

*Parametern:* $G^r, \overline{M}$

*Variablen:* $N, i, p$[16].

Vorausgesetzt eine Lösung existiert, dann lassen sich mit den Gleichungen (1a), (2a) und (3) alle Variablen des Modells bestimmen.

Um die Wirkungen einer Änderung der Parameter $G^r$ und $\overline{M}$ auf die Variablen $N$, $i$ und $p$ komparativ-statisch analysieren zu können, werden die Größen $N$, $i$ und $p$ sowie $G^r$ und $\overline{M}$ simultan geändert. Bei totaler Differentiation der Gleichungen (1a), (2a) und (3) erhält man ein Gleichungssystem, das bei entsprechender Anordnung auf der *linken* Seite die Änderungen der Variablen und auf der *rechten* Seite die Änderungen der Parameter enthält:

$$(4) \qquad -\frac{\partial L^r}{\partial Y^{ra}}\frac{\partial Y^{ra}}{\partial N}dN - \frac{\partial L^r}{\partial i}di \qquad -\frac{\overline{M}}{p^2}dp = -\frac{1}{p}d\overline{M}$$

$$(5) \qquad -\frac{\partial S^r}{\partial Y^{ra}}\frac{\partial Y^{ra}}{\partial N}dN + \frac{\partial I^r}{\partial i}di \qquad = -dG^r$$

$$(6) \qquad dN \qquad + \frac{\partial N^n}{\partial\left(\frac{w_0}{p}\right)}\frac{w_0}{p^2}dp = 0$$

oder in Matrixform:

$$(7) \qquad \begin{bmatrix} -\frac{\partial L^r}{\partial Y^{ra}}\frac{\partial Y^{ra}}{\partial N} & -\frac{\partial L^r}{\partial i} & -\frac{\overline{M}}{p^2} \\ -\frac{\partial S^r}{\partial Y^{ra}}\frac{\partial Y^{ra}}{\partial N} & +\frac{\partial I^r}{\partial i} & 0 \\ +1 & 0 & X \end{bmatrix} \begin{bmatrix} dN \\ di \\ dp \end{bmatrix} = \begin{bmatrix} -\frac{1}{p}d\overline{M} \\ -dG^r \\ 0 \end{bmatrix},$$

wobei

$$X = \frac{\partial N^n}{\partial\left(\frac{w_0}{p}\right)}\frac{w_0}{p^2}.$$

---

[16] Die Produktionsfunktion (10) auf S. 193 impliziert, daß sich das *reale Sozialprodukt* stets in der gleichen Richtung ändert wie die Beschäftigung.

Wird die Determinante der Koeffizienten auf der linken Seite von (7) mit $H$ bezeichnet, dann ergibt sich folgende Lösung:

$$\text{(8)} \qquad dN = \frac{-\frac{1}{p}\frac{\partial I^r}{\partial i} X d\overline{M} - \frac{\partial L^r}{\partial i} X dG^r}{H},$$

$$\text{(9)} \qquad di = \frac{-\frac{1}{p}\frac{\partial S^r}{\partial Y^{ra}}\frac{\partial Y^{ra}}{\partial N} X d\overline{M} - \left(-\frac{\partial L^r}{\partial Y^{ra}}\frac{\partial Y^{ra}}{\partial N} X + \frac{\overline{M}}{p^2}\right) dG^r}{H}$$

und

$$\text{(10)} \qquad dp = \frac{\frac{1}{p}\frac{\partial I^r}{\partial i} d\overline{M} + \frac{\partial L^r}{\partial i} dG^r}{H}, \text{ wobei}$$

$$H = \frac{\overline{M}}{p^2}\frac{\partial I^r}{\partial i} + X\left(-\frac{\partial L^r}{\partial Y^{ra}}\frac{\partial Y^{ra}}{\partial N}\frac{\partial I^r}{\partial i} - \frac{\partial L^r}{\partial i}\frac{\partial S^r}{\partial Y^{ra}}\frac{\partial Y^{ra}}{\partial N}\right).$$

Da

$$\frac{\partial N^n}{\partial\left(\frac{w_0}{p}\right)} < 0, \frac{\partial I^r}{\partial i} < 0, \frac{\partial L^r}{\partial i} < 0, \frac{\partial S^r}{\partial Y^{ra}} > 0, \frac{\partial Y^{ra}}{\partial N} > 0, \frac{\partial L^r}{\partial Y^{ra}} > 0$$

und damit

$$X < 0, H < 0,$$

sind[17]

$$\left.\frac{dN}{d\overline{M}}\right|_{dG^r=0} > 0 \;;\; \left.\frac{dN}{dG^r}\right|_{d\overline{M}=0} > 0 \;;\; \left.\frac{di}{d\overline{M}}\right|_{dG^r=0} < 0 \;;$$

---

[17] Die Schreibweise $\left.\frac{dN}{d\overline{M}}\right|_{dG^r=0}$ ... bedeutet: $\frac{dN}{d\overline{M}}$ bei $dG^r = 0$ ...

$$\left.\frac{di}{dG'}\right|_{d\overline{M}=0} > 0\;;\quad \left.\frac{dp}{d\overline{M}}\right|_{dG'=0} > 0\;;\quad \left.\frac{dp}{dG'}\right|_{d\overline{M}=0} > 0\,.$$

Die Gleichungen (8) und (10) lassen erkennen, daß $\frac{dN}{d\overline{M}} = 0$ und $\frac{dp}{d\overline{M}} = 0$, wenn $\frac{\partial I'}{\partial i} = 0$ und (oder) $\frac{\partial L'}{\partial i} \to -\infty$. Eine Änderung der Geldmenge bleibt in diesen Fällen also ohne Wirkung auf Beschäftigung und Preisniveau.

## A5) Ein Modell für den monetären Bereich unter Einbeziehung eines Marktes für vorhandenes Sachvermögen[18]

*Bilanzen:*
Im dargestellten Modell werden die Sektoren Geschäftsbanken, Zentralbank, Nichtbanken und Staat im Rahmen einer geschlossenen Volkswirtschaft berücksichtigt, und zwar mit folgenden vereinfachten Bilanzen:

| Geschäftsbanken | |
|---|---|
| Mindestreserven .... $Z$ | Sichteinlagen .... $D$ |
| Geldmarktpapiere ..... $G$ | |
| Kredite ..... $K$ | |

| Zentralbank | |
|---|---|
| Kredite an Staat (einschl. Geldmarktpapiere) .... $B$ | Mindestreserven .... $Z$ |

| Private Nichtbanken | |
|---|---|
| Sichteinlagen .... $D$ | Kredite ..... $K$ |
| (nominales) Sachvermögen... $P' \cdot (SV)$ | Reinvermögen .... $RV_N$ |

| Staat | |
|---|---|
| | Staatsverschuldung.. $B'$ (= B + G) |
| | Reinvermögen (negativ) |

[18] Vgl. zu den folgenden Ausführungen K. BRUNNER, A Diagrammatic Exposition of the Money Supply Process. "Schweizerische Zeitschrift für Volkswirtschaft und Statistik", 109. Jg. (1973), S. 481ff. – Siehe auch J. TOBIN, A General Equilibrium Approach to Monetary Theory. "Journal of Money, Credit, and Banking", Vol. 1 (1969), S. 15ff.

*Gleichungssystem:*

Das Modell enthält drei Märkte, nämlich den Markt für Geld, den Kreditmarkt und den Markt für vorhandenes Sachvermögen bzw. für Ansprüche auf vorhandenes Sachvermögen (z.B. Aktien). Auf diesen Märkten werden simultan der Zinssatz $(i_s)$ und der Preis $(P')$ für vorhandenes (d.h. bereits produziertes) Sachvermögen $(SV = \overline{SV})$ bestimmt. Anders als in der im III. Kapitel durchgeführten Analyse werden im vorliegenden Modell die Geld- und Kreditnachfragefunktion *unabhängig* voneinander aufgestellt. Diese Vorgehensweise wird dadurch möglich, daß das Modell gegenüber der Analyse im III. Kapitel um einen Markt erweitert wird. Die nicht explizit formulierte Nachfragefunktion für vorhandenes Sachvermögen wird demgegenüber durch die Gleichungen des vorliegenden Modells impliziert[19]:

Die Zusammenhänge lassen sich im einzelnen wie folgt formalisieren:

(1) $Z + G + K = D$ (Bilanzrestriktion)

(2) $B' + K = D$ (Bilanzrestriktion)[20]

(3) $D + P' \cdot (SV) = K + RV_N$ (Bilanzrestriktion)

(4) $Z = rD$ (Mindestreserven)

(5) $K^a = a(i_s, i_G) \cdot [D(1-r)]$, (Kreditangebot)

wobei $i_G$ den Zinssatz für

Geldmarktpapiere bezeichnet,

$a_s > 0, a_G < 0$ [21].

---

[19] Eine von den übrigen Gleichungen unabhängige Nachfragefunktion für vorhandenes Sachvermögen ließe sich aufstellen, wenn das Modell auf vier Märkte ausgedehnt würde.

[20] Gleichung (2) ergibt sich aus der konsolidierten Bilanz von Geschäftsbanken und Zentralbank, wobei $B' = B + G$.

[21] $a_s$ bedeutet: *a*, differenziert nach $i_s$. Entsprechend bedeutet $a_G$ : *a*, differenziert nach $i_G$.

(6) $K^n = K^n(i_s, P', Y),$ (Kreditnachfrage)

wobei $K_s^n, K_{P'}^n < 0$ [22]; $K_Y^n > 0$

(7), (8) $K^a = K^n = K$ (Gleichgewicht für die Kreditmenge, Definition)

(9) $L = L(i_s, P', Y),$ (Geldnachfrage)

wobei $L_s < 0; L_Y, L_{P'} > 0$ [23]

(10), (11) $M^a = L = M$ (Gleichgewicht für die Geldmenge, Definition)

(12) $M = D$ (Definition)

(13) $SV^a = \overline{SV}$ (Angebot an Sachvermögen)

(14), (15) $SV^n = SV^a = SV$ (Gleichgewicht auf dem Markt für vorhandenes Sachvermögen, Definition)

Das Modell enthält damit an:

*Daten:* $\overline{SV}$

*Parametern:* $B', Y, i_G, r$

*Variablen:* $D, K, K^a, K^n, L, M^a, M, G, SV, SV^a, SV^n, RV_N, Z, i_s, P'$ (*insgesamt* 15).

---

[22] Hinter der Annahme $\frac{\partial K^n}{\partial P'}\left(= K_{P'}^n\right) < 0$ steht die Vorstellung, daß die Nachfrage nach Krediten abnimmt, wenn die Anschaffung von vorhandenem Sachvermögen (oder z.B. von Aktien) teurer, also weniger lohnend wird (und umgekehrt).

[23] Hinter der Annahme $\frac{\partial L}{\partial P'}\left(= L_{P'}\right) > 0$ steht die Vorstellung, daß die Nachfrage nach Geldbeständen zunimmt, wenn ein anderes Aktivum – wie z.B. vorhandenes Sachvermögen – teurer wird (und umgekehrt).

Vorausgesetzt eine Lösung existiert, dann lassen sich mit den Gleichungen (1) bis (15) alle Variablen des Modells bestimmen.

*Bestimmung des Gleichgewichts:*
Im folgenden werden die Gleichgewichtsbedingungen für den *Markt für Geld* und den *Kreditmarkt* hergeleitet:

Aus Gleichung (2) ergibt sich unter Berücksichtigung von (12) für $M = M^a$ und $K = K^a$:

$$(16) \qquad M^a = B' + K^a.$$

Wird das in Gleichung (5) angegebene Kreditangebot in (16) eingesetzt, dann erhält man für $D = M$ und $M = M^a$:

$$M^a = aM^a(1-r) + B'$$

bzw.

$$(17) \qquad M^a = \frac{1}{1-a(1-r)} B', \text{ wobei } a = a(i_s, i_G).$$

Die durch die Gleichungen (16) und (17) implizierte Kreditangebotsfunktion läßt sich ermitteln, indem die bereinigte Basis $B'$ von dem durch (17) bestimmten Geldangebot $M^a$ subtrahiert wird.

Man erhält:

$$(18) \qquad K^a = \frac{a(1-r)}{1-a(1-r)} B'.$$

Das Gleichgewicht auf dem Markt für Geld und dem Kreditmarkt wird dann durch die beiden folgenden Bedingungen bestimmt:

$$(19) \qquad \frac{B'}{1-a(1-r)} - L(i_s, P', Y) = 0 \qquad (ML\text{-Funktion})$$

und

$$(20) \qquad \frac{a(1-r)B'}{1-a(1-r)} - K^n(i_s, P', Y) = 0, \qquad (KK\text{-Funktion})$$

wobei $a = a(i_s, i_G)$[24].

---

[24] Die *ML*-Funktion (*KK*-Funktion) beschreibt alle Kombinationen von $i_s$ und $P'$, die Gleichgewicht auf dem Markt für Geld (Kreditmarkt) gewährleisten. In ihrer formalen Aussage ähneln diese Funktionen den aus dem HICKSschen Diagramm bekannten *IS*- und *LM*-Kurven.

Vorausgesetzt eine Lösung existiert, dann lassen sich die beiden Variablen $i_s$ und $P'$ mit Hilfe der Gleichungen (19) und (20) bestimmen.

Eine graphische Darstellung der *Gleichgewichtslösung* ist möglich, wenn die Steigung der *ML*-Funktion und der *KK*-Funktion ermittelt wird. Wir bilden dazu das totale Differential für beide Funktionen, wobei wir die Parameteränderungen gleich Null setzen:

(19a) $$\frac{a_s(1-r)B'}{[1-a(1-r)]^2}di_s - L_s di_s - L_{P'}dP' = 0$$

und

(20a) $$\frac{[1-a(1-r)]a_s(1-r)-a(1-r)^2 a_s}{[1-a(1-r)]^2}B'di_s - K_s^n di_s - K_{P'}^n dP' = 0.$$

Wird zur Abkürzung der Ausdruck

(21) $$A = \frac{a_s(1-r)}{[1-a(1-r)]^2}B' > 0$$

eingeführt, dann ergibt sich als Steigung für die *ML-Funktion*

$$\frac{di_s}{dP'} = \frac{L_{P'}}{A-L_s} > 0$$

und für die *KK-Funktion*

$$\frac{di_s}{dP'} = \frac{K_{P'}^n}{A-K_s^n} < 0.$$

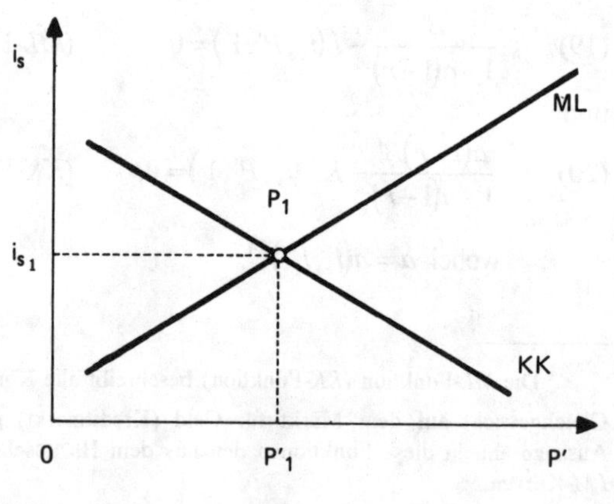


Figur A1

Ausgehend von der *ML*-Funktion und der *KK*-Funktion lassen sich nunmehr die Gleichgewichtswerte für den Sollzinssatz und den Preis für vorhandenes Sachvermögen graphisch, wie in Figur A1 dargestellt, ermitteln.

Der Schnittpunkt der *ML*-Kurve und der *KK*-Kurve bestimmt den Gleichgewichtspunkt $P_1$ und damit die Gleichgewichtswerte $i_{s1}$ und $P'_1$.

*Parameteränderungen:*
Um die Wirkungen von Parameteränderungen auf die Variablen $i_s$ und $P'$ komparativ-statisch analysieren zu können, müßten die Parameter $B', Y, i_G$ und $r$ sowie die Variablen $i_s$ und $P'$ in den Gleichungen (19) und (20) simultan geändert werden. Wir wollen uns jedoch darauf beschränken, allein die Wirkungen einer veränderten bereinigten Basis auf $i_s$ und $P'$ zu untersuchen und bilden deshalb das totale Differential von (19) und (20) unter der Annahme $dY = di_G = dr = 0$. Berücksichtigen wir dabei die Ableitungen unter (19a) und (20a) sowie die unter (21) angegebene Abkürzung, dann erhalten wir:

$$(A - L_s)\,di_s - L_{P'}dP' = -\frac{1}{1-a(1-r)}dB'$$

und

$$(A - K_s^n)\,di_s - K_{P'}^n dP' = -\frac{a(1-r)}{1-a(1-r)}dB'$$

oder in Matrixform:

$$\text{(22)}\qquad \begin{bmatrix} A - L_s & -L_{P'} \\ A - K_s^n & -K_{P'}^n \end{bmatrix} \begin{bmatrix} di_s \\ dP' \end{bmatrix} = \begin{bmatrix} -\dfrac{1}{1-a(1-r)}dB' \\ -\dfrac{a(1-r)}{1-a(1-r)}dB' \end{bmatrix}.$$

Schreiben wir für den auf der rechten Seite von (22) angegebenen Geldangebots- bzw. Kreditangebotsmultiplikator $m_M$ bzw. $m_K$, dann ergibt sich folgende Lösung:

$$\text{(23)}\qquad \frac{di_s}{dB'} = \frac{m_M K_{P'}^n - m_K L_{P'}}{H}$$

und

(24) $$\frac{dP'}{dB'} = \frac{-m_K(A-L_s)+m_M(A-K_s^n)}{H},$$

wobei

$$H = -(A-L_s)K_{P'}^n + (A-K_s^n)L_{P'}.$$

Da $K_{P'}^n < 0, L_{P'} > 0, L_s < 0, K_s^n < 0$

und damit

$$H > 0,$$

ist $$\frac{di_s}{dB'} < 0.$$

Der Differentialquotient $\frac{dP'}{dB'}$ ist positiv, wenn

$$m_M(A-K_s^n) > m_K(A-L_s),$$

bzw. wegen $m_M = \frac{M}{B'}$ und $m_K = \frac{K}{B'}$,

wenn

(25) $$(A-K_s^n)M > (A-L_s)K$$

bzw.

(26) $$(A-K_s^n)\frac{i_s}{K} > (A-L_s)\frac{i_s}{M}.$$

Da der unter (21) angegebene Ausdruck $A$ gleich $\frac{\partial K^a}{\partial i_s}$ und gleich $\frac{\partial M^a}{\partial i_s}$ ist, läßt sich die Bedingung (26) für $K^n = K^a = K$ und $M^a = L = M$ auch mit Hilfe von Zinselastizitäten ausdrücken, und zwar wie folgt:

(27) $$\frac{\partial K^a}{\partial i_s}\frac{i_s}{K^a} - \frac{\partial K^n}{\partial i_s}\frac{i_s}{K^n} > \frac{\partial M^a}{\partial i_s}\frac{i_s}{M^a} - \frac{\partial L}{\partial i_s}\frac{i_s}{L}.$$

Die Bedingung lautet also, daß die Differenz zwischen Angebots- und Nachfrageelastizitäten auf dem Kreditmarkt größer sein muß als auf dem Markt für

Geld. Diese Bedingung[25] wird als *Annahme*[26] eingeführt. Wie schon ausgeführt, gilt dann

$$\frac{dP'}{dB'} > 0.$$

Eine *graphische Darstellung* der Ergebnisse ist wieder mit Hilfe der *ML*-Kurve und der *KK*-Kurve möglich (vgl. Fig. A2). Ausgangspunkt ist dabei die Überlegung, daß z.B. im Fall einer Erhöhung der bereinigten Basis eine *Rechtsverschiebung* der *ML*-Kurve und eine *Linksverschiebung* der *KK*-Kurve eintreten. Der Grund für derartige Verschiebungen läßt sich aus den Gleichungen (19) und (20) ablesen: Bei einer Erhöhung der bereinigten Basis ($B'$) würde das Gleichgewicht für gegebene Zinssätze ($i_s$) auf dem Markt für Geld nur erhalten bleiben, wenn $P'$ steigt, und auf dem Kreditmarkt nur erhalten bleiben, wenn $P'$ sinkt.

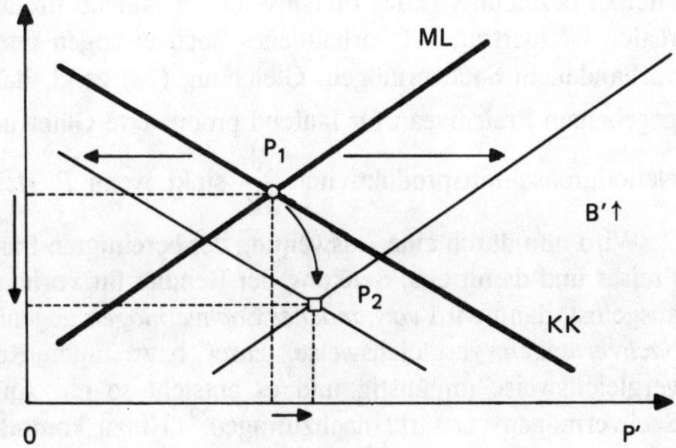


Figur A2

---

[25] Vgl. hierzu auch die Annahme von BRUNNER, A Diagrammatic ..., a.a.O., auf S. 496.

[26] Wie sich aus (17) und (18) herleiten läßt, gilt in jedem Fall

$$\frac{\partial K^a}{\partial i_s}\frac{i_s}{K^a} > \frac{\partial M^a}{\partial i_s}\frac{i_s}{M^a} > 0.$$

Eine hinreichende (aber nicht notwendige) Bedingung für die Erfüllung der Ungleichung (27) ist dann:

$$\left|\frac{\partial K^n}{\partial i_s}\frac{i_s}{K^n}\right| \geq \left|\frac{\partial L}{\partial i_s}\frac{i_s}{L}\right|.$$

Nach BRUNNER ist auf Grund empirischer Evidenz zu vermuten, daß diese Bedingung in der Realität erfüllt ist (siehe K. BRUNNER, Zwei alternative Theorien des Geldangebotsprozesses: Geldmarkt- versus Kreditmarkttheorie. In: Geldtheorie. (Hrsg. von K. BRUNNER, H. G. MONISSEN, M. J. M. NEUMANN.) Köln 1974. S. 132.)

Fig. A2 zeigt, daß eine *Erhöhung der bereinigten Basis* eine *Senkung des Zinssatzes* $i_s$ und eine *Erhöhung des Preises für vorhandenes Realkapital* $P'$ zur Folge hat[27]. Mit diesen Vorgängen ist eine *Erhöhung der Geldmenge* verbunden, wie aus Gleichung (9) zusammen mit (11) hervorgeht[28].

*Zur Wirkungsweise der Geldpolitik:*
Das vorliegende Modell macht deutlich, wie der Einsatz eines geldpolitischen Aktionsparameters (hier: der bereinigten Basis) – über den monetären Bereich i.e.S. hinausgehend – eine Anpassung des *Preises für vorhandenes Sachvermögen* ($P'$) auslöst. Verbunden ist hiermit eine gegenläufige Veränderung der Rendite auf vorhandenes Sachvermögen ($i_K$), denn zwischen $i_K$ und $P'$ besteht folgender Zusammenhang:

$$(28) \qquad i_K = \frac{P}{P'} \cdot \frac{X}{SV}.$$

Hierbei bezeichnet $P$ das Preisniveau der laufend produzierten Güter, $X$ den realen Nettoertrag auf vorhandenes Sachvermögen und $SV$ den Bestand an vorhandenem Sachvermögen. Gleichung (28) zeigt, daß die Rendite $i_K$ bei gegebenem Preisniveau für laufend produzierte Güter und gegebener (realer) Nettodurchschnittsproduktivität $\frac{X}{SV}$ sinkt, wenn $P'$ steigt, und umgekehrt.

Wird nun durch eine Ausweitung der bereinigten Basis eine Erhöhung des Preises und damit eine Senkung der Rendite für vorhandenes Sachvermögen ausgelöst, dann wird *vorhandenes Sachvermögen* gegenüber *neuproduziertem Sachvermögen* vergleichsweise teurer bzw. unter Renditegesichtspunkten vergleichsweise ungünstig und es entsteht so ein Anreiz, neuproduziertes Sachvermögen verstärkt nachzufragen[29]. Hinzu kommt, daß ein expansiver Impuls auf die gesamtwirtschaftliche Nachfrage auch insofern ausgelöst wird, als die Preiserhöhung beim vorhandenen Sachvermögen und (oder) die Kurserhöhung bei Aktien einen *Wertzuwachs* für das private Nettovermögen bedeuten. *Substitutions- und Vermögenseffekte* bewirken also im vorliegenden Modell, daß der monetäre Impuls – ausgelöst durch eine geldpolitische Maßnahme – auf den güterwirtschaftlichen Bereich übertragen wird.

---

[27] Fig. A2 ist so gezeichnet, daß die Annahme (25) bzw. (27) erfüllt ist.

[28] Eine eindeutige Aussage darüber, wie sich die *Kreditmenge* mit der bereinigten Basis ändert, ist nicht möglich, wie die Gleichung (6) zusammen mit (8) erkennen läßt.

[29] Hinter dem Nachfrageanstieg steht also ein Anstieg des **Tobinschen** *q* $\left(= \frac{X / SV}{i_K} = \frac{P'}{P}\right)$. Vgl. Tobin, A General ..., a.a.O., S. 19ff.

# A6) Ein Angebots-Nachfrage-Modell bei adaptiven Erwartungen

Basis des Modells sind die *Nachfragefunktion* (10) und die *Preisgleichung* (19) aus dem Abschnitt V.1. Mit dem Index $t$ als Periodenbezeichnung lassen sich die Gleichungen wie folgt formulieren:

(1) $$Y_t^r = Y_{t-1}^r + \gamma(m_t - \pi_t);\ \gamma > 0$$ *(Nachfragefunktion)*

(2) $$\pi_t = \pi_t^* + \alpha\beta\left(Y_t^r - \bar{Y}^r\right);\ \alpha, \beta > 0$$ *(Preisgleichung)*,

wobei *adaptive* (bzw. extrapolative) *Erwartungen* in der Form

$$\pi_t^* = \pi_{t-1}$$

vorliegen.

Aus Gleichung (2) ergibt sich bei Berücksichtigung von $\pi_t^* = \pi_{t-1}$

(2a) $$Y_t^r = \bar{Y}^r + \frac{1}{\alpha\beta}(\pi_t - \pi_{t-1})$$

und nach Rückdatierung um eine Periode

(2b) $$Y_{t-1}^r = \bar{Y}^r + \frac{1}{\alpha\beta}(\pi_{t-1} - \pi_{t-2}).$$

Wird (2b) in die Nachfragefunktion (1) eingesetzt und werden die so umgeformte Nachfragefunktion und die Beziehung (2a) gleichgesetzt, dann erhält man:

$$\bar{Y}^r + \frac{1}{\alpha\beta}(\pi_{t-1} - \pi_{t-2}) + \gamma(m_t - \pi_t)$$

$$= \bar{Y}^r + \frac{1}{\alpha\beta}(\pi_t - \pi_{t-1}).$$

Diese Beziehung läßt sich zu folgender nicht homogenen Differenzengleichung zweiter Ordnung umformen:

(3) $$\pi_t = a_1\pi_{t-1} + a_2\pi_{t-2} + b = 0,$$

$$\text{wobei } a_1 = \frac{-2}{1+\alpha\beta\gamma},\quad a_2 = \frac{1}{1+\alpha\beta\gamma},\quad b = \frac{-\alpha\beta\gamma}{1+\alpha\beta\gamma} m_t.$$

Als *stationäre Gleichgewichtslösung* $\pi \left(= \pi_t = \pi_{t-1} = \pi_{t-2}\right)$ ergibt sich:

$$\pi = \frac{-b}{1 + a_1 + a_2} = m_t .$$

Zunächst wird gezeigt, daß die Wurzeln der zur Beziehung (3) gehörenden charakteristischen Gleichung konjugiert-komplexe Zahlen sind. Die *charakteristische Gleichung* lautet:

$$Q^2 + a_1 Q + a_2 = 0.$$

Als Wurzeln dieser quadratischen Gleichung erhält man:

$$Q_{1/2} = -\frac{a_1}{2} \pm \frac{1}{2}\sqrt{a_1^2 - 4a_2} .$$

Die Wurzeln $Q_{1/2}$ sind konjugiert-komplexe Zahlen; denn

$$a_1^2 - 4a_2 = \frac{4 - 4(1 + \alpha\beta\gamma)}{(1 + \alpha\beta\gamma)^2} < 0.$$

Als Lösung[30] der Differenzengleichung (3) ergibt sich in diesem Fall:

$$(4) \qquad \pi_t = \pi + c r^t \cos(\omega t + \psi),$$

wobei $\pi \left(= m_t\right)$ die stationäre Gleichgewichtslösung (partikuläre Lösung) bezeichnet, $c$ und $\psi$ durch die Anfangsbedingungen $\pi_t = \pi_1, \pi_t = \pi_2$ bestimmt werden und folgende Beziehungen gelten:

$$r^2 = \left(-\frac{a_1}{2}\right)^2 + \frac{1}{4}\left(4a_2 - a_1^2\right) = a_2 \qquad \text{bzw.}$$

$$r = \sqrt{a_2} \qquad \text{und}$$

$$\cos\omega = \frac{-\frac{a_1}{2}}{r} .$$

[30] Vgl. zur allgemeinen Lösung J. MERZ, S. STÖPPLER, Lineare dynamische Modelle und ihre allgemeine Lösung. In: Dynamische ökonomische Systeme. Analyse und Steuerung.

Wie aus (4) hervorgeht, vollzieht sich die Entwicklung von $\pi_t$ in Schwingungen. Die Schwingungen sind gedämpft, d.h. das System ist (asymptotisch) stabil, wenn für $r \left(= \sqrt{a_2}\right)$ gilt:

$$0 < r < 1.$$

Das ist der Fall; denn $0 < a_2 < 1$, da $\alpha, \beta, \gamma > 0$.

## A7) Ein Angebots-Nachfrage-Modell bei rationalen Erwartungen

Basis des Modells sind die *Nachfragefunktion* (10) und die *Preisgleichung* (19) sowie die *Bestimmungsgleichung für das Geldmengenwachstum* (4) aus dem Abschnitt V.1. Mit dem Index $t$ als Periodenbezeichnung lassen sich diese Gleichungen wie folgt formulieren:

(1) $$Y_t^r = Y_{t-1}^r + \gamma(m_t - \pi_t) + v_t\,;\ \gamma > 0$$ *(Nachfragefunktion)*

(2) $$\pi_t = \pi_t^* + \alpha\beta\left(Y_t^r - \bar{Y}^r\right) + w_t\,;\ \alpha, \beta > 0$$ *(Preisgleichung)*

(3) $$m_t = \bar{m}_t + u_t$$ *(Geldmengenwachstum)*,

wobei $u_t, v_t$ und $w_t$ normalverteilte Zufallsvariable mit einem Erwartungswert von Null darstellen.

Wird (1) unter Berücksichtigung von (3) in (2) eingesetzt, dann ergibt sich:

$$\pi_t = \pi_t^* + \alpha'\left[Y_{t-1}^r + \gamma(\bar{m}_t + u_t - \pi_t) + v_t - \bar{Y}^r\right] + w_t,$$

wobei $\alpha' = \alpha\beta$.

Aufgelöst nach $\pi_t$, erhält man:

(4) $$\pi_t = \frac{1}{1+\alpha'\gamma}\left[\pi_t^* + \alpha'\left(Y_{t-1}^r + \gamma\bar{m}_t + \gamma u_t + v_t - \bar{Y}^r\right) + w_t\right].$$

Bei rationalen Erwartungen entspricht $\pi_t^*$ dem Erwartungswert von $\pi_t$, d.h.

$$\pi_t^* = E(\pi_t / J_{t-1}),$$

---

(Hrsg. von S. STÖPPLER). Wiesbaden 1979. S. 17ff. – S. GOLDBERG, Introduction to Difference Equations. London, New York 1958. S. 138ff.

wobei $J$ die für die Inflationserklärung relevante Informationsmenge bezeichnet. Wird dieser Erwartungswert auf der rechten Seite von (4) für $\pi_t^*$ eingesetzt und anschließend der Erwartungswert für die gesamte Gleichung (4) gebildet, dann ergibt sich[31]:

$$E(\pi_t) = \pi_t^* = \frac{1}{1+\alpha'\gamma}\left[\pi_t^* + \alpha'\left(Y_{t-1}^r + \gamma\overline{m}_t - \overline{Y}^r\right)\right].$$

Aufgelöst nach $\pi_t^*$, erhält man:

$$(5) \qquad \pi_t^* = \frac{1}{\gamma}\left(Y_{t-1}^r + \gamma\overline{m}_t - \overline{Y}^r\right).$$

Wird $\pi_t^*$ entsprechend (5) in (4) ersetzt, dann folgt:

$$\pi_t = \frac{1}{1+\alpha'\gamma}\left[\left(\frac{1}{\gamma}+\alpha'\right)\left(Y_{t-1}^r - \overline{Y}^r + \gamma\overline{m}_t\right) + \alpha'\left(\gamma u_t + v_t\right) + w_t\right]$$

bzw.

$$\pi_t = \frac{1}{1+\alpha'\gamma}\left[\frac{1+\alpha'\gamma}{\gamma}\left(Y_{t-1}^r - \overline{Y}^r\right) + \left(1+\alpha'\gamma\right)\overline{m}_t + \alpha'\left(\gamma u_t + v_t\right) + w_t\right]$$

bzw.

$$\pi_t = \mu_1\overline{m}_t + \mu_2 Y_{t-1}^r + \mu_3\overline{Y}^r + \mu_4 u_t + \mu_5 v_t + \mu_6 w_t,$$

wobei

$$\mu_1 = 1, \quad \mu_2 = -\mu_3 = \frac{1}{\gamma}, \quad \mu_4 = \frac{\alpha'\gamma}{1+\alpha'\gamma}, \quad \mu_5 = \frac{\alpha'}{1+\alpha'\gamma},$$

$$\mu_6 = \frac{1}{1+\alpha'\gamma}.$$

[31] Hierbei ist für die rechte Seite zu beachten, daß $E[E(\pi_t)] = E(\pi_t) = \pi_t^*$.

# Literaturangaben

## 1. Monographien


ALCHIAN, A.A., ALLEN, W.R.: University Economics. 2nd ed. Belmont 1967.

ALLAIS, M.: Économie & intérêt. Paris 1947.

ARGY, V.: The Postwar International Money Crisis – an Analysis. London 1981.

BALTENSPERGER, E., MILDE, H.: Theorie des Bankenverhaltens. Berlin 1987.

BEGG, D., FISCHER, S., DORNBUSCH, R.: Economics. 5th ed. London 1997.

BERGEN, V.: Theoretische und empirische Untersuchungen zur längerfristigen Geldnachfrage in der Bundesrepublik Deutschland (1950–1967). (Schriften zur angewandten Wirtschaftsforschung, 27.) Tübingen 1970.

BLANCHARD, O.J., FISCHER, S.: Lectures on Macroeconomics. Cambridge, Mass., London 1989.

BOFINGER, P., REISCHLE, J. SCHÄCHTER, A.: Geldpolitik. Ziele, Institutionen, Strategien und Instrumente. München 1996.

BORCHERT, M.: Geld und Kredit. Einführung in die Geldtheorie und Geldpolitik. 4., überarb. u. wesentl. erw. Aufl. München, Wien 1997.

BURDA, M.C., WYPLOSZ, C.: Makroökonomik. Eine Europäische Perspektive. München 1994.

CHANDLER, L.V., GOLDFELD, S.M.: The Economics of Money and Banking. 7th ed. New York 1977.

CLAASSEN, E.-M.: Grundlagen der Geldtheorie. 2., neubearb. u. erw. Aufl. Berlin, Heidelberg, New York 1980.

–: Grundlagen der makroökonomischen Theorie. München 1980.

COPELAND, T.E., WESTON, J.F.: Financial Theory and Corporate Policy, 3rd ed. Reprinted with corrections. Reading 1992.

DE GRAUWE, P.: Macroeconomic theory for the open economy. Aldershot, Brookfield 1983.

DEPPE, H.-D.: Betriebswirtschaftliche Grundlagen der Geldwirtschaft. Band 1: Einführung und Zahlungsverkehr. Stuttgart 1973.

DEUTSCHE BUNDESBANK: Die Geldpolitik der Deutschen Bundesbank. Frankfurt am Main 1995.

DORNBUSCH, R., FISCHER, S.: Macroeconomics. 6th ed. New York 1994.

DRUKARCZYK, J.: Finanzierungstheorie. München 1980.

DUWENDAG, D., KETTERER, K.-H., KÖSTERS, W., POHL, R., SIMMERT, D.B.: Geldtheorie und Geldpolitik. Eine problemorientierte Einführung mit einem Kompendium monetärer Fachbegriffe. 4., überarb. u. erw. Aufl. Köln 1993.

ENGEL, G.: Die Einbeziehung des monetären Bereichs in makroökonomische Modelle. Ein Beitrag zur Diskussion über den Transmissionsmechanismus monetärer Impulse. Göttinger Dissertation 1973.

EUROPÄISCHE GEMEINSCHAFT – EUROPÄISCHE UNION. Die Vertragstexte von Maastricht, bearbeitet und eingeleitet von T. LÄUFFER. Bonn 1992.

FASSBENDER, H.: Zur Theorie und Empirie der Fristigkeitsstruktur der Zinssätze (Untersuchungen über das Spar-, Giro- und Kreditwesen, Bd. 72). Berlin 1973.

FELDERER, B., HOMBURG, ST.: Makroökonomik und neue Makroökonomik. 6., verb. Aufl. Berlin 1994.

FISHER, I.: The Purchasing Power of Money. Its Determination and Relation to Credit, Interest and Crisis. New and rev. ed. New York 1922 (Reprinted 1963).

–: The Theory of Interest. New York 1930.

FRIEDMAN, M., SCHWARTZ, A.J.: A Monetary History of the United States, 1867–1960. Princeton, N.J. 1963.

FRISCH, H.: Die neue Inflationstheorie. Göttingen 1980.

FUHRMANN, W.: Geld und Kredit. Prinzipien Monetärer Makroökonomik. 2., erw. Aufl. München, Wien 1987.

–: Makroökonomik. Zur Theorie interdependenter Märkte. 3., überarb. Aufl. München, Wien 1991.

GURLEY, J.G., SHAW, E.S.: Money in a Theory of Finance. Washington, D. C. 1960.

HANSEN, A.H.: A Guide to Keynes. New York, Toronto, London 1953.

HANSEN, B.: A Survey of General Equilibrium Systems. New York 1970.

HARRIS, L.: Monetary Theory. New York 1985.

HICKS, J.R.: Value and Capital. An Inquiry into Some Fundamental Principles of Economic Theory. Oxford 1946.

HUME, D.: Political Discourses. 2nd ed. Edinburgh 1752.

ILLING, G.: Geld und asymmetrische Information. Berlin 1985.

ISSING, O.: Einführung in die Geldtheorie. 10., überarb. Aufl. München 1995.

–: Einführung in die Geldpolitik. 6., überarb. Aufl. München 1996.

JARCHOW, H.-J.: Theorie und Politik des Geldes. II. Geldmarkt, Bundesbank und geldpolitisches Instrumentarium. 7., neubearb. u. erw. Aufl. Göttingen 1995.

JARCHOW, H.-J., RÜHMANN, P.: Monetäre Außenwirtschaft. I. Monetäre Außenwirtschaftstheorie. 2., neubearb. u. erw. Aufl. Göttingen 1988.

–: Monetäre Außenwirtschaft. II. Internationale Währungspolitik. 4., überarb. u. erw. Aufl. Göttingen 1997.

KEYNES, J.M.: A Treatise on Money. Vol. I. The Pure Theory of Money. Vol. II. The Applied Theory of Money. London 1930.

–: The General Theory of Employment, Interest, and Money. London 1936.

KLEIN, L.R.: The KEYNESian Revolution. 2nd ed. London, Melbourne 1968.

KÖHLER, C.: Geldwirtschaft. 1. Band. 2., veränd. Aufl. Berlin 1977.

LEIJONHUFVUD, A.: On Keynesian Economics and the Economics of Keynes. A Study in Monetary Theory. New York, London, Toronto 1968. (Deutsche Übersetzung: Über Keynes und den Keynesianismus. Eine Studie zur monetären Theorie. Hrsg. und mit einem Vorwort v. G. GÄFGEN. Köln 1973.)

MARKOWITZ, H.M.: Portfolio Selection. Efficient Diversification of Investments (Cowles Foundation for Research in Economics at Yale University, Monograph 16.) New York 1959.

MÖLLER, H.: Ökonometrische Untersuchung zur Bestimmung von Geldmenge, Kreditvolumen und Zinssatz in der Bundesrepublik unter besonderer Berücksichtigung zentralbankpolitischer Maßnahmen. Göttingen 1978.

NELDNER, M.: Die Bestimmungsgründe des Volkswirtschaftlichen Geldangebots. Berlin, New York 1976.

NEUBERGER, D.: Kreditvergabe durch Banken. Mikroökonomische Theorie und gesamtwirtschaftliche Implikationen. Tübingen 1994.

NEWLYN, W.T., BOOTLE, R.P.: Theory of Money. 3rd ed. Oxford 1979.

NIEHANS, J.: Theorie des Geldes. Synthese der monetären Mikro- und Makroökonomie. Bern, Stuttgart 1980.

OKUN, A.M.: The Political Economy of Prosperity. Washington, D.C., 1970.

PATINKIN, D.: Money, Interest, and Prices. An Integration of Monetary and Value Theory. 2nd ed. New York 1966.

PERSSON, T., TABELLINI, G.: Macroeconomic Policy, Credibility and Politics. Chur 1990.

PESEK, B.P., SAVING, TH.R.: Money, Wealth, and Economic Theory. New York, London 1967.

–: The Foundations of Money and Banking. New York, London 1968.

POHL, R.: Theorie der Inflation. Grundzüge der monetären Makroökonomik. München 1981.

RICHTER, R.: Geldtheorie. Vorlesung auf der Grundlage der Allgemeinen Gleichgewichtstheorie und der Institutionenökonomik. 2., durchges. u. erg. Aufl. Berlin 1990.

RICHTER, R., SCHLIEPER, U., FRIEDMANN, W.: Makroökonomik. Eine Einführung. Mit einem Beitrag v. J. Ebel, 4., korr. u. erg. Aufl. Berlin, Heidelberg, New York 1981.

SCHILCHER, R.: Geldfunktionen und Buchgeldschöpfung. Ein Beitrag zur Geldtheorie. (Wirtschaftswissenschaftliche Abhandlungen, H. 11.) Berlin 1958.

SCHMIDT, R.H., TERBERGER, E.: Grundzüge der Investitions- und Finanzierungstheorie. 3., vollst. neu bearb. u. wes. erw. Aufl. Wiesbaden 1996.

SCHNEIDER, E.: Einführung in die Wirtschaftstheorie. III. Teil. Geld, Kredit, Volkseinkommen und Beschäftigung. 11., verb. u. erw. Aufl. Tübingen 1969.

SHARPE, W.F., ALEXANDER, G.J.: Investments. 4th ed. Englewood Cliffs, N. J. 1990.

SIEBKE, J., WILLMS, M.: Theorie der Geldpolitik. Berlin, Heidelberg, New York 1974.

STOBBE, A.: Volkswirtschaftliches Rechnungswesen. 8., neu bearb. u. erw. Aufl. Berlin 1994.

TOBIN, J.: Asset Accumulation and Economic Activity. Reflections on Contemporary Macroeconomic Theory. Oxford 1980.

VISSER, H.: Modern Monetary Theory. A Critical Survey of Recent Developments. Aldershot, Brookfield 1991.

WAGNER, H.: Stabilitätspolitik. Theoretische Grundlagen und institutionelle Alternativen. 2., verb. u. erw. Aufl. München, Wien 1992.

–: Inflation und Wirtschaftswachstum. Zum Einfluß von Inflation auf die Akkumulationsrate. Berlin 1983.

WESTPHAL, U.: Theoretische und empirische Untersuchungen zur Geldnachfrage und zum Geldangebot. (Kieler Studien, 110.) Tübingen 1970.

WILLMS, M.: Zinstheoretische Grundlagen der Geldpolitik. (Untersuchungen über das Spar-, Giro- und Kreditwesen, Bd. 53.) Berlin 1971.

WOHLTMANN, H.-W.: Grundzüge der makroökonomischen Theorie. Totalanalyse geschlossener und offener Volkswirtschaften. 2., überarb. u. erw. Aufl. München, Wien 1996.

WOLL, A.: Allgemeine Volkswirtschaftslehre. 10., überarb. u. erg. Aufl. München 1990.

## 2. Beiträge aus Zeitschriften

ALESINA, A., GATTI, R.: Independent Central Banks: Low Inflation at No Cost? "The American Economic Review, Papers and Proceedings", Vol. 85 (1995), S. 196ff.

BAILEY, M.J.: The Welfare Cost of Inflationary Finance. "The Journal of Political Economy", Vol. 64 (1956), S. 93ff.

BALTENSPERGER, E.: The Precautionary Demand for Reserves. "The American Economic Review", Vol. 64 (1974), S. 205ff.

BARRO, R.J., FISCHER, S.: Recent Developments in Monetary Theory. "Journal of Monetary Economics", Vol. 2 (1976), S. 133ff.

BARRO, R.J., GORDON, D.B.: Rules, Discretion and Reputation in a Model of Monetary Policy. "Journal of Monetary Economics", Vol. 12 (1983), S. 101ff.

BAUMOL, W.J.: The Transaction Demand for Cash: An Inventory Theoretic Approach. "The Quarterly Journal of Economics", Vol. 66 (1952), S. 545ff.

BAUMOL, W.J., TOBIN, J.: The Optimal Cash Balance Proposition: Maurice Allais' Priority. "The Journal of Economic Literature", Vol. 27 (1989), S. 1160ff.

BERNANKE, B.S., BLINDER, A.S.: The Federal Funds Rate and the Channels of Monetary Transmission. "The American Economic Review", Vol 82 (1992), S. 901ff.

BERNANKE, S., GERTLER, M.: Inside the Black Box: The Credit Channel of Monetary Policy Transmission. "The Journal of Economic Perspectives", Vol. 9 (1995), S. 27ff.

BLACKBURN, K., CHRISTENSEN, M.: Monetary Policy and Policy Credibility: Theories and Evidence. "The Journal of Economic Literature", Vol. 27 (1989), S. 1ff.

BRUNNER, K.: The "Monetarist Revolution" in Monetary Theory. "Weltwirtschaftliches Archiv" Bd. 105 (1970 II), S. 1ff.

–: Eine Neuformulierung der Quantitätstheorie des Geldes. Die Theorie der relativen Preise, des Geldes, des Outputs und der Beschäftigung. "Kredit und Kapital", 3. Jg. (1970), S. 1ff.

–: Hat der Monetarismus versagt? "Kredit und Kapital" 17. Jg. (1984), S. 18ff.

BRUNNER, K., MELTZER, A.H.: The Place of Financial Intermediaries in the Transmission of Monetary Policy. "The American Economic Review" Papers and Proceedings, Vol. 53 (1963), S. 372ff.

–: The Uses of Money. Money in the Theory of an Exchange Economy. "The American Economic Review", Vol. 61 (1971), S. 784ff.

CLAASSEN, E.-M.: Die Definitionskriterien der Geldmenge: $M_1$, $M_2$, ... oder $M_x$? "Kredit und Kapital", 7. Jg. (1974), S. 273ff.

CUKIERMAN, A.: Central Bank Behavior and Credibility: Some Recent Theoretical Developments. "Federal Reserve Bank of St. Louis Review", Vol. 68, No. 5 (1986), S. 5ff.

ESTRELLA, A., MISHKIN, F.S.: The predictive power of the term structure of interest rates in Europe and the United States: Implications for the European Central Bank. "European Economic Review", Vol. 41 (1997), S. 1375ff.

FAND, D.I.: A Monetarist Model of the Monetary Process. "The Journal of Finance", Vol. 25 (1970), S. 275ff.

FASE, M.M.G., KUNÉ, J.B.: The Demand for Money in Thirteen European and Non-European Countries: A Tabular Survey. "Kredit und Kapital", 8. Jg. (1975), S. 410ff.

FISCHER, S.: Long-Term Contracts, Rational Expectations, and the Optimal Money Supply Rule. "The Journal of Political Economy", Vol. 85 (1977), S. 191ff.

FISCHER, S., MODIGLIANI, F.: Towards an Understanding of the Real Effects and Costs of Inflation. "Weltwirtschaftliches Archiv", Bd. 114 (1978), S. 810ff.

FRANZ, W.: Neuere Makroökonomische Kontroversen. "Wirtschaftswissenschaftliches Studium", Jg. 21 (1992), S. 275ff.

FRIEDMAN, M.: A Monetary and Fiscal Framework for Economic Stability. "The American Economic Review", Vol. 38 (1948), S. 245ff.

–: The Role of Monetary Policy. "The American Economic Review", Vol. 58 (1968), S. 1ff.

–: A Theoretical Framework for Monetary Analysis. "The Journal of Political Economy", Vol. 78 (1970), S. 193ff.

–: The Quantity Theory of Money. "The Indian Economic Journal", Vol. 17, No. 4, 5 (1970), S. 409ff.

–: Government Revenue from Inflation. "The Journal of Political Economy", Vol. 79 (1971), S. 846ff.

FRIEDMAN, M., SCHWARTZ, A.J.: Money and Business Cycles. "The Review of Economics and Statistics", Vol. 45 (1963, Suppl.), S. 32ff.

GABISCH, G.: Portfoliotheorie der Geldnachfrage. "das wirtschaftsstudium", 5. Jg. (1976), Nr. 5, S. 220ff.

GORDON, R.J.: Recent Developments in the Theory of Inflation and Unemployment. "Journal of Monetary Economics", Vol. 2 (1976), S. 185ff.

GREEN, J.H.: Inflation Targeting: Theory and Policy Implications. "International Monetary Fund Staff Papers", Vol. 43 (1996), S. 779ff.

HESSE, H., ROTH, G.: Die Zinsstruktur als Indikator der Geldpolitik? "Kredit und Kapital", 25. Jg. (1992), S. 1ff.

HICKS, J.R.: A Suggestion for Simplifying the Theory of Money. "Economica", Vol. 2 (1935), S. 1ff.

–: Mr. KEYNES and the "Classics": A Suggested Interpretation. "Econometrica", Vol. 5 (1937), S. 147ff.

–: Liquidity. "The Economic Journal", Vol. 72 (1962), S. 787ff.

ILLING, G., FECHT, F.: Konservativer Zentralbanker versus Optimaler Zentralbankkontrakt – Eine spieltheoretische Analyse. "das wirtschaftsstudium", Jg. 27 (1998), Nr. 1, S. 84ff.

JARCHOW, H.-J.: Der Bankkredit in einer Theorie der "Portfolio Selection". "Weltwirtschaftliches Archiv", Bd. 104 (1970 II), S. 189ff.

–: Diskretionäre Geldpolitik, Zeitinkonsistenz und Politikglaubwürdigkeit. "das wirtschaftsstudium", 22. Jg. (1993), S. 146ff.

JARCHOW, H.-J., MÖLLER, H.: Geldbasiskonzepte und Geldmenge (I). Erster Teil: Theoretische Zusammenhänge. "Kredit und Kapital", 9. Jg. (1976), S. 177ff., Geldbasiskonzepte und Geldmenge (II), Zweiter Teil: Empirische Zusammenhänge. "Kredit und Kapital", 9. Jg. (1976), S. 317ff.

JARCHOW, H.-J., RÜHMANN, P., ENGEL, G.: Geldmenge, Zinssatz, Bankenverhalten und Zentralbankpolitik. "Weltwirtschaftliches Archiv", Bd. 105 (1970 II), S. 304ff.

JOHNSON, H.G.: The KEYNESian Revolution and the Monetarist Counter-Revolution. RICHARD T. ELY Lecture. "The American Economic Review", Papers and Proceedings, Vol. 61 (1971), S. 1ff.

KLEIN, M., NEUMANN, M.J.M.: Seigniorage: What Is It and Who Gets It. "Weltwirtschaftliches Archiv", Bd. 126 (1990 II), S. 205ff.

KYDLAND, F.E., PRESCOTT, E.C.: Rules Rather than Discretion: The Inconsistency of Optimal Plans. "The Journal of Political Economy", Vol. 85 (1977), S. 473ff.

LAIDLER, D., PARKIN, M. : Inflation: A Survey. "The Economic Journal", Vol. 85 (1975), S. 741ff.

LOEF, H.-E.: Diskretionäre Geldpolitik, rationale Erwartungen und Politikglaubwürdigkeit. "Jahrbuch für Sozialwissenschaft", Bd. 39 (1988), S. 361ff.

LOHMANN, S.: Optimal Commitment in Monetary Policy: Credibility versus Flexibility. "The American Economic Review", Vol. 82 (1992), S. 273ff.

LUCAS, R.E.: Some International Evidence on Output-Inflation Tradeoffs. "The American Economic Review", Vol. 63 (1973), S. 326ff.

LUTZ, F.A.: The Structure of Interest Rates. "The Quarterly Journal of Economics", Vol. 55 (1941), S. 36ff.

MARKOWITZ, H.M.: Portfolio Selection. "The Journal of Finance", Vol. 7 (1952), S. 77ff.

MAYER, T.: Die Struktur des Monetarismus. "Beihefte zu Kredit und Kapital", H. 4 (1978), S. 9ff.

MILLER, M.H., ORT, D.: A Model of the Demand for Money by Firms. "The Quarterly Journal of Economics", Vol. 80 (1966), S. 413ff.

MISHKIN, F.S., POSEN, A.S.: Inflation Targeting: Lessons from Four Countries. "Federal Reserve Bank of New York Economic Policy Review", Vol. 3, No. 3 (1997), S. 17ff.

MUTH, J.F.: Rational Expectations and the Theory of Price Movements. "Econometrica", Vol. 29 (1961), S. 315ff.

NELDNER, M.: Seigniorage, inflationäre Staatshaushaltsfinanzierung und das Problem der optimalen Geldmenge. "das wirtschaftsstudium", Jg. 13 (1984), S. 411ff.

NEUMANN, M.J.M.: Stabilisierungspolitik bei rationalen Erwartungen. "Wirtschaftswissenschaftliches Studium", 10. Jg. (1981), S. 111ff.

PERSSON, T., TABELLINI, G.: Designing institutions for monetary stability. "Carnegie-Rochester-Conference Series on Public Policy", Vol. 39 (1993), S. 53ff.

PHELPS, E.S.: Inflation in the Theory of Public Finance. "The Swedish Journal of Economics", Vol. 75 (1973), S. 67ff.

PHILLIPS, A.W.: The Relation between Unemployment and the Rate of Change of Money Wage Rates in the United Kingdom, 1861–1957, "Economica", Vol. 25 (1958), S. 283ff.

POHL, R.: Die Transmissionsmechanismen der Geldpolitik. "Jahrbücher für Nationalökonomie und Statistik", Bd. 190 (1975/76), S. 1ff.

POOLE, W.: Optimal Choice of Monetary Policy Instruments in a Simple Stochastic Macro Model. "The Quarterly Journal of Economics", Vol. 84 (1970), S. 197ff.

ROGOFF, K.: The Optimal Degree of Commitment to an Intermediate Monetary Target. "The Quarterly Journal of Economics", Vol. 100 (1985), S. 1169ff.

RÜHMANN, P.: Seigniorage und Inflation. "das wirtschaftsstudium", Jg. 20 (1991), S. 623ff.

SARGENT, T.S., WALLACE, N.: Rational Expectations und the Theory of Economic Policy. "Journal of Monetary Economics", Vol. 2 (1976), S. 169ff.

SIEBKE, J.: An Analysis of the German Money Supply Process: The Multiplier Approach. "Beihefte zu Kredit und Kapital", H. 1 (1972), S. 243ff.

SIEBKE, J., WILLMS, M.: Das Geldangebot in der Bundesrepublik Deutschland. Eine empirische Analyse für die Periode von 1958 bis 1968. "Zeitschrift für die gesamte Staatswissenschaft", Bd. 126 (1970), S. 55ff.

–: Zinsniveau, Geldpolitik und Inflation. "Kredit und Kapital", 5.Jg. (1972), S. 171ff.

SIJBEN, J.J.: Monetary Policy in a Game – Theoretic Framework. Spieltheoretische Ansätze zur Geldpolitik. "Jahrbücher für Nationalökonomie und Statistik", Bd. 210 (1992), S. 233ff.

SIMONS, H.C.: Rules versus Authorities in Monetary Policy, "The Journal of Political Economy", Vol. 44 (1936), S. 1ff.

STIGLITZ, J.E., WEISS, A.: Credit Rationing in Markets with Imperfect Information. "The American Economic Review", Vol. 71 (1981), S. 393ff.

TAYLOR, J.B.: Staggered Wage Setting in a Macro Model. "The American Economic Review", Papers and Proceedings, Vol. 69 (1979), S. 108ff.

TOBIN, J.: The Interest-Elasticity of Transactions Demand for Cash. "The Review of Economics and Statistics", Vol. 38 (1956), S. 241ff.

–: Liquidity Preference as Behaviour Towards Risk. "The Review of Economic Studies", Vol. 25 (1958), S. 65ff.

–: A General Equilibrium Approach to Monetary Theory. "Journal of Money, Credit and Banking", Vol. 1 (1969), S. 15ff.

TOBIN, J., BRAINARD, W.C.: Financial Intermediaries and the Effectiveness of Monetary Controls. "The American Economic Review", Vol. 53 (1963), Papers and Proceedings, S. 383ff.

TSIANG, S.C. : The Precautionary Demand for Money: An Inventory Theoretical Approach. "The Journal of Political Economy", Vol. 77 (1969), S. 99ff.

WALSH, C.E.: Optimal Contracts for Central Bankers. "The American Economic Review", Vol. 85 (1995), S. 150ff.

WHALEN, E.L.: A Rationalization of the Precautionary Demand for Cash. "The Quarterly Journal of Economics", Vol. 80 (1966), S. 314ff.

### 3. Sammelwerke, Beiträge aus Sammelwerken u.a.

ALCHIAN, A.A.: Information Costs, Pricing, and Resource Unemployment. In: E.S. PHELPS et al. Microeconomic Foundations of Employment and Inflation Theory. New York 1970. S. 27ff.

BERNANKE, B., GERTLER, M., GILCHRIST, S: The Financial Accelerator and the Flight to Quality. "NBER Working Paper 4789", 1994.

BERNARD, H., GERLACH, S.: Does the Term Structure Predict Recessions? The International Evidence. "BIS Working paper", No. 37 (1996).

BROWNE, F.X., FAGAN, G., HENRY, J.: Money Demand in EU Countries: A Survey. "Staff Paper No. 7. European Monetary Institute", 1997.

BRUNNER, K. (Hrsg.): Targets and Indicators of Monetary Policy. San Francisco 1969.

BRUNNER, K.: Zwei alternative Theorien des Geldangebotsprozesses: Geldmarkt- versus Kreditmarkttheorie. In: Geldtheorie. (Hrsg. von K. BRUNNER, H.G. MONISSEN, M.J.M. NEUMANN). Köln 1974. S. 114ff.

–: Geldtheorie und Geldpolitik IV: Aus der Sicht des Monetarismus. In: Handwörterbuch der Wirtschaftswissenschaft (HdWW). Zugleich Neuauflage des Handwörterbuchs der Sozialwissenschaften. 3. Bd. (1981). S. 391ff.

BRUNNER, K., MONISSEN, H.G., NEUMANN, M.J.M. (Hrsg.): Geldtheorie. Köln 1974.

CAGAN, P.: The Monetary Dynamics of Hyperinflation. In: Studies in the Quantity Theory of Money. (Ed. by M. FRIEDMAN). Chicago 1956. S. 25ff.

CLOWER, R.: The KEYNESian Counterrevolution : A Theoretical Appraisal. In: The Theory of Interest Rates. Proceedings of a Conference held by the International Economic Association. (Ed. by F.H. HAHN and F.P.R. BRECHLING). London, New York 1965. S. 103ff.

EUROPÄISCHES WÄHRUNGSINSTITUT: Die einheitliche Geldpolitik in Stufe 3. Festlegung des Handlungsrahmens, Januar 1997.

–: Die einheitliche Geldpolitik in Stufe 3. Allgemeine Regelungen für die geldpolitischen Instrumente und Verfahren des ESZB, September 1997.

EHRLICHER, W.: Geldtheorie und Geldpolitik III: Geldtheorie. In: Handwörterbuch der Wirtschaftswissenschaft (HdWW). Zugleich Neuauflage des Handwörterbuchs der Sozialwissenschaften. 3. Bd. (1981). S. 374ff.

FELDSTEIN, M.: The Costs and Benefits of Going from Low Inflation to Price Stability. "NBER Working Paper 5469", 1996.

FRIEDMAN, M.: The Quantity Theory of Money: A Restatement. In: The Optimum Quantity of Money and Other Essays (Ed. by M. FRIEDMAN). Chicago 1969. S. 51ff.

–: The Optimum Quantity of Money. In: The Optimum Quantity of Money and Other Essays (Ed. by M. FRIEDMAN). Chicago 1969. S.1ff.

FRIEDMAN, M., MEISELMAN, D.: The Relative Stability of Monetary Velocity and the Investment Multiplier in the United States, 1897–1958. In: E.C. BROWN et al.: Stabilization Policies. A Series of Research Studies Prepared for the Commission on Money and Credit. Englewood Cliffs, N. J., 1963, S. 165ff.

GERLACH, S.: The Information Content of the Term Structure: Evidence for Germany. "BIS Working paper", No. 29 (1995).

HÄUSER, K.: Die Geldmarktabhängigkeit des deutschen Kapitalmarktes. In: Geld- und Währungspolitik in der Bundesrepublik Deutschland. (Beihefte zu Kredit und Kapital, H. 7.) Hrsg. und eingeleitet von W. EHRLICHER, D.B. SIMMERT. Berlin 1982. S. 309ff.

HICKS, J.R.: The Pure Theory of Portfolio Selection. In: Critical Essays in Monetary Theory. (Ed. by J.R. HICKS). Oxford 1967. S. 103ff.

JARCHOW, H.-J.: Der Keynesianismus. In: Geschichte der Nationalökonomie. (Hrsg. von O. ISSING). 3., überarb. u. erg. Aufl. München 1994. S. 193ff.

–: Von der Deutschen Bundesbank zur Europäischen Zentralbank. In: Quantitative Wirtschaftspolitik in offenen Volkswirtschaften: Theoretische Ansätze und aktuelle Entwicklungen. Festschrift zum 65. Geburtstag von H. KUHN. (Hrsg. von K. FARMER, H.-W. WOHLTMANN). Münster 1998. S. 23ff.

KALDOR, N., TREVITHICK, J., Geldtheorie und Geldpolitik V: Aus keynesianischer Sicht. In: Handwörterbuch der Wirtschaftswissenschaft (HdWW). Zugleich Neuauflage des Handwörterbuchs der Sozialwissenschaften. 3. Bd. (1981). S. 412ff.

KARMANN, A., GRAFF, M.: Monetäre Makroökonomik: Inflation. "Dresdner Beiträge zur Volkswirtschaftslehre", Nr. 5 (1997).

KATH, D.: Geld und Kredit. In: Vahlens Kompendium der Wirtschaftstheorie und Wirtschaftspolitik. Band 1. 6., überarb. u. erw. Aufl. München 1995. S. 175ff.

KING, M.: Direct Inflation Targets. In: Monetary Policy Strategies in Europe. A Symposium at the Deutsche Bundesbank. (Ed. by Deutsche Bundesbank). München 1996. S. 45ff.

LANE, T.D.: Which Strategy of Monetary Policy for Europe? In: Monetary Policy in an Integrated World Economy. (Ed. by H. SIEBERT). Tübingen 1996. S. 167ff.

MÖLLER, H., JARCHOW, H.-J.: Kreditangebot, Kreditnachfrage und exogene Geldbasis. Eine theoretische und ökonometrische Studie für die Bundesrepublik. In: Geld- und Währungspolitik in der Bundesrepublik Deutschland. (Beihefte zu Kredit und Kapital, H. 7). Hrsg. und eingeleitet von W. EHRLICHER, D.B. SIMMERT. Berlin 1982. S.207ff.

PATINKIN, D.: Geld und Vermögen. In: Geldtheorie. (Hrsg. von K. BRUNNER, H.G. MONISSEN, M.J.M. NEUMANN). Köln 1974. S. 154ff.

PHELPS, E.S. et al.: Microeconomic Foundations of Employment and Inflation Theory. New York 1970.

POLLAK, H.: Verbrauchssteuern I: Ziele und Ausgestaltung. In Handwörterbuch der Wirtschaftswissenschaft (HdWW). Zugleich Neuauflage des Handwörterbuchs der Sozialwissenschaften. Achter Band. Stuttgart 1980. S. 188ff.

SCHICH, S.T.: Schätzungen der deutschen Zinsstrukturkurve. "Diskussionspapier 4/1997. Volkswirtschaftliche Forschungsgruppe der Deutschen Bundesbank", 1997.

STÖSS, E.: Die Finanzierungsstruktur der Unternehmen und deren Reaktion auf monetäre Impulse. Eine Analyse anhand der Unternehmensbilanzstatistik der Deutschen Bundesbank. "Diskussionspapier 9/96. Volkswirtschaftliche Forschungsgruppe der Deutschen Bundesbank", 1996.

SVENSSON, L.E.O.: Optimal Inflation Targets, 'Conservative' Central Banks, and Linear Inflation Contracts. "NBER Working Paper 5251", 1995.

TOBIN, J.: The Theory of Portfolio Selection. In: The Theory of Interest Rates. Proceedings of a Conference held by the International Economic Association. (Ed. by F.H. HAHN and F.P.R. BRECHLING). London, New York 1966. S. 3ff.

TÖDTER, K.-H., ZIERBARTH, G.: Preisstabilität oder geringe Inflation für Deutschland. Eine Analyse von Kosten und Nutzen. "Diskussionspapier 3/97. Volkswirtschaftliche Forschungsgruppe der Deutschen Bundesbank", 1997.

WILLMS, M., RIECHEL, K.W.: Geldtheorie und Geldpolitik VII: Geldangebot. In: Handwörterbuch der Wirtschaftswissenschaft (HdWW). Zugleich Neuauflage des Handwörterbuchs der Sozialwissenschaften 3. Bd. (1981). S. 451ff.

WOLL, A.: Geldtheorie und Geldpolitik VIII: Geldnachfrage. In: Handwörterbuch der Wirtschaftswissenschaft (HdWW). Zugleich Neuauflage des Handwörterbuchs der Sozialwissenschaften. 3. Bd. (1981). S. 464ff.

# Personenregister[1]



[1] Die unter den Literaturangaben (S. 385 ff.) genannten Autoren sind hier nicht vollständig aufgeführt.

# Sachregister[1]



[1] Die fett gedruckten Ziffern geben die Stellen an, an denen der betreffende Begriff erläutert wird.